U0916304

统计工作重要文件选编

（2004－2011）

（上册）

国家统计局 编

(京)新登字 041 号

图书在版编目(CIP)数据

统计工作重要文件选编. 2004～2011 / 国家统计局编. —— 北京：中国统计出版社，2012.8
ISBN 978－7－5037－6568－1
Ⅰ. ①统… Ⅱ. ①国… Ⅲ. ①统计－文件－汇编－中国－2004～2011 Ⅳ. ①C829.21
中国版本图书馆 CIP 数据核字(2012)第 148846 号

统计工作重要文件选编(2004－2011)

作　　者/国家统计局
责任编辑/佘竞雄
装帧设计/黄　晨
出版发行/中国统计出版社
通信地址/北京市西城区月坛南街 57 号　邮政编码/100826
办公地址/北京市丰台区西三环南路甲 6 号
网　　址/http://csp.stats.gov.cn/
电　　话/邮购(010)63376907　书店(010)68783172
印　　刷/河北天普润印刷厂
经　　销/新华书店
开　　本/890×1240mm　1/32
字　　数/1280 千字
印　　张/51.25
版　　别/2012 年 8 月第 1 版
版　　次/2012 年 8 月第 1 次印刷
书　　号/ISBN 978－7－5037－6568－1/C・2655
定　　价/200.00 元（上、下册）

本书附同版本 CD－ROM 一张，光盘内容以书面文字为准。

《统计工作重要文件选编(2004—2011)》
编辑人员名单

总顾问:	马建堂			
顾　问:	张为民	罗　兰	徐一帆	谢鸿光
	许宪春	李　强	郑京平	鲜祖德
主　编:	曾玉平			
副主编:	王尔淳	张　鹏	刘长松	毛　峰
	李军平			
编　辑:	杨　洁	崔建华	杨雪梅	高　梅
	刘胜文	袁　伟		

前　　言

为方便广大统计工作者和社会公众全面了解我国统计改革和发展的情况，查询统计工作重要文件，我们自1985年起连续编辑了6辑《统计工作重要文件选编》，现续编《统计工作重要文件选编(2004—2011)》。书中收录了2004—2011年8年间国务院印发和批转的有关统计工作的重要文件，国家统计局印发的、国家统计局与国务院有关部门联合印发的统计工作重要文件，以及国家统计局领导关于统计工作的重要讲话等内容，是统计工作的一部重要文献资料。

真诚希望广大统计工作者及社会公众对本书的续编工作提出宝贵意见。

编　者

2012年5月

目　　录

（上册）

2004 年

2005 年

2006 年

2007 年

2008 年

建设部　国家发展改革委　财政部
国土资源部　人民银行　税务总局
国家统计局关于加强协作共同做好房地产市场信息系统和预警预报体系有关工作的通知

（2004 年 1 月 7 日）

各省、自治区、直辖市建设厅（建委、房地产管理局）、计委（发展改革委）、财政厅（局）、国土资源厅（局）、人民银行各分行（营业管理部）、国家税务局、地方税务局、统计局：

为了落实《国务院关于促进房地产市场持续健康发展的通知》（国发〔2003〕18 号）精神，加快建立健全房地产市场信息系统和预警预报体系，现就进一步加强协作，共同做好有关工作通知如下：

一、充分认识建立健全房地产市场信息系统和预警预报体系工作的必要性和重要性

近年来，在国家宏观政策的推动下，我国房地产业连续多年保持了快速发展势头，已经成为国民经济的支柱产业。但房地产市场发展还不平衡，一些地区房地产价格和投资增长过快；一些地区住房供求结构性矛盾较为突出，对房地产业乃至国民经济的持续健康发展造成了一定的影响。

为了密切掌握房地产市场运行情况，加强对房地产市场的宏观调控，必须全面、及时、准确地采集房地产市场基础数据及相关

数据，对市场运行状况和发展趋势做出准确判断，及时处理和解决发展中存在的问题，并通过向社会发布市场信息，引导市场理性投资和消费。各地区、各部门要充分认识到建立健全房地产市场信息系统和预警预报体系对于提高政府监管水平、加强宏观调控、引导市场健康持续发展的重要性。要按照党的十六届三中全会通过的《中共中央关于完善社会主义市场经济体制若干问题的决定》中有关“发展电子政务，提高服务和管理水平。建立健全各种预警和应急机制，提高政府应对突发事件和风险的能力”的要求，采取有效的措施，切实抓紧、抓好房地产市场信息系统和预警预报体系的相关工作。

二、明确分工、加强协作，共同做好房地产市场预警预报工作

各地区要按照“统筹规划、分步实施、互联互通、信息共享”的原则，明确牵头部门和相关部门的职责，制定系统的具体运作方案。要根据房地产市场区域性强和发展不平衡的特点，加强对当地房地产市场发展和演变规律的研究，科学设立符合当地房地产市场规律的预警预报指标体系和主要指标的量化区间，有计划地建立符合自己城市特点的房地产市场预警预报体系，并在实践中不断加以完善。

各地区建设行政主管部门负责提供建设项目的有关数据。房地产管理部门负责提供商品房预售及房地产交易、登记数据。计划部门负责提供房地产开发项目立项情况的数据。土地部门负责提供房地产开发用地情况的数据。规划部门负责提供建设用地规划许可证、建设工程规划许可证审批情况的数据。银行负责提供有关房地产金融情况的数据。税务部门负责提供房地产税收情况的数据。价格部门负责提供有关房地产价格情况的数据。统计部门负责提供房地产开发统计数据和有关的宏观经济运行数据。其

它部门也要积极配合提供与房地产市场有关的其它数据。

各地区牵头部门要根据预警预报信息系统建设的要求，以现有成熟的软件系统为基础，抓紧进行信息资源的整合，升级系统现有设备，完善软件服务功能。建立统一的房地产信息收集平台，争取2004年上半年达到实际应用的要求。要积极主动与相关部门沟通，丰富数据采集内容，及时整理、更新、分析有关数据，方便相关部门查询、使用。各相关部门要打破条块分割，加强合作，实现互联互通。要充分利用现有统计数据和有关部门已建立的信息采集渠道，现有统计资料不能满足需要、确需企业上报的，应根据《统计法》的有关规定，到同级统计部门申请备案，确保统计数据的合法性和权威性。要认真组织好有关技术服务、培训和咨询工作，确保数据的及时、准确上报。

三、加强领导，狠抓落实

各地区要建立和完善组织工作机制，成立专门的领导小组，明确各部门的职责，建立分工责任制，在领导小组协调下，实现各部门联动，共同做好房地产市场信息系统和预警预报体系的有关工作。要建立房地产市场预警预报联席会议制度，对房地产市场运行情况进行分析，并采取切实可行的政策措施，保证政策方向的一致性。

要建立健全相应的安全、保密制度和责任追究制度，切实做好房地产市场有关非公示信息的安全、保密工作。要多渠道落实资金，需要政府承担的费用，由各地财政结合当地信息化系统和电子政务建设一并落实。

国家统计局关于开展主要生产资料生活消费品和服务项目价格监测旬报调查工作的通知

（2004年1月9日）

各省、自治区、直辖市统计局、城调队：

根据《国家统计系统快速应急机制工作方案（试行）》，我局决定自2004年1月中旬开展主要生产资料、生活消费品和服务项目价格监测旬报调查工作。现将调查方案印发给你们，请认真贯彻执行。

附件：1. 主要生产资料产品出厂价格监测旬报调查方案

2. 主要生活消费品和服务项目价格监测旬报调查方案

附件1：

主要生产资料产品出厂价格监测旬报调查方案

一、监测目的

科学、准确、及时地反映主要生产资料产品价格的变动趋势和幅度，提高宏观经济分析和调控的及时性、预见性。

二、监测任务

调查全国主要生产资料产品、规格品价格，并编制相关价格指数。同时，结合工业经济情况和相关经济活动，开展统计分析，及时反映工业生产及市场中的新情况、新问题，为党政领导和管理部门宏观决策提供服务。

三、监测范围

调查25种主要生产资料的出厂价格（不含增值税），监测的企业为调查地区城调队选择的主要生产资料的部分骨干生产企业。

四、调查时间、调查方式及调查价格

每旬价格的调查时间为8日、18日，以8日的价格作为上旬的资料，18日的价格作为中旬的资料，8日、18日的简单平均为全月价格资料。调查价格为时点价（即当日或最邻近日具有代表性的不含增值税的成交价格）。调查方式为电话调查。为简化上报方式，每月前两旬上报的时间为12日、22日，全月价格由工业品价格调查月报资料加工取得。各地还应同时上报简明扼要的分析资料。

五、调查资料的上报方式、上报内容

主要生产资料旬报资料由有关省级城调队负责调查收集，采用远程传输方式上报城调总队。上报内容为经过检查、审核的企业原始数据资料。

六、主要生产资料产品和调查地区目录（略）

附件2：

主要生活消费品和服务项目价格监测旬报调查方案

一、监测目的

科学、准确、及时地反映主要生活消费品和服务项目价格的变动趋势和幅度，提高宏观经济分析和调控的及时性和预见性。

二、监测任务

调查全国主要生活消费品和服务项目价格水平，并编制相关价格指数。同时，结合居民消费情况和相关经济活动开展分析研究，及时反映新情况、新问题，为党政领导和管理部门宏观决策提供服务。

三、监测范围和内容

监测范围为主要地区城乡居民购买并用于日常生活消费的主要商品和服务项目价格。主要内容包括食品、烟酒及用品、衣着、家庭设备用品及维修服务、医疗保健及个人用品、交通和通信、娱乐教育文化用品及服务和居住等八大类中的67种主要生活消费品和服务项目。详见《主要生活消费品和服务项目目录》。

各调查地区执行全国统一的监测分类标准。

四、监测城市和县的选择

调查城市包括北京、天津、上海、重庆四个直辖市和除拉萨市以外的其他省会城市、自治区首府城市及计划单列市，共35个大中城市。同时，按照重点和典型抽样原则，另外抽选38个县作为农村主要生活消费品和服务项目价格调查点。河北：辛集、遵化；山西：浑源、兴县；内蒙古：丰镇；辽宁：绥中、昌图；吉林：双辽、蛟河；黑龙江：讷河、富锦；江苏：宜兴、大丰；浙江：新昌、安吉；安徽：歙县、桐城；福建：建瓯；江西：泰和；山东：文登、青州；河南：辉县、固始、襄城；湖北：浠水、麻城；湖南：耒阳；广东：顺德、普宁；广西：贵港；四川：叙永、温江、峨眉；云南：宣威；陕西：三原、商州；新疆：塔城、焉耆。

五、主要生活消费品、服务项目及其规格品的选择原则

（一）各调查地区要优先根据《主要生活消费品和服务项目目录》（以下简称《目录》）确定代表规格品，对《目录》中所列、但在当地没有代表性的部分规格品，可由各地根据实际情况和以下原则另行确定：选定的代表规格品销售量较大；生产和销售前景较好；价格变动趋势有代表性；规格、等级、品牌和包装尽量与《目录》中相应的规格品接近。

（二）为便于在必要时进行补充或替换，除上述选择的代表规

格品外,对规格等级复杂多变的项目,各地还应选择 1—2 种与代表规格品相近似的规格品进行调查。

(三)各地应尽量保持选定代表规格品的基本稳定。如果确因市场或季节原因较难取得价格的某些规格品,或者已失去代表性的规格品,也应及时替换。替换代表规格品应报经城调总队批准。代表规格品替换后,必须在当旬上报的数据表中同时更新上旬价格,并附规格品说明,以保证与替换后报告期价格的可比性和一致性。

六、选择调查商店、农贸市场和服务网点的原则和方法

(一)各调查市、县城调队应选择经营品种齐全、营业额大的中心市场、农贸市场和服务网点作为价格调查点。

(二)对于同一规格品,直辖市和大中城市应选择 3—4 个价格调查点,县及县级市应选择 2—3 个价格调查点。每个直辖市和大中城市应选择 3—5 个农贸市场作为价格调查点,县及县级市应选择 1—2 个农贸市场作为价格调查点。

七、价格资料的调查采集原则和方法

主要消费品价格调查方法是定时定点定人直接调查。主要消费品的监测价格为时点价格,在每旬的中间日调查采集价格,即每月的 5 日、15 日和 25 日分别作为每月上、中、下旬的价格调查采集日。在调查采集价格时应遵循以下原则:

(一)如果商品或服务项目的挂牌价格与实际成交价格不一致,应调查采集实际成交价格。

(二)对规格等级复杂多变的商品,如果固定价格调查点无货,可以不受所选价格调查点的限制,采用辅助调查点的价格代替。

八、价格资料的整理及平均价格的计算

(一)各调查市、县调查产品的旬平均价格,根据该旬各调查点的价格简单算术平均计算。

(二)各调查市、县必须建立价格登记卡片,将调查采集的原始价格资料及时整理成旬平均价格。采集整理部分当旬替换的规格品的上旬价格,并对其进行标记说明。

九、调查数据上报内容、时间及方式

(一)各监测市、县上报的内容包括:调查产品编码、产品名称、规格品牌等级和包装等调查规格品说明、上旬平均价格和本旬平均价格,上报数据文件为各监测市、县的《主要生活消费品和服务项目价格汇总表》(V441 表)。在报送数据表的同时,各调查地区还要报送当旬市场价格波动、价格管理中出现的新情况、新问题,形成简要的分析材料。

(二)省会城市、自治区首府城市、计划单列市和各调查县市的调查数据,经所在省(区)城调队审核确认后,于调查采价日后第 2 天转报城调总队,即在每月的 7 日、17 日和 27 日上报各旬数据。北京、天津、上海、重庆四个直辖市的调查数据直接上报城调总队,上报日期与其他省(区)相同。简要分析材料也要求在调查采价日后第 2 天上报。

(三)上报方式为数据传输,采取以 FTP 为主,电子邮件为辅的方式上报总队消费价格处。FTP 上传目录为/上报/消费价格处/主要消费品价格监测/监测月旬。

附表:1. 主要生活消费品和服务项目目录(略)
2. 主要生活消费品和服务项目价格监测调查表(略)
3. 主要生活消费品和服务项目价格汇总表(略)

国家统计局关于公布政府部门统计调查项目目录的通知

（2004 年 1 月 15 日）

各省、自治区、直辖市统计局，国务院各部门，最高人民法院、最高人民检察院，有关人民团体和组织：

国家统计局根据《统计法》规定的管理职能，对部门统计调查项目实行统一审批管理。截至 2003 年 12 月 31 日，经国家统计局批准、在有效期限内执行的部门统计调查项目共计 298 项，现予以公布。

对部门统计调查项目实行统一审批管理，对于规范部门统计调查，提高统计调查的整体效率和保障资料的准确性具有重要作用。各部门应严格按照《部门统计调查项目管理暂行办法》的有关规定，认真履行统计调查项目审批程序。

国家统计局对政府统计调查项目公布实行动态管理，并按月进行更新，详情可查看中国统计信息网：www. stats. gov. cn。

政府部门统计调查项目目录（略）

国家统计局　建设部　国家发展改革委关于建立全国房地产信息发布会制度的通知

（2004年1月19日）

各省、自治区、直辖市统计局、建设厅（建委、房地产管理局）、发展改革委（计委）：

根据《国务院关于促进房地产市场持续健康发展的通知》（国发〔2003〕18号）精神，为加强对房地产市场的宏观调控，更好地发挥政府信息资源对市场的导向作用，国家统计局、建设部、国家发展和改革委员会决定建立全国房地产信息发布会制度，现将有关事项通知如下：

一、根据国务院有关建立信息披露制度的要求，建立全国房地产信息发布会制度。全国房地产信息发布会制度的建立，对于加大房地产市场的宏观调控力度，增加房地产信息透明度，引导企业理性投资、消费者理性消费，促进房地产市场持续健康发展具有重要意义。

二、全国房地产信息发布会发布的主要内容包括全国及40个重点城市的房地产统计信息，全国和部分省市的“国房景气指数”，国家有关房地产政策、法规信息，有关城市房地产市场信息系统和预警预报体系，以及房地产价格监测信息等。

三、全国房地产信息发布会以国家统计局、建设部、国家发展和改革委员会名义每半年发布一次，根据需要可以适当增加或减少发布的频率。首次发布会初步定于2004年2月在北京举行。

四、成立全国房地产信息发布会协调小组，下设办公室。全国房地产信息发布会会务组织工作由中国房地产业协会城市开发专业委员会具体承办，发布会举办城市协办。

五、制定全国房地产信息发布会管理暂行办法，保证信息发布活动的规范运作，便于监督。

附件：1. 全国房地产信息发布会协调小组及其办公室组成人员名单（略）

2. 40个重点城市名单

附件2：

40个重点城市名单

北京、天津、石家庄、太原、呼和浩特、沈阳、大连、长春、哈尔滨、上海、南京、无锡、苏州、杭州、宁波、温州、合肥、福州、厦门、南昌、济南、青岛、郑州、武汉、长沙、广州、深圳、南宁、北海、海口、三亚、重庆、成都、贵阳、昆明、西安、兰州、西宁、银川、乌鲁木齐。

国家统计局关于开展地市党政领导班子工作实绩考核评价试点工作的通知

（2004 年 2 月 6 日）

吉林、湖南省统计局、农调队、城调队：

根据中共中央组织部的要求，国家统计局与中共中央组织部决定近期在吉林、湖南两省各选择三个地市，开展地市党政领导班子工作实绩考核评价试点工作。现将《地市党政领导班子工作实绩考核评价试点方案》印发给你们，请按照试点方案的要求，配合中共中央组织部和国家统计局联合工作小组开展工作。

附件：地市党政领导班子工作实绩考核评价试点方案（略）

国家统计局关于启动快速应急机制密切关注禽流感疫情的通知

（2004 年 2 月 10 日）

各省、自治区、直辖市统计局、农调队：

当前，我国部分地区发生了高致病性禽流感疫情，党中央、国务院对此高度重视，采取了一系列防控措施。为了快速、及时、准确地反映有关情况，国家统计局决定启动统计系统快速应急机制，密切关注禽流感疫情，及时开展有关的统计调查，广泛收集、及时上报信息。现将有关要求通知如下。

一、密切跟踪、及时反映禽流感防治工作中出现的新情况和新问题，特别是国务院八项措施的贯彻落实情况以及贯彻落实中出现的新情况和新问题。了解农民对各项防治措施是否满意，农民认为在哪些方面需要进一步改进和加强，有哪些新建议。

二、深入到农民当中，从“三农”的角度，反映禽流感防治工作情况（如农民对禽流感的认知程度、对防治禽流感知识的掌握、是否采取了消毒隔离等措施、扑杀的家禽是否得到了合理的补偿、家禽强制免疫是否免费等）。

三、当前急需的各种药品、物资、资金及技术服务等的需求和到位情况。

四、分析研究禽流感对农村社会经济产生的影响，特别是对农民生产、生活和收入的影响。

五、启动快速应急机制后，各地要采取必要的措施，保障信息渠道的畅通，保障日常工作和应急机制的顺利运行。

六、在疫情解除前，每周一至周五，各地要以电子邮件的形式向国家统计局农调总队报告有关情况（如暂无新情况，须报告“暂无新情况”）。有紧急情况，随时报告。

七、立即开展一次专题调查。各地应根据自己的实际情况，选择至少三个县（市、区），有疫情的地区必须包括发生疫情的县（市、区）；每个县（市、区）至少抽选三个村；每个村至少抽选10户（注意选择养殖大户和养殖场）进行调查。各地要根据在调查中了解到的情况（如疫情发生前后的禽类价格、扑杀家禽农民实际得到的补偿价格、养殖大户和养殖场的存栏、出栏数、农民的饲养意愿等）写出调查报告（不少于1200字），与汇总表一起于2月20日上报国家统计局农调总队。

附件：1. 禽流感调查问卷（略）

2. 禽流感调查上报表（略）

国家统计局　国家发展改革委　民政部 全国总工会关于开展2004年全国城镇住户基本情况抽样调查的通知

（2004年2月13日）

各省、自治区、直辖市统计局、城调队、发展改革委、民政厅、总工会：

城镇住户调查是我国统计体系的重要组成部分，自1980年经国务院批准由国家统计局组织实施以来，为党中央、国务院及地方各级党政领导和有关部门掌握人民生活、市场价格、货币流通、劳动工资和社会保障等情况，研究重大问题，进行科学决策，提供了大量统计信息和咨询建议，为我国改革开放和市场经济建设发挥了重要作用。党中央提出全面建设小康社会的奋斗目标和完善社会主义市场经济体制的战略部署，对城镇住户调查提出了更高的要求。为此，国家统计局、国家发展改革委、民政部和全国总工会决定于今年6月在全国抽中的调查市县进行15万城镇住户基本情况抽样调查。通过调查，一是摸清目前我国城镇住户的人口、就业、收入的基本情况，并在调查的基础上，确定经常性住户调查的抽样框，选择出经常性调查的记账户；二是根据此次调查资料评估现行住户调查样本的代表性；三是利用此次较大范围的调查，系统地收集城镇住户的消费、教育、社会保障等与小康社会监测密切相关的信息，为各级政府宏观决策提供可靠依据。

本次调查由国家统计局城调总队负责，并组织各级城调队实施，其他相关部门予以配合。现将《城镇住户基本情况抽样调查方案》印发给你们，请遵照执行。

调查工作在全国抽中的226个调查市、县进行。地方增扩的调查市、县可参照执行。2003年按照国家统计局统一制定的城镇住户基本情况抽样调查方案已开展过调查的少数地区，可不再组织调查。其余地区（包括2002年已开展过调查的个别地区）均应按照要求进行调查。

本次调查涉及诸多部门、家庭和个人，而且技术性强、难度大，请你们积极争取当地政府的领导与支持。有关部门要认真负责，通力合作，加强协调，做好城镇居民的宣传动员工作和组织工作，确保按质按时完成调查任务。

为启动这项调查，国家统计局安排了有限的调查经费，并已下拨调查实施单位。各地要精打细算、节约使用，不足部分，请各地政府予以支持解决。各地如需增加调查户数，或在全国抽中的调查市、县以外增加调查点，或在通知规定以外增加调查内容，其所需经费自行解决。

附件：城镇住户基本情况抽样调查方案（略）

国家统计局关于按新国民经济行业分类试算地区生产总值的通知

（2004年2月25日）

各省、自治区、直辖市统计局，新疆生产建设兵团统计局：

根据《国家统计局关于布置2002年统计年报和2003年定期报表制度的通知》（国统字〔2002〕35号）规定，从2003年统计定期报表开始，各专业统计统一使用新的《国民经济行业分类》国家标准（GB/T 4754—2002）。为配合新国民经济行业分类的全面实施，使GDP核算向新国民经济行业分类平稳过渡，从2003年年报和2004年定期报表开始，在全国范围内开展按新国民经济行业分类进行地区生产总值试算工作。现将《按新国民经济行业分类核算地区生产总值试行方案》印发给你们，请认真组织实施。

附件：1. 按新国民经济行业分类核算地区生产总值试行方案（略）

2. 服务行业增加值核算试行方法（略）

国家统计局办公室关于在世界新一轮国际比较项目中增加农村价格调查的通知

（2004年3月15日）

北京、上海、重庆、大连、哈尔滨、宁波、厦门、武汉、青岛、广州、西安市统计局：

根据世界新一轮国际比较项目（ICP）工作开展的需要，经研究决定，在我国新一轮ICP价格调查中增加农村价格调查。现就有关事项通知如下：

一、我国新一轮ICP的价格调查工作由11个调查城市（北京、上海、重庆、大连、哈尔滨、宁波、厦门、武汉、青岛、广州、西安）的城市价格调查扩展到包括城市价格和本市农村价格调查。城市价格调查由11个市的城调队负责，农村价格调查由11个市的农调队负责。

二、为便于开展工作，增加农调总队为国家统计局ICP成员单位。11个市的农调队为各自城市ICP领导小组成员。

三、11个市ICP领导小组负责组织协调各自城市价格和农村价格调查的汇总工作。

四、项目调查经费专款专用。

为确保ICP工作按时保质地完成，请你们加强领导，并将新增加的ICP领导小组成员名单，以及最后承担城市价格与农村价格调查数据汇总工作的单位及负责人名单于3月29日之前报国家统计局国际统计信息中心。

国家统计局关于重申严格执行调查队改革期间有关工作规定的通知

（2004 年 3 月 24 日）

各省、自治区、直辖市统计局，农村社会经济调查队、城市社会经济调查队、企业调查队：

国家统计局国统字〔2003〕56 号和国统字〔2004〕2 号文件下发后，各地统计局党组和三支调查队按照文件精神进行了贯彻落实，总体情况是好的。为进一步做好调查队体制改革期间的稳定工作，保障业务工作和体制改革的顺利进行，经国家统计局党组研究决定，就有关问题通知如下：

一、当前，干部晋升和调入调查队人员要严格按照国统字〔2003〕56 号和国统字〔2004〕2 号文件规定执行。

二、各级统计局要关心和支持调查队的工作，省级调查队要做好所管辖各级调查队人员的思想稳定工作，确保各项工作顺利进行。

三、原则上暂不在局与队之间进行干部轮岗交流工作，以保证调查队队伍的稳定。确因工作需要交流的个别干部，在此期间需报经国家统计局人事司批准。

四、在此期间，凡未经批准，擅自晋升职务，调入和调出调查队人员，要追究主要负责人的责任，并予以纠正。

五、各省（区、市）统计局和省级三支调查队，必须将此通知连同国统字〔2003〕56 号、国统字〔2004〕2 号文件传达到各级统计局和调查队，坚决贯彻落实。

六、各地统计局接此通知后，要对辖区内调查队执行上述文件的情况进行检查，凡不符合本通知要求的要认真予以纠正，并于4月底前，由省（区、市）统计局人事处将检查落实情况书面报国家统计局人事司。

国家统计局关于印发《文化及相关产业分类》的通知

（2004 年 4 月 1 日）

各省、自治区、直辖市统计局，新疆生产建设兵团统计局，国务院各部门统计机构：

为贯彻落实党的十六大关于文化建设和文化体制改革的要求，改进和完善文化产业统计工作，规范文化及相关产业的口径、范围，我局在与中共中央宣传部及国务院有关部门共同研究的基础上，制定了《文化及相关产业分类》。现印发给你们，请遵照执行。

文化及相关产业分类（略）

国家统计局　国家环保总局关于印发环境综合统计报表制度(试行)的通知

(2004年4月15日)

民政部、国土资源部、建设部、水利部、农业部、卫生部、林业局、地震局、气象局、海洋局：

为综合反映我国环境的整体状况，有效推进我国可持续发展战略的实施，为政府制定宏观环境政策和规划提供科学依据，国家统计局和国家环保总局联合有关部门制定了《环境综合统计报表制度(试行)》(以下简称《制度(试行)》)。该《制度(试行)》借鉴了国际组织和发达国家环境统计的通行做法，以国家各有关部门现有的统计报表制度为基础，对各部门现有的环境统计资源进行了必要的规整。现将《制度(试行)》印发给你们，请组织本部门有关单位进行试填，并就有关问题通知如下：

一、各有关部门要加强对《制度(试行)》试填工作的组织领导，明确试填单位和联系人，做好试填工作，确保今年下半年顺利实施环境综合统计报表制度。

二、请按照《制度(试行)》规定的统计表式、指标含义、指标口径和相关统计标准，填报2002和2003两个年度的统计数据，并按规定的日期报国家统计局人口和社会科技统计司。如统计数据变动异常的，要说明原因。

三、在试填工作过程中发现新情况、新问题，请及时与国家统计局人口和社会科技统计司联系。

环境综合统计报表制度(试行)(略)

国家统计局关于印发统计部门财政国库管理制度改革工作实施方案的通知

（2004年5月13日）

各省、自治区、直辖市统计局，局有关司级行政单位、在京直属事业单位：

根据财政部、中国人民银行《财政国库管理制度改革方案》的要求，结合统计部门工作实际，我局制定了《统计部门财政国库管理制度改革工作实施方案》，现印发给你们，请结合本地实际，认真贯彻实施。为切实做好统计部门财政国库管理制度改革工作，现就有关问题通知如下：

一、各地要认真组织学习财政国库管理制度改革和《统计部门财政国库管理制度改革工作实施方案》等有关文件，充分认识财政国库管理制度改革的重要意义，贯彻落实统计部门财政国库管理制度改革的总体部署，结合本地实际，切实做好财政国库管理制度改革的各项工作，确保改革工作的顺利进行。

二、要及时清理、核对本单位本年度财政拨款和预算指标，并与国家统计局核对财政资金拨款情况，发现问题，及时查明原因，予以解决，确保账账、账实相符。

三、要做好现有财政资金账户的清理工作，按照国家有关部门的规定和国家统计局的统一要求，对现有银行账户进行清理整顿。确需保留的银行账户要履行报批手续。

四、根据国家统计局的统一部署和要求，及时编报财政资金的分月用款计划。

五、做好零余额账户开设准备工作，根据国家统计局的通知要求及时提出开户申请，办理银行开户手续。

六、各地须选派得力人员参加国家统计局举办的业务培训，并及时组织分级培训，做好培训工作。

七、财政国库管理制度改革工作政策性强、涉及面广，各地统计部门的财务、人事及其他业务部门要紧密配合，共同做好财政资金的支付和管理工作。

统计部门财政国库管理制度改革工作实施方案

为顺利开展统计部门财政国库管理制度改革工作，根据财政部、中国人民银行印发的《财政国库管理制度改革方案》，制定本实施方案。

一、指导思想

按照《财政国库管理制度改革方案》的总体要求，借鉴先期试点部委的成功经验，结合统计部门的具体情况，建立既符合现代国库管理系统的总体要求，又符合统计部门实际、用款方便、管理规范、监督有力、适应性强、便于贯彻实施的统计部门财政性资金国库集中支付体系。

二、实施原则

（一）统一管理。统计部门财政国库管理制度改革工作由国家统计局财务基建司统一管理。

（二）全面实施。根据财政部要求，各省级统计局二级预算单位（包括省级统计局本级）、国家统计局机关及在京直属事业单位纳入 2004 年国库管理制度改革试点范围，今后将全面推进到三级、四级预算单位。

（三）分步进行。自 2004 年 7 月 1 日起，在纳入试点范围的单位实行财政直接支付和财政授权支付，以财政授权支付为主。在总结试点经验的基础上，2005 年底将省级调查队、地市级调查队、地市统计局等预算单位纳入财政国库管理制度改革范围，并根据实际情况逐步将所有基层预算单位纳入改革范围，同时逐步扩大财政直接支付的范围。

（四）方便用款。在确定资金支付方式和账户设置时，要考虑资金性质及使用和管理的实际需要，在不改变预算单位的资金使用权限、预算单位财务管理和会计核算权限的前提下，尽量减少资金申请和拨付环节，使预算单位用款更加及时和便利。

三、实施范围

（一）资金范围

所有财政性预算内资金均实行国库集中支付，包括基建拨款支出、统计业务费、普查专项经费、统计事业费、抽样调查队经费、干部训练费、住房公积金、提租补贴、购房补贴、政府机关经费、出国费、招待费、其他外事费、国际组织会费、国际组织捐赠支出、其他杂项支出、社会公益和农业研究、行政机关事业费等。国家统计局本级行政单位离退休费和离退休人员管理机构经费暂按原渠道支付。

（二）单位范围

统计部门所有预算单位的财政性资金都要实行国库集中支付。按照目前预算管理的实际情况，二级以上预算单位的财政性资金实行财政直接支付与财政授权支付相结合的方式。其他预算单位逐步推行。

四、财政直接支付和财政授权支付的划分

（一）自2004年7月1日起，根据统计部门财政性资金的类别、单位和资金性质，对实行财政直接支付和财政授权支付的范围作如下划分：

1.实行财政直接支付的范围

(1)基建拨款支出：各试点单位2004年财政拨款中，基本建设项目年度财政投资超过200万元人民币（含200万元）的支出（建设单位管理费等零星支出除外）；

(2)纳入财政统发的工资性支出(国家统计局机关);

(3)纳入政府采购预算且单项采购支出超过80万元(含80万元)的物品和服务采购支出。

2.实行财政授权支付的范围

除上述实行财政直接支付和规定暂按原渠道支付的资金(国家统计局本级行政单位离退休费和离退休人员管理机构经费)以外,其他财政拨款均实行财政授权支付。

(二)根据财政部关于国库集中支付工作的统一部署,今后将逐步扩大财政直接支付的范围。

五、银行账户的设立

(一)财政授权到哪一级,零余额账户就开到哪一级。预算单位零余额账户由预算单位提出开户申请经主管部门逐级审核后上报财政部,财政部为各预算单位开设零余额账户。

(二)实行财政直接支付工资的单位,由单位在财政部指定的银行为职工个人开设工资账户。

(三)各单位原有财政资金账户要根据财政部的要求,区别账户性质、账户资金构成等情况,分别进行撤销、归并或继续保留。各单位的零余额账户之间不得发生资金往来,也不得与原有账户及其他银行账户相互转存资金。

六、支付程序

(一)编制用款计划

预算单位应根据国家统计局下达的年度预算或预算控制数,按类、款、项和项目,分清实行财政直接支付和财政授权支付额度,按季编制分月用款计划,经主管部门逐级审核汇总后,由国家统计局统一报财政部核批;国家统计局和各级主管单位根据财政部批复的用款计划,逐级转批各级预算单位执行。

(二)财政直接支付程序

财政直接支付是由财政部门开具支付令,通过国库单一账户体系,直接将财政资金支付到收款人(即商品和劳务供应者,下同)

或用款单位零余额账户。

1. 支付申请

(1)预算单位需要进行财政直接支付的,应按照批复的部门预算和用款计划,提出直接支付申请,逐级报主管部门审核汇总,由国家统计局统一报财政国库执行机构。直接支付申请原则上每月申请一次。

(2)工程采购支出中,按规定应实行财政直接支付的支出,基层预算单位的支付申请在报送国家统计局审核前,还应报当地财政专员办审签。

(3)工资支付要严格按照国家规定的工资标准和有关政策,由预算单位的人事部门和财务部门在月初提供下月的人员编制、实有人数、工资标准、代扣款项(住房公积金、社会保障资金、个人所得税)等数据,逐级报送上级人事部门审核汇总,再经国家统计局审核汇总后报财政部。各单位发生增人增资、减人减资、正常工资变动及津贴变化等情况,还要在发生的当月规定日期以前,由单位人事部门汇总审核,并将变动后的数据,报上级人事部门。

2. 支付及记账

直接支付申请经财政部批准后,由代理银行直接将款项支付到用款单位或收款人。基层预算单位应根据银行办理支付后出具的通知单或凭证,按照《统计部门财政国库管理制度改革试点会计核算办法》的要求进行会计核算,登记有关支出账簿。国家统计局根据财政部签发的支付指令或银行付款后的通知单或凭证,登记有关辅助账簿,并负责逐级向下级主管单位提供收到和付出款项的凭证。

(三)财政授权支付程序

财政授权支付是预算单位根据财政授权,自行开具支付令,通过本单位零余额账户将资金支付到收款人账户。

1. 额度使用

预算单位应在财政部核定的授权支付额度内,通过零余额账户办理转账及现金支付业务。零余额账户的月度财政授权支付额度在年度内可以累加使用。

2. 支付及记账

(1)预算单位需要办理财政授权支付时，需向代理银行开具授权支付令，将财政资金支付给收款人或提取现金。

(2)预算单位应根据代理银行办理授权支付后出具的支付通知单，逐笔登记额度支出和其他会计核算账簿；国家统计局和各级原有资金转拨关系的主管单位应根据银行出据的授权支付支出的旬、月报表(包括授权支付额度和实际支付数)，登记收到和转拨授权支付额度指标的辅助登记账，并与财政部和各级预算单位进行核对。

(3)每月初，预算单位应将上月零余额账户的支出情况逐级汇总上报国家统计局，由国家统计局报送国库支付机构。

七、改革的配套措施

实行财政国库集中支付，是一项政策性强、涉及面广的系统工程，涉及财政性资金拨付程序、支付方式、账户设置等的变化，需要我们改变传统的思维方法、工作习惯和管理方式。各单位要在国家统计局的统一领导和部署下，相互密切配合，协调一致，共同搞好国库集中支付工作。

(一)进一步加强部门预算的编制和管理工作，一是建立科学的预算定额和支出标准，确保预算编制的质量；二是上级预算单位要在规定的时间内按规范的格式及时分解批复下达预算，不得预留各项经费；三是尽量细化预算，减少打捆项目。逐步使统计部门财政性资金的支付都建立在明晰的预算基础上，为顺利实行财政资金国库集中支付创造条件。

(二)修订和制定相关管理办法。为了适应财政国库管理制度改革的要求，国家统计局将适时修订或制定《统计部门财政资金支付管理办法》和《统计部门财政国库管理制度改革试点会计核算办法》，为改革提供制度保障。

(三)建立统计部门资金管理信息系统,提高会计电算化和信息网络化程度。继续推进基层预算单位会计电算化进程,加大财会人员培训力度,今明两年内要创造条件,加快各级各单位财务部门的网络建设,早日实现联网,使财政国库管理信息系统能在统计部门财务系统投入应用,及时、准确地报送、反馈有关财政资金使用和管理信息。

(四)国家统计局财务基建司负责统计部门财政国库集中支付的管理和监督。各预算单位负责办理财政直接支付和财政授权支付的具体业务,指定专门人员负责此项工作,并与人事及其它业务部门密切配合,做好财政资金的支付和管理工作。

(五)加强监督制约机制。统计部门各级财务部门要加强对预算单位资金使用的监督,认真审核预算单位的用款计划和支付申请;建立健全财政国库集中支付的内部监督制约制度,定期对预算单位的相关业务进行内部审计,确保财政资金安全。

八、实施步骤和时间

从 2004 年 7 月 1 日起,统计部门各二级以上预算单位实施财政国库管理制度改革。在总结经验、优化和完善方案的基础上,2005 年底在各地市级预算单位全面实施国库集中支付,以后逐步扩大到所有基层单位,同时逐步扩大财政直接支付范围。

国家统计局关于成立
第二届依法行政专家咨询组的决定

（2004 年 5 月 17 日）

各省、自治区、直辖市统计局，新疆生产建设兵团统计局：

为贯彻实施国务院《全面推进依法行政实施纲要》，做好统计立法、普法和执法工作，进一步推进依法统计，国家统计局决定成立第二届依法行政专家咨询组。

国家统计局依法行政专家咨询组的主要职能是：①对统计部门推进依法行政、依法统计提出咨询意见；②参与统计法律、法规、规章的起草、修改和论证工作，对健全统计法律制度提出咨询意见；③为我局干部讲授法制课；④参与统计普法和有关统计法教材的编审工作。

国家统计局第二届依法行政专家咨询组由下列 10 人组成（以姓氏笔划为序）：

马怀德　中国政法大学法学院院长、教授

刘　炤　国务院法制办公室财政金融司副司长

刘凯湘　北京大学法学院教授

刘贵祥　最高人民法院民事审判第二庭副庭长

李　强　清华大学人文学院院长、教授

李朝鲜　北京工商大学副校长、教授

张世诚　全国人大常委会法工委国家法行政法室助理巡视员

金国坤　北京行政学院教授

赵彦云　中国人民大学应用统计中心主任、教授

胡锦光　中国人民大学法学院教授

国家统计局关于进行固定资产投资项目有关情况调查的通知

（2004年5月19日）

各省、自治区、直辖市统计局、企业调查队：

为了解我国部分行业近年来固定资产投资项目的有关情况，国家统计局决定在全国55个城市进行固定资产投资项目有关情况调查，由各地统计局协助，企业调查队负责组织具体实施。请你们认真组织实施，按时按质完成调查任务。

附件：固定资产投资项目有关情况调查方案

附件：

固定资产投资项目有关情况调查方案

一、调查范围

北京、天津、上海、重庆市及各省（区）部分城市（具体名单见附1）2001年以来（含2001年）批准的新建、改扩建及迁建的固定资产投资项目。

二、调查对象

省和省以下政府及其职能部门批准的政府固定资产投资项目、企业固定资产投资项目，以及企业自行批准的固定资产投资项目等。不包括国家固定资产投资项目和地方政府固定资产投资建设的城市公用事业项目、国防和人防建设项目，也不包含房地产投资项目及农业技术开发投资项目。

固定资产投资项目规模要求：新建项目为5000万元以上；改扩建项目为3000万元以上。

三、调查要求与资料上报

（一）本次调查由省、市两级企业调查队先从各级统计局投资处（科）查找项目名称和地址，然后采取发表与走访调研相结合的办法进行，并将走访调研所获得的实际情况进行整理，提供一份不少于3000字的本地区固定资产投资项目有关情况的调研报告；

（二）调查方法与方式：各地可采取发表调查、走访调研、座谈会等，也可根据本地情况自行选择；

（三）各省级企业调查队将本省（区、市）调查结果按照专项调查通用系统格式上报，系统参数由总队编制后下发，上报文件以“tzxm＋省代码”为名，调研材料以“tzxmw＋省代码”为名，于6月15日前通过FTP或电子邮件E－mail：qdzxc_gj@stats.gov.cn报企业调查总队专项调查处。

附：1. 固定资产投资项目有关情况调查城市名单（略）

2. 固定资产投资项目有关情况调查问卷（略）

3. 固定资产投资项目有关情况走访调研提纲（略）

国家统计局关于启动统计快速应急机制做好固定资产投资月度统计报送工作的通知

（2004 年 5 月 25 日）

各省、自治区、直辖市统计局：

当前，在我国国民经济保持良好发展势头的同时，部分地区固定资产投资增速过快、投资规模过大，部分行业重复建设盲目建设等问题也逐步显现出来。抑制投资过快增长、防止经济大起大落成为当前经济工作十分重要而紧迫的任务。为此，党中央、国务院提出了一系列加强宏观调控的政策和措施，以确保我国经济的平稳健康发展。

为了快速、及时、准确地反映国家宏观调控措施的落实情况，国家统计局决定启动统计系统快速应急机制，密切关注建设领域存在的新情况和苗头性问题，现将有关要求通知如下。

一、对当前固定资产投资统计月报的报送时间和内容进行调整。包括：

（一）将月报综合数据报送时间提前。

从 2004 年 5 月份月报开始，固定资产投资统计月报综合表（H401、H402、H403、H404、H407、H408 表）上报国家统计局的时间提前为月后 6 日的 18 时以前，比原先提前 6 个小时。

（二）500 万元以上项目报送时间提前。

从 2004 年 5 月份月报开始，500 万元以上项目基层数据上报国家统计局的时间由原月后 10 日 24 时以前提前为月后 7 日 24 时以前。

(三)加强对部分重点行业生产能力建设情况的监测。

从2004年6月份月报开始,在“固定资产投资完成情况”(H201表,续表四)中增加部分重点行业新增生产能力的“本年新开工规模(403)”指标。随项目基层库一起上报国家统计局投资司,具体表式及目录见附件。

二、密切跟踪反映各项宏观调控措施,尤其是投资项目清理工作的贯彻落实情况。对在贯彻落实过程中出现的新情况、新问题及对投资活动的影响要及时上报国家统计局投资司。项目清理过程中发生停、缓建的,要在500万元以上项目库中及时反映,即建设阶段(A17)填“4”。

三、启动快速应急机制后,各地要采取必要的措施,保障应急机制的顺利运行。各地要高度重视统计数据质量,狠抓投资项目统计工作,确保统计数据的真实可靠。要加强统计执法,对投资统计中的虚报、瞒报行为进行严肃查处。

四、我局将对进度固定资产投资数据处理程序进行修改,以解决启动快速应急机制后的数据报送问题。

附件:1.500万元以上投资项目新增生产能力表(略)

2.需上报的新增生产能力代码目录(略)

统计部门财政国库管理制度改革资金支付管理实施办法

国家统计局

（2004年5月26日）

第一章 总 则

第一条 为了加强统计部门财政性资金管理和监督，提高资金运行效率和使用效益，保证财政国库管理制度改革工作顺利进行，根据财政部、中国人民银行《中央单位财政国库管理制度改革试点资金支付管理办法》和《统计部门财政国库管理制度改革工作实施方案》，制定本办法。

第二条 本办法适用于统计部门各预算单位下列财政性资金的支付管理：

（一）财政预算内资金；

（二）其他财政性资金。

第三条 财政性资金通过国库单一账户体系存储、支付和清算。

第四条 财政性资金的支付实行财政直接支付和财政授权支付两种方式。

财政直接支付是指由财政部向中国人民银行和代理银行签发支付指令，代理银行根据支付指令通过国库单一账户体系将资金直接支付到收款人或用款单位账户。

财政授权支付是指预算单位按照财政部的授权，自行向代理银行签发支付指令，代理银行根据支付指令，在财政部批准的用款额度内，通过国库单一账户体系将资金支付到收款人账户。

第五条 单位预算批准后，预算单位依法拥有相应的资金使用权，履行财务管理、会计核算职责，并接受财政和审计监督。

第六条 统计部门预算单位分为一级预算单位、二级预算单位和基层预算单位。向财政部汇总报送分月用款计划并提出财政直接支付申请的预算单位为一级预算单位（国家统计局财务基建司）；向一级预算单位汇总报送分月用款计划并提出财政部直接支付申请且有下属单位的预算单位为二级预算单位（省级统计局、调查队）（特别情况可再分为三级、四级等预算单位，下同）；只有本单位开支，无下属单位的预算单位，为基层预算单位，基层预算单位一般为一个独立核算的单位。一级、二级预算单位的本级开支，视为基层预算单位管理（国家统计局本级、省级统计局本级）。

第七条 预算单位应当按照规定编制分月用款计划，并根据批准的分月用款计划使用财政性资金。

第八条 财政性资金的支付，应当坚持按照财政预算、分月用款计划、项目进度和规定程序支付的原则。

第二章 预算单位零余额账户的设立、使用和管理

第九条 预算单位使用财政性资金，应当按照财政部规定的程序和要求，按预算级次逐级提出设立零余额账户的申请，并向财政部国库支付执行机构办理预留印鉴手续。

第十条 预算单位提出设立银行账户的申请，逐级审核后，报国家统计局财务基建司（以下简称财务基建司）审核汇总，填写《财政授权支付银行开户情况汇总申请表》上报财政部，财政部审核同意后通知代理银行为预算单位开设零余额账户。

第十一条 财务基建司根据财政部的开户通知，将预算单位所开账户的开户银行、账号等详细情况书面通知各预算单位。

第十二条 预算单位根据财务基建司的开户通知，具体办理预留印鉴手续。财务基建司填制财政部统一制发的《中央一级预算单位预算拨款印鉴卡》一式三份，财务基建司自留一份，交财政部总预算会计、财政部国库支付执行机构各一份；基层预算单位填制财政部统一制发的《中央基层预算单位预算拨款印鉴卡》）一式三份，基层预算单位自留一份，交财务基建司、财政部国库支付执行机构各一份。

第十三条 预算单位的零余额账户印鉴卡必须按规定的格式和要求填写。印鉴卡内容如有变动，预算单位应当及时通过财务基建司提出变更申请，办理印鉴卡更换手续。

第十四条 预算单位增加、变更、合并、撤销零余额账户，应当按照相关规定办理。

第十五条 一个基层预算单位开设一个零余额账户。

第十六条 预算单位零余额账户用于财政授权支付，该账户每日发生的支付，于当日营业终了前由代理银行在财政部批准的用款额度内与国库单一账户清算。营业中单笔支付额 5000 万元人民币以上的（含 5000 万元，下同），应当及时与国库单一账户清算。

第十七条 预算单位零余额账户可以办理转账、提取现金等结算业务；可以向本单位按账户管理规定保留的相应账户划拨工会经费、住房公积金及提租补贴，以及经财政部批准的特殊款项，不得违反规定向本单位其他账户和上级主管单位、所属下级单位账户划拨资金。

第十八条 各基层预算单位要切实加强对现金支出的管理，不得违反《现金管理暂行条例》等规定提取和使用现金。

第三章 用款计划

第十九条 预算单位根据批准的部门预算和本办法的规定编

制分月用款计划。分月用款计划是办理财政性资金支付的依据。

第二十条 预算单位分月用款计划按季分月编制，包括财政直接支付用款计划和财政授权支付用款计划两部分。

第二十一条 预算单位分月用款计划应当按照财政部统一制定的《中央基层预算单位分月用款计划表》编制。

基本建设支出、专项类支出用款计划按具体项目编制，其他类支出用款计划按项级科目编制。

第二十二条 预算单位依据批复的年度预算（预算控制数）和项目进度，科学编制用款计划。基本支出用款计划按照年度均衡性原则编制，项目支出用款计划按照项目实施进度编制。

第二十三条 第一季度、第二季度分月用款计划原则上根据国家统计局下达的预算控制数编制；第三季度、第四季度分月用款计划根据国家统计局下达的正式预算数编制。当下达正式预算与预算控制数差距较大时，应当根据正式预算及时调整第二季度分月用款计划，按照规定程序报财务基建司审核汇总后，报财政部审批。

第二十四条 各级预算单位编制本单位的分月用款计划，逐级审核上报，由财务基建司审核汇总后，编制《中央预算单位分月用款计划汇总表》报送财政部审核批复。

第二十五条 用款计划报送时间：二级预算单位于每年11月20日（节假日顺延，下同）将下一年第一季度分月用款计划报财务基建司，财务基建司审核汇总后于12月1日前报送财政部；二级预算单位每年2月20日、5月20日、8月20日前分别报送本年度第二季度、第三季度、第四季度分月用款计划，财务基建司审核汇总后，分别于3月1日、6月1日、9月1日前报送财政部。

第二十六条 用款计划的批复：财政部根据部门预算（部门预算控制数）于每季度最后月份的20日前，批复下达国家统计局下一季度分月用款计划。财务基建司根据财政部批准的汇总用款计划，按照财政部规定的格式，于每季度最后月份的25日前下达二级预算单位的用款计划，并抄报财政部。

第二十七条 年度预算执行中发生追加、追减调整变化，财务基建司在收到财政部预算调整文件的7个工作日内，调整本单位的用款计划按规定程序报财政部。二级预算单位在收到国家统计局预算调整文件后，及时调整本单位的用款计划，按规定程序报财务基建司。财务基建司在收到财政部的批复后5个工作日内下达二级预算单位用款计划。

第二十八条 分月用款计划一般不作调整，因特殊情况确需调整的，预算单位应当提前提出申请，二级预算单位应在用款月度前20个工作日内报财务基建司；财务基建司审核同意后，在用款月度前10个工作日内报财政部审批。

第二十九条 预算单位依据用款计划办理财政直接支付用款申请和财政授权支付手续。

第四章 财政直接支付

第一节 一般程序

第三十条 预算单位实行财政直接支付的财政性资金包括：工资支出、工程采购支出、物品和服务采购支出。

第三十一条 基层预算单位填写《中央基层预算单位财政直接支付申请书》，逐级上报，经财务基建司审核汇总后，填写《财政直接支付汇总申请书》附《中央基层预算单位财政直接支付申请书》报财政部国库支付执行机构。

《中央基层预算单位财政直接支付申请书》和《财政直接支付汇总申请书》按款分项填写，基本建设支出、专项类支出按项目填写。

第三十二条 基层预算单位的财政直接支付申请在报财务基建司之前，应当由其所在省、自治区、直辖市或计划单列市财政监察专员办事处(以下简称财政专员办)审核签署意见。

第三十三条 财政部国库支付执行机构审核确认财务基建司提出的汇总支付申请无误后,通知代理银行办理资金支付。代理银行根据《财政直接支付凭证》办理支付后,开具《财政直接支付入账通知书》发财务基建司,财务基建司向二级预算单位和基层预算单位分发。

第三十四条 《财政直接支付入账通知书》作为国家统计局和预算单位收到和付出款项的凭证。预算单位根据收到的支付凭证做好相应会计核算工作。

第二节 工资支出

第三十五条 工资支出实行财政直接支付方式,支付的范围是国家统计局局机关本级,事业单位由财政拨款供养的在编人员暂不列入直接支付范围。

第三十六条 工资支出要严格执行国家规定的工资标准和有关政策。

第三十七条 国家统计局人事部门会同财务部门根据编制部门和人事部门的要求,每月20日前提供下一个月国家统计局局机关的人员编制、实有人数、工资标准、代扣款项等数据,报国家编制部门和人事部门审核。

代扣款项是指国家政策规定必须由个人缴纳的住房公积金、医疗保险、养老保险、失业保险和依法缴纳的个人所得税等款项。国家政策规定之外应由个人缴纳的其他款项不列入代扣项目。

第三十八条 财政部国库支付执行机构根据国家编制部门和人事部门核定的各单位在编实有人员及工资额,列出应由财政部发放的工资清单,通知代理银行办理资金支付。代理银行在工资支付的次日为各单位出具工资明细表,向各单位传送个人工资支付信息。

第三十九条 预算执行中,单位发生增人增资、减人减资、正常工资变动及津贴变化等情况，国家统计局机关人事部门要在变动当月20日之前将变动情况和变动后的人员工资一并汇总报人事部门审核，人事部门在当月25日之前将审核结果送财政部。财政部及时向代理银行提供变动后的下月工资发放清单。

工资实行财政直接支付过程中，因特殊原因造成不能在规定时间支付到收款人的，财政部按规定核实后，及时通知代理银行将应支付的工资支付到相应的收款人。

第三节　工程采购支出

第四十条　工程采购支出适用于建设单位（建设单位是指负责工程项目建设和管理的基层预算单位）基本建设投资中年度财政投资超过200万元人民币（含200万元）的支出，包括建筑安装工程、设备采购、工程监理和设计服务等支出。

第四十一条　工程采购支出实行财政直接支付时，建设单位要依据年度单位预算、分月用款计划和有关支付凭证（属于政府采购范围的工程项目，还需要按财政部有关规定提供相关的政府采购文件），提出项目支付申请，填写财政部统一制定的《中央基层预算单位财政直接支付申请书》。

本条所规定的支付凭证，包括购货合同或招标采购的中标供货合同等文件、票证的复制件。预付工程款还需要提供预付工程款支付凭证；工程款还需要提供工程价款结算单；设备、材料款还需要提供设备、材料采购清单。

第四十二条　建设单位的支付申请书经项目监理审核签字并附加盖单位公章的本单位分月用款计划批复复印件，按规定程序报财政专员办审核签署意见。财政专员办审核支付申请所列项目是否在规定的单位预算和用款额度内，是否符合项目进度，有关申请的支付凭证是否齐全、相符等。

第四十三条　建设单位的支付申请经财政专员办审核签署意见后，按规定程序报上级预算单位审核汇总。财务基建司审核汇总后，及时填写《财政直接支付汇总申请书》附《中央基层预算单位财政直接支付申请书》报财政部国库支付执行机构。

第四十四条 财政部国库支付执行机构审核财务基建司提出的财政支付汇总申请无误后，及时向代理银行开具《财政直接支付凭证》，由代理银行通过财政部零余额账户将资金直接支付到收款人或用款单位。

第四十五条 工程质量保证金的支付，按照合同有关条款、在保修期满后按规定程序支付给收款人。

第四十六条 有多项资金来源的项目，按照融资比例、工程进度支付财政性资金。如果其他来源资金不能到位或到位比例低于财政性资金支付进度 50％的，财政部有权暂缓或停止支付财政性资金。

第四十七条 建设项目概算及财政预算的调整，要按原报程序审批。对办理概算或财政预算调整的项目，财务基建司和财政部要严格审核其支付申请，在概算、项目预算调整审批之前，原则上暂停支付资金；在概算、项目预算调整审批之后，按照重新批复的概算、项目预算支付资金。

第四十八条 属于政府采购范围的工程采购支出部分（建筑工程、设备采购、工程监理等支出），要按照财政部政府采购有关规定实行财政直接支付；需要实行公开招标采购方式的，还应当根据《招标投标法》，履行招标投标程序。

第四节 物品、服务采购支出

第四十九条 物品、服务采购支出适用于预算单位采购列入财政部颁发的《政府采购品目分类表》的商品、服务采购支出（单件商品或单项服务购买额不足 80 万元人民币的除外），或未列入《政府采购品目分类表》但单件商品或单项服务购买额超过 80 万元人民币（含 80 万元）的支出。

第五十条 基层预算单位依据年度单位预算，分月用款计划和有关支付凭证，提出支付申请，填写财政部统一制定的《中央基层预算单位直接支付申请书》。

本条所规定的支付凭证包括购货票证、购货合同、招标采购的中标供货合同等文件、相关票证的复制件。

第五十一条 基层预算单位将支付申请附加盖单位公章的本单位分月用款计划批复件的复印件，按规定程序报财政专员办审核签署意见后，报上级预算单位审核汇总。财务基建司审核汇总后，及时填写《财政直接支付汇总申请书》附《中央基层预算单位财政直接支付申请书》报财政部国库支付执行机构。

第五十二条 财政部国库支付执行机构审核财务基建司提出的财政直接支付汇总申请无误后，及时向代理银行开具《财政直接支付凭证》，由代理银行通过财政部零余额账户将资金直接支付到收款人或用款单位。

第五十三条 属于政府采购范围的物品、服务采购支出，要按照财政部有关政府采购的规定实行财政直接支付；需要实行公开招标采购方式的，还应当根据《招标投标法》，履行招标投标程序。

第五章 财政授权支付

第五十四条 财政授权支付适用于未纳入工资支出，工程采购支出，物品、服务采购支出管理的购买支出和零星支出。包括单件物品或单项服务购买额不足 80 万元人民币的购买支出；年度财政投资额不足 200 万元人民币的工程采购(含建设单位管理费)支出；特别紧急支出；经财政部批准的其他支出。

第五十五条 每月 25 日前，财政部根据批准的财务基建司汇总的部门用款计划中各基层单位的月度财政授权支付额度，分别向中国人民银行、代理银行签发下月《财政授权支付汇总清算额度通知单》和《财政授权支付额度通知单》，确定各基层预算单位下一月度授权支付的资金使用额度。

第五十六条 代理银行在收到财政部下达的《财政授权支付额度通知单》的1个工作日内，将《财政授权支付额度通知单》所确定的各基层预算单位财政授权支付额度通知其所属各有关分支机构。各分支机构在接到《财政授权支付额度通知单》的1个工作日内，向各相关预算单位发出《财政授权支付额度到账通知书》。

第五十七条 基层预算单位凭据《财政授权支付额度到账通知书》所确定的额度支用资金；代理银行凭据《财政授权支付额度通知单》受理预算单位财政授权支付业务，控制预算单位的支付金额，并与国库单一账户进行资金清算。

第五十八条 《财政授权支付通知单》中确定的月度授权额度可以累加使用。年度终了，代理银行和基层预算单位对截止12月31日时点财政授权支付额度的下达、支用、余额等情况进行对账签证。代理银行将基层预算单位零余额账户财政授权支付额度余额全部注销，银行对账签证单作为基层预算单位年终余额注销的记账凭证。代理银行要将财政授权支付额度注销的明细及汇总情况在下一年度的第二个工作日报财政部和财务基建司。财政部下达的下年度财政授权支付额度，由预算单位按规定使用。

第五十九条 预算单位支用财政授权支付额度时，填写财政部统一印制的《财政授权支付凭证》并及时送交代理银行。《财政授权支付凭证》要填写完整、清楚，印章齐全，不得涂改。

第六十条 预算单位支用财政授权支付额度可通过转账或现金等方式结算；代理银行根据预算单位《财政授权支付凭证》确定的结算方式，通过支票、汇票等形式办理资金支付。

第六十一条 预算单位需要从银行支取现金时，必须按照《现金管理暂行条例》等有关规定从零余额账户提取。

第六十二条 预算单位使用支票结算方式结算时，如果不能确定收款人全称、账户、开户银行和支付金额，《财政授权支付凭证》中相关栏目可以不填写，但必须在结算方式栏中填写所使用的支票号码。

第六十三条　预算单位零余额账户需办理同城特约委托收款业务的，可与代理银行签订授权协议，授权代理银行在接到煤、电、水等公用企业提供的收费通知单后，从预算单位零额账户的财政授权支付额度内划拨资金，并相应扣减预算单位对应款项科目（项目）下的财政授权支付额度。

第六十四条　代理银行按规定编制《财政支出日报表》和《财政支出旬（月）报表》。支出日报表按基层预算单位，分预算科目类、款、项（基本建设支出和专项类支出列到项目）编制；支出旬（月）报按一级预算单位，分预算科目类、款、项（基本建设支出和专项类支出列到项目）编制。

代理银行按规定向财政部国库支付执行机构和财务基建司报送财政支出日、旬、月报表，日报表于次日、旬报表于每旬后1日、月报表于每月后2日（节假日顺延，下同）报送。

第六十五条　每月7日前，二级预算单位分预算科目类、款、项（基本建设支出和专项类支出科目列到项目）编制《中央基层预算单位财政支出月报表》（含电子文档）报财务基建司，并将已提取未支用的现金数额单独反映。财务基建司分预算科目类、款、项汇总逐级上报的预算单位上月零余额账户支出情况，编制《中央预算单位财政支出汇总月报表》（含电子文档），于每月15日前报财政部国库支付执行机构，并将已提取未支用的现金数额单独反映。

第六十六条　财政授权支付的资金，因凭证要素填写错误而在支付之前退票的，由预算单位核实原因后重新通知代理银行办理支付；财政授权支付的资金由代理银行支付后，因收款单位的账户名称或账号填写错误等原因而发生资金退回预算单位零余额账户的，代理银行在当日（超过清算时间在第二个工作日）将资金退回国库单一账户并通知预算单位，按原渠道恢复预算单位零余额账户财政授权支付额度。

第六十七条　代理银行在每月初3个工作日内，按上月实际发生的明细业务，向开户的预算单位发出对账单，按月与预算单位对账。

第六十八条 代理银行受理预算单位财政授权支付业务按规定收取的汇划手续费，由财政部按年度统一与代理银行总行结算，不得向预算单位收取。

第六章 管理与监督

第六十九条 国家统计局财务基建司在财政性资金支付管理中的主要职责是：

（一）负责按部门预算管理使用财政性资金，并做好相应的财务管理和会计核算工作；

（二）负责本部门及所属单位的财政性资金支付管理的相关工作；

（三）统一组织本部门及所属单位编制物品、服务采购计划、用款计划，负责审批二级预算单位的用款计划；

（四）负责管理工程进度、工程质量；

（五）配合财政部对本部门及所属单位预算执行、资金申请与拨付和账户管理等情况进行监督管理。

第七十条 基层预算单位在财政性资金支付中的主要职责是：

（一）负责按单位预算使用财政性资金，并做好相应的财务管理和会计核算工作；

（二）负责组织管理本单位的招标投标工作；

（三）负责编制用款计划；

（四）负责提出财政直接支付申请，提供有关申请所需凭证，并保证凭证的真实性、合法性；

（五）负责本单位的项目进度、工程质量；

（六）根据财政授权支付管理规定，签发支付指令。通知代理银行支付资金。

第七十一条 除国务院或国务院授权财政部批准的特殊事项外，发生下列情形之一的，财政部有权拒绝受理支付申请：

（一）无预算、超预算申请使用资金；

（二）自行扩大预算支出范围申请使用资金；

（三）申请手续及提供的文件不完备，有关审核单位没有签署意见或加盖印章；

（四）未按规定程序申请使用资金；

（五）预算执行中发现重大违规违纪问题；

（六）工程建设出现重大问题；

（七）出现其他需要拒付情形。

第七章 法律责任

第七十二条 预算单位未按规定擅自变更预算，改变预算用款方向或性质，造成预算资金损失浪费的，追究单位负责人和有关直接责任人的行政责任。情节严重构成犯罪的，移交司法机关，依法追究刑事责任。

第七十三条 违反本办法规定，有下列行为之一的，依法追究其责任：

（一）伪造、变造或提供虚假合同的；

（二）伪造、变造或提供虚假支付申请的；

（三）伪造、变造或提供虚假收款人及其账户，骗取预算资金的；

（四）预算单位有关人员与收款人合谋以非法手段骗取预算资金的；

（五）预算单位提供虚假信息，造成财政资金流失严重的。

有前款所列行为之一的有关人员，构成犯罪的，移交司法机关追究刑事责任；尚未构成犯罪的，予以通报批评；对其直接负责的主管人员和其他直接责任人员，由其所在单位依法给予行政处分。

第七十四条 有关管理部门工作人员在实施财政性资金支付管理工作及实施监督中滥用职权、玩忽职守、徇私舞弊，造成重大损失，构成犯罪的，移交司法机关追究刑事责任；尚不构成犯罪的，由所在单位依法给予行政处分。

第八章 附 则

第七十五条 本办法所称特别紧急支出，是指经国家统计局认定并由国务院或国务院授权财政部批准的特别紧急事项的支出。特别紧急支出可通过预算单位零余额账户办理。

第七十六条 因特别紧急支出，预算单位零余额账户财政授权支付额度不足时，由二级预算单位通过国家统计局财务基建司提出申请报财政部批准，财政部予以调增额度并及时通知中国人民银行和代理银行。

第七十七条 本办法由国家统计局负责解释。

第七十八条 本办法自印发之日起施行。

国家统计局　商务部　海关总署
信息产业部　国家外汇管理局关于印发《软件业统计管理办法（试行）》的通知

（2004 年 6 月 11 日）

各省、自治区、直辖市统计局、信息产业厅、商务厅（委、局）、外经贸委（厅、局）、外汇管理局，各直属海关：

为贯彻落实《振兴软件产业行动纲要 2002－2005》（国办发〔2002〕47 号），国家统计局、信息产业部、商务部、海关总署、国家外汇管理局制定了《软件业统计管理办法（试行）》。现印发给你们，请认真贯彻执行。

软件业统计管理办法

（试行）

第一条　为准确、及时地反映我国软件行业软件产品开发和服务的实际情况，根据《中华人民共和国统计法》及其实施细则和国务院办公厅《振兴软件产业行动纲要 2002－2005》精神，制定本办法。

第二条　本规定适用于登记注册为软件行业的企业和以对外经营软件开发、研制活动为主的软件产业活动单位。

软件业是指《国民经济行业分类》（GB/T 4754－2002）中第 61 大类计算机服务业中的计算机系统服务和第 62 大类软件业，具体的范围是：

（一）提供计算机系统的设计、集成、安装等方面的服务；

（二）专门从事计算机软件的设计、程序编制、分析、测试、修改、咨询；

（三）为互联网和数据库提供软件设计与技术规范；

（四）为软件所支持的系统及环境提供咨询、协调和指导；

（五）为硬件嵌入式软件及系统提供咨询、设计、鉴定等活动。

软件业不包括仅销售软件，软件的批量复制，单独的软件与硬件组合的系统安装、调试，与硬件有关的咨询活动和为用户提供数据录入、加工、存贮等方面的服务。

软件企业是指从事软件开发和服务活动的法人单位，应同时具备下列条件：

（一）依法成立，有自己的名称、组织机构和从事软件开发和服务的场所，能够独立承担民事责任；

（二）独立拥有和使用（或授权使用）资产，承担负债，有权与其他单位签定合同；

（三）会计上独立核算，能够编制资产负债表。

软件产业活动单位应具备下列条件：

（一）位于一个场所，从事软件开发和服务或主要从事该种活动；

（二）相对独立地组织生产、经营或业务活动；

（三）能够掌握收入和支出等核算资料。

第三条 软件业的经营活动包括计算机系统服务、公共软件服务（基础软件服务和应用软件服务）和其他软件服务。基础软件服务是指为一般计算机用户提供的软件设计、编制、分析、测试等服务。应用软件服务是指为专业领域使用计算机的用户提供软件服务，以及提供给最终用户产品中的软件（嵌入式软件）服务。其他软件服务是指为特定客户提供的软件服务，以及与软件有关的咨询等活动。

第四条 国家对软件统计实行"集中组织、分别统计、统一发布"的管理方式。由国家统计局和信息产业部负责组织全国的软件统计工作,分别由有关部门开展相关的软件统计工作,由各有关部门统一协调后对外公布有关统计信息。

第五条 软件生产活动的统计由信息产业部负责,对从事软件开发的企业和产业活动单位进行统计调查。根据我国目前统计工作的实际情况,统计范围暂定为年经营收入额在50万元及以上的软件企业、软件产业活动单位。对一些软件产业活动单位,其软件开发和服务的成果主要是体现在本法人企业(或单位)的有效载体上同时销售(如数控机床、大型机电产品、IT产品、家用电器等),难以确定单独经营收入的产业活动单位,可按本法人企业(或单位)对该产业活动单位的经常性资金投入计算,达到50万元就作为统计核算单位(资金投入包括:软件研发人员的工资、奖金、补助;软件研发的原材料等方面的投入等)。调查的主要内容包括软件行业的基本情况,人员情况,财务情况,软件产品销售情况,软件产品出口等方面的指标。

第六条 软件出口统计由海关总署负责。由海关对系统软件、支撑软件、应用软件和其他软件(包括已安装在计算机上的软件)出口和以服务形式对外出口的软件出口总额进行按月统计。

第七条 软件出口外汇收入情况统计由国家外汇管理局负责。

第八条 软件开发单位科技活动情况由国家统计局负责。根据国家统计局的科技统计滚动规划,每五年滚动调查一次软件开发单位科技活动情况,以便计算软件行业的R&D。调查范围:全部计算机系统服务业、软件业。调查的主要统计指标:单位基本情况,包括从业人员、专业技术人员、工程技术人员、营业收入、利润总额等;科技活动情况,包括高中级技术职称人员、研究与发展人员;科技活动经费筹集情况,包括企业资金、金融机构贷款、来自政府部门的资金等;科技活动经费支出情况,分为内部支出和外部支出;研究与发展经费支出:基础研究、应用研究、试验发展等;科技项目情况;科技活动成果,包括软件销售情况,出口情况等方面的指标。

第九条 统计资料的提供。信息产业部、商务部、海关总署、国家外汇管理局和国家统计局定期相互提供其统计资料。

第十条 本办法自发布之日起执行,由国家统计局负责解释。

中组部　张为民同志任职

（2004 年 6 月 18 日）

中共国家统计局党组：

6 月 17 日请示收悉。同意张为民同志任国家统计局党组成员。

国务院关于张为民任职的通知

（2004 年 7 月 3 日）

国家统计局：

国务院 2004 年 7 月 3 日决定，任命张为民为国家统计局副局长。

国家统计局关于印发《全国农产品批发价格试点调查方案(修订稿)》的通知

(2004年7月5日)

各省、自治区、直辖市统计局、农调队:

我局2003年8月7日印发《关于开展农产品批发市场价格试点调查的通知》(国统字〔2003〕42号)以来,各地高度重视农产品批发价格试点调查,试点工作进展顺利。根据各地在试点过程中反映的问题,我们对方案中调查网点和调查品种进行了调整。现将《全国农产品批发价格试点调查方案(修订稿)》印发给你们,请抓紧落实新增调查网点,并从2004年8月份开始正式按修订方案开展批发价格调查试点工作。在试点过程中发现新问题请及时向我局报告。

全国农产品批发价格试点调查方案

(修订稿)

一、调查目的

农产品批发价格是指全国大中型农产品批发市场或从事农产品批发交易的经营单位进行农产品批发交易的成交价格。开展农产品批发价格调查旨在收集农产品批发价格资料,准确把握全国主要农产品价格走势与供求状况,满足各级政府和宏观决策部门研究制定农村经济政策的需要,为提高我国农产品市场竞争力服务。

二、调查内容

农产品批发价格调查内容为农林牧渔业主要农产品的批发交易价格，调查品种分为粮油、棉花、蔬菜、果品、花卉、肉禽蛋、水产品和木材共八个类别(调查品种与规格见附件1)。

三、调查对象

农产品批发价格调查的对象为农产品批发市场或从事农产品批发交易的经营单位。调查网点根据交易品种和成交量综合确定，全国共调查100家农产品批发市场和经营单位(调查网点名单见附件2)。

四、调查周期与上报日期

农产品批发价格调查周期为月报，批发价格上报日期为每月25日。

粮油、蔬菜、果品、花卉、肉禽蛋和水产品价格的采价日期为上报日的前一个工作日。棉花和木材价格的报告期为上月25日至当月24日。遇法定节假日，采价和上报日期顺延，按实际采价日期填报。

五、调查方式

(一)粮油、蔬菜、果品、花卉、肉禽蛋和水产品的批发价格以市场内该种农产品最大批发商(摊位、商家或商号)单笔最大交易为准。最大交易量前三家为批发商调查样本，一般优先选择交易量最大的批发商作为采价对象，并在一年内保持相对稳定。

批发价格为采价日单笔最大交易量的成交价格。价格资料由调查员在采价日对批发商进行现场访问取得。

(二)棉花和木材批发价格按被抽中市场或经营单位在报告期内批发交易的全部成交情况填报。

批发价格为批发交易的加权平均价格。价格资料由被调查单位对报告期内相关产品的全部销售情况逐一分类登记，并定期整理、报送价格数据。

（三）实行全国统一的统计分类标准和编码。各地可根据需要适当增加调查指标，但不得改变指标排列顺序和编码。

六、数据报送与汇总

（一）各地通过国家统计系统内部信息传输系统（Openmail）直接报送批发市场和经营单位的价格资料。

（二）数据上报采用规定的 EXCEL 模板格式，价格保留两位小数。缺省指标可不予填报，但不得改变指标顺序和数据格式。

（三）批发价格数据汇总工作由国家统计局农调总队负责。

附件：1. 农产品批发价格调查表（略）

2. 农产品批发价格调查网点名单（略）

国家发展改革委　国家统计局关于进一步完善房地产价格指数编制工作的通知

（2004年7月14日）

各省、自治区、直辖市发展改革委、物价局、统计局：

经国务院批准，1997年10月，原国家计委、国家统计局联合下发了《关于开展房地产价格指数编制工作的通知》（计价费〔1997〕1818号），决定从1998年起在全国35个大中城市开展房地产价格指数编制工作。这项工作的开展，有利于提高政府对房地产市场的宏观调控水平，对引导市场价格的合理形成发挥了积极作用。为适应房地产市场发展和政府宏观调控的需要，进一步全面、准确、及时地反映房地产市场价格变动情况，现就完善房地产价格指数编制工作有关问题通知如下：

一、增强房地产价格指数的时效性和代表性。从2005年起，将原按季度编制的房屋销售价格指数调整为按月编制；将原在35个大中城市开展的房地产价格指数编制工作，逐步扩展到约70个城市。具体调查城市由国家统计局选定。

二、改进房地产价格指数体系。房地产价格指数由房地产价格总指数和分类价格指数构成。改进和完善房屋、土地和租赁分类价格指数，并增设物业服务价格分类价格指数。在调查周期上，房地产价格指数划分为月度和季度价格指数。其中，房屋销售价格指数按月度编制，其他指数按季度编制。

三、合理确定房地产价格采集点。各地房地产、国土资源行政管理部门设立的各类房地产和土地交易机构，以及房地产价格实行政府定价、政府指导价的有关地区价格主管部门，为房地产价格固定采集点；结合当地实际情况选取的部分具有代表性的房地产开发企业、房地产中介服务机构和物业管理企业等，为房地产价格数据采集点。各调查城市价格采集点由有关城市统计部门负责选定，并报国家统计局备案。

四、编制和公布房地产价格指数。国家统计局负责组织实施房地产价格数据的采集、汇总和价格指数的编制工作。编制完成的房地产价格指数，由国家发展改革委、国家统计局分月度或分季度联合向社会公布。

五、加强组织领导与工作协调。开展房地产价格指数编制工作，是适应房地产市场发展的需要，健全和完善价格统计体系，加强对房地产市场宏观调控的重要措施。这项工作，涉及面广，技术较复杂，工作难度大，国家将安排一定的工作经费。各地为满足本地代表性要求增加调查地区和调查单位，所需经费由各地负责解决。国家统计局对落实新的房地产价格统计制度将作具体部署。各省、自治区、直辖市价格、统计等部门要加强对本地区的工作指导和协调。有关城市的价格、行业主管部门要在政府统一领导下，密切配合统计部门认真做好价格数据采集和资料上报工作。

各地工作中遇到的问题，请及时报告国家发展改革委、国家统计局。

国家统计局关于布置农村抽样调查县以下样本轮换工作的通知

（2004 年 7 月 20 日）

各省、自治区、直辖市统计局、农调队：

为提高农村抽样调查网点的代表性，保证国家调查数据质量，更好地满足各级政府对农村调查数据的需要，国家统计局决定 2004 年在全国开展农村抽样调查县以下样本轮换工作。现将有关事项通知如下：

一、工作要求

（一）各地要高度重视并认真组织实施农村抽样调查县以下样本轮换工作，成立由有关领导和专业处人员共同组成的样本轮换工作领导小组，负责组织实施本地样本轮换工作。

（二）要严格执行《农村抽样调查县以下样本轮换方案》，按方案开展样本轮换工作，并结合本地实际，制定本省（区、市）样本轮换实施细则。

（三）样本轮换工作结束后，各地要对样本轮换工作进行认真总结，并以书面形式报送我局。

（四）在开展样本轮换工作中遇到新情况、新问题，应及时与国家统计局联系，共同研究解决。

二、时间安排

7 月下旬，布置村级抽样框有关数据的搜集工作，8 月底前完成；

9 月 20 前，完成新样本网点的抽选工作，并将样本网点抽选结果和样本轮换实施细则报国家统计局农调总队审批；

10 月 20 日前，国家统计局农调总队将审批结果反馈各地；

11 月 20 日前，落实调查村、调查户，选聘辅助调查员，并对辅助调查员和记账户进行培训；

12 月 1 日起，农村住户调查在新网点上开始试记账，并对 2004 年家庭经营情况进行一次性回忆调查；

12 月 15 日前，向国家统计局报送调查村和 20 万户大样本的基本情况。

附件：1. 农村抽样调查县以下样本轮换方案（略）

2. 农村抽样调查县以下样本轮换方案实施细则（略）

3. 抽样框基础资料表式（略）

4. 抽样框基础资料主要指标解释（略）

国家统计局　国务院第一次全国经济普查领导小组办公室关于印发《第一次全国经济普查方案》的通知

（2004年7月26日）

各省、自治区、直辖市及新疆生产建设兵团统计局、经济普查领导小组办公室，中央和国务院各有关部门，中国人民解放军总后勤部、中国人民武装警察部队：

现将《第一次全国经济普查方案》印发给你们，请你们按照方案要求，结合本地区、本部门实际，认真贯彻执行。

第一次全国经济普查方案

一、第一次全国经济普查办法

（试行）

第一章　总　　则

第一条　根据《中华人民共和国统计法》制定本办法。

第二条　经济普查的目的是全面掌握我国第二、第三产业的发展规模、结构和效益等情况，建立经济普查数据库及基本单位名录库，为研究制定国民经济和社会发展规划，提高各级政府决策水平与管理水平，改革统计调查体系，完善国民经济核算制度奠定基础。同时，为社会公众提供信息服务。

第三条 经济普查工作按照全国统一领导、部门分工协作、地方分级负责、各方共同参与的原则组织实施。

第四条 国家机关、社会团体、企业、事业单位和个体经营户应依照《中华人民共和国统计法》，如实填报普查表。任何单位和个人不得虚报、瞒报、拒报和迟报普查表，不得伪造和篡改普查资料。

第五条 各级宣传部门要充分利用报刊、广播、电视和互联网等媒体，积极做好经济普查的宣传工作，广泛动员和组织社会力量积极参与并配合做好经济普查。

第六条 经济普查所需经费由中央和地方各级人民政府共同负担，并列入相应年度的财政预算，按时拨付、确保到位。普查经费应当统一管理、专款专用，从严控制支出。

第七条 经济普查的标准时点是2004年12月31日，时期资料为2004年度。

第八条 经济普查工作分为五个阶段。2004年12月底前为准备阶段；2005年1月至5月为填报阶段；2005年2月至8月为数据处理和上报阶段；2005年9月至2005年底为数据评估和发布阶段；2005年9月至2006年上半年为资料开发应用、工作总结和评比表彰阶段。

第二章 普查对象、范围和方法

第九条 经济普查的对象是中华人民共和国境内从事第二、第三产业活动的全部法人单位、产业活动单位和个体经营户。

第十条 经济普查的行业范围包括：采矿业，制造业，电力、燃气及水的生产和供应业，建筑业，交通运输、仓储和邮政业，信息传输、计算机服务和软件业，批发和零售业，住宿和餐饮业，金融业，房地产业，租赁和商务服务业，科学研究、技术服务和地质勘查业，水利、环境和公共设施管理业，居民服务和其他服务业，教育，卫生、社会保障和社会福利业，文化、体育和娱乐业，以及公共管理和社会组织。

第十一条　经济普查对法人单位、产业活动单位采用全面调查的方法，对个体经营户采用全面调查、抽样调查等方法。

第三章　普查表式、主要内容和标准

第十二条　经济普查按普查对象的不同类型，设置法人单位调查表、产业活动单位调查表和个体经营户调查表。

第十三条　经济普查的主要内容包括：单位基本属性、从业人员、财务状况、生产经营情况、生产能力、原材料和能源消耗、科技活动情况等。

第十四条　经济普查采用国家规定的统计分类标准和目录。

第四章　普查的组织实施

第十五条　国务院设立经济普查领导小组及其办公室。领导小组负责研究和协调解决有关经济普查的重大问题。领导小组办公室设在国家统计局，负责制定普查方案和组织实施普查工作。国务院各有关部门要各司其职、各负其责、通力协作、密切配合，认真做好普查工作。

第十六条　地方各级人民政府设立经济普查领导小组及其办公室，按照国务院第一次全国经济普查领导小组办公室的统一要求，组织实施当地的普查工作。

第十七条　有关部门设立经济普查机构，负责完成国务院第一次全国经济普查领导小组办公室指定的普查任务。

铁道部负责系统内从事铁路运输业活动的法人单位及所属的产业活动单位的经济普查工作；中国人民解放军、中国人民武装警察部队负责所属向社会提供服务的单位的普查工作；中国人民银行、中国证券监督管理委员会、中国保险监督管理委员会、国家邮政局按全国经济普查办公室的要求，向国家及地方各级经济普查机构提供从事银行业、证券业、保险业、邮政业活动的法人单位的财务资料，其法人单位及产业活动单位基本情况的调查由地方普查机构负责组织实施。

第十八条 大中型企业应设立经济普查办公室，负责本单位经济普查表的填报工作；其他各类法人单位应指定相关人员负责本单位经济普查表的填报工作。

第十九条 地方经济普查机构要聘用或抽调具有一定经济和统计业务素质的人员担任普查指导员和普查员。聘用人员应当由普查机构支付劳动报酬。抽调人员的工资由原单位支付，各种福利待遇应保持不变。

地方各级经济普查机构对普查指导员和普查员进行业务培训并考核后，颁发普查指导员或普查员证，普查指导员和普查员在执行普查任务时，应当主动出示证件。普查员负责组织指导普查对象填报普查表，普查指导员负责指导、检查普查员的工作。

普查指导员和普查员有权查阅法人单位、产业活动单位和个体经营户与普查有关的会计、统计和业务核算等相关原始资料及有关经营证件；有权要求普查对象更正其普查表中存在的问题。

第二十条 在经济普查登记前，各类法人单位、产业活动单位应做好整理有关资料、健全统计台账等基础工作。

第二十一条 经济普查的准备阶段必须进行单位清查。各级编制、民政、税务、工商、质检以及其他具有单位审批权的部门，负责向同级经济普查机构提供其审批或登记的单位资料，并做好单位清查工作。

基层普查机构以本地区现有基本单位名录库为基础，结合有关部门提供的单位资料，按普查小区逐一核实清查，形成经济普查单位名录。

第二十二条 基层普查机构按照清查形成的单位名录，做好普查表的布置、收集、审核、录入和上报工作。

法人单位填报法人单位普查表，并负责组织其下属的产业活动单位填报产业活动单位普查表。

第五章　数据处理和质量控制

第二十三条　经济普查的数据处理工作由县级以上各级经济普查机构组织实施。国务院第一次全国经济普查领导小组办公室负责提供省、地、县使用的数据处理标准和程序。地方各级经济普查机构按照全国统一的要求和标准进行数据处理，并逐级上报普查数据。

第二十四条　数据处理结束后，各级经济普查机构要做好数据备份和数据入库工作，建立经济普查数据库及基本单位名录库。

第二十五条　地方各级经济普查机构应根据全国经济普查办公室的统一规定，建立数据质量控制岗位责任制，并对经济普查实施中的各个环节实行质量控制和检查验收。

第二十六条　国务院第一次全国经济普查领导小组办公室统一组织经济普查数据的质量抽查工作，抽查结果将作为评估全国及各地区经济普查数据质量的主要依据。各级经济普查机构应对经济普查汇总数据进行认真分析和综合评估。

第六章　数据公布、资料管理及开发应用

第二十七条　各级经济普查机构对外发布本级经济普查公报，须经上级经济普查机构核准。

第二十八条　各级经济普查机构应认真做好经济普查资料的保存、管理及对社会公众提供服务等项工作，并对经济普查资料进行开发和应用。

第二十九条　各级经济普查机构及工作人员必须严格遵守《中华人民共和国统计法》和《中华人民共和国统计法实施细则》的有关规定，认真履行对经济普查中知悉的国家秘密和被调查者商业秘密的保密义务。

第三十条　经济普查取得的单位和个人资料，不得作为对普查对象进行纳税征管的依据。

第七章 表彰和处罚

第三十一条 对在经济普查工作中贡献突出的先进集体和先进个人，由各级经济普查机构予以表彰和奖励。

第三十二条 对虚报、瞒报、伪造、篡改、迟报、拒报经济普查资料的单位和个人，由县级以上人民政府统计机构依照《中华人民共和国统计法》和《中华人民共和国统计法实施细则》的有关规定予以处罚。

第三十三条 各级经济普查机构应设立举报电话，接受社会各界对经济普查中单位和个人违法行为的检举和监督，并对举报有功人员予以奖励。

第八章 附 则

第三十四条 本办法自发布之日起施行。

二、第一次全国经济普查办法补充规定

一、关于法人单位、产业活动单位若干特殊情况的处理

（一）企业集团或大型联合企业等法人单位下属的多级法人单位，应分别单独填报法人单位普查表，其各项指标只包括本级法人及其所属的产业活动单位的数据。

（二）中国电信、中国移动、中国网通、中国联通、中国铁通、中国通信卫星等公司的省级分支机构视同法人单位，向当地普查机构报送法人单位普查表；地（市）、县（市）级分支机构作为产业活动单位，向当地普查机构报送产业活动单位普查表。

（三）中国人民银行、中国保险监督管理委员会、国家邮政局系统的省、地（市）级分支机构视同法人单位，向国家及地方各级经济普查机构提供财务资料并填报当地普查机构布置的法人单位基本情况表；县（市）级及以下分支机构作为产业活动单位，填报当地普

查机构布置的产业活动单位普查表。

（四）中国石油天然气集团公司、中国石油天然气股份公司、中国石油化工集团公司、中国石油化工股份公司下属的原为法人企业但重组后不具有法人资格的企业仍视为法人企业，在其所在地填报法人企业普查表；公司总部作为法人填报普查表时，不应包括下属视同法人的企业的有关数据。

（五）不具有法人资格的发电厂、省级电力（供电）分公司视同法人单位，向当地普查机构报送法人单位普查表，地（市）级、县（市）级供电局作为产业活动单位向当地普查机构报送产业活动单位普查表。

（六）不具有法人资格的城镇街道办事处应视同法人单位填报普查表。

（七）县级行政机关下属的各类站所、中心小学、卫生院等，凡符合法人单位条件的，作为单独的法人单位；不符合法人单位条件的，作为县级行政机关的产业活动单位。

（八）单位内部食堂、幼儿园、浴室等，如主要为本单位提供服务，即使有部分对外经营活动，也不作为产业活动单位。

二、关于普查登记的地域原则

普查原则上按行政区域组织实施。法人单位在其主要经营活动所在地进行普查登记，但建筑企业在法人单位注册地进行普查登记。

三、关于按法人类别填报普查表的问题

（一）企业法人按主要业务活动所属的行业类别确定应填报的普查表种类。

（二）机关法人、社团法人、社区及居委会和村委会，填报行政事业单位普查表。

（三）事业法人单位、民办非企业单位中，执行行政、事业会计制度的填报行政事业单位普查表，其余单位填报相应的企业普查表。

四、关于单产业法人单位和多产业法人单位填报普查表问题

（一）单产业法人单位（无下属产业活动单位的法人单位）填报法人单位普查表，免填《产业活动单位基本情况》及《产业活动单位基本情况附表》。

（二）多产业法人单位（具有多个产业活动单位的法人单位）填报法人单位普查表，填报的各项指标应包括其全部产业活动单位（包括跨县的产业活动单位）的数据；法人单位本部及下属产业活动单位还要分别填报《产业活动单位基本情况》，其中：批发零售及住宿餐饮业以外的法人单位附营的批发零售或住宿餐饮业产业活动单位，还要填报《产业活动单位基本情况附表》；批发零售业法人单位附营的住宿餐饮业产业活动单位填报《产业活动单位基本情况附表》中的住宿餐饮业部分；住宿餐饮业法人单位附营的批发零售业产业活动单位填报《产业活动单位基本情况附表》中的批发零售业部分。

五、关于跨地区（县、市、区）产业活动单位填报问题

跨地区（县、市、区）产业活动单位采取双重报送原则：一方面向法人单位报送产业活动单位普查表；另一方面，按产业活动所在地普查机构的要求向当地报送产业活动单位普查表。地方普查机构对本地法人在外地的产业活动单位以及外地法人在本地的产业活动单位应分别进行汇总，以满足地方统计的需要。

六、含有第二、三产业活动单位的第一产业法人单位的填报问题

含有第二、三产业活动单位的第一产业法人单位，负责向法人单位所在地普查机构报送《法人单位基本情况》表，以及下属的第二、三产业活动单位的《产业活动单位基本情况》和《产业活动单位基本情况附表》。

七、关于个体经营户普查的有关问题

个体经营户主要指标的调查方法由各省、自治区、直辖市经济普查领导小组办公室自定。

八、关于单位清查工作

（一）清查前要划分普查小区并绘制草图和编号，确认每个小区的行政区划代码。

（二）按普查小区进行单位清查。清查对象为小区内的所有单位（包括跨地区法人单位在当地的产业活动单位）。

（三）单位清查内容原则上以《法人单位基本情况》、《产业活动单位基本情况》为基础，其中单位名称、代码、地址及行政区划代码、联系电话、行业类别、登记注册情况、营业状态、执行会计制度类别、机构类型、产业活动单位数、年末从业人数合计、主要经济指标、建筑业资质等级、住宿业星级为必须清查的内容。

（四）铁道部、中国人民银行、中国证券监督管理委员会、中国保险监督管理委员会、国家邮政局系统负责向各级普查机构提供系统内从事铁路运输、银行、证券、保险、邮政等业务活动的法人单位及产业活动单位名单，供地方普查机构在单位清查中使用。中国人民解放军、中国人民武装警察部队系统应配合当地普查机构，对租用营区内设施进行生产经营活动的社会单位进行清查。

九、关于普查资料报送问题

法人单位和产业活动单位普查表从县级开始分专业进行审核和汇总，逐级报上级普查机构。个体经营户的综合资料，由省级普查机构上报。

十、关于数据质量控制

（一）数据质量控制要贯穿于普查的全过程。各级普查机构必须制定数据质量控制办法，并指定专人负责、指导和检查质量控制工作。

（二）从上至下逐级培训普查人员，确保普查指导员和普查员持证上岗。特别要加强对基层单位填报人员的培训。

（三）清查摸底要确保调查单位不重不漏，并准确界定发放普查表的种类。

（四）对内部组织结构比较复杂的多产业法人单位，必须派人进行指导，保证填写内容有根有据，防止出现逻辑性和技术性差错。

（五）县级普查机构对已填好的普查表要做到“三核对”：部分属性指标与执照或审批手续核对；法人单位所属产业活动单位数与收到的产业活动单位普查表张数核对；表之间关联指标核对。

（六）收回的普查表应按法人单位分类装订，并在每份表上编写顺序号，以备录入后审核和改错。对普查表应进行人工审核，审核合格的表应由审表人签字。

（七）要严格按照《第一次全国经济普查数据处理方案》的要求进行数据录入及处理；建立数据录入岗位责任制，录入员必须对录入的数据与调查表进行核对，审核无误后签字；对全部数据必须进行计算机审核并校正错误，校正情况要有记录和签字。

（八）要按照综合表要求进行汇总，并对汇总结果的逻辑性和客观性进行判断，有问题的应查明原因并核查校正，校正情况要有记录和签字。

十一、关于数据验收与评估

（一）上级普查机构负责验收下一级上报的数据，验收合格后，由验收负责人签字。国家普查机构对各地上报的综合表进行综合评估分析后，及时反馈意见。对验收质量问题较多的数据，将退回报送单位复查校正后重报，直至验收合格为止。

（二）数据验收采取随机抽取单位数据进行审核的方法。差错率高于规定要求的，退回上报单位复查校正后重新上报。数据抽查必须填写报告单，内容包括抽查单位数、差错笔数、指标总笔数、差错原因以及差错率。抽取比例及允许差错率范围如下：

	单位基本情况表抽取比例	财务状况表抽取比例	其他表抽取比例	允许差错率
地市抽查	1％	0.5％	1％	<1％
省级抽查	0.5％	0.25％	0.5％	<1％
国家抽查	1‰	0.5‰	1‰	<1％

备注：差错率＝抽查的差错笔数/抽查的指标总笔数×100％

（三）各级普查机构要对本级经济普查数据进行质量评估。数据质量评估工作应吸收有关部门负责人和有关专家参加。

十二、关于普查资料的管理

县级以上人民政府统计机构统一管理本行政区域内的普查资料，建立健全普查数据库，做好普查资料的存储、维护和进一步加工、开发利用工作。

普查汇总资料应当永久保存。普查原始资料应当以电子方式永久保存。普查数据库建成一年后，经省级人民政府统计机构批准，普查表可以销毁。

十三、关于地方普查方案与国家普查方案的关系

各地可以根据本地区实际，对国家普查方案的有关内容进行补充形成地方普查方案，但地方普查方案不得与国家普查方案相矛盾，不得影响国家普查内容的完整性和准确性，不得变更国家普查指标的名称、解释和编码。

三、第一次全国经济普查法人单位、产业活动单位和个体经营户划分规定

第一条　为实施《第一次全国经济普查办法》，科学界定法人单位、产业活动单位和个体经营户，根据国家有关法律法规，特制定本规定。

第二条　本规定中的法人单位，指具备以下条件的单位：

（一）依法成立，有自己的名称、组织机构和场所，能够独立承担民事责任；

（二）独立拥有和使用（或授权使用）资产，承担负债，有权与其他单位签订合同；

（三）会计上独立核算，能够编制资产负债表。

法人单位包括企业法人、事业单位法人、机关法人、社会团体法人和其他法人。

第三条 企业法人，指依据《中华人民共和国企业法人登记管理条例》、《中华人民共和国公司登记管理条例》等，经各级工商行政管理机关登记注册，领取《企业法人营业执照》，取得法人资格的企业。

企业法人包括：

（一）公司；

（二）非公司制企业法人。

依据《个人独资企业法》及《合伙企业法》，经各级工商行政管理机关登记注册、领取《营业执照》的不具有法人资格的个人独资企业、合伙企业视同非公司制企业法人。

第四条 事业单位法人，指经国务院机构编制管理部门批准、国家事业单位登记管理部门登记或备案；或经地方县级以上机构编制管理部门批准、地方县级以上事业单位登记管理部门登记或备案，领取《事业单位法人证书》，取得法人资格的事业单位。

事业单位法人包括：

（一）各级党委、政府直属事业单位；

（二）党中央、国务院直属事业单位举办的事业单位；

（三）各级人大、政协机关，人民法院、人民检察院和各民主党派机关举办的事业单位；

（四）各级党委部门和政府部门举办的事业单位；

（五）使用财政性经费的社会团体举办的事业单位；

（六）国有企业及其他组织利用国有资产举办的事业单位；

（七）依照法律或有关规定，应当由各级登记管理机关登记的其他事业单位。

第五条 机关法人，指各级政党机关和国家机关。

机关法人包括：

（一）县级以上各级中国共产党委员会及其所属各工作部门；

（二）县级以上各级人民代表大会机关；

（三）县级以上各级人民政府及其所属各工作部门，以及地区行政行署；

（四）县级以上各级政治协商会议机关；

（五）县级以上各级人民法院、检察院机关；

（六）县级以上各民主党派机关；

（七）乡、镇中国共产党委员会和人民政府。

第六条 社会团体法人，指依据《社会团体登记管理条例》，经国务院民政部门和县级以上地方各级人民政府民政部门登记注册或备案、领取《社会团体法人登记证书》的各类社会团体；以及依法不需要办理法人登记、由机构编制管理部门管理其机关机构编制的群众团体。

社会团体法人包括：

（一）学术性社团：各类学会、研究会等；

（二）行业性社团：各类协会、商会等；

（三）专业性社团：各类从事专业业务的促进会等；

（四）联合性社团：各类联合会、联谊会（同学会、校友会）等；

（五）基金会：依据《基金会管理条例》规定，由民政部和各级民政部门核准登记、领取《基金会法人登记证书》的单位；

（六）其他群众团体：工会、共青团等。

第七条 其他法人，指除企业法人、事业单位法人、机关法人和社会团体法人以外的其他符合法人条件的单位。

其中包括：

（一）依据《中华人民共和国居民委员会组织法》和《中华人民共和国村民委员会组织法》批准设立的居民委员会和村民委员会；

（二）依据《民办非企业单位登记管理暂行条例》，经国务院民政部门和县级以上地方各级人民政府民政部门核准登记，领取《民办非企业单位（法人）登记证书》的民办非企业单位。

第八条 事业单位法人、社会团体法人和民办非企业法人除已在第四条、第六条和第七条规定的由相应登记主管部门登记注册的单位外，还包括由其他行政主管部门依据有关法律法规审批成立，且具备法人条件的单位。

第九条 本规定中法人单位所属的产业活动单位，指具备以下条件的单位：

（一）在一个场所从事一种或主要从事一种社会经济活动；

（二）相对独立组织生产经营或业务活动；

（三）能够掌握收入和支出等业务核算资料。

第十条 产业活动单位按以下具体办法认定：

（一）经过法定程序批准建立的、不能独立承担民事责任的单位，认定为产业活动单位。包括：经各级工商行政管理机关登记注册、领取《营业执照》的企业法人分支机构或经营单位，以及由各级编制、民政等登记主管机关核准登记、备案，或依据相关法律法规由各级行政主管部门批准建立的机关法人、事业单位法人和社会团体法人的分支机构、派出机构或代表机构等；

（二）未经法定程序批准在法人内部建立的机构，符合本规定第九条的认定为产业活动单位。

第十一条 法人单位由产业活动单位组成，产业活动单位接受法人单位的管理和控制。

法人单位只位于一个场所并主要从事一种社会经济活动，称为单产业法人。单产业法人本身也是一个产业活动单位。

法人单位从事多种经济活动，或者位于多个地点，称为多产业法人。多产业法人由两个或两个以上产业活动单位组成。

第十二条 本规定中的个体经营户，指除农户外，生产资料归劳动者个人所有，以个体劳动为基础，劳动成果归劳动者个人占有和支配的一种经营单位。其中包括：

（一）按照《民法通则》和《城乡个体工商户管理暂行条例》规定经各级工商行政管理机关登记注册、领取《营业执照》的个体工商户。具体是指公民在法律允许范围内，依法经核准登记，从事工业、商业、建筑业、运输业、餐饮业、服务业等活动的个体劳动者；

（二）依据《民办非企业单位登记管理暂行条例》，经国务院民政部门和县级以上地方各级人民政府民政部门核准登记、领取《民办非企业单位(合伙)登记证书》或《民办非企业单位(个人)登记证书》的民办非企业单位;

(三)没有领取《营业执照》但实际从事个体经营活动的城镇、农村个体经营单位。但不包括农民家庭以辅助劳力或利用农闲时间进行的一些兼营性的工业、商业及其它活动。

第十三条 本规定由国务院第一次经济普查领导小组办公室负责解释。

第十四条 本规定自发布之日起实施。

四、第一次全国经济普查表式(略)

五、第一次全国经济普查表审核关系(略)

六、第一次全国经济普查填表规定和主要指标解释(略)

七、第一次全国经济普查部门实施办法(略)

八、第一全国经济普查采用的统计标准和分类目录(略)

统计部门领导干部任期经济责任审计规定

国家统计局

（2004 年 8 月 2 日）

第一章　总　则

第一条　为了加强对统计部门党政领导干部（以下简称领导干部）的管理和监督，正确评价领导干部任期经济责任，促进廉政建设，保障国有资产保值增值，根椐《中华人民共和国审计法》、《审计署关于内部审计工作规定》和《统计部门内部审计工作规定》，结合统计部门实际情况，制定本规定。

第二条　本规定所称领导干部，是指统计部门在京直属事业单位、社会团体以及国家统计局京外直属的各省（区、市）级、地市级、县级农村社会经济调查队、城市社会经济调查队、企业调查队（以下简称调查队）担任法定代表人或者代理法定代表人的党政正职领导干部或者主持工作的副职领导干部。

第三条　本规定所称领导干部任期经济责任，是指领导干部任职期间对其所在单位的财务收支的真实性、合法性、效益性以及有关经济活动应当负有的责任，包括直接责任和主管责任。

本规定所称直接责任，是指领导干部对其直接违反财经法规，授意、指使、强令、纵容、包庇下属人员违反国家财经纪律等行为应当负有的责任。

本规定所称主管责任，是指领导干部应当负有的直接责任以外的领导和管理责任。

第四条 领导干部任期届满或者任期内办理晋升、调任、转任、轮岗、免职、辞职、退休等事项前，应当接受任期经济责任审计。

领导干部任期经济责任审计，遇有特殊情况需要离任后审计或者暂缓审计的，由人事部门提出意见报请上级有关部门批准。

第五条 审计机构及其审计人员办理审计事项，应当客观公正，实事求是，廉洁高效，保守秘密。

第六条 审计机构或审计人员依法实施领导干部经济责任审计时，被审计的领导干部及其所在单位不得拒绝、阻碍，其他行政机关，社会团体和个人不得干涉。

第二章 审计管辖范围

第七条 统计系统实施任期经济责任审计，按照干部管理权限确定审计管辖范围。

第八条 国家统计局审计部门负责国家统计局在京直属事业单位、社会团体及省级调查队领导干部的任期经济责任审计；各省、自治区、直辖市统计局的审计部门或审计人员负责本级所属单位及市县级调查队领导干部的任期经济责任审计。

第九条 国家统计局审计部门可以将其管辖范围内的有关任期经济责任审计事项，授权和委托有关审计部门办理。

第十条 各级审计部门或审计人员可以直接组织也可以委托社会中介组织实施任期经济责任审计，但委托社会中介组织应当依法签订委托协议书，审计费用由委托方支付。

第三章 审计内容和程序

第十一条 领导干部任期经济责任审计的主要内容：

(一)任期内主要目标任务完成情况；

(二)财务收支预算执行情况和决算；

（三）专项资金的管理和使用情况；

（四）对外投资和资产的处置情况；

（五）国有资产的管理、使用及保值增值情况；

（六）执行财经法规情况；

（七）与上述经济活动有关的内部控制制度及其执行情况；

（八）需要审计的其他事项。

第十二条　统计部门领导干部任期经济责任审计，由各级人事部门在每年年底之前提出下一年度任期经济责任审计对象建议名单，与审计部门协商后报本级党组。经批准后，列入审计部门年度审计项目计划，审计部门直接组织实施。

第十三条　审计部门依法组成审计组实施任期经济责任审计，并在实施审计的三日前，向被审计的领导干部所在单位送达审计通知书，同时抄送被审计领导干部本人及相关部门。

第十四条　被审计的领导干部所在单位应当及时向审计组提供下列资料，并对所提供资料的真实性、完整性作出书面保证：

（一）本单位中长期工作规划，年度目标工作任务责任书及年度工作总结等；

（二）财务收支预算执行情况及决算报告等相关的所有资料，与财政、财务收支有关的凭证、账簿、报表等所有会计资料；

（三）与财务收支有关的规章制度、会议纪要、经济合同等相关资料；

（四）本单位银行账户的开设情况；

（五）需要提供的其他资料。

第十五条　被审计的领导干部应当在审计工作开始前向审计组提交自已负有直接责任和主管责任的与财务收支事项有关的书面资料，主要内容包括：

（一）领导干部的职责范围权限；

（二）领导干部任职期间所在单位财务收支情况和各项目标任务的完成情况；

（三）领导干部遵守财经法规和廉政规定的情况；

（四）其他需要说明的情况。

第四章　审计报告和审计结果处理

第十六条　审计组实施审计后应当向审计部门提交审计报告。审计组审计报告在提交前，应当征求被审计的领导干部及其所在单位的意见，被审计的领导干部及其所在单位应在自接到审计报告之日起10日内将书面意见送交审计组，逾期未提交书面意见的，视为无异议。

第十七条　审计报告的内容应当包括：

（一）实施审计工作的基本情况；

（二）至审计日止的资产、负债、净资产等状况；

（三）审计范围期的财务收支及主要工作目标、任务完成情况；

（四）指出财务管理中存在的问题并提出纠正和改进的建议；

（五）对领导干部任期内的经济责任作出客观评价；

（六）需要反映的其他情况。

第十八条　审计部门对审计报告进行审定后提交有关领导批准，然后依法出具审计意见书，并抄送组织人事、纪检监察及相关部门。

第十九条　组织人事部门应将审计部门提交的经济责任审计结果作为对领导干部考核、任免的参考依据，并归入本人档案。

第五章　法律责任

第二十条　被审计的领导干部或单位有下列行为之一的，由审计部门予以制止或者责令改正；对有关责任人可以向有关部门反映并提出处理建议：

（一）拒绝、拖延提供与审计事项有关资料的；

（二）转移、隐匿、篡改、毁弃会计凭证、会计账簿、会计报表以及其他与财政、财务收支有关资料的；

（三）打击报复和陷害审计人员、提供资料人员、检举人、证明人的。

第二十一条　被审计的领导干部或者单位有严重违反国家规定的财务收支行为的，审计部门要做出审计决定限期纠正，对领导干部和其他直接责任人员，由审计部门向组织人事部门、纪检监察部门提出给予行政处分或纪律处分的建议，有关部门应当依法及时作出决定；构成犯罪的，由司法机关依法追纠刑事责任。

第六章　附　　则

第二十二条　本规定适用于国家统计局在京直属事业单位、社会团体和国家统计局直属的全国各级农村社会经济调查队、城市社会经济调队、企业调查队。

第二十三条　各省、自治区、直辖市统计局，可依照本规定制定实施办法，报国家统计局备案。

第二十四条　本规定由国家统计局负责解释。

第二十五条　本规定自发布之日起施行，原《统计部门负责人离任审计工作规定》（国统字〔1997〕137 号）同时废止。

国务院关于徐一帆任职的通知

（2004 年 8 月 4 日）

国家统计局：

国务院 2004 年 8 月 4 日决定，任命徐一帆为国家统计局副局长。

国家统计局关于在部分地区开展城镇住户调查改革试点工作的通知

（2004年8月5日）

上海、江苏、浙江、安徽、山东、广东、河南省(市)统计局、城调队：

自1984年以来，城镇住户调查一直采用日记账的方式搜集居民家庭各项收支资料。随着国民经济的迅速发展和市场经济的逐步建立，城镇居民生活质量迅速提高，家庭财富不断增加，私有财产保护意识进一步增强，生活节奏明显加快。调查户对日记账调查方式配合程度下降，调查数据质量受到一定程度的影响。

为了解决目前城镇住户调查所面临的困难，不断提高调查数据的代表性，更好地满足全面建设小康社会的需要，我局组织有关人员在借鉴中加住户调查合作项目经验的基础上，结合我国国情，制定了一套用问卷和记账相结合方法搜集住户收支资料的改革方案。为了检验这套调查方案的可行性，探索经验，不断完善，为今后在全国逐步推广奠定基础，经研究，决定在上海、无锡、温州、建德、马鞍山、济南、聊城、济源、商丘、深圳十城市各抽选100户城镇住户，从2004年第四季度开始进行为期三个季度的试点调查工作。现将《城镇住户调查方法制度改革试点方案》印发给你们，请遵照执行。

这次试点工作是推进我国城镇住户调查方式重大改革的关键环节，请各试点地区要高度重视，积极争取当地政府的支持，并按照试点方案要求，精心组织，认真实施，全面评估，保质保量按时完成试点任务。

附件：1.城镇住户调查方法制度改革试点方案(略)

2.中国城镇住户调查问卷(略)

中华人民共和国国家统计局令

第 7 号

（2004 年 8 月 13 日）

《涉外调查管理办法》已经 2004 年 7 月 19 日国家统计局第 5 次局务会议讨论通过，现予公布，自公布之日起施行。

局长　李德水

涉外调查管理办法

第一章　总　　则

第一条　为了加强对涉外调查的规范和管理，维护国家安全和社会公共利益，保障调查机构和调查对象的合法权益，根据《中华人民共和国统计法》及其实施细则，制定本办法。

第二条　本办法所称涉外调查，包括：

（一）受境外组织、个人或者境外组织在华机构委托、资助进行的市场调查和社会调查；

（二）与境外组织、个人或者境外组织在华机构合作进行的市场调查和社会调查；

（三）境外组织在华机构依法进行的市场调查；

（四）将调查资料、调查结果提供给境外组织、个人或者境外组织在华机构的市场调查和社会调查。

第三条 本办法所称市场调查，是指收集整理有关商品和商业服务在市场中的表现和前景信息的活动。

本办法所称社会调查，是指市场调查之外，以问卷、访谈、观察或者其他方式，收集、整理和分析有关社会信息的活动。

本办法所称境外，是指中华人民共和国关境外；境内，是指中华人民共和国关境内。

本办法所称境外组织在华机构，是指经我国政府批准，境外组织在境内设立的分支机构和常驻代表机构。

本办法所称涉外调查机构，是指依法取得涉外调查许可证的机构。

第四条 国家统计局会同国务院有关部门负责对全国的涉外调查实施监督管理。县级以上地方各级人民政府统计机构会同同级人民政府有关部门负责对本行政区域内的涉外调查实施监督管理。

第五条 国家统计局和省级人民政府统计机构及其工作人员对在涉外调查管理中知悉的商业秘密，负有保密义务。

第六条 从事涉外调查，必须遵守我国法律、法规、规章和国家有关规定。

第七条 任何组织、个人不得进行可能导致下列后果的涉外调查：

（一）违背宪法确定的基本原则的；

（二）危害国家统一、主权和领土完整的；

（三）窃取、刺探、收买、泄露国家秘密或者情报，危害国家安全、损害国家利益的；

（四）违反国家宗教政策，破坏民族团结的；

（五）扰乱社会经济秩序，破坏社会稳定，损害社会公共利益的；

（六）宣传邪教、迷信的；

（七）进行欺诈活动，侵害他人合法权益的；

（八）法律、法规、规章和国家有关规定认定的其他情形。

第八条 国家实行涉外调查机构资格认定制度和涉外社会调查项目审批制度。

第九条 涉外市场调查必须通过涉外调查机构进行，涉外社会调查必须通过涉外调查机构报经批准后进行。

境外组织和个人不得在境内直接进行市场调查和社会调查，不得通过未取得涉外调查许可证的机构进行市场调查和社会调查。

第二章 涉外调查机构资格认定和管理

第十条 国家统计局和省、自治区、直辖市人民政府统计机构负责对申请涉外调查许可证的机构进行资格认定。

任何个人和未取得涉外调查许可证的组织，不得以任何形式进行涉外调查。

第十一条 申请涉外调查许可证的机构，应当具备下列条件：

（一）依法成立，具有法人资格；

（二）经营范围或业务范围包含市场调查或者社会调查内容；

（三）具有熟悉国家有关涉外调查管理规定的人员；

（四）具备与所从事涉外调查相适应的调查能力；

（五）在申请之日前一年内开展三项以上调查项目，或者调查营业额达到三十万元；

（六）有严格、健全的资料保密制度；

（七）在最近两年内无重大违法记录。

第十二条 业务范围中含有市场调查内容的境外组织在华机构，具备第十一条第（三）、（六）、（七）项条件的，可以申请涉外调查许可证，在境内直接进行与本机构有关的商品或者商业服务的市场调查；但是，不得从事社会调查。

第十三条 申请涉外调查许可证，应当提交下列文件：

（一）涉外调查许可证申请表；

（二）用以证明第十一条或者第十二条所列内容的其他材料。

第十四条 申请涉外调查许可证的机构，调查范围跨省、自治区、直辖市行政区域的，向国家统计局提出；调查范围限于省、自治区、直辖市行政区域内的，向所在省、自治区、直辖市人民政府统计机构提出。

国家统计局或者省、自治区、直辖市人民政府统计机构应当自受理之日起二十日内，作出批准或者不批准的决定。逾期不能作出决定的，经本行政机关负责人批准，可以延长十日，并将延长期限的理由告知申请人。决定批准的，颁发涉外调查许可证；决定不批准的，应当书面通知申请人，并说明理由。

第十五条 国家统计局颁发的涉外调查许可证，在全国范围内有效。省、自治区、直辖市人民政府统计机构颁发的涉外调查许可证，在本行政区域内有效。

第十六条 涉外调查许可证应当注明调查机构的名称、登记类型、法定代表人或者主要负责人、住所和颁发机关、颁发日期、编号、许可范围、有效期等项内容。

第十七条 涉外调查机构的名称、登记类型、法定代表人或者主要负责人、住所等发生变更的，应当向原颁发机关申请变更涉外调查许可证。

第十八条 涉外调查许可证的有效期为三年。

涉外调查机构需要延续涉外调查许可证有效期的，应当在有效期届满三十日前向原颁发机关提出申请。逾期未提出的，将不再延续涉外调查许可证的有效期。

第十九条 终止涉外调查业务的，应当在终止业务后三十日内，向原颁发机关缴回涉外调查许可证。

涉外调查许可证有效期届满的，应当在届满后三十日内，向原颁发机关缴回已过期的涉外调查许可证。

第二十条 任何组织、个人不得伪造、冒用或者转让涉外调查许可证。

第三章　涉外调查项目管理

第二十一条　国家统计局和省、自治区、直辖市人民政府统计机构负责对涉外社会调查项目的审批。

第二十二条　涉外调查机构申请批准涉外社会调查项目时，应提交下列文件：

（一）涉外社会调查项目申请表；

（二）涉外调查许可证复印件；

（三）委托、资助、合作的合同复印件；

（四）调查方案，包括调查的目的、内容、范围、时间、对象、方式等；

（五）调查问卷、表格或者访谈、观察提纲；

（六）与调查项目有关的其他背景材料。

第二十三条　涉外调查机构申请批准涉外社会调查项目，调查范围跨省、自治区、直辖市行政区域的，向国家统计局提出；调查范围限于省、自治区、直辖市行政区域内的，向所在省、自治区、直辖市人民政府统计机构提出。

国家统计局或者省、自治区、直辖市人民政府统计机构应当自受理之日起二十日内，作出批准或者不批准的决定。逾期不能作出决定的，经本行政机关负责人批准，可以延长十日，并将延长期限的理由告知申请人。决定批准的，发给涉外社会调查项目批准文件；决定不批准的，应当书面通知申请人，并说明理由。

第二十四条　经批准的涉外社会调查项目，不得擅自变更；需要变更的，涉外调查机构应当就变更部分向原批准机关提出申请。

审批机关应当依据第二十三条第二款的规定作出批准或者不批准变更的决定。

第二十五条　涉外调查应当遵循自愿的原则，调查对象有权自主决定是否接受调查，任何组织和个人不得强迫调查对象接受调查。

涉外调查机构进行涉外调查时，应当向调查对象说明调查目的，不得冒用其他机构的名义，不得进行误导。

第二十六条 经批准进行的涉外社会调查，应当在调查问卷、表格或者访谈、观察提纲首页显著位置标明并向调查对象说明下列事项：

（一）涉外调查许可证编号；

（二）调查项目的批准机关、批准文号；

（三）本调查为调查对象自愿接受的调查。

第二十七条 涉外调查机构应当建立涉外调查业务档案。

第二十八条 任何组织、个人不得伪造、冒用或者转让涉外社会调查项目批准文件。

第二十九条 涉外调查机构和有关人员对在涉外调查中知悉的商业秘密和个人隐私，负有保密义务。

第四章 法律责任

第三十条 违反本办法第七条规定的，依照《中华人民共和国统计法实施细则》第三十四条的规定予以处罚。

第三十一条 违反本办法规定，有下列情形之一的，由国家统计局或者省级人民政府统计机构责令改正。其调查活动属于非经营性的，可处以五百元至一千元的罚款；其调查活动属于经营性，有违法所得的，可处以相当于违法所得一至三倍但是不超过三万元的罚款；没有违法所得的，可处以三千元至一万元的罚款。构成犯罪的，依法追究刑事责任：

（一）未通过取得涉外调查许可证的机构进行涉外调查的；

（二）未取得涉外调查许可证进行涉外调查的；

（三）伪造、冒用、转让涉外调查许可证、涉外社会调查项目批准文件的；

（四）使用已超过有效期的涉外调查许可证从事涉外调查的；

（五）超出许可范围从事涉外调查的。

第三十二条 涉外调查机构和有关人员违反本办法规定，有下列情形之一的，由国家统计局或者省级人民政府统计机构责令改正。其调查活动属于非经营性的，可处以五百元至一千元的罚款。其调查活动属于经营性，有违法所得的，可处以相当于违法所得一至三倍但是不超过三万元的罚款；没有违法所得的，可处以三千元至一万元的罚款。构成犯罪的，依法追究刑事责任：

（一）未经批准，擅自进行涉外社会调查的；

（二）未经批准，擅自变更已批准的涉外社会调查项目的；

（三）泄露调查对象商业秘密和个人隐私的；

（四）强迫调查对象接受调查的；

（五）冒用其他机构名义进行涉外调查的；

（六）未建立涉外调查业务档案的；

（七）拒绝接受管理机关检查的；

（八）在接受管理机关检查时，拒绝提供情况和有关材料、提供虚假情况和材料的；

（九）未标明、未向调查对象说明第二十六条规定事项的。

第三十三条 涉外调查机构违反本办法规定，有下列情形之一的，由国家统计局或者省级人民政府统计机构责令改正，给予警告，可处以五百元至一千元的罚款：

（一）涉外调查机构的名称、登记类型、法定代表人或者主要负责人、住所等发生变更，未依法申请变更涉外调查许可证的；

（二）终止涉外调查业务，或者涉外调查许可证有效期届满后，未向原颁发机关缴回涉外调查许可证的。

第三十四条 统计机构工作人员在涉外调查管理中玩忽职守、滥用职权的，依法给予行政处分；构成犯罪的，依法追究刑事责任。

第三十五条 国家统计局和省级人民政府统计机构工作人员泄露在涉外调查管理中知悉的商业秘密，依法承担民事责任，并对负有直接责任的主管人员和其他直接责任人员依法给予行政处分。

第五章 附 则

第三十六条 我国政府与外国政府及国际组织之间的合作项目中涉及的调查，依据国家有关规定执行。

第三十七条 本办法自公布之日起施行。1999 年 7 月 16 日国家统计局公布的《涉外社会调查活动管理暂行办法》同时废止。

第一次全国经济普查领导小组办公室 中央编办 民政部 税务总局 工商总局 质检总局 国家统计局关于认真做好单位行政登记资料提供和认定工作的通知

（2004 年 8 月 13 日）

各省、自治区、直辖市及新疆生产建设兵团经济普查办公室、机构编制委员会办公室、民政厅、国税局、地税局、工商局、质量技术监督局、统计局：

为了认真做好第一次全国经济普查的清查摸底工作，确保普查对象不重不漏，现就共同做好各类单位行政登记资料的提供和认定工作等事项通知如下：

一、各级编制、民政、税务、工商、质检等部门要按照《国务院关于开展第一次全国经济普查的通知》（国发〔2003〕29 号）规定的职责，于 2004 年 8 月底前向同级经济普查机构提供截止到 2004 年 7 月底前本部门审批或登记的各类单位名录资料（磁介质文本文件方式）。具体内容包括：单位名称、组织机构代码、登记注册号、单位详细地址、联系电话、审批成立时间，以及主要业务活动等（各部门可根据实际登记情况与各地普查机构商定具体提供字段）；并于 2004 年底前，提供 8 月至 12 月的单位增减变动资料。

对于单位名录资料中含有涉密内容的资料，各部门要按相关密级的文件交换方式提供。

二、县（区、市）级经济普查机构要依据上述部门提供的行政登记资料，结合统计局现有的基本单位名录库资料，按普查小区对各类单位进行逐一清查，并形成清查单位名录库，作为发放普查表的依据。在单位清查过程中，各级编制、民政、税务、工商、质检、统计等部门，应抽调熟悉业务的专业技术人员，按照同级经济普查办公室的要求，共同做好各类单位的核实和认定工作，并对清查结果进行认真评估和分析。

三、鉴于此次经济普查涉及范围广、参与部门多、技术要求高、工作难度大，因此各有关部门都要各司其职、各负其责、通力协作、密切配合。对于普查工作中遇到的各种困难和问题，要及时交流情况、认真查找原因，有针对性地采取解决措施。

国家统计局关于开展综合社会调查的通知

（2004年8月24日）

各省、自治区、直辖市统计局：

为加快社会统计改革步伐，探索以家庭为视角开展社会发展和进步调查的有效途径和经验，国家统计局决定于2004年11月在全国开展一次综合社会调查。请你们按照调查方案（另发）要求，认真组织实施。

综合社会调查工作将同人口变动情况抽样调查工作一并进行。

中华人民共和国国务院令

第 415 号

（2004 年 9 月 5 日）

现公布《全国经济普查条例》，自公布之日起施行。

总　理　温家宝

全国经济普查条例

第一章　总　　则

第一条　为了科学、有效地组织实施全国经济普查，保障经济普查数据的准确性和及时性，根据《中华人民共和国统计法》，制定本条例。

第二条　经济普查的目的，是为了全面掌握我国第二产业、第三产业的发展规模、结构和效益等情况，建立健全基本单位名录库及其数据库系统，为研究制定国民经济和社会发展规划，提高决策和管理水平奠定基础。

第三条　经济普查工作按照全国统一领导、部门分工协作、地方分级负责、各方共同参与的原则组织实施。

第四条　国家机关、社会团体、企业事业单位、其他组织和个体经营户应当依照《中华人民共和国统计法》和本条例的规定，积极参与并密切配合经济普查工作。

第五条 各级宣传部门应当充分利用报刊、广播、电视、互联网和户外广告等媒体，认真做好经济普查的社会宣传、动员工作。

第六条 经济普查所需经费，由中央和地方各级人民政府共同负担，并列入相应年度的财政预算，按时拨付，确保到位。

经济普查经费应当统一管理、专款专用，从严控制支出。

第七条 经济普查每 5 年进行一次，标准时点为普查年份的 12 月 31 日。

第二章 经济普查对象、范围和方法

第八条 经济普查对象是在中华人民共和国境内从事第二产业、第三产业活动的全部法人单位、产业活动单位和个体经营户。

第九条 经济普查对象有义务接受经济普查机构和经济普查人员依法进行的调查。

经济普查对象应当如实、按时填报经济普查表，不得虚报、瞒报、拒报和迟报经济普查数据。

经济普查对象应当按照经济普查机构和经济普查人员的要求，及时提供与经济普查有关的资料。

第十条 经济普查的行业范围包括：(一)采矿业；(二)制造业；(三)电力、燃气及水的生产和供应业；(四)建筑业；(五)交通运输、仓储和邮政业；(六)信息传输、计算机服务和软件业；(七)批发和零售业；(八)住宿和餐饮业；(九)金融业；(十)房地产业；(十一)租赁和商务服务业；(十二)科学研究、技术服务和地质勘查业；(十三)水利、环境和公共设施管理业；(十四)居民服务和其他服务业；(十五)教育；(十六)卫生、社会保障和社会福利业；(十七)文化、体育和娱乐业；(十八)公共管理和社会组织等。

第十一条 经济普查采用全面调查的方法，但对个体经营户的生产经营情况可以采用抽样调查的方法。

第三章　经济普查表式、主要内容和标准

第十二条　经济普查按照对象的不同类型，设置法人单位调查表、产业活动单位调查表和个体经营户调查表。

第十三条　经济普查的主要内容包括：单位基本属性、从业人员、财务状况、生产经营情况、生产能力、原材料和能源消耗、科技活动情况等。

第十四条　经济普查采用国家规定的统计分类标准和目录。

第四章　经济普查的组织实施

第十五条　国务院设立经济普查领导小组及其办公室。国务院经济普查领导小组负责经济普查的组织和实施。领导小组办公室设在国家统计局，具体负责经济普查的日常组织和协调。

国务院各有关部门应当各负其责、密切配合，认真做好相关工作。

第十六条　地方各级人民政府设立经济普查领导小组及其办公室，按照国务院经济普查领导小组及其办公室的统一规定和要求，具体组织实施当地的经济普查工作。

街道办事处和居(村)民委员会应当广泛动员和组织社会力量积极参与并认真做好经济普查工作。

第十七条　国务院和地方各级人民政府有关部门设立经济普查机构，负责完成国务院和本级地方人民政府经济普查领导小组办公室指定的经济普查任务。

第十八条　大型企业应当设立经济普查机构，负责本企业经济普查表的填报工作。其他各类法人单位应当指定相关人员负责本单位经济普查表的填报工作。

第十九条　地方各级经济普查机构应当根据工作需要，聘用

或者从有关单位商调普查指导员和普查员。各有关单位应当积极推荐符合条件的人员担任普查指导员和普查员。

普查指导员和普查员应当身体健康、责任心强并具有相应的专业知识。

第二十条 聘用人员应当由当地经济普查机构支付劳动报酬。商调人员的工资由原单位支付，其福利待遇保持不变。

第二十一条 地方各级经济普查机构应当统一对普查指导员和普查员进行业务培训，并经考核合格后颁发普查指导员证或者普查员证。普查指导员和普查员在执行经济普查任务时，应当主动出示证件。

普查员负责组织指导经济普查对象填报经济普查表，普查指导员负责指导、检查普查员的工作。

第二十二条 普查指导员和普查员有权查阅法人单位、产业活动单位和个体经营户与经济普查有关的财务会计、统计和业务核算等相关原始资料及有关经营证件，有权要求经济普查对象改正其经济普查表中不确实的内容。

第二十三条 各级经济普查机构在经济普查准备阶段应当进行单位清查，准确界定经济普查表的种类。

各级编制、民政、税务、工商、质检以及其他具有单位设立审批、登记职能的部门，负责向同级经济普查机构提供其审批或者登记的单位资料，并共同做好单位清查工作。

县级经济普查机构以本地区现有基本单位名录库为基础，结合有关部门提供的单位资料，按照经济普查小区逐一核实清查，形成经济普查单位名录。

第二十四条 县级经济普查机构应当按照清查形成的单位名录，做好经济普查表的发放、收集、审核、录入和上报工作。

法人单位填报法人单位调查表，并负责组织其下属的产业活动单位填报产业活动单位调查表。

第二十五条 各级经济普查机构和经济普查人员依法独立行

使调查、报告、监督的职权，任何单位和个人不得干涉。

各地方、各部门、各单位的领导人对经济普查机构和经济普查人员依法提供的经济普查资料不得自行修改，不得强令或者授意经济普查机构、经济普查人员篡改经济普查资料或者编造虚假数据。

第五章　数据处理和质量控制

第二十六条　经济普查的数据处理工作由县级以上各级经济普查机构组织实施。

国务院经济普查领导小组办公室负责提供各地方使用的数据处理标准和程序。

地方各级经济普查机构按照国务院经济普查领导小组办公室的统一要求和标准进行数据处理，并逐级上报经济普查数据。

第二十七条　经济普查数据处理结束后，各级经济普查机构应当做好数据备份和数据入库工作，建立健全基本单位名录库及其数据库系统，并强化日常管理和维护更新。

第二十八条　地方各级经济普查机构应当根据国务院经济普查领导小组办公室的统一规定，建立经济普查数据质量控制岗位责任制，并对经济普查实施中的每个环节实行质量控制和检查验收。

第二十九条　国务院经济普查领导小组办公室统一组织经济普查数据的质量抽查工作，抽查结果作为评估全国及各地区经济普查数据质量的主要依据。

各级经济普查机构应当对经济普查的汇总数据进行认真分析和综合评估。

第六章　数据公布、资料管理和开发应用

第三十条　各级经济普查机构应当按照国家规定发布经济普

查公报。

地方各级经济普查机构发布经济普查公报应当经上一级经济普查机构核准。

第三十一条 各级经济普查机构应当认真做好经济普查资料的保存、管理和对社会公众提供服务等项工作，并对经济普查资料进行开发和应用。

第三十二条 各级经济普查机构及其工作人员应当遵守《中华人民共和国统计法》和《中华人民共和国统计法实施细则》的有关规定，对在经济普查中所知悉的国家秘密和经济普查对象的商业秘密，履行保密义务。

第三十三条 经济普查取得的单位和个人资料，严格限定用于经济普查的目的，不作为任何单位对经济普查对象实施处罚的依据。

第七章　表彰和处罚

第三十四条 对在经济普查工作中贡献突出的先进集体和先进个人，由各级经济普查机构给予表彰和奖励。

第三十五条 地方、部门、单位的领导人自行修改经济普查资料、编造虚假数据或者强令、授意经济普查机构、经济普查人员篡改经济普查资料或者编造虚假数据的，依法给予行政处分或者纪律处分，并由县级以上人民政府统计机构给予通报批评。

经济普查人员参与篡改经济普查资料、编造虚假数据的，由县级以上人民政府统计机构给予通报批评，依法给予行政处分，或者建议有关部门、单位依法给予行政处分或者纪律处分。

第三十六条 经济普查对象有下列违法行为之一的，由县级以上人民政府统计机构责令改正，给予通报批评；情节较重的，可以建议有关部门、单位对负有直接责任的主管人员和其他直接责任人员依法给予行政处分或者纪律处分：（一）拒绝或者妨碍接受经济普查机构、经济普查人员依法进行的调查的;(二)提供虚假或者不完整的经济普查资料的;(三)未按时提供与经济普查有关的资料,经催报后仍未提供的。

企业事业组织有前款所列违法行为之一的,由县级以上人民政府统计机构给予警告,并可以处 5 万元以下罚款;个体经营户有前款所列违法行为之一的,由县级以上人民政府统计机构给予警告,并可以处 1 万元以下罚款。

第三十七条 各级经济普查机构应当设立举报电话,接受社会各界对经济普查中单位和个人违法行为的检举和监督,并对举报有功人员给予奖励。

第八章 附 则

第三十八条 本条例自公布之日起施行。

李德水(国务院第一次全国经济普查领导小组副组长、国家统计局局长)在国务院第一次全国经济普查电视电话会议上的讲话

(2004 年 9 月 13 日)

同志们：

国务院决定今年开展第一次全国经济普查工作，全面掌握我国第二、三产业的发展状况，为研究制订国民经济和社会发展规划，加强和改进宏观调控，完善国民经济核算制度，提供最新的经济数据，具有十分重要的意义。在各地区、各部门的共同努力下，目前经济普查的试点工作取得了积极成果，其他各项准备工作正在稳步推进。下面，我讲几点意见：

一、普查准备工作取得积极进展

全国经济普查是一项庞大的社会系统工程，党中央、国务院对这项工作极为重视。去年 11 月 12 日温家宝总理主持召开国务院第 28 次常务会议，对普查工作专门进行了研究和部署。随后，成立了以曾培炎副总理为组长的国务院第一次全国经济普查领导小组及其办公室。日前温家宝总理签署国务院令，正式颁布实施《全国经济普查条例》，为普查工作提供了强有力的组织和法律保障。

到目前为止，普查准备工作进展顺利。全国省、地、县各级政府以及铁道、银行、证券、保险、邮政和军队、武警等系统的普查领导小组及其办公室已全部组建完毕，乡镇、街道及机关、企事业单

位的普查机构正在组建之中。普查领导小组办公室和统计局制定了普查方案，开发了普查数据处理软件，并在部分地区开展了综合试点。全国各地开展了不同形式的宣传工作，为下一阶段工作打下了良好的基础。

二、第一次全国经济普查工作的总体安排

根据《全国经济普查条例》规定，这次经济普查涉及我国境内第二产业和第三产业大约500多万个法人单位、700多万个产业活动单位和2300多万个个体经营户，包括了除农业以外的19个国民经济行业门类、90个行业大类、378个行业中类和875个行业小类。普查所涉及的经济总量，约占全国GDP的85%以上。普查内容不仅包括各类单位的基本属性、从业人员、财务状况，而且包括了企业的生产经营情况和生产能力、原材料以及能源消耗、科技活动情况等。

按照“全国统一领导、部门分工协作、地方分级负责、各方共同参与”的原则，全国经济普查方案由普查领导小组办公室统一制定，并负责向地方经济普查机构统一布置。地方各级经济普查机构要按照统一规定和要求，组织实施好本辖区内的经济普查工作。国务院和地方各有关部门，要按职责分工，负责组织完成好同级经济普查机构指定的工作任务。

这次经济普查的标准时点是2004年12月31日。整个普查工作按以下五个阶段分步实施：一是普查准备阶段（2004年年底前），二是普查登记阶段（2005年1月—5月），三是数据处理和上报阶段（2005年2月至8月），四是数据评估和发布阶段（2005年9月至2005年底），五是资料开发应用、总结和评比表彰阶段（2005年9月至2006年上半年）。

三、下一阶段需要重点做好的几项工作

现在距普查登记的标准时点2004年12月31日不足4个月，完成登记前的各项准备工作，时间紧迫，任务艰巨。各地区、各部门要马上进入实战阶段，抓紧做好以下工作：

（一）抓紧落实普查经费。截至目前，全国还有近30％的地（市）和约50％的县（区）普查经费没有落实，各级政府和财政部门要抓紧解决。同时要为普查准备好数据处理设备和必要的交通工具、办公用房、办公用品，做好普查表、普查宣传品的印制等。

（二）做好人员选调和培训。这次普查要动员近一千万名工作人员，除需要从国家机关、街道、乡镇和居（村）委会以及企事业单位中抽调外，还要从社会上招聘大量临时人员。各级政府和普查机构要尽快制定人员选调和管理办法，有针对性地做好培训工作，确保人员素质。

（三）深入做好宣传动员。首先要加大《全国经济普查条例》的宣传，这是整个普查工作的法律依据，必须通过强有力的宣传，使条例的主要精神深入人心。同时，从各地试点情况看，入户难、配合难是普查登记工作中比较普遍和突出的问题，特别是一些私营企业主和个体经营户心存疑虑，对经济普查工作不理解、不配合。因此，要通过广泛深入的社会宣传动员工作，使广大普查对象都能够理解普查、支持普查、配合普查。

（四）认真搞好单位清查。全国普查领导小组办公室已经与中编办、民政部、税务总局、工商总局、质检总局、统计局联合下发了《关于认真做好单位行政登记资料提供和认定工作的通知》。各地区、各有关部门特别是统计、工商、税务、民政、编制、质检和单独组织实施的铁路、邮政、银行、保险、证券、军队和武警等系统或部门，要各司其职、各负其责、通力协作、密切配合，共同把这项工作做好。

各级统计部门都要把经济普查作为今明两年统计工作的重中之重，主要负责同志要高度重视，亲自组织，精心协调，严把数据质量关，加大统计执法检查力度，对普查工作实行全程监控，扎扎实实做好各项工作，圆满完成党中央、国务院交给我们的这项光荣任务。

人事部　国家统计局关于表彰全国统计系统先进工作者和先进集体的决定

（2004 年 9 月 20 日）

各省、自治区、直辖市人事厅（局）、统计局，新疆生产建设兵团人事局、统计局：

近年来，全国统计系统广大干部职工在各级党委、政府的领导下，以邓小平理论和“三个代表”重要思想为指导，贯彻落实党的十六大和十六届三中全会精神，解放思想，实事求是，与时俱进，认真履行统计工作职责，充分发挥统计工作信息、咨询、监督的功能，为宏观管理和科学决策提供了大量的统计信息，为社会各界提供了广泛的咨询服务，为统计工作改革和发展做出了积极贡献，涌现出许多先进人物和先进集体。

为表彰他们的先进事迹，激励全国统计系统广大干部职工努力工作，奋发向上，不断开创统计工作新局面，人事部、国家统计局决定，授予李艳春等 35 名同志“全国统计系统先进工作者”荣誉称号；授予北京市东城区统计局等 80 个单位“全国统计系统先进集体”荣誉称号。被授予“全国统计系统先进工作者”荣誉称号的同志，享受省部级劳动模范和先进工作者待遇。希望受表彰的先进工作者和先进集体珍惜荣誉，谦虚谨慎，发扬成绩，再立新功。

全国统计系统广大干部职工要以受表彰的先进工作者和先进集体为榜样，在以胡锦涛同志为总书记的党中央领导下，高举邓小平理论和“三个代表”重要思想的伟大旗帜，振奋精神，扎实工作，开拓进取，为实现全面建设小康社会的宏伟目标做出新的贡献！

附件：1. 全国统计系统先进工作者名单（略）

2. 全国统计系统先进集体名单（略）

国家统计局关于印发《2005 年我国国际比较项目调查实施方案》的通知

（2004 年 9 月 23 日）

北京、上海、重庆、大连、哈尔滨、宁波、厦门、青岛、武汉、广州、西安市统计局：

国家统计局决定于 2004－2006 年在北京、上海、重庆、大连、哈尔滨、宁波、厦门、青岛、武汉、广州、西安 11 个城市开展国际比较项目调查。现将《2005 年我国国际比较项目调查实施方案》印发给你们，请按照方案要求，结合本地区实际，认真贯彻执行。

2005 年我国国际比较项目调查实施方案

根据 2005 年世界国际比较项目工作的总体要求，为确保我国按时按质完成此项任务，特制定本实施方案。

一、调查目的

采用购买力平价方法进行我国部分地区 GDP 和人均 GDP 的国际比较，并借此机会参与国际统计活动，探索增强我国统计能力建设的道路。

二、调查范围

在北京、上海、重庆、大连、哈尔滨、宁波、厦门、武汉、青岛、广州、西安 11 个市开展国际比较项目所需的 GDP 支出数据和代表规格品价格数据调查，以部分地区方式参加 2005 年世界国际比较项目活动。

三、调查内容

（一）GDP支出分类数据。包括居民消费、为住户服务的非营利机构消费、政府个人消费支出、政府公共消费支出、固定资本形成总额、存货变化、净出口等7大项155个详细支出分类。

主要支出项目	大类	中类	小类	基本分类
11.00 居民消费支出	13	43	90	110
12.00 为居民服务的非营利机构消费支出	1	1	1	1
13.00 政府个人消费支出	5	7	16	21
14.00 政府公共消费支出	1	1	5	5
15.00 固定资本形成总额	3	6	11	12
16.00 存货变化	2	2	2	4
17.00 净出口	1	1	1	2
GDP	26	61	126	155

（二）代表规格品价格数据。包括居民消费代表规格品价格、投资代表规格品价格、政府职务工资。为住户服务的非营利机构消费、存货变化和净出口项目采用相应产品的“类比购买力平价”进行估算，不作专门价格调查。

调查项目	调查细项	调查数目
一、居民消费代表规格品价格	1. 食品、饮料、烟草	
	2. 服装、鞋类和家用纺织品	69
	3. 家庭设备及服务	83
	4. 居住、水、电、气等	18
	5. 医疗保健	30
	6. 交通和通信	84
	7. 娱乐教育文化用品及服务	72
	8. 餐饮和旅馆	25
	9. 其他个人用品	56
二、投资代表规格品价格	1. 机械设备	
	2. 建筑品	
三、政府职务工资	有关职务工资	

四、调查原则

（一）一致性原则。要求代表规格品的价格与 GDP 各个支出基本分类的估价保持一致，调查本地区实际全年平均价格数据。

（二）可比性原则。各地区必须按照代表规格品说明调查价格，保证所调查的商品规格在等级、型号、包装、材料、设计和销售条件上与国际基本相同和可比。

（三）代表性原则。国际比较项目要求所调查的规格品对本地区具有代表性。但为了兼顾可比性的原则，各地区还必须收集一些非代表性产品价格。各地区必须标明每一种调查规格品的代表程度。

国家统计局将统一制定代表规格品目录和 GDP 支出基本分类目录。各地区必须按统一规定的《代表规格品目录》和《GDP 支出基本分类目录》填报数据，不得更改。

五、时间安排

（一）调查时间。

世界国际比较项目的基准年份为 2005 年。根据总体计划安排，GDP 支出基本分类数据收集工作从 2004 年 7 月开始，居民消费代表规格品价格调查从 2005 年 1 月开始，投资代表规格品价格和政府职务工资数据的收集从 2005 年 7 月开始。具体安排如下：

（二）上报时间。

1. 2003 年 GDP 支出数据上报的截至时间是 2004 年 11 月 15 日；2004 年 GDP 支出数据上报的截至时间是 2005 年 11 月 15 日。

2. 代表规格品价格数据上报的截至时间是调查期后 15 日。

六、组织方式

（一）11 个市统计局 ICP 领导小组根据 2005 年我国国际比较项目数据调查实施方案的统一要求，组织本单位有关处室开展调查活动。

（二）原则上，核算处负责本地生产总值支出基本分类数据的收集，城调队负责本市城市价格数据的收集，农调队负责本市辖区以外的农村价格数据的收集。

<table>
<tr><th>调查项目</th><th>调查细目</th><th>调查时间</th></tr>
<tr><td rowspan="2">一、GDP 支出
基本分类</td><td>2003 年支出基本分类数据</td><td>2004 年 7 月至 10 月</td></tr>
<tr><td>2004 年支出基本分类数据</td><td>2005 年 7 月至 10 月</td></tr>
<tr><td rowspan="9">二、居民消费代表
规格品价格</td><td>1. 食品、饮料、烟草</td><td rowspan="9">2005 年 1 月至 12 月</td></tr>
<tr><td>2. 服装、鞋类和家用纺织品</td></tr>
<tr><td>3. 家庭设备及服务</td></tr>
<tr><td>4. 居住、水、电、气等</td></tr>
<tr><td>5. 医疗保健</td></tr>
<tr><td>6. 交通和通信</td></tr>
<tr><td>7. 娱乐教育文化用品及服务</td></tr>
<tr><td>8. 餐饮和旅馆</td></tr>
<tr><td>9. 其他个人用品</td></tr>
<tr><td rowspan="2">三、投资代表品价格</td><td>1. 机械设备</td><td rowspan="2">2005 年 7 月</td></tr>
<tr><td>2. 建筑品</td></tr>
<tr><td>四、政府职务工资</td><td>有关职务工资</td><td></td></tr>
</table>

七、数据报送和汇总方式

(一)通过中国国际比较项目网站(内网)进行数据传输。

(二)数据采用国际比较项目专用软件价格数据收集模板(PCM)规定的格式和 EXCEL 格式上报。缺少指标可不予填报，但不得改变指标顺序和数据格式。

(三)数据汇总由国家统计局国际统计信息中心完成。

(四)国家统计局报给亚洲开发银行的数据为:11 个市为一整体的 155 类 GDP 支出基本分类;11 个市为一整体的所有规格品平均价格、城市平均价格和农村平均价格。

八、本调查方案由国家统计局国际统计信息中心负责解释

附件:1. GDP 支出数据调查实施细则(略)

2. 代表规格品价格调查实施细则(略)

国务院办公厅关于建立劳动力调查制度的通知

（2004年9月27日）

各省、自治区、直辖市人民政府，国务院各部委、各直属机构：

为准确、及时、全面地反映我国的劳动力资源和就业情况，建立健全城乡就业和失业调查统计体系，更好地为国家宏观调控和制定就业政策服务，国务院决定建立劳动力调查制度。现将有关问题通知如下：

一、建立劳动力调查制度的重要意义

随着我国社会主义市场经济体制的初步建立和劳动就业制度改革的不断深化，劳动就业形势和政府对劳动就业进行管理的方式、方法发生了重大变化。在计划经济体制下形成的现行就业统计制度，调查周期长，数据质量差，调查方法和标准不能与国际接轨，难以准确反映城乡就业总量和城镇失业的实际情况，不能满足国家宏观调控和制定就业政策的需要。因此，借鉴国际通行的方法和标准，建立适合我国国情的劳动力调查制度，对及时准确地反映我国城乡劳动力资源、就业和失业人口的总量和结构，对政府准确判断就业形势，正确制定和调整就业政策，改进宏观调控具有重要意义。劳动力调查制度对建立健全城乡就业和失业调查统计体系，完善就业和失业统计及动态分析监测系统，也将发挥重要作用。

二、劳动力调查的对象和方式

劳动力调查采用抽样调查方式，组织调查员入户对 16 岁以上人口的就业状况进行调查。每次调查需抽取样本 40 万户，涉及全国 1800 多个县(市、区)的 130 万人口。首次调查于 2005 年 11 月进行。为积累经验，稳步推进建立劳动力调查制度，2006 年调查增加到两次，分别于 5 月和 11 月进行。从 2007 年起，调查每季度进行一次，分别于 2 月、5 月、8 月和 11 月进行。

三、劳动力调查的内容及经费来源

劳动力调查的主要内容包括调查对象的年龄、性别、居住地、受教育程度、就业状况、所从事的职业和所在的行业、工作时间、失业原因、失业时间、收入以及参加社会保障情况等。具体调查内容由统计局会同有关部门制定，报国务院批准。

劳动力调查工作所需经费由中央和省级财政共同负担，并列入相应年度的财政预算。为满足地方人民政府经济管理工作的需要，各地区可增加调查样本，所需调查经费由地方人民政府负担。

四、劳动力调查的领导和组织实施

劳动力调查是重要的国情国力调查。调查工作涉及千家万户，技术要求高，工作难度大，有关部门及调查对象要密切协作和配合。地方各级人民政府和各有关部门要充分认识做好这项工作的重要意义，切实加强领导，及时解决工作中遇到的困难和问题，指导和推动调查工作的顺利开展。各级统计部门负责组织实施劳动力调查工作。要精心制订方案，不断总结典型经验和做法，确保调查数据的质量，逐步健全城乡就业和失业调查统计体系。

国家统计局关于表彰全国统计系统先进个人的决定

（2004 年 10 月 9 日）

各省、自治区、直辖市统计局、农调队、城调队、企调队，新疆生产建设兵团统计局、社会经济调查队：

近年来，全国各级政府统计部门及广大统计工作者，以邓小平理论和“三个代表”重要思想为指导，在各级党委、政府的领导下，坚持实事求是、依法统计和改革创新，不断推进统计工作现代化，为各级党政领导及社会各界提供了大量的统计信息和咨询建议，为社会主义现代化建设做出了积极的贡献。

为了弘扬广大统计工作者热爱统计、无私奉献的精神，国家统计局决定授予曹友贤等 240 名同志“全国统计系统先进个人”荣誉称号。

这次受表彰的先进个人在统计工作岗位上兢兢业业、不为名利、刻苦钻研、开拓创新，在平凡的工作中做出了不平凡的业绩，为全国广大统计工作者树立了榜样。希望受到表彰的同志要珍惜荣誉，发扬成绩，继续努力，为统计事业再创佳绩。

随着我国社会主义市场经济体制的不断完善，统计工作任务将更加艰巨。让我们在以胡锦涛同志为总书记的党中央领导下，继续高举邓小平理论和“三个代表”重要思想的伟大旗帜，以先进个人为榜样，团结一致，努力工作，与时俱进，不断开创统计工作的新局面。

附件：全国统计系统先进个人名单（略）

国家统计局关于做好农村非农户投资按项目统计工作的通知

（2004 年 10 月 11 日）

各省、自治区、直辖市统计局：

为适应社会主义市场经济发展和宏观调控的需要，根据统计制度方法改革长远规划要求，国家统计局决定从 2004 年年报和 2005 年定期报表起，对农村非农户 50 万元以上投资试行按项目统计。为做好农村非农户投资统计方法改革工作，现提出以下要求：

一、要高度重视并切实做好农村非农户投资统计方法改革工作。农村投资是全社会固定资产投资的重要组成部分。随着我国社会主义市场经济建设的发展和城市化进程的加快，农村投资规模越来越大，在经济发展中发挥着越来越重要的作用。但同时，农村投资中存在的盲目建设和低水平重复建设现象也日益成为影响经济持续稳定增长的重要因素。长期以来，统计部门对城镇和农村投资采用了不同的统计调查方法：即城镇采取按项目统计的方法，农村实行抽样调查的方法。随着农村投资的迅猛发展，现行农村投资统计方法已不能满足各方面需要，并成为影响全社会固定资产投资数据质量的一个重要因素。因此，对农村非农户投资统计方法进行改革势在必行，它对完善统计制度、充分发挥统计工作在宏观调控中的作用具有十分重要的意义。各地要高度重视，切实做好农村非农户 50 万元以上投资试行按项目统计工作。

二、要加强对农村非农户投资统计方法改革的领导，做好组织协调工作。农村投资统计改革涉及到投资统计系统与农调队系统。为保证改革的顺利进行和统计资料的平稳过渡，各级要加强对农村非农户投资统计方法改革工作的领导，做好组织协调工作，投资统计机构和农调机构要密切配合，通力合作。投资按项目统计的范围从城镇扩大到农村，将增加投资统计工作量。各地要在经费、人员和计算机等方面给予保障，以保证农村投资统计改革工作的正常进行。

三、要采取有效措施，确保农村非农户投资按项目统计数据质量。农村投资统计方法改革是提高统计数据质量的一项重要措施。各级统计部门要采取有效措施，确保农村非农户投资按项目统计的数据质量。要按照国家统计制度规定的范围和方法开展农村非农户投资统计工作，加强对项目统计资料的审核，保证投资项目资料的真实可靠。在改革的过渡期要对两种调查方式取得的农村投资数据进行认真核对，确保统计数据的衔接和可比。对在农村非农户投资统计中出现的虚报和瞒报现象将依法进行查处。

国家统计局将从今年年报起加强对各地上报的农村非农户投资项目资料的审核和考核。

四、要加强农村投资统计的基础工作，为农村非农户投资统计方法改革顺利进行奠定基础。做好农村非农户投资按项目统计工作，关键是农村投资统计的基础工作。各地要抓紧农村尤其是乡镇投资统计网络的建设，建立农村投资统计工作制度，加大对农村投资统计工作人员的培训力度，保证农村投资统计改革工作的顺利进行。

国家统计局关于开展制造业采购经理调查的通知

（2004 年 10 月 20 日）

各省、自治区、直辖市统计局、企业调查队：

为及时了解制造业采购业务活动情况，加强对国民经济的监测与预警能力，为国家宏观调控和企业生产经营提供参考依据和咨询建议，国家统计局决定开展制造业采购经理调查。该项调查由国家统计局企业调查总队负责组织实施，各省（区、市）企业调查队负责催报和数据审核，企业调查总队负责数据加工整理。

制造业采购经理调查是一项全新的统计调查，时效性强，技术性高。各单位要高度重视，认真组织落实，保证调查工作的顺利实施。

附件：制造业采购经理调查制度（试行）（略）

国务院办公厅关于开展 2005年全国1%人口抽样调查的通知

（2004年10月26日）

各省、自治区、直辖市人民政府，国务院各部委、各直属机构：

随着经济和社会的发展，我国人口状况不断发生变化。为了摸清2000年以来我国人口数量、构成以及居住等方面的变化情况，研究未来人口状况的发展趋势，为制定经济社会发展规划和有关政策提供客观准确的依据，按照国家关于人口普查的有关规定，国务院决定在2005年进行全国1%人口抽样调查。

这次调查将在全国各县（市、区）抽取约6万个调查小区，调查对象为小区的全部人口，共约1300多万。调查内容主要包括住户的基本情况和个人的年龄、性别、受教育程度、职业、迁移流动、生育、社会保障、住房情况等指标。调查时点为2005年11月1日零时。

这次调查是一次重要的大规模人口调查，需要强有力的领导、广泛的社会动员、有关部门的密切配合和广大人民群众的积极支持。为此，成立国务院全国1%人口抽样调查领导小组，负责此次调查的领导和组织协调工作。领导小组办公室设在统计局，有关调查工作的具体安排，由统计局负责落实。县以上地方各级人民政府，要建立相应的机构，切实加强对调查工作的领导。有关部门要加强配合，认真负责，确保调查任务的顺利完成。

人口抽样调查工作涉及面广、任务繁重，调查指导员和调查员需要从机关、企事业单位和基层组织（村、居委会和社区）人员中选调，有的还要从社会上临时招聘。地方各级人民政府要高度重视，动员各有关方面积极参加，确保选调和招聘人员的质量。开展调查所需经费，按照分级负担的原则，由中央和地方财政共同负担，并列入相应年度的财政预算，按时拨付使用。

附件：国务院全国1%人口抽样调查领导小组组成人员名单

附件：

国务院全国1%人口抽样调查领导小组组成人员名单

组　长：曾培炎（国务院副总理）
副组长：汪　洋（国务院副秘书长）
　　　　李德水（统计局局长）
　　　　白景富（公安部副部长）
　　　　王国强（人口计生委副主任）
成　员：胡振民（中宣部副部长）
　　　　朱之鑫（发展改革委副主任）
　　　　廖晓军（财政部副部长）
　　　　姜　力（民政部副部长）
　　　　甘国屏（工商总局副局长）
　　　　张为民（统计局副局长兼领导小组办公室主任）

国家统计局关于贯彻执行《涉外调查管理办法》的通知

（2004 年 11 月 3 日）

各省、自治区、直辖市统计局：

按照 1998 年 5 月《中共中央办公厅国务院办公厅关于台资顶新国际集团极力获取我有关社会调查资料问题的通报》（厅字〔1998〕7 号，以下简称《两办通报》）的要求，国家统计局于 1999 年 7 月发布《涉外社会调查活动管理暂行办法》，开始对涉外社会调查实施管理。今年 5 月，国务院决定调整涉外社会调查行政审批事项。为贯彻落实《行政许可法》和国务院决定精神，国家统计局对《涉外社会调查活动管理暂行办法》进行了修改，制定了《涉外调查管理办法》（以下简称《办法》）。《办法》已于 2004 年 7 月 19 日经国家统计局第五次局务会议讨论通过，于 10 月 13 日公布施行。现就贯彻执行《办法》的有关事项通知如下：

一、认真做好涉外调查机构的资格认定和涉外社会调查项目的审批

要严格按照《行政许可法》和《办法》的规定，认真做好涉外调查机构的资格认定和涉外社会调查项目的审批。

一是积极受理。1999 年国家统计局发布部门规章，要求各地统计局对本行政区域内的涉外社会调查活动实施管理。但是，目前仍有一些地方统计局以各种理由，不受理应由地方统计局受理

的涉外调查机构资格认定申请和涉外社会调查项目审批申请。这种行为违背了《行政许可法》的有关规定，必须予以纠正。各地统计局要按照《办法》的规定，积极依法受理申请机构的申请，不得以任何借口拒绝受理符合条件的申请。同时，要做好对申请人的咨询和服务工作。

二是严格按照职权范围进行资格认定和项目审批。今年国务院决定取消涉外社会调查三个审批项目，一是境外组织、个人在中国境内进行市场调查项目审批，二是"三资"企业开展社会调查活动审批，三是境外组织、个人在中国境内进行社会调查结果审核，改为依据有关法律、法规对其实施事后监管。各地现有规章和规范性文件中对上述三项审批有规定的，应尽快修改规章和文件。还在对上述三项进行审批和审核的，应立即停止。《办法》第十四条和第二十三条对国家统计局和各地统计局颁发涉外调查许可证和批准涉外社会调查项目的权限作出了规定，各省、自治区、直辖市统计局要严格按照规定受理。

三是严格按照《办法》规定的条件颁发涉外调查许可证和审批涉外社会调查项目。《办法》第十二条规定了取得涉外调查许可证的条件。在资格认定中，要重点考察申请机构的经营（业务）范围和经营（业务）活动是否合法。《办法》第七条规定了涉外社会调查项目的审批标准。对于每一项申请批准的涉外社会调查项目，管理机关都要严格按照第七条的规定，对调查目的、调查方式、调查领域、调查范围、调查结果、调查结果的使用逐一进行评判。对任何可能导致八种后果之一的涉外调查项目，一律不予批准。

认定涉外调查机构资格，审批涉外社会调查项目，要坚持维护国家安全与促进对外开放相结合的原则。对确属企业从事正当生产经营活动所需的调查，对于委托机构内部使用并有利于我国吸引外资的调查，对有利于维护我国改革开放形象的调查，应批准其进行。而对于利用社会调查活动窃取国家秘密、搜集敏感问题情报、损害国家安全和社会公共利益的行为，要坚决予以制止。要坚持公开、公平、公正的原则。要向社会及时公开与涉外调查管理有关的法律、法规、规章、制度和不涉及国家秘密的各项政策，及时公开不涉及企业商业秘密的审批决定。要公平、公正地对待每一个调查机构和境外组织、个人。

二、加强领导，建立制度，完善管理机制

认定涉外调查机构资格，审批涉外调查项目，是统计部门承担的重要行政许可事项。各地统计部门要切实加强领导，落实责任，建立制度，搞好协调，认真作好各项工作。

一是明确责任。各省、自治区、直辖市统计局要把涉外调查管理作为统计部门的一项经常性工作，主要负责同志要亲自过问、支持和领导管理工作。要明确责任，指定专门的机构和人员负责。实施涉外调查管理的人员，要认真学习《行政许可法》、《办法》及其他相关知识，准确理解和熟练掌握《行政许可法》和《办法》的各项规定，把握党和国家有关的政策和法律法规。

二是解决必要的条件。《行政许可法》第五十八条规定："行政机关实施行政许可所需经费应当列入本行政机关的预算，由本级财政予以保障，按照批准的预算予以核拨。"《国务院关于贯彻实施行政许可法的通知》要求："根据行政许可法的规定，行政机关实施行政许可所需经费应当列入本行政机关的预算。本级财政部门要给予经费保障，防止将行政机关的预算经费与实施行政许可收取费用挂钩。"各地统计局要认真贯彻落实《行政许可法》和国务院通知精神，积极争取把涉外调查管理所需经费列入地方财政预算，为涉外调查管理工作的正常开展提供必要的保障。在涉外调查许可证资格认定和涉外社会调查项目审批中，不得收取任何费用。

三是完善有关工作程序和制度。要建立统一受理涉外调查许可证机构资格认定和涉外社会调查项目审批申请、统一送达涉外调查许可证和涉外社会调查项目决定书制度，建立健全受理、审批

资格认定和项目审批的具体工作程序和有关制度，建立对获得涉外社会调查许可证机构和批准的涉外社会调查项目的监督检查制度。涉外调查许可证由国家统计局统一印制。国家统计局将根据各地的申请需要予以提供。涉外调查许可证申请表和受理通知书，涉外社会调查项目申请表、受理通知书和审批决定书等，各地统计局可参照国家统计局的式样印制。

四是坚持各司其职、密切配合。对涉外调查实施管理，是有关部门的共同职责，统计部门只是涉外调查管理的一个窗口。无论是对申请涉外调查许可证的机构进行资格认定，还是查处违法的涉外调查行为，都需要工商、民政、商务、公安、国家安全、保密等相关部门的配合。涉外社会调查项目是否涉及国家安全、危害社会公共利益，是否涉及政治、经济、文化、科技、军事、外交、宗教等敏感问题，也经常需要相关部门来判断。要建立有统计、国家安全、公安、保密、商务、工商、民政等部门参加的部门联系会议制度，交流情况，研究对策。建立征询有关职能管理部门意见的制度。对于涉及有关管理部门职能范围内的调查事项，在审批前统计部门要主动听取部门的意见。要建立相关部门涉外社会调查情况通报制度，及时向国家安全部门、公安部门、保密工作部门通报情况。

五是加强监管。要加强对取得涉外调查许可证机构的检查，看其是否建立了涉外调查业务档案，是否存在未经批准或未按照批准的方案进行涉外社会调查的行为。同时，要加强对统计机构中负责和具体承担资格认定和项目审批人员的监督，及时发现、纠正违法、违规审批行为。建立情况报告制度，各省、自治区、直辖市统计局要将颁发涉外调查许可证、审批涉外社会调查项目和监管涉外调查活动的情况、问题和经验，每年向国家统计局报告一次，必要时可随时报告。对于国家安全、公安、保密等部门或人民群众向统计部门反映以及统计部门发现的重大涉外调查案件线索，要及时报告。

国家统计局关于对乡镇及街道办事处统计机构执法检查职能问题的批复

（2004年11月3日）

河南省统计局：

你局《关于乡镇及街道办事处统计机构统计执法检查职能的请示》收悉。经研究，现批复如下：

一、《统计法实施细则》第二十四条明确规定：乡镇统计机构具有对统计法执行情况进行监督检查的职责。虽然《统计执法检查规定》对有关乡镇及街道办事处配备统计检查员的问题未作明确规定，但并不意味着在乡镇及街道办事处不能配备统计检查员。《国家统计局关于做好统计执法检查证管理工作的通知》（国统字〔2001〕74号）明确规定："《统计执法检查证》的颁发对象为：（一）统计检查员；（二）受县级以上各级人民政府统计机构的指派或者委托从事统计执法检查工作的人员。"因此，如果乡镇及街道办事处的有关人员受县级以上各级人民政府统计机构的指派或者委托，执行有关统计执法检查的任务，就可以依法发给其《统计执法检查证》。

二、关于街道办事处统计机构能否履行乡镇统计的职能问题。我们认为，街道办事处统计机构可以履行乡、镇综合统计的职能。从法理上考虑，街道办事处作为区人民政府的派出机构，其综合统计职责可以由其上级机关授权或者委托获得；从实践上考虑，随着城市化的推进，一些乡镇转为街道建制，不能因为这种积极的变化而使其失去综合统计职能。

三、根据《统计法》的有关规定，乡镇和街道统计机构可以行使统计执法检查权，有权要求检查对象改正不确实的统计资料，但不具有案件处理权。在检查中发现的违法行为，应报请县级人民政府统计机构处理。

国务院办公厅转发国家统计局关于改进地区GDP核算工作意见的通知

（2004年11月17日）

各省、自治区、直辖市人民政府，国务院各部委、各直属机构：

国家统计局《关于改进地区GDP核算工作的意见》已经国务院同意，现转发给你们，请认真贯彻执行。

关于改进地区GDP核算工作的意见

自1985年我国建立GDP核算制度以来，GDP作为反映国家和地区经济发展情况的综合指标，已成为各级政府进行宏观经济决策的重要参考依据。但是，由于在GDP核算中国家和地区采取分级核算的形式，国家GDP和地区GDP汇总数据一直存在着差距。特别是近几年来，由于地区GDP核算中基础数据缺口较大、核算方法不完善、统计体制不健全，特别是某些地方片面追求经济增长速度等方面的原因，两者之间的差距有逐步扩大的趋势。为了规范地区GDP核算方法，提高地区GDP数据的准确性和权威性，现就改进地区GDP核算工作提出以下意见：

一、规范地区GDP核算方法。在地区季度GDP核算中，要严格执行国家统计局《季度国内生产总值核算方案》（国统字〔1999〕100号）和《关于地区季度GDP核算方法的若干补充规定》（国统字〔2004〕104号），以增强地区GDP核算方法的科学性和规范性。

二、建立地区GDP数据联审制度。在每季季后，国家统计局组织国家和地方统计部门的核算人员及其他有关人员，对地区GDP数据进行联审，审查地区GDP核算中存在的问题，并对相关数据进行必要的修正，严把数据质量关。

三、进一步规范行业数据的计算方法。国家统计局首先制订农业、工业、建筑业和批发零售贸易餐饮业的全国统一、可比的计算方法，在此基础上，建立对省（区、市）相应主要统计数据的审核评估管理制度，逐步实现上述行业的全国数据与地区汇总数据的协调衔接。在条件成熟时，国家对省（区、市）的GDP核算全面实行下算一级，由国家统计局直接计算各省（区、市）的GDP。

四、各省（区、市）要逐步建立地区GDP核算下算一级的制度，有条件的省（区、市）可以先实行。鉴于GDP核算的复杂性和县一级统计工作的实际状况，地市一级也要逐步建立GDP核算下算一级的制度。

五、进一步规范国家和地区GDP数据的发布时间和发布方式。今后各省（区、市）的季度GDP数据不再由各地统计局自行公布，而是经国家统计局联审后统一对外发布，并以此作为法定数据。在时间上，将国家和地区GDP数据在每季季后15日左右公布推迟到18日，以保证联审工作所需的时间。

六、地区GDP数据联审制度和统一发布制度从2005年1月1日起正式实施。

国家统计局　国务院第一次全国经济普查领导小组办公室关于规范电力企业统计的通知

（2004 年 11 月 19 日）

各省、自治区、直辖市统计局、经济普查办公室，各有关电力企业：

为了适应电力企业实行厂网分开改革后的新情况，进一步规范电力企业统计，经与有关单位协商后，决定从第一次全国经济普查和 2005 年定期统计报表起，电力企业统计按新的规定执行。现将电力企业统计单位确定原则、产值和财务指标计算方法等问题通知如下：

一、电力生产企业统计原则

独立核算的电力生产企业直接作为法人企业，发电公司下属的非独立核算电力生产单位（企业）和供电公司下属的非独立核算电力生产单位（企业）均视同为法人企业，填报法人企业所有报表。

工业总产值（当年价格）按其售电量的全价计算，即电力生产企业的销售电量收入减去外购电费，计算公式为：

电力生产企业工业总产值（当年价格）＝售电收入－购电费＝售电量×售电平均单价－购电量×购电单价

非独立核算电力生产单位（企业）的售电平均单价可按公司内部结算价格计算，由其所属公司平衡测算后通知各电力生产企业。

非独立核算电力生产单位（企业）的财务资料由其所属的发电公司或供电公司按照其各自的售电收入（售电量乘以售电平均单

价)的比例分割计算后,反馈给发电企业填报;或按公司内部结算价格模拟计算。

二、电网经营企业统计原则

独立核算的省、市(区)、县级供电公司作为法人企业,非独立核算的省级分公司视同为法人企业,填报法人企业所有报表;非独立核算的市(区)、县级供电公司作为产业活动单位填报相应报表;国家电网公司、区域电网公司作为管理机关只填报本级的数据,不包括下属法人企业和视同法人企业的数据。

工业总产值(当年价格)按其售电收入全价计算,计算公式为:

电网经营企业工业总产值(当年价格)=售电收入=售电量×售电平均单价

非独立核算的省级分公司如没有财务核算资料,由区域电网公司按照各省级分公司售电收入(售电量乘以售电平均单价)的比例分割计算后,反馈给省级分公司填报。

由于电网经营企业工业总产值由厂网分开以前按售电收入减购电费差价计算改成按售电收入全价计算,因此,为保持工业总产值与工业中间投入计算口径一致,计算工业中间投入时要包括购电费,作为中间投入中的"直接材料"。

商务部办公厅　国家统计局办公室
关于加强实际使用外资统计工作的通知

（2004 年 11 月 25 日）

各省、自治区、直辖市及计划单列市商务主管部门、统计局：

为规范吸收外资统计工作，商务部与国家统计局联合下发了《外商投资统计制度》，对推动和加强全国吸收外资统计工作起到了重要的作用。

根据外资统计工作中出现的一些新情况、新问题，为进一步提高外资统计数据质量，为外资管理工作提供准确依据，按照《外商投资统计制度》中对外商（台港澳侨）投资企业实际外资统计的要求，现就加强实际使用外资统计工作有关问题通知如下：

一、在统计实际使用外资时，各级商务主管部门要严格按照《外商投资统计制度》的要求，以规范且符合要求的验资报告作为统计实际外资的依据，并进行认真核查。

二、省级商务主管部门在对本地区实际使用外资进行认真核查后，根据本地的具体实际情况，将计入当月的实际外资大于 200 万美元（含 200 万美元）的外资企业的验资报告（含新增注册资本实收情况明细表、注册资本变更前后对照表、验资事项说明）及银行对此项入资的证明材料统一汇总并进行扫描后于月后 5 日内以电子邮件方式发送至商务部（外资司），也可以传真或邮寄方式递交。对未能及时提交相关材料或材料不规范的，将不纳入当月实际投资统计。对于当月实际入资低于 200 万美元的，商务部将进行抽查。

三、为进一步规范实际外资统计工作，各级商务主管部门必须根据《外商投资统计制度》的要求，严格依据验资报告中的验资金额一次性上报实际外资，杜绝将一笔实际外资拆成若干笔分几次上报的情况发生。

四、为及时反映全国实际外资情况，现规定有效的验资报告日期必须在统计日期前一年之内。如统计 2004 年 1—10 月数据，所提供验资报告验资日期必须在 2003 年 11 月 1 日至 2004 年 10 月 31 日之间。

五、在近几个月的统计核查中，发现个别省市在进行实际外资统计时存在无验资报告、验资报告输入不规范、先统计后验资，甚至提供假验资报告等问题，严重违反了国家的统计制度。在以后的统计工作中，希望各地商务主管部门能以认真负责的态度做好实际利用外资统计工作，以保证外商投资统计数据的连续性、准确性和严肃性。今后商务部将会同国家统计局按照《外商投资统计制度》的相关规定对各地的外资统计工作进行实地检查，发现弄虚作假行为将严肃处理。

国家统计局关于统计调查对象以保密为由拒绝按时报送统计报表问题的批复

（2004 年 12 月 1 日）

新疆维吾尔自治区统计局：

你局《关于对监狱管理局以保密为由拒绝按时报送统计报表问题的请示》（新统字〔2004〕100 号）收悉。现批复如下：

一、根据《统计法》第三条规定，统计调查对象依法准确及时报送统计资料，是其法定义务。任何统计调查对象不能以任何理由，拒绝按时履行其法定义务。

二、根据《统计法》第十五条第一款规定，统计机构、统计人员对属于国家秘密的统计资料，必须保密。因此，对监狱管理局等统计调查对象向统计部门提供的涉及国家秘密的统计资料，统计机构、统计人员负有保密义务。如果统计机构、统计人员非法泄露了其提供的统计资料中有关国家秘密，则应根据《统计法》和其它有关法律法规规定，依法承担相应的法律责任。

三、对统计调查对象以保密为由，拒绝按时提供统计资料义务的行为，县级以上人民政府统计机构首先应当认真做好说服教育工作，尽力消除其思想顾虑。对经说服教育后，仍然拒绝按时提供统计资料的统计调查对象，应当根据统计法的有关规定，依法进行处理。

国家统计局关于协助做好全国人才资源统计调查工作的通知

（2004年12月3日）

各省、自治区、直辖市统计局、企业调查队：

根据中组部、人事部、劳动和社会保障部、农业部、国家统计局《关于做好全国人才资源统计调查工作的通知》（组通字〔2004〕49号）要求，现对各级统计部门做好协助开展调查工作有关事项通知如下：

一、各级统计部门要认真学习中组部等5部委《关于做好全国人才资源统计调查工作的通知》（组通字〔2004〕49号）精神，充分认识全国人才资源调查工作的重大意义，在各级党委组织部门的统一领导下，切实完成好本地区协助调查工作。各省、区、市统计局要成立人才资源统计调查工作协调小组，由统计局主要领导任组长，企业调查队、计算中心（处）、经济普查办公室等单位有关人员参加；要精心组织，密切合作，积极开展工作。

二、企业调查队负责非公有制经济领域人才抽样调查工作，具体实施方案由国家统计局企业调查总队下发。各省、自治区、直辖市第一次经济普查办公室要按照实施方案要求，提供最新非公有制经济领域单位名录库相关资料，以满足抽选样本、组织现场调查及推算总体等需要。

三、各级统计局计算中心（处）负责为当地组织和人事部门独立开展的有关调查提供计算机软件技术服务。国家统计局计算中心负责对各省、自治区、直辖市统计局计算中心（处）进行业务培训。省级以下的计算机软件培训，由各省、区、市统计局与当地组织部门协商后自行安排。

四、抽样调查及计算机软件服务等工作经费分级负担。其中抽样调查方案研究、试点和布置工作，以及计算机软件编制、调试和省级人员培训等工作所需经费由国家统计局负责筹集；省及以下各级统计部门的相关工作经费商当地组织部门和财政部门解决。

国家统计局关于各类开发区职能部门统计行政执法检查权处罚权问题的批复

（2004 年 12 月 9 日）

山东省统计局：

你局《关于解决各类开发区职能部门统计行政执法检查权、处罚权问题的请示》(鲁统字〔2004〕114 号)收悉。现批复如下：

《统计法》第二十三条规定，统计机构、统计人员有权检查统计资料的准确性，要求检查对象改正不确实的统计资料。依据这一规定，开发区统计职能部门可以行使统计执法检查权。但由于开发区统计职能部门不是人民政府统计机构，不具有对统计违法案件的处理权，对其在检查中发现的违法行为应按照《统计法》规定，报请所在地县级以上人民政府统计机构处理。

商务部 国家统计局关于印发《对外直接投资统计制度》的通知

（2004 年 12 月 17 日）

各省、自治区、直辖市及计划单列市商务主管部门、统计局，各有关企业：

为全面、准确、及时地反映我国对外直接投资的全貌，为国家分析境外投资发展趋势，监测宏观运行，制定促进导向政策和实施监督管理，以及建立我国资本项目预警机制提供依据，2002 年，原外经贸部、国家统计局共同印发了《对外直接投资统计制度》（外经贸合发〔2002〕549 号）。该制度实施两年来，对外直接投资统计工作进展顺利，2004 年，中国对外贸易投资洽谈会期间商务部、国家统计局共同发布了《2003 年对外直接投资统计公报》（非金融部分）。

根据国家统计局《部门统计调查项目管理暂行办法》（1999 年第 4 号令）的规定，在借鉴国际组织和有关国家（地区）对外直接投资理论、方法的基础上，结合对外直接投资统计工作中的实际情况，经广泛征求有关部门、企业以及专家、学者的意见，我们对原统计制度进行了修订和完善。现将修订后的《对外直接投资统计制度》印发你们，请遵照执行。

本制度自 2005 年 1 月 1 日起执行，原《对外直接投资统计制度》（外经贸合发〔2002〕549 号）同时废止。

特此通知。

对外直接投资统计制度（略）

全面落实科学发展观
大力推进统计改革和建设

——李德水(国家统计局局长)在全国统计工作会议上的讲话

(2004 年 12 月 20 日)

同志们:

这次全国统计工作会议的主要任务是,按照全面落实科学发展观的要求,总结 2004 年统计工作,研究当前统计工作形势,部署 2005 年工作任务。下面我代表国家统计局讲几点意见。

一、2004 年的统计工作

即将过去的一年,是我国改革开放和经济建设取得新的重大进展的一年。党中央、国务院针对经济生活中出现的新情况、新问题,及时果断地采取了一系列宏观调控的政策措施,避免了局部问题演变为全局性问题,避免了严重通货膨胀的发生,避免了经济运行的大起大落,保持了国民经济平稳较快发展的良好势头。作为中国经济航船运行情况的测报员,经济生活中的每一个波动都牵动着统计工作者的心。经济社会的发展变化最终都是通过统计数据显示出来的,统计数据也引起了国内外的格外关注。统计部门和统计工作者深感责任重大,在密切注视国际经济风云变幻的同时,更是竭尽全力搞准国内经济社会发展的统计数据。一年来,我们认真贯彻落实党的十六大、十六届三中、四中全会精神和国务院领导同志关于统计工作的一系列重要指示，全面落实科学发展观，积极推进统计改革和建设，统计工作出现了新局面。

(一)为经济社会发展提供了较好的统计服务

针对今年经济运行中出现的突出问题，各级统计局和调查队都加强了对经济运行情况的监测和分析，为党中央、国务院把握经济运行态势、实施宏观调控提供了大量及时准确的信息和观点鲜明、针对性强的决策咨询建议。1—11月，"两办"共采用国家统计局上报的信息1389条，其中234条信息受到党中央、国务院领导同志批示，分别是去年同期的1.3倍和2.5倍，信息报送成绩在中办、国办分列第一和第三位。国家统计局的一批统计报告引起国务院领导的高度重视，在社会上也产生了较大反响，对统一思想、认清形势发挥了一定作用。我们还加强了国际经济信息的搜集、整理和国际经济形势研究工作，积极向党中央、国务院报送有关情况。

为便于党中央、国务院迅速了解和掌握一些重大情况，国家统计局及时启动了快速应急机制。年初，农调队对"禽流感"疫情开展了快速调查；针对市场价格上涨较快的情况，城调队开展了主要生产资料、消费品和服务项目价格监测旬报调查；企调队在全国范围内进行了房地产快速专项调查。从5月份开始，为配合国家的宏观调控，提前了投资月报上报时间，增加了部分重点行业新增生产能力统计指标，并加强了监测。

国家统计局组织有关省区市统计局和调查队完成了中宣部委托的在全国12个省市进行的宣传思想工作社情民意调查；配合中组部设计了地方党政领导班子工作实绩的考核评价方案，并在6个省区进行了试点；配合中纪委在全国开展了党风廉政建设状况调查；受中宣部、中央文明办的委托，在全国12个省市进行了加强和改进未成年人思想道德建设状况调查。这些重大专项调查都得到中央领导和党政主管部门的较高评价。

地方各级统计部门围绕当地经济生活中的热点、难点问题，开展了大量的专题研究和运行情况的分析，为党政领导献计献策，发挥了重要的参谋作用。各地统计部门还根据当地党政领导的要求开展了大量的专项调查。如北京的会展业调查，吉林的体育产业调查，内蒙古的流动人口调查，贵州等地的就业和再就业调查，河南等地的社情民意调查，青岛的文化产业调查等，都取得了很好的效果。各级统计局和调查队的同志普遍反映，一年来的统计服务工作很有成效，上了一个新的台阶，受到当地党政领导的重视和表扬，统计工作地位明显提升。

各部门统计机构适应社会主义市场经济发展的需要，根据本部门行政管理需要和部门领导的要求，认真搜集整理统计信息，积极开展统计分析和专项调查，统计服务水平有了较大的提高。国家统计局授权的中国钢铁工业协会等行业协会的统计工作开展得有声有色，发挥了重要作用。

各级统计部门在积极为党政领导机关决策服务的同时，努力为社会各界服务。采取多种形式加强了与统计数据用户的沟通和交流，提高了统计信息的作用和影响。以《中国统计年鉴》和各部门、各专业、各地方统计年鉴为代表的统计资料出版物不仅品种增加，内容也进一步得到改进和完善，编辑和装帧质量进一步提高，获得社会各界好评。中国信息报进行了改版，加大统计信息服务的力度。中国统计信息网每天点击量达 15 万人次，被评为“2004 年中国优秀政府门户网站”。《中国经济景气月报》内容更充实，加强了时效性。统计新闻工作更加科学规范，发布信息的种类增加，范围扩大，影响力进一步增强。

(二)全力做好全国经济普查的各项准备

在地方各级政府和有关部门的大力支持与配合下，经过广大普查工作人员的艰苦努力，第一次全国经济普查的各项准备已经基本就绪。

组织落实。全国省、地、县各级政府以及铁道、银行、保险、证券、邮政和军队、武警等部门、系统已全部组建了普查领导小组及其办公室。选调、招聘、动员了几百万名专职普查员和普查指导员，并进行了业务培训。

制发方案。在试点的基础上，研究制定了《第一次全国经济普查方案》。各地区根据普查方案组织开展了地方试点，对经济普查全过程进行了模拟，制定了适合本地区的具体实施方案。7个单独组织实施普查工作的部门、系统也制定了自己的普查方案。完成了全套普查数据处理软件开发工作并进行了试点和人员培训。在国家发展改革委的大力支持下，投入8000多万元为地方购置了普查数据处理的配套设备。

宣传动员。国务院经济普查领导小组办公室与中宣部两次联合下发了关于认真做好第一次全国经济普查新闻宣传工作的通知。开通了“中国经济普查网”和地方各级经济普查网，公开征集启用了经济普查标志和宣传标语口号，摄制了电视公益广告片，各地还开展了有奖征文、摄影和知识竞赛等丰富多彩的宣传活动。目前，正在组织开展普查宣传月活动，将经济普查宣传推向了高潮。

清查摸底。在各级工商、税务、民政、编制、质检等部门的通力配合下，经过广大普查工作人员大量艰苦细致的工作，完成了普查单位名录资料的清查、整理和核对工作，查清了普查对象的基本情况，为普查登记工作奠定了基础。

(三)全面加强统计法制建设和巡查工作

积极配合全国人大常委会开展统计法执法检查。吴邦国委员长在十届全国人大二次会议上宣布，全国人大常委会今年要对统计法实施情况进行执法检查。这是国家最高权力机关对统计工作第一次全面的检查和监督，是进一步贯彻执行统计法、树立和落实科学发展观和正确政绩观的重大举措。国家统计局、地方各级统计部门和各有关部门高度重视，积极主动地做了大量的配合工作。6月下旬开始，各省区市对统计法贯彻执行情况进行了一次深入的重点检查，国家统计局各单位和国务院有关部门也进行了自查，各省区市还向国家统计局报送了去年以来的典型统计违法案件材料。10月全国人大常委会统计法执法检查组听取国家统计局、国土资源部、农业部、中国人民银行、海关总署关于贯彻实施统计法情况的汇报。接着,全国人大常委会执法检查组分赴内蒙古、辽宁、浙江和重庆进行了检查。受全国人大常委会的委托,天津、山东、湖北、云南、新疆5个省区市人大常委会对本行政区域统计法实施情况也进行了检查。为了配合这次执法检查,国家统计局公布了30个统计违法案件,在社会上引起一定反响。对于检查中发现的诸多问题,正在研究整改措施。这次检查也是一次大规模的普法活动,增强了各级领导干部和社会公众的统计法制观念。

加大统计立法力度。根据《国务院2004年立法计划》,完成了《普查法(送审稿)》的起草工作,并已报送国务院。为依法开展第一次全国经济普查,国务院以第415号令公布了《全国经济普查条例》。为贯彻执行《行政许可法》,制定了《涉外调查管理办法》,以国家统计局令公布施行。在广泛征求意见的基础上,制定了《统计从业资格认定办法》草案。

认真组织统计巡查。完成了对上海等7省市统计工作的巡查。在巡查中,确实发现并纠正了不少问题。通过这项工作,增强了地方统计部门依法统计、提高统计数据质量的责任感和紧迫感,加强了国家统计局对省级统计局和调查队的管理,同时也听取了地方统计局对国家统计局工作的意见和建议。通过向地方政府反馈巡查意见,还帮助地方统计局解决了一些实际困难,改善了统计工作环境。

(四)继续深化统计制度方法改革

加强和改进GDP核算工作。为了提高GDP核算质量,经国务院批准,国家统计局对地区GDP核算工作进行了重大改进。主要是:规范地区GDP核算方法;建立地区GDP数据联审制度;进一步规范农业、工业、建筑业和批发零售贸易餐饮业主要统计数据的计算方法;各省区市的GDP数据经联审后,由国家统计局作为法定数据统一发布;各省区市逐步建立地区 GDP 下算一级的制度。今年三季度国家统计局成立了 GDP 核算协调领导小组和国民经济核算专家咨询小组,对 GDP 核算进行协调和咨询,这已成为一项制度。顺利实施了 GDP 按初步核算、初步核实、最终核实三个步骤进行核算和发布的制度,打破了 GDP 核算数据"一锤定音"的传统观念,并已被社会各界所接受。

积极推进统计调查制度改革。一是经过长期酝酿和试点,今年全面启动了新的工农业发展速度计算方法。从实施情况看,总体上是比较顺利的。二是经国务院批准,正式建立了劳动力调查制度。三是制定和发布了《文化及相关产业分类》和《主要工业产品产、销、存目录》。

为更好地服务于地方经济社会发展,地方各级统计部门积极探索统计制度方法改革,取得了可喜的成绩。例如,甘肃增加了分地区能源消费年报、规模以上工业企业主要能源品种消费季报;上海新增了反映交通和电力发展状况的调查表,并对工业订货指数进行了试算;北京、山西等地建立了社区基本情况统计调查制度;辽宁建立了社会保障统计制度;云南建立了文化产业统计制度等。

(五)稳步推进统计信息化建设

国家宏观经济数据库是国家电子政务建设重点项目,是一个多级分布式的数据库体系。该项目由国家统计局牵头,20 个政府部门参与建设。项目建议书已于 7 月份正式上报有关部门。投资近两亿元的统计信息工程扩建项目已经国家发展改革委正式批准,目前国家统计局正在制定项目实施方案。各级统计部门积极探索统计信息化建设和发展的新途径。国家统计局分别在吉林、广东南海召开了现场会,观摩研讨网络系统基础建设和电子报表应用,有力地促进了基层统计信息化建设。通过企业网上直报系统开展的快速调查,取得了较好效果。

(六)大力加强统计队伍建设

表彰先进,树立榜样。国家统计局和人事部联合表彰了四年来统计改革和建设中涌现出的一批先进集体和先进个人，鼓舞和激励了广大统计工作者的士气。城乡两支调查队和企业调查队分别举行了建队20周年和10周年的纪念活动，总结了经验，表彰了先进。国务院副总理回良玉同志还亲自出席了农村社会经济调查工作座谈会，并作重要指示，使大家深受鼓舞。

积极推动统计文化建设。一年来，统计系统坚持以人为本，大力加强统计文化建设，涌现了很多先进典型，创造了许多好的经验。在各地统计部门的支持下，中国统计资料馆征集了不少珍贵的统计文物，对加强统计文化建设很有意义。

（七）积极开展国际合作

今年5月，国家统计局、加拿大统计局、德国联邦统计局和国际货币基金组织在北京联合召开了中国统计合作国际会议，总结了中国统计国际合作的经验，进一步推动了国际合作与交流，在国际统计界产生了强烈反响。经过充分协商，加拿大政府决定继续支持中加两国统计机构开展统计信息管理项目的合作，主要是贫困监测与住户调查、企业调查与国民核算、环境统计与核算等方面的合作。今年国家统计局还与世界银行达成协议，合作开展中国统计体系改革发展战略研究项目。积极参与国际比较项目活动，制定了2005年国际比较项目调查方案，对11个调查城市进行了业务培训。今年还分别召开了人口普查和经济普查两个国际研讨会。

与此同时，统计科研教育、人事管理、财务管理、纪检监察以及其他各项工作也都取得了可喜成绩。

回顾一年来的统计工作，有以下主要体会：

一是各项工作必须坚持以提高统计数据质量为中心。统计数据质量是统计工作的生命线，舍此其他一切都无从谈起。任何时候都要把这一条放在统计工作的首要位置。

二是必须坚持以提供优质高效服务为导向。统计信息只有被充分使用才能真正实现其价值。各级统计部门都要牢固树立服务意识，把为党政机关、社会公众提供优质高效的服务作为自己的重要职责。

三是必须坚持以改革作为推进统计事业发展的动力。现行统计体制和制度方法都还不同程度地残留着计划经济时期的痕迹，只有不遗余力地推进改革，才能不断开创统计工作的新局面。

一年来统计工作取得的成绩，是各级党政领导关心支持和各部门密切配合的结果，是各级统计部门团结一致、努力奋斗的结果，是全体统计工作者无私奉献、辛勤劳动的结果。我代表国家统计局向各级统计部门和全体统计工作者，尤其是战斗在基层的同志们表示崇高敬意和衷心感谢！

二、统计工作面临的形势

总的来说，正如我国经济社会发展处在一个重要的战略机遇期一样，我国的统计事业也处在一个加快改革和蓬勃发展的重要时期。

一是各方面对统计信息需求的增长，成为统计事业加快发展的强大拉动力。我国经济社会正处于体制转轨和快速发展的时期，需要统计工作客观全面地予以记载和描述。这既是统计工作者对当代人承担的责任，也是对后人履行的义务。为促进社会主义市场经济发展，全面建设小康社会，加强党的执政能力建设，党中央、国务院以及地方各级党委和政府都需要统计部门准确反映国情国力情况，及时报告和监测经济社会的运行过程，广泛采集和分析社会舆情，深刻揭示经济社会发展中的主要矛盾和倾向性问题，并适时提出有效的对策建议。企业等各类市场主体为了正确判断行业发展和市场走向，捕捉商机和规避风险，也更加密切关注并自觉地使用政府发布的统计信息。广大社会公众出于对国家发展和自身利益的关心，政府统计数据也成了日常生活中不可或缺的重要信息。所有这些需求，构成了我国统计事业快速发展的强大拉动力。

二是社会环境也有利于统计改革和发展。十六届四中全会通过的《中共中央关于加强党的执政能力建设的决定》指出：各级领导干部要“坚持科学发展观和正确政绩观，重实际、说实话、办实事、求实效，坚决反对形式主义、官僚主义和弄虚作假。”胡锦涛总书记在最近召开的中央经济工作会议上又强调：“树立和落实科学发展观还要加快建立相应的制度保障，特别是建立符合科学发展观要求的经济社会发展综合评价体系和干部政绩考核评价体系，使那些脱离实际、急功近利、盲目攀比等行为受到有效约束。”这样做就可以从根本上解决一些地方、部门干预统计数据和虚报浮夸的问题，为统计工作的发展提供宽松的社会环境。人民群众也期盼着加快统计改革和发展，提高统计数据的质量，我们的工作有着广泛的社会基础。

三是统计改革和发展有着良好的契机。十六届三中全会通过的《中共中央关于完善社会主义市场经济体制若干问题的决定》指出：“完善统计体制，健全经济运行监测体系”。全国人大常委会正在对统计法执行情况进行检查，通过检查还要进一步制定措施促进统计法制水平的提高，为统计事业的发展提供坚强的法律保障。今年 11 月 17 日，温家宝总理批示：“近年来，统计改革有较大进展，统计质量也有所提高。但是，真正在国内外树立起统计数据的权威性，还要做艰苦的努力。目前，国内外都十分关注我国统计数据的真实性，其中不乏质疑和猜测。对此，统计部门要认真总结经验，加强统计制度和统计工作的宣传和解释工作。建立起具有中国特点的，并符合国际通用标准的统计制度，是一项复杂的工作。必须推进统计改革和建设，健全法律法规，提高统计工作的质量和统计信息的透明度和可比性。希望统计局继续努力，为经济社会发展提供优质高效的统计服务。”在中央经济工作会议上温家宝总理又指出：“推进统计改革和建设，完善核算体系和方法，严格执行《统计法》，提高统计数据的准确性和权威性。要认真做好第一次全国经济普查工作。”这些重要指示，为统计工作指明了方向，是统计改革和建设的动员令。曾培炎副总理更是直接领导和关心统计工作。他经常亲自听取统计工作汇报并及时作出重要指示，而且亲临经济普查现场指导工作。这一切，充分体现了中央对统计工作的高度重视和殷切期望。我们没有任何理由不努力做好工作。

四是统计事业发展拥有比较扎实的基础。经过20多年的统计改革和建设，我国统计制度方法已基本与国际接轨，新国民经济核算体系和统计信息工程已初步建成，统计法律制度逐步完善，统计机构比较健全。我们还拥有世界上最庞大的统计队伍，其中有不少是甘于奉献、业务素质很高的优秀人才。

另外，我们已经与国际统计界建立了密切的合作关系，可以充分借鉴国际上先进的统计经验、方法和技术，加快与国际接轨。随着信息技术和互联网的迅速发展，可以为统计工作现代化提供有力的技术支撑。

以上分析充分说明，我国统计事业确实面临着很好的形势，我们应当充满信心。关于近年来国际上一些人十分关注我国统计数据并提出一些质疑的问题，我们必须看到他们真正关心的不是中国的统计工作而是中国的经济发展。我国经济的迅速增长让国外一些人感到惊奇，便对我国统计数据产生怀疑。但这并不能证明我国统计数据的公信度在下降。对于来自国外的批评包括一些不实之词，我们都要以平常心看待。国内一些人对统计的质疑和猜测，正说明大家对统计工作的关爱和重视，反映了社会上对统计改革发展的迫切要求。总之，这一切都是对我们的鞭策，我们要把来自国内外对统计工作的批评这种压力转变为加快统计改革发展的动力。

同时还应当看到，由于沟通不够人们对统计工作的基本过程和制度方法不是十分了解，因而社会上确实对统计工作有一些误解。对此，我们要加强统计制度和统计工作的宣传解释工作。国家统计局正在组织力量撰写类似于《中国统计白皮书》的文章，把中国统计的发展过程、基本方法、现状、问题以及改革的思路和盘托出，公告世人。

我们更要引起高度重视的是统计工作本身确实存在着这样那样的问题。

一是统计工作思想方法的片面性。由于我国统计工作的思想方法存在一定片面性，在统计的方式和手段上，偏重于大量依靠全面报表法而对抽样调查法重视不够。根据各部门向全国人大常委会统计法执法检查组汇报的数字，国家统计局往下发放的统计报表多达 329 张，农业部 308 张，有的部门更高达 2000 多张。大家普遍使用全面统计的方法，一表统到底，报表满天飞，泛滥成灾。重复调查的现象十分严重，不仅基层统计人员不堪重负，广大调查对象更是应接不暇，往往不可能给你认真填报。不少人认为，所谓统计顾名思义就是要统统计算在内，是无所不包的概念。试图通过全面报表“一网打尽”，全部个体加起来得出总数，思维逻辑就是 1 加 1 等于 2，不得有半分误差。多年来，我国在抽样调查方面虽已取得了很大进步，有些领域做得相当成功，但不少人对抽样调查方法总还是不太放心。这种思想观念是很偏狭的，客观上严重阻碍了我国统计事业的发展和统计数据质量的提高。《简明不列颠百科全书》对统计学甚至作了这样的定义：根据从总体中随机抽取出的样本里所获得的信息来推断关于总体的性质的一门学科。虽然这是一种狭义的概念，但确实代表了现代统计学的基本理念和方法论。我陪同蒋正华副委员长在浙江检查统计工作时，宁波市一位区统计局局长就尖锐地提出，国家统计局没有很好地执行统计法，统计法明确要求以普查为基础，以抽样调查为主体，而国家统计局现在基本上还是以全面报表为主体。我们为什么会这样热衷于全面报表呢？从根子上看，这种现象是计划经济的产物，因为计划经济体制下统计的重要职能是为了满足政府直接管理企业的需要，而不是更多地为获取宏观统计信息。况且上级统计部门只需设计表格，坐收数据，简单省事，却很少考虑基层统计机构和调查对象的难处。这个问题值得我们认真思考,必须调整统计工作的思路。从这个意义上可以说,我国的统计工作确实需要来一场深刻的革命。随着我国经济主体多元化和经济活动复杂化程度的不断提高,大力推行抽样调查方法,确立抽样调查在统计工作中的主体地位已是刻不容缓的事情。

二是体制上的弊端。我国现行的统计体制是一个大而全的体制。虽然国际先进的统计理论、统计方法我们都基本学会了,但在操作中却显得费时费力,效率较低,抽样调查方法的主体地位也难以确立,在很大程度上也是受现行体制的局限。另外,我国现行的统计体制抗干扰能力比较差,尤其一些全局性的数据很容易受到基层干扰。同时统计职能比较分散,加上缺乏制度保障,国家统计局的综合协调能力很弱,统计信息也难以实现共享。

三是统计制度方法上存在着一些不完善的地方。第一,制度方法的总体设计工作薄弱,表现在专业与专业之间、专业与核算之间衔接不够严密,存在着交叉、重复、疏漏和不配套等现象。第二,长期以来统计指标加法多减法少,统计指标急待清理和完善。由于经济结构和消费水平发生变化,不少已经没有多大用处的指标还都保留着,而且分得太细太繁琐。而反映科技进步、人民生活质量和可持续发展等方面的指标却很不完善,特别是第三产业的统计指标体系和统计渠道还很不健全。这些都直接影响到 GDP 的核算。第三,统计分类标准不够规范,与国际现行做法存在一定差距,也不适应我国迅速发展变化的经济社会生活。

四是统计数据上还有一些历史遗留的问题。由于过去有的地方虚报浮夸,留下一些后遗症。例如,有的地方规模以下的工业增加值由于过去的数据太虚,年年挤水份,至今还没有完全挤干净,这都给国民经济核算带来一定困难。在一些地方统计数据中的历史遗留问题不仅没有完全消化,统计上的弄虚作假之风还在发展。

五是调查对象配合程度不够高。除了统计部门本身的问题,例如报表过多、过滥,更重要的是我国社会的法制观念还不够强。

有些调查对象把统计工作当作额外的负担，不肯认真如实填写，这就会直接影响统计数据的质量。欧盟统计局编写的《欧洲12国统计体制比较研究》一书提出了官方统计两大支柱的观点：一是官方统计或政府统计具有法定的强制性，调查对象必须如实、按时接受调查；二是政府统计部门必须为调查对象提供的资料保密，不得泄露他们的商业秘密和个人隐私。在这方面我们统计部门本身也做得不够，必须予以改进和加强。

同志们，面对上述问题，我们是应该坐下来认真研究一下了。当然，这些都是前进中的问题，不是我国统计工作的主流，也不影响我们的统计数据总体上是能够反映经济社会的发展水平和发展趋势的这样一个基本判断。但是，如果不认真地加以解决，必然严重阻碍我国统计事业的发展，要真正树立起统计数据的权威性也会成为一句空话。各地、各部门和全国的统计工作者一定要振奋精神，变挑战为动力，统一思想，励志改革，加强法制，努力建立起既有中国特色、又与国际通行规则基本接轨的现代统计体系，切实提高统计的准确性、科学性和权威性，为党政机关、社会各界和国际社会提供优质高效的统计服务。

三、2005年统计工作的主要任务

2005年是贯彻落实科学发展观、巩固发展宏观调控成果、保持经济社会良好发展态势的关键一年，也是统计改革和发展至关重要的一年。中央经济工作会议指出，明年经济工作最根本的是要以科学发展观统领经济社会发展全局，并切实贯穿于经济社会发展的各个方面。毫无疑问，统计部门的一切工作都要服从这个大局。必须按照以人为本、全面协调可持续发展的要求，去改革和完善现行统计体制、统计制度方法和统计指标体系，以全面、科学、准确地反映并引导经济社会的发展。按照这个总体要求，明年统计工作的重点是：以提高统计数据质量为中心，认真组织实施经济普查，着力推进统计改革，严格规范地区 GDP 核算，加强统计法制、信息化和人才培养等各项基础建设，加大对经济社会运行的监测力度，为经济社会发展提供优质高效的统计服务。

(一)认真组织实施经济普查

全国经济普查工作已进入关键时刻。普查的标准时点是 12 月 31 日，马上就要开始实战了。在填报登记中能否如实填报数据是经济普查成败的关键。但是，通过清查、督查和群众举报发现，目前存在着三个突出问题：一是少数单位特别是有些中小企业和个体经营户对经济普查的意义认识不足，心存顾虑，不肯配合。二是有些地方统计部门心存顾虑，担心普查结果与年报数据出现较大差距。有些地方政府甚至要求普查结果与历史数据相衔接，要求统计局人为地修改普查数据。三是一些地方特别是贫困地区的基层普查机构经费落实得不好。以上三个问题将直接影响普查数据的质量，必须引起高度重视，认真加以解决。

解决这些问题的根本办法是要坚持依法普查。一方面要对普查对象作出郑重承诺，另一方面是大家都要依法办事。要坚决查处下列普查违法行为：普查对象不如实、不按时填报普查资料的；普查机构、普查人员泄露普查对象资料的；以如实填报的普查资料为依据对普查对象实施处罚的；自行修改或强令、授意篡改、编造普查数据的。一旦发现以上任何一种违法行为，不论涉及什么单位、什么人，都要坚决查处，典型案例要予以曝光。

普查结果与历史数据、年报数据不一致是很正常的。普查就是为了追求真实，反映经济发展的真实面貌，这正是普查的意义所在。经济普查结果与历史数据不衔接，将来可以通过修正历史数据来解决，这是符合国际统计一般规则的。对于经济普查结果与历史数据不衔接问题，从工作上和技术上确实应该予以高度重视，国家统计局正在制定办法，到适当时候统一加以解决。但在普查登记汇总期间，任何普查机构、任何普查人员，都不许擅自改动普查数据，更不允许授意、指使普查对象弄虚作假。决不可把日常统计中某些地方左顾右盼、相互攀比、互不信任、生怕吃亏的坏习惯带到普查中来。

国家统计局已经拿出2000万元普查经费支持困难地区县乡两级的普查机构，希望各省区市统计局也尽量挤一些普查经费支援基层特别是贫困地区。各级统计部门要多体谅基层普查机构的困难，指导帮助他们解决工作中的实际问题。

要严格按照规定的程序、标准和期限，认真做好普查数据的审核、录入、汇总、上报和质量评估工作，及时发布普查公报，编印普查资料，积极做好普查资料开发应用，充分发挥经济普查资源的效用。

经国务院批准，明年还要组织实施全国1%人口抽样调查和劳动力调查。各地都要尽快成立相应的领导机构和办事机构，制定工作方案，所需经费要列入财政预算。我国将开展2006年农业普查，明年要抓紧做好各项准备工作。

(二)着力推进统计改革

改革三支调查队管理体制。经过一年多的调研论证，广泛征求各方意见，国家统计局与中央编办已就三支调查队管理体制改革方案达成共识，目前正在按程序报批。方案批准后，国家统计局将制定具体实施方案并召开专门会议动员布置。国家统计局内设机构也要作相应调整，主要是加强国民经济核算和社会统计，建立服务业调查体系。在此期间，地方各级统计局和三支调查队要切实履行职责，严守纪律，坚持做好各项工作，做到人心不散，秩序不乱，保证改革的顺利实施和各项业务的正常进行。整合后的国家调查队要加强业务建设，成为我国开展抽样调查的一支强大队伍，将是大有作为的。

改进地区GDP核算工作。认真贯彻落实《国务院办公厅关于转发国家统计局关于改进地区GDP核算工作意见的通知》，积极做好各项改进工作。国家统计局《关于进一步规范地区GDP核算和部分专业统计的有关规定》已印发会议讨论，大家提出意见修改后将正式下达执行。这里关键的有两条，一是必须统一规范国民经济核算的方法和标准；二是必须把基础数据搞准，各专业数据一定要严格把关，先从工业、农林牧渔业、建筑业、批发零售贸易餐饮业等四个专业抓起。这项工作从2005年1月1日开始实施。各地要积极研究建立GDP下算一级的制度，有条件的地区可率先实施。

地区GDP核算改进工作，实际上是一项重大的改革，难度是很大的。国务院已正式下文，我们已经没有退路，只有坚决大胆地往前走，只能成功，不能失败。

改革统计制度方法。要巩固经济普查的成果，将普查中建立在统一标准基础上相互衔接配套的专业统计的好做法，在经常性统计中坚持下去，以做到经常性统计制度与普查制度相衔接。绝不允许回到各专业自成体系、封闭分割的老路上去。为此，必须加强统计标准和名录库等基础建设，特别是对普查中建立起来的单位名录库要进行动态的维护更新，使其成为各类有关统计调查的共同基础。要根据普查资料建立和完善服务业统计调查制度，为国民经济核算提供更为可靠的基础。

认真研究建立符合科学发展观要求的经济社会发展综合评价体系。增加反映科技进步、人民生活和循环经济等方面的统计内容，逐步健全反映我国经济与社会协调发展的统计指标体系，完善经济运行监测体系。强化专业统计与国民经济核算的衔接，加强自然资源和环境核算的研究，积极探索建立绿色国民经济核算体系。根据《国务院关于投资体制改革的决定》中关于加强和改进投资统计工作的精神，改革和完善投资统计制度和统计指标体系，研究建立投资预警和监测指标体系。切实减轻基层统计机构和填报单位的工作负担，大力精简统计指标。严格统计报表管理，进一步规范一次性调查，努力消除报表之间指标重复、交叉和口径不一等问题。完善并加快抽样调查方法在各个调查领域的应用，努力提高抽样调查的水平。进一步完善工农业生产发展速度计算方法，修订《关于统计上划分城乡的规定》和《关于统计上划分经济成分的规定》。

(三)加强和改进部门、行业统计工作

改革部门统计制度方法,减少全面报表,规范部门用于统计的行政记录,大力推广抽样调查在部门统计中的应用,进一步规范乡镇企业的统计。严格对部门调查项目和部门统计标准的审批,减少政府统计中的重复调查,提高政府统计的整体效能。根据统计法的规定,建立对部门统计工作的检查制度,国家统计局每年都要重点检查几个部门。规范部门统计数据提供和发布活动,消除政府统计中数出多门、重复交叉的现象。充分发挥授权行业协会在行业统计中的作用。

国家统计局将做好部门间统计信息共享的组织协调和引导工作,增强对部门的服务意识,提高对部门的服务水平,及时提供各部门所需的综合统计资料。各部门要及时主动地向国家统计局提供行业基本统计数据和国民经济核算所需的各种资料。

(四)大力加强各项统计建设

加强统计法制建设和巡查工作。根据全国人大统计法执法检查报告和常委会审议意见,国家统计局将认真做好整改工作。要结合全国人大常委会统计执法检查报告和审议意见的落实,进一步规范统计执法活动,研究建立统计执法责任制,加大统计执法检查力度。

积极争取将修改《统计法》列入全国人大的立法计划。同时,要配合国务院法制办做好《普查法》的调研、论证工作,积极做好《统计法实施细则》的修改调研工作,研究起草《民间统计调查活动管理条例》。做好统计"四五"普法考核验收工作,全面完成"四五"普法任务。

继续做好巡查工作。要认真总结巡查工作经验,进一步完善巡查办法,探索巡查工作与地区 GDP 联审、专业统计数据评估审核结合的方式。

加强对民间统计的管理，使其更加规范化，更好地发挥他们在健全信息咨询市场等方面的重要作用。

加快统计信息化建设。各地要抓住机遇，积极做好本地区统计信息工程扩建项目的立项，组织好实施。同时，争取早日完成国家宏观经济数据库项目可行性研究报告的论证和批复工作。严格实施《国家统计局应用软件管理办法》，加强对统计应用软件立项、开发、评测和审定的管理。统一软件标准，研究开发统计应用平台软件，切实改变软件多滥的现象。继续加强企业统计信息化基础建设。逐步扩大大中型工业企业和房地产企业联网直报。积极引导建立企业电子统计台账，研究建立面向基层企业集中采集数据的信息系统，不断减轻企业填报负担。

加强队伍建设。党中央决定从 2005 年 1 月开始，在全党开展以实践“三个代表”重要思想为主要内容的保持共产党员先进性教育活动。各级统计部门要紧密联系统计改革建设和统计系统党员队伍建设的实际，以实践“三个代表”重要思想为主要内容，组织广大党员学习贯彻党章，坚定理想信念，坚持党的宗旨，增强党的观念，发扬优良传统。要认真解决党员和党的组织在思想、组织、作风以及工作方面存在的突出问题，加强党风廉政建设，提高党员素质，更好地发挥共产党员在统计改革和建设中的先锋模范作用。

加强领导班子建设，完善干部选拔任用、考核、交流制度，创新激励和监督机制，努力形成能挑重担、朝气蓬勃、奋发有为的领导集体。形成有利于人才成长、促使优秀人才脱颖而出的良好环境。积极落实中央组织部关于 5 年内将所有在职干部轮训一遍的要求，努力提高统计人员的政治和业务素质。加强统计文化建设，牢固树立依法统计、科学统计、客观统计、公共统计的观念，努力形成忠诚统计、坚持原则、严谨求实、开拓创新的精神风貌。加强基层建设，积极改善基层统计局和调查队的工作条件，切实减轻县级统计工作负担。

在搞好各项统计改革和建设的同时，要努力为经济社会发展提供优质高效的统计服务。明年我国经济发展、宏观调控、各项改革的任务非常繁重。统计部门要密切关注经济社会运行情况，特别要加强对农业、投资、价格三个方面的监测预警，准确、及时地提供统计信息和分析报告。不断规范统计数据发布的程序和方式，增加统计数据发布的内容，努力扩大统计资料的使用。明年上半年，召开以统计信息如何为企业服务为主题的国际研讨会。

同志们，以上各项工作都必须以科学发展观为指导。统计指标和统计信息客观上往往又会对经济社会发展起着导向作用。统计工作的责任是很重大的。我们一定要振奋精神，求真务实，努力提高统计的科学性、准确性和权威性，为全面建设小康社会做出新的贡献！

国家统计局关于印发《文化及相关产业统计指标体系框架》的通知

（2005 年 1 月 6 日）

各省、自治区、直辖市统计局，新疆生产建设兵团统计局，国务院各部门统计机构：

为推动文化及相关产业统计工作的改进与完善，我局与中宣部和国务院有关部门共同研究编制了《文化及相关产业统计指标体系框架》。现印发给你们，供在工作中参考。

文化及相关产业统计指标体系框架

一、指标体系编制的基本原则

指标体系的编制以《文化及相关产业分类》确定的“文化及相关产业”（以下简称文化产业）活动范围为依据，并遵循以下原则：

（一）全面反映文化产业的发展状况

指标体系立足于客观描述文化产业产品的生产、流通和服务的提供的全过程，反映文化产业的总体规模、水平、结构、对国民经济增长的贡献以及文化产业发展和文化体制改革的进程。

（二）为建立和完善文化产业统计制度提供参考依据

针对文化产业涉及的部门多，统计内容繁杂，现行统计制度中实物量指标较多，价值量指标偏少，难以完整地反映文化产业发展全貌的不足，指标体系为界定部门统计范围、完善部门统计制度、建立文化产业综合统计制度提供参考依据。

（三）利于文化产业统计数据的收集和开发

指标体系立足于各部门现行的统计制度，同时考虑多角度研究文化产业的需要，为全面收集开发文化产业信息提供基本框架，为其他文化产业统计调查（如对在现行统计制度中尚未包括的文化个体经营户的调查）的设计提供参考。

（四）反映对文化产业的认识过程

指标体系反映的是当前对文化产业范围和各类文化活动的认识。随着我国文化产业的发展和文化体制改革的深入，指标体系将逐步得到补充、修改和完善，以反映对文化产业认识的深入。

二、指标体系编制说明

为全面反映文化产业的情况，指标体系从财务状况、业务活动、就业人员和补充指标等四个方面对文化产业进行描述。其中财务状况指标和业务活动指标是指标体系的主体，用于反映文化产业的基本活动特点；就业人员指标用于反映文化产业从业人员的基本情况；补充指标用于反映政府和居民对文化的投入和需求等外部影响状况。设置就业人员指标和补充指标主要是出于统计分析的目的。

（一）财务状况指标

旨在反映文化产业的资产、收支和经营状况。财务状况指标包括四个部分：1. 文化产品生产企业指标；2. 文化产品流通企业指标；3. 执行企业会计制度的文化服务企业指标；4. 执行行政事业单位会计制度的文化单位指标。财务状况指标按文化产业企业和单位执行的会计制度及其财务状况指标内容设计，以系统反映文化产业经营和收支状况，同时满足增加值核算的需要。

（二）业务活动指标

旨在反映文化产业主要业务活动的状况和规模。业务活动指标按《文化及相关产业分类》规定的行业顺序排列，以部门的职责范围和现行统计制度为基础，力求全面反映文化产业活动的全貌，并尽量贴近部门管理工作实际。

（三）就业人员指标

旨在反映文化产业就业人员的数量、素质和结构情况。除就业人员总数外，还反映就业人员的性别、文化程度和专业技术人员状况等。

（四）补充指标

反映政府文化事业支出、文化产业投资和居民文化消费支出情况。

三、文化产业主要统计指标目录(略)

进一步改进地区GDP核算工作的规定

（试行）

国家统计局

（2005年2月21日）

为进一步改进各省、自治区、直辖市（以下简称各地区）GDP核算工作，根据《国务院办公厅转发国家统计局关于改进地区GDP核算工作意见的通知》（国办发〔2004〕82号）要求，制定本规定。

一、国家统计局统一核定的重点专业及其主要内容

（一）农林牧渔业统计

各地区农林牧渔业统计范围、产品产量、总产值、价格缩减指数和增加值率由国家统计局统一核定。

（二）工业统计

各地区工业统计范围、工业总产值、增加值率、工业品出厂价格指数、工业统计同期数、工业发展速度的修正系数由国家统计局统一核定。

（三）建筑业统计

各地区全社会固定资产投资统计范围、投资总额及增长速度、建筑安装工程投资、资质等级建筑业增加值率由国家统计局统一核定。

（四）批发零售贸易餐饮业统计

各地区社会消费品零售总额统计范围、零售总额及增长速度

由国家统计局统一核定。

二、地区 GDP 核算使用的主要数据要求

（一）农林牧渔业

各地区农林牧渔业现价增加值和不变价增加值增长速度统一使用国家统计局农调总队核定的数据；不变价增加值核算所需的缩减指数统一使用国家统计局农调总队核定的农产品生产价格缩减指数，城调总队核定的农业生产资料价格指数。

（二）规模以上工业

各地区规模以上工业现价增加值和不变价增加值增长速度统一使用国家统计局工交司核定的数据；不变价增加值核算所需的缩减指数统一使用国家统计局城调总队核定的工业品出厂价格指数。

（三）规模以下工业

各地区规模以下工业现价增加值和不变价增加值增长速度统一使用国家统计局企调总队核定的数据；不变价增加值核算所需的缩减指数统一使用国家统计局城调总队核定的工业品出厂价格指数。

（四）建筑业

各地区建筑业现价增加值核算所需的全社会固定资产投资和建筑安装工程投资及其增长速度、资质等级建筑业增加值率，统一使用国家统计局投资司核定的数据；不变价增加值核算所需的缩减指数统一使用国家统计局城调总队核定的建筑安装工程投资价格指数。

（五）批发零售贸易餐饮业

各地区批发零售贸易餐饮业现价增加值核算所需的社会消费品零售总额增长速度统一使用国家统计局贸经司核定的数据；不变价增加值核算所需的缩减指数统一使用国家统计局城调总队核

定的商品零售价格指数。

(六)交通运输仓储邮电通信业

各地区交通运输仓储邮电通信业不变价增加值核算所需的客货运周转量、邮电业务总量统一使用国家统计局工交司、交通部、铁道部、信息产业部和国家邮政局核定的数据;现价增加值核算所需的缩减指数统一使用国家统计局城调总队核定的城市间交通费价格指数和通信服务价格指数。

(七)房地产业

各地区房地产业不变价增加值核算所需的商品房销售面积增长速度统一使用国家统计局投资司核定的数据;从业人员劳动报酬增长速度统一使用国家统计局人口社科司核定的数据;自有住房折旧增长速度统一使用国家统计局投资司、农调总队、城调总队和建设部门核定的有关数据;现价增加值核算所需的缩减指数统一使用国家统计局城调总队核定的房屋销售价格指数、土地交易价格指数、房屋租赁价格指数、居民消费价格指数和建筑安装工程投资价格指数。

(八)金融保险业

各地区金融保险业现价增加值核算所需的存贷款余额增长速度统一使用金融部门提供的数据;不变价增加值核算所需的缩减指数统一使用国家统计局城调总队核定的固定资产投资价格指数和居民消费价格指数。

(九)其他服务业

各地区其他服务业现价增加值核算所需的从业人员劳动报酬增长速度统一使用国家统计局人口社科司核定的数据;营业税增长速度统一使用税务部门提供的数据;行政管理费增长速度统一使用财政部门提供的数据;不变价增加值核算所需的缩减指数统一使用国家统计局城调总队核定的居民消费服务项目价格指数和商品零售价格指数。

三、地区 GDP 审核基本程序

从 2005 年第一季度开始，国家统计局对各地区农林牧渔业、工业、建筑业、批发零售贸易餐饮业和价格指数统计中的主要指标和地区 GDP 数据进行审核。

（一）农林牧渔业统计数据

国家统计局农调总队负责审核。各地区农调队（统计局）按制度规定的时间首先向农调总队报送农林牧渔业总产值、增加值及增长速度，农调总队对数据进行核定。

（二）规模以上工业统计数据

国家统计局工交司负责审核。

1. 月度数据。各地区统计局对本地区工业增加值和发展速度进行自评，并于月后 8 日 17:00 时前将评估结果报送工交司。工交司对各地区数据进行核定，并根据情况，不定期召开部分重点地区参加的联审会。

2. 季度数据。在季后 9—10 日召开各地区统计局代表参加的联审会，对季末当月和累计数据进行联审，数据存在问题的地区在季后 11 日 17:00 时前对数据进行修正。

（三）规模以下工业统计数据

国家统计局企调总队负责审核。各地区企调队按制度规定时间向企调总队报送规模以下工业抽样调查的全部基层数据，企调总队统一计算全国及分地区规模以下工业的各项指标。

（四）建筑业统计数据

国家统计局投资司负责审核。

1. 月度数据。各地区统计局对月度数据进行自评，并将评估结果报送投资司，投资司于月后 8 日 17:00 时前将初步审核意见通知各地区统计局，各地区统计局于月后 9 日 17:00 时前将修改意见返回投资司。

2. 季度数据。在季后 8—9 日召开各地区统计局代表参加的联审会，对季度数据进行联审，形成最终核定数据。

(五)批发零售贸易餐饮业统计数据

国家统计局贸经司负责审核。

1. 月度数据。各地区统计局按月对本地区数据进行自评，并于月后 7 日 17:00 时前将评估结果报送贸经司。贸经司在月后 8—9 日对各地区的月度数据进行审核。

2. 季度数据。各地区统计局按季对本地区数据进行自评，并于季后 7 日 17:00 时前将评估结果报送贸经司。贸经司于季后 8—9 日召开有各地区统计局代表参加的联审会，对全国及各地区的分月及分季数据进行审核，形成最终审核意见。

(六)价格指数数据

国家统计局城调总队负责审核。各地区季度和年度数据按国家调查制度规定的时间报送城调总队，城调总队根据相关资料进行综合审定后，及时反馈各地区。

(七)地区 GDP 数据

由国家统计局核算司负责联审。各地区统计局于季后 15 日 17:00 时前报送地区季度 GDP 数据及附表资料。核算司从有关部门和局内专业司队搜集分地区相关数据，对各地区统计局报送的 GDP 数据进行初步审核。季后 17—19 日召开各地区统计局代表参加的联审会，对地区 GDP 核算数据进行联审，并对有问题的数据进行修正。联审结果上报国家统计局常务会议审定后，形成联审最终意见。

地区 GDP 审核的具体内容和实施办法由国家统计局另行规定。

四、数据的反馈和对外发布

(一)农林牧渔业统计数据

季后 10 日 17:00 时前由国家统计局农调总队将审核结果向各

地区农调队(统计局)反馈,并按有关规定对外公布。

(二)规模以上工业统计数据

季后11日12:00时前由国家统计局工交司将审核结果向各地区统计局反馈,并按有关规定对外公布。

(三)规模以下工业统计数据

季后13日12:00时前由国家统计局企调总队将审核结果向各地区企调队(统计局)反馈,并按有关规定对外公布。

(四)建筑业统计数据

季(月)后10日17:00时前由国家统计局投资司将审核结果向各地区统计局反馈,并按有关规定对外公布。

(五)批发零售贸易餐饮业统计数据

季(月)后10日17:00时前由国家统计局贸经司将审核结果向各地区统计局反馈,并按有关规定对外公布。

(六)价格统计数据

季(月)后10日17:00时前由国家统计局城调总队将审核结果向各地区城调队(统计局)反馈,并按有关规定对外公布。

(七)地区GDP数据

季后20日17:00时前由国家统计局核算司将联审结果向各地区统计局反馈,并按有关规定对外公布。

各地区必须严格按照国家统计局的要求,未经审核,不得擅自对外公布有关数据。

国家统计局关于印发新一轮流通消费价格统计调查商品(服务)目录和指标解释的通知

（2005 年 3 月 2 日）

各省、自治区、直辖市统计局、城调队：

根据我国现行统计调查制度规定，2005 年是我国居民消费价格指数、商品零售价格指数和农业生产资料价格指数计算基期的更换年，主要工作是要调整调查商品（服务）目录、完善采价点、按新目录采集基础价格、开展权数资料收集、调查和测算等工作。

为适应新一轮指数基期更换的需要，在广泛征求国家发展改革委、国家统计局有关业务司（队）以及基层城调队意见的基础上，完成了对现行流通消费价格统计调查商品（服务）目录（包括居民消费价格、商品零售价格和农业生产资料价格三部分）的修订，并编写了新增条目的指标解释。考虑到价格指数序列的连续性和可变性，本次修改原则上只限于对基本分类层次指标进行调整，重点是对教育、医疗和居住类项目进行了细化和规范。

现将《新一轮流通消费价格统计调查商品（服务）目录》和《新一轮流通消费价格统计调查商品（服务）目录部分新增指标解释》印发给你们，请遵照执行。新目录用于编制 2006－2010 年以 2005 年全年平均价格为基期的新一轮流通消费价格指数。请各地按新目录调整和完善采价点和规格品，并从 2005 年 1 月份开始新增规格品的采价工作。

新一轮流通消费价格统计调查商品（服务）目录（略）

新一轮流通消费价格统计调查商品（服务）目录部分新增指标解释（略）

规范规模以上工业增加值及其发展速度计算方法的规定

（试行）

国家统计局

（2005 年 3 月 3 日）

为进一步规范地区规模以上工业增加值及其发展速度的计算方法，建立评估和联审制度，根据《国务院办公厅转发国家统计局关于改进地区 GDP 核算工作意见的通知》（国办发〔2004〕82 号）要求，制定本规定。

一、工业增加值的计算和增加值率的使用

工业增加值率的使用仍按《国家统计局关于印发工业发展速度计算方案的通知》（国统字〔2003〕59 号）规定，即“原则上采用上年分行业工业增加值率。但由于行业结构或产品价格变动较大，采用上年工业增加值率计算使该行业发展速度出现趋势性误差的，可采用报告期工业增加值率计算”。具体操作时按以下规定执行：

（一）各省（区、市）每年 4 月份开始使用上年工业统计年报的工业增加值率计算 3 月至次年 2 月的工业发展速度，并于 3 月底前将分行业中类的工业增加值率报国家统计局工交司备案。5 月底以前国家统计局工交司根据年报汇总数据对各省（区、市）工业增加值率进行审核，将有问题的省（区、市）的行业增加值率反馈该省

（区、市）进行调整。

（二）某些地区由于行业结构或产品价格变动较大，确需调整个别行业的工业增加值率，必须以正式文件报国家统计局工交司，经工交司认定批准后方可调整；同时，工交司也要对全国该行业的工业增加值率作相应调整，以保持全国与地方协调一致。

二、完善工业品出厂价格指数的编制，规范工业品出厂价格指数的使用

（一）完善工业品出厂价格指数的编制

国家统计局城调总队每年对各省（区、市）城调队用于计算工业发展速度所编制的工业品出厂价格指数的调查产品代表性、采价科学性、产品权数计算与调整进行审核与认定。各地统计局与城调队要在工业发展速度计算工作中建立经常性联系、协商的机制和制度，及时进行沟通和信息反馈。

1. 各省（区、市）城调队与省级统计局工交处要共同对各地调查产品的代表性做出认定，确保代表性。认定后的调查产品及其权数由省级城调队于每年 11 月底前报国家统计局城调总队，再由国家统计局城调总队与工交司共同研究确认。

2. 调查产品的权数原则上每五年调整一次，编制权数的数据以经济普查资料为基础，结合其它相关资料作补充。当产品结构发生较大变化时，可对权数做合理调整。各省级统计局工交处要及时向省级城调队提供产品结构的变化资料。省级城调队权数调整后，必须报国家统计局城调总队审核认定后方可使用。

（二）规范工业品出厂价格缩减指数的使用

1. 各省（区、市）城调队要认真把好数据质量关，在确认无误后，于报告月 28 日上报国家统计局城调总队，同时将中类价格指数资料提供给同级统计局工交处。国家统计局城调总队于报告月后 4 日向工交司提供全国中类行业工业品出厂价格指数。

2. 各省(区、市)要严格按照中类行业工业品出厂价格指数进行缩减计算;每月将计算速度所使用的中类行业价格指数分别上报国家统计局工交司(由省级统计局工交处上报)和城调总队(由省级城调队上报),以便备案与核查。

三、规范统计范围的调整及其同期数的填报和使用

为了有效控制由于统计范围的调整以及同期数填报和使用对工业发展速度的影响,各地工交统计部门必须认真把关,严格执行以下规定。

(一)严格规范统计范围的调整

1. 规模以上企业统计范围原则上以上年年报清查企业调查单位确定的名录库为准。

2. 年内新建投产的规模以上企业,要在连续生产三个月以后,由省级统计局审定批准,或由地级市统计局批准并报省级统计局备案,才能纳入当年统计范围。

3. 年内由规模以上下降为规模以下,或由规模以下成长为规模以上的企业,一律不调整当年规模以上工业企业名录库,以保持名录库的相对稳定。

4. 国家统计局工交司、企调总队每年利用"规模以上工业企业增减变动原因一览表"对规模以上和规模以下工业企业调查范围进行认定和衔接;同时各省统计局工交处和省企调队也要对各省规模以上和规模以下工业企业调查范围进行认定和衔接。

(二)严格规范同期数的填报和使用

1. 对本期、同期同时存在的企业,同期数原则上要按上年实际上报数填报。

2. 凡已纳入当年统计范围的新上规模企业、改制企业、拆分或兼并企业必须填报同期数,而且本、同期数的核算范围要一致。

3. 本期破产的企业已报的本期累计数、同期累计数均保留至

年底。

（三）国家统计局工交司将利用“规模以上工业企业增减变动原因一览表”对各省规模以上企业统计范围的增减变动以及同期数填报情况对工业发展速度的影响进行评估，并将评估结果及时通报各省（区、市）。

四、关于工业发展速度数据的衔接与修正

为确保新方法计算的工业发展速度与历史数据的逐步衔接，必须采取以下措施：

（一）以经济普查数据为基准对历史数据进行清理和调整，彻底消除历史上形成的误差。

（二）由于按新方法计算的工业发展速度与历史数据一时难以衔接，为此，有些地区在公布工业发展速度时进行了修正。各省（区、市）要于 2005 年 3 月底前将其修正系数及其计算方法上报国家统计局工交司备案，经工交司审核认定后再正式使用。

五、工业增加值及其发展速度的评估和联审

从 2005 年开始，国家统计局工交司将对当月和累计规模以上工业增加值及其发展速度建立评估和联审制度。

（一）评估内容

1. 对工业增加值及其发展速度与工业销售产值、主要经济效益指标、主要能源和原材料产品、出口、企业用电量、电力及运输弹性系数等相关指标之间增长的合理性及其衔接情况，进行分析评估。

2. 是否按制度规定填报同期数。

3. 工业增加值率及工业增加值增长速度修正系数使用的合法性及合理性。

4.不定期进行数据质量抽查,分析评估增长速度的合理性。

(二)评估方式

1.月度:各省(区、市)统计局工交处对本地区的工业增加值和发展速度进行评估,并于月后8日17:00时前将评估报告报国家统计局工交司;工交司将对各地数据进行综合评估,及时通知未通过评估的地区对其数据进行修正,并根据情况不定期召开部分重点地区参加的联审会;工交司于10日12:00时前将评估结果通报各省(区、市),并按有关规定对外公布。

2.季度:初步确定季后9—10日召开各地区参加的联审会,对季末当月和累计工业增加值及其发展速度进行评估和审定。联审数据存在问题的地区,要求在10日17:00时前对其数据进行修正。国家统计局工交司11日12:00时前将评估结果通报各省(区、市),并按有关规定对外公布。

国家统计局　国家发展改革委
关于做好扩大工业企业联网直报工作的通知

（2005 年 3 月 10 日）

各省、自治区、直辖市统计局、经贸委（经委、工交办）、发展改革委：

根据 1998 年 12 月国务院办公厅转发国家统计局、国家经贸委《关于做好工业统计制度改革意见的通知》（国办发〔1998〕144 号）精神，近年来，在各级统计部门、经济运行主管部门以及重点工业企业共同努力下，建立起了全国 5000 家重点工业企业联网直报信息系统。这是运用现代网络技术，实现政府部门信息采集、报送、发布等方式的一次重要实践，有力地推动了我国统计信息自动化建设，提高了统计数据的时效性，取得了显著成绩。

为进一步贯彻国务院办公厅通知精神，巩固和扩大联网直报系统的成果，适应统计现代化的发展趋势，提高政府部门科学决策和经济运行调节工作的水平，建立政府与企业之间的快速反应平台及信息互动渠道，现决定自 2005 年起，将联网直报的范围扩大到全部大中型工业企业。有关工作要求通知如下：

一、加强领导，把建立大中型企业联网直报制度作为 2005 年一项重要工作抓好抓实。2005 年大中型工业企业联网直报工作的目标要求是：9 月底之前，各地区联网直报的大中型企业数要达到本地区大中型企业的 50%；全年要达到 80%以上。各地区统计、经济运行主管部门要加强对此项工作的领导，认真组织实施，并将此项工作列入 2005 年考核目标，严格检查考核。国家统计局将以 2004 年底大中型企业名单作为考核依据。

二、协调落实企业联网直报相关工作条件。各地区统计、经济运行主管部门要密切配合，督促各大中型工业企业落实相关工作条件，如保障必要的计算机上网条件、保证统计人员参加培训时间等。要加强对新入网企业的宣传、培训及业务指导，力争在7月底之前完成对新入网企业的全部培训。要及时协调解决工作中遇到的困难和问题，为上网企业创造良好的工作环境，做好跟踪服务。要把此项工作与本地信息化建设结合起来，争取各方面更多支持，确保联网直报工作顺利完成。

三、加快建立政府经济运行主管部门与企业信息沟通双向互动渠道。要充分发挥大中型企业信息直报系统的功能，避免不必要的重复建设。要以直报系统为平台尽快构建经济运行主管部门与企业之间的快速信息交换系统，加强政企双向互动，既便于政府部门及时掌握运行动态，为有效实施经济运行调节服务；也便于企业随时了解国家政策动向，向上反映问题，提高经营决策水平。

四、积极探索企业联网直报信息的开发和应用。在建立大中型企业联网直报系统的同时，各级统计部门要与经济运行主管部门加强合作，统筹考虑信息的开发与应用工作，利用具有的条件和优势，为经济运行调节工作提供更有针对性、更快速灵活的信息，不断提高信息服务的质量和水平。

五、及时总结经验，为全部工业企业联网直报打下基础。各有关部门要及时总结建立大中型企业联网直报平台的经验，为在更大范围内建立企业直报系统做好准备，有条件的地区也可先行开展更大范围的直报工作试点，为最终实现全国全部工业企业的联网直报打下基础。

国家发展改革委　财政部　粮食局　工商总局　国家统计局关于进一步做好全社会粮食流通统计工作的通知

（2005 年 3 月 11 日）

各省、自治区、直辖市发展改革委、财政厅、粮食局、工商局、统计局：

按照《国务院关于进一步深化粮食流通体制改革的意见》（国发〔2004〕17 号）以及《粮食流通管理条例》（国务院令第 407 号）的有关规定，经报请国务院同意，现将做好全社会粮食流通统计工作有关问题通知如下：

一、充分认识开展社会粮食流通统计调查工作的重要意义。在粮食流通体制改革市场化进程全面推进，多元化粮食经营主体迅猛增加，粮食流通形势发生深刻变化的新形势下，建立覆盖全社会的粮食行业统计制度，开展全社会粮食流通统计调查工作，是国家加强和改善粮食宏观调控，粮食行政管理部门转变政府职能，发挥行业指导作用的必然要求，是落实国务院粮改政策，贯彻《粮食流通管理条例》，依法开展粮食统计工作的具体体现，是搞好粮食供需平衡，保证粮食市场稳定和国家粮食安全的重要手段。各地粮食行政管理部门要切实贯彻《粮食流通管理条例》和《国家粮食流通统计制度》，全面了解和掌握社会粮食供需平衡发展状况和变化趋势，准确、及时和科学地搜集不同类型的粮食企业、种粮农户以及城乡居民户的粮食购进、销售、储存等流通统计数据和有关情况，建立粮食市场价格监测预警体系，确保社会粮食流通统计工作的开展和各项调查数据的质量，为国家粮食宏观调控提供可靠的决策依据。

二、稳定和加强粮食统计机构和人员。按照国发〔2004〕17号文件关于“稳定和加强粮食行政管理部门机构和人员，切实履行对全社会粮食流通监管的职责”精神，各地粮食行政管理部门要对稳定和加强粮食统计队伍给予高度重视，从工作需要出发，根据执行新制定的《国家粮食流通统计制度》将粮食统计的范围扩大到全行业，统计工作量成倍增加的实际情况，积极争取有关部门的支持，合理调整内设机构和配备较高素质的统计人员，以保证社会粮食流通统计工作的正常开展。

三、按照事权财权划分原则，安排落实社会粮食统计调查经费。根据国发〔2004〕17号文件“建立中长期粮食供求总量平衡机制和市场监测预警机制”的要求，开展全社会粮食统计调查、加强粮食安全预警监测将成为各级粮食部门的一项经常性工作。为保持全社会粮食统计工作的连续性和稳定性，保证调查数据的质量，根据事权财权划分的原则，社会粮食统计经费分别由中央和地方各级财政予以支持，专项用于社会粮食统计调查工作。

各级粮食行政管理部门要根据统计工作的实际需要，实事求是地对辖区内所需经费情况做出合理的测算，厉行节约，严格按规定用途开支。财政部门对社会粮食统计调查经费预算要认真审核，了解掌握粮食部门统计工作的具体情况，及时将审批通过的社会粮食统计调查经费列入当地财政预算。财政、粮食部门对统计经费要严格管理，确保社会粮食统计调查经费专款专用。

四、加强粮食统计制度的宣传，为全社会粮食统计工作的开展创造一个良好的社会环境。粮食购销市场全面放开后，按照《粮食流通管理条例》的规定，做好全社会粮食流通统计工作，是各级粮食行政管理部门的一项新职能。前一阶段，部分地区粮食部门会同发展改革、工商、统计等部门，采取多种形式，积极向社会各界宣传解释《粮食流通管理条例》和《国家粮食流通统计制度》，取得了一定的成效。为使全社会进一步了解新形势下的国家粮食流通政策和粮食流通统计制度，使粮食经营企业和用粮企业自觉执行粮食流通统计制度的有关规定，现就各地下一步宣传活动提出如下要求：

（一）组织开展社会粮食统计宣传月活动。经研究，决定将今年4月份定为"社会粮食统计宣传月"。各地粮食行政管理部门要通过广播、电视、报刊和网络等媒体大力宣传《统计法》、《粮食流通管理条例》、《国家粮食流通统计制度》，以及国家关于粮食统计的监督检查等内容。各地可将与粮食统计有关的法律、法规、制度印制成册，向粮食经营企业和转化用粮企业和个人发放。

（二）组织粮食企业参加粮食统计知识的培训。各级粮食、工商等部门要召集本辖区内粮食经营、转化规模较大的企业负责人及有关人员，举办粮食统计知识培训班。培训内容主要包括，一是向企业宣传解释粮食统计的政策法规，进一步增强他们的法制意识，提高报送统计数据的自觉性；二是向企业系统讲解粮食部门制定的统计报表、填制方法和报送办法，提高统计报表的数据质量；三是向企业提供现代技术服务，利用先进的粮食统计软件支持系统，提高企业统计报表报送的时效性和计算机应用水平。

各地粮食行政管理部门要高度重视社会粮食统计工作，主动争取有关部门的支持和配合，各地发展改革委、财政厅、粮食局和工商局要加强合作，密切沟通，协助配合粮食部门保证社会粮食统计工作的顺利完成。

国家统计局关于开展工业生产情况抽样调查的通知

（2005 年 3 月 16 日）

各省、自治区、直辖市统计局、农调队、城调队、企调队：

为了提高统计数据质量，确保宏观经济分析的可靠性，国家统计局决定于 2005 年 3 月对全部国有及规模以上非国有工业企业开展一次工业企业生产情况抽样调查。现将有关事项通知如下：

一、这次调查由国家统计局统一组织实施，农调队、城调队、企调队分别承担相应调查任务。

二、调查采用上门调查方式，由各地农调队、城调队、企调队工作人员直接到被调查企业进行调查。

三、各地统计局要积极支持国家调查队独立、客观、依法实施调查工作，严格按《中华人民共和国统计法》的规定做好调查的保密工作，保证调查数据的真实有效。

四、具体组织实施问题另行布置。

国务院办公厅关于印发国家统计局直属调查队管理体制改革方案的通知

（2005 年 3 月 16 日）

各省、自治区、直辖市人民政府，国务院各部委、各直属机构：

《国家统计局直属调查队管理体制改革方案》已经国务院同意，现印发给你们，请认真贯彻执行。

改革国家统计局直属三支调查队管理体制，加强国家统计调查力量，是国务院加强统计工作的一项重大措施，对于完善社会主义市场经济条件下的统计管理体制，准确及时地采集宏观统计数据，提高国家宏观调控能力，都具有十分重要的意义。

国家统计局要按照国务院的统一部署，本着积极稳妥、分步实施的原则，加强组织领导，妥善解决改革过程中出现的问题，在 2005 年底以前完成三支调查队管理体制改革工作。各级统计局和调查队要认真履行职责，坚持做好各项工作，保持队伍的稳定性和工作的连续性，保证改革的顺利实施。

国家统计局直属三支调查队管理体制改革工作涉及面广，各省、自治区、直辖市人民政府和国务院有关部门要从大局出发，高度重视，积极支持配合国家统计局做好改革的组织实施工作。要按照国务院的统一部署和方案的要求，统一思想，加强领导，精心组织，抓好落实。调查队管理体制改革后，地方各级人民政府要继续积极支持国家统计局派出机构的工作。

国家统计局直属调查队管理体制改革方案

根据党的十六届三中全会关于完善统计体制的要求和国务院领导同志的指示精神，国家统计局会同中央编办对国家统计局直属农村社会经济调查队、城市社会经济调查队、企业调查队（以下分别简称农调队、城调队和企调队，合称三支调查队）管理体制改革问题进行了认真研究，提出以下方案。

一、改革的必要性和紧迫性

三支调查队成立以来，及时搜集和反馈经济社会统计信息，为党中央、国务院进行宏观调控和地方各级党委、政府实施经济社会管理作出了积极贡献。但是，随着经济社会发展和社会主义市场经济体制的初步建立，统计工作逐步与国际接轨，现行三支调查队管理中存在的矛盾和问题日益突出。主要表现在：三支调查队各自形成独立体系，不能形成合力，既造成资源浪费，又难以达到精简、统一、效能的要求；调查网点分布不合理，没有形成完整的调查体系，有的地方重复建队，有的地方没有设立调查机构；调查队的独立调查能力和抗干扰能力不强等。

改革调查队管理体制，加强国家统计调查力量，是贯彻落实《统计法》的重要举措，有利于加强中央统计工作的权威性，确保统计数据真实可信，提高国民经济核算水平；有利于实现集中管理、统筹调配力量，形成一支统一指挥、协调高效、反应灵活的统计调查队伍；有利于调整布局，避免调查队重复建设。

二、改革方案

（一）机构设置

1. 撤销国家统计局直属的各级农调队、城调队、企调队。

2. 组建国家统计局省（区、市）调查总队 31 个，副省级城市调查队 15 个，市（地、州、盟）调查队 318 个，县（市、区、旗）调查队 887 个。新组建的各级调查队原则上与同级人民政府统计机构同一级别。

（二）职能配置

国家统计局直属三支调查队的现有职能全部转移给新组建的各级调查队，并将逐步增加国家宏观调控和国民经济核算所需重要统计信息的抽样调查任务，负责实施统计快速反应制度，承担国家统计局交办的其他调查任务。同时，接受地方各级人民政府及有关部门的委托，进行统计调查和数据加工，为地方党政领导机关和统计局提供统计信息服务。

（三）人员编制与领导职数

国家统计局各级调查队的总编制数核定为 19600 名，比原有三支调查队编制精简约 10%。各级调查队要通过深化改革，优化队伍结构，妥善安置分流人员，同时补充一部分新生力量。

各级调查队的领导职数，由国家统计局依据有关规定确定。

（四）领导体制和干部管理

国家统计局各级调查队是国家统计局的派出机构，国家统计局对各级调查队实行垂直管理。

国家统计局各级调查队党组织的设置和干部管理有关问题，由中组部另行规定。

（五）经费和资产管理

国家统计局各级调查队的经费来源，维持原三支调查队的经费渠道不变。各级调查队为地方服务的调查项目所需必要经费，列入地方财政预算。同时，改革调查员用工制度，逐步实行聘用制。

目前三支调查队使用的办公用房、各种设备、网络资源等资产，由国家统计局各级调查队继续按原方式使用，其产权关系维持现状。

（六）国家统计局各级调查队与同级统计局的业务关系

国家统计局各级调查队和同级统计局都是国家统计系统的重要组成部分，在业务上均接受国家统计局的领导，既要完成国家统计局布置的统计调查任务，又要完成地方政府的统计调查事项。根据职能分工，各负其责，互相配合，实行信息共享，不得重复建设和重复调查。各级调查队承担的国家统计局布置的各项调查任务，由调查队独立组织调查，并向国家统计局独立上报调查结果。各省、自治区、直辖市的有关统计数据，按分工属于国家统计局调查队调查的，以国家统计局调查队的数据为准。

（七）国家统计局三支调查总队改革和内设机构调整

改革国家统计局设在各地的三支调查队管理体制的同时，相应改革国家统计局三支调查总队，同时调整国家统计局内设机构。

1. 撤销国家统计局农村社会经济调查总队、城市社会经济调查总队和企业调查总队。

2. 国家统计局增设农村社会经济调查司和城市社会经济调查司，组建国家统计局服务业调查中心。

国家统计局各级调查队人员编制方案、国家统计局机关和所属事业单位机构编制调整方案由中央编办另行发文确定。

三、组织实施

国家统计局直属调查队管理体制改革方案，在国务院的统一领导下，由国家统计局负责组织实施。有关干部管理、机构设置、人员编制、经费保障和新机构筹建等问题，由国家统计局商中组部、中央编办、发展改革委、财政部、人事部等部门制定管理办法和具体实施方案，尽快下发执行。

成立各省、自治区、直辖市调查总队筹备组。筹备组组长、副组长和成员由国家统计局任命。在国家统计局的领导和省级人民政府的支持配合下，筹备组负责各省、自治区、直辖市调查总队的组建工作。省级以下调查队的组建工作，由国家统计局商有关部门另行制定方案。

此项改革工作，原则上在 2005 年 12 月底前完成。

地方各级人民政府要积极支持国家统计局直属三支调查队管理体制的改革工作，各级统计、机构编制、发展改革、财政、人事等部门要积极予以配合。在改革过程中，地方各级统计局和调查队要认真履行职责，坚持做好各项工作，保持队伍的稳定性和工作的连续性，保证改革的顺利实施。

国家统计局办公室关于做好提供社会消费品零售总额统计相关数据工作的通知

（2005年3月17日）

各省、自治区、直辖市统计局、农调队、城调队：

根据《国务院办公厅转发国家统计局关于改进地区GDP核算工作意见的通知》（国办发〔2004〕82号）和《国家统计局关于进一步改进地区GDP核算工作的规定（试行）》（国统字〔2005〕14号），为做好提供社会消费品零售总额统计相关数据工作，保证社会消费品零售总额数据评估需要，现就有关问题通知如下：

一、各省、自治区、直辖市农调队于季后12日前负责向当地统计局贸易统计处加工提供以下指标汇总数据：《农村居民家庭现金收入与支出》中的“现金收入”和“生活消费支出”中的商品性消费支出。

二、各省、自治区、直辖市城调队于月后8日前负责向当地统计局贸易统计处提供以下指标汇总数据：《城市居民家庭现金收支调查表》中的“可支配收入”、“消费支出”、“其中：服务性消费支出”；《商品零售价格指数》中的月度总指数。

三、各地统计局对农调队、城调队提供的资料，只限于验证社会消费品零售总额指标，不得向任何单位和个人提供，也不得对外公开使用。

规范农业核算的规定

（试行）

国家统计局

（2005 年 3 月 21 日）

根据《国家统计局关于进一步改进地区 GDP 核算工作的规定》（国统字〔2005〕14 号）要求，现就进一步规范农业核算作如下规定。

一、农业核算的基本原则

（一）公布程序的规范性。任何数据，未经农调总队审核不得对外公布。

（二）产品产量的一致性。凡有抽样调查的产品产量，均要求省级核算时使用农调总队认可的抽样调查数据。

（三）增加值率的准确性。考虑到不同季节农林牧渔业生产结构的差异，季度增加值率可根据当年农产品中间消耗情况对上年度增加值率进行适当调整，但需征得总队批准。

（四）缩减方法的科学性。农产品价格缩减指数与农业生产资料价格指数接近时，使用单缩法计算可比价增加值；农产品价格缩减指数与农业生产资料价格指数相差较大时，使用双缩法计算可比价增加值。

二、农业核算的具体规定

（一）农业总产值的计算

1.现价农业总产值的计算

农业总产值包括农业产值、林业产值、牧业产值、渔业产值和农林牧渔服务业产值。现价农业总产值主要按产品法计算，即用产品产量乘以价格求出各种产品的产值，然后将它们加总得出各业的产值，最后各业相加求出农林牧渔业总产值。当年生产的各种农产品都要计算产值，并且每种产品都按全部产量计算，不扣除用于当年农产品生产消耗的产品产值。

主产品产量可以从农产量抽样调查报表中取得，没有抽样调查的产品从农林牧渔业生产统计报表中取得；副产品产量可以根据农林牧渔业生产统计报表中各种作物的收获面积和通过典型调查了解的每亩地各种作物副产品产量的资料来推算，也可以按各种作物主、副产品的比例来推算。

2.可比价农业总产值的计算

采用农产品价格缩减法计算农业总产值发展速度，农业可比价总产值根据缩减指数求得。

报告期农业可比价总产值等于报告期农业现价总产值除以报告期农产品价格缩减指数。农林牧渔服务业可比价总产值根据居民消费价格指数缩减。

农产品价格缩减指数的计算以产值为权重，产值权重原则上每5年调整一次。在5年期间，若出现产品更新换代，影响权数代表性时，应进行合理修正。

农业可比价总产值实施分类缩减，加总求和。季度报表按大类缩减，年报按中类缩减。

（二）农业增加值的计算

1.农业现价增加值的计算

农业现价增加值采取生产法和收入法两种方法计算。

在具体计算时要划分农业、林业、牧业、渔业、农林牧渔服务业五个行业分别计算。农业、林业、牧业、渔业用生产法核算。由于农林牧渔服务业总产值和中间消耗资料难以取得，目前农林牧渔服务业现价增加值主要采取收入法或增加值率的方法进行计算。

2. 年度、季度现价增加值的具体计算方法

农林牧渔业增加值年度数据利用总产值扣除中间消耗资料计算，季度（季度累计）数据（包括全年预计）采用总产值乘以增加值率的方法计算。

农林牧渔服务业季度增加值核算：可参照上年度农林牧渔服务业增加值比率或农林牧渔服务业劳动工资增长率计算。

3. 农业可比价增加值的计算

当农产品价格缩减指数与农业生产资料价格指数相差不大时，采用单缩法计算；当农产品价格缩减指数与农业生产资料价格指数相差较大时，采用双缩法计算。

三、农业核算有关数据核定的标准及依据

季度、年度数据应按时上报农调总队，农调总队对数据进行评估审定，及时通知未通过评估的地区对其数据进行修正。

（一）农林牧渔业统计范围

根据《农业产值和价格综合统计报表制度（M）》规定，农林牧渔业统计范围涵盖农业、林业、牧业、渔业和农林牧渔服务业。

（二）产品产量核定

对有抽样调查的农产品产量应与抽样调查数据一致，对于没有抽样调查数据的农产品产量，与农林牧渔业生产统计数据一致，或与评估后的数据一致。核定的依据是《农林牧渔业统计报表制度（A）》和《农产量抽样调查制度（S）》。有抽样调查数据，但未使用的，一律按抽样数据更正。

（三）农产品价格核定

对于有价格调查的品种，应与价格调查数据一致；对于某些小品种的生产价格，如果与实际情况出入大，可以使用评估的价格资料；对于缺乏生产价格的某些农产品，可以从收购部门或集贸市场了解取得价格资料，但必须在评估报告中进行详细说明。核定的主要依据是《农业产值和价格综合统计报表制度(M)》。

（四）缩减指数核定

计算农业发展速度的农产品价格缩减指数应与 M402 表提供的一致。重点检查评估代表产品的代表性以及缩减指数的科学性。核定的主要依据是《农业产值和价格综合统计报表制度(M)》。

（五）生产资料价格指数核定

对于采取双缩的地区，应核定评估农业生产资料价格指数。核定的依据是城调队所做的生产资料价格调查及农调队的农产品中间消耗调查及主要农产品中间消耗调查资料。

（六）中间消耗核定

中间消耗率的变化趋势应与对应的产品消耗总量及其相应的消耗品价格的综合变化趋势一致。

（七）增加值率核定

核定各业增加值率的变化趋势应与各业的特点和技术装备水平及其变化趋势一致，与当年的农业气象条件和灾害影响情况一致。

（八）产值和增加值增长速度核定

可比价产值增减趋势应与对应的产品产量增减趋势一致。特别要注意对各业产值中影响较大的农产品产量进行增减趋势核查。季度产值、增加值按大类缩减，年度产值按中类缩减。一般情况下，增加值增长速度不高于产值的增长速度。特殊年景，增加值增长速度高于产值的增长速度时需具体说明，并以正式文件上报总队。

（九）评估报告

各地应对本地农林牧渔业产值和增加值进行评估，并在上报季(年)报的同时上报季度(年度)评估报告。

四、数据反馈

(一)增加值率的反馈

农调总队将对各地的增加值率进行审核评估,并于每年 3 月底前反馈各地的年度增加值率,各地应以此为基础计算本年度各季的增加值。

(二)产值和增加值数据反馈

季度数据于季后 10 日 17:00 前(遇节假日顺延)向各省(区、市)反馈审定数据;年度数据于上报后的 15 日内向各省(区、市)反馈审定数据。

(三)各地不得擅自对外提供未经农调总队评估审定的数据

五、组织领导

各级统计部门要高度重视,切实加强对农业核算工作的指导,将涉及农业核算的有关工作列入重要议事日程,真正做到组织落实、技术落实、措施落实。各级农调队、统计局农村处要加强相互协调和配合,共同研究解决农业核算工作中发现的问题。

进一步规范社会消费品零售总额统计的规定

（试行）

国家统计局

（2005 年 3 月 22 日）

根据《国务院办公厅转发国家统计局关于改进地区 GDP 核算工作意见的通知》（国办发〔2004〕82 号）和《国家统计局关于进一步改进地区 GDP 核算工作的规定（试行）》（国统字〔2005〕14 号）要求，为了配合做好相关工作，现对规范国家与地区社会消费品零售统计作如下规定。

一、建立社会消费品零售总额月、季度评审制度

（一）评审内容

各地区社会消费品零售总额的绝对额、名义和实际增长率及行业、地域分布等指标。

（二）评审中要参考的其他专业数据

1. 城镇居民可支配收入中，商品性消费支出及其名义增长情况。

2. 农民现金收入中，商品性消费支出及其名义增长情况。

3. 社会消费品零售量的增长情况（即零售总额扣除零售物价后的实际增长）。

4. 判断和评估社会集团消费增长情况的有关辅助资料（如财政支出中的行政事业费的支出增长情况等）。

(三)评审方法

1.月度评审。

由各省区市统计局对辖区内社会消费品零售总额名义增长和实际增长的合理性及与相关指标之间的匹配性进行自我评估,并将分析评估意见(包括名义增长和实际增长的图形)按规定时间报国家统计局贸易外经统计司。国家统计局贸易外经统计司对各地区的月度数据进行初步评审。

凡通过月度初步评审(包括直接通过和在限定时间内通过)地区的数据,以及过时未修正由国家统计局贸易外经统计司另行暂定的地区数据,由国家统计局贸易外经统计司以书面形式通告各省区市统计局,作为初步统计数据对内对外使用。

2.季度评审。

国家统计局贸易外经统计司按季组织召开各省区市统计局社会消费品零售数据评审会,在会上对各省区市季度(含季度内各月)数据进行最终评审。

凡未能通过评审的季度(含季度内各月)地区数据,或季度数据与分月度数据差异较大时,要求在规定时间内进行修正;过时未进行修正的,以国家统计局贸易外经统计司最终认定数据为准。

通过季度评审(包括直接通过和在限定时间内通过)地区的数据以及过时未修正由国家统计局贸易外经统计司最终认定的数据,为终审数据。终审数据由国家统计局贸易外经统计司以书面形式通告各省区市统计局,作为正式数据对内对外使用。

经评审确定的数据和基期对比数据,未经国家统计局贸易外经统计司同意,各地区不得自行修改,也不得将未通过最终评审的数据擅自向社会发布。

3.社会消费品零售总额月、季度评审的具体要求,由国家统计局贸易外经统计司另文印发。

(四)评审前的准备工作

1.搜集相关专业的统计资料,对本地区实际统计的社会消费品零售总额的数据质量，进行评估测算。

2. 月度评审时，制作有关表、图和简要的自评报告，报国家统计局贸易外经统计司。

3. 季度评审时，制作有关表、图、自评报告的幻灯片和书面材料（10 份）。

（五）季度评审会的组织

1. 季度评审会由国家统计局贸易外经统计司组织，各省区市统计局贸易统计负责人及有关人员参加。

2. 各省区市统计局向评审会提交有关表、图和自评报告的书面材料，并以幻灯形式演示说明本地区社会消费品零售总额及其增长幅度的数据质量。

3. 国家统计局贸易外经统计司综合各方面的意见，对被评审地区的数据进行确认，并以书面形式在规定时间内通告各省区市统计局。

（六）评审时间

1. 月度。

（1）各省区市统计局制作的月度有关表、图和简要的自评报告，于月后 8 日 17:00 时前上报国家统计局贸易外经统计司，进行初步评审。

（2）未通过评审的地区，于月后 9 日 17:00 时前根据国家统计局贸易外经统计司评审结果对数据进行修正并重新上报。

（3）国家统计局贸易外经统计司于月后 10 日 17:00 时前以书面形式答复各省区市统计局初步评审意见。

2. 季度。

（1）评审会于季后 8—9 日召开。

（2）各省区市统计局制作的有关表、图、自评报告的幻灯片和书面材料，随参会人员带到评审会上。

（3）未通过评审的地区，于季后 9 日 17:00 时前根据国家统计局贸易外经统计司评审结果对数据进行修正并重新上报。

(4)国家统计局贸易外经统计司于季后10日17:00时前以书面形式将终审意见通告各省区市统计局。

3.评审时间遇节假日根据规定顺延。

二、相关资料的搜集与提供

(一)各省区市农调队、城调队,应及时向当地统计局贸易统计处提供:报告期和基期城镇居民可支配收入和其中的商品性消费支出、农民现金收入和其中的商品性消费支出的资料,以保证社会消费品零售总额数据评估的需要。

(二)国家统计局人口社科司、农调总队和城调总队,应及时向贸易外经统计司提供:全国及分省区市的报告期和基期城镇居民可支配收入和其中的商品性消费支出、农民现金收入和其中的商品性消费支出的资料,以及城镇和乡村人口数(暂不包括分省区市的数据)。

国家统计局关于调查队改革期间人事财务管理有关问题的通知

（2005 年 3 月 23 日）

各省、自治区、直辖市统计局，农村社会经济调查队、城市社会经济调查队、企业调查队：

根据《国务院办公厅关于印发国家统计局直属调查队管理体制改革方案的通知》（国办发〔2005〕14 号）精神，国家各级调查队管理体制改革工作将逐步展开。为做好调查队体制改革期间的稳定工作，保障业务工作和体制改革的顺利进行，经研究，现就调查队改革期间人事、财务有关问题通知如下：

一、冻结调查队人员和编制，停止办理各级调查队人员工作调动（参加 2005 年人事部统一招录的人员除外）。

二、暂停各级调查队干部职务晋升工作。

三、停止各种形式的干部轮岗和交流工作。

四、严格调查队财务管理，除保障工资及正常业务必要开支外，其他设备资产一律停止购置。

五、对在调查队改革期间擅自晋升职务、进行干部交流、调入和调出调查队人员、突击花钱的，要追究主要负责人的责任，并予以纠正。

六、各省（区、市）统计局和省级三支调查队，必须将此通知传达到各级统计局和调查队，坚决贯彻落实。要积极做好各级调查队人员的思想稳定工作，确保改革工作的顺利进行。

七、国家统计局将遵照国办发〔2005〕14 号文的要求，会同财政部、人事部等有关部门研究制订具体的实施方案。要求各级统计局和调查队严格遵守纪律，服从统一指挥，认真做好各项统计调查工作。

国家统计局关于成立调查队管理体制改革领导小组的通知

（2005年3月24日）

各省、自治区、直辖市统计局、农调队、城调队、企调队：

3月16日，国务院批准了《国家统计局直属调查队管理体制改革方案》，并以国办发〔2005〕14号文件印发各地区、各部门贯彻执行。为认真贯彻落实国务院的要求，切实组织实施好调查队管理体制改革，国家统计局决定成立调查队管理体制改革领导小组。现就有关事项通知如下：

一、成立国家统计局调查队管理体制改革领导小组。领导小组的主要职责是组织实施《国家统计局直属调查队管理体制改革方案》，讨论决定调查队管理体制改革过程中的重大问题。领导小组组长由李德水同志担任，副组长由邱晓华同志担任，林贤郁、朱向东、张为民、徐一帆、章国荣同志为领导小组成员。领导小组下设办公室，主要职责是：在充分调查研究的基础上提出有关政策建议，起草有关文件，汇集信息并上传下达，对改革过程中的有关问题进行具体安排和督促检查。办公室主任由邱晓华同志兼任，尚传武、程子林、贺常明三位同志为办公室副主任，人事司、政法司、财基司、设管司、计算中心、办公室、监察局、三总队为办公室成员单位。

二、有领导、有秩序地推进改革。目前，国家统计局正在会同有关部门起草调查队管理体制改革实施方案和有关配套文件，积极做好改革实施的各项准备工作。初步定于五六月份召开调查队管理体制改革工作会议，对改革工作进行动员部署。全部改革工作在国务院的统一领导下，由国家统计局组织部署，有秩序、分步骤地稳步实施，任何单位和个人不得自行其是。在新组建的调查队正式成立前，三支调查队仍按现有管理体制和职能正常运转，绝不能因为改革而影响正常的业务工作，确保改革和业务工作两不误。

三、要坚决服从改革大局。在改革过程中，各级统计局、调查队及其工作人员特别是领导干部要认真履行职责，努力做好各项工作，做到队伍不散、秩序不乱、数据不断，保证改革的顺利实施。要自觉服从改革大局，坚决支持改革，积极参与改革，不利于改革的事不做，不利于改革的话不说。不准跑官要官，不准突击提干或安置人员，不准突击花钱，不准转移、变卖、私分或变相私分国有资产，不准搞非组织活动。要将是否执行“五不准”，作为正在进行的保持共产党员先进性教育活动的重要内容，作为对共产党员党性原则的重大考验，作为衡量一个合格的共产党员和国家公务人员的重要标准。

调查队管理体制改革是今年统计改革的一项重大任务，关系统计事业发展的全局，涉及广大统计工作者的切身利益。各级统计局、调查队要加强领导，积极配合，对改革过程中出现的重要问题，请及时向国家统计局调查队管理体制改革领导小组及其办公室报告。

国家统计局　国家发展改革委关于切实做好房地产价格统计工作的通知

（2005 年 4 月 20 日）

各省、自治区、直辖市、计划单列市、有关城市统计局、发展改革委、物价局：

2004 年 7 月，国家发展改革委和国家统计局联合下发了《关于进一步完善房地产价格指数编制工作的通知》（发改价格〔2004〕1366 号），就完善房地产价格指数编制工作提出了明确要求，并就有关问题向国务院上报了《关于加强我国房地产价格统计工作的请示》。为切实做好房地产价格统计工作，经国务院同意，现就有关具体工作通知如下：

一、扩大房地产价格统计范围，提高房地产价格统计的时效性

从 2004 年 7 月份开始，我国房地产价格统计范围由原来的 35 个大中城市扩大到 70 个大中城市，房屋销售价格指数由原来的按季编制改为按月编制，土地交易、房屋租赁和新增的物业管理价格指数仍按季编制。除原 35 个大中城市外，增加的调查城市如下（按行政区划顺序排列）：唐山、秦皇岛、包头、锦州、丹东、吉林、牡丹江、无锡、扬州、徐州、温州、金华、安庆、蚌埠、泉州、九江、赣州、烟台、济宁、洛阳、平顶山、宜昌、襄樊、岳阳、常德、惠州、湛江、韶关、桂林、北海、三亚、泸州、南充、遵义、大理。

二、加强组织协调，规范数据使用和发布

国家统计局负责组织在全国 70 个大中城市开展房地产价格统计工作，各省、自治区、直辖市统计局负责协调本地区的调查工作。编制的各类房地产价格指数中，全国房地产价格指数由国家发展改革委、国家统计局分月度或季度联合向社会公布；各地房地产价格指数经国家统计局审核后，由当地统计部门和价格主管部门联合向社会发布，以合理引导社会预期。

三、加强宣传，认真做好调查企业的培训、指导工作

各地统计部门要做好房地产价格统计的宣传工作，认真研究方案和报表要求，搜集有关基础资料，选择调查企业和调查项目，并组织落实。要就价格指数的编制、数据质量审核和企业报表填报等内容，对统计人员和企业报表人员进行专业技术培训，并及时深入企业，加强工作指导。

四、加强协调，确保保障措施到位

进一步加强和完善我国房地产价格统计工作，是适应房地产市场发展的需要，健全和完善价格统计体系，加强对房地产市场宏观调控和信息引导的重要措施。这项工作涉及面广，技术较复杂，难度大，国家将统一安排适当的工作经费，各地也要予以大力支持。各地为了满足本地的需要，增加调查地区和调查样本，所需经费由各地负责解决。各地统计部门和价格主管等部门要密切配合，切实加强与有关单位的沟通与协调，强化工作基础，提高统计数据的质量，认真做好统计分析和信息发布工作。工作中遇到新情况、新问题，请及时反馈国家统计局和国家发展改革委。

具体工作部署由国家统计局城市社会经济调查总队另行通知。

国家统计局　国家发展改革委 关于进一步加强流通消费价格统计做好新一轮基期更换工作的通知

（2005年4月20日）

各省、自治区、直辖市统计局、发展改革委、物价局：

流通消费价格统计是我国统计工作的重要组成部分。根据基础价格调查资料计算的城乡居民消费价格指数、商品零售价格指数和农业生产资料价格指数，是反映国民经济运行状况和实施宏观调控的重要指标。随着经济和社会的全面发展，各级政府在监测和调控价格总水平、分析国民经济总量与结构变化、研究和制定政策等方面，均对价格统计工作的科学性、准确性和及时性提出了更高的要求。根据我国现行统计调查制度规定，2005年是我国居民消费价格指数、商品零售价格指数和农业生产资料价格指数计算基期更换年。认真做好2005年基期更换工作，并以此为契机，切实解决流通消费价格统计工作中存在的问题，进一步夯实流通消费价格统计工作基础，对推动流通消费价格统计工作健康发展，保证价格指数的科学性和准确性具有重大意义。为此，现就做好有关工作通知如下：

一、高度重视流通消费价格统计工作中存在的薄弱环节，充分认识加强这项工作的重要性和紧迫性

目前，价格指数的总体质量得到了党政领导和社会各界的认

可。但随着我国经济发展和市场化进程的加快，也出现了一些影响价格指数数据质量的新问题。如有的被调查企业和个体经营者对这项工作配合较差，增加了准确采集实际成交价格的难度；有些地区对这项工作重视不够，经费和人力投入不足，导致价格采价点代表性不强；有些地区的权数调查难以正常开展，使得权数资料不全，权数质量不高。如果不能及时有效地解决这些问题，势必降低流通消费价格指数质量，影响党和政府对形势的判断，也不利于国内外公众正确认识价格形势。

二、精心组织，扎扎实实做好新一轮流通消费价格指数基期更换工作

新一轮流通消费价格指数基期更换工作，是继 2000 年我国首次编制居民消费价格定基指数以来，适应新形势需要，进一步加强和完善流通消费价格统计工作，保证我国未来五年价格指数数据质量的重大举措。这项工作的主要任务，一是要根据《国家统计局关于印发新一轮流通消费价格统计调查商品(服务)目录和指标解释的通知》(国统字〔2005〕18 号)要求，结合各地的实际情况，重新调整和完善采价点和规格品；二是要收集权数基础资料，开展权数典型调查，准确测算新一轮权数；三是要按照新的调查目录，采集从 2005 年 1 月开始的新增规格品种的基础价格数据。

由于这项工作技术要求高、涉及面广、工作量较大，各地一定要加强组织协调，高质量地完成任务。

三、加强领导，团结协作，共同做好新时期流通消费价格统计工作

流通消费价格指数既是宏观调控的决策依据，也是反映价格变动对人民群众生活影响程度的重要经济指标。各地务必加强对

这项工作的领导和支持。统计、价格和商业等有关部门要通力合作，做好对被调查商业企业、农贸市场和服务网点的宣传解释和组织工作。承担此项工作的各地统计局、城市社会经济调查队要严格按照国家统计局的部署和要求，统筹安排，依法调查，精益求精，确保流通消费价格统计工作顺利进行。各地价格主管部门要积极配合统计部门做好这项工作。

为开展2005年的基期轮换工作，国家统计局安排了有限的经费，各地要精打细算，节约使用，并保证专款专用。各地为满足当地代表性的需要，自行增加调查市、县及相应的调查工作量，所需经费由各地负责解决。

国务院关于开展第二次全国农业普查的通知

（2005年4月29日）

各省、自治区、直辖市人民政府，国务院各部委、各直属机构：

根据国家普查项目和周期安排的有关规定，国务院决定于2006年底开展第二次全国农业普查。现将有关事项通知如下：

一、普查的目的和意义

农业是国民经济的基础，解决好“三农”问题是全部工作的重中之重。农业普查作为重大的国情国力调查，主要是为了查清农业、农村和农民的发展变化情况，掌握我国农业生产、农田水利和农村基础设施建设、农村劳动力转移等方面的基本信息，为研究确定国民经济发展战略和规划，制定各项经济社会政策提供依据。搞好第二次农业普查，有利于进一步摸清农业资源状况，制定科学的粮食生产政策，确保国家粮食安全；有利于推动农业结构调整，加快农业科技创新和技术推广，提高农业综合生产能力，实现农业可持续发展；有利于落实科学发展观，统筹城乡发展，加速实现全面小康社会的宏伟目标。

二、普查的内容和时间

根据我国国情，并参照2010年世界农业普查方案，此次普查主要包括6个方面内容：一是从事第一产业活动单位和农户的生产经营情况；二是乡（镇）、村委会及社区环境情况；三是农业土地利用情况；四是农业和农村固定资产投资情况；五是农村劳动力就业及流动情况；六是农民生活质量情况。

普查的标准时点是 2006 年 12 月 31 日，时期资料为 2006 年度。

三、普查的组织和实施

农业普查涉及广大农村地区及众多农户，普查任务重，参与部门多，工作难度大。为了加强对普查工作的组织和领导，国务院决定成立第二次农业普查领导小组，负责普查的组织和实施工作。普查领导小组办公室设在国家统计局，具体负责普查的日常组织和协调。各地区、各部门要按照“全国统一领导、部门分工协作、地方分级负责、各方共同参与”的原则，认真做好此项重大国情国力普查的组织实施工作。对普查工作中遇到的困难和问题，要及时采取措施，切实予以解决。其中，涉及普查宣传动员方面的工作，由中宣部负责协调；涉及普查经费和物资保障方面的工作，由财政部和发展改革委负责协调。

地方各级人民政府要设立相应的普查领导小组及其办公室，认真做好本地区农业普查的组织和实施工作。各级财政部门在普查经费上要给予保证；各级宣传部门、新闻单位要充分利用广播、电视和报刊等多种形式，广泛深入地宣传普查的意义和有关要求，为普查工作的顺利实施创造良好的社会环境。各级普查机构要充分发挥县、乡（镇）政府和村委会的作用，从乡、村干部中选调现场组织人员和调查员。要根据农业普查的特点，做好调查员的培训和组织工作。

四、普查经费

农业普查经费由中央财政和地方财政共同负担，并列入相应年度财政预算，按时拨付、确保到位。

五、普查资料的填报与管理

凡在我国境内符合普查对象的有关单位和农户，必须严格按照《中华人民共和国统计法》的有关规定和普查的具体要求，如实填报普查数据，确保基础数据的真实可靠。任何地方、部门、单位和个人都不得虚报、瞒报、拒报、迟报，不得伪造、篡改普查资料。

农业普查取得的资料，严格限定用于普查目的，不得作为任何部门和单位对普查对象实施考核、奖惩的依据；各级普查机构及其工作人员，对普查对象的个人和商业秘密，必须履行严格的保密义务。

附件：国务院第二次全国农业普查领导小组人员名单

附件：

国务院第二次全国农业普查领导小组人员名单

组　长：回良玉（国务院副总理）

副组长：张　勇（国务院副秘书长）

李德水（统计局局长）

刘　江（发展改革委副主任）

牛　盾（农业部副部长）

成　员：胡振民（中宣部副部长）

郑新立（中央政策研究室副主任）

陈锡文（中财办副主任，中农办主任）

张保庆（教育部副部长）

刘燕华（科技部副部长）

白景富（公安部副部长）
姜　力（民政部副部长）
张苏军（司法部政治部主任）
廖晓军（财政部副部长）
王东进（劳动保障部副部长）
贠小苏（国土资源部副部长）
翟浩辉（水利部副部长）
陈啸宏（卫生部副部长）
王东峰（工商总局副局长）
胡占凡（广电总局副局长）
邱晓华（统计局副局长兼领导小组办公室主任）
李育材（林业局副局长）
李炳坤（国务院研究室副主任）
尉士武（农业发展银行副行长）
刘　坚（国务院扶贫办主任）
冯　亮（总后勤部军需物资油料部副部长）

国家统计局关于进行房地产市场调控措施反应急速调查的通知

（2005 年 5 月 6 日）

各省、自治区、直辖市统计局、企业调查队：

根据国务院领导的要求和李德水局长的批示，国家统计局决定对 4 月 27 日国务院第 88 次常务会议作出的对房地产市场的八项调控措施出台后房地产开发企业的反应、看法和意见进行一次急速调查。此次急速调查由企业调查总队组织，各省（区、市）企业调查队具体实施。鉴于急速调查的重要性，请各地统计局高度重视，立即组织进行，确保急速调查按时、按质圆满完成。

附件：1. 急速调查的主要内容
　　　2. 急速调查的具体要求

附件 1：

急速调查的主要内容

1. 您是否知道国务院最近提出的加强房地产市场调控的八项措施？
   ①知道已引起注意　　②知道但未引起注意　　③不知道
2. 您认为房地产市场调控的八项措施出台是否及时？
   ①及时　　②比较及时　　③不及时　　④不清楚

3. 您对国务院出台的房地产市场调控的八项措施的评价是：

①很好 ②好 ③一般 ④不好 ⑤没看法

4. 您认为八项调控措施出台对房地产市场的影响将是：

①很大 ②较大 ③不大 ④没影响 ⑤看不准

5. 您预期八项调控措施出台后本市今年房价变化是：

①上涨较大 ②略有上涨 ③不变

④略有下降 ⑤下降较大 ⑥看不准

上涨或下降的幅度估计为 %。

6. 您对今明两年本市房地产市场走势的判断是：

①走高 ②走低 ③起伏不定 ④不变

7. 您认为推进房地产市场健康发展的最重要措施是(按措施重要程度选三项)：

①加强市场监管,整顿房地产市场秩序

②加强金融监管 ③加强城镇规划

④加强税收调节 ⑤土地供应有序化

⑥抑制房价上涨过快 ⑦抑制地价上涨过快

⑧加强对普通商品住房和经济适用住房的调控

⑨其它(请注明)

第一□ 第二□ 第三□

8. 您认为目前房地产市场存在的主要问题是(按问题程度大小选三项)：

①房地产开发投资规模过大 ②房价上涨过快

③商品房结构不合理 ④房地产市场混乱

⑤土地供应紧张 ⑥其它(请注明)

第一□ 第二□ 第三□

9. 贵企业是否采取应对措施

①已采取 ②将采取 ③未考虑采取

10. 贵企业已采取或将采取的应对措施是：

①加大对普通住房的投入 ②适当压缩房地产开发投资

③进行土地储备　　　　　　④进行资金储备

⑤其它(请注明)

附件2:

急速调查的具体要求

一、急速调查范围

各省、自治区、直辖市均在省会城市和计划单列市对资质等级为三级及三级以上的部分房地产开发企业负责人进行急速调查。

二、样本量

分别在2004年本地资质等级为一、二、三级的房地产开发企业中,按各自投资额排序前六名内提取样本进行急速调查。其中:

(一)北京、上海、天津、重庆、青岛、广州、武汉、沈阳、成都、南京、西安、杭州、合肥等13个城市各调查资质等级在三级及三级以上的房地产开发企业13家。其中,资质等级一级的5家、二级的4家、三级的4家;

(二)其它城市各调查6家房地产开发企业,其中资质等级一、二、三级的各调查2家。

三、急速调查及组织方式

调查采取走访调研和座谈会的方式。

(一)各级企业调查队队长和副队长亲自挂帅,密切合作,省、市队共同进行调研。

(二)上述13个市必须召开一个房地产开发企业负责人座谈会,座谈会重点内容为:

1. 房地产开发企业对调控措施的评价;

2. 调控措施对房地产市场的影响;

3. 调控措施出台后房地产市场的走势估计;

4. 房地产开发企业对调控措施出台后已采取和拟采取的应对

措施；

5. 房地产开发企业推进房地产市场健康发展的建议与要求。

四、上报要求

（一）各省级企业调查队必须对数据进行初审，并将急速调查的主要内容的原始数据按 Excel 统一格式录入，务必于 5 月 10 日上午 9 时前通过 FTP 或电子邮件上报企调总队专项调查处（邮箱：qdzxc_gj@stats.gov.cn）。

（二）各省级企业调查队必须将走访调研和座谈会重要内容情况整理成不少于 2000 字的文字资料，亦需有实际的例子，务必于 5 月 10 日上午 9 时前同时上报企调总队专项调查处。

中华人民共和国国家统计局令

第8号

（2005年5月16日）

《统计从业资格认定办法》已经2005年4月29日国家统计局第4次局务会议讨论通过，现予公布，自2005年7月1日起施行。

局长　李德水

统计从业资格认定办法

第一章　总　　则

第一条　为规范统计从业资格认定工作，提高统计人员的素质，保障统计资料的准确性和及时性，根据《中华人民共和国统计法》、《中华人民共和国行政许可法》和《国务院对确需保留的行政审批项目设定行政许可的决定》，制定本办法。

第二条　下列人员，应当具备统计从业资格，持有统计从业资格证书：

（一）在县级以上各级人民政府统计机构、国家统计局派出的各级调查队中从事统计工作的人员；

（二）在各级人民政府其他部门中从事统计工作的人员；

（三）乡镇统计员；

（四）在社会团体、企业事业组织中承担经常性统计任务的人员。

第三条 已取得统计员以上统计专业技术职务资格的人员，可免于统计从业资格考试和申请，凭统计专业技术职务资格证书直接从事统计工作。

本办法第二条第(一)、(二)项所列人员中，已具备教育行政部门认可的统计类专业大专、其他专业本科以上学历的，可免于统计从业资格考试和申请，直接从事统计工作。

第四条 国家统计局领导和管理全国的统计从业资格认定工作。

第五条 省级人民政府统计机构是本行政区域内统计从业资格认定工作的实施机关。

第六条 县级人民政府统计机构是本行政区域内统计从业资格认定工作的承办机关。

必要时，省级人民政府统计机构可以决定由设区的市人民政府统计机构承办统计从业资格认定的有关工作。

新疆生产建设兵团统计局负责所属单位的统计从业资格认定工作。

第二章 申请与受理

第七条 具备下列条件的人员，可申请取得统计从业资格：

(一)遵守国家法律、法规和规章；

(二)坚持原则，具备良好的道德品质；

(三)具备从事统计工作所需的专业知识和技能。

第八条 国家实行统计从业资格考试制度。

统计从业资格考试的时间为每年九月份的第三个星期日。

统计从业资格考试的科目为：统计基础知识与统计实务；统计法基础知识。

第九条 已具备教育行政部门认可的统计类专业大专、其他专业本科以上学历的人员，可免于参加统计从业资格考试。

第十条 国家统计局负责编制统计从业资格考试大纲、考试命题、制定考试管理办法和考务规则等工作。

省级人民政府统计机构负责统计从业资格考试考点的设定、试卷的印制、组织阅卷和成绩登记造册等工作。

统计从业资格认定工作承办机关负责统计从业资格考试的报名、考务组织和成绩通知等工作。

第十一条 统计从业资格考试应当公开举行。县级以上人民政府统计机构应当事先公布考试的报名条件、报考办法、考试科目以及考试大纲。

第十二条 申请取得统计从业资格的人员，在向统计从业资格认定工作承办机关提出申请时，应当提交下列材料：

（一）《统计从业资格认定申请表》一式两份；

（二）本人居民身份证原件及其两份复印件；

（三）统计从业资格考试合格成绩单原件及其两份复印件；

（四）本人近期正面免冠彩色照片一张。

符合本办法第九条规定的人员，在提出统计从业资格认定申请时，除提交前款（一）、（二）、（四）项所规定的材料外，还需同时提交本人学历证书原件及其两份复印件。

第十三条 具备条件的地方，可通过网络受理统计从业资格认定申请，所需材料由省级人民政府统计机构规定。

第十四条 统计从业资格认定工作的承办机关应当将有关统计从业资格认定的依据、条件、程序、期限以及需要提交的全部材料的目录和申请书示范文本等在办公场所公示。

第十五条 申请人申请统计从业资格，应当如实向受理申请的统计从业资格认定工作承办机关提交有关材料。受理机关不得要求申请人提交与其申请的统计从业资格认定事项无关的材料。

第十六条 统计从业资格认定工作的承办机关对申请人提出的申请，应当根据下列情况分别作出处理：

（一）申请人依法不需要取得统计从业资格的，应当即时告知申请人不受理；

（二）申请材料存在可以当场更正的错误的，应当允许申请人当场更正；

（三）申请材料不齐全或者不符合法定形式的，应当当场或者在五日内一次告知申请人需要补正的全部内容，逾期不告知的，自收到申请材料之日起即为受理；

（四）申请材料齐全、符合法定形式，或者申请人按照承办机关的要求提交全部补正申请材料的，应当受理统计从业资格认定申请。

统计从业资格认定工作的承办机关受理或者不予受理统计从业资格认定申请，应当向申请人出具加盖本行政机关专用印章并注明日期的书面凭证。

第三章 审查与决定

第十七条 统计从业资格认定工作的承办机关应当对已受理的申请材料进行审查，并将初步审查意见和全部申请材料自受理之日起二十日内报送省级人民政府统计机构。

省级人民政府统计机构应当自收到初步审查意见和全部申请材料之日起二十日内作出是否授予统计从业资格的决定。二十日内不能作出决定的，经本行政机关负责人批准，可以延长十日，并将延长期限的理由告知申请人。

第十八条 申请人的申请符合法定条件的，省级人民政府统计机构应当依法做出授予统计从业资格的书面决定，并颁发统计从业资格证书。统计从业资格证书应当加盖省级人民政府统计机构印章。

申请人的申请不符合法定条件，省级人民政府统计机构依法作出不授予统计从业资格的书面决定的，应当说明理由，并告知申请人享有依法申请行政复议或者提起行政诉讼的权利。

第四章　证书的使用与管理

第十九条　统计从业资格证书在全国范围内有效。

统计从业资格证书应当依法使用，不得涂改、转让、出租和出借。

第二十条　统计从业资格证书由国家统计局统一设计样式，统一制定编号规则。

省级人民政府统计机构负责统计从业资格证书的印制、编号和颁发工作。

统计从业资格认定工作的承办机关负责本行政区域内统计从业资格证书的送达工作。

第二十一条　统计从业资格证书遗失或损坏的，取得统计从业资格的人员可持有效证明，向原承办机关提出补发统计从业资格证书的申请。原承办机关进行审查后，报原发证机关依法予以补发。

第二十二条　对取得统计从业资格的人员，实行统计继续教育。

第二十三条　有下列情形之一的，国家统计局和省级人民政府统计机构可以依法撤销已经授予的统计从业资格：

（一）滥用职权、玩忽职守作出授予统计从业资格决定的；

（二）超越法定职权作出授予统计从业资格决定的；

（三）违反法定程序作出授予统计从业资格决定的；

（四）对不具备申请资格或者不符合法定条件的申请人授予统计从业资格的；

（五）以欺骗、贿赂等不正当手段取得统计从业资格的；

（六）依法可以撤销统计从业资格的其他情形。

因前款所列情形被依法撤销统计从业资格的人员，其已取得的统计从业资格证书应当依法予以收回。

第二十四条 申请人因第二十三条第一款第（五）项原因被撤销统计从业资格的，自撤销之日起两年内，省级人民政府统计机构不得授予统计从业资格。

第二十五条 上级人民政府统计机构应当加强对下级人民政府统计机构实施统计从业资格认定工作的监督检查，及时纠正和处理统计从业资格认定工作中的各种违法行为。

第五章 法律责任

第二十六条 任何单位违反本办法第二条的规定，聘请、任用未取得统计从业资格证书的人员从事统计工作的，由县级以上人民政府统计机构责令限期改正，予以警告或者通报批评。在下一轮国家统计从业资格考试后仍拒不改正的，处五百元以上一千元以下的罚款。

第二十七条 县级以上地方各级人民政府统计机构违反本办法的规定，有下列情形之一的，由其上级人民政府统计机构责令改正；情节较重的，对直接负责的主管人员和其他直接责任人员依法给予行政处分：

（一）对符合法定条件的统计从业资格申请不予受理的；

（二）对不符合法定条件的申请人授予统计从业资格或者超越法定职权作出授予统计从业资格决定的；

（三）对符合法定条件的申请人不授予统计从业资格或者不在法定期限内作出授予统计从业资格决定的；

（四）法律、法规、规章规定的其他违法行为。

第二十八条 申请人隐瞒有关情况或者提供虚假材料申请统计从业资格的，县级以上地方各级人民政府统计机构不予受理或者不授予统计从业资格，并给予批评教育。

第二十九条 已取得统计从业资格的人员有下列行为之一

的，由县级以上人民政府统计机构责令改正，予以警告或者通报批评：

（一）涂改、转让、出租、出借统计从业资格证书的；

（二）向负责监督检查的县级以上人民政府统计机构隐瞒有关情况、提供虚假材料或者拒绝提供情况的；

（三）以欺骗、贿赂等不正当手段取得统计从业资格证书的；

（四）法律、法规、规章规定的其他违法行为。

第六章　附　　则

第三十条　在本办法实施前已依法取得《统计证》、《统计上岗证》或《统计上岗资格证书》的人员，应当自本办法实施之日起一年内，到所在地统计从业资格认定工作承办机关换领统计从业资格证书。

第三十一条　本办法规定的实施行政许可的期限以工作日计算，不含法定节假日。

第三十二条　本办法自2005年7月1日起施行。国家统计局1998年发布的《统计人员持证上岗暂行规定》同时废止。

国家统计局关于开展
2005年时间利用统计试点调查的通知

（2005年5月20日）

浙江、云南省统计局：

为探索妇女无酬劳动的计量方法，研究居民生活方式与生活质量的变化情况，国家统计局决定于2005年8月和9月分别在云南、浙江两省开展时间利用统计试点调查。此项调查是国家统计局与瑞典统计局关于时间利用统计合作项目的重要组成部分，是将国外实践经验与中国实际相结合而进行的一次有益探索。国家统计局负责调查的组织和实施，浙江、云南两省统计局负责入户调查。现将《2005年时间利用统计试点调查方案》和《2005年时间利用统计试点调查家庭问卷表》、《2005年时间利用统计试点调查日志表》、《报表填写说明》印发给你们，请按照方案要求认真组织实施。

附件：1. 2005年时间利用统计试点调查方案

2. 2005年时间利用统计试点调查家庭问卷表（略）

3. 2005年时间利用统计试点调查日志表（略）

4. 报表填写说明（略）

附件 1：

2005 年时间利用统计试点调查方案

一、调查目的

收集我国城乡居民生活方式与时间使用分配情况，深入分析男性和女性在社会、家庭生活中的作用与影响，探索研究对妇女无酬劳动的计量方法，开拓社会统计新的领域。

二、调查范围及调查规模

此项调查将在浙江、云南两个省的八个地市实施，共计 4000 户，每个省调查 2000 户。各省根据实际情况确定本省城乡住户比例。

三、调查对象

试点调查地区被抽中家庭户中 15 岁至 60 岁常住人口。

四、调查内容

（一）调查户家庭状况。

由调查员入户调查被调查户家庭信息，包括调查户住址编码、家庭成员、家庭住房状况、家庭生活条件、家庭收入来源等。

（二）被调查者个人信息。

被调查者自己填写个人问卷表，包括姓名、就业状况、职业、就业身份、是否全日制就业、不能应聘工作的原因、个人收入状况、向家庭成员以外人员提供帮助等内容。

（三）时间利用日志记录。

被调查者按照要求自行对在两个日志记录日中发生的所有活动进行记录，包括主要活动、次要活动（同时发生的其他活动）起止时间、活动发生地点、与谁在一起等内容。

五、调查时间

调查时间为 2005 年 8 月至 9 月，云南省于 2005 年 8 月进行入户调查，浙江省于 2005 年 9 月进行入户调查。每个被调查者将填写两天的活动记录，一天为工作日，另一天为休息日，所有被调查者原则上应在一周内完成所有日志记录。

六、抽样方法

（一）抽取调查户和被调查者。

浙江、云南省统计局可根据本地区的社会经济发展情况，确定4个调查试点的地市。在4个调查试点地市中，每个试点地市抽取2个县级单位（市辖区、县级市、县），每个县级单位抽取250户。考虑到现场调查可能出现抽中户不在家等情况，设计每个县级单位抽取270户。

在每个县级单位抽3个乡级单位（街道、镇、乡）。每个乡级单位抽3个村级单位（村委会、居委会），每个村级单位抽30户，在每户调查15岁至60岁的常住本调查小区半年以上的人口。一些抽中的市辖区、县级市、县也可根据城镇人口的比例分配街道、镇、乡应抽取的户数。

（二）抽取日志记录日。

每个被调查者应记录一个工作日和一个休息日所有活动情况，调查员事先要从周一至周五中随机抽取一天作为日志记录的工作日，在周六和周日中随机抽一天作为日志记录的休息日。同一调查户中的每个被调查者，要在日志表中记录同一工作日和休息日的活动情况。

七、调查组织事项

本次调查由国家统计局组织实施，调查方案和问卷由国家统计局提出初步方案，并征求浙江、云南省统计局意见后重新修订确定。

（一）调查方案和问卷的印刷由国家统计局负责。

（二）开发数据处理程序、两省数据汇总分析、编制分析报告由国家统计局负责。

（三）现场调查、调查数据审核录入、本省数据汇总与分析由浙江、云南省统计局负责。

（四）调查结果发布与调查质量评估由国家统计局负责。

八、调查经费

国家统计局将为调查工作提供部分调查经费，不足部分由浙江云南省统计局自筹。

九、工作步骤及进度安排

（一）2005 年 5 月国家统计局下发《关于开展 2005 年时间利用统计试点调查的通知》。

（二）2005 年 7 月，云南省统计局进行调查员培训。

（三）2005 年 8 月，云南省统计局组织现场调查，浙江省统计局进行调查员培训。

（四）2005 年 9 月，浙江省统计局组织现场调查，浙江省、云南省统计局完成数据审核录入。

（五）2005 年 10 月 20 日前浙江省、云南省统计局上报试点调查数据。

（六）2005 年 11 月 30 日以前浙江省、云南省统计局上报试点调查总结。

国家统计局关于暂缓更换计算工业发展速度使用的增加值率的紧急通知

（2005年5月25日）

各省、自治区、直辖市统计局：

根据《国家统计局关于规范规模以上工业增加值及其发展速度计算方法的规定(试行)》(国统字〔2005〕19号)要求，各地应于4月份更换用于计算工业发展速度的增加值率。鉴于第一次全国经济普查事后数据质量抽查工作即将展开，为做好定期工业统计报表数据与第一次全国经济普查数据的衔接工作，经研究决定：暂缓更换新的增加值率，各地仍按现行的增加值率计算工业发展速度。待第一次全国经济普查事后数据质量抽查工作结束并全面衔接有关数据后，再统一更换使用新的增加值率。

国家统计制度方法改革三年滚动计划

（2005—2007）

国家统计局

（2005 年 5 月 30 日）

建立适应我国社会主义市场经济体制，符合国际统计标准和一般规则的现代统计体系，是我国统计改革的战略目标。国家统计制度方法改革三年滚动计划是国家统计局为实现这一战略目标而制定的一项重要措施。

统计制度方法改革滚动计划以三年为一个周期，每年根据总体目标和实施情况，对三年计划安排进行滚动调整。已完成的改革项目退出计划，经济和社会发展、国家宏观管理需要的新改革项目纳入计划。统计制度方法改革项目长远目标与近期任务相结合，有利于改革项目的实施和对项目完成进度进行监控和管理。

一、统计制度方法改革滚动计划实施情况

国家统计制度方法改革滚动计划实施以来，列入计划的改革项目基本上能够按计划实施，按时间要求完成，在统计改革中发挥了重要的作用。主要包括：

（一）进一步完善了国民经济核算制度。2002 年在总结 1992 年核算体系执行情况的基础上，根据联合国 1993 年国民经济核算体系，完成了新的国民经济核算体系的修订工作，颁发了新的国民经济核算制度，同时规范了 GDP 的发布制度和地方 GDP 的核算

制度。

(二)采用价格指数缩减法计算工农业发展速度。在深入研究和试点的基础上,分别制定了用价格指数缩减法计算工业和农业发展速度的试行方案,2002—2003年在全国试行,总结修订后,于2004年在全国正式实行。

(三)调整普查项目和普查周期。在总结第一轮各项普查经验与问题的基础上,2003年对各项普查制度进行了调整,确定了对新的普查项目和周期的规定,并在2004年进行了第一次全国经济普查。

(四)加强了抽样调查方法在相关专业中的运用。对规模以下工业企业、限额以下批发零售贸易业企业,实现了以省为总体的抽样调查,改变了取得主要总量数据的传统方法。

(五)完成农村抽样调查县以下样本和城市住户抽样调查样本的轮换工作。

(六)统计标准化工作步伐加快。2002年颁发了新的国民经济行业分类,并在此基础上,2003年颁发了《统计上划分信息相关产业暂行规定》;2004年颁发了《文化及相关产业分类》;制定了新的《三次产业划分规定》;根据《中小企业标准暂行规定》,2003年5月制定了《统计上大中小型企业划分办法(暂行)》;2004年完成了经济普查用《工业主要产品目录》的编制工作。

(七)部门统计调查项目的管理和协调工作不断加强。在部门统计调查项目清理的基础上,建立了部门统计调查项目定期公布制度、法定标识管理制度、有效期管理制度和社会监督机制,有效地遏制了非法调查和违规调查。同时,按照新的统计项目审批程序和要求,有计划地规范部门统计调查活动。

(八)按照滚动计划的安排,各专业还完成了一批其他改革项目。

所有这些改革充分证明:制定和实施统计制度方法改革滚动计划,是落实统计发展战略目标,科学合理地组织和推进统计制度方法改革的有效机制。

二、2005—2007年统计制度方法改革的目标与基本原则

2005—2007年统计制度方法改革滚动计划的目标是:在完善统计体制的基础上,以《中国国民经济核算体系(2002)》为框架,强化国民核算与专业统计、国家核算与地方核算的衔接,建立主要服务业统计制度;实现普查与年报、定期统计报表制度的统一设计;加强环境和自然资源核算的研究;健全和完善反映经济与社会协调发展的统计指标体系;加快国家统计系统与有关部门在统计方面的功能互补和信息共享的进程。

改革应遵循以下基本原则:

(一)立足当前,兼顾长远。

统计制度方法改革是宏大的系统工程,要本着立足当前,兼顾长远的基本原则来进行。立足当前,就是根据我国经济体制改革和社会经济发展的现状,着重对不适应我国市场经济发展的统计内容、统计范畴、调查方式等统计制度方法进行改革,以适应国家管理以及社会公众对基本统计信息的迫切需求。兼顾长远,就是在进行统计制度方法改革的过程中,要从建立既有中国特色又符合国际一般规则的统计体系这个长远目标出发,将当前的每一项改革作为长远目标的一个组成部分,逐步实现统计制度方法改革的长远目标。

(二)统一规划,分步实施。

从系统的角度,对统计制度方法改革进行统一规划。实施总体设计,加强统计制度方法执行情况的监督管理,切实解决统计系统内长期存在的各专业之间交叉重复、衔接不严密、标准不统一,以及内部信息资源难以共享等问题。

(三)需要与可能相结合,加强普查与定期统计制度的衔接与配套。

统计制度方法改革既要考虑需要,更要充分考虑其可能性,并

根据实际情况制定科学、可行的统计制度方法改革方案。增加统计调查项目要量力而行,循序渐进。各项普查与相关定期统计制度方法要衔接配套,消除普查与定期统计各搞一套的作法。切实减轻基层统计负担。

(四)实现统计标准化,增强国际可比性。

进一步加快我国统计标准化的步伐,根据国际标准规范我国统计指标的涵义和计算方法,提高我国统计信息的国际可比性。

(五)整体、协力、互补、共享。

国民经济核算与各专业统计,政府综合统计与政府部门统计之间,要充分体现整体、协力、互补、共享的合作关系,搞好职责分工,相互支持,通力合作,建立起分工合理、信息共享的机制。

三、改革项目及主要内容

(一)周期性普查与经常性统计制度的整体设计。

1.以普查为基础,在认真总结经济普查以及第一轮普查中出现的普查数据与经常性统计数据不衔接等问题,统一设计普查制度与经常性统计制度的基本原则,制定有关问题的处理规定。

2.统一规范普查区、普查小区的划分,研究建立适合各项普查所需的普查区和普查小区,为建立与行政区划代码相衔接的经济地理信息系统,为相关行业进行抽样调查奠定基础。

(二)国民经济核算。

贯彻实施《中国国民经济核算体系(2002)》。进一步整合现行各项国民经济核算制度,逐步实现各项核算制度之间的协调统一,以及各项核算制度与相关统计调查制度的衔接配套,规范地区国民经济核算的资料来源。

1.国内生产总值生产和使用核算。从2005年起在年度核算表中全面采用2002年《国民经济行业分类》标准;改进房地产业、金融业以及一些新兴服务业的核算方法;研究建立分季国内生产总值核算方法；改进地区GDP数据联审制度；在支出法国内生产总值核算中细划分类；根据经济普查方案和普查结果，研究制定国内生产总值核算方案和历史数据的修订方案，并对1992—2004年的历史数据进行修订。

2.投入产出核算。完成2002年全国投入产出表的编制工作，研究开展2005年投入产出延长表的编制方法，增强投入产出核算的服务功能，提高国民经济各项核算的衔接与配套程度。

3.资源环境核算。加强资源核算的研究工作。开展资源环境经济综合核算的研究。

4.资金流量核算。研究细化非金融企业部门账户的编制方法。

(三)主要专业统计调查内容。

1.基本单位。

建立完善基本单位名录库维护更新制度，及时、准确地反映各类单位的变动状况，逐步实现部门行政登记资料的随时传送和基本单位名录库的及时更新。

(1)建立部门行政登记资料报送制度。由各级行政登记部门将其审批登记的新增、变更和注销单位的基本情况，按统一要求，定期向同级统计部门提供，频率由半年报逐步过渡到随时报送。

(2)改革基本单位年报制度。以第一次经济普查资料为基础，按基本单位名录库规范各专业调查字典库。由有关专业负责并及时提供专业统计的规模以上(或限额以内等)单位基本情况数据，由各级名录库主管机构负责更新名录库中规模以上单位基本情况数据；增加基本单位名录库维护更新需要的单位变动情况调查，开展规模以下重点行业、重点类型单位的变动情况调查。

2.农业。

全面实施价格指数缩减法计算农业发展速度，取消不变价方法。研究省以下农业发展速度的计算方法。

2005—2007年，在开展农产品成本结构调查试点的基础上，建立主要农产品成本结构调查制度。

调整粮食统计口径(不再包括薯类和豆类),细化分类,对外公布时单列谷物指标。

根据建设全面小康社会和千年发展目标监测工作的需要,研究全面小康分级监测办法。

3.工业、交通运输业。

规范和强化对省级工业增加值率、工业品出厂价格指数、同期数、大中型工业企业按工业行业小类填报工业总产值等方面数据的管理,逐步实现国家与地区工业发展速度的基本衔接。

开展规模以下工业增加值和发展速度计算方法的研究,2005年试用价格指数缩减法计算季度规模以下工业发展速度。

开展工业成本结构调查的研究和试点;与有关部门共同研究城市运输量统计方法。

4.贸易外经。

研究改革社会消费品零售总额统计;建立重点批发和零售业、住宿和餐饮业企业联网直报统计制度;建立重要商品市场占有率调查统计制度;研究完善批发和零售业、住宿和餐饮业限额以下企业和个体经营户抽样调查方法。

5.建筑业。

2005年研究改进建筑业"在地"统计问题;在经济普查基础上,研究改进建筑业增加值计算方法。2006年对建筑业企业季报进行超级汇总试点,研究建立重点建筑业企业直报系统。

6.固定资产投资。

为满足对全社会大项目进行监测、管理的需要,2005年研究修订投资统计指标体系并进行试点加以完善;对重大建设项目直报系统进行研究;从2005年年报起正式建立对农村非农户投资按项目进行统计的制度。2006年完善城乡规模以上建设项目采用的全数调查方法,研究规模以下建设项目的统计调查方法。

7.房地产业。

2005 年研究房地产开发统计指标体系并进行试点;研究建立、发布“国房预警指数”。2006 年起逐步扩大房地产开发企业联网直报的范围。2007 年研究房地产中介、物业统计指标体系和调查方法并进行试点。

8. 城乡居民住户。

根据国际惯例,结合我国实际,统一规范城乡住户的收入和消费支出分类和相关统计指标;开展城乡居民住户的信息化调查。

2005 年根据建设全面小康社会和千年发展目标监测工作的需要,研究全面小康分级监测办法;在住户调查中增加反映城镇、农村贫困监测的统计内容。

9. 社会与科技。

2005 年开展全国 1%人口抽样调查。

2005 正式实施劳动力调查制度,2007 年建立季度统计调查;研究劳动统计制度方法的改革及工资总额统计口径的修订。

研究建立《地区环境综合统计制度》和《全国环境保护支出统计制度》;研究联合国千年发展目标监测指标在我国的实施和应用;逐步增加性别统计的内容。

调整科技统计五年滚动调查,2005 年开展建筑业企业科技活动的调查;2006 年开展农业企、事业单位科技活动调查;2007 年开展交通运输、仓储和邮政业企业科技活动调查;研究建立《企业技术创新统计制度》。

10. 价格。

2005 年开展新一轮居民消费和商品零售价格指数调查基期轮换的各项准备工作;开展权数资料的调查、整理、计算工作;研究试编居民消费核心价格指数;2006 年起编制以 2005 年为基期的价格指数;执行新的流通消费价格调查制度;研究建立不同收入阶层消费价格指数;2007 年起研究试编地区比较价格指数。

逐步完善农产品价格调查体系,包括建立和完善农村集贸市场价格调查、农产品生产价格调查、主要农产品批发市场价格调查、农业生产资料购买者价格调查等。

2005年起研究工业品出厂价格定基指数的编制方法;试编制公路运输、水运、电信价格指数;开展对民航、铁路和管道运输价格指数研究;开展住宿、餐饮、金融等服务业价格统计的研究。

11. 企业调查。

2006年起增加建立采购经理指数的调查。

为完善各专业的增加值计算的依据,拟开展成本结构调查的研究与调查;为了解全国信息化的情况,拟开展企业、机关、事业单位的信息化调查;研究建立统计地理信息系统。

(四)统计调查方法。

1. 普查。

做好全国第一次经济普查的登记、数据处理工作,并在认真研究的基础上,制定经济普查数据与经常性统计年报数据的衔接方法。

2005—2006年全面做好第二次全国农业普查的准备工作,主要包括研究制定农业普查方案、农业普查工作流程,组织农业普查试点。2007年完成第二次农业普查现场调查及数据录入工作。

2. 服务业。

设计服务业企业抽样调查方案;在经济普查资料基础上,2005年起建立重点经营性服务业企业调查制度。

3. 城乡住户调查。

2005年起在部分省市开展采用日记账与问卷回忆相结合的方法搜集住户家庭日常生活情况资料的试点工作;2005—2006年总结评估试点工作,修订和完善新的城镇住户调查方案并继续扩大试点范围;2007年实施新的城镇住户调查制度。

2005年开展三年一次的城市居民家庭详细消费支出调查,为编制居民消费价格指数提供权数资料。

4. 景气调查。

继续与中国人民银行合作研究完善金融业景气调查制度。

2005年进一步完善银行家问卷调查制度，2006年研究建立保险业、证券业景气调查制度，2007年全面推行包括保险业、证券业在内的全行业的金融业景气调查制度。

（五）统计报送方式和采用现代技术取得调查数据。

1. 扩大联网直报企业的范围，2006年将工业企业联网直报扩大到全部大中型企业；将房地产联网直报企业扩大到资质3级企业；研究建立重点企业和企业集团联网直报试行制度，2006年开始实现企业集团网上直报，2007年在全国范围正式实施；在有条件的企业实行工业品价格网上直报。

2. 开展现代技术应用的研究和试点工作。一是利用卫星遥感技术在粮食主产区进行农作物面积遥感测量，建立与遥感技术相适应的农作物播种面积调查制度；二是利用GPS进行地面农作物播种面积测量；三是扩大农户记账器数据采集技术试点范围；四是研究提出城镇住户调查电子问卷数据采集技术试点方案；五是研究提出利用现场电子采价器（POS）机采集价格基础数据的方案。

（六）统计分类标准。

1. 2005—2006年根据第一次全国经济普查结果及部门意见，完成以新国民经济行业分类标准为基础，与国际产品分类标准相衔接的产品统计分类标准。进行相关分类研究。

2. 2005—2007年在第一次全国经济普查的基础上，制定统计上使用的基本单位详细划分标准；研究规模（限额）标准的划分；研究跨地区的统计方法。

3. 2005年进一步研究城乡划分标准的修订。

4. 2005年根据标准的执行情况，对1998年《关于统计上划分经济成分的规定》中的部分内容进行修订，完善所有制统计的有关规定和办法。

5. 2005—2006年根据联合国颁布的《按用途划分的个人消费分类》标准，研究制定我国《按用途划分的个人消费分类》，协调城乡住户的个人消费统计。

6.根据联合国新的《产业分类标准》，2006－2007年做好《国民经济行业分类》修订的准备工作。

（七）加强对地方统计调查项目的管理。

根据国家行政审批制度改革的要求，2005年制定和颁发国家统计局关于地方统计调查项目管理的暂行规定，将地方统计调查项目纳入国家统一管理的范围。为了推动地方统计制度方法工作的开展，2005年建立对地方统计设计管理工作的评比表彰制度。

（八）部门统计管理。

1.2005年研究起草《加强部门统计工作的指导性意见》，以加强部门对统计工作的领导，促进部门加强综合统计机构，充实统计工作人员，强化部门综合统计机构管理与协调的能力，完善规章制度和工作方法，开展分工、合作、共享的研究和实践，推动部门统计工作。

2.2005－2006年修订和完善《部门统计调查项目管理暂行办法》。根据1999年实施以来发现的问题以及新的情况，按照国家行政审批制度的规范化要求，对《办法》全面修订。

3.加强对部门统计工作的指导。建立系统、经常、有效的指导机制，协助部门统计机构强化统计的设计和组织能力；数据处理和分析开发能力；内部管理协调能力；对外提供数据的归口功能。把对部门统计人员业务培训经常化、制度化，提高部门统计人员的业务素质。

4.研究制订部门联系和沟通的网络平台规划。建立国家统计局与其他部门间、各部门间专门的信息交流平台。从2005年起，健全项目审批制度，构建网络平台。2006－2007年逐步实施。

5.研究制定政府部门信息发布管理与协调的规定。为解决部门发布统计信息中出现的问题，制定统一的规则和信息协调的机制。2005年起研究制定政府各部门统一的对社会信息发布的管理规定，建立协调和仲裁各部门发布信息的机制，避免出现相互矛盾。2006年开始试行。

6.建立对部门统计调查项目的跟踪检查和部门统计工作评比表彰制度。

(九)统计设计与管理数据库。

2005—2007年,全面实施统计调查项目管理数据库的推广应用工作,实现统计设计与管理的在线工作模式,增强规范性,减少随意性,提高工作效率。

1.2005年开始逐步完成数据库的测试和修改工作,并在全局范围内进行数据库的试运行工作,实现经常性调查、一次性调查和普查制度的在线设计与管理;总结试点省市的经验,制定在省级统计机构推广应用的计划;在此基础上,在全局范围内正式推广使用该数据库系统,并在省级统计机构中试行;同时对国家级统计制度历史资料进行分批整理和加载入库。

2.2006年开展部门统计调查项目管理数据库的建设工作,利用数据库中的信息资料,实现部门新建统计调查项目的先行咨询功能。同时对数据库进行再次开发,为政府统计调查资源的合理配置、高效利用创造条件,成为向社会介绍政府部门统计的窗口。

3.建立和维护国家、地区两级行政区划代码数据库,在此基础上根据新的城乡划分标准,对城乡划分实行统一管理。

(十)组织推动各地区统计制度方法改革研究工作。

根据国家统计制度方法改革计划,各地区结合实际制定了本地区的改革计划,并组织贯彻落实,北京市大都市统计指标体系的研究,山东以行政区划代码库为基础对城乡划分标准的研究,四川、湖南、福建、河南等地区对统计调查指标、统计调查方法、统计调查组织模式、部门统计调查管理的研究提出了许多很好的思路。国家统计局要重视和总结各地探索的经验,开展一定范围的交流和研讨,推动各地区统计制度方法改革的研究工作的进一步开展。

国家统计局　国务院全国1%人口抽样调查办公室关于制发2005年全国1%人口抽样调查表的通知

（2005年6月13日）

各省、自治区、直辖市统计局、1%人口抽样调查办公室：

根据《2005年全国1%人口抽样调查方案》规定，现将《2005年全国1%人口抽样调查表》制发给你们，请予以实施。

2005年全国1%人口抽样调查表（略）

国家统计局人才工作规划

（2005—2010 年）

国家统计局

（2005 年 6 月 15 日）

为了贯彻执行《中共中央、国务院关于进一步加强人才工作的决定》，改进和加强统计人才工作，努力造就一支高素质的统计干部队伍，为统计改革和统计事业的发展提供组织和人才保障，制定本规划。

一、人才工作的现状和问题

近些年来，国家统计局采取措施加强干部培训教育和培养选拔工作，统计人才建设取得了明显成绩。干部队伍素质不断提高，人才结构不断改善，涌现出一批统计业务骨干和高素质专家，保障了全国统计工作的运转和统计事业向前发展。

面对统计事业改革发展的形势和日益艰巨繁重的统计工作任务，统计人才工作还有许多不适应的地方，还存在不少不容忽视、亟待解决的问题。主要是：

——高层次人才总量不足，分布不平衡，流失问题比较严重；专业技术人员知识结构存在缺陷。

——局机关人事管理方式传统单一，人才激励的政策措施不够配套，培养与使用衔接不够紧密，编制职数满额影响人员的积极性。

——调查队系统缺乏整合，高层次专家较少，调查人员学历层次偏低，平均年龄偏大，人才结构布局不合理。

——在京事业单位尚未形成有效激励机制，尚未确立良好的不同人员各自成长发展的道路；自收自支事业单位市场竞争能力较弱。

二、人才工作的指导思想、目标和基本要求

统计人才工作要以“三个代表”重要思想为指导，贯彻科学发展观和正确人才观，坚持党管人才原则，把促进统计事业发展和统计人的全面发展作为人才工作的根本出发点，紧紧抓住培养、吸引、使用人才三个环节，加强统计人才能力建设，推进人才结构调整，创新人才工作机制，优化人才成长环境，实现统计人才资源的挖潜、优化和有效配置，全面实施人才强统兴统战略。

从现在起到 2010 年，要使现有人才在能力、水平、素质上有大的飞跃，并引进培养一批高学历、高职称、高智能人才，建立起一支有资深、权威的高级人才引领，专业门类齐全，结构合理，素质优良，特别能战斗的统计人才队伍。

——形成能够担当重任、朝气蓬勃、奋发有为的领导层

新组建的省级调查总队领导班子得到强化配备，班子结构实现优化，专业知识和智能结构实现业务型和管理型搭配；性格气质结构实现和谐、互补。“一把手”为复合型人才、素质全面、善于管理协调。组建后重点抓好总队领导班子建设，着力提高总队班子整体的领导指挥能力。

机关和在京事业单位领导班子在调整补充中全面加强。建立领导干部能上能下的运行机制，加快司级干部年轻化步伐，强化司级领导班子的堡垒作用和整体活力。

——造就高素质、复合型、权威的高级专业人才群体

在全国建立高级统计师考试评审相结合的选拔制度，到 2010

年统计系统高级统计师显著增加。制定有利于西部、欠发达地区专业人才成长的职称政策,使其高级统计师队伍数量有所上升。

加大高层次人才引进的力度;落实统计科研人才的培养深造措施;试行统计专家联系制度,建立统计专家信息库,使统计系统内集聚大批理论功底雄厚、业务精通、资深、权威的统计、调查、经济分析、信息工程等专家,形成宏大的高级专家层。

——建设好机关公务员、各级调查队、在京事业单位三个方面军

适当抬高进人门槛,保证机关人员素质;实现干部培养、晋升、考核、交流和监督等工作的规范化,建立起适应统计工作需要、充满生机与活力的干部任用和人才选拔机制;在传统和规范化的人事管理基础上力求创新和变革,引入人力资源开发管理的理念和模式。

要加大各级调查队的培训力度和结构调整力度,使现有人力资源素质不断提高,配置更加有效,机动协调能力得到明显提高;加强省级调查总队领导机关建设,使组织指挥能力得到强化;疏通人才交流渠道,使人才结构进一步优化。

事业单位按工作特点、市场化程度分类管理,实现有序、科学和可持续发展,提高独立生存、自我发展的能力;事业单位人事管理制度改革稳妥推进;优化机构、定岗定责,与单位发展规划相匹配,提高管理水平,增强发展后劲。

——青年人才快速成长,妇女人才脱颖而出,少数民族和党外人才进一步受到重视

进一步增加青年人才接受培训培养和实践锻炼的机会,在各级领导班子中青年干部比例加大,干部年轻化程度明显提升。

充分发挥女干部的特点和优势;加强妇女干部的选拔任用,使担任领导职务的妇女干部数量有较大增加。

认真执行党的少数民族政策和民族干部政策,培养和选拔民族干部的力度加强。按照党的统战政策做好非党干部的培养使用

工作。

三、措施与实施步骤

(一)加大人才培养力度,切实抓好各类培训

1.继续落实中央组织部5年内将在职干部轮训一遍的要求,国家统计局工作人员每人每年参加各类培训保证不少于12天的时间。建立学习效果验收制度和学员登记制度,将干部参加培训的情况作为考核和职务晋升的依据之一。

2.每年对在京单位处以上领导干部进行不少于5天的政治理论脱产培训。

3.有计划地选送司(总队)级干部到中央党校、中央国家机关分校和国家行政学院学习深造,预计每年4—6人。办好国家统计局党校,每年举办2期处级以上党员干部党校进修班,每期3个月,每班25人左右,根据需要增加班次。逐步安排省级调查总队副总队长及部分后备干部参加国家统计局党校学习。

4.2006年,以怎样当"一把手"为主题,对省级调查总队总队长进行任职培训;2007—2010年,以提高管理能力为主,完成对调查总队全体副总队级干部和副省级城市调查队长的任职培训。办好国家统计局处级领导干部任职培训班。

5.围绕统计、经济、金融、法律、行政管理、信息技术、外语和政治经济形势等内容,以多种形式开展机关干部业务知识与技能培训。局机关每年举办各类脱产培训班8—12期,每期1—5天,每期40—60人。举办以经济、统计、管理知识为主要内容的司、处级干部专题讲座及研讨班。利用中国统计教育培训网,对局机关干部和系统干部进行个性化培训。

6.加强对省(区、市)统计局长、总队长的业务培训,每年举办省(区、市)统计局长、总队长研究班1—2期,每期各30—40人。加大调查队系统在职干部培训力度,制定可行的计划,保证完成培训任务。加强部门统计培训工作。每年举办1—2期国务院各部委局统计人员参加的统计业务培训班,每期30—40人。

7.加强与国内外大学、科学研究机构合作,利用其资源优势为统计干部提供急需、短缺、优质的培训教育。

8.加强智力引进工作。有组织、有计划地邀请国(境)外专家、学者讲学,举办论坛或工作交流与合作。通过课题研究、合作或短期培训等形式,每年选送50—80名优秀业务技术骨干,赴国(境)外学习培训。

(二)抓好学历教育,全面提高统计队伍专业文化水平

抓好调查队系统学历提升工作。到2010年,全国调查队系统大专以上学历达到85%,其中研究生学历达到3%,大学本科学历达到45%以上。省一级调查队大专以上学历要达到90%,其中研究生学历要达到5%,大学本科学历要达到60%。市(地、州、盟)调查队大专以上学历要达到85%,其中大学本科学历要达到50%。县(市、区、旗)调查队大专以上学历要达到70%。

通过自学考试方式,组织全国统计系统特别是调查队系统的干部参加"调查与分析"专业独立本科段的学历教育,切实提高学历层次。

国家统计局每年选派10—15人参加硕士研究生课程学习;选派5—10人左右参加博士研究生学习。每年从机关和系统选派部分特别优秀的年轻干部赴国外著名大学深造,攻读国民经济、金融、网络经济等专业硕士学位。

(三)加强在职在岗培养,在实践中增长才干

加大干部轮岗交流工作的力度。干部职务晋升工作要和交流轮岗结合进行,在京单位每次晋升处级领导时内部轮岗人数不低于20%。调查队系统2005年开始要结合体制改革做好人员的整合和定岗工作,特别要做好亲属回避的干部交流工作。采取措施,畅通渠道,2008年起系统每年要有10%的干部得到轮岗交流。

在京单位每年安排5—10名司处级领导干部(其中女性2—3

名)进行跨司交流或下派系统内、地方政府挂职锻炼。每年安排2—4名系统或统计院校优秀干部到国家统计局挂职。提拔正司级领导干部必须有基层领导工作经历。通过扶贫、援藏援疆、支援西部和老少边穷地区等形式锻炼培养有发展潜力的干部。继续做好新录取的高校毕业生下基层锻炼工作。

(四)着力加强司(总队)级领导班子建设

2005年,要广开渠道,优中选强,把省级调查总队总队长选配好,并再用两年多的时间把总队领导班子全部配齐。2007年下半年,组织召开调查总队领导班子建设经验交流会议。配合总队领导班子能力建设,围绕整合调查队伍,2008年下半年,组织召开总队领导机关建设经验交流会议。加快改善总队班子学历结构。实施在京单位干部到省总队任职的选派制度。

2005年要利用调查队体制改革理顺职能的契机调整加强司级领导班子。在完善副司级领导干部竞争上岗办法的基础上,2007年后在部分正司级领导干部岗位上试行竞争上岗。司级领导班子成员2010年学历全部达到大学本科的要求。业务司多数领导干部要有高级职称。

以提高事业单位领导干部责任意识和管理水平,促进干部能上能下机制形成,推动事业单位健康、持续发展为目的,在局事业单位实行领导干部任期目标责任制。2006年底开始选择1—2个单位试点;2007年底总结试点经验,制定实施方案;2008年底开始在全部事业单位实施。

(五)加快选拔任用优秀年轻干部步伐

抓紧选拔任用优秀年轻干部进入各级领导班子,在各级领导班子中增加年轻干部的比重。每个司(总队)级领导班子要配备40岁左右的年轻干部,45岁左右正职的数量要有增加。自收自支事业单位选拔优秀年轻干部的力度还要更大,以适应激烈的市场竞争的需要。

优秀年轻干部的晋升可采取小步快走的办法,到了规定的任职年限创造条件尽早提拔。个别特别优秀的年轻干部可以破格提前晋升，为年轻干部进入领导班子开辟快车道。

建立和完善后备干部队伍。2008年底前机关和在京事业单位、2010年底前省级调查总队司队级后备干部数量按现职达到1:1的比例。要在工作中压重担，帮助指导，跟踪管理，并采取多种方式培养后备干部。

（六）严把进人关，保证在京单位人员素质

国家统计局机关和依照公务员管理单位每年录用公务员中有40％以上硕博研究生，60％以上全国重点院校的品学兼优学生。原则上不再招录和调入大学专科及以下学历人员。改进完善我局招录公务员面试和考核办法。2006年试行身体素质测试和拟录用人员2—3周的考察期，总结后2007年全面实行。制定副处级以上人员调入我局公务员单位办法，采取多种形式对拟调人员进行能力测试和严格的考核评估，增强调任工作的严肃性。事业单位也要采取考试考核等方式严把进人关。要努力吸引选拔有国外学习和工作经历的高层次人才来局工作。

（七）开展定岗定责工作，为事业单位各类人员疏通发展渠道

优化现有岗位设置，实现单位职能配置高效和可持续发展；制定管理岗位、专业技术岗位的限额和职责，为考核和聘用人员打好基础；结合岗位需要和个人条件，为员工设计和提供良好的升迁发展轨道。

2005年底拟订《事业单位定岗定责实施办法》，提出岗位设置限额或结构比例的意见；事业单位根据业务宗旨范围提出具体职能的细化条目及调整意见，人事司进行综合平衡；2006年事业单位完成定岗定责。

（八）实行高级统计师考评结合制度，壮大高层次人才队伍

建立高级统计师专业技术能力和水平的全国统一评价标准，提高评定质量，减弱人为因素影响，为政府统计机构人员和全国6万名统计师获得高级统计师职称提供机会。

2005年提出考试标准，编写考试大纲，完成部分省试点；2006年扩大试点到全国15个省区市，正式下发《高级统计师考评结合暂行办法》；2007年在全国全面铺开。

(九)建立统计专家信息库，试行统计专家联系制度

组建由院校统计教授、统计系统内专家、各部门统计专家、相关专业专家(经济、会计、金融、计算机及网络等)组成的专家信息库，为统计事业发展挖掘、积聚统计专家人才。实行专家联系、论证、评估制度，切实发挥专家作用。

2006年上半年研究专家库结构并建库，制定专家联系制度并征求意见；2006年下半年按标准选拔统计专家，召开会议颁发聘书，录入专家信息；2007年开始实行定期选拔和联系制度。

(十)高度重视各类人才的培养工作

为青年人才到基层锻炼、到重要部门学习、到国外考察、到改革建设一线经受考验创造更多机会。继续办好青年读书俱乐部、《年轻》杂志，“青年论坛”等活动，为青年人展现才华提供机会。开展青年科学研究活动，在课题、经费等方面给予相应保证。设立“青年统计科学奖”，表彰做出贡献的年轻人；筹备成立系统青年联合会，把全系统青年统计人才组织起来。

结合女性特点，发挥女性特长，做好女性人才的培养训练，全面提高素质。在学习教育、挂职锻炼、出国培训、发挥作用、享受待遇等方面要贯彻男女平等原则，做到一视同仁。要大胆提拔使用优秀妇女干部。到2010年，国家统计局要有40%的司级单位有女司级领导干部；女司级干部的比例要达到20%以上。

做好少数民族人才和党外人才的培养工作。解决好少数民族地区调查队领导班子民族干部配备问题。

四、保障措施

(一)加强对人才工作和规划执行的领导

局党组要把统计人才工作列入重要议事日程。国家统计局成立人才工作领导小组，局长为组长，其他局领导为副组长，办公室、人事司、财基司、机关党委、纪检监察局、教育中心主要负责人为领导小组成员。领导小组对规划的执行实施强有力领导，对规划的执行过程进行监督。在人事司设统计人才管理办公室，负责协调、落实、检查人才工作规划执行情况。

(二)深化干部人事制度改革

通过深化体制和人事人才制度改革，从根本上解决统计人才工作中的深层次问题，建立有利于人才成长、促使优秀人才脱颖而出、科学规范的用人机制，为统计人才工作提供根本保障。进一步建立和完善新的干部人事管理制度，建立和形成人才评价的新机制；积极探索试行首席统计师责任制度，充分发挥高层次人才的作用；认真探索收入分配改革，改善人才福利待遇；创造平等的政策环境，以事业、感情和适当待遇留人，团结凝聚干部队伍。

(三)抓好干部教育培训基础建设

抓紧完善国家统计局培训学院的机构职能，改善教学条件，提高教学水平，把学院做大做强。抓好江西、河南、四川等三个统计人才培养基地建设。

积极推进统计教育培训网的建设和应用。将“中国统计教育培训网”列为国家统计信息化建设规划项目，尽快使其成为覆盖全系统、具备在职培训和学历教育等多项功能的远程教育网。

改善国家统计局党校基础建设，加强力量，扩大办学规模。

为加强统计人才培养，保证干部教育培训任务的完成，要将人才培训经费列入局预算，并根据发展需要逐步增加投入。

五、规划执行

人事司、机关党委、教育中心为执行单位，共同负责人才工作规划的执行工作，并按照分工落实各项措施。省级统计局、调查总队人事部门、培训部门和机关党委积极予以配合。人才规划执行一定时期后，分别于2006年底、2008年底对前期的执行情况进行检查，对规划内容作必要调整，不断总结，不断完善，确保规划要求全面落实。

国家统计局关于认真贯彻实施《统计从业资格认定办法》的通知

（2005 年 6 月 17 日）

各省、自治区、直辖市统计局，新疆生产建设兵团统计局：

根据《统计法》、《行政许可法》和《国务院对确需保留的行政审批项目设定行政许可的决定》的有关规定和要求，今年 4 月 29 日，国家统计局第 4 次局务会议审议通过了《统计从业资格认定办法》（以下简称《办法》），于 7 月 1 日起正式施行。为做好《办法》的贯彻实施工作，现就有关事项通知如下：

一、提高认识，认真组织好学习和宣传

统计从业资格认定是在统计人员持证上岗工作的基础上总结和完善的。多年的实践证明，这项工作对于稳定基层统计队伍、提高统计人员素质、确保源头统计数据质量，具有十分重要的意义。与过去的统计人员持证上岗工作相比，统计从业资格认定工作要求更高、标准更严、难度更大。各级统计部门一定要深刻认识其意义和作用，进一步增强做好这项工作的自觉性和主动性，把它作为政府统计部门一项重要的基础性管理工作，摆上重要议事日程，抓紧抓好。

各级统计部门要组织广大统计人员认真学习《行政许可法》、《办法》及其他相关知识，学习贯彻全国统计从业资格认定工作座谈会精神。各省（区、市）统计局要采取召开会议、举办培训班等方

式，加强对从事统计从业资格认定工作人员的培训、教育，使他们深刻认识这项工作的重大意义，深刻理解《行政许可法》的基本精神和《办法》的主要内容，提高依法行政、依法办事的意识和技能，准确理解和把握公开、公平、公正及效率、便民的原则，增强做好这项工作的责任感和使命感。

要加大宣传力度，通过报刊、杂志、网络等多种形式，广泛、深入地宣传《办法》，宣传统计从业资格认定工作的重要意义和基本内容，使有关各方及当事人全面了解自己的权利和义务，为《办法》的顺利实施创造有利的社会环境。

二、加强领导，明确分工和责任

统计从业资格认定是国务院决定予以保留的行政许可项目，是政府统计部门的一项法定义务和重要职责。这项工作涉及公民、法人和其他组织的权益，牵涉面广，政策性强，关系重大。各级统计部门要加强组织领导，主要负责同志要亲自过问、支持这项工作，抓紧研究解决影响工作开展的重大问题，依照统计从业资格相关文件及法律文书（见附件）的要求，建立必要的工作程序和工作规则，使这项工作尽快步入制度化、规范化轨道，确保公正、规范、高效、有序地进行。

要明确责任和分工，指定专门的机构和人员从事这项工作。各级统计部门的有关职能机构要合理分工，各司其职，相互配合，防止出现责任不清、互相推诿、相互扯皮的问题。要加强与教育、法制、财政、物价和税务等有关部门的沟通和协调，积极争取支持。各省（区、市）统计局要按照《行政许可法》第五十八条和《国务院关于贯彻实施行政许可法的通知》要求，积极争取把所需经费列入地方财政预算，为统计从业资格认定工作的正常开展提供必要的经费保障。

要搞好内部监管工作，建立统计从业资格认定工作报告制度，健全内部监督机制，加强对具体负责统计从业资格受理、审查和决定以及考务、考前培训等有关职能机构和人员的监督和管理，及时发现和纠正各种违纪、违法行为。要建立过错追究制度，按照权责统一的要求，做到有权必有责、用权受监督、违法受追究。要加强对《办法》执行情况的监督检查，对不按规定配备合格统计人员的单位，对违法使用统计从业资格证书的人员，要依法严肃查处。

三、严格依法办事，切实做好各项工作

一要按照《行政许可法》和《办法》的要求，通过多种方式及时向全社会公开与统计从业资格认定有关的法律、法规和规章，公布统计从业资格考试的报名条件、报考办法、考试科目以及考试大纲，在办公场所公示有关统计从业资格认定的依据、条件、程序、期限以及需要提交的全部材料的目录和申请书示范文本，从实际出发确定并公布统计从业资格认定申请的受理时间。

二要抓紧做好统计从业资格考试的各项准备工作。今年的统计从业资格考试，距今不到四个月的时间。各级统计部门要高度重视这项工作，精心组织，从严要求，确保完成。国家统计局要及时编制统计从业资格考试大纲、制定考试管理办法和考务规则，并及时向全社会公布，同时成立专门小组，负责统计从业资格考试的命题工作。各省(区、市)统计局要按照《办法》的规定，做好统计从业资格考试考点的设定、试卷的印制、组织阅卷和成绩登记造册等工作。各承办机关要认真做好统计从业资格考试的报名、考务组织和成绩通知等工作。

三要积极受理统计从业资格申请。《办法》规定，统计从业资格认定的受理机关是统计从业资格认定工作的承办机关，即县级人民政府统计机构、部分设区的市人民政府统计机构和新疆生产建设兵团统计局。各受理机关要严格按照《办法》的规定，依法受理申请人的申请，不得以任何借口拒绝、推诿。对不符合条件的申

请，要详细、耐心地做好解释和说服工作。有条件的地方，可以将统计从业资格受理工作纳入地方政府的服务事项，在政府服务大厅（中心等）中统一办理，也可以通过网络受理统计从业资格认定申请，以方便申请人。

四要依法审查申请材料。各承办机关应当对已受理的申请材料进行初步审查，并将初步审查意见和全部申请材料自受理之日起 20 日内报送各省（区、市）统计局。省（区、市）统计局应当在收到初步审查意见和全部申请材料后，严格按照法定期限、条件，依法做出授予或者不授予统计从业资格的书面决定。

五要做好统计从业资格证书的管理工作。统计从业资格证书是从事统计工作的有效证明。国家统计局统一设计证书的样式，制定统一的编号规则。各省（区、市）统计局要严格按照国家统计局的要求，做好证书的印制、编号和颁发工作。各承办机关要按照《行政许可法》规定的期限，做好证书的送达工作。要建立统计从业资格证书管理数据库，加强对持证人员的管理工作。

各省（区、市）和新疆生产建设兵团统计局要将贯彻实施《办法》的情况、存在问题和意见、建议，于今年 11 月底前向国家统计局报告。

附件：统计从业资格认定相关文件及法律文书参考样式（略）

国家统计局关于启动统计系统快速应急机制加强商品房销售情况统计监测的通知

（2005年6月17日）

各省、自治区、直辖市统计局：

商品房价格上涨过快是当前经济运行中的一个突出问题，对此国务院和有关部门陆续出台了一系列稳定房价的政策措施。为了及时反映各项房地产宏观调控措施的落实情况和房地产市场的变动情况，国家统计局决定启动统计系统快速应急机制，加强商品房市场的统计监测。现将有关要求通知如下：

一、从今年8月份报送7月份月报开始，在报送现行各月房地产开发统计月报的同时，增加报送《商品房销售情况补充表》（见附件1），上报时间同月报。

二、补报《商品房销售情况补充表》今年前6个月的数据。

三、从今年7月份月报开始，改革商品房平均价格计算方法，具体方案另发。

四、各级统计部门要高度重视这项工作，采取各种有效措施，保证统计系统快速应急机制的顺利运行。要加强对房地产开发企业的培训工作，确保数据质量。要加强统计执法，对拒报、虚报和瞒报等违法现象要进行严肃查处。

五、相关数据处理程序另行下发。

附件：1. 商品房销售情况补充表（略）

2. 相关统计指标解释（略）

国家统计局办公室关于加强统计部门建设项目管理和控制投资概算的通知

（2005年6月19日）

各省、自治区、直辖市统计局：

为贯彻落实《国务院关于投资体制改革的决定》（国发〔2004〕20号）和《国家发展改革委关于进一步加强中央党政机关等建设项目管理和投资概算控制的通知》精神，改进和加强统计部门中央预算内投资和项目管理，解决建设项目概算超支等问题，进一步加强对建设项目的全过程管理和投资概算控制，现就有关问题通知如下：

一、提高对加强项目概算管理重要性的认识

统计部门建设项目是国家预算内投资，管好、用好统计部门建设投资，有效控制项目概算和工程质量，是统计部门的重要责任。为了进一步防范建设项目中存在的未经批准擅自增加建设内容、扩大规模、提高标准并导致建设项目概算超支等问题，各地要从实践“三个代表”、坚持“两个务必”的高度认识项目概算管理的重要性，严格按照《国务院关于投资体制改革的决定》要求，加强对建设项目的管理和概算控制。

二、加强对工程设计和工程监理的管理

经国家发展改革委批复的统计部门建设项目项目建议书、可

行性研究报告和初步设计概算是建设项目开展工作的主要依据。批复中核定的建设内容、规模、标准、总投资概算和其他控制指标必须严格遵守。各地要责成工程设计单位按照建设规模进行设计，不得突破总投资概算；工程监理单位要依照法律法规、有关技术标准、设计文件和工程合同，对施工质量、施工进度和资金的使用情况实施监督，对建设项目实施中，擅自提高建设标准、扩大规模和改变方案的行为要及时向项目使用单位的上级主管单位报告。

三、建立项目建设全过程监察机制

为解决建设项目重前期审批，轻建设期管理的问题，要建立项目建设全过程监察机制。

（一）建立项目责任人制度。建设项目从立项开始要由项目使用单位确定项目责任人。项目责任人要定期向上级业务主管部门报告建设项目在可行性研究报告、初步设计方案和投资概算的编报过程，以及项目建设过程中设计变更、建设进度、概算控制等情况。

（二）建立项目进展情况报告制度。建设项目开工后，由项目责任人按季度向上级业务主管部门报告项目建设进度和概算执行情况，主要是反映建设项目是否按批准的规模和标准进行建设，有无超概算等问题（项目进展报告的具体格式见附表）。

（三）项目实施过程中，如有重大设计变更和超概算因素，必须事先向上级业务主管部门提交报告，履行报批手续。对投资和建设规模较大的项目，要委托有关单位对施工设计方案进行复核；对不依据初步设计方案进行施工设计的项目，要责令其限期改正，并暂停开工建设。

（四）建立巡查制度。上级业务主管部门要派人不定期的对建设项目进行巡查，实地了解项目建设情况，并对项目进展报告内容进行核实。

（五）通过公开招标等方式，选择设计单位、建设单位、工程监理单位。

四、对违规项目的处理

各地要严格执行本通知的各项规定。对于投资规模较大、建设期较长的项目，要在其建设过程中和完工后进行中期和后期评价。对管理混乱，超规模、超标准、超概算严重的单位，要令其先进行整改，未达到整改目标的一律不验收。情节严重，违反法律、法规的，转有关部门处理。

附表：统计部门建设项目进展情况报告表（略）

国家统计局关于撤销局农村、城市、企业调查总队增设农村社会经济调查司等机构及领导班子组成的通知

（2005年6月20日）

各司级行政单位、在京直属事业单位：

根据中央编办《关于国家统计局机关和所属事业单位机构编制调整的批复》（中央编办复字〔2005〕40号）精神，经国家统计局党组2005年6月16日会议研究决定：

撤销农村社会经济调查总队、城市社会经济调查总队和企业调查总队。局机关增设农村社会经济调查司、城市社会经济调查司；组建国家统计局服务业调查中心，为直属事业单位。上述司级机构职能、内设处室和编制另行确定。

任命：

张淑英、曾玉平、盛来运为农村社会经济调查司副司长，徐志全为农村社会经济调查司巡视员；

魏贵祥为城市社会经济调查司司长，孟庆欣、庞晓林为城市社会经济调查司副司长，汪小青为城市社会经济调查司巡视员；

宋跃征为服务业调查中心主任，戚少成、王文颖、雷平静为服务业调查中心副主任。

免去以上人员原任行政职务。

在各省（区、市）调查队改革没有完成之前，上述两司一中心要继续履行国家统计局原三总队职责，确保平稳过渡。

各单位在机构调整过程中，要保持工作的连续性、稳定性，顾全大局，认真做好各项工作。

国家统计局关于调整人口和社会科技统计司机构及领导班子的通知

（2005年6月20日）

各司级行政单位、在京直属事业单位：

根据中央编办《关于国家统计局机关和所属事业单位机构编制调整的批复》（中央编办复字〔2005〕40号）精神，经国家统计局党组2005年6月16日会议研究决定：

人口和社会科技统计司更名为人口和就业统计司、社会和科技统计司（单独挂牌）。其职能、内设处室和编制另行确定。

任命：

李晓超为人口和就业统计司司长，赵云城为人口和就业统计司副司长；

马京奎为社会和科技统计司副司长（主持工作），察志敏为社会和科技统计司助理巡视员。

免去以上人员原任行政职务。

上述单位在机构调整过程中，要保持工作的连续性、稳定性，顾全大局，认真做好各项工作。

中组部关于国家统计局各级调查队党组织设置和干部管理有关问题的通知

（2005 年 6 月 22 日）

各省、自治区、直辖市党委组织部，各副省级城市党委组织部：

国务院办公厅印发的《国家统计局直属调查队管理体制改革方案》（国办发〔2005〕14 号）规定："国家统计局各级调查队是国家统计局的派出机构，国家统计局对各级调查队实行垂直管理。"为了适应这一改革需要，进一步完善统计管理体制，增强国家宏观调控能力，经商国家统计局党组，现就国家统计局派出的各级调查队党组织设置和干部管理有关问题通知如下：

一、国家统计局省（自治区、直辖市）调查总队、副省级城市调查队和市（地、州、盟）调查队设立党组。调查队党组的设立，由同级地方党委审批。党组书记一般由调查队担任主要行政领导职务的党员干部担任。县（市、区、旗）调查队建立党的基层组织。

二、国家统计局各级调查队党组织及其党建工作，由所在地方党委领导。各级调查队党组织履行党章规定的职责，并接受上一级业务主管部门党组的指导。

三、国家统计局省（自治区、直辖市）调查总队领导干部的管理，以国家统计局党组管理为主，省（自治区、直辖市）党委协助，即调查总队总队长、副总队长、总统计师，党组书记、副书记和纪检组长、党组成员的任免，国家统计局党组在作出决定前，须征求省（自治区、直辖市）党委的意见。

市（地、州、盟）和县（市、区、旗）调查队领导干部的管理，以省

（自治区、直辖市）调查总队党组管理为主，同级地方党委协助，即调查队队长、副队长，党组书记和纪检组长、党组成员的任免，省（自治区、直辖市）调查总队党组在作出决定前，须征求同级地方党委的意见。其中，市（地、州、盟）调查队队长、党组书记任免后报国家统计局党组备案。

副省级城市调查队队长、党组书记的管理，以国家统计局党组管理为主，同级地方党委和省调查总队党组协助；调查队副队长、总统计师、纪检组长、党组成员的管理，以省调查总队党组为主，同级地方党委协助。即副省级城市调查队队长、党组书记的任免，国家统计局党组在作出决定前，须征求副省级城市党委和省调查总队党组的意见；调查队副队长、总统计师，纪检组长、党组成员的任免，省调查总队党组在作出决定前，须征求副省级城市党委的意见，任免后报国家统计局党组备案。

四、国家统计局各级调查队干部双重管理工作的职责权限和任免程序等有关事项，按照中发〔2002〕7 号及组通字〔1991〕35 号文件的有关规定执行。

五、各级党委组织部门要支持国家统计局直属调查队管理体制改革工作，积极做好国家统计局各级调查队党组织建设工作，并配合国家统计局及其各级调查队做好干部管理工作。国家统计局各级调查队党员干部的培训工作，纳入地方各级党校的培训计划。

国家统计局关于布置工业企业联网直报报表制度的通知

（2005 年 7 月 8 日）

各省、自治区、直辖市统计局，新疆生产建设兵团统计局：

为贯彻落实《国家统计局、国家发展改革委关于做好扩大工业企业联网直报工作的通知》（国统字〔2005〕23 号）精神，积极推进企业联网直报工作，现就今年下半年大中型工业企业联网直报报表和原 5000 家企业报表制度修订内容通知如下：

一、为推动大中型企业联网直报工作的开展，大中型工业企业联网直报报表不增加新的统计内容，只要求通过网络报送现行工业统计报表制度中的“工业产销总值及主要产品产量”（B201 表）和“工业企业主要经济指标”（B202 表）。报送时间按照当地统计部门对企业的规定执行。由于此项工作尚处于起步阶段，全部大中型企业实现网上报送需要一个过程，所以，在此期间，企业原报送渠道仍然不变，两种报送方式并行。各地区可根据工作进展情况，逐步实现报送方式的并轨和数据的衔接。

二、从今年下半年起，暂停报送原 5000 家联网直报企业报表制度中的“工业产、销、存及订货情况”（B221 表）、“工业企业投资、科技开发及劳动情况”（B222 表）、“主要技术经济指标”（B223 表）报表。原 5000 家企业中的小型企业改为报送“工业产销总值及主要产品产量”（B201 表）和“工业企业主要经济指标”（B202 表）。

三、保留“工业生产与经营预计完成情况”（B224 表），报送范围仍为原 5000 家工业企业，报表内容与报送时间不变。

商务部　国家统计局关于做好重点流通企业监测工作的通知

（2005 年 7 月 12 日）

各省、自治区、直辖市、计划单列市及新疆生产建设兵团商务主管部门、统计管理部门：

《商务部、国家统计局关于进一步加强市场监测工作的通知》（商运发〔2005〕35 号）下发后，各地积极贯彻执行，取得了较好的效果，但是，仍有一些地方未按照通知要求将本地区大型内资流通企业和外商投资商业企业纳入重点流通企业监测范围。依据《中华人民共和国统计法》、《外商投资商业领域管理办法》（中华人民共和国商务部令 2004 第 8 号）等有关法律、法规的规定，为做好重点流通企业监测工作，全面、准确、及时地掌握大型内资流通企业和所有外商投资商业企业（包含外商投资企业以再投资形式设立的商业企业，下同）的经营状况，现将有关事宜通知如下：

一、高度重视，加强领导和协调

做好重点流通企业监测工作是一项十分重要的任务，将外商投资商业企业纳入重点流通企业监测范围，定期了解外商投资商业企业经营和发展情况，是贯彻落实《外商投资商业领域管理办法》，依法对外商投资商业领域及外商投资商业企业的经营活动进行监督和管理的基础，各地商务主管部门的主要负责同志对此要高度重视，对工作进展过程中出现的问题要加强协调，及时解决。

外商投资管理部门和市场运行监测职能部门要加强沟通，互相支持，相互配合，共同为做好重点流通企业监测工作创造条件。

二、深入企业，认真部署

各地商务主管部门要对本地区的《重点流通企业建议补充名单》(包括尚未列入重点流通企业监测范围的大型内资企业和部分外商投资商业企业，见附件)和所有外商投资商业企业在各地设立的店铺和分支机构进行核实，将它们全部纳入重点流通企业监测范围，按照《商务部关于印发2004—2006重点流通企业监测统计报表制度的通知》(商运发〔2004〕483号)，于2005年7月20日前按原定程序在商务部重点流通企业监测系统中注册。其中，批发零售法人企业填报《重点流通企业基本情况统计年报表》(企业1表)和《重点流通企业综合情况统计半年(年)报表》(企业2表)；外商投资商业企业在各地设立的店铺和分支机构填报《重点批发零售企业商品零售类值统计月报表》(销售1表)和《重点流通企业商品零售数量统计月报表》(销售2表)；餐饮企业填报企业1表、企业2表和《餐饮等行业重点企业经营情况统计月报表》(经营1表)；企业集团填报《重点流通企业集团基本情况统计年报表》集团1表。填报年报的企业先补报2004年年报，自2005年7月20日起按报表制度规定时间填报；填报月报的企业自7月20日起填报上月数据，以后每月按报表制度规定时间填报，其中，实行连锁经营的便利店和其他规模较小的单店可由总公司或分公司统一填报，填报范围只包括坐落在本省、自治区、直辖市的店铺，总公司与各店铺、分支机构之间要做好衔接工作，避免重复和遗漏。各地要及时掌握外商投资商业企业发展动态，及时将新设立外商投资商业企业或被外资企业并购的商业企业纳入监测范围。

三、措施有力，抓出成效

各地商务主管部门要采取切实有效措施，耐心细致地做好动员工作，对报送信息及时、准确的企业要予以表扬，并在信息服务、媒体宣传、政策扶持等方面给予大力支持。对拒报或屡次迟报信息的企业，要按照商运发〔2005〕35 号文件规定，及时向统计部门反映，提请统计部门给予相应处罚。各级统计管理部门要大力支持重点流通企业监测工作，认真依法处理拒报信息或屡次迟报信息行为。各地市场运行监测职能部门要定期将外商投资商业企业报送信息情况反馈给当地外商投资管理部门，外商投资管理部门要将外商投资商业企业报送信息情况依法纳入外商投资企业统计登记。

特此通知。

附件：重点流通企业建议补充名单（略）

国家统计局关于开展全国文明城市测评工作的通知

（2005 年 7 月 19 日）

有关省、自治区、直辖市城调队：

受中央文明办委托，国家统计局决定于今年 7 月下旬至 9 月上旬在有关城市（具体城市名单由中央文明办确定）开展全国文明城市测评工作。此项工作在中央文明办指导下，由国家统计局城市社会经济调查司具体组织实施。现将《全国文明城市测评入户调查方案》印发给你们，请按照方案要求开展调查工作。

附件：全国文明城市测评入户调查方案

附件：

全国文明城市测评入户调查方案

一、调查范围

参加全国文明城市评选的候选城市。

二、调查对象

抽中样本单位（住户）的 1 名 18—65 周岁的城区居民。

三、调查内容

详见调查问卷。

四、调查方式

本次调查采取调查员直接入户的调查方式，即调查问卷由调查员在现场根据被访者的意见填报。

五、调查规模

省会/副省级市调查 800 户，地级市调查 600 户，县级市调查 400 户。

六、抽样方法

采用分层多阶段随机抽样的抽样方法。具体步骤如下：

（一）确定调查居委会：采用住户规模比例法（PPS）在城市中抽选调查居委会，为了保证样本分布的均匀性，按照住户规模比例将调查居委会分配到市内各城区。每个居委会调查 10 户，如果一些城市已用社区取代了以前的居委会，并且规模比原来有所扩大，则每一调查社区的样本量酌情增加到 30—40 户。

（二）确定调查户：在居委会中抽选调查户按照随机等距抽样原则进行。

（三）确定被访者：在抽中的调查户中，用随机方法选择 1 名年龄在 18—65 周岁的家庭成员作为被访者。如果家庭中有两个以上的成员符合被访要求，应以这些符合要求的家庭成员的出生日期来确定，即以出生日期更接近于 6 月 1 日的成员作为被调查对象。

七、入户调查的具体要求

（一）为提高工作效率，入户时，可由熟悉当地情况的市城调队工作人员带路，但不能入户。

（二）要严格按照抽样原则抽选样本住户。对于抽中的无人户，直接用下一户代替，直至抽到有人户。对于抽中的有人户，若执意拒绝调查，用下一间距户替代。

（三）入户时，要按照问卷首页的内容，向调查户说明调查的随机抽样原则，宣传中华人民共和国统计法，使被调查者消除不必要的顾虑。不得随意发挥。不得透露调查的真实目的。

（四）为保证抽选调查对象的随机性，要求晚上（周六、周日的白天）入户调查。

（五）调查时要谦虚谨慎，待人和气，耐心细致。与调查户建立融洽的关系。不打听调查户的家庭“秘密”，尊重调查户风俗习惯和生活规律。

（六）严格按照问卷内容进行调查。提问时不得诱导被调查者回答。

（七）如实记录调查结果，不得自行更改调查户的原始资料，不得编造假调查问卷。

（八）必须用钢笔或圆珠笔填写，不得用铅笔写。

（九）入户调查结束时，调查人员要在问卷上签名并填写调查时间。

（十）对调查户资料要严格保密，不得泄露给他人。

全国文明城市测评入户调查问卷（略）

国家统计局关于协助做好地方党政领导班子和领导干部综合考核评价试点有关工作的通知

（2005年8月17日）

内蒙古、浙江、四川省（区）统计局：

根据中组部《关于开展体现科学发展观要求的地方党政领导班子和领导干部综合考核评价试点工作的通知》（组电明字〔2005〕30号）和《地方党政领导班子和领导干部综合考核评价试行办法》及对下一步地级市试点工作的要求，经与中组部研究协商，决定由试点省（区）统计部门负责统一收集、测算和分析地区经济运行、社会进步和可持续发展等方面的实绩分析评价工作。为切实做好第二阶段以地级市为对象的试点工作，现提出以下要求：

一、成立试点工作小组。由局领导任组长，工作组成员包括综合、设管等专业骨干人员。

二、严格按照中组部下发的文件要求开展有关工作。国家统计局近期将派人赴试点省（区）就统计部门负责的试点工作进行指导和协调。

三、试点形成的考核地市评价意见，经试点工作小组组长审核签字后，提交试点省（区）组织部门。

统计上对公有和非公有控股经济的分类办法

国家统计局

（2005年8月18日）

第一条 为了全面反映我国公有经济和非公有经济的控股情况，完善1998年国家统计局关于控股情况的有关规定，制定本办法。

第二条 本办法以法人企业作为分类对象，根据企业实收资本中某种经济成分的出资人实际出资情况进行分类，并按出资人对企业的控股程度，分为绝对控股和相对控股。

第三条 控股经济分类与代码

100 公有控股经济

110 国有控股

111 国有绝对控股

112 国有相对控股

120 集体控股

121 集体绝对控股

122 集体相对控股

200 非公有控股经济

210 私人控股

211 私人绝对控股

212 私人相对控股

220 港澳台商控股

221 港澳台商绝对控股

222　　　港澳台商相对控股

230　　外商控股

231　　　外商绝对控股

232　　　外商相对控股

第四条　绝对控股是指在企业的全部实收资本中，某种经济成分的出资人拥有的实收资本（股本）所占企业的全部实收资本（股本）的比例大于50%。

投资双方各占50%，且未明确由谁绝对控股的企业，若其中一方为国有或集体的，一律按公有绝对控股经济处理；若投资双方分别为国有、集体的，则按国有绝对控股处理。

第五条　相对控股是指在企业的全部实收资本中，某经济成分的出资人拥有的实收资本（股本）所占的比例虽未大于50%，但根据协议规定拥有企业的实际控制权（协议控股）；或者相对大于其他任何一种经济成分的出资人所占比例（相对控股）。

第六条　本办法由国家统计局负责解释。

第七条　本办法自发布之日起施行。1998年9月2日国家统计局印发的《关于统计上划分经济成分的规定》中的附件三《关于统计上国有经济控股情况的分类办法》同时废止。

国家统计局关于印发中国全面建设小康社会统计监测指标体系的通知

（2005 年 8 月 23 日）

各省、自治区、直辖市统计局、农调队、城调队，新疆生产建设兵团统计局：

为科学监测全面建设小康社会的历史进程，更好地为各级政府决策提供重大信息支持，为社会公众了解中国全面建设小康社会的历史进程提供信息帮助，现将《中国全面建设小康社会统计监测指标体系》印发给你们，请结合本地实际，积极开展中国全面建设小康社会统计监测工作，并在实践中不断总结经验，提出修改完善的意见。由于这项工作尚在探讨之中，这套指标体系能否准确反映全面建设小康社会要求和进程还需要在实践中验证，所以监测数据原则上只在统计系统内部使用或供党政领导参考。

中国全面建设小康社会统计监测指标体系（略）

国家统计局 中央编办 民政部 税务总局 工商总局关于建立全国基本单位名录更新制度的通知

（2005 年 9 月 15 日）

各省、自治区、直辖市及新疆生产建设兵团统计局、机构编制委员会办公室、民政厅（局）、国税局、地税局、工商局：

根据《中华人民共和国统计法》、《全国经济普查条例》和《国务院关于开展第一次全国经济普查的通知》，经国家统计局、中央机构编制委员会办公室、民政部、国家税务总局和国家工商行政管理总局共同研究，决定从 2006 年起建立全国基本单位名录更新机制。现将《全国基本单位名录更新制度》印发给你们，请结合本地区情况，认真组织贯彻落实。

附件：全国基本单位名录更新制度

附件：

全国基本单位名录更新制度

一、为及时反映全国基本单位的增减变动情况，根据《中华人民共和国统计法》和《全国经济普查条例》，制定本制度。

二、本制度由国家统计局、中央机构编制委员会办公室、民政部、国家税务总局和国家工商行政管理总局共同建立，要求县及县以上统计、机构编制、民政、税务和工商部门共同实施。

三、本制度的资料来源是各部门的单位审批行政登记资料。从2006年起，每半年由县及县以上各级有关部门向同级统计部门提供一次，即每年2月底前提供上年7月至12月底新增、变更和注销单位资料，每年8月底前提供本年1至6月底新增、变更和注销单位资料。2006年2月底前应提供2005年全年新增、变更和注销单位资料。

（一）各级机构编制部门提供机关和事业单位法人及其产业活动单位（或分支机构）的登记变动资料；

（二）各级民政部门提供社会团体、基金会、民办非企业单位和居（村）委会及其产业活动单位（或分支机构）的登记变动资料；

（三）各级国税部门提供上缴增值税和消费税的法人单位和产业活动单位（或分支机构）的税务登记变动资料；各级地税部门提供上缴地方税的法人单位和产业活动单位（或分支机构）的税务登记变动资料；

（四）各级工商部门提供企业法人和生产经营性产业活动单位（或分支机构）的行政登记变动资料。

四、提供方式：电子邮件或磁介质。

五、基本单位名录信息，由上述有关部门共享，仅供内部使用。上述部门如需查询基本单位名录的有关信息，统计部门有责任及时提供。

新增、变更和注销单位情况表（略）

国家发展改革委办公厅关于继续做好房地产价格统计信息使用和发布工作的函

（2005 年 9 月 17 日）

国家统计局办公室：

1997 年 7 月，经国务院批准，我委与你局联合下发了《关于开展房地产价格指数编制工作的通知》（计价费〔1997〕1818 号，以下简称《通知》），部署开展了全国 35 个大中城市房地产价格调查工作，并建立了房地产价格定期统计和公布制度。为适应我国房地产市场的发展，2004 年 10 月，在征求国务院有关部门意见的基础上，经国务院同意，决定扩大房地产价格调查范围，新增物业服务价格调查指标，将房屋销售价格由原来的季报调整为月报等。从近年来房地产价格统计发布工作运行情况看，房地产价格调查指标体系的设置和计算方法比较科学，调查结果比较准确地反映了房地产市场的价格变化，为政府的宏观调控和合理引导市场的健康发展发挥了重要作用，受到社会的广泛关注和认可。为全面、准确和及时地反映房地产市场价格变动情况，经研究，我们认为，应继续做好此项工作，现提出如下建议：

一、继续共同做好房地产价格调查、信息使用和发布工作。经国务院批准下发的《通知》明确，房地产价格统计方案由我委和你局共同制定和调整，共同下达工作计划，联合定期发布调查结果。为提高统计数据的时效性，请你局每月 5 日前提供房地产价格调查结果信息，由我委在规定时间内以两部门名义联合向社会公布。

二、为全面反映房地产市场价格运行状况，请提供既定的全国

70个城市的房地产价格调查结果信息，包括具体的各类房屋销售价格。

三、进一步加强房地产价格调查工作的管理。《通知》规定，其他有关编制和向社会发布房地产价格信息的部门和行业组织，必须将编制、发布方案报我委、你局审批。鉴于目前房地产价格调控任务较重，为准确把握市场价格变动情况，请继续加强对社会各方面进行的房地产价格调查和发布工作的管理。同时，进一步加强和完善房地产价格调查和计算方法，进一步提高房地产价格调查工作的科学性和调查结果的准确性。

国家统计局关于印发《经济普查年度 GDP 核算方案》的通知

（2005 年 9 月 28 日）

各省、自治区、直辖市统计局，新疆生产建设兵团统计局：

现将《经济普查年度 GDP 核算方案》印发给你们。各省（区、市）可按照本方案规定的方法，根据本地区经济普查资料，测算经济普查年度本地区 GDP 数据，以满足各地编制“十一五”规划的需要，但测算结果仅供内部参考，不得对社会公布。

为了更准确地反映经济发展的实际情况，国家统计局利用经济普查的机会，对某些行业增加值和支出项目的计算方法进行了调整。这种方法的调整势必引起历史数据的变化。根据国际惯例，需要对历史数据进行修订。由于国家制定的方法变化，引起当地 GDP 历史数据的变化，地方各级统计局无须承担任何责任，一切由国家统计局负责。这也是国际惯例。

本方案是由国家统计局组织国家和地区 GDP 核算专家起草，在国家统计局内部和各省（区、市）统计局广泛征求意见，经过多次会议研究讨论，先后五易其稿，最后经国家统计局局常务会议审定的。它是经济普查年度国家和地区 GDP 核算的权威性的规范性操作手册，各级统计部门必须严格执行。

国家统计局将依据本方案于 10 月下旬组织各省（区、市）统计局统一核算普查年度地区 GDP 数据，以此作为法定数据。根据国务院指示，国家统计局将就经济普查的全面情况向党中央、国务院作详细汇报。因此，在国家统计局没有指令以前，决不允许对外发布，违者以重大泄密事件处理。

经济普查年度 GDP 核算方案（略）

国家统计局关于调整交通运输和邮电业统计报表报送渠道的通知

（2005 年 10 月 19 日）

各省、自治区、直辖市统计局，新疆生产建设兵团统计局，国务院有关部门：

今年九月，我局对部分司级机构及职能进行了调整。其中，将交通运输和邮电业统计工作由工业交通统计司划归服务业调查中心，并相应调整相关统计报表的报送渠道。为此，要求各地区、各部门（单位）的交通运输和邮电业统计报表从 2005 年 10 月月报开始报送国家统计局服务业调查中心。现将有关报表的报送事项通知如下：

一、交通运输和邮电业统计报表制度中有关铁路、公路、水上、港口、民航、管道运输及城市公共交通业务报表，由各有关业务主管部门（单位）报送；全国民用车辆拥有量年报，由公安部和各省、自治区、直辖市统计局分别报送。上述报表均报送至国家统计局服务业调查中心交通运输业处。电子邮箱地址：dczxjtc_gj@stats. gov. cn。

二、交通运输和邮电业统计报表制度中有关邮电业务报表，由信息产业部和国家邮政总局分别报送国家统计局服务业调查中心信息与邮政业处。电子邮箱地址：dczxydc_gj@stats. gov. cn。

为便于工作开展，请各省、自治区、直辖市统计局和国务院有关部门（单位）于 2005 年 10 月 26 日前将负责交通运输和邮电业统计报表工作的联系人的姓名、单位、职务、联系电话、通讯地址及邮编、电子邮箱地址等报国家统计局服务业调查中心。

国家统计局关于开展部分服务业抽样调查试点工作的通知

（2005 年 11 月 1 日）

各省、自治区、直辖市统计局、企业调查队：

国家统计局决定在全国范围内开展部分服务业抽样调查试点工作。该项工作由服务业调查中心负责组织，各省级企业调查队具体实施。现将《部分服务业抽样调查试点方案》印发给你们，请遵照执行。

此项试点工作时间紧、难度大，各地要切实加强领导与协调，特别是要保证经济普查办公室能够及时向企业调查队提供包括有辅助信息的整群框。各地要认真组织实施，确保调查任务在 2005 年底前完成。

部分服务业抽样调查试点方案（略）

限额以下批发和零售业住宿和餐饮业月度抽样调查方案

国家统计局办公室

（2005年11月7日）

一、调查目的

运用抽样调查方法，系统地调查、搜集和整理限额以下批发和零售业、住宿和餐饮业有关资料，解决月度限额以下社会消费品零售总额统计的数据来源问题，为进行市场管理和宏观调控以及国民经济核算提供准确、可靠的统计数据。

二、调查对象

全社会限额以下批发和零售业、住宿和餐饮业企业（单位）和个体户。具体指：

（一）从事批发业活动，从业人数在20人以下或销售额在2000万元以下的企业（单位）和个体户；

（二）从事零售业活动，从业人数在60人以下或销售额在500万元以下的企业（单位）和个体户；

（三）从事餐饮业活动，从业人数在40人以下或营业收入在200万元以下的餐饮企业（单位）和个体户；

（四）星级以外的住宿业企业（单位）和个体户。

三、调查内容

当月销售额或营业额、零售额等。

四、抽样方法

(一)总体单元的划分

本方案以县(区、市)为总体,以从事批发和零售业、住宿和餐饮业的限额以下企业(单位)与个体户为基本抽样单元。总体中所有经营单位分成从事批发业活动的企业(单位)、从事批发业活动的个体户、从事零售业活动的企业(单位)、从事零售业活动的个体户、从事住宿业活动的企业(单位)、从事住宿业活动的个体户、从事餐饮业活动的企业(单位)、从事餐饮业活动的个体户等八个调查域,简称为域。

(二)抽样方案类型

以经济普查资料作为名录库,每个域都采用简单随机抽样抽取样本,样本量不得少于6个。如域总体单位数少于6个,则对该域进行全数调查。

五、调查周期

本方案要求调查频率为一月一次。对每个经营单位,调查时间一般为一周(必须是连续7天)或一个月。

六、样本单位更换原则

除非样本单位关闭、停业或转为经营其他行业,原则上样本单位应保持稳定。如果样本单位当月数据空缺,可根据该样本单位历史数据的趋势进行插补；若连续2个月数据空缺，则必须在同域中选择经营类别相同、经营规模相近的单位予以更换，新样本单位需同时加报上月数据。

七、变动系数的估计（略）

八、目标量总额的推算（略）

九、本方案从2006年1月开始实施，2006年4月正式使用抽样调查数据，数据报送时间为月后5日前

十、对方案的补充说明

以省（自治区、直辖市）为总体，对样本县（区、市）的抽选方法如下：

（一）对县（区、市）的分层

将省内区（地级市以上城市的市辖区）与县（包括县级市）分成以下五类：一类区，二类区，一类县，二类县和三类县。

其中，区的划分标准建议为区城镇化率。县类别划分根据省内各县经济发展情况划分，比较发达的为一类县，次发达的为二类县，不发达的为三类县。具体划分可根据县（区、市）所在地域，或根据经济普查中限额以下批发和零售业、住宿和餐饮业单位数总和等指标确定。

（二）层内区县的抽样

采用分层随机抽样，即各层按简单随机抽样抽取3～6个区县。全省样本区县总数控制在15～30个左右。

国家统计局关于开展规模以下工业抽样调查样本轮换工作的通知

（2005年11月8日）

各省、自治区、直辖市统计局、企调队：

为使规模以下工业抽样调查样本轮换工作规范化、制度化，国家统计局决定开展规模以下工业抽样调查样本轮换工作。现将《规模以下工业抽样调查样本轮换方案》、《规模以下工业抽样调查样本分配表》、《有关工作及时间安排》和《个体户抽样框和样本数据集变量结构说明》印发给你们，请认真贯彻落实，按时完成各项任务。

新样本满足推算国家总量和省（自治区、直辖市）总量的需要，若地方增加调查内容，调查经费由地方财政负担。

附件：1. 规模以下工业抽样调查样本轮换方案

2. 规模以下工业抽样调查样本分配表（略）

3. 有关工作及时间安排（略）

4. 个体户抽样框和样本数据集变量结构说明（略）

附件 1：

规模以下工业抽样调查样本轮换方案

一、样本轮换目的

企业的新生、重组、消亡、兼并、破产、歇业、停业、转产等现象随时发生，使抽样调查总体不断发生变化，样本的代表性相应弱化，必须定时进行样本轮换，以保证样本的代表性。

二、样本轮换制度

（一）每五年轮换一次。国家统计局每五年开展一次经济普查，相应地利用普查资料轮换规模以下工业抽样调查样本，即在逢 4、逢 9 的年份开展规模以下工业抽样调查样本轮换工作；

（二）在样本轮换年份，由国家统计局统一组织样本轮换工作；除特殊情况外，其他年份不进行样本轮换；

（三）目录企业样本由国家统计局统一进行轮换，个体户样本由各地区调查总队分别进行轮换；

（四）国家统计局对各地区个体户样本轮换进行指导和监督，对结果进行审核；

（五）国家统计局审核通过后，将目录企业样本、个体户样本和目录企业核对表反馈给各地区调查总队，新样本不得随意更换；

（六）各省的目录企业样本量及其行业分布由国家统计局统一确定。

三、规模以下工业抽样调查设计

（一）调查范围及总体划分。

规模以下工业抽样调查的调查范围为全国年产品销售收入 500 万元以下的非国有工业企业和全部个体工业户。

根据国民经济核算要求，将规模以下工业总体划分成两个子总体，即年产品销售收入 500 万元以下的非国有工业企业（以下简称企业子总体）和全部个体工业户（以下简称个体户子总体）。

企业子总体包括有企业名录的目录企业和没有被目录企业抽样框覆盖的非目录企业两个部分。

（二）调查周期。

规模以下工业抽样调查实行季报，第四季度免报，直接报送年报。年报的报告期为1至12月份，报送时间为次年1月31日前；三次季报的报告期分别为1月1日至3月25日、4月1日至6月25日和7月1日至9月25日，上报时间分别为4月8日前、7月8日前和10月15日前。各地区调查总队负责将调查数据（基层表）和推算数据（综合表）按时报送国家统计局工交司。报送方式为电子邮件。

（三）基本抽样方法。

对企业子总体的目录企业部分采用一阶段目录抽样。国家统计局从目录企业抽样框中直接抽取样本企业。

对个体户子总体和企业子总体的非目录企业部分采用一阶段整群抽样。在省一级直接抽取村委会或居委会（以下称为群单位）作为整群样本，对整群样本内部的所有个体工业户和非目录企业进行调查。

（四）抽样精度要求。

以省为总体控制抽样精度，具体要求是：在95%的概率保证程度下，工业总产值和企业单位数的最大相对误差分别控制在10%和15%以内；在年报中，企业子总体各行业大类指标以全国为总体控制抽样精度，具体要求是：在95%的概率保证程度下，工业总产值的最大相对误差控制在15%以内。

（五）总量和方差估计（略）。

四、样本轮换方法（略）

国家统计局关于转发
中央编办关于国家统计局各级调查队机构设置和人员编制的批复的通知

（2005 年 11 月 8 日）

各省、自治区、直辖市统计局、农调队、城调队、企调队，新疆生产建设兵团、各副省级城市统计局、农调队、城调队、企调队，国家统计局各司级行政单位、在京直属事业单位：

现将中央机构编制委员会办公室《关于国家统计局各级调查队机构设置和人员编制的批复》（中央编办复字〔2005〕149 号）转发给你们，请认真组织学习，积极贯彻落实。省级调查总队成立及总队长的任命文件即将下发，接到任命通知后，由各省（自治区、直辖市）筹备组组长代国家统计局党组在局内和三队内宣布。各位总队长要立即进入角色，开展工作，将原三队的工作统领起来。各地统计局、农调队、城调队、企调队要积极配合，支持总队长的工作。

关于国家统计局各级调查队机构设置和人员编制的批复（中央编办复字〔2005〕149 号）（略）

国家统计局　中央编办　国家发展改革委　财政部　人事部关于印发国家统计局直属调查队管理体制改革实施方案的通知

（2005 年 11 月 17 日）

国家统计局各省级调查总队，各省、自治区、直辖市统计局、机构编制委员会办公室、发展和改革委员会、财政厅（局）、人事厅（局），国家统计局新疆生产建设兵团调查总队，新疆生产建设兵团统计局、机构编制委员会办公室、发展和改革委员会、财务局、人事局：

根据《国务院办公厅关于印发国家统计局直属调查队管理体制改革方案的通知》（国办发〔2005〕14 号）和中央编办关于国家统计局派出调查队机构设置和人员编制的批复精神，国家统计局、中央编办、国家发展改革委、财政部、人事部联合制定了《国家统计局直属调查队管理体制改革实施方案》。现印发给你们，请认真贯彻执行。

国家统计局直属调查队管理体制改革实施方案

根据《国务院办公厅关于印发国家统计局直属调查队管理体制改革方案的通知》（国办发〔2005〕14 号）和中央编办关于国家统计局派出调查队机构设置和人员编制的批复精神，制定本实施方案。

一、机构设置

撤销国家统计局直属的省、自治区、直辖市农村社会经济调查队、城市社会经济调查队、企业调查队(以下分别简称农调队、城调队和企调队,合称三支调查队)共 90 个,以其为基础在各省、自治区、直辖市组建 31 个国家统计局省级调查总队。省级调查总队为正局级机构(西藏调查总队与西藏自治区统计局级别相同),名称为国家统计局××调查总队,如国家统计局山东调查总队。将新疆生产建设兵团社会经济调查队改建为国家统计局新疆生产建设兵团调查总队,其机构规格与同级统计局相同。

撤销国家统计局直属的副省级城市农调队、城调队、企调队共 35 个,以其为基础在副省级城市组建 15 个国家统计局副省级城市调查队。副省级城市调查队为副局级机构,名称为国家统计局××调查队,如国家统计局济南调查队。

撤销国家统计局直属的市(地、州、盟)农调队、城调队、企调队共 345 个,在全国各市(地、州、盟)组建 318 个国家统计局市级调查队。市级调查队为正处级机构,名称为国家统计局××调查队,如国家统计局烟台调查队。

撤销国家统计局直属的县(市、区、旗)农调队、城调队共 887 个,在 887 个县(市、区、旗)组建国家统计局县级调查队。县级调查队为正科级机构(其中直辖市和副省级城市所辖区县设立的国家统计局调查队与同级统计局级别相同),名称为国家统计局××调查队,如国家统计局莱州调查队。

国家统计局各级调查队内设机构数原则上参照同级统计局内设机构数设置。国家统计局各级调查队内设机构与同级统计局内设机构级别相同。有关国家统计局各级调查队内设机构的管理办法由国家统计局另行制定。

国家统计局省级调查总队、副省级城市调查队和市级调查队的信息技术应用处(科)与同级地方统计局计算中心(站)合署办公,建立同一个信息平台,既为国家统计局调查队提供服务,也为地方统计局提供服务。该机构实行国家统计局调查队与同级地方统计局双重管理的体制，业务上由国家统计局统一领导，行政上以地方统计局的领导为主。

各级调查队机关党委（党支部）的设置，按照党章的规定执行。

各级调查队纪检监察机构的设置，按照中央纪委和监察部的有关文件精神执行。

国家统计局各级调查队是国家统计局的派出机构，承接三支调查队现有全部职能，其单位性质不变。国家统计局对派出调查队实行垂直管理的领导体制。国家统计局将建立相应的协调机制和工作程序，以加强对调查队工作的管理，确保高度有效指挥，充分发挥调查队机动、灵活、快速的优势。

二、职能配置

国家统计局各级调查队是政府统计调查机构，除承接三支调查队的现有全部职能外，相应增加国家宏观调控和国民经济核算所需重要统计信息的调查任务，工作方式以抽样调查为主。各级调查队依法独立行使统计调查、统计监督的职权，独立向国家统计局上报调查结果，并对上报调查资料的真实性负责。各地的有关统计数据，按规定属于国家统计局调查队调查的，以国家统计局调查队的数据为准。各地不得重复建点、重复调查，也不得对外公布与国家统计局调查队不一致的同类数据。

国家统计局各级调查队的主要职责是：

（一）组织实施国家统计局布置的各项常规性统计调查；

（二）组织实施国家统计快速反应制度；

（三）组织开展经济社会重大问题专项调查；

（四）根据国家统计局的授权，公布有关统计资料；

（五）负责调查队机关党的建设、纪检监察和干部管理工作；

（六）组织指导地方调查队的业务工作；

（七）完成地方政府委托的有关统计调查；

（八）完成国家统计局交办的其他事项。

国家统计局授权省级调查总队管理省以下各级调查队。

重大国情国力普查由国务院统一领导，地方人民政府和国家统计局组织地方统计局和国家统计局各级调查队共同实施。

三、人员编制

国家统计局各级调查队的编制总数，由中央编办下达，国家统计局统一管理。在原三支调查队中的现有地方编制和人员，在调查队管理体制改革后，如工作需要，建议维持原管理办法和工作关系不变。各级调查队的人员原则上从国家统计局原三支调查队在岗人员中划转选用，也可根据需要从统计系统或其他部门选调少量高素质的人才。对于改革中出现的人员安置问题，要按政策要求妥善处理。

四、领导职数

国家统计局省级调查总队领导职数原则上按1正3副配备，并配备1名副总队长级纪检组长。在领导职数范围内，调查总队可配备1名总统计师。部分调查任务较重的调查总队可增配1名副总队长职数。副省级城市调查队和新疆生产建设兵团调查总队领导职数按1正3副配备，并配备副队长级纪检组长1名。地市级调查队领导职数按1正2副配备，并配备1名副队长级纪检组长，较大城市根据需要可增配1名副队长。县级调查队领导职数原则上按1正1副配备。各级调查队的非领导职数，按照国家有关规定执行。

五、经费管理

国家统计局各级调查队维持原三支调查队的经费来源渠道不变。地方政府要保证国家统计局各级调查队承担地方任务所需的必要经费，并列入地方财政预算。国家统计局各级调查队工作人员的生活福利待遇，按国家规定的有关办法执行。各级调查队经费具体管理办法，由国家统计局商财政部另行制定。

根据有关政策规定，国家统计局各级调查队参加相应的养老、医疗等社会保障制度。

六、固定资产投资管理

国家统计局各级调查队所需的办公用房、信息化设备和交通工具等固定资产投资，按国家规定的建设程序，分年度组织实施。

各级调查队继续按原方式使用目前所在地三支调查队使用的办公用房、各种设备、网络资源等资产。新组建的调查队办公用房，请当地人民政府协助安排解决。

七、党组织的设置和干部管理

国家统计局各级调查队党组织的设置和干部管理有关问题，按中组部《关于国家统计局各级调查队党组织设置和干部管理有关问题的通知》(组通字〔2005〕26 号)的规定执行。

国家统计局各级调查队领导干部可以实行异地任职和交流。

八、改革国家统计局三支调查总队

在改革国家统计局直属三支调查队管理体制的同时，相应改革国家统计局三支调查总队。

撤销国家统计局农村社会经济调查总队、城市社会经济调查总队和企业调查总队，组建国家统计局农村社会经济调查司、城市社会经济调查司和服务业调查中心。国家统计局服务业调查中心承接原三支调查总队的部分职能，增加服务业企业调查职能，其单位性质不变。

九、国家统计局调查队与地方统计局的工作关系

国家统计局各级调查队和地方各级统计局都是国家统计系统的重要组成部分，在业务上均接受国家统计局的领导，既要完成国家统计局布置的统计调查任务，又要完成地方政府的统计调查事项。

(一)国家统计局各级调查队和同级统计局要明确职能分工，各负其职，互相配合，形成谁也离不开谁、谁也不能代替谁、紧密合作、相得益彰的工作关系。具体职能分工由国家统计局另行制定。

(二)为加强国家统计局各级调查队与同级统计局的工作沟通和协调，建立统计联系协调会议制度。会议召集人为地方统计局局长，参会人员为地方统计局与国家统计局调查队的领导班子成员。统计联系协调会议的议事规则由国家统计局另行制定。

（三）各级地方政府批准设立的调查队，既为地方政府提供了很好的服务，又为上级统计部门搜集提供统计信息作出了重要贡献。为了整合资源，兼顾中央和地方需要，避免重复调查，地方调查队在业务上继续由国家统计局调查队统一管理，协同工作。为了避免重复建设，在国家统计局已建立调查队的地方，地方政府原则上不再新建调查队。

（四）实行统计信息共享。国家统计局各级调查队的有关数据，应当及时提供给地方政府和同级统计局；地方各级统计局的有关数据，也应及时提供给同级国家统计局调查队。

十、组织实施

国家统计局省及省以下调查队管理体制改革，分三个阶段实施：

第一阶段：成立各省、自治区、直辖市国家统计局省级调查总队筹备组。筹备组组长和成员由国家统计局批准任命。筹备组在国家统计局的领导和省级政府及有关部门的支持配合下，负责省级调查总队的组建工作。

第二阶段：组建国家统计局省级调查总队。各省级调查总队职能配置、内设机构和人员编制规定，经征求省级调查总队筹备组的意见，由国家统计局印发后，成立省级调查总队，同时撤销国家统计局直属的省（区、市）三支调查队。

第三阶段：组建国家统计局省以下调查队。省以下各级调查队的组建工作，在国家统计局的领导和地方政府的支持配合下，由省级调查总队负责逐步组织实施。具体实施步骤由国家统计局另行安排。

国家统计局省以下调查队的组建方案，由省级调查总队提出，经分别征求当地调查队和统计局的意见后，报国家统计局批准。

改革国家统计局直属调查队管理体制，是贯彻落实《统计法》

的重要举措，是国务院加强统计工作的一项重大措施，对于完善社会主义市场经济条件下的统计管理体制，准确及时地采集宏观统计数据，提高国家宏观调控能力，都具有十分重要的意义。改革关系统计事业发展的全局，涉及广大统计工作者的切身利益。各级机构编制、发展改革、财政、人事等部门要在国务院的统一领导下，坚决按照国办发〔2005〕14 号文件和本实施方案的要求，积极配合、支持国家统计局直属调查队管理体制改革。各级统计局、调查队及其工作人员，要坚决按照国家统计局的具体部署，有秩序、分步骤地稳步实施改革方案；要认真履行职责，严格组织纪律，坚持做好各项工作，做到队伍不散、秩序不乱、数据不断、资产不流失；要自觉服从改革大局，坚决支持改革，积极参与改革，确保改革和业务工作两不误。统计纪检监察部门要加强对改革过程的监督检查，保证改革的顺利实施。

国家统计局关于
各调查总队公文处理有关事项的通知

（2005 年 12 月 6 日）

国家统计局各调查总队：

统计部门的公文处理是统计工作的重要组成部分。按照国务院《国家行政机关公文处理办法》（国发〔2000〕23 号）的要求，各调查总队要充分认识公文在统计工作中的重要作用，高度重视公文处理工作，明确公文处理管理机构，建立健全各项公文处理制度，不断提高公文处理水平。为做好公文处理工作，现就各调查总队公文处理的有关事项通知如下。

一、各调查总队要认真贯彻国务院《国家行政机关公文处理办法》（国发〔2000〕23 号）的精神，建立公文处理管理机构，并依照《国家统计局公文处理办法》（国统字〔2001〕34 号）做好公文处理工作，正确使用通知、通报、报告、请示、批复、意见、函和会议纪要等文种，统一公文格式，遵守行文规则，规范发文办理和收文办理，及时做好公文归档，加强公文管理。

二、关于发文类型及其适用范围。各调查总队发文类型包括“国家统计局××调查总队文件”、“国家统计局××调查总队（函）”、“国家统计局××调查总队办公室文件”和“国家统计局××调查总队办公室（函）”四种。

（一）国家统计局××调查总队文件适用于部署重要工作；转发上级机关的文件；向上级机关请示、报告重要事项；批转下级机关的重要请示、报告；制订和发布统计调查制度；与有关部门联合部署工作；其他需以总队名义印发的文件等。

（二）国家统计局××调查总队（函）适用于与有关部门就具体工作、具体事项进行协商；答复有关部门的重要询问，就职责范围内工作征求有关部门意见；审批统计调查制度；批复下级机关的请示；任免工作人员；其他需以总队名义印发的函件。

（三）国家统计局××调查总队办公室文件适用于传达、贯彻上级机关的指示；向下级单位布置具体工作、通报有关事项；与有关部门联系协商具体工作；印发重要会议通知和会议文件；其他需以总队办公室名义印发的文件等。

（四）国家统计局××调查总队办公室（函）适用于答复省（自治区、直辖市）委办公厅、省（自治区、直辖市）政府办公厅及同级部门对有关具体问题的征询意见；就具体事项与同级部门或有关单位进行协商；印发总队内部规章制度和通知有关事项；其他需以总队办公室名义印发的函件。

三、关于发文字号的确定。发文字号由以下要素组成：1.省（自治区、直辖市）的标准简称，如“京”、“浙”、“新”等，或省（自治区、直辖市）人民政府发文的统一简称，如内蒙古自治区发文的统一简称为“内”、云南省发文的统一简称为“云”、新疆生产建设兵团发文的统一简称为“兵”等；2.调查总队或其办公室的简称；3.文件类型，“字”或“函”；4.年度用阿拉伯数码标识，用六角括号“〔〕”括入；5.文件的年度内（以签发人签发日期为准）编号，用阿拉伯数码标识。综合起来，发文字号应为“×调（或调办）字（或函）〔××××〕××号”，如国家统计局北京调查总队文件发文字号为“京调字〔××××〕××号”；国家统计局北京调查总队（函）发文字号为“京调函〔××××〕××号”；国家统计局北京调查总队办公室文件发文字号为“京调办字〔××××〕××号”；国家统计局北京调查总队办公室（函）发文字号为“京调办函〔××××〕××号”。

任免工作人员和会议通知也可单独设立发文字号，如“×调任免〔××××〕××号”、“×调会通〔××××〕××号”。

四、关于基本发文种类及其适用范围。行文要根据不同的行文关系确定文种。如对上级机关的行文，即上行文，应选用“请示”、“报告”等文种；向下级机关的行文，即下行文，应选用“决定”、“通知”、“通报”、“批复”等；公开向社会公布事项，则使用“通告”等；向平行或不相隶属机关行文，应使用“函”等。常用的文件种类有以下八种：

（一）通知。适用于转发上级机关和不相隶属机关的公文，批转下级机关的公文，传达要求下级机关办理和需要有关单位周知或者执行的事项，任免人员。

（二）通报。适用于表彰先进，批评错误，传达重要精神或者情况。

（三）报告。适用于向上级机关汇报工作，反映情况，答复上级机关的询问。

（四）请示。适用于向上级机关请求指示、批准。

（五）批复。适用于答复下级机关的请示事项。

（六）意见。适用于对重要问题提出见解和处理办法。

（七）函。适用于不相隶属机关之间商洽工作，询问和答复问题，请求批准和答复审批事项。

（八）会议纪要。适用于记载、传达会议情况和议定事项。

五、公文的制作、发布要严格履行拟稿、审核、签发等法定的程序。

公文中各组成部分的标识规则，参照《国家行政机关公文格式》国家标准执行。标题一般格式应由发文机关、事由和文种三部分组成，除法规、规章名称加书名号外，一般不用标点符号，可用小2号黑体。正文用3号仿宋（小3号仿宋也可），在版心尺寸（156mm×225mm，不含页码）范围内一般每面排22行，每行28个字。

公文用纸采用国际标准A4型（210mm×297mm），左侧装订。

四种类型的发文式样及上行文式样附后。

各总队制发上行文时，发文机关标识上边缘至版心上边缘为80mm。上行文需标识签发人姓名，平行排列于发文字号右侧，一般应由总队长签发，特殊情况下由总队长授权由主持工作的副总队长签发。

六、向国家统计局报送的文件，"主送单位"应统一为"国家统计局"。除国家统计局办公室外，各调查总队一般不得向国家统计局内各司级单位直接行文。除国家统计局领导直接交办的事项外，不得以调查总队名义向国家统计局领导直接行文。

主送国家统计局的"请示"件应报送5份、"报告"件应报送10份；其他文种及抄报国家统计局的文件应报送5份。

七、建立健全各项公文处理制度。规范发文办理和收文办理，逐步建立和完善发文的登记、编号、办理制度和收文的登记、编号、呈批、办理、管理制度。及时做好公文归档，加强公文管理。

密级文件的处理必须严格遵守有关保密规定。

八、关于国家统计局与各调查总队的电子信息传递通道及电子传递方式，另行通知。

九、国家统计局各调查总队公章，自2005年11月25日授权之日起正式启用。

各调查总队在公文处理过程中遇到新问题，请及时与国家统计局办公室联系。

附件：1. 国家统计局各调查总队发文字号表

2. 发文参考式样（略）

附件 1：

国家统计局各调查总队发文字号表

单　　位	队文件	队　函
国家统计局北京调查总队	京调字〔××××〕××号	京调函〔××××〕××号
国家统计局天津调查总队	津调字〔××××〕××号	津调函〔××××〕××号
国家统计局河北调查总队	冀调字〔××××〕××号	冀调函〔××××〕××号
国家统计局山西调查总队	晋调字〔××××〕××号	晋调函〔××××〕××号
国家统计局内蒙古调查总队	内调字〔××××〕××号	内调函〔××××〕××号
国家统计局辽宁调查总队	辽调字〔××××〕××号	辽调函〔××××〕××号
国家统计局吉林调查总队	吉调字〔××××〕××号	吉调函〔××××〕××号
国家统计局黑龙江调查总队	黑调字〔××××〕××号	黑调函〔××××〕××号
国家统计局上海调查总队	沪调字〔××××〕××号	沪调函〔××××〕××号
国家统计局江苏调查总队	苏调字〔××××〕××号	苏调函〔××××〕××号
国家统计局浙江调查总队	浙调字〔××××〕××号	浙调函〔××××〕××号
国家统计局安徽调查总队	皖调字〔××××〕××号	皖调函〔××××〕××号
国家统计局福建调查总队	闽调字〔××××〕××号	闽调函〔××××〕××号
国家统计局江西调查总队	赣调字〔××××〕××号	赣调函〔××××〕××号
国家统计局山东调查总队	鲁调字〔××××〕××号	鲁调函〔××××〕××号
国家统计局河南调查总队	豫调字〔××××〕××号	豫调函〔××××〕××号
国家统计局湖北调查总队	鄂调字〔××××〕××号	鄂调函〔××××〕××号
国家统计局湖南调查总队	湘调字〔××××〕××号	湘调函〔××××〕××号
国家统计局广东调查总队	粤调字〔××××〕××号	粤调函〔××××〕××号
国家统计局广西调查总队	桂调字〔××××〕××号	桂调函〔××××〕××号
国家统计局海南调查总队	琼调字〔××××〕××号	琼调函〔××××〕××号
国家统计局重庆调查总队	渝调字〔××××〕××号	渝调函〔××××〕××号
国家统计局四川调查总队	川调字〔××××〕××号	川调函〔××××〕××号
国家统计局贵州调查总队	黔调字〔××××〕××号	黔调函〔××××〕××号
国家统计局云南调查总队	云调字〔××××〕××号	云调函〔××××〕××号
国家统计局西藏调查总队	藏调字〔××××〕××号	藏调函〔××××〕××号
国家统计局陕西调查总队	陕调字〔××××〕××号	陕调函〔××××〕××号
国家统计局甘肃调查总队	甘调字〔××××〕××号	甘调函〔××××〕××号
国家统计局青海调查总队	青调字〔××××〕××号	青调函〔××××〕××号
国家统计局宁夏调查总队	宁调字〔××××〕××号	宁调函〔××××〕××号
国家统计局新疆调查总队	新调字〔××××〕××号	新调函〔××××〕××号
国家统计局新疆生产建设兵团调查总队	兵调字〔××××〕××号	兵调函〔××××〕××号

调查总队办公室发文字号表

单　　位	队办文件	队办函
国家统计局北京调查总队办公室	京调办字〔××××〕××号	京调办函〔××××〕××号
国家统计局天津调查总队办公室	津调办字〔××××〕××号	津调办函〔××××〕××号
国家统计局河北调查总队办公室	冀调办字〔××××〕××号	冀调办函〔××××〕××号
国家统计局山西调查总队办公室	晋调办字〔××××〕××号	晋调办函〔××××〕××号
国家统计局内蒙古调查总队办公室	内调办字〔××××〕××号	内调办函〔××××〕××号
国家统计局辽宁调查总队办公室	辽调办字〔××××〕××号	辽调办函〔××××〕××号
国家统计局吉林调查总队办公室	吉调办字〔××××〕××号	吉调办函〔××××〕××号
国家统计局黑龙江调查总队办公室	黑调办字〔××××〕××号	黑调办函〔××××〕××号
国家统计局上海调查总队办公室	沪调办字〔××××〕××号	沪调办函〔××××〕××号
国家统计局江苏调查总队办公室	苏调办字〔××××〕××号	苏调办函〔××××〕××号
国家统计局浙江调查总队办公室	浙调办字〔××××〕××号	浙调办函〔××××〕××号
国家统计局安徽调查总队办公室	皖调办字〔××××〕××号	皖调办函〔××××〕××号
国家统计局福建调查总队办公室	闽调办字〔××××〕××号	闽调办函〔××××〕××号
国家统计局江西调查总队办公室	赣调办字〔××××〕××号	赣调办函〔××××〕××号
国家统计局山东调查总队办公室	鲁调办字〔××××〕××号	鲁调办函〔××××〕××号
国家统计局河南调查总队办公室	豫调办字〔××××〕××号	豫调办函〔××××〕××号
国家统计局湖北调查总队办公室	鄂调办字〔××××〕××号	鄂调办函〔××××〕××号
国家统计局湖南调查总队办公室	湘调办字〔××××〕××号	湘调办函〔××××〕××号
国家统计局广东调查总队办公室	粤调办字〔××××〕××号	粤调办函〔××××〕××号
国家统计局广西调查总队办公室	桂调办字〔××××〕××号	桂调办函〔××××〕××号
国家统计局海南调查总队办公室	琼调办字〔××××〕××号	琼调办函〔××××〕××号
国家统计局重庆调查总队办公室	渝调办字〔××××〕××号	渝调办函〔××××〕××号
国家统计局四川调查总队办公室	川调办字〔××××〕××号	川调办函〔××××〕××号
国家统计局贵州调查总队办公室	黔调办字〔××××〕××号	黔调办函〔××××〕××号
国家统计局云南调查总队办公室	云调办字〔××××〕××号	云调办函〔××××〕××号
国家统计局西藏调查总队办公室	藏调办字〔××××〕××号	藏调办函〔××××〕××号
国家统计局陕西调查总队办公室	陕调办字〔××××〕××号	陕调办函〔××××〕××号
国家统计局甘肃调查总队办公室	甘调办字〔××××〕××号	甘调办函〔××××〕××号
国家统计局青海调查总队办公室	青调办字〔××××〕××号	青调办函〔××××〕××号
国家统计局宁夏调查总队办公室	宁调办字〔××××〕××号	宁调办函〔××××〕××号
国家统计局新疆调查总队办公室	新调办字〔××××〕××号	新调办函〔××××〕××号
国家统计局新疆生产建设兵团调查总队办公室	兵调办字〔××××〕××号	兵调办函〔××××〕××号

国家发展改革委　国家能源办　国家统计局关于建立GDP能耗指标公报制度的通知

（2005年12月9日）

各省、自治区、直辖市发展改革委、经贸委（经委）、统计局：

《中共中央关于制定国民经济和社会发展第十一个五年规划的建议》明确提出把节约资源作为基本国策，要求到2010年单位国内生产总值（GDP）能源消耗比“十五”期末降低20%左右。为贯彻落实党的十六届五中全会精神和《国务院关于做好建设节约型社会近期重点工作的通知》（国发〔2005〕21号）要求，促进各地区深入开展节能降耗工作，实现“十一五”节能目标，国家发展改革委、国家能源领导小组办公室和国家统计局研究决定建立GDP能耗指标公报制度。现就有关事项通知如下：

一、建立GDP能耗指标公报制度的必要性

加快转变经济增长方式是落实科学发展观的核心内容，“九五”以来我国在这方面做了大量工作，取得一定成效，但从总体上看，粗放型经济增长方式还没有得到切实转变，经济社会发展面临的能源约束矛盾和能源使用带来的环境污染问题日益突出。随着我国工业化、城镇化的推进，资源和环境的约束还会加大。建立GDP能耗指标公报制度是全面贯彻落实科学发展观，引导各方面把经济社会发展切实转入全面协调可持续发展轨道的一个重要举措，对实现“十一五”节能目标将具有重要促进作用。

各地区要以科学发展观统领经济社会发展全局，高度重视节能降耗工作，通过结构调整、技术进步、深化改革和加强管理等措施，采取经济的、法律的和必要的行政手段，广泛深入地开展资源节约的宣传教育，动员全社会力量，在生产、建设、流通、消费等各领域大力节约能源，不断提高能源资源利用效率，着力构建节约型增长方式和消费模式，加快建设节约型社会，为我国经济社会的全面协调可持续发展、实现全面建设小康社会的宏伟目标做出积极贡献。

二、公报制度

（一）公报指标为各地区万元 GDP 能耗和万元 GDP 能耗降低率（GDP 采用 2000 年可比价），同时公报各地区万元 GDP（2000 年可比价）电力消费量和规模以上工业企业万元工业增加值（2000 年可比价）能耗。

（二）国家发展改革委、国家能源办和国家统计局每年 6 月底联合向社会公布上一年度各地区的上述公报指标。

（三）公布的万元 GDP 能耗指标以国家统计局核定的数据为准。

（四）GDP 能耗指标公报制度从 2006 年开始实施。各地区电力消费量由中国电力企业联合会和国家电网公司、南方电网公司分别于每年 3 月底前报送国家统计局、国家发展改革委和国家能源办。其余指标具体报送要求由国家统计局另行布置。

三、实施要求

各省、自治区、直辖市发展改革委、经贸委（经委）、统计局要切实重视 GDP 能耗指标公报制度的建立和实施，加强沟通协调，及时提供真实、有效数据，确保 GDP 能耗指标公报制度顺利实施。

同时，各地区要按照建立体现科学发展观和正确政绩观要求的经济社会发展综合评价体系和干部实绩考核评价体系的要求，研究建立 GDP 能耗指标考核机制和决策体系，将能源节约目标逐级分解，明确责任，狠抓落实。

国家统计局关于建立全口径对外直接投资统计制度的函

（2005 年 12 月 12 日）

商务部：

你部《关于请协调建立全口径对外直接投资统计制度的函》（商合函〔2005〕52 号）收悉。经研究，我局认为，建立全口径对外直接投资统计制度是必要和适时的，我局将配合你部做好相关工作。建议你部就具体工作程序先与中国人民银行进行沟通，达成初步共识，然后进入有关各方参加的协商过程。

中华人民共和国国务院令

第 453 号

（2005 年 12 月 16 日）

现公布《国务院关于修改〈中华人民共和国统计法实施细则〉的决定》，自 2006 年 2 月 1 日起施行。

总理　温家宝

国务院关于修改《中华人民共和国统计法实施细则》的决定

国务院决定对《中华人民共和国统计法实施细则》作如下修改：

一、将第六条修改为："国家统计局及其派出的调查队、县级以上地方各级人民政府统计机构是国家执行统计法规和统计制度的机关，负责监督检查统计法规和统计制度的实施，维护统计机构和统计人员的职权，依法查处违反统计法规和统计制度的行为。"

增加一款作为第二款，规定："县级以上地方各级人民政府统计机构依法查处本行政区域内发生的统计违法行为；在国家统计局派出的调查队组织实施的统计调查中发生的统计违法行为，由组织实施该项统计调查的调查队负责查处。"

二、将第二十一条修改为："国家建立健全统计数据质量监控和评估的制度,加强对各省、自治区、直辖市重要统计数据的监控和评估。”

三、将第二十二条第一款中的第三项修改为:“在国务院领导下,会同有关部门组织重大的国情国力普查,组织、协调全国社会经济抽样调查;”第七项修改为:“统一领导和管理国家统计局派出的调查队;”

增加一款作为第二款,规定:“国家统计局派出的调查队承担国家统计局布置的各项调查任务,依法独立开展统计调查,独立上报统计资料。”

四、删除第二十三条第一款中的第六项。

五、将第二十六条第一款中的第二项修改为:“按照国家有关规定,报送和提供统计资料,对本单位计划的执行情况和经营管理的效益,进行统计分析和统计监督;”

六、将第三十三条第一款修改为:“企业事业组织有《统计法》第二十七条第一款所列违法行为之一的,由县级以上人民政府统计机构或者国家统计局派出的调查队予以警告,并可以处 5 万元以下的罚款。”第二款修改为:“个体工商户有《统计法》第二十七条第一款所列违法行为之一的,由县级以上人民政府统计机构或者国家统计局派出的调查队予以警告,并可以处 1 万元以下的罚款。”

本决定自 2006 年 2 月 1 日起施行。

《中华人民共和国统计法实施细则》根据本决定作相应的修改,重新公布。

中华人民共和国统计法实施细则

(1987 年 1 月 19 日国务院批准 1987 年 2 月 15 日国家统计局发布 2000 年 6 月 2 日国务院批准修订 2000 年 6 月 15 日国家统计局发布根据 2005 年 12 月 16 日《国务院关于修改〈中华人民共和国

统计法实施细则〉的决定》修订）

第一章　总　　则

第一条　根据《中华人民共和国统计法》（以下简称《统计法》）的规定，制定本细则。

第二条　《统计法》所指的统计，是指运用各种统计方法对国民经济和社会发展情况进行统计调查、统计分析，提供统计资料和统计咨询意见，实行统计监督等活动的总称。

国民经济和社会发展的统计项目分类，由国家统计局规定、调整。

第三条　国家有计划地用现代信息技术装备各级人民政府统计机构，建立健全国家统计信息自动化系统。国务院各部门根据工作需要，有计划地用现代信息技术装备本部门及其管辖系统的统计机构。

县级以上各级人民政府应当将国家统计信息工程建设列入发展计划。国家统计信息工程建设，由国家统计局统一领导，县级以上地方各级人民政府统计机构分级负责。

第四条　统计机构和统计人员实行工作责任制，实行考核和奖惩制度，不断提高工作质量和工作效率。

统计机构和统计人员依法独立行使下列职权：

（一）统计调查权——调查、搜集有关资料，召开有关调查会议，检查与统计资料有关的原始记录和凭证。统计调查对象应当依照《统计法》和国家有关规定，如实提供统计资料和情况，不得虚报、瞒报、拒报、迟报，不得伪造、篡改。

（二）统计报告权——将统计调查取得的统计资料和情况加以整理、分析，向上级领导机关和有关部门提出统计报告。任何单位或者个人不得阻挠和扣压统计报告，不得篡改统计资料。

（三）统计监督权——根据统计调查和统计分析，对国民经济和社会发展情况进行统计监督，检查国家政策和计划的实施，考核经济效益、社会效益和工作成绩，检查和揭露存在的问题，检查虚报、瞒报、伪造、篡改统计资料的行为，提出改进工作的建议。有关部门和单位对统计机构、统计人员反映、揭露的问题和提出的建议，应当及时处理，作出答复。

第五条 县级以上地方各级人民政府、各部门、各企业事业组织，应当根据国家统计任务和本地区、本部门、本单位的需要，在下列方面加强对统计工作的领导和监督：

（一）领导和支持统计机构、统计人员和其他有关人员执行统计法规和统计制度，准确、及时地完成统计工作任务，加强统计工作现代化建设；

（二）吸收和组织统计人员参加讨论有关政策和计划、研究经济和社会发展问题的会议，发挥统计的服务和监督作用；

（三）根据国家统一部署，组织实施重大的国情国力普查；

（四）按照规定审批统计调查计划，切实解决经批准的统计调查需要的人员和经费。

第六条 国家统计局及其派出的调查队、县级以上地方各级人民政府统计机构是国家执行统计法规和统计制度的机关，负责监督检查统计法规和统计制度的实施，维护统计机构和统计人员的职权，依法查处违反统计法规和统计制度的行为。

县级以上地方各级人民政府统计机构依法查处本行政区域内发生的统计违法行为；在国家统计局派出的调查队组织实施的统计调查中发生的统计违法行为，由组织实施该项统计调查的调查队负责查处。

第二章 统计调查计划和统计制度

第七条 县级以上各级人民政府统计机构和有关部门按照下列三类情况，分别建立统计制度，编制统计调查计划，按照规定经审查机关批准后实施：

（一）国家统计调查，是指全国性基本情况的统计调查，包括国家统计局单独拟订的和国家统计局与国务院有关部门共同拟订的统计调查项目。国家统计调查计划中新的、重大的统计调查项目，由国家统计局报国务院审批；经常性的、一般性的统计调查项目，由国家统计局审批。

各地方、各部门、各单位必须严格按照国家统计调查方案实施国家统计调查。

（二）部门统计调查，是指各部门的专业性统计调查。部门统计调查计划和统计调查方案，由该部门的统计机构组织本部门各有关职能机构编制。其中，统计调查对象属于本部门管辖系统内的，由本部门领导人审批，报国家统计局或者本级地方人民政府统计机构备案；统计调查对象超出本部门管辖系统的，报国家统计局或者本级地方人民政府统计机构审批，其中重要的，报国务院或者本级地方人民政府审批。各部门统计调查管辖系统的划分办法，由国家统计局会同国务院有关部门提出，报国务院批准后实施。

（三）地方统计调查，是指地方人民政府需要的地方性的统计调查。地方统计调查计划和统计调查方案的报批办法，由省、自治区、直辖市人民政府统计机构规定，报国家统计局备案。

第八条 部门统计调查和地方统计调查不得与国家统计调查重复、矛盾。

国家统计调查与部门统计调查、地方统计调查的分工，由国家统计局会同国务院有关部门和省、自治区、直辖市人民政府统计机构具体商定。

第九条 县级以上各级人民政府的综合协调部门需要的统计资料，应当从本级人民政府统计机构和有关部门搜集；确实需要直接进行统计调查的，应当编制统计调查计划和统计调查方案，依照《统计法》和本细则的有关规定，经批准后实施。

县级以上各级人民政府有关部门组织实施的部门统计调查，

应当及时向本级人民政府统计机构报送基本统计资料或者综合统计资料。

国家统计局和县级以上地方各级人民政府统计机构，应当定期、无偿地向本级人民政府部门提供有关综合统计资料。

第十条 统计调查计划按照统计调查项目编制。统计调查项目，是指一定时期内为实现特定统计调查目的而组织实施的统计调查。统计调查项目的计划应当列明：项目名称、调查机关、调查目的、调查范围、调查对象、调查方式、调查时间、调查的主要内容。

编制统计调查计划，必须同时编制统计调查方案。统计调查方案应当包括下列内容：

（一）供统计调查对象填报用的统计调查表和说明书；

（二）供整理上报用的统计综合表和说明书；

（三）统计调查需要的人员和经费及其来源。

第十一条 县级以上各级人民政府统计机构、各部门统计机构对送审的统计调查计划和统计调查方案的必要性、可行性、科学性应当进行严格审查；对不符合本细则规定的，应当退回修改或者不予批准。编制和审查统计调查方案，应当遵循下列原则：

（一）在已经批准实施的各种统计调查中能够搜集到资料的，不得重复调查；

（二）抽样调查、重点调查或者行政记录可以满足需要的，不得制发全面统计调查表；一次性统计调查可以满足需要的，不得进行经常性统计调查；按年统计调查可以满足需要的，不得按季统计调查；按季统计调查可以满足需要的，不得按月统计调查；月以下的进度统计调查必须从严控制；

（三）编制新的统计调查方案，必须事先试点或者征求有关地方、部门和基层单位的意见，进行可行性论证，保证切实可行，注重调查效益；

（四）统计调查需要的人员和经费应当有保证。

第十二条 国家建立周期性的普查制度。周期性普查由国务院和地方各级人民政府统一领导，组织统计机构和有关部门共同实施，所需要的经费由中央和地方财政共同负担。

进行经常性抽样调查，应当通过基本统计单位普查和行政记录的方式，查明基本统计单位及其分布情况，建立科学的抽样框，按照随机原则在调查总体中选取足以代表总体的样本单位，减少抽样误差。

第十三条 按照规定程序批准的统计调查表，必须在右上角标明表号、制表机关、批准或者备案机关、批准或者备案文号、有效期限。

对未标明前款所列内容或者超过有效期限的统计调查表，有关统计调查对象有权拒绝填报，统计机构有权废止。

第十四条 统计调查方案所规定的指标涵义、调查范围、计算方法、分类目录、调查表式、统计编码等，未经批准该统计调查方案的机关同意，任何单位或者个人不得修改。

第三章 统计资料的管理和公布

第十五条 各地方、各部门、各单位应当健全统计资料的审核制度，保障统计资料的准确性和及时性。

各部门、各企业事业组织提供的统计资料，由本部门、本单位领导人或者统计负责人审核、签署或者盖章后上报。有关财务统计资料由财务会计机构或者会计人员提供，并经财务会计负责人审核、签署或者盖章。县级以上各级人民政府统计机构和乡、镇统计员提供的统计资料，由本级人民政府统计机构负责人或者乡、镇统计员审核、签署或者盖章后上报。

第十六条 各级领导机关制定政策、计划，检查政策、计划执行情况，考核经济效益、社会效益和工作成绩，进行奖励和惩罚等，需要使用统计资料的，必须依照《统计法》第十三条的规定，以统计机构或者统计负责人签署或者盖章的统计资料为准。

第十七条 县级以上各级人民政府统计机构必须做好统计信息咨询服务工作，充分利用可以公开的社会经济信息为社会公众服务。

符合国家有关规定，在《统计法》和统计制度规定之外提供统计信息咨询，实行有偿服务。具体办法由国家统计局会同国务院价格主管部门制定。

第十八条 各地方、各部门、各单位必须执行国家有关统计资料保密管理的规定，加强对统计资料的保密管理。

第十九条 各地方、各部门、各单位必须建立统计资料档案制度。统计资料档案的保管、调用和移交，应当遵守国家有关档案管理的规定。

第二十条 国家建立健全统计资料定期公布制度。

国家统计局统计调查取得的统计数据，由国家统计局公布。国务院有关部门统计调查取得的统计数据，由国务院有关部门公布；其中，与国家统计局统计调查取得的统计数据有重复、交叉的，应当在同国家统计局协商后，由国务院有关部门公布。国务院有关部门公布统计数据，应当自公布之日起 10 日内报国家统计局备案。

县级以上地方各级人民政府统计机构和有关部门公布其统计调查取得的地方统计数据，比照前款规定执行。

第二十一条 国家建立健全统计数据质量监控和评估的制度，加强对各省、自治区、直辖市重要统计数据的监控和评估。

第四章　统计机构和统计人员

第二十二条 国家统计局履行下列职责：

（一）根据有关法律、行政法规和国家有关政策和计划，制定统计工作规章，制订统计工作现代化规划和国家统计调查计划，组织领导和协调全国统计工作，监督检查统计法规和统计制度的实施；

（二）健全国民经济核算制度和统计指标体系，制定全国统一的基本统计报表制度；制定或者与有关部门共同制定国家统计标准，审定部门统计标准；

（三）在国务院领导下，会同有关部门组织重大的国情国力普查，组织、协调全国社会经济抽样调查；

（四）根据国家制定政策、计划和进行管理的需要，搜集、整理、提供全国性的基本统计资料，对国民经济和社会发展情况进行统计分析、统计预测和统计监督；

（五）审查国务院各部门编制的统计调查计划和统计调查方案，管理国务院各部门制发的统计调查表；

（六）检查、审定、管理、公布、出版全国性的基本统计资料，定期发布全国国民经济和社会发展情况的统计公报；

（七）统一领导和管理国家统计局派出的调查队；

（八）组织指导全国统计科学研究、统计教育、统计干部培训和统计书刊出版工作；

（九）开展统计工作和统计科学的国际交流。

国家统计局派出的调查队承担国家统计局布置的各项调查任务，依法独立开展统计调查，独立上报统计资料。

第二十三条 县级以上地方各级人民政府统计机构履行下列职责：

（一）完成国家统计调查任务，执行国家统计标准，执行全国统一的基本统计报表制度；

（二）制订本行政区域内的统计工作现代化规划、统计调查计划和统计调查方案，统一领导和协调本行政区域内包括中央和地方单位的统计工作，监督检查统计法规和统计制度的实施；

（三）根据本行政区域内制定计划和进行管理的需要，搜集、整理、提供基本统计资料，对本行政区域内国民经济和社会发展情况进行统计分析、统计预测和统计监督；

（四）审查本行政区域内各部门的统计调查计划和统计调查方

案，管理本行政区域内各部门制发的统计调查表；

（五）按照国家有关规定，检查、审定、管理、公布、出版本行政区域内的基本统计资料；省、自治区、直辖市人民政府统计机构定期发布本行政区域内国民经济和社会发展情况的统计公报；自治州、县、自治县、市、市辖区人民政府统计机构按照本级人民政府的决定，发布本行政区域内国民经济和社会发展情况的统计公报；

（六）组织指导本行政区域内各部门、各单位加强统计基础工作建设，加强统计教育、统计干部培训和统计科学研究工作；对本行政区域内人民政府统计机构干部和乡、镇统计员进行考核和奖励。

县级以上地方各级人民政府统计机构受本级人民政府和上级人民政府统计机构的双重领导，在统计业务上以上级人民政府统计机构的领导为主。

第二十四条　乡、镇统计员执行乡、镇综合统计的职能，履行下列职责：

（一）完成国家统计调查和地方统计调查任务，执行国家统计标准，执行全国统一的基本统计报表制度，执行统计法规和统计制度，监督检查统计法规和统计制度的实施；

（二）按照国家有关规定，搜集、整理、分析、提供和管理本乡、镇的基本统计资料；

（三）组织指导本乡、镇各有关单位、人员加强农村统计基础工作建设，健全本乡、镇的统计台账制度和统计档案制度，组织乡、镇以下的统计业务工作。

乡、镇人民政府应当根据《统计法》等有关规定和统计工作的需要，设置专职的或者兼职的统计员，建立健全乡、镇统计信息网络。乡、镇统计员和乡、镇统计信息网络在统计业务上受县级人民政府统计机构的领导。

村的统计工作，由村民委员会指定专人负责，其在统计业务上受乡、镇统计员的领导。

第二十五条 县级以上各级人民政府有关部门的统计机构或者统计负责人执行本部门综合统计的职能，履行下列职责：

（一）组织指导、综合协调本部门各职能机构（包括生产、供销、基建、劳动人事、财务会计等机构）的统计工作，共同完成国家统计调查、部门统计调查和地方统计调查任务，执行统计法规和统计制度，监督检查统计法规和统计制度的实施；

（二）制订本部门的统计工作现代化规划、统计调查计划和统计调查方案，组织指导本部门及其管辖系统内企业事业组织的统计工作，加强统计队伍和统计基础工作建设；

（三）按照国家有关规定，向上级领导机关和本级人民政府统计机构报送和提供本部门的基本统计资料，会同计划和其他有关职能机构对本部门执行政策、计划和经营管理效益的情况，进行统计分析、统计预测和统计监督；

（四）管理本部门制发的统计调查表和基本统计资料；

（五）会同本部门的人事教育机构，组织指导本部门的统计教育和统计干部培训；对本部门统计人员进行考核和奖励；加强本部门统计科学研究工作。

县级以上各级人民政府有关部门统计机构的设置，应当根据实际需要，本着精简、效能的原则，依照《统计法》的规定执行。

第二十六条 企业事业组织的统计机构或者统计负责人执行本单位综合统计的职能，履行下列职责：

（一）组织指导、综合协调本单位各职能机构和下属机构的统计工作，共同完成国家统计调查、部门统计调查和地方统计调查任务，制订、实施本单位的统计工作计划和统计制度，执行统计法规和统计制度，监督检查统计法规和统计制度的实施；

（二）按照国家有关规定，报送和提供统计资料，对本单位计划的执行情况和经营管理的效益，进行统计分析和统计监督；

（三）管理本单位的统计调查表和基本统计资料；

（四）会同本单位有关职能机构完善计量、检测制度，建立健全原始记录、统计台账和核算制度。

企业事业组织的统计机构或者统计负责人在统计业务上，受所在地人民政府统计机构或者乡、镇统计员的指导。

中小型企业事业组织不单设统计人员的，可以指定人员专门负责统计工作。

第二十七条 统计负责人，是指代表本部门或者本单位履行《统计法》规定职责的主要责任人员。不设统计机构的，一般应当由具备相当统计专业技术职务条件的人员担任统计负责人。

第二十八条 各地方、各部门、各单位应当根据国家有关规定和工作需要，设置统计专业技术职务。

第二十九条 具有统计专业技术职务的人员的调动，应当分别征求本地区、本部门、本单位统计机构或者统计负责人的意见；其中，具有中级以上统计专业技术职务的人员的调动，应当征得上级统计机构的同意。

县级以上地方各级人民政府统计机构主要负责人的调动，应当征得上一级人民政府统计机构的同意。乡、镇统计员的调动，应当征得县级人民政府统计机构的同意。

各部门和企业事业组织统计负责人的调动，应当征求上级主管部门和所在地人民政府统计机构的意见。

第三十条 国家统计局和县级以上地方各级人民政府统计机构，应当有计划地对统计人员进行培训，加强对统计人员的职业道德教育，提高统计人员的业务素质。

国家统计局和县级以上地方各级人民政府统计机构增加和补充统计人员，应当从具备统计专业知识的人员中选调。

第五章 奖励和惩罚

第三十一条 县级以上各级人民政府统计机构、各部门、各企业事业组织，应当依照国家或者企业事业组织的规定，对有下列表现之一的统计人员或者集体，定期评比，给予奖励：

（一）在改革和完善统计制度、统计方法等方面，做出重要贡献的；

（二）在完成规定的统计调查任务，保障统计资料的准确性、及时性方面，做出显著成绩的；

（三）在进行统计分析、统计预测和统计监督方面，有所创新，取得重要成绩的；

（四）在运用和推广现代信息技术方面，取得显著效果的；

（五）在改进统计教育和统计专业培训，进行统计科学研究，提高统计科学水平方面，做出重要贡献的；

（六）坚持实事求是，依法办事，同违反统计法规和统计制度的行为作斗争，表现突出的；

（七）揭发、检举统计违法行为有功的。

奖励分为：通令嘉奖、记功、记大功、晋级、升职、授予荣誉称号，并可以发给奖品、奖金。奖金按照国家或者企业事业组织的规定在有关经费中开支。

第三十二条 下列行为，属于《统计法》第二十七条第一款所称情节较重的违法行为：

（一）虚报、瞒报、伪造、篡改统计资料数额较大或者占应报数额的份额较多的；

（二）虚报、瞒报、伪造、篡改或者拒报统计资料，二年内再次发生的；

（三）虚报、瞒报、伪造、篡改、拒报或者屡次迟报统计资料，被责令改正而拒不改正的；

（四）虚报、瞒报、伪造、篡改、拒报或者屡次迟报统计资料，造成严重后果或者恶劣影响的；

（五）在接受统计检查时，拒绝提供情况、提供虚假情况或者转移、隐匿、毁弃原始统计记录、统计台账、统计报表以及与统计有关的其他资料的；

（六）使用暴力或者威胁的方法阻挠、抗拒统计检查的；

（七）国家统计局依法认定的其他行为。

第三十三条 企业事业组织有《统计法》第二十七条第一款所列违法行为之一的，由县级以上人民政府统计机构或者国家统计局派出的调查队予以警告，并可以处5万元以下的罚款。

个体工商户有《统计法》第二十七条第一款所列违法行为之一的，由县级以上人民政府统计机构或者国家统计局派出的调查队予以警告，并可以处1万元以下的罚款。

第三十四条 任何单位或者个人有《统计法》第二十九条第二款所列违法行为的，由县级以上人民政府统计机构责令改正，没收违法所得，并可以处违法所得1倍以上3倍以下的罚款；没有违法所得的，可以处3万元以下的罚款。

第六章 附 则

第三十五条 中华人民共和国境外的组织、个人需要在中华人民共和国境内进行统计调查活动的，应当委托中华人民共和国境内具有涉外统计调查资格的机构进行。

统计调查范围限于省、自治区、直辖市行政区域内的，应当持有关证明文件和统计调查方案，向省、自治区、直辖市人民政府统计机构提出申请，由省、自治区、直辖市人民政府统计机构审批；统计调查范围跨省、自治区、直辖市行政区域的，应当持有关证明文件和统计调查方案，向国家统计局提出申请，由国家统计局审批。

第三十六条 本细则自发布之日起施行。

国家统计局　财政部
关于印发《调查队财务管理办法》的通知

（2005 年 12 月 21 日）

国家统计局各调查总队，各省、自治区、直辖市统计局、财政厅（局），新疆生产建设兵团统计局、财务局：

根据《国家统计局、中央机构编制委员会办公室、国家发展和改革委员会、财政部、人事部〈关于印发国家统计局直属调查队管理体制改革实施方案的通知〉》（国统字〔2005〕158 号）文件精神，国家统计局、财政部联合制定了《调查队财务管理办法》。现印发给你们，请遵照执行。

调查队财务管理办法

第一章　总　　则

第一条　为了规范国家统计局直属调查队（以下简称调查队）财务行为，加强财务管理和监督，保障统计调查任务顺利完成，促进统计事业健康发展，根据《中华人民共和国会计法》、《中华人民共和国预算法》、《行政单位财务规则》等国家有关法律法规，结合工作实际，制定本办法。

第二条　本办法适用于国家统计局直属各级调查队。

第三条　财务管理的基本原则是：贯彻执行国家有关法律、法规和财务规章制度；量入为出，勤俭节约，保障重点，兼顾一般；注重资金使用效益。

第四条 财务管理的基本任务：

（一）依法编制预算，统筹安排、节约使用各项资金，保障调查队正常运转的资金需要；

（二）定期编制财务报告，如实反映调查队预算执行情况，开展财务活动分析，参与财务决策；

（三）建立、健全内部财务管理制度，对调查队财务活动进行控制和监督；

（四）加强国有资产管理，防止国有资产流失；

（五）上级调查队对所属调查队的财务活动实施指导、监督。

第五条 调查队的财务活动在调查队负责人的领导下，由调查队财务部门统一管理。

第二章 财务机构和人员

第六条 按照经费领拨关系和预算管理权限，调查队预算管理分为下列级次：

（一）国家统计局是主管预算单位，负责向财政部报领经费，对调查总队核拨经费；

（二）各调查总队是二级预算单位，向国家统计局报领经费，对基层调查队核拨经费；

（三）各市（地、州、盟）、县（市、区、旗）调查队为基层预算单位。

第七条 国家统计局负责统一管理各项经费和固定资产投资，研究制订统一财会制度，负责国有资产的管理、财务监督、内部审计、业务培训等财会管理指导工作。

第八条 各调查总队应当设立独立的财会机构，配备财会机构负责人和专职财会、内部审计人员，统一负责组织管理本辖区范围内的财会工作。

第九条 各市（地、州、盟）、县（市、区、旗）调查队配备专职或兼职财会人员，负责本单位的财会管理、会计核算工作；县级调查队也可作为调查总队或市级调查队的报账单位，实行单据报账制。

第十条　调查队财会人员，必须按《中华人民共和国会计法》的要求，认真履行财会人员职责，办理本单位的财会事务。财会人员必须持证上岗，未取得会计从业资格证书的人员，不得从事财会工作。

第三章　预算管理

第十一条　调查队预算是根据其职责、工作任务、财力可能，以及年度业务变动等因素编制的年度财务收支计划。其预算由收入预算和支出预算组成。

第十二条　调查队预算由国家统计局“统一领导，分级管理”，实行“收支统一管理，定额或者定项拨款，超支不补，结余按规定使用”的管理办法。

第十三条　调查队预算编报程序实行“二上二下”，具体为：

（一）“一上”阶段：调查队根据本单位年度工作计划、工作任务和收支增减因素，编制年度预算，逐级审核、汇总后由国家统计局报送财政部；

（二）“一下”阶段：根据财政部核定的预算控制数，国家统计局将控制数分配下达到调查总队，再由调查总队分解下达到基层调查队；

（三）“二上”阶段：调查队根据下达的预算控制数，按照预算编制的要求，正式编制年度预算，逐级审核、汇总后由国家统计局报送财政部；

（四）“二下”阶段：根据财政部正式批复的部门预算，国家统计局批复调查总队预算，再由调查总队批复基层调查队预算。

第十四条　调查队预算必须集体讨论研究，按规定的权限履行职责，预算管理要按级次申请、领报经费，按批准的预算组织实施，并定期向上一级预算单位报告预算执行情况。

第十五条 预算一经批准，在年度内不得随意进行调整，确因特殊情况需要调整预算时，应当按照有关规定报批后，方可执行。

第四章 收入管理

第十六条 收入是指调查队为开展统计调查业务及其他活动依法取得的非偿还性资金，包括中央财政预算拨款收入、地方财政预算拨款收入和其他收入。

中央财政预算拨款收入是指为完成国家统一的调查任务，从上级主管部门取得的属财政性质的各类财政预算资金。主要包括从中央财政取得的统计经费、住房改革支出、基本建设投资以及其他财政性拨款等。

地方财政预算拨款收入是指调查队从地方财政取得的属财政性质的预算资金。

其他收入是指调查队依法取得的本条第一、二款以外的收入，包括通过接受国外政府、国际组织、政府有关部门和科研机构的委托调查、课题研究等取得的收入。

第十七条 调查队要加强收入管理工作，各项收入必须全部纳入单位预算，统筹安排使用。取得的各项收入要及时入账，并按照财务管理的要求，分项如实核算。

第五章 支出管理

第十八条 支出是指调查队开展统计调查业务及其他公务活动发生的资金耗费，包括基本支出和项目支出。

(一)基本支出

基本支出是指调查队为保障机构正常运转和完成日常工作任务发生的支出，包括人员经费和日常公用经费。

人员经费，包括基本工资、津贴、奖金、社会保险缴费、其他工资、离休费、退休费、退职费、抚恤和生活补助、医疗费、住房补贴和其他等。其中，社会保险缴费反映单位遵照国家有关规定为职工缴纳的基本养老、医疗、失业、工伤等社会保险费。

日常公用经费，包括办公费、印刷费、水电费、邮电费、取暖费、交通费、差旅费、会议费、培训费、招待费、福利费、劳务费、租赁费、物业管理费、维修费、设备购置费及其他费用。其中，福利费按国家有关规定计提使用；工会经费在其他费用中反映，按职工工资总额的2%提取使用。

（二）项目支出

项目支出是指调查队为完成特定的调查工作任务或事业发展目标发生的支出，项目按照性质分为基本建设类项目、抽样调查类项目、普查类项目和其他类项目。

基本建设类项目是指按照国家关于基本建设管理的规定，用基本建设资金安排的项目，其支出包括项目前期费用、征地费、建筑工程费、安装工程费、设备购置费和其他各项费用。

抽样调查类项目是指调查队完成的专项调查业务，其支出包括专业会议费、专业培训费、资料报表印刷费、计算机使用费、聘用调查员补贴、调查点户补贴、计算机及调查仪器购置费和其他费用等。

普查类项目是指调查队完成的国家普查及大型调查项目，其支出包括印刷费、公务费、试点费、补助费、专业培训费、数据处理费、资料邮运保管费及其他费用等。

其他类项目是指除上述三类项目之外的项目。

第十九条　支出管理原则

（一）调查队应当建立、健全各项支出的管理制度，分别按其用途列入相应的科目。各项支出的安排应当在调查队负责人的领导下，贯彻勤俭办统计事业的方针，由财务部门按照批准的预算和有关规定审核办理，做到量入为出，以利于统计事业的发展。

（二）调查队的支出应当严格按批准的预算，执行国家统一规定的开支范围及开支标准，严格审批手续，不得以领代报、以拨代支。不得随意改变资金用途和支出规模。

（三）在经费使用上，应当坚持“一支笔”审批制度，防止多头审批和无计划开支，重大开支项目应当集体讨论决定。各业务部门的经费开支，要事先提出使用计划交财务部门审核后执行。

第二十条 调查队的基本支出，应当严格执行国家规定的开支范围及开支标准，保证人员经费和单位正常运转必需的开支，对节约潜力大、管理薄弱的支出实行重点管理和控制。调查队用于职工生活福利待遇方面的支出，不得超出国家规定的范围和标准。

第二十一条 调查队的项目支出，应当按照批准的项目和用途使用；按照相应的财务制度和管理办法核算；按照规定建立健全项目支出绩效考评管理办法，对项目实施过程及完成结果进行综合性考核与评价；按照规定向上一级预算单位或财政部门报送项目支出报告，接受有关部门的检查、监督。

第二十二条 实行国库集中支付支出，应当按照有关规定，编报用款计划，办理资金支付，进行会计核算等。

第二十三条 基本建设类项目执行国家有关基本建设财务管理规定。

第二十四条 调查队对依法实行政府采购的项目，应当按照国家政府采购的有关规定执行。

第六章 结余管理

第二十五条 结余是指调查队年度收入与支出相抵后的余额，可分为基本支出结余和项目支出结余。

第二十六条 基本支出结余经批准后可结转下年度继续使用。主要用于零星增人增编等人员经费支出和日常公用经费支出，不能用于提高人员经费开支标准。

第二十七条 项目支出结余应分为净结余和专项结余。净结余是指项目当年已完成及由于受政策变化、计划调整等因素影响项目终止或撤销形成的结余。专项结余是指项目尚未执行完毕及项目因故未执行而推迟到下年度执行形成的结余。

净结余实行审批管理，调查队应逐级向上级主管部门申请，最终经财政部审批后方可动用。专项结余在专项任务完成前结转下年度继续使用，实行财政部备案管理，专项任务完成后按有关规定执行。

第七章 资产管理

第二十八条 资产是指调查队占有或者使用的、能以货币计量的经济资源，包括流动资产和固定资产等。

第二十九条 流动资产是指可以在一年以内变现或者耗用的资产，包括现金、银行存款、暂付款等。

调查队对现金和银行存款的管理按照国家有关规定执行。调查队应当由财务部门统一开设和管理银行存款账户，账户开设按国家有关规定执行。

调查队应当严格控制暂付款的规模，并及时进行清理，不得长期挂账。

第三十条 固定资产是指单位价值在规定标准以上，使用期限在一年以上，并在使用过程中基本保持原有实物形态的资产。单位价值虽未达到规定标准，但是耐用时间在一年以上的大批同类物资，作为固定资产管理。

调查队单位价值在500元以上的设备及建筑物作为固定资产管理，包括房屋和建筑物、交通运输工具、计算机及网络设备、计算机软件、仪器设备、家具用品、文体设备、图书资料和其他固定资产等。

第三十一条 调查队应当建立、健全资产管理制度，由财务部门统一建账、核算，由资产管理部门统一登记、管理。单位应当定期或不定期进行清查盘点。年度终了，应当进行全面清查盘点。对于盘盈、盘亏的资产应当按规定及时进行处理，做到账实、账卡相符。

第三十二条 调查队的固定资产，应当根据工作的需要和单位财力的可能，遵循科学、合理、节约、有效的原则，按照国家有关规定进行配置。

第三十三条 调查队的固定资产增加时，应当及时登记入账；减少时，应当按照国有资产规定办理报批手续，进行账务处理。

调查队的固定资产不计提折旧。

第三十四条 调查队资产的处置（包括报废、报损、变卖、无偿调拨等），凡在财政部审批权限以上的，按有关程序报财政部审批；凡在财政部审批权限以下的，按下列原则办理：

（一）房屋、土地、车辆以及单台（件）价值在 10 万元以上（含 10 万元）的资产处置，由占用单位提出书面申请经调查总队审查后，报国家统计局审批；

（二）凡单台（件）价值在 1 万元（含 1 万元）以上，10 万元以下的资产处置，由占用单位提出书面申请，报经调查总队审批；

（三）凡单台（件）价值在 1 万元以下的资产处置，经本单位主管领导批准后，报上级主管部门备案。

第八章 应缴款项和暂存款项的管理

第三十五条 应缴款项是指调查队依法取得并应上缴国库的预算资金。

应缴款项必须及时、足额上缴，不得挪用、截留或坐支。

第三十六条 暂存款项是调查队在业务活动中与其他单位或者个人发生的预收、代管等尚待结算的款项。

调查队应当对暂存款项进行严格管理，不得将应纳入调查队收入管理的款项列入暂存款核算，对各种暂存款应及时清理、结算，不得长期挂账。

第三十七条 调查队提取的职工个人住房公积金、其他具有专门用途的资金，在暂存款中核算。

第九章 单位划转撤并的财务处理

第三十八条 调查队改变隶属关系或性质，以及合并或撤销时，应当及时进行清算。

第三十九条 调查队清算应当在上级主管部门的监督指导下，全面清查资产，编制有关财务报表，提供资产目录以及往来款项清单，提出资产作价依据和往来款项处理办法，做好国有资产的移交、接收、划转手续，并妥善处理各项遗留问题。

第四十条 调查队清算结束后，经上级主管部门审核，并报国有资产管理部门批准，其资产分别按照下列规定处理：

（一）因隶属关系改变，成建制划转的调查队，全部资产无偿移交，并相应调整、划转经费指标；

（二）撤销的调查队，全部资产由上级主管部门报财政部或财政部授权国家统计局核准处理；

（三）合并的调查队，其全部资产及债权债务移交接收单位或新组建单位。合并后多余的资产由财政部或财政部授权国家统计局负责处理。

第十章 财务报告和财务分析

第四十一条 调查队的财务报告是反映调查队一定时期财务状况和调查队事业发展成果的总结性书面文件。包括财务报表和财务情况说明书。

第四十二条 财务报表包括资产负债表、收支情况表、支出明细表、专项经费使用情况表、基本情况数字表及其他有关附表。

第四十三条 财务情况说明书，主要说明调查队收入及其支出、结余及其分配的情况，资产负债变动的情况，对本期或者下期财务状况发生重大影响的事项，以及需要说明的其他事项。

第四十四条 财务分析的内容包括预算执行、开支水平、人员增减、固定资产利用等。

第四十五条 调查队应当依据会计核算资料和有关文件，真实、准确、完整的编制财务报告，认真进行财务分析，并按照规定报送上级主管部门。

第十一章 财务监督

第四十六条 财务监督是根据国家有关法律、法规和财务规章制度，对本单位和下级预算单位的财务活动进行审核、检查的行为。同时接受外部有关部门的监督。

第四十七条 调查队财务监督的主要内容包括：

（一）对预算的编制、执行和财务报告的真实性、准确性、完整性进行审核、检查；

（二）对各项收入和支出的范围和标准进行审核、检查；

（三）对有关资产管理要求和措施的落实情况进行检查督促；

（四）对存在违反财务规章制度问题的进行检查纠正。

第四十八条 调查队应建立内部审计制度，健全内部监督机制。

第十二章 会计档案管理

第四十九条 调查队会计档案的管理按照《财政部 国家档案局关于印发〈会计档案管理办法〉的通知》（财会字〔1998〕32号）有关规定执行。

第十三章 附 则

第五十条 各调查总队可根据本办法，制定具体实施细则。

第五十一条 本办法由国家统计局负责解释。

第五十二条 本办法自发布之日起施行。

总结经验 明确任务
全面推进统计改革和建设

——李德水(国家统计局局长)在全国统计工作会议上的讲话

(2005 年 12 月 27 日)

这次全国统计工作会议的主要任务是,贯彻落实党的十六大、十六届五中全会和中央经济工作会议精神,总结近几年来统计工作的主要经验,研究当前统计工作的形势,明确统计改革和发展的任务,部署 2006 年的工作。

一、统计改革建设取得显著成就

三年来,在党中央、国务院的领导下,统计部门认真贯彻落实党的十六大、十六届三中、四中、五中全会精神和中央领导同志关于统计工作的一系列重要指示,全面落实科学发展观,辛勤工作,无私奉献,圆满完成了各项任务,统计改革和现代化建设取得一些大的突破,统计工作跃上一个新台阶。特别是今年,各级统计机构按照党中央的统一部署,深入开展了以实践“三个代表”重要思想为主要内容的保持共产党员先进性教育活动,广大党员的理想信念进一步坚定,党的基层组织战斗堡垒作用进一步发挥,机关和党员作风明显改进,有力地促进了统计改革和建设。

(一)调查队管理体制改革取得重大进展

经国务院批准,国家统计局对直属调查队管理体制进行重大改革。改革的主要内容是:整合国家统计局直属三支调查队,在省(区、市)设立调查总队,在副省级城市、市(地、州、盟)和部分县(市、区、旗)设立调查队,将新疆生产建设兵团社会经济调查队改建为国家统计局新疆生产建设兵团调查总队;提高调查队规格,各级调查队与地方同级统计局级别相同;在市级以上调查队设立党组;各级调查队由国家统计局实行垂直管理。目前,改革的主要文件均已下发,各调查总队的领导班子基本组建完毕。调查队改革是我国统计体制改革的一项重大突破,增强了国家统计局对各级调查队的管理能力,其深远意义将会不断显示出来。

在改革调查队管理体制的同时,为适应新形势、新任务的要求,国家统计局对部分内设机构及其职能进行了调整,加强了国民经济核算、统计设计管理、服务业统计、社会统计和能源统计的力量。国家统计局还与世界银行合作,开展了中国统计体系改革发展战略研究,已取得初步成果。

(二)经济普查取得圆满成功

2003 年,国务院决定将工业普查、第三产业普查和基本单位普查整合,并将建筑业纳入普查范围,总称为经济普查。以今天上午国务院召开的总结表彰会为标志,第一次全国经济普查已圆满完成。通过这次普查,进一步摸清了我国第二、第三产业的"家底",初步建立了基本单位名录库及其维护更新制度,查实了 GDP 总量和结构。这次普查是和平时期的一次重大社会动员,是依法行政的一次重要实践,也是为全面落实科学发展观做的一项重要的基础性工作。党中央、国务院对这次普查给予充分肯定。温家宝总理在中央经济工作会议上指出:"这次经济普查工作是成功的,获取了大量丰富翔实的数据资料,更真实地反映了我国改革开放和现代化建设的成果和综合国力。"经济普查的结果公布之后,在国内外引起强烈反响,总体评价是积极的。

今年我们还组织实施了全国 1%人口抽样调查。目前已顺利完成调查登记工作,正在进行数据的录入、审核和验收。这项调查将为制定“十一五”规划和人口与劳动就业政策提供重要依据。

(三)国民经济核算制度进一步完善

从2003年起全面实施了依据联合国SNA(1993)制定的新国民经济核算体系;从2004年开始实行了按初步核算、初步核实、最终核实三个步骤进行的GDP核算和数据发布制度;建立了以常住人口计算人均GDP的制度,规范了地区GDP和GNI的中文名称;国家统计局成立了国民经济核算领导小组和专家咨询小组,按季听取专家关于GDP核算的咨询意见。2005年又建立了地区GDP联审制度,在农业、工业、建筑业和批发零售住宿餐饮业等四个专业实行下管一级,促进了地区与全国GDP数据的衔接。

(四)统计制度逐步健全

全面实行了新的工农业生产发展速度计算方法,建立了劳动力调查制度和高技术产业统计制度,正在建立文化产业、信息产业、社会保障和环境综合统计制度。以经济普查为契机,初步制订了第三产业调查制度的改革方案,正在进行服务业抽样调查试点。进一步完善了城乡贫困监测体系。全面建设小康社会统计监测指标体系已研制完成并下发各地试行。制定和发布了《文化及相关产业分类》、《统计上划分信息相关产业暂行规定》、《主要工业产品产销存目录》和《关于统计上对公有和非公有控股经济的分类方法》。这些制度填补了相关领域的空白。

(五)统计法制建设进一步加强

2004年11月,全国人大常委会对统计法实施情况进行了执法检查。今年4月,全国人大常委会审议了《关于检查〈中华人民共和国统计法〉实施情况的报告》。这是国家最高权力机关第一次对统计工作进行全面检查和监督,对推动统计改革和建设、加强统计法制具有重大而深远的意义。去年12月,国家统计局通过新闻媒体集中曝光了30起统计违法案件。各级政府统计机构及时查处了5377起经济普查中的统计违法案件,在社会上引起了较大的反响,对保障经济普查数据质量起了重要作用。

今年5月，按照全国人大常委会执法检查组的要求和国务院领导的批示精神，国家统计局正式启动《统计法》修改工作。在广泛征求社会各界意见的基础上，目前已形成《统计法(修改稿)》初稿(印发这次会议征求意见)。国务院于去年9月公布了《全国经济普查条例》，为依法开展经济普查提供了重要的法律保障。近日，国务院又通过了《关于修改〈中华人民共和国统计法实施细则〉的决定》，授予国家统计局各级调查队行政执法权。近年来，统计部门深入开展了"四五"普法教育，增强了全社会统计法律意识。一些地方将统计法列入党校和行政学院的教学内容，加大了对党政领导的统计普法宣传力度。

(六)统计信息化建设取得新进展

初步建成了国家—省(区、市)—重点城市—部分县区的统计信息主干网，不少地区实现了县县联网，网络化工作方式已成为统计部门数据交换、公文处理和信息共享的主要方式与途径。大中型工业企业、房地产开发企业和中央企业集团网上直报范围迅速扩大，提高了统计调查的时效性和数据质量。许多地方正在积极探索应用电子台账和电子报表的新途径。

(七)巡查工作取得明显效果

2003年国家统计局建立了对地方统计机构的巡查制度，今年又建立了对国务院有关部门的巡查制度。目前已完成了对15个省(区、市)和两个部门的巡查。通过对地方和部门执行统计法和国家统计制度、统计数据质量和行风等情况的检查，加强了与各省(区、市)统计局、调查队以及部门间的联系与沟通，强化了国家统计局对地方和部门统计工作的监督和指导，对推动统计工作、提高统计数据质量具有重要的意义。各地统计局、调查队和国务院有关部门对国家统计局的巡查给予了积极的配合和支持，同时还对改进国家统计调查和加强统计工作管理提出了许多很好的建议。许多省(区、市)统计局也建立了巡查制度，取得了很好的效果。

(八)部门统计工作得到明显加强

国家统计局建立了及时向部门提供统计资料制度，调整了有关部门统计资料的报送渠道，加强了对部门统计工作的协调，进一步规范了部门统计调查项目的审批和备案制度，强化了对部门统计人员的培训，提高了对部门统计工作的指导能力。各部门领导对统计工作重视程度提高，部门统计机构和人员有所加强。许多部门依据统计法，制定了部门统计规章。部门统计机构适应形势发展的需要，努力改革部门统计指标体系，不断扩大抽样调查的应用，不少部门建立起了比较完善的行业统计，在指标体系设置和统计调查方法改革等方面体现了与国际接轨的精神。及时提供统计信息，深入开展统计分析，部门统计为国家宏观调控和部门管理提供了可靠的依据，为政府综合统计部门提供统计资料更加规范及时，为企业和社会公众提供了优质服务。行业协会的统计工作也逐步完善，发挥了重要作用。

(九)统计服务水平进一步提高

各级统计机构加强了对经济社会运行情况的分析监测和重大问题的调研。一大批统计报告受到党中央、国务院和地方各级党政领导的重视，在社会上也产生了较大反响。中办、国办采用统计系统上报的信息量大幅增长，其中相当一部分信息受到党中央、国务院领导同志重视，信息报送量和采用情况在各部门中名列前茅。建立并启动了快速应急机制，在“非典”疫情、“禽流感”疫情发生之时，固定资产投资、房地产市场波动之际，为党中央、国务院迅速了解和掌握情况、及时决策提供了重要的统计信息。

国家统计局受中央文明办委托，首次采用直接暗访和实地考察方式开展了全国文明城市测评工作，受到了中央领导同志的高度称赞和社会各界的普遍好评；受中纪委、中组部、中宣部、中央综治委的委托开展了多项重大专项调查。各地统计部门也开展了大量社情民意调查。这些调查都得到了中央领导和各地党政领导的高度评价。

即将落成的国家统计资料馆将为社会公众提供一个更加开放、便捷的服务窗口。统计系统的政务管理、财务管理、教育科研、新闻出版等工作也取得了新的进步。按照GDDS的要求进一步规范统计数据的发布，增强了统计数据的透明度。积极收集国际统计信息，加强与有关国家和国际组织的统计信息交流，增进了中国与世界间的相互了解。

（十）统计队伍建设和文化建设取得丰硕成果

近几年来加大了统计部门领导班子建设力度，一大批政治坚定、业务精通、作风优良的干部走上领导岗位，领导干部结构进一步年轻化、知识化。通过开办省级统计局局长和调查队队长研究班、市级统计局局长进修班，提高了局长、队长们的政策水平和业务能力。按照干部培训和人才工作规划，加大业务培训力度，选送部分年轻干部到高等院校或赴国外深造。实施了统计从业资格认定制度，有6万多人参加了从业资格考试。

各级统计机构积极响应国家统计局党组的号召，大力开展以“追求真实、甘于奉献”为中心内容的统计文化建设。通过表彰先进、树立榜样，加强职业道德教育，召开研讨会和经验交流会，举办丰富多彩的文艺活动，积极宣传和推广统计文化。今年10月在北京举行了首次全国统计文化建设成果交流会和文艺调演，生动地展现了统计人的精神风貌。统计文化已成为鼓舞统计人、凝聚统计人、塑造统计人的强大力量，为统计改革与发展提供了重要的精神动力。

通过狠抓队伍建设和统计文化建设，统计人员素质全面提高，经受住了各种考验。2003年，面对突如其来的“非典”疫情，广大统计工作者临危不惧，坚守工作岗位，忘我地战斗在数据采集的第一线，确保了统计数据按时上报。在经济普查和1%人口抽样调查工作中，广大统计人员走街串巷、登门入户，克服了重重困难，确保了调查的成功。在调查队管理体制改革中，广大统计干部能够以大局为重，服从组织安排，积极配合支持改革。事实证明，统计队伍是一支特别能吃苦、特别能战斗的队伍，是共和国一笔宝贵的财富。统计工作的每一点成绩，都凝结着广大统计工作者的心血、智慧和汗水;统计工作的每一点进步,都是与广大统计工作者的无私奉献、艰苦探索和奋力拼搏分不开的。我谨代表国家统计局对全国广大统计工作者表示由衷的感谢和诚挚的问候!

回顾这几年的统计改革和建设实践,我们对社会主义市场经济条件下统计工作的规律性有了进一步的认识,得到了一些重要启示,也积累了一些经验。

第一,坚持以科学发展观统领统计工作全局。科学发展观是指导发展的世界观和方法论的集中体现,全面落实科学发展观是统计改革和建设的根本要求。实践证明,统计部门只有准确、及时地反映经济社会全面协调可持续发展情况,反映以人为本、构建和谐社会情况,统计工作才能适应新形势的要求。要以科学发展观为根本指导思想,统筹各项统计改革与建设,统筹安排地方、国家调查队和部门的统计工作,统筹配置各类统计资源。要尊重统计人、关心统计人、爱护统计人、培养统计人,在统计系统形成团结和谐、积极向上的局面。

第二,坚持以提高统计数据质量为中心。统计的生命在于真实。追求真实是统计工作者的内在品格和庄严使命。提高统计数据质量,生产出真实可信的统计数据,是统计工作的出发点和归宿,是检验统计改革和建设成效的根本标准,是各级统计机构的第一要务。统计工作的中心只有一个,任何时候、任何情况下,都不能偏离这个中心。科学性、准确性、时效性、适用性是统计数据质量的客观要求,准确性是最为根本的。完善统计体制,健全工作机制,实行统计法治,提高人员素质,是提高统计数据质量的必由之路。

第三,坚持以优质服务为导向。统计数据的价值在于使用。统计数据是党和国家对经济社会实行全面管理的基础和决策的参考依据。同时,政府统计数据又是重要的公共产品,来自社会必须回报社会。提供优质高效服务是统计工作的根本宗旨。为党和国家决策管理服务,为公民参政议政和民生服务,为企业生产经营服务，为科学研究服务，为国际社会认识中国服务，是统计服务的五大领域，而为党和国家决策管理服务是第一位的。要增强服务意识，把握服务需求，改进服务手段，创新服务方式，扩大服务对象，不断提高服务水平。

第四，坚持以改革为动力。实践证明，只有坚持改革创新，才能解决统计工作面临的各种矛盾，才能适应新形势对统计工作的新要求，才能带来统计事业的新发展。统计改革必须立足于中国国情，着眼于提高统计数据质量，着力于完善统计体制、机制。决策改革要明确方向，审时度势，通盘规划，看准了的事就要大胆决断；实施改革要有义无反顾的坚定信心；在具体操作上要精心设计方案，扎实稳步推进。

第五，坚持依法统计。依法统计是社会主义市场经济条件下科学有效地组织统计工作的必由之路，是改善统计工作环境、维护统计工作秩序、保障统计数据质量的客观要求，也是统计事业长期稳定发展的根本保障。要依法完善统计法律制度，依法审批统计调查项目，依法开展统计调查，依法管理和公布统计资料，依法保护调查对象的权益，依法实施统计行政许可项目，依法查处统计违法行为，把统计工作切实转入法治化轨道。这次全国经济普查，充分发挥了法制的引导、规范、推动和保障功能，是依法统计的成功范例。

第六，坚持与国际一般规则接轨。天下统计是一家。世界各国说的话儿不同，但统计语言是基本一样的。只有这样，才可以比较、可以借鉴。随着中国经济的快速发展和世界经济一体化的推进，中国在世界中的地位日益重要。中国需要世界，世界也离不开中国。官方统计是中国联系世界的重要桥梁之一。多年的实践表明，立足中国国情，借鉴国际经验，与国际统计工作的一般规则接轨，既是中国统计改革发展的需要，又是中国提高对外开放水平的需要。我们必须继续努力，把业已形成的中国统计与国际统计广泛交流、充分合作的新格局不断发扬光大。

二、统计工作面临的形势和奋斗目标

正如本世纪头二十年是我国发展的重要战略机遇期一样，我国的统计事业也进入了一个加快改革和蓬勃发展的重要战略机遇期。

一是党和政府高度重视统计工作。党的十六届三中全会通过的《中共中央关于完善社会主义市场经济体制若干问题的决定》明确提出："完善统计体制，健全经济运行监测体系，加强各宏观经济调控部门间的信息共享，提高宏观调控水平。"这是第一次在党的纲领性文件中将统计工作纳入国家宏观调控体系，将完善统计体制作为提高宏观调控水平的重要内容之一。今年 11 月 24 日，胡锦涛总书记主持中央政治局常委会，亲自听取国家统计局关于第一次全国经济普查的汇报，对经济普查给予了充分肯定并作出了重要指示。几年来，温家宝总理多次对统计工作作出重要指示。在今年中央经济工作会议上，温家宝总理又指出：统计工作有很大进步。统计部门要适应社会主义市场经济发展和对外开放不断扩大的要求，进一步完善统计体制，深化统计制度改革，改进统计手段，充实统计力量。要严格执行统计法，敢于坚持实事求是，不断提高统计数据质量。家宝总理还要求各级党委、政府和社会各方面要更加关心和支持统计工作，切实维护统计工作的统一性和统计数据的客观性、权威性。直接分管统计工作的曾培炎副总理更是经常对统计部门作出重要指示，提出具体要求，并亲自担任一些重大国情国力调查的领导小组组长。党中央和国务院有关部门对统计工作也给予了有力的支持。地方各级党政领导也越来越重视统计工作。大家都明显感觉到各级统计机构的地位普遍得到提高。

二是日益增长的多重统计需求为统计事业加快发展提供了强大的动力。党的十六届五中全会和今年中央经济工作会议提出，全面贯彻落实科学发展观，把经济社会发展切实转入科学发展轨道，各级党政领导和综合管理部门必将要求统计部门提供准确性更高、覆盖面更全、时效性更强的经济发展数据，也必将要求统计部门提供更多、更详尽的有关人口、资源、环境、就业、分配、社会保障等社会统计信息。企业等各类市场主体为了正确判断行业发展和市场走向，捕捉商机和规避风险，也更加关注并自觉地使用政府发布的统计信息。广大社会公众出于对国家发展和自身利益的关心，政府统计数据也成了日常生活中不可或缺的重要信息。中国经济已经和世界经济紧密联系在一起，国际社会希望更多地了解中国经济社会发展的实际情况，对中国的统计信息也比以往更加关注。所有这些需求，构成了我国统计事业快速发展的强大拉动力。

三是修改统计法将为推动统计改革提供强有力的法律保障。现行《统计法》的许多条款已经不能适应统计工作的新形势。修改完善《统计法》对统计工作的影响具有长期性、全局性和根本性。通过修改《统计法》，可以强化统计机构和统计人员独立行使职权的法律制度和机制，加强对被调查对象权益的保护，科学确定政府统计调查的分类及其管理制度，进一步规范统计资料的公布和管理等，切实解决一些长期以来困扰统计工作的突出问题，为推动统计改革发展提供强有力的法律保障。

四是统计事业已经拥有一个比较坚实的基础。经过 20 多年的统计改革和建设，我国统计制度方法已基本与国际接轨，新国民经济核算体系和统计信息工程已初步建成，统计法律制度框架初步建立，统计机构比较健全，还拥有一支优秀的统计队伍。

五是统计改革发展具有良好的外部环境。随着科学发展观和正确政绩观的逐步落实，将为统计工作的发展提供更为宽松的社会环境。广大群众和社会各界也对我国统计改革和发展寄予很大的期望，都在关心、支持和帮助我们。我国统计改革和建设还得到国际统计界的关注和支持。我们已经与国际统计界建立了密切的合作关系，可以充分借鉴国际上一切先进的统计理论、技术和方法。此外，计算机技术、数据库技术、网络技术、遥感技术等现代信息技术的发展，可为统计工作提供更先进的手段。

在充分把握上述发展机遇的同时，我们必须清醒地认识到统计工作还面临着严峻的挑战。

一是统计工作环境的巨大变化增大了统计工作的难度。随着我国社会主义市场经济体制的逐步建立，经济主体日趋多元化，投资方式、就业方式、收入分配方式、消费方式日益多样化，经济结构和经济联系日益复杂化，地区间、城乡间、各个社会阶层间的差异更加明显；统计调查对象数量成倍增加，变动相当频繁，对统计的支持和合作程度有所下降。所有这些，都使组织统计调查的难度越来越大。

二是特殊的国情决定了统计改革的复杂性。目前，我国正处于社会主义初级阶段，具有独特的社会经济结构。我国国民经济实行分级管理体制，各级政府都要利用统计数据管理经济和社会，各类统计数据不仅要能够反映全国的总体水平，还要反映各地方的发展情况，这在一定程度上加重了抽样调查方法的工作量。我国的区域性统计数据，客观上还起着衡量各级政府促进经济社会发展政绩的作用，统计数据容易受到地方的干扰。这些都决定了统计体制和制度方法改革的复杂性。

三是统计工作本身还存在着不少突出问题。主要是：为调查对象着想、减轻调查对象负担、争取调查对象配合的观念淡薄；统计部门对纵向管理和横向协调都缺乏强有力的制度保障，内部机构的设置和工作流程也不够合理；统计调查的制度方法还不完善，特别是第三产业的统计缺口很大；统计法制不够健全，执法环境比较差，执法力量也比较弱；基层基础工作比较薄弱，规范性不够，负担过重，力量不足，经费也相对短缺。这些问题已严重制约了统计事业的发展。

面对难得的机遇和严峻的挑战，我们深感责任重大。各级统计机构一定要全面落实科学发展观，坚决贯彻中央领导的重要指示，进一步增强改革的责任感、使命感和紧迫感，充分发挥广大统计工作者的积极性和创造性，努力奋斗，坚定不移地推进统计改革和建设。

经过多年的探索与实践，我们已经初步明确了统计改革发展的目标。这就是：建立既符合中国国情、又与国际一般规则基本接轨的现代统计体系，切实提高统计数据的科学性、准确性和统计工作的权威性，为党和政府、社会各界以及国际社会提供优质高效的统计服务！

三、2006 年的工作安排

2006 年是实施统计改革和建设的关键一年，要以提高统计数据质量为中心，着重抓好以下工作。

（一）全面实施调查队管理体制改革

改革调查队管理体制，是完善统计体制的一项重要内容。必须按照中央有关文件的要求，积极稳步推进。省级调查总队一季度内要全部组建到位，副省级城市和市级调查队上半年内基本完成组建工作，三季度基本完成县级调查队的组建。要切实加强对改革的领导，积极争取中央有关部门和地方政府的支持。按照分工不分家的原则，妥善处理好局队关系、国家队和地方队的关系。加强对这项改革的督察和指导，及时解决新问题，确保改革顺利实施。要认真配备好省以下各级调查队的领导班子，切实做好人员的选配安置工作，努力保持队伍的稳定和工作的连续性。

根据全国人大常委会统计法执法检查报告的要求，积极探索省级统计局对省以下政府统计机构实行垂直管理的体制。进一步理顺国家统计局内设机构的工作关系。抓紧制定地方统计调查项目管理办法。

（二）认真做好重大国情国力调查

第二次农业普查是我国又一项重大的国情国力调查，是贯彻落实科学发展观、推进社会主义新农村建设的重大举措。普查目的是为了获得农业生产、农田水利、农村基础设施建设、农民生活和农村劳动力转移等方面的基本信息，掌握农业、农村和农民的发展变化情况。搞好这次普查，有利于制定科学的粮食生产政策，保障国家粮食安全；有利于推动农业结构调整，实现农业可持续发展；有利于统筹城乡发展，建设社会主义新农村。各地区、各部门要以高度的政治责任感、严谨的科学态度和一丝不苟的求实精神，认真贯彻《国务院关于开展第二次全国农业普查的通知》，精心做好各项准备工作。抓紧拟订《全国农业普查条例》上报国务院审定，建立健全各级普查机构，落实普查经费，完善普查方案，搞好普查试点，选好普查人员，做好培训和宣传工作。

广泛动员社会力量，认真做好经济普查资料的开发应用。进一步完善基本单位名录库并做好维护工作。抓好1%人口抽样调查的数据审核、验收、汇总和发布，做好资料开发和分析研究工作。

(三)进一步加强国民经济核算和服务业统计

继续做好农业、工业、建筑业和批发零售住宿餐饮业下管一级和地区季度GDP数据联审工作。加快推广实施GDP下算一级制度。认真落实以常住人口计算人均GDP的制度。系统修订GDP和资金流量表的历史数据。修订和完善非经济普查年度GDP和资金流量等核算方法。继续做好十省市环境污染损失调查试点工作。

健全服务业统计是提高国民经济核算水平的迫切要求。在总结试点经验的基础上，进一步完善服务业重点行业抽样调查方案，并在全国范围内试行。加强和规范部门服务业统计工作。建立部门服务业统计联席会议制度。努力形成以普查为基础，抽样调查与专业报表、部门报表相结合，各行业相互配套的服务业统计调查体系。

(四)深化统计制度方法改革

坚决贯彻落实中央经济工作会议关于深化统计制度改革和曾

培炎副总理在建设节约型社会工作会议上的要求，尽快建立和完善能体现自主创新能力的统计指标体系，尽快研究制定不同功能区域的评价指标和划分标准，尽快健全对各地区、各行业节能降耗的统计发布制度。明年要建立 GDP 能耗指标公报制度，公布各地区万元 GDP 能耗及其降低率、规模以上工业企业万元工业增加值能耗和万元 GDP 电力消耗量指标，以及工业排污量和基本农田保有量、占补平衡指标指标。这几项统计制度对于全面落实科学发展观具有重要意义，我们要高度重视，认真做好。

进一步巩固经济普查的成果，做好经常性统计制度与普查制度的衔接。以普查数据为基准，系统修订历史数据，做好 2005 年定报、年报数据的调整和衔接。认真实施全国劳动力调查，积极落实调查经费，确保调查质量。进一步规范健全规模以下经济的抽样调查制度。完善限额以上批发零售住宿餐饮业统计制度、社会和科技综合统计年报、固定资产投资统计制度以及城乡住户调查。制定完善统计上使用的城乡划分标准、常住人口标准和主要产品分类目录。

（五）努力提高部门统计工作水平

国家统计局将加大对部门统计工作的协调力度，研究制定加强和完善部门统计工作的指导意见。按照统计法的要求建立对部门统计标准的审批制度，完善部门统计调查项目审批规定，制定行业协会统计活动管理办法，进一步强化对部门统计调查项目的审批和备案。继续做好对部门统计工作的巡查，加强对部门统计人员的业务培训，建立对部门统计工作的评比表彰制度。进一步明确政府综合统计与部门统计职能的划分，健全资料交换的渠道，着手建立政府综合统计与部门统计的信息共享平台。政府综合统计部门要及时向部门提供综合统计数据，各部门也要向政府综合统计部门及时提供各项基础性资料。各部门要高度重视统计工作，积极改革统计制度，努力精简统计报表，加强统计基础建设，深入开展统计分析，努力提高部门统计工作水平。

(六)切实加强基层基础建设

基层基础工作薄弱是统计工作中一个突出的问题,必须下更大力量加以解决。明年要切实迈出有力步伐。努力改善基层工作条件。国家统计局和各省(区、市)统计局在布置调查任务时,要充分考虑基层的承受能力,尽最大可能减轻基层负担;在安排经费时要加大向基层倾斜的力度。基层统计机构也要以优质高效的统计服务积极主动地争取当地政府的财政支持。加强基层基础工作规范化建设,实现统计数据采集、审核、加工、管理和公布全流程的规范化、制度化。落实基层统计工作责任制,严格依法统计,坚持独立开展调查、独立实施监督、独立上报统计资料。认真开展从业资格认定工作,加强现场调查技能培训,不断提高基层统计人员业务素质。为总结推广各地在加强基层基础建设方面的好经验,明年在广泛调查研究的基础上,将召开全国统计基层基础建设经验交流会。

(七)认真修改《统计法》

国家统计局将继续就《统计法》修改进行深入调研,广泛听取各方意见。各地区、各部门一定要高度重视,认真提出修改意见,为制定出一部能够有效规范社会主义市场经济条件下统计工作的法律献计献策。明年国家统计局要提出《统计法》修改送审稿上报国务院,并配合国务院法制办做好修改论证工作。

启动"五五"统计普法工作,重点加强对各级党政领导和统计人员的普法教育。加大统计执法检查力度,严肃查处在统计上的弄虚作假行为。为贯彻落实《全面推进依法行政实施纲要》,研究推行统计行政执法责任制,切实提高依法统计的水平,明年将召开统计系统依法行政工作会议。

(八)加快推进统计信息化建设

抓紧制定统计信息化发展"十一五"规划,组织实施统计信息工程扩建项目,在构建统一规范的统计信息平台、拓宽信息高速公路和延长网络节点三个方面要取得重大突破。做好 1% 人口抽样调查数据处理，开发农业普查数据处理程序。积极搞好元数据库的建设和应用工作。继续做好大中型工业企业、房地产开发企业和中央企业集团的联网直报。在农产量调查中积极探索应用卫星遥感技术。

（九）全面提高统计服务水平

统计部门要密切关注经济社会运行情况，特别是要对建设社会主义新农村、经济增长、结构调整、对外贸易、市场价格、房地产、能源、企业效益、构建和谐社会等问题进行深入研究，积极为党政领导提供咨询建议。实施好各项专项调查，做好社情民意调查。启用国家统计资料馆，办好各级统计信息网，提高为社会公众的服务水平。

（十）加强统计队伍建设

加强各级统计机构领导班子的思想建设、组织建设、作风建设和业务建设，努力形成团结向上、奋发有为的领导集体。贯彻落实《国家统计局人才工作规划（2005－2010 年）》，加强统计人员业务培训。努力办好省级统计局局长和调查总队总队长研究班。加强统计职业道德教育，坚持讲真话，报实数，敢于抵制和大胆揭发在统计上的弄虚作假行为。深入开展丰富多彩的统计文化建设活动。要建立健全惩治和预防腐败体系，严格执行党风廉政建设责任制。

在做好以上各项工作的同时，要做好对地方统计工作的巡查，强化对地方统计工作的监督检查；加强财务管理，提高资金使用效益；做好涉外调查管理工作，维护国家安全和社会公共利益；加强统计科学研究，深入探索当前统计工作面临的重大理论和实践问题；加强国际统计信息开发和国际合作，进一步加快与国际接轨的步伐；加强统计新闻和出版工作，宣传“十五”时期我国经济社会发展成果和全面建设小康社会的新成就以及统计改革建设的新进展。

同志们！建立既符合我国国情、又与国际一般规则基本接轨的现代统计体系，提高统计的科学性、准确性和权威性，需要付出长期而艰苦的努力，任重而道远。各级统计机构和广大统计人员一定要进一步增强忧患意识和责任感，更加紧密地团结在以胡锦涛同志为总书记的党中央周围，全面落实科学发展观，坚定信念，奋力拼搏，努力完成各项任务，为开创统计工作的新局面而努力奋斗！

年度 GDP 历史数据修订方法

国家统计局

（2006 年 1 月 4 日）

利用经济普查资料计算出普查年度（2004 年）GDP 数据后，为了保持 GDP 数据的历史可比性，按照国际惯例，需要对 2004 年以前一定时期的年度 GDP 历史数据进行修订。根据我国的实际情况，我们制定了年度 GDP 历史数据修订方法，用于统一和规范国家和地区年度 GDP 历史数据的修订工作。

一、生产法 GDP

（一）修订历史数据的行业分类

由于 2004 年 GDP 初步核算数分为农林牧渔业、工业、建筑业、交通运输仓储及邮电通信业、批发零售贸易餐饮业、房地产业、金融保险业、其他服务业八个行业，为了获得普查年度按常规资料计算的 GDP 与按普查资料计算的 GDP 的差额，为修订历史数据提供基础，本次历史数据修订，也按上述八个行业进行。

（二）修订历史数据时期的确定

按普查资料计算的 GDP 与按常规资料计算的 GDP 主要有以下两个方面的变化：一是核算方法改变引起的变化，如工业按生产法和收入法的简单平均数计算增加值，建筑业从施工企业来计算增加值，间接计算的金融媒介服务处理方法的变化，自有住房存量估价方法的变化等；二是资料来源增加引起的变化，包括历史已有经济活动的资料来源增加，如个体经营户资料、产业活动单位资料等，以及新出现的经济活动的资料来源增加，如物业管理资料、计算机服务资料等。

根据经济普查年度GDP数据变化的原因，变化大小，以及以前历史数据修订的情况，来确定各行业历史数据修订的时期。原则上，核算方法引起的变化回调到1953年，资料来源增加引起的变化回调到上一个普查年份的次年。

房地产业和金融保险业数据变化主要是核算方法引起的，因此，历史数据修订到1953年；交通运输仓储及邮电通信业、批发零售贸易餐饮业和其他服务业数据变化主要是资料来源增加引起的，历史数据修订到1993年，即第一次第三产业普查年度的次年；农林牧渔业数据变化尽管是核算方法引起的，但由于差额较小，历史数据修订到1993年；工业数据变化由核算方法和资料来源增加两个方面引起的，鉴于工业数据变动幅度不大，且1995年工业普查后没有根据普查数据修订历史数据，其历史数据修订到1993年；建筑业数据变化也是由核算方法和资料来源增加两个方面引起的，但变化变动幅度不大，历史数据也修订到1993年。

各地区在修订地区GDP历史数据时，可根据本地区的实际情况确定修订时期，如果数据变化较小，历史数据可以只修订到2000年。

(三)修订历史数据的原则

原则上，保持修订后的八个行业增加值和GDP的增长趋势与原历史数据的增长趋势基本一致，但增长速度可以有所变化。

(四)修订历史数据的步骤

首先修订现价数据，然后修订不变价数据，最后根据修订后的不变价数据计算增长速度。

现价数据修订步骤为：先对八个行业的现价增加值进行修订，然后汇总八个行业的修订结果，得到三次产业增加值和GDP。

不变价数据修订步骤为：先确定每个行业的缩减指数，然后根据修订的现价数据和缩减指数计算不变价数据。

(五)修订历史数据的方法(略)

二、支出法 GDP

(一)历史数据修订的基本要求和步骤

支出法 GDP 历史数据修订时期为 1979—2003 年。

历史数据修订的基本要求是:数据平滑过渡,保持原现价 GDP 数据时间序列的变化趋势;在支出法 GDP 构成项的缩减指数尽可能保持不变的情况下修订不变价数据。

历史数据修订的步骤是:以 1978 年和 2004 年为基准年,先修订历年现价数据,然后修订不变价数据,并据此计算 GDP 增长速度。

(二)历史数据的修订方法(略)

统计联系协调委员会议事规则

（试行）

国家统计局

（2006 年 1 月 10 日）

根据国家统计局、中央编办、国家发展改革委、财政部和人事部联合印发的《国家统计局直属调查队管理体制改革实施方案》，国家统计局各级调查队和同级统计局建立统计联系协调会议制度。为保障这项制度的实施，国家统计局决定在设有国家统计局派出调查队的省（区、市）、副省级城市设立统计联系协调委员会。国家统计局统一领导各地区统计联系协调委员会的工作。现就统计联系协调委员会议事规则制定如下。

一、统计联系协调委员会的人员组成

（一）统计联系协调委员会设主任、副主任各 1 名。主任由地方统计局局长担任，副主任由国家统计局调查队队长担任，成员为地方统计局和国家统计局调查队的领导班子成员。

（二）统计联系协调委员会实行主任负责制，主任对本地区的统计工作负总责。主任领导统计联系协调委员会的工作，副主任协助主任工作。

（三）为便于开展工作，统计联系协调委员会设秘书长和副秘书长各 1 名。秘书长和副秘书长列席全体会议和专题会议，具体负责安排会议、会议记录、会议纪要和检查会议议定事项的落实。

秘书长为地方统计局办公室主任，副秘书长为同级国家统计局调查队办公室主任。

（四）国家统计局调查队组建之后，即由地方统计局局长负责组建统计联系协调委员会。省级统计联系协调委员会组成人员，由省级统计局会同调查总队上报国家统计局批复。

二、主要职责

统计联系协调委员会主要负责协调涉及局队双方关系的下列事项：

（一）重大国情国力调查的组织实施；

（二）统计调查项目和制度方法的实施；

（三）统计信息化建设和统计信息平台的管理；

（四）统计信息交换和统计信息共享及重大信息发布；

（五）经济形势分析；

（六）地方调查队的管理和指导；

（七）党的建设、干部交流和培训；

（八）资产管理和后勤服务。

属于局、队党组各自职责范围之内的事项，由局、队党组自行决定。

三、会议制度

统计联系协调委员会可召开全体会议或专题会议对职责内的事项进行协调。

（一）全体会议根据工作需要适时召开，每半年至少召开一次，主要讨论职责中的重大问题，由主任召集和主持，会议纪要由主任和副主任联署签发。

（二）专题会议可根据需要不定期召开，双方领导班子中的有关同志参加，由主任或主任委托副主任召集和主持。会议纪要由主持会议的主任或副主任签发。

（三）在确保国家统计局调查队依法独立调查、独立上报统计数据的前提下，统计联系协调委员会负责协调的事项，经充分协商后由主任决定。如有重大分歧应及时向国家统计局反映。

四、议定事项的落实和检查

统计联系协调委员会议定的事项，地方统计局和同级国家调查队必须坚决执行，积极组织落实。

统计联系协调委员会秘书长和副秘书长分别负责检查地方统计局和国家调查队落实会议议定事项和裁决事项的情况，并将落实情况及时向统计联系协调委员会主任、副主任汇报，同时以书面形式上报国家统计局。

本规则由国家统计局负责解释。

调查队银行账户管理办法

国家统计局

（2006 年 1 月 17 日）

第一章　总　　则

第一条　为规范国家统计局直属调查队银行账户管理，积极推进银行账户审批管理工作，根据《财政部、中国人民银行、监察部、审计署关于印发〈中央预算单位银行账户管理暂行办法〉的通知》(财库〔2002〕48 号)精神，结合调查队的实际情况，制定本办法。

第二条　本办法适用于国家统计局直属各级调查队(以下简称调查队)银行账户(包括零余额账户和实有资金账户)的管理。

第三条　调查队的银行账户管理按照预算管理级次实行“统一领导，分级管理”。国家统计局是主管预算单位，负责办理调查总队银行账户的审批、管理工作；调查总队是二级预算单位，负责本级及所属单位银行账户的管理；市级调查队和县级调查队是基层预算单位，负责本级银行账户的管理。

第四条　调查队财务机构统一办理本单位银行账户的开立、变更、撤销手续，并负责本单位银行账户的使用和管理。

第五条　调查队负责人对本单位银行账户的申请、开立及使用的合法性、合规性、安全性负责。

第六条　调查队应在国有、国家控股银行或经批准允许为其开户的商业银行(以下简称银行)开立银行账户。

第二章 零余额银行账户的设置

第七条 调查队零余额账户的设立、使用和管理按照《统计部门财政国库管理制度改革资金支付管理实施办法》执行。

第八条 调查队使用财政性资金应开设一个零余额账户，按预算级次逐级提出设立零余额账户的申请，报国家统计局。

第九条 国家统计局审核汇总上报的零余额账户开户申请，填写《财政授权支付银行开户情况汇总申请表》，上报财政部审核。

第十条 国家统计局根据财政部的开户通知，将调查队所开零余额账户的开户银行、账号等详细情况通知调查队，为调查队开设零余额账户。

第十一条 调查队根据国家统计局的开户通知，具体办理预留印鉴手续。调查队应填制财政部统一制发的《中央基层预算单位预算拨款印鉴卡》一式三份，调查队自留一份，交国家统计局、财政部各一份。

第十二条 调查队的零余额账户印鉴卡必须按规定的格式和要求填写。印鉴卡内容如有变动，调查队应当及时通过国家统计局向财政部提出变更申请，办理印鉴卡更换手续。

第十三条 调查队增加、变更、合并、撤销零余额账户，应当按照相关规定办理。

第十四条 调查队零余额账户可以办理转账、提取现金等结算业务；可以向本单位按银行账户管理规定保留的相应账户划拨工会经费、住房公积金及提租补贴，以及经财政部批准的特殊款项。不得违反规定向本单位其他账户和上级主管单位、所属下级单位账户划拨资金。

第十五条 调查队要切实加强对现金支出的管理，不得违反《现金管理暂行条例》等规定提取和使用现金。

第十六条 调查队零余额账户用于在财政部批准的用款计划

额度内进行授权支付。

第三章　实有资金银行账户的开立

第十七条　一个调查队只能开设一个基本存款账户。该账户用于核算除零余额账户核算内容以外的历年经费结余、自筹及往来其他资金。

第十八条　调查队根据住房管理制度改革的有关规定，可分别开设一个售房收入、住房维修基金及其利息、个人公积金、购房补贴专用存款账户，用于核算职工住房改革政策规定交纳的购房款等资金。

第十九条　外汇账户、外汇人民币限额账户的开设，可根据财政部和国家外汇管理局的有关规定，按程序办理。

第二十条　调查队按有关规定可开设党费、工会会费等专用存款账户。

第二十一条　除有特殊要求经批准外，其他各类资金应据其性质在上述相应账户中予以反映，不再单独开设账户。

第二十二条　调查队开设银行账户，须履行审批手续。调查总队银行账户的开户申请，应报国家统计局审核签署意见后，报财政部驻所在地财政监察专员办事处（含西藏自治区财政厅，以下简称“财政专员办”）审批；市、县级调查队的开户申请，应报调查总队审核签署意见后，报所在地财政专员办审批。

第二十三条　调查队开设银行账户时，应由其财务部门报送“开立银行账户申请报告”并填写财政部门统一规定的《开立银行账户申请表》（附件 1）。

“开立银行账户申请报告”应详细说明本单位的基本情况和申请开户的理由，包括新开账户的名称、用途，使用范围，开户依据或开户理由，相关证明材料清单及其他需要说明的情况等。

调查队提供的证明材料包括：

（一）开立基本存款账户的，应提供机构编制部门批准本单位成立的文件。

（二）开立其他账户的，应提供下列证明材料之一：

1. 实行住房制度改革的批复文件；

2. 拥有使用外汇的相关证明材料；

3. 其他相应证明材料。

第二十四条 各主管单位与所在地财政专员办对同一开户申请有异议时，双方应进行协商；协商后意见仍不一致的，分别报上一级主管单位与财政部门，由财政部门将审定结果函告上一级主管单位与相关财政专员办。

第二十五条 调查队持所在地财政专员办签发的《开立银行账户批复书》，按照中国人民银行账户管理的有关规定，到相关银行办理开户手续。

第二十六条 调查队应在所在地财政专员办签发《开立银行账户批复书》的 15 个工作日内，开立相应的银行账户；在开立银行账户后 3 个工作日内，填写财政部门统一规定的《银行账户备案表》（附件 2），并附电子文档报相应批准开户的财政专员办和上级主管单位备案。

第二十七条 调查队应建立银行账户的年检制度。每年 1 月 20 日前将截止上一年 12 月 31 日开设的所有银行账户（含所属非法人机构开设的银行账户）填制财政部要求的《xx 年度银行账户年检申请表》（附件 3），并附电子文档（使用中央预算单位账户管理软件）报所在地财政专员办办理年检。

第四章 银行账户变更与撤销

第二十八条 调查队各单位按规定发生的下列变更事项，按本办法规定备案：

（一）单位变更名称，但不改变开户银行及账号的；

（二）单位的主要负责人或法定代表、地址及其他开户资料变更的；

（三）因开户银行原因变更银行账号，但不改变开户银行的；

（四）其他按规定不需报经财政部门审批的变更事项。

第二十九条 主管单位发生变更的，应在变更后3个工作日内填制《主管单位变更登记表》（附件4），并附电子文档报相应财政专员办和上级主管单位备案。

第三十条 确需延长账户使用期的，应提前提出申请并按本办法规定的程序报相应财政专员办审批。审批期间，按原账户使用期执行。

第三十一条 调查队开立的银行账户应保持稳定。确因特殊需要变更开户银行的，应按规定将原账户撤销，按本办法的规定重新办理开户手续、销户与开户的备案手续，并将原账户的资金余额（包括存款利息）如数转入新开账户。

第三十二条 调查队被合并的，其账户按规定撤销，资金余额转入合并单位的同类账户。合并单位应监督被合并单位撤销其账户，并负责按照本办法规定办理备案手续。

第三十三条 不同单位合并组建一个新的单位的，原账户按规定撤销，按本办法规定重新开立账户，并办理备案手续。

第三十四条 银行账户使用期满时必须撤户。撤户时其他账户资金余额转入本单位基本存款账户，销户后的未了事项纳入基本存款账户核算。同时，应按本办法规定办理备案手续。

第三十五条 调查队按规定开设的银行账户，在开立后一年内没有发生资金往来业务的，该账户应作撤销处理并按本办法规定办理备案手续。

第三十六条 调查队各单位因机构改革等原因被撤销的，必须在规定时间内撤销所开立的银行账户，并按相应的政策处理账户资金余额。其销户情况由其上一级主管单位办理备案手续。

第五章 管理与监督

第三十七条 调查队要按照财政部和中国人民银行规定的用途使用银行账户，不得将财政拨款转为定期存款，不得以个人名义存放单位资金，不得出租、转让银行账户，不得为个人或其他单位提供信用。

第三十八条 调查队对不同性质或需要单独核算的资金，应建立相应明细账，分账核算。

第三十九条 各级调查队应加强对所属单位银行账户的监督管理，建立所属单位银行账户管理系统，定期对所属单位银行账户进行监督检查。发现不按规定开立、使用、变更及撤销银行账户的，应及时督促纠正；纠正无效的，应提请财政部门等职能部门按规定进行处罚。

第六章 附 则

第四十条 地方财政的拨款遵守地方财政的有关规定。

第四十一条 本办法由国家统计局负责解释。

第四十二条 本办法自发布之日起施行。

附件：1. 开立银行账户申请表（略）

2. 银行账户备案表（略）

3. xx 年度银行账户年检申请表（略）

4. 主管单位变更登记表（略）

国家统计局关于调查队管理体制改革中有关地方编制经费问题的通知

（2006年1月17日）

各省、自治区、直辖市统计局，新疆生产建设兵团统计局，国家统计局各调查总队：

《国家统计局直属调查队管理体制改革实施方案》（国统字〔2005〕158号，以下简称《实施方案》）下发后，省级调查队体制改革工作正在全国各地紧张而有序地展开。但在组建过程中，一些地方提出如何处理好地方调查队与国家调查队的关系问题，特别是人员编制和经费问题。按照《实施方案》中“在原三支调查队中的现有地方编制和人员，在调查队管理体制改革后，如工作需要，建议维持原管理办法和工作关系不变”以及“地方政府要保证国家统计局各级调查队承担地方任务所需的必要经费，并列入地方财政预算”的精神，经研究，现作如下规定：

一、针对一些省（区、市）调查队既有国家编制，又有地方编制的，仍保持原有管理模式不变，允许挂国家调查队和地方调查队两块牌子，但地方调查队的业务管理要按照国家五部委联名发的《实施方案》规定，由国家调查队统一协调。既要完成国家交办的任务，又要承担地方交办的调查工作。地方编制的干部以地方统计局党组管理为主，国家调查队党组协管。

二、国家调查队中涉及地方编制人员的相关经费和国家调查队承担为地方服务的经费，继续按原渠道列入地方财政预算予以保障。请各级统计局认真协助国家调查队做好相关协调落实工作，并监督使用。

各地统计局和调查总队要充分领会和贯彻《实施方案》文件精神，共同妥善解决原地方调查队与国家调查队有关编制、经费等问题，既要贯彻落实国务院有关调查队改革的文件精神，又要从源头上避免重复建队带来的一系列问题，做到国家调查队与地方调查队统一管理，资源有效配置，为共同做好统计调查工作创造条件。

国家统计局省级调查总队与同级统计局业务分工协作的基本原则和主要调查任务

（试行）

（2006年1月19日）

为贯彻国务院文件精神，切实落实国家统计局直属调查队体制改革实施方案，保障改革后统计调查工作的顺利进行，达到完成国家统计任务、服务地方需求、避免重复调查、减轻基层负担的工作目标，现提出国家统计局省级调查总队与同级统计局业务分工协作的基本原则，并明确省级调查总队的主要调查任务。

一、省级调查总队与同级统计局业务分工协作的基本原则

（一）统一领导，合理分工。国家统计局各级调查队和各级统计局都是政府统计的重要组成部分，在业务上都受国家统计局的统一领导。省级统计局是地方政府的综合统计部门，既要完成国家统计局布置的统计任务，也要完成地方政府布置的统计任务。省级调查总队是国家统计局的派出机构，主要承担国家统计局布置的调查任务，负责向国家统计局独立上报调查结果，并及时向同级统计局报送，省级统计局汇总地区全部专业数据和对外使用时以经国家统计局审核后的数据为准；同时国家统计局省级调查总队也承担地方有关统计调查任务。

（二）基本稳定，适当调整。国家统计局省级调查总队承接原

三支调查队的统计调查任务，统计调查项目保持基本稳定；同时为保证统计体系更加科学、合理，对调查总队和省统计局的部分业务工作进行适当调整。

（三）各负其责，信息共享。国家统计局省级调查总队和省级统计局根据职能分工，各负其责；以一方为主的统计调查业务，另一方都要积极配合。有关统计数据，按规定属于省级统计局调查的，以统计局的数据为准；按规定属于调查总队调查的，以调查总队的数据为准；由其他途径和方式调查的数据如与上述分工出的数不一致时，不得使用，不能数出多门。省级统计局负责汇总本地区全面数据时，调查总队要积极支持配合，及时向同级统计局提供相关资料。调查总队和省级统计局按照统计信息资源共享的原则，建立统计资料交换制度，明确资料交换的内容、时间、方式等规定。省以下各级调查队和同级统计局参照调查总队和省级统计局的模式，建立本级统计资料的交换制度。

（四）协作配合，不得重复。地方需要的城乡住户、农产量、价格、规模以下工业等同类抽样调查，由国家统计局省级调查总队会同省统计局实行统一设计、统一管理、协调组织实施。不得重复设置调查点，重复调查。省级调查总队应地方的要求，在国家调查网点的基础上，增加样本、扩大范围，提供数据，地方政府应予以必要的人员、经费等条件支持。国家统计局布置给调查总队的调查任务，如调查范围超出国家点范围，调查总队应与同级统计局协商一致后，向相关地方统计部门和地方调查队布置任务。

（五）服务地方，规范管理。省级调查总队承担的国家统计调查任务由国家统计局统一管理；承担的地方统计调查任务，其统计范围在国家网点范围内，由总队法规制度处审批，报省统计局或国家统计局备案；其统计范围超出国家网点范围，由省统计局审批，报国家统计局备案。

二、国家统计局省级调查总队的主要调查任务

(一)承接原三队的常规统计调查任务

1. 农业增加值核算相关调查制度
2. 农产量抽样调查制度
3. 农村社区基本情况调查制度
4. 农村固定资产投资抽样调查制度
5. 规模以下工业抽样调查制度
6. 城镇住户调查制度
7. 农村住户调查制度
8. 市、县社会经济基本情况统计报表制度
9. 价格调查制度
10. 企业集团统计调查
11. 重点企业建立现代企业制度跟踪监测统计报表制度
12. 企业景气调查制度
13. 农村贫困监测统计调查制度

上述各项统计调查,地方统计局应当继续予以密切配合。

(二)协同地方进行的统计调查

1. 经济普查
2. 农业普查
3. 人口普查
4. 地方进行的其他重要统计调查

上述各项以地方政府为主组织的普查及重大统计调查,国家统计局各级调查队必须密切配合,协同完成相关调查任务。

(三)拟逐步新增的常规统计调查任务

规模以下固定资产投资和资质以外建筑业企业的调查,限额以下批发零售贸易、住宿和餐饮业企业的调查,服务业经营活动统计调查,服务业价格调查。

(四)国家统计局交办的其他调查任务

主要是指为适应国家宏观调控和国民经济核算的需要，在常规统计调查制度之外布置的一次性的专项抽样调查、重点调查等。

(五)承接地方布置的其他统计调查任务

主要是指接受地方各级人民政府及有关部门的委托，由国家统计局省级调查总队组织实施的各类统计调查项目。

(六)配合地方统计局做好经济形势分析研究工作

国家统计局关于建立单位GDP能耗等相关指标报送制度和修订能源统计报表制度的通知

（2006年1月23日）

各省、自治区、直辖市统计局，新疆生产建设兵团统计局：

根据国家发展和改革委员会、国家能源领导小组办公室和国家统计局联合印发的《关于建立GDP能耗指标公报制度的通知》（发改环资〔2005〕2584号）要求，国家统计局决定建立单位GDP能耗等相关指标的报送制度，并对《能源统计报表制度》进行修订。现将有关事项通知如下：

一、关于单位GDP能耗等相关指标的报送

在按照经济普查结果对地区生产总值等历史数据调整以后，各地区要对2000年以来的单位GDP能耗、单位工业增加值能耗以及其他能源数据（包括能源平衡表等方面的数据）进行一次认真核算，并按照要求将结果于2006年3月15日以前上报国家统计局。

二、关于能源统计报表制度的修订

（一）取消“能源消费总量及其按行业、用途分组消费量”（P303表）。增加“能源平衡表（实物量）”（P303－1表）、“分行业能源消费

量(实物量)”(P303－2 表)、“分行业能源终端消费量(实物量)”(P303－3 表)、“能源平衡表(标准量)”(P303－4 表)、“分行业能源终端消费量(标准量)”(P303－5 表),上报时间为 5 月底前。

(二)增加“单位 GDP、工业增加值能耗”(P306 表),上报时间,年报为 5 月底前,半年报为 7 月底前(指标的计算方法见附件 2)。

(三)将《工业企业能源购进、消费与库存》(P105 表)和《工业企业能源购进、消费与库存附表》(P105－1 表)的报告期改为半年报和年报。上报时间,半年报为 7 月 15 日前,年报为 3 月底前;《工业企业主要能源消费与库存》(P205 表)2 季度免报。

附件:1. 表式(略)

2. 单位 GDP 能耗等相关指标的计算方法和上报要求(略)

国家统计局关于加强对地方统计调查项目管理的通知

（2006 年 2 月 13 日）

各省、自治区、直辖市统计局，新疆生产建设兵团统计局：

近年来，随着社会经济的迅速发展，各级统计部门在完成国家统计制度任务的基础上，组织实施了一些地方统计调查项目，为满足地方政府需要发挥了积极作用。但与此同时，由于一些地区对地方统计调查项目的审核把关不严，出现了地方统计调查项目过多，调查内容重复、繁琐等问题，致使基层统计部门和统计调查对象负担加重，反映强烈。为加强对地方统计调查项目的管理，规范地方统计调查，进一步减轻基层负担，现就有关问题通知如下：

一、认真贯彻执行国家统计调查制度

各级统计局组织实施的统计调查，直接影响着政府统计制度的权威性、规范性和统计调查的质量。各级统计局要从统计工作的大局和长远利益出发，进一步加强对统计调查项目的管理。要认真贯彻实施国家统计调查制度，按照规定的调查范围、统计标准、统计口径、调查频率等认真组织好各项统计调查，保证国家统计调查制度的有效实施。除必要的内容外，要严格控制对国家统计调查内容的调整。

二、严格控制新建地方统计调查项目

各级统计局要充分考虑基层统计部门、统计调查对象的承受能力，严格控制新建地方统计调查项目。确需开展的地方统计调查项目，应按以下原则进行：

（一）统筹安排，制定年度计划并上报上级统计局。

（二）统计调查必须有明确的调查目的和服务对象，所需的调查人员和经费要有相应的保障。

（三）调查方法要力求科学合理。应充分利用现有资料，最大限度地减少调查频率，缩小调查规模，降低调查成本。

（四）所涉及的统计指标、统计标准和分类等必须符合国家标准或国家统计局的相关规定。

三、建立地方统计调查项目审批、备案制度

国家统计局建立地方统计调查项目审批、备案工作制度，对省级统计局制定的统计调查项目实施管理和监督。其中，经常性统计调查和普查为审批类调查项目，一次性统计调查为备案类调查项目。审批类地方统计调查项目，须经国家统计局批准后实施调查；备案类地方统计调查项目，在布置实施时报国家统计局备案。具体操作办法另行下发。

国家统计局统计设计管理司为具体承办机构，负责接收省统计局申报的地方统计调查项目。

省级统计局也要相应建立对下一级统计局制定的统计调查项目的审批、备案工作制度。

四、加强对地方统计调查项目的检查和监督

国家统计局建立经常性工作机制，加强对地方统计调查项目

的检查、监督，将定期公布“省级统计局统计调查项目目录”；对地方统计调查项目实施情况进行专项检查，并将其列入统计巡查工作；对违反规定未履行审批手续的地方统计调查项目予以废止，并对责任单位予以通报批评。

国家统计局关于调整月度工业发展速度中增加值率计算方法的通知

（2006年2月20日）

各省、自治区、直辖市统计局：

为了准确计算工业增加值及其增长速度，并使之与经济普查数据衔接，经研究决定，调整月度工业发展速度中增加值率计算方法，对中类行业增加值率的使用与计算方法规定如下：

一、“本期”和“同期”均使用同一年（即上年）中类行业的增加值率计算增加值增长速度。

二、增加值率的计算方法：

（一）利用上年的年报资料，计算中类行业“生产法”增加值率。

$$\text{“生产法”增加值率}=\frac{\text{现价工业总产值}-\text{中间投入}+\text{应交增值税}}{\text{现价工业总产值}}$$

（二）利用2004年经济普查资料，计算规模以上工业“加权法”增加值与“生产法”增加值（现价工业总产值－中间投入＋应交增值税）的“调整系数”。

$$\text{调整系数}=\frac{\text{“加权法”增加值}}{\text{“生产法”增加值}}$$

“加权法”增加值指2004年经济普查中最后核定的规模以上工业增加值。

即采用包括“利息”的规模以上工业普查“加权法”增加值，减去规模以上工业“分摊的间接计算的金融中介服务产出”，再加上“实物报酬”，得到与核算一致的普查“加权法”增加值。其中规模以上工业“分摊的间接计算的金融中介服务产出”、“实物报酬”由全部工业的资料加工取得。

各行业均使用同一个调整系数。各地的系数由国家统计局统一计算并反馈。

（三）用上年年报资料计算的“生产法”增加值率乘调整系数，计算出月度工业增加值及其增长速度使用的增加值率。

2005 年年报完成之前，可以用 2003 年或 2004 年经济普查分中类行业“生产法”增加值率，根据反馈的调整系数，按上述方法调整使用。

本规定从 2006 年 2 月份月报（3 月 6 日上报）开始执行。

调查队内部审计工作规定

国家统计局

（2006 年 2 月 21 日）

第一章　总　　则

第一条　为了加强和规范国家统计局直属调查队（以下简称调查队）的内部审计工作，促进调查队事业的健康发展，根据《中华人民共和国审计法》和《审计署关于内部审计工作的规定》，结合调查队的实际情况，制定本规定。

第二条　本规定适用于国家统计局直属各级调查队。

第三条　调查队要建立健全内部审计制度，依法开展内部审计。

调查队内部审计是依据国家有关法律法规、财务会计制度和国家统计局内部管理规定，独立监督和评价本单位及所属单位的财务收支、经济活动的真实、合法和效益的行为。

第四条　调查队内部审计工作实行单位主要负责人负责制。

内部审计人员在单位主要负责人领导下，独立行使审计监督权，不受其他单位和个人的干涉，对本单位的主要负责人负责并报告工作，同时在业务上接受上级业务主管部门的指导和监督。

第五条　国家统计局内部审计机构是各级调查队的上级行政业务管理部门，负责指导和监督调查队系统的审计工作，直接对调查总队和副省级城市调查队进行审计，授权下级部门进行审计。

第二章　内部审计人员

第六条　调查总队应在相关机构内配备专职审计人员，基层调查队根据工作需要配备专职或兼职内部审计人员。

第七条　内部审计人员办理审计事项，应当严格遵守内部审计人员职业道德规范，实事求是、客观公正、坚持原则、忠于职守、保守秘密。

第八条　内部审计人员办理审计事项，与被审计单位或审计事项有利害关系的，应当回避。

第九条　内部审计人员应当遵守内部审计准则和规定，按照单位主要负责人或者上级审计部门的要求实施审计。

第十条　内部审计人员应当具有良好的政治思想素质并具备与从事审计工作相适应的专业知识和业务能力。

第十一条　调查队应当支持和保障内部审计人员参加岗位培训及后续教育，并为内部审计人员开展工作创造必要的条件。

第十二条　内部审计人员按照规定履行职责，受有关法律保护。任何组织和个人不得拒绝、阻碍和干扰审计人员执行任务，不得对内部审计人员进行打击报复。

第三章　内部审计人员的职责

第十三条　内部审计人员根据国家的法律、财政法规及调查队的各项规章制度对本单位及所属单位的下列事项进行审计监督：

（一）各项财务收支、预算执行、会计决算和会计核算情况；

（二）所属单位主要负责人的任期或定期经济责任情况；

（三）各项资金的管理、使用和效益情况，财产的安全完整情况；

（四）内部控制制度的建立健全和执行情况；

（五）政府采购及各类经济合同、协议的合法合规情况；

（六）法律法规规定和本单位主要负责人或者上级审计部门要求办理的其他审计事项。

第十四条 内部审计人员负责组织和实施管辖范围内的审计工作，制定审计工作计划、方案、标准。

第十五条 内部审计人员每年应当向本单位主要负责人、上级审计部门报送审计计划、报告、统计报表等资料，重大问题随时报告。

第十六条 内部审计人员出具的正式审计意见或审计决定要抄送本单位的纪检监察部门。

第十七条 内部审计人员可以根据需要，经单位主要负责人批准，委托社会审计组织和其他中介机构承担有关内部审计任务。实行委托审计时，委托方应对受托方出具的审计报告进行审查。

第四章 内部审计工作的权限

第十八条 单位主要负责人应当确保内部审计人员具有履行职责所必需的权限，主要是：

（一）根据审计任务需要，有权要求被审计单位按时报送与审计事项有关的财务收支计划、预算执行情况、决算、会计报表和其他有关文件、资料。被审计单位不得拒绝、拖延、谎报；

（二）有权审核被审计单位的会计凭证、账表、预算、决算、各类业务单证、重要经济合同，检查资金、财产和有关财务的计算机系统及其电子数据资料，查阅有关文件资料等；

（三）参加本单位有关会议，组织召开与审计事项有关的会议；

（四）参与研究制定单位有关财务的规章制度，提出内部审计规章制度，由单位审定批准后施行；

（五）实施审计时，有权就审计事项的有关问题向有关单位和个人进行调查，并取得证明材料；

（六）对严重违反财经法纪和造成严重损失浪费的直接责任人员，向主管机关提出意见和处理处罚建议，并按有关规定，向单位负责人报告；

（七）对阻挠、妨碍审计工作以及拒绝提供有关资料的，经单位主要负责人批准，可以采取必要的临时措施，封存账册、物资，冻结资金等，并提出追究有关人员责任的建议；

（八）对正在进行的严重违反财经法规、严重损失浪费的行为，做出临时制止决定，并向单位负责人进行报告；

（九）提出改进管理、提高资金使用效益的建议和纠正、处理违反财经法规行为的意见和建议。

第五章　内部审计工作程序

第十九条　审计工作的主要程序

（一）根据本单位的具体情况和上级内审机构的部署，制定年度审计工作计划，报经本单位主要负责人批准后组织实施；

（二）根据审计事项组成审计组，编制审计工作方案，并在实施审计前 3 个工作日，向被审计单位送达审计通知书，通知书应明示审计的范围、内容、方式和时间，审计组成员名单，对被审计单位配合工作的有关要求；

（三）审计人员对审计事项实施审计，取得有关证明材料，编制审计工作底稿，被审计单位负责人要对工作底稿的事项进行确认，并于一周内将审计底稿返回审计组；

（四）审计组对审计事项实施审计后 15 日内，编制审计报告，并征求被审计单位意见，被审计单位应当自接到审计报告之日起一周内将书面意见送交审计组，逾期即视为无异议；

（五）内部审计工作的主要负责人对审计报告进行审核后，报本单位主要负责人审批；

（六）审计组根据审计报告和单位主要负责人的审批意见，编制审计决定书或审计意见书，送达被审计单位，被审计单位必须执行审计决定，并在规定期限内以书面形式报告执行结果和采纳审计意见、建议的情况；

（七）被审计单位对审计决定或审计意见如有异议，可在收到审计决定或审计意见书之 10 日内向审计人员单位主要负责人或有关部门提出书面意见。受理单位须在 15 日内做出处理意见；

（八）审计决定或审计意见正式生效后，应将审计基本情况进行内部审计通报，并报上级主管部门备案；

（九）内部审计人员应对重要审计事项进行后续审计，检查被审计单位对审计发现的问题所采取的纠正措施及其效果；

（十）内部审计人员在审计事项结束后，应当按照有关规定建立审计档案，按照规定管理。

第六章　奖　　惩

第二十条　内部审计人员对所属单位执行内部控制制度好，严格遵守财经法规，资金使用效益显著的，可以向单位主要负责人或有关部门提出表扬和奖励建议。

第二十一条　内部审计人员对有下列行为之一的单位或个人，应当根据情节轻重，向本单位或有关机关提出给予行政处分的建议：

（一）不配合审计工作，拒绝提供有关文件、资料、凭证、账簿、证明材料和有关业务单证的；

（二）拒不执行审计结论，阻挠审计人员行使职权，拒绝、破坏监督检查的；

（三）弄虚作假，隐瞒事实，涂改凭证和账簿的；

（四）打击报复审计人员或者提供线索人的。

第二十二条　对认真履行职责、忠于职守、坚持原则、在工作中发现重大经济问题或挽回经济损失成绩显著的内部审计人员，所在单位应给予表彰或奖励。

对违反本规定滥用职权、徇私舞弊、玩忽职守的内部审计人员，应当按照有关规定给予行政处分；构成犯罪的，依法追究刑事责任。

第七章　附　　则

第二十三条　本规定未尽事宜参照国家有关规定办理。

第二十四条　各调查总队可根据本规定制定实施细则。

第二十五条　本规定由国家统计局负责解释。

第二十六条　本规定自发文之日起施行。

国家统计局关于煤炭企业计算工业总产值有关问题的批复

（2006 年 2 月 22 日）

内蒙古自治区统计局：

你局《关于煤炭企业计算工业总产值有关问题的请示》（内统字〔2005〕41 号）收悉。现答复如下：

根据现行工业统计制度规定，工业统计的调查单位为独立核算法人工业企业。对于大型联合企业，下属单位如具有法人资格，视其经营性质作为单独的独立核算法人企业；下属单位如不具有法人资格，则以联合企业作为一个独立核算法人工业企业。若煤炭公司实行统一核算，下属生产、销售、运输单位不是独立法人企业，可将该公司单独作为一个法人企业，工业总产值按不含增值税的实际销售平均单价计算。同时，工业中间投入的计算要与工业总产值保持同口径。请你们按上述原则执行。

部门统计调查项目审批程序规定

国家统计局办公室

（2006年2月27日）

根据《部门统计调查项目管理暂行办法》的规定，为提高行政审批的质量和效率，规范国家统计局对部门统计调查项目的审批活动，制定本规定。

一、总原则

统一组织，明确分工。按照局内各司分工，由统计设计管理司统一组织、协调对部门统计调查项目的审批、备案和联合制发工作。部门统计调查项目的受理和回复由统计设计管理司和办公室共同完成；部门统计调查项目的审核由局内有关单位参与完成，局内各单位不得另外受理部门统计调查项目。为避免部门统计项目与国家统计项目混淆，我局原则上不与部门联合制发统计调查项目，特殊情况需事先征得主管设计管理工作的局领导同意。对授权行业协会开展的统计调查项目要严格管理。

二、审批程序

第一，项目受理。各部门送审的统计调查项目（以下简称送审项目）首先送局办公室登记阅批，之后送设管司。设管司负责审核送审文件是否齐全，澄清有关疑问，进行登记，填写审批流转卡片后进入正式审批过程。如发现送审项目不符合规定要求，即要求部门重新准备送审文件或补正材料。

第二，项目审理。送审项目受理后由设管司组织审理。设管司根据涉及的内容和需要，通过审批流转卡片征求局内有关司(队)意见；有关司(队)在审批流转卡片中填写意见和要求后返回设管司，由设管司最后综合、归纳成统一意见。

第三，反馈意见。如送审项目需要通过面谈向部门反馈意见或讨论有关问题时，由设管司安排组织进行；无须面谈的一般性修改意见，由设管司通知部门按要求做出修改。

第四，起草回文。初步审理完成后，审批流转卡片和送审项目材料回到设管司，由设管司填写审核意见，并起草回函。

第五，审定发文。办公室核稿并修改后，送总统计师或主管局长审定。领导审定签发后，由设管司按机关办公程序将回函发送到有关部门。

三、工作流程图(略)

国家统计局关于在调查队组建期间有关人事工作的通知

（2006年2月27日）

各省、自治区、直辖市统计局，新疆生产建设兵团统计局，国家统计局各调查总队：

根据《关于印发国家统计局直属调查队管理体制改革实施方案的通知》（国统字〔2005〕158号）及《关于国家统计局各级调查队机构设置和人员编制的批复》（中央编办复字〔2005〕149号）精神，省级调查总队的“三定规定”已陆续下发，组建工作已经全面展开。为进一步做好调查总队组建期间的人事工作，保障业务工作和体制改革的顺利进行，现就有关人事工作通知如下：

一、省级调查总队要严格按照《国家统计局关于印发省级调查总队人员选配和安置办法的通知》（国统字〔2005〕161号）执行。干部晋升工作要严格在“三定规定”核定的干部职数范围内进行，不能超职数配备，要留有余地。

二、省级调查总队人事教育处处长的任命要由调查总队报国家统计局人事司审批；纪检监察室主任的任命要报国家统计局人事司，人事司征求纪检监察局意见后进行审批。报送审批材料时，应附干部任免审批表及考察材料。

三、调查队改革期间，省级调查总队内设机构领导干部的任命实行备案制，调查总队处室领导干部任命要报国家统计局人事司备案。

四、在调查队改革期间，各地统计局要关心和支持调查总队的干部人事工作。按照《公务员法》第六十八条中规定有任职回避关系的，在总队组建期间由局、队统一做好协调工作，共同研究解决。确因工作需要，可以从统计局抽调一些业务骨干补充到调查总队，同时也可将需要回避的同志安排到统计局工作。省级调查总队人员进行干部交流、干部调动要由总队报经国家统计局人事司审核，经人事司同意后方可进行调动。报送审核材料时，应注明核定的编制数和职数、已配备干部的情况，并附《国家统计局调查队系统拟调人员审批呈报表》（见附件）。

五、省以下各级调查队仍要严格执行“只出不进”原则，并且暂停干部职务晋升工作，确因工作需要调整干部的，要报国家统计局人事司审批。

附件：国家统计局调查队系统拟调人员审批呈报表（略）

国家统计局　国务院扶贫开发领导小组办公室关于进一步加强农村贫困监测工作的通知

（2006 年 3 月 8 日）

各有关省、自治区、直辖市统计局、扶贫开发领导小组办公室，国家统计局有关调查总队：

为了全面落实十六届五中全会和中央农村工作会议精神，及时反映农村贫困状况、准确把握贫困趋势和原因、客观评估扶贫成效，国家统计局和国务院扶贫办决定进一步加强农村贫困监测工作。现提出如下要求：

一、稳定队伍，加强协调，切实做好农村贫困监测组织保障工作

首先，要充分认识贫困监测工作的重要性。进一步缓解农村贫困、缩小城乡差距、加快贫困地区发展是全面建设小康社会和社会主义新农村建设的客观要求。重视和加强贫困监测工作，有利于落实科学发展观，有利于建设和谐社会，有利于制定农村经济发展政策，有利于做好新时期农村扶贫开发工作。第二，要保持贫困监测调查队伍的稳定。“十一五”期间全国农村贫困监测工作将由国家统计局农村司组织开展；省一级贫困监测工作原则上由国家统计局各调查总队承担；要配备专业骨干，定岗定人，有人员交流的单位要做好交接工作，确保工作衔接。第三，国家统计局各调查

总队、省统计局和扶贫部门要加强协调，密切合作，为做好农村贫困监测工作提供组织保障和创造必要条件。各级扶贫部门要从监测工作的需要出发，积极给予配合和支持；各级统计部门要本着监测工作服务于扶贫开发的宗旨，及时提供相关数据、资料、信息。

二、加强基础工作和制度管理，进一步提高贫困监测数据质量

各地要严格执行全国农村贫困监测制度，规范调查，进一步抓好网点和调查队伍建设，努力保持网点的稳定性和代表性，千方百计增强调查人员的责任意识，提高调查对象的积极性，进一步提高源头数据质量。要加强业务培训，不断提高数据采集、处理、分析能力，保质保量地完成贫困监测任务。

三、加强分析研究和信息共享，为政策制定提供优质服务

各地要围绕扶贫工作，充分利用贫困监测调查基础数据，深入基层了解贫困特点和原因，积极开展分析研究和咨询工作。要加强贫困监测信息部门信息共享，提高数据的时效性，扶贫部门要及时向统计部门提供相关信息，统计部门要及时向扶贫部门提供监测结果，共同做好监测工作。

国家统计局关于开展
单位工资统计报表制度试点工作的通知

（2006年3月10日）

浙江省统计局：

为进一步完善和加强我国工资、社会保障统计工作，为国家和各级地方政府监测和调控工资分配格局、健全社会保障制度提供科学依据，根据国家统计局制度方法改革的统一要求，经研究决定于2006年5月在你省宁波市海曙区和余姚市开展单位工资统计报表制度试点工作。现将《单位工资统计报表制度试点方案》印发给你们，请按照方案要求，积极协助我局完成此次试点工作。

附件：单位工资统计报表制度试点方案（略）

国家统计局印发《关于统计上划分城乡的暂行规定》和《国家统计局统计上划分城乡工作管理办法》的通知

（2006 年 3 月 10 日）

各省、自治区、直辖市统计局，新疆生产建设兵团统计局，国家统计局各调查总队：

为准确反映我国现阶段城乡人口、社会和经济发展情况，科学评价我国的城镇化水平，统一各专业统计城乡划分口径，我局对1999 年印发的《关于统计上划分城乡的规定（试行）》进行了修订。现将《关于统计上划分城乡的暂行规定》和《国家统计局统计上划分城乡工作管理办法》印发给你们，请遵照执行。

为保证各地区城乡划分工作的顺利实施，请各地在经费和人力上予以必要的支持。

附件：关于《关于统计上划分城乡的暂行规定》和《国家统计局统计上划分城乡工作管理办法》的说明（略）

关于统计上划分城乡的暂行规定

第一条 为了科学、真实地反映我国现阶段城乡人口、社会和经济发展情况，准确评价我国的城镇化水平，制定本规定。

第二条 本规定作为统计上划分城乡的依据，不改变现有的行政区划、隶属关系、管理权限和机构编制，以及城市规划、集镇和村庄规划等有关规定。

第三条 本规定以国务院关于市镇建制的规定和我国的行政区划为基础，以民政部门确认的居民委员会和村民委员会为最小划分单元，将我国的地域划分为城镇和乡村。

第四条 城镇是指在我国市镇建制和行政区划的基础上，经本规定划定的区域。城镇包括城区和镇区。

第五条 城区是指在市辖区和不设区的市中，经本规定划定的区域。城区包括：

（一）街道办事处所辖的居民委员会地域；

（二）城市公共设施、居住设施等连接到的其他居民委员会地域和村民委员会地域。

第六条 镇区是指在城区以外的镇和其他区域中，经本规定划定的区域。镇区包括：

（一）镇所辖的居民委员会地域；

（二）镇的公共设施、居住设施等连接到的村民委员会地域；

（三）常住人口在 3000 人以上独立的工矿区、开发区、科研单位、大专院校、农场、林场等特殊区域。

第七条 乡村是指本规定划定的城镇以外的其他区域。

第八条 本规定由国家统计局负责解释。

第九条 本规定自发布之日起实施，1999 年 12 月 6 日发布的《关于统计上划分城乡的规定（试行）》同时废止。

国家统计局统计上划分城乡工作管理办法

第一条 为了贯彻执行《关于统计上划分城乡的暂行规定》（简称《暂行规定》），规范城乡划分工作，制定本办法。

第二条 国家统计局负责组织和协调全国城乡划分工作，建立和管理全国《城乡地域库》，监督、检查全国城乡划分工作和执行《暂行规定》情况。

第三条　地方各级统计部门负责组织实施各地方的城乡划分工作，建立和管理本地区《城乡地域库》，监督、检查地方城乡划分工作。

各地在具体实施过程中，如遇有与民政、建设有关的事宜，可与同级民政、建设等部门协商解决。

第四条　根据城镇化和行政区划变动情况，国家定期开展全国范围的城乡划分，并在此基础上对《城乡地域库》进行更新和维护。各省级统计局统计设计管理部门具体负责城乡划分和《城乡地域库》管理工作，并负责提供分城乡的统计地域资料。

第五条　为保障城乡划分工作的顺利完成，以及对《城乡地域库》的日常维护，各级统计部门应配备专门的设备和设立专项经费。在城乡划分期间，对负责实地划分的基层统计部门应配备相应的人员，以确保城乡划分工作的顺利进行。

第六条　自《暂行规定》发布之日起，凡涉及城乡情况的统计资料均应按本《暂行规定》执行；凡未执行《暂行规定》的统计调查，在对外发布统计资料中，不得冠以城乡或类似的名称。

国务院关于邱晓华、李德水职务任免的通知

（2006 年 3 月 11 日）

国家统计局：

国务院 2006 年 3 月 11 日决定，任命邱晓华为国家统计局局长；免去李德水的国家统计局局长职务。

国家统计局关于印发非经济普查年度《季度国内生产总值核算方案(试行)》的通知

(2006 年 3 月 24 日)

各省、自治区、直辖市统计局,新疆生产建设兵团统计局:

现将修订的非经济普查年度《季度国内生产总值核算方案(试行)》印发给你们,请结合本地区实际,认真贯彻执行。

季度国内生产总值核算方案

(试行)

为适应社会主义市场经济条件下宏观经济管理的需要,我国于 1992 年建立了季度国内生产总值(GDP)核算,2004 年完成了经济普查年度 GDP 核算。为做好非普查年度与普查年度 GDP 核算数据的衔接,在总结多年来国家和地区季度 GDP 核算经验的基础上,制定本《季度国内生产总值核算方案(试行)》。

季度 GDP 核算与年度 GDP 核算在基本概念、口径范围上是一致的。与年度 GDP 核算相比,季度 GDP 核算的区别在于资料来源和计算方法有所不同,季度 GDP 核算的资料远不如年度 GDP 核算资料翔实,所以它更多地依赖相关指标进行推算。

基本方法及核算分类

本方案中的GDP核算指的是GDP生产核算，即增加值核算。季度各行业增加值核算包括现价核算和不变价核算。

一、基本方法

1. 现价增加值计算方法

根据资料来源情况，季度现价增加值核算主要采用增加值率法和相关指标推算法。

(1)增加值率法

增加值率法是先计算现价总产出，再根据上年年报资料和当期有关生产情况确定现价增加值率，然后将二者相乘得出增加值，计算公式为：

现价增加值＝现价总产出×现价增加值率

(2)相关价值量指标速度推算法

相关价值量指标速度推算法是利用相关价值量指标的现价发展速度推算现价增加值的发展速度，然后用上年同期现价增加值乘以发展速度得出当期现价增加值，计算公式为：

现价增加值＝上年同期现价增加值×相关价值量指标的现价发展速度

2. 不变价增加值计算方法

(1)缩减法

利用相关价格指数直接缩减现价增加值，求得不变价增加值，计算公式为：

不变价增加值＝现价增加值÷价格指数

(2)不变价增加值速度推算法

不变价增加值速度推算法就是利用不变价增加值的发展速度乘以上年同期不变价增加值，从而求得当期不变价增加值，计算公式为：

当期不变价增加值＝上年同期不变价增加值×当期不变价增加值发展速度

不变价增加值发展速度根据相关实物量指标发展速度推算。

二、核算分类

季度增加值核算参照《国民经济行业分类》(GB/T 4754－2002)划分为 9 个类别。

国民经济行业分类表

<table>
<tr><th>第一级分类</th><th>第二级分类</th><th>第二级分类中包括的行业</th><th>行业门类代码</th></tr>
<tr><td>第一产业</td><td>农林牧渔业</td><td></td><td>A</td></tr>
<tr><td rowspan="2">第二产业</td><td>工业</td><td></td><td>B
C
D</td></tr>
<tr><td>建筑业</td><td></td><td>E</td></tr>
<tr><td rowspan="8">第三产业</td><td>交通运输、仓储和邮政业</td><td></td><td>F</td></tr>
<tr><td>批发和零售业</td><td></td><td>H</td></tr>
<tr><td>住宿和餐饮业</td><td></td><td>I</td></tr>
<tr><td>金融业</td><td></td><td>J</td></tr>
<tr><td>房地产业</td><td></td><td>K</td></tr>
<tr><td>其他服务业</td><td></td><td></td></tr>
<tr><td>营利性服务业</td><td>1. 信息传输、计算机服务及软件业
2. 租赁和商务服务业
3. 居民服务和其他服务业
4、文化、体育和娱乐业</td><td>G
L
O
R</td></tr>
<tr><td>非营利性服务业</td><td>1. 科学研究、技术服务和地质勘查业
2. 水利、环境和公共设施管理业
3. 教育
4. 卫生、社会保障和社会福利业
5. 公共管理和社会组织</td><td>M
N
P
Q
S</td></tr>
</table>

各行业增加值核算(略)

建设领域统计数据评(联)审实施方案

（修订稿）

国家统计局

（2006 年 3 月 28 日）

为提高建设领域统计数据质量，正确反映固定资产投资、房地产开发和建筑业的规模、结构及变化趋势，改进地区 GDP 核算工作，根据《国务院办公厅转发国家统计局关于改进地区 GDP 核算工作意见的通知》(国办发〔2004〕82 号)和《国家统计局关于进一步改进地区 GDP 核算工作的规定(试行)》(国统字〔2005〕14 号)，制定本实施方案。

一、评(联)审对象

建设领域统计数据评(联)审的对象是各省、自治区、直辖市固定资产投资额及增长速度、固定资产投资额按构成分组及增长速度；房地产开发投资额及增长速度，商品房销售面积及增长速度；资质等级以内建筑业总产值及增长速度、建筑业总产值构成及增长速度；建筑业增加值、增长速度及增加值率。

二、评(联)审原则

(一)严格执行国家统计制度

各省、自治区、直辖市统计局要严格执行国家统计制度的各项规定，按照全国统一的统计口径、范围和计算方法进行统计。

1. 统一统计范围

统一全社会固定资产投资的范围。按照国家统计局现行统计制度规定，全社会固定资产投资统计的范围包括：(1)城镇 50 万元以上项目；(2)农村 50 万元以上项目；(3)房地产开发投资；(4)农村农户投资。

各地区全社会固定资产投资额中不应包括以下内容：(1)城镇、农村非农户 50 万元以下项目投资；(2)单纯装修投资；(3)大修理性质的支出；(4)单纯的旧房屋和旧设备购置支出；(5)城镇居民汽车购买支出。各地区必须严格执行国家统计制度，不得随意改变投资统计起点，改变统计范围。

各省、自治区、直辖市在计算本地区全社会投资总额时，可包括跨省区项目在本区域内发生的投资额，但应将这些项目的名单和投资情况上报国家统计局。跨区项目名单原则上以国家统计局投资司下发的跨省区项目名单为准。各地在上报国家统计局的投资综合报表和 500 万元以上项目库时必须扣除这部分项目的投资。

统一建筑业增加值的核算范围。按照国家统计局现行统计制度规定，建筑业增加值的核算范围是指资质等级以内建筑业企业、资质等级以外建筑业企业、非建筑业企业所属的建筑业产业活动单位和建筑业个体经营户从事的房屋和土木工程建筑活动、建筑安装活动、建筑装饰活动和其他建筑业生产经营活动。

2. 统一计算方法

统一固定资产投资额计算方法。固定资产投资额按工作量完成的原则并在形成工作量的同时计算投资额。建筑安装投资额不得按资金到位或资金支出量计算；同时，报告期以前形成工作量，但未纳入当时统计的投资不得在本报告期计算投资额。

统一建筑业增加值核算方法。为了规范建筑业增加值核算方法，国家和地区的季度建筑业增加值及增长速度要严格按照国家统计局制定的非经济普查年度《季度国内生产总值核算方案(试行)》进行计算。

3. 统一核算各省、自治区、直辖市建筑业增加值。为了提高地区建筑业增加值数据质量,缩小地区汇总数据与国家数据之间的差距,从 2005 年年快报开始,各省、自治区、直辖市季度建筑业增加值由国家统计局投资司统一核算后反馈各地区。

(二)与历史数据的衔接

1. 农村非农户投资

农村非农户投资数据收集方式由农调系统向投资系统的转变刚刚完成,要在保证各地区投资数据连续性的基础上,做好农村非农户投资数据的衔接。符合条件的地区直接进行衔接,不符合条件的地区以农村非农户历史数据为基础,积极创造条件,尽快实现数据的衔接。

2. 建筑业增加值

为做好季度建筑业增加值与历史数据的衔接,2005 年各省、自治区、直辖市建筑业增加值季度数据统一使用由核算司核定的数据。

(三)建设领域统计内部相关指标协调性原则

1. 建设领域统计内部相关指标要保持协调性。如建安工程投资增长速度要与建筑业总产值增长速度相协调,建筑业总产值增长速度要与建筑业增加值增长速度相协调。

2. 各省区市基层汇总数据与上报国家局综合数据要保持一致性。

3. 各主要指标增长速度(或比例关系)在时间序列上要保持可比性。

4. 固定资产投资项目(特别是 500 万元以上项目)、房地产开发企业和建筑业企业报送个数要保持连续性。原则上,报告期末施工项目=期初施工项目+本期新开工项目;报告期建筑业企业个数=上期末企业个数+新开业企业个数-报告期停业企业个数；报告期房地产企业个数＝上期末企业个数＋新开业企业个数－报告期停业企业个数。

（四）建设领域统计指标与外部相关指标的协调性

建设领域统计指标与外部相关指标协调是指固定资产投资、房地产开发、建筑业统计主要数据应与其他有关部门的统计指标如财政收入、银行贷款、实际利用外资、工业企业利润、土地供应、钢材和水泥的生产及销售以及价格指数等指标保持一定的协调性。

三、评（联）审工作程序和方式

（一）投资和房地产数据评（联）审工作程序和方式

1. 评（联）审方式

评（联）审采取月度评审和季度联审两种办法。月度评审由国家统计局投资司根据统一方案进行；季度联审由国家统计局投资司组织各省、自治区、直辖市统计局投资处联合进行。

评审每月进行一次，联审每季度进行一次。

2. 评（联）审时间

月度评审时间确定为每月月后 8 日—9 日两天（节假日按规定顺延）；季度联审时间确定为每季季后 10—11 日两天（节假日按规定顺延，1 月份年快报为 16—17 日，下同）。

3. 评（联）审程序

第一步由各省区市统计局投资处自审。季后 7—8 日由各地自审，并于 7 日 17 时前向国家统计局投资司上报“建设领域统计数据联审需报送的资料（见附件），8 日 17 时前向国家统计局投资司上报投资数据自审报告。

第二步是评（联）审阶段。月后 8 日—9 日由国家统计局投资司评审，季后 10—11 日由国家统计局投资司组织各省、自治区、直辖市统计局投资处进行联审。

第三步是初步评(联)审意见反馈阶段。国家统计局投资司于月后 7 日 17 时前、季后 10 日 17 时前将初步评(联)审意见通知各地。

第四步是省区市数据修正阶段。各省区市根据国家统计局投资司评(联)审意见进行修正,并于月后 9 日 17 时前、季后 11 日 17 时前将修正后的数据报国家统计局投资司。

第五步为评审结果的反馈阶段。投资司于月后 10 日 17 时前、季后 12 日 17 时前将最终评(联)审结果反馈各地。

(二)建筑业增加值核算数据联审工作程序和方式

1.联审方式

季度建筑业增加值核算数据采取联审办法,由国家统计局投资司组织各省、自治区、直辖市统计局投资处联合进行联审。

2.联审时间

联审的时间为季后 10 日—11 日两天(1 月年快报为 16—17 日)。

3.联审程序

第一步是建筑业生产数据评审。季后 7 日由各省、自治区、直辖市和国家统计局投资司分别对各地区上报的建筑业生产数据进行自审和评审。各地区把自审中发现的问题或需要说明的情况于季后 7 日 18 时前上报国家统计局投资司。投资司 8 日 12 时前,将初步评审意见通知各地区。各地区根据国家评审意见进行修正,并于季后 8 日 17 时前将修改数据报国家统计局投资司。

第二步是数据反馈阶段。季后 9 日 12 时前,由国家统计局投资司把各地区建筑业生产最终数据和增加值初步核算数据反馈各省、自治区、直辖市统计局投资处。

第三步是建筑业增加值数据自审阶段。各地区审核确认本地区建筑业增加值数据,并于季后 9 日 17 点前,将审核意见反馈投资司。

第四步是召开各省、自治区、直辖市数据联审会,对各地区建筑业增加值核算数据进行审定。

第五步是建筑业增加值核算最终数据反馈阶段。投资司于季后12日16点前将最终联审结果反馈各地。

(三)建筑业财务数据评审工作程序和方式

1.评审方式

建筑业季度财务数据采取评审办法,由国家统计局投资司根据统一方案组织评审。

2.评审时间

季后25日—26日两天。

3.评审程序

第一步由各省、自治区、直辖市统计局投资处自审。季后25日由各地自审,并把自审中发现的问题或需要说明的情况于25日18时前上报国家统计局投资司。

第二步是评审阶段。季后25日由国家统计局投资司对各地区上报的数据进行评审。

第三步是初步评审意见反馈阶段。投资司于季后26日12点前,将初步评审意见通知各地区。

第四步是地区数据修正阶段。各省区市根据国家评审意见进行修正,并于季后26日17点前将修改数据报国家统计局投资司。

第五步为评审结果的反馈阶段。投资司于季后27日12点前将最终评审结果反馈各地。

(四)数据发布

各省、自治区、直辖市建设领域的统计数据未经国家统计局投资司审定,不得对外发布。各地在获得国家统计局投资司正式反馈数据后才能按有关规定对外公布。

四、建设领域统计数据评(联)审依据和方法(略)

附件:建设领域统计数据联审需报送的资料(略)

国家统计局关于开展城乡划分工作的通知

（2006年4月4日）

各省、自治区、直辖市统计局，新疆生产建设兵团统计局，国家统计局各调查总队：

根据《国家统计局关于印发〈关于统计上划分城乡的暂行规定〉和〈国家统计局统计上划分城乡工作管理办法〉的通知》（国统字〔2006〕60号）的精神，为了准确划分城乡，统一各专业城乡划分口径，建立各专业统一使用的《城乡地域库》，拟在全国范围开展城乡划分工作，现将城乡划分工作的有关事宜通知如下：

一、城乡划分是统计工作的基础性工作，各地要充分认识此项工作的重要性，加强领导，认真组织，上下配合，协调一致，按时完成城乡划分工作。为保证城乡划分工作顺利完成，各地应在经费、设备、人员等方面给予积极支持。

二、城乡划分工作由各地统计局负责统计设计管理的部门牵头，调查总队和统计局人口等有关专业配合协作，统一按照国家统计局制定的《关于统计上划分城乡的暂行规定》、《国家统计局统计上划分城乡工作管理办法》，以及本附件《〈关于统计上划分城乡的暂行规定〉的说明》执行。

三、国家统计局拟于4月下旬召开城乡划分工作培训会。各地统计局应根据国家的统一安排，认真、合理地组织本地区的城乡划分培训工作，并于5月上旬将本地区的城乡划分工作计划以电子版或书面形式报国家统计局统计设计管理司。

四、各地应于7月底前完成城乡的实地划分工作，并于7月底前和8月15日前，分别将本地区根据城乡划分编制的分村委会、居委会的城乡转换代码和城乡划分工作总结报送给国家统计局统计设计管理司。国家统计局拟于8月上旬组织开展城乡划分的检查和抽查工作。

五、国家统计局的具体培训日程，城乡转换代码的报送方式及格式等有关事宜将另行布置。

附件：《关于统计上划分城乡的暂行规定》的说明

附件：

《关于统计上划分城乡的暂行规定》的说明

为了更好地开展城乡划分工作，科学、准确地划分我国的城乡地域，现对《关于统计上划分城乡的暂行规定》(简称《规定》)进行说明。

一、实施范围

本《规定》的实施范围为我国现行的行政区域。

(一)《规定》中的城区在下列行政区域内确定：

1. 市辖区；

2. 不设区的市(包括不设区的地级市和县级市)。

(二)《规定》中的镇区在城区以外的下列行政区域和其他区域确定：

1. 县、自治县、旗、自治旗政府驻地的镇；

2. 市辖区、不设区的市、县、自治县、旗、自治旗所辖的其他镇；

3. 乡、镇、街道不管辖的各类经济活动区域。

(三)《规定》中的乡村在城区和镇区以外的其他地区确定。

二、划分单元

《规定》中最小划分单元又称为基本划分单元，即民政部门确认的村级地域，包括民政部门确认的社区、居民委员会、村民委员会的地域。

三、城乡分类和代码

根据《规定》，城乡分类和代码为：

100　城镇

110　　城区

111　　　主城区

112　　　城乡结合区

120　　镇区

121　　　镇中心区

122　　　镇乡结合区

123　　　特殊区域

200　乡村

210　　乡中心区

220　　村庄

四、城乡分类的解释

（一）主城区

主城区是指市辖区和不设区市的下列地域：

1. 街道办事处所辖的居民委员会地域；

2. 与城市的公共设施、居住设施等完全连接的其他村级地域。

（二）城乡结合区

城乡结合区是指与城市的公共设施、居住设施等部分连接的村级地域。

（三）镇中心区

镇中心区是指市辖区、不设区的市、县、自治县、旗、自治旗所辖城区以外的镇的下列区域：

1. 镇所辖的居民委员会地域；

2. 与镇的公共设施、居住设施等完全连接的其他村级地域。

（四）镇乡结合区

镇乡结合区是指与镇的公共设施、居住设施等部分连接的村级地域。

（五）特殊区域

特殊区域是指地处城区、镇中心区、镇乡结合区以外，不隶属乡级行政区域，且常住人口在3000人以上的工矿区、开发区、科研单位、大专院校、农场、林场和其他特殊区域等。其中：

1. 开发区是指各级人民政府批准的经济技术开发区、高新技术开发区、工业园区、科技园区等区域。

2. 农（林）场是指农场、林场的场部所在地的区域，以及经济较发达，具有一定的二、三产业规模的农（林）场职工聚集地。农（林）场部以上管理机构随驻地的行政区域划分城区或镇区。

3. 其他特殊区域是指常住人口达到3000人，同时，从事非农产业人员达到70%的独立区域。

（六）乡中心区

乡中心区是指乡、民族乡人民政府驻地的村民委员会地域和乡所辖居民委员会地域。

（七）村庄

村庄是指农村村民居住和从事各种生产活动的区域，以及未划入城镇的农场、林场等区域。

五、有关概念的解释

（一）连接

连接是指城市（镇）可观察到（已建成或在建）的公共设施、居住设施和其他设施所延伸到的地域，且中间未被非建设用地所隔开。连接分为以下几种情况：

1. 完全连接的村级地域，是指当公共设施、居住设施和其他设施延伸到村级区域的全部地域时，则该村级区域为完全连接的村级地域。

2. 部分连接的村级地域，是指当公共设施、居住设施和其他设施延伸到村级区域的驻地，尚有部分区域未延伸到，即仍有部分农业生产用地时，则该村级区域的全部为部分连接的村级地域。

3. 未连接的村级地域，是指当公共设施、居住设施和其他设施未延伸到村级区域的任何地方，或只延伸到村级区域的一部分，但未延伸到村级区域的驻地时，则该村级区域为未连接的村级地域。

4. 连接的乡级地域，是指当市辖区、不设区市和县政府驻地的公共设施、居住设施和其他设施延伸到所辖的乡级政府驻地时，则该乡级行政区域为连接的乡级地域。

判断连接应注意以下两个问题：

1. "城市(镇)的公共设施、居住设施"是指在市辖区、不设区的市和镇的政府驻地，或市镇的中心位置，具有明显特征的公共设施、居住设施和其他设施。

2. 在判断连接时，凡被下列非建设用地所隔开的，不作为连接：

(1)水域：江河、湖泊、水库、苇地等；

(2)农业用地：耕地、菜地、灌溉水田等；

(3)园地：果园、桑园、橡胶园；

(4)林地：生长乔木、竹类、灌木、沿海红树林等；

(5)牧草地：生长各种牧草的土地；

(6)弃置地：裸岩、石砾地、陡坡地、塌陷地、盐碱地、沙荒地、沼泽地等。

(二)公共设施

公共设施是指行政办公设施、商业金融设施、文化娱乐设施、体育设施、医疗卫生设施、教育科研设施等。

(三)居住设施

居住设施是指居民住宅区，以及在居民住宅区内为居民提供各项服务的设施。

(四)其他设施

其他设施是指工业、仓储、交通(不含单独的公路、道路)、市政设施(仅指地面建筑设施)等。

地方统计调查项目管理工作流程

（试行）

国家统计局办公室

（2006 年 4 月 7 日）

根据《国家统计局关于加强对地方统计调查项目管理的通知》（国统字〔2006〕17 号），制定本工作流程。

地方统计调查项目是指地方人民政府统计机构开展的地方性统计调查项目。国家统计局负责省级地方统计调查项目的审批、备案工作，统计设计管理司为具体承办机构。

一、审批类项目管理工作流程

审批类统计调查项目包括：

1. 省级统计局单独或与有关部门共同建立的经常性统计调查项目，以及拟建经常性统计调查的试点项目；

2. 省级统计局单独或与有关部门共同建立的普查项目；

3. 省级统计局对国家统计调查制度、方案（包括经常性、一次性、普查等各种形式）的表式、内容、基层表调查范围和调查频率等调整后形成的地方统计调查项目。

（一）申请

1. 新建审批类地方统计调查项目，申请材料包括：

（1）申请文件：省级统计局以正式文件向国家统计局申请审批地方统计调查项目；

(2)《地方统计调查项目审批备案申报表(新建类)》(见附件1):要求概要说明调查目的、立项依据、经费预算与来源情况、调查内容、范围、频率等;

(3)调查制度(方案):包括调查项目名称、调查目的、调查范围、调查对象、调查方式、调查时间、调查表式、指标解释和统计填报目录等。

2. 对国家统计调查制度调整后形成的地方统计调查项目,申请材料包括:

(1)申请文件(同上);

(2)《地方统计调查项目审批备案申报表(修订类)》(见附件2):要求具体说明修订制度的名称及具体内容,包括调查范围、调查对象、调查方式、调查频率、调查表式、指标解释和统计填报目录等。新增加表式和指标应附表式、指标名称及指标解释。

(二)审批

1. 项目接收:审核地方统计调查项目送审材料是否齐全,了解并澄清有关疑问。如送审材料不符合规定要求,要求送审单位重新提交送审文件或补齐材料。

2. 项目审理:根据申请项目涉及的内容和需要,通过地方统计调查项目审批内部工作机制征求局内有关单位的意见后形成对审批项目的处理意见。

3. 修订完善:对送审单位反馈项目审理情况,提出修改意见和建议。送审单位应积极配合,及时修改完善。

4. 回复结果:根据项目审批结果,以国家统计局文件形式复函批复。审批类项目批复分为批准和不予批准两类。

地方统计调查项目审批工作在15个工作日内完成。但送审单位补充送审材料及按反馈意见修改方案时间不计入工作日。

(三)管理

经国家统计局审批后的统计调查制度,必须在报表的右上角标明审批法定标识。法定标识包括:表号、制表机关、文号、审批机关、批准文号、有效期限。

国家统计局定期在内部网站上公布省级“地方统计调查项目目录(审批类)”，目录内容包括：经批准的地方统计调查项目名称、制定及组织实施该项调查的单位名称、批准文号、有效期限等。

二、备案类项目管理工作流程

备案类地方统计调查项目是指省级统计局为满足地方政府需要，建立的专项(一次性)统计调查项目。

(一)申请

申请材料包括：

1. 申请文件：省级统计局以正式文件下发的专项(一次性)统计调查项目，以抄报的形式报国家统计局。

2.《地方统计调查项目审批备案申报表(新建类)》(见附件1)。

(二)备案

国家统计局对备案类地方统计调查项目进行备案管理，并行文予以批复备案。

(三)管理

经国家统计局备案后的统计调查制度，必须在报表的右上角标明法定标识。法定标识包括：表号、制表机关、文号、备案机关、有效期限。

国家统计局定期在网站上公布省级“地方统计调查项目目录(备案类)”，目录内容包括：已备案的地方统计调查项目名称、制定及组织实施该项调查的单位名称、备案文号、有效期限等。

三、几点说明

1. 省级统计局的统计设计管理机构负责本单位统计调查项目的审核、把关工作，并按本工作流程要求上报国家统计局进行审批和备案。

2. 对国家常规统计调查制度修订的地方统计调查项目，一经国家统计局批准后，调查表中的“制表机关”为国家统计局、省统计局，“表号”为国家统计局原表号，批准文号为国家统计局批复文号，文号为省统计局发文文号。

3. 国家统计局对地方统计调查项目的审批（备案）实行有效期管理。普查、一次性调查的有效期到该调查资料上报的最后期限截止；地方建立的经常性统计调查项目有效期为一年，如遇临时修订需重新报批；对国家统计局常规统计调查制度修订形成的地方统计调查项目有效期为一年。

4. 经国统计局审批的地方统计调查项目，不得在组织实施时，另外增减调查内容、调整调查范围和变更调查频率等。

5. 已审批或备案的项目在实施过程中，对发现存在重大问题的，国家统计局将废止该调查项目的执行。

附件：1. 地方统计调查项目审批备案申报表（新建类）
2. 地方统计调查项目审批申报表（修订类）

附件 1：

地方统计调查项目审批备案申报表（新建类）

申报单位：　　　　　　　　　　　　　　　　　　　　申报日期：　年　月　日

<table>
<tr><td>项目名称</td><td colspan="2"></td></tr>
<tr><td rowspan="2">项目类别</td><td rowspan="2">审批类□　备案类□</td><td>联系人：　　　　　电话：</td></tr>
<tr><td>电子信箱：</td></tr>
<tr><td>调查目的与立项依据</td><td colspan="2"></td></tr>
<tr><td>调查主要内容</td><td colspan="2"></td></tr>
<tr><td>调查对象</td><td colspan="2">1 企业□　2 事业□　3 机关□　4 社团□　5 产业活动单位□
6 居民住户□　7 个体经营户□　8 其他□</td></tr>
<tr><td rowspan="3">调查范围及方法</td><td colspan="2">实施范围：1 全省（区、市）□　2 部分市县□</td></tr>
<tr><td colspan="2">调查方法：1 全面调查□　2 抽样调查□　3 典型调查□　4 其他□</td></tr>
<tr><td colspan="2">预计调查单位数：</td></tr>
<tr><td>调查频率</td><td colspan="2">1 普查□　2 一次性调查□　3 年报□　4 半年报□　5 季报□
6 月报□　7 其他（请注明）：________________</td></tr>
<tr><td rowspan="2">调查经费</td><td colspan="2">所需经费：</td></tr>
<tr><td colspan="2">经费来源：</td></tr>
</table>

说明：请在选中的“□”填“■”

附件2：

地方统计调查项目审批申报表（修订类）

申报单位：　　　　　　　　　　　　　　　　　　　　申报日期：　年　月　日

<table>
<tr><td>项目名称</td><td colspan="4"></td></tr>
<tr><td colspan="2">联系人：</td><td>电话：</td><td colspan="2">电子信箱：</td></tr>
<tr><td>调查对象</td><td>1未作调整□　2调整□</td><td>统计报表</td><td colspan="2">1未作调整□　2调整□</td></tr>
<tr><td>调查频率</td><td>1未作调整□　2调整□</td><td>统计指标</td><td colspan="2">1未作调整□　2调整□</td></tr>
<tr><td>调查范围</td><td>1未作调整□　2调整□</td><td colspan="3">预计调整调查单位数：</td></tr>
<tr><td colspan="5">修订内容：</td></tr>
</table>

说明：请在选中的“□”填“■”

国家统计局新闻发布管理规定

国家统计局办公室

（2006年4月7日）

第一条 为进一步规范我局统计新闻发布工作，树立统计工作权威性，根据《中华人民共和国统计法》及其实施细则、《国家统计局工作规则》和《国家统计局保密工作规定》，制定本规定。

第二条 本规定所称统计新闻发布是指通过报刊、广播、电视、网络等媒体向社会发布国家统计局各项工作成果和政务信息活动，包括局所属单位以“国家统计局”或“国家统计局某某”名义对外发布统计新闻的行为。

第三条 统计新闻发布遵循的原则

（一）“先内后外”的原则。即统计新闻应在上报上级领导部门和通报有关部门后，向社会发布。

（二）归口管理的原则。即统计新闻应由综合司统一向媒体提供，向社会发布。

第四条 统计新闻发布的内容和方式

（一）内容

1. 进度性统计信息：指已列入《国家统计局经济统计信息发布日程表》（以下简称《日程表》）的统计信息。

2. 专题统计信息：指我局正式印发的各类专题分析报告，包括《统计报告》及增刊、《研究参考资料》及增刊、课题研究报告以及为领导准备的其它各类报告。

3. 统计政务信息：指有关统计工作开展情况、统计法规制度执行情况、统计发展战略规划以及重大统计制度方法变动情况等方面的统计新闻。

（二）方式

1. 新闻发布会：指举行的各类新闻发布会以及与各有关部门联合举行的新闻发布会。

2. 记者采访：包括接受记者提出的采访和主动邀请记者来访。

3. 向各种媒体提供稿件：指在我局正式印发的各类统计资料基础上改写的新闻稿件以及以统计资料、统计工作为主要内容撰写的新闻稿件。

第五条 统计新闻发布审批程序

（一）对外发布进度性统计信息，由有关单位在发布前一天撰写出新闻稿，经本单位领导审核签字，送综合司审定后统一对外发布。未列入《日程表》的进度性统计信息，需对外发布时，除履行以上审批程序外，还应报主管局领导审批。

（二）对外发布专题统计信息，经草拟单位领导审核签字，送综合司审定后统一对外发布。重要的须经局领导审批。

（三）对外发布政务信息，由草拟单位领导审核签字。其中，涉及国家统计局重要活动的须经办公室同意；涉及统计法规、工作规章的须经政策法规司同意；涉及统计制度、方法方案、标准等须经统计设计管理司同意。由综合司统一组织对外发布。

（四）举行新闻发布会，应按规定程序进行报批。有关单位提出举行新闻发布会的请示，经综合司会签后报主管局领导审批。与有关部门联合举行新闻发布会须提前 3 天将相关材料送综合司备案。

（五）约请记者采访或记者要求采访的，由综合司统一协调安排。任何单位及个人不得以“国家统计局”或“国家统计局某某”的名义自行接受记者采访。

（六）禁止以个人名义对外发布统计信息。以个人名义对外发表的统计分析文章，须经单位负责人审批。

第六条 统计新闻发布的责任

（一）综合司负责本规定执行情况的日常监督检查，并对经过综合司审核的发布内容负责。

（二）各单位主要负责人对本单位发布的统计信息和执行本规定情况负责。

（三）对违反本规定的新闻发布事件进行严肃查处。对没有造成严重不利影响的，综合司通报当事人单位，由各单位对当事人进行批评教育；对造成严重不利影响的，上报局领导，由局领导对当事人进行批评教育直至纪律处分。

第七条 本规定由综合司负责解释。

第八条 本规定自印发之日起执行。《国家统计局新闻发布管理规定》（国统办函〔2004〕61号）同时废止。

国家统计局 国家发展改革委 建设部 关于做好扩大房地产开发企业联网直报范围工作的通知

（2006 年 4 月 18 日）

各省、自治区、直辖市统计局、发展改革委、建设厅（建委），新疆生产建设兵团统计局：

根据 1999 年 8 月国家统计局、国家发展计划委员会、建设部关于建立全国重点房地产开发企业联网上报制度的通知（国统字〔1999〕84 号）精神，在各级统计局、发展改革委、建设厅（建委）以及重点房地产开发企业的共同努力下，建立起了全国 3000 家重点房地产开发企业联网直报信息系统。经过几年的努力，该系统充分发挥了直接、快速、准确的网络优势，有力地推动了国家、省、市及房地产开发企业统计信息自动化水平，提高了房地产统计数据的时效性和准确性。

为巩固和扩大房地产开发企业联网直报系统的成果，适应新时期社会各界对房地产统计信息新的需求，进一步增强政府部门科学决策和宏观调控的能力，提高房地产企业统计自动化水平，决定自 2006 年起，把重点房地产开发企业联网直报的范围由 3000 家扩展到 5000 家。现将有关要求通知如下：

一、新增重点房地产开发企业确定原则

2006 年新增重点房地产联网直报企业的确定原则是：各地统

计局应在资质等级为“三级”的房地产开发企业中，根据企业“年度完成投资”、“注册资本”以及“年度商品房销售面积”和“年度房屋施工面积”等指标进行综合排序，按照15%的比例筛选有关企业纳入联网直报范围。对部分年度销售面积较大、资质等级为“暂定”的房地产开发企业，也可视情况纳入联网直报的范围。各地统计局要充分征求本地发展改革委、建设厅（建委）对入选企业的意见，在规定时间内完成对本地直报企业名单的核定工作，并将结果上报国家统计局、国家发展改革委和建设部。

二、2006年重点房地产开发企业联网直报工作的要求

建立5000家重点房地产开发企业联网直报系统制度的目的是要在此平台的基础上尽快构建国家宏观调控部门和房地产行业主管部门与企业之间信息交换系统，更加及时、准确地了解、掌握房地产开发企业发展动态，加强对企业进行指导。

2006年5000家重点房地产开发企业联网直报工作的要求是：9月底前，各地区联网直报的企业个数要达到80%，全年要达到90%以上。各地统计局、发展改革委、建设厅（建委）要加强对此项工作的领导和督促，按照各自的职责，分工负责，认真组织实施。

三、积极创造条件，保障联网直报工作顺利进行

各地统计局、发展改革委、建设厅（建委）要密切配合，采取有效措施，督促各重点房地产开发企业落实相关工作条件，配备必要的上网条件，保证统计人员参加培训的时间。要在7月底前完成对新入网企业的培训工作。同时，要保持培训工作的连续性，以适应企业统计人员变动和统计制度方法改革的需要。要及时协调解决联网直报工作中遇到的新问题，做好跟踪服务，确保联网直报工作顺利完成。

四、充分发挥5000家房地产开发企业联网直报系统的功能，做好房地产开发企业联网直报信息的开发与应用工作

在建立5000家房地产开发企业联网直报系统的过程中，各地统计局要加强与发展改革委、建设厅（建委）等部门的合作，统筹考虑信息的开发与应用工作，要充分利用网络条件和信息优势，实现信息互联共享，为房地产市场运行的宏观调控提供更有针对性、更加快速灵活的信息，不断提高统计信息服务质量和水平。

五、及时总结经验，为进一步扩大房地产开发企业联网直报范围奠定基础

各有关部门要及时总结重点房地产开发企业联网直报工作的经验，为进一步扩大企业直报范围做好准备。有条件的地区可以开展更大范围的直报试点工作，为最终实现全部房地产开发企业联网直报奠定基础。国家统计局、国家发展改革委和建设部将在适当的时候召开5000家重点房地产开发企业联网直报工作总结、表彰会议，以推动这项工作的开展。

国家统计局关于开展服务业重点行业抽样调查的通知

（2006年4月24日）

各省、自治区、直辖市统计局，新疆生产建设兵团统计局，国家统计局各调查总队：

国家统计局决定于今年上半年在全国范围内开展服务业重点行业抽样调查试点工作。该项工作由服务业调查中心负责组织，各省级调查总队具体实施。现将《服务业重点行业抽样调查方案》印发给你们，请遵照执行。

此项工作调查难度大，各地要认真组织实施，确保调查任务顺利完成。

附件：服务业重点行业抽样调查方案

附件：

服务业重点行业抽样调查方案

一、调查目的：为抽样调查方法在服务业中的应用和组织实施积累经验，同时也为国民经济核算提供参考数据，根据《中华人民共和国统计法》制定本统计调查方案。

二、调查范围：包括装卸搬运和其他运输服务业、仓储业、计算机服务业、软件业、租赁业、商务服务业、科技交流和推广服务业、居民服务业、其他服务业、社会福利业、体育和娱乐业 12 个行业大类。

三、调查对象:法人企业和个体户。

四、调查内容:调查内容包括营业收入、人员薪金、上交税费、营业利润、固定资产和从业人员等指标。本方案包括 2 张调查表,企业调查表和个体户调查表,具体内容详见表式。

五、调查期及报送时间:调查期为 2006 年 1 至 5 月份(企业调查表的基期是 2005 年 1 至 5 月份的资料)。上报时间为 2006 年 7 月 5 日前,报送方式为电子邮件,报送地址是:服务业调查中心 FTP 下的社会处或 dczxshc_gj@stats. gov. cn 信箱中。

六、基本抽样方法:对调查总体中的企业部分采用目录抽样,个体户采用二阶段抽样。

七、组织实施方式:服务业调查中心负责企业和个体整群样本的抽取和数据推算、录入程序的编写以及搜集企业名录库工作;各省级企业调查队负责组织实施样本企业和个体户的调查、数据录入和抽取个体户样本的工作。

本次调查的样本和录入程序由服务业调查中心另行下发。

调查表式及指标解释(略)

国家统计局关于统计从业资格认定工作有关问题的通知

（2006 年 4 月 25 日）

各省、自治区、直辖市统计局，新疆生产建设兵团统计局：

《统计从业资格认定办法》（国家统计局令第 8 号，以下简称《办法》）实施以来，对于提高统计人员的素质，规范统计从业资格相关工作，发挥了积极作用。但在《办法》实施过程中，许多地方反映，对符合《办法》第九条规定，即已具备教育行政部门认可的统计类专业大专、其他专业本科以上学历，免于参加统计从业资格考试的人员应如何申请统计从业资格的问题，《办法》规定得不够明确。根据《统计法》第二十四条、《办法》第七条第（三）项关于统计人员应当具备从事统计工作所需的专业知识和教育部有关规定，我局经认真研究，特作如下规定：

一、教育行政部门认可的高等教育学历证书，是指经国家教育主管部门批准具有举办学历教育资格的普通高等学校（含培养研究生的科研单位）、成人高等学校、民办学历学校所颁发的学历证书；通过自学考试、由国务院自学考试委员会授权各省（自治区、直辖市）自学考试委员会颁发的自学考试毕业证书；经国家教育主管部门批准在党校、成人高校、军事院校设立的全日制普通班中就读的学生所取得的毕业证书，学历文凭考试学校颁发的毕业证书，普通高等学校以远程教育形式举办的高等学历教育所颁发的毕业证书，以及符合《中国人民解放军院校学历证书管理暂行规定》所颁发的学历证书。

二、具备统计类专业大专以上学历的人员，可按《办法》规定的程序，直接向承办机关申请办理统计从业资格，对符合受理条件的，承办机关应予受理。统计类大专以上学历包括统计学、概率论与数理统计、经济信息管理、会计学（会计与统计核算方向）、调查分析、经济学（经济分析方向）等专业。

三、具备非统计类专业本科以上学历、从事统计工作的人员，可持所在单位出具的有效证明，按《办法》规定的程序，向承办机关申请办理统计从业资格。对符合受理条件的，承办机关应予受理。经认定获得统计从业资格的人员，须根据《办法》第二十二条的有关规定，自取得《统计从业资格证书》之日起一年内，参加由统计从业资格认定工作承办机关或实施机关举办的统计继续教育。

国家统计局巡查工作办法

国家统计局

（2006年4月26日）

第一条 为了加强国家统计局与各省、自治区、直辖市统计局、各调查总队和国务院有关部门统计工作的联系与沟通，加强对政府统计工作的监督检查，根据《中华人民共和国统计法》、《中华人民共和国行政监察法》和《党政领导干部选拔任用工作条例》的规定，制定本办法。

第二条 下列机构，列入国家统计局的巡查对象：

（一）各省、自治区、直辖市统计局。

（二）国家统计局各调查总队。

（三）国务院有关部门。

第三条 下列事项，列入巡查内容：

（一）各省、自治区、直辖市统计局和国家统计局各调查总队领导班子建设情况，以及调查总队干部管理情况。

（二）国家统计法律、法规、规章的执行情况。

（三）国家统计制度的执行情况。

（四）统计数据质量和行业作风建设情况。

（五）中央级统计事业费的管理和使用情况。

（六）国家统计局部署的其他重大任务的完成情况。

第四条 根据巡查对象的实际情况和工作需要，既可以进行综合巡查，也可以进行专项巡查。

第五条 国家统计局每年选择部分省、自治区、直辖市统计局、调查总队和国务院有关部门进行巡查。

第六条 巡查工作必须按计划进行。巡查工作计划应当列明下列内容：

（一）巡查对象。

（二）巡查时间。

（三）巡查工作任务。

（四）巡查组织形式和工作方法。

巡查工作计划必须经国家统计局巡查工作领导小组批准。

第七条 巡查组组长由国家统计局巡查工作领导小组指定。巡查组组成人员以巡查专员为主，并根据巡查工作任务从国家统计局及各调查总队和省、自治区、直辖市统计局中选调业务骨干参加。

第八条 按照下列程序和方式进行：

（一）下发巡查工作通知，要求巡查对象开展自查。

（二）巡查小组进行现场检查

1.听取自查情况汇报；

2.召开有关座谈会；

3.进行必要的个别谈话；

4.查阅有关资料；

5.深入基层进行检查；

6.其他必要的检查工作。

（三）巡查工作结束时，由巡查组与巡查对象领导班子交换意见，沟通有关情况。

（四）巡查组将巡查工作的情况、问题和建议，形成巡查报告，在巡查结束后一周内报国家统计局巡查工作领导小组。

（五）巡查组根据巡查情况，拟定《统计巡查意见书》，报经局领导审批后，在巡查结束两周内向巡查对象进行反馈。巡查对象应在接到《统计巡查意见书》后两个月内向国家统计局报告反馈意见落实情况。

（六）对巡查中发现的问题，应当责令改正，对违反法纪的，应当依照有关规定处理。

第九条 巡查组在巡查工作中，应当认真听取巡查对象对国家统计局工作的意见和建议，并及时向国家统计局巡查工作领导小组汇报，向有关单位反馈。有关单位要及时提出整改意见和措施，必要时向巡查对象反馈。

第十条 巡查组执行巡查工作计划范围内的任务，不干涉巡查对象的正常工作。必要时，可以要求巡查对象有关领导和人员予以回避。

第十一条 实行巡查工作责任制，巡查组对所完成的巡查工作和巡查报告负责。巡查人员必须坚持原则，公道正派，深入细致，如实反映巡查情况；严格遵守工作纪律，谨言慎行，廉洁奉公。

第十二条 巡查对象和有关工作人员，有权对巡查组或巡查组成员违反本办法的行为，向国家统计局举报。国家统计局应当核实处理。

第十三条 国家统计局设立巡查工作领导小组，负责巡查工作的组织协调。巡查的日常工作由纪检监察局负责。

第十四条 各省、自治区、直辖市统计局可以参照本办法，制定本地区巡查工作办法。

第十五条 本办法自2006年5月1日起施行。国统字〔2003〕39号文件同时废止。

国家统计制度方法改革三年滚动计划

（2006—2008）

国家统计局

（2006年4月30日）

一、改革的目标与重点

中国统计发展的长远目标是，适应完善社会主义市场经济体制的需要，借鉴国际先进统计工作经验，改革体制，完善机制，加强法制，建立既符合中国国情又与国际通行规则基本接轨的现代统计体系，切实提高统计数据的准确性、科学性、及时性和统计工作的权威性，为政府、社会各界和国际社会提供优质高效的统计服务。

为适应这一要求，2006—2008年统计制度方法改革的目标是：根据经济和社会发展对统计工作提出的新需求，改进和完善现行的统计制度方法体系，建立能够准确及时地反映我国经济社会全面、协调、可持续发展，以及“十一五”规划实施情况的统计制度。

近三年统计制度方法改革的重点：一是按照以人为本、全面协调可持续发展的要求，改革和完善现行统计指标体系，从统计内容上全面反映科学发展观和正确政绩观的贯彻与落实，反映我国的自主创新能力。二是适应统计体制改革的要求，进一步整合现行经常性统计调查制度，建立和完善服务业统计调查制度，加强社会统计和科技统计，加强对地方统计调查项目和部门统计调查项目的管理。三是以新的普查周期的建立为契机，改进统计调查方法和手段，整合原三支调查队的调查资源，研究各项普查之间、普查方案与非普查年份经常性统计制度之间的衔接与协调。

二、改革的基本原则

（一）立足当前，兼顾长远

统计制度方法改革是宏大的系统工程，要本着立足当前，兼顾长远的基本原则来进行。立足当前，就是根据我国社会和经济发展的现状，着重对不适应市场经济发展的统计内容、统计范畴、调查方式等统计制度方法进行改革，以适应国家管理以及社会公众对基本统计信息的迫切需求。兼顾长远，就是要将当前的每一项改革作为长远目标的一个组成部分，逐步实现统计制度方法改革的长远目标。

（二）需要与可能相结合

统计制度方法改革既要考虑需要，更要充分考虑其可行性，并根据实际情况制定科学、可行的统计制度方法改革方案。增加统计调查项目要量力而行，循序渐进，切实减轻基层统计负担。

（三）实现统计标准化既要适合中国国情，又要与国际接轨

进一步加快我国统计标准化的步伐，借鉴国际通用统计标准与一般规则，规范我国统计指标的涵义和计算方法，制定并推行既适合中国国情，又与国际标准接轨的各项统计分类标准，提高我国统计信息的国际可比性。

三、改革项目及主要内容

（一）周期性普查与经常性统计制度的整体设计

1. 在认真总结第一次全国经济普查成果的基础上，将普查中建立的在统一标准基础上相互衔接配套的专业统计的做法，体现到经常性统计调查制度的设计中，做到普查方案与经常性统计制度的衔接。

2.研究普查与非普查年份年报、定期统计报表制度在调查方法和数据上的衔接。探索建立以普查年份数据为基础，在非普查年份通过抽样调查方法推算速度和结构数据的新的统计调查方法体系，减少全面报表的范围。

3.统一规范普查区的划分，研究建立适合各项普查所需的普查区，为建立与行政区划代码相衔接的经济地理信息系统奠定基础。

4.在总结第一次经济普查经验的基础上，研究制定全国第二次经济普查方案。

(二)主要统计调查内容

1.国民经济核算

贯彻实施《中国国民经济核算体系(2002)》，进一步整合现行各项国民经济核算制度，逐步实现各项核算制度之间的协调统一，以及各项核算制度与相关统计调查制度的衔接配套，规范地区国民经济核算的资料来源。

(1)国内生产总值核算

在年度和季度国内生产总值核算表中全面采用2002年《国民经济行业分类》标准，细化国内生产总值核算中行业分类和支出项目分类；改进房地产业、金融业等服务业的核算方法；研究建立分季国内生产总值核算方法；改进地区生产总值数据联审制度；根据经济普查方案和现行统计制度，研究制定非普查年度国内生产总值核算方案；改进不变价国内生产总值核算方法。

(2)投入产出核算

开展2007年全国投入产出调查，在调查方案中严格按照《国民经济行业分类(2002)》标准制定投入产出部门分类；按照现行财务会计核算项目统一和规范各产业投入结构调查内容；根据产业特点，适当扩大调查范围。统一和规范各地区投入产出表编制方法。

(3)资产与资源环境核算

加强资源环境核算和资源环境经济综合核算的研究工作。编制中国能源账户；制定森林资源实物量核算方案，编制森林资源实物量核算账户；确定水资源核算的基本框架。

(4)资金流量核算

编制经济普查年度资金流量核算方案，进一步细化机构部门和交易项目分类；编制经济普查年度国民经济账户核算方案；编制与经济普查年度相衔接的常规年度资金流量核算及国民经济账户核算方案；以经济普查年度为基准年，对 1998－2003 年资金流量表、国民经济账户历史数据进行修订。

(5)综合能源统计

建立全社会能源综合消耗统计，计算单位国内生产总值能源消耗。

2. 基本单位

(1)完善部门基本单位名录更新制度，制订名录库维护更新管理办法，通过建立和维护基本单位名录库管理系统逐步实现部门行政登记资料的随时传送和基本单位名录库的及时更新。

(2)研究解决基本单位名录库与专业调查字典库的衔接问题，统一标准。

3. 农业、农村

(1)完成农业普查方案的制定、试点和实施工作。2006 年全面做好全国第二次农业普查的准备工作，主要包括完善普查方案、组织开展试点和培训等。2007 年完成第二次农业普查现场调查及数据录入工作。2008 年完成农业普查的数据加工、资料开发工作。在此基础上建立以元数据库为核心的新农村统计调查业务平台。

(2)利用农业普查成果建立新的农村抽样调查样本框；制定新一轮农村抽样调查样本轮换方案；完善和拓展农产品中间消耗统计调查项目；根据粮食统计口径调整的需要，进一步完善农作物分品种播种面积和产量抽样调查；研究农业服务业调查的方法；研究省以下农业发展速度的计算方法；完善和拓展农村劳动力转移统计指标体系。

（3）加强对社会主义新农村建设的统计调查工作，及时、准确掌握和了解新农村建设的新情况、新问题、新特点、新经验，根据需要修改和完善农村经济综合统计调查制度。

（4）进一步做好现代技术应用推广工作。一是利用卫星遥感技术在13个粮食主产区进行农作物面积遥感测量，建立与遥感技术相适应的农作物播种面积调查制度；二是利用GPS进行地面农作物播种面积测量，在耕地面积详查的基础上逐步建立起农作物播种面积对地调查体系；三是进一步扩大农户记账器数据采集技术试点范围。

4. 工业、能源

（1）继续对规模以上工业增加值及其发展速度实行下管一级，逐步实现国家与地区工业发展速度的基本衔接；开展规模以下工业增加值和发展速度计算方法的研究，2006年试用价格指数缩减法计算季度规模以下工业发展速度，并实现发展速度下算一级。

（2）进一步推进联网直报工作，建立和完善大中型工业企业联网直报子系统，并逐步推进到全部规模以上工业企业实现联网直报。

（3）2006年进行规模以下工业样本轮换，将第一和三季度的样本扩大为对省一级有代表性的大样本，按本期上报同期数试算规模以下工业发展速度。

（4）研究工业企业规模划分标准。

（5）研究建立工业指数体系（生产、销售、库存、出口、定货等指数）；结合编制投入产出表，开展工业成本结构调查的研究和试点。

（6）加强对能源统计的研究，增加主要耗能工业产品单位产量综合能耗统计；扩大季报统计目录。建立千家重点能耗企业节能降耗跟踪监测系统。

5. 建筑业

（1）在经济普查基础上，修订完善建筑业增加值计算和衔接方法。2006 年研究资质以下建筑业企业、产业活动单位、个体户抽样调查方法，并进行试点，2007 年建立抽样调查制度并组织实施。

(2)2006 年对建筑业企业季报进行超级汇总试点，2007 年实施；2006 年研究建筑业“在地”统计；2007 年研究建立重点建筑业企业直报系统。

6. 固定资产投资

研究规模以下固定资产投资抽样调查方法；完善新的投资统计指标体系；研究重大建设项目直报系统。

7. 房地产业

研究物业管理、中介服务及其他房地产企业统计指标体系和抽样调查方法并进行试点；2006 年起逐步扩大房地产开发企业联网直报的范围。

8. 贸易外经

(1)完善批发和零售业商品销售统计，取消“社会消费品零售总额”统计指标。

(2)建立重点批发和零售业、住宿和餐饮业企业联网直报统计制度。

(3)与有关部门联合研究服务贸易统计方法；与国家旅游局合作建立旅游卫星账户；与有关部门合作研究物流采购总成本统计方法。

9. 人口与就业

(1)在总结 1%人口抽样调查经验的基础上，修改完善人口变动情况抽样调查方案。

(2)研究人口变动调查、劳动力调查以及群众安全感调查的整合问题。将 2010 年人口普查前各次人口变动调查、劳动力调查和群众安全感调查作为一个整体调查项目进行抽样设计，以样本轮换为主线，形成统一的抽样框整理维护方案和样本抽取方案。

(3)2006 年组织好两次全国劳动力调查，研究确定样本轮换试行方法；从 2007 年，按季度组织实施劳动力调查。

(4)研究修订《关于工资总额的组成规定》，进行工资统计改革。2006年制订工资统计改革试点方案，并选择若干省级地区进行工资统计试点；2007年总结工资统计试点经验，研制并初步建立工资统计调查制度，力争在各省试行；2008年全面推行新的工资统计调查制度。

10. 社会与科技

(1)根据反映我国自主创新能力的要求，研究科技创新统计指标体系，2006年建立企业技术创新统计制度并试行。

(2)2006年建立地区环境综合统计制度。

(3)2006年建立部门妇女儿童及性别综合统计报表制度并试行。

(4)推动教育、科技、卫生、文化、广播电视等部门建立健全主要财务统计指标，适应增加值核算的需要；完善文化产业测算方法，研究建立统计制度。

11. 服务业

(1)研究建立服务业重点行业抽样调查制度。在总结2005年试点的基础上，2006年进一步完善抽样调查方案，并在全国范围内试行；2007年将服务业重点行业抽样调查纳入常规统计制度。

(2)完善归口统计的服务业统计范围。与建设部等部门合作，2006年研究提出城市公共交通业统计指标体系；与国家邮政局合作，完善邮政业统计范围，研究建立“其他寄递服务”统计；研究建立广播电视传输服务、卫星传输服务、水利环境和公共设施管理综合统计制度。

(3)加强与改进部门服务业统计，理顺不同部门之间服务业统计分工，建立起分工合理、信息共享的服务业统计机制；建立部门服务业统计联席会议制度，定期交流服务业统计工作。改进、完善和规范部门服务业统计制度，引导各部门开展全行业服务业统计，进一步完善部门服务业统计范围。规范部门服务业统计标准，研究健全部门服务业价值量统计，满足国民经济核算的需求。

(4)研究综合性服务业产业的统计标准和计算方法。

12. 城乡居民住户

改革现行城市住户调查方式,采用问卷调查和日记账相结合的方式,减少日记账调查户。2006 年完成改革方案的研制和试点工作;2007 年在全国布置实施新的住户调查方法制度;2008 年研究住户调查样本点的重新布局。

13. 价格

(1)2006 年研究居民消费核心价格指数编制方案;2007 年至 2008 年,试算居民消费核心价格指数;研究地区货币购买力比较。

(2)开展工业品产出结构调查,初步制定工业品生产者价格定基指数编制方案;制定工业品价格定基指数调查方案,开展新增规格产品的采价工作。

(3)开展固定资产投资价格调查方法调研,修改完善固定资产投资价格调查方案,研究固定资产投资价格定基指数的编制方法。

(4)开展电信业、交通运输业价格指数编制工作;完善交通运输业价格指数编制工作,研究增加航空运输和铁路运输业价格指数的试编;分步实施住宿、餐饮业价格指数,银行业价格指数以及其他金融业价格指数编制工作的可行性研究、试编和编制工作。

14. 企业调查

(1)研究和完善企业集团统计指标体系,规范企业集团统计指标的计算方法。

(2)进一步完善企业集团联网直报制度。在国家级联网直报的基础上,2006 年研究建立国家、省、地市三级联网直报方案,2007 年在全国范围内实施。

(3)继续与中国人民银行合作,进一步改进和完善金融业景气调查制度。

(4)进一步完善采购经理指数调查制度,建立非制造业采购经理指数调查制度。

15. 整合调查资源

根据调查队改革的实际，整合原三支调查队的调查资源，研究和调整抽样方法和样本单位。

（三）统计分类标准

1. 2006年，宣传贯彻《关于统计上划分城乡的暂行规定》，进行城乡分类标准的培训和标准实施推广工作，组织开展全国城乡区域划分工作，建立《城乡地域库》。

2. 在征求地方和部门意见基础上，于2007年完成《统计上使用的产品分类目录》的制定。

3. 2006—2008年，根据联合国颁布的《按目的划分的个人支出分类》标准，研究制定我国的《按用途划分的个人消费分类》。

4. 2006—2008年，在第一次全国经济普查的基础上，研制统计上使用的基本单位详细划分标准和跨地区单位的统计方法；研究其他服务企业的划型标准。

5. 2006—2008年，根据联合国新的《产业分类标准》，做好《国民经济行业分类》修订的准备工作。

（四）部门统计管理

1. 建立对部门统计工作的评比表彰制度和对部门统计人员的业务培训制度。

2. 修改《部门统计调查项目管理暂行办法》；起草《行业协会（联合会）统计活动管理暂行办法》；制发《加强部门统计工作的指导性意见》。

3. 研究政府统计“一体化”、各部门统计信息共享机制和部门信息发布的管理与协调等问题。

4. 建立部门统计专题网络平台。

（五）地方统计调查项目管理

加强对地方统计调查项目的管理，2006年完成制定和颁布《国家统计局关于地方统计调查项目管理暂行办法》，并开展对各地实施情况的检查。

（六）统计设计与管理数据库

1. 2006年，在国家统计局开展统计调查项目管理数据库的试运行和推广应用工作，力争经常性制度修订工作通过该库完成；做好元数据历史资料整理工具的研制工作，筹备和组织 2001－2005 年国家统计局布置的统计调查项目及有关资料的整理和加载工作。

2. 2006－2007 年，在国家统计局统计调查项目管理数据库基本正常运行的前提下，总结地方统计调查项目管理数据库的试点经验，研制出满足地方需求的统计调查项目管理数据库，并制定出推广应用计划。

3. 2007－2008 年，在资料共享、分工合作的前提条件下，对政府部门统计实行调查项目数据库的管理方式，着手建立部门统计调查项目管理数据库，达到政府综合统计和政府部门统计共同构建国家统计调查项目管理数据库的目标。

国家统计局省级以下各级调查队组建办法

国家统计局

（2006 年 5 月 16 日）

为做好省级以下各级调查队组建工作，根据《国务院办公厅关于印发国家统计局直属调查队管理体制改革方案的通知》（国办发〔2005〕14 号）和《国家统计局直属调查队管理体制改革实施方案》（国统字〔2005〕158 号），制定本规定。

国家统计局副省级城市调查队和市（地、州、盟）调查队（以下简称为市级调查队）、县（市、区、旗）调查队（以下简称为县级调查队）的组建工作，在国家统计局的统一领导和地方党委、政府的支持下，由省级调查总队和省级统计局共同负责组织实施，以调查总队为主。

在确保各级调查队独立组织实施承担的国家调查项目、独立向国家统计局和上级调查队上报承担的国家调查数据的前提下，在遵守调查队有关改革文件精神的基础上，省级以下各级调查队的后勤、纪检、党务等工作的管理和局、队协调模式，可根据各地的实际情况，按照有利于整合资源、稳定统计队伍、提高数据质量和提升统计服务水平的原则，因地制宜确定。信息化建设比照省级调查总队模式，实行局、队共享一个信息平台，合署办公。

根据中央组织部《关于国家统计局各级调查队党组织设置和干部管理有关问题的通知》（组通字〔2005〕26 号），国家统计局副省级城市调查队和市级调查队设立党组。调查队党组的设立，由同级地方党委审批。

根据《国家统计局关于印发统计联系协调委员会议事规则的通知》(国统字〔2006〕6 号),副省级城市统计局和调查队设立统计联系协调委员会。市级统计局和调查队,根据工作需要也可设立统计联系协调委员会。

组建期间,省级以下各级调查队和统计局之间应注意做好干部交流工作。

一、主要职责

(一)国家统计局副省级城市调查队和市级调查队的主要职责

1. 完成国家统计局布置的各项统计调查任务;

2. 接受地方政府交办的有关调查任务;

3. 完成上级调查队交办的地方调查任务;

4. 协助地方统计局完成重大国情国力普查任务;

5. 组织指导地方调查队的业务工作;

6. 负责调查队机关党的建设、纪检监察和干部管理工作。

副省级城市的调查数据同时上报国家统计局和省级调查总队。

(二)国家统计局县级调查队的主要职责

1. 完成国家统计局布置的各项统计调查任务;

2. 接受地方政府交办的有关调查任务;

3. 完成上级调查队交办的地方调查任务;

4. 协助地方统计局完成重大国情国力普查任务;

5. 组织指导地方调查队的业务工作。

二、内设机构

(一)内设机构设置

1. 副省级城市调查队的内设机构为正处级,内设机构数原则上与同级统计局相同，组建期间，一般可设置10个处(室)。主要是：办公室(人事教育处、财务管理处和纪检监察室等)、综合处(执法检查处)、住户调查处、工业调查处、投资与建筑业调查处、商业调查处、服务业调查处、价格调查处和其它2个调查处。办公室主任、副主任同时任人事教育处、财务管理处、纪检监察室的处长(主任)、副处长(副主任)。综合处处长、副处长同时任执法检查处处长、副处长。

2.市级调查队的内设机构为正科级，内设机构数原则上与同级统计局相同，组建期间，一般可设置以业务为主的6个科(室)，省会城市可再增设2个科(室)。对原设有国家队超过1个的地方，可适当考虑原三支调查队的内设机构数。

3.县级调查队的内设机构与同级地方统计局的内设机构级别相同。

副省级城市调查队、市级和县级调查队基层党组织的设立，根据《中国共产党党和国家机关基层组织工作条例》的规定，报经上级党组织批准。

(二)内设机构审批

副省级城市调查队内设机构的设置、更名、合并、撤销等，由副省级城市调查队提出意见，省级调查总队报国家统计局审批。

市级和县级调查队内设机构的设置、更名、合并、撤销等，国家统计局委托省级调查总队审批。

(三)内设机构领导职数

内设机构领导职数，按编制数配备。一般编制3人及以下的设1职；4至7人的设1正1副；8人及以上的设1正2副。

组建期间，省以下各级调查队的非领导职数，原则上为国家统计局下达给原三支调查队的非领导职数。

三、人员编制

国家统计局省级以下各级调查队人员编制由国家统计局统一

管理。

市级和县级调查队编制数，由省级调查总队根据中央编办核定的编制总数分配，报国家统计局批准后，由省级调查总队下达。省级以下各级调查队内设机构的编制，由本级调查队确定。

分配编制依据调查队所承担的工作量大小，同时可适当考虑原有编制和实有人数等具体情况。新成立的市级调查队编制数一般不少于本省（区、市）市级调查队平均数的70%。

四、队长、副队长的选拔和任免

国家统计局省级以下各级调查队队长、副队长的选拔，要遵守《党政领导干部选拔任用工作条例》和中央组织部的有关规定。

组建期间，副省级城市调查队队长原则上从副省级城市三支调查队队长、副局级（副省级城市副局级）副队长和同级统计局副局级以上干部中选拔；副队长原则上由副省级城市三支调查队队长、副局级（副省级城市副局级）副队长转任。如果没有合适人选，也可从上级调查队、统计局和其他党政部门选拔。

市级调查队队长原则上从市级三支调查队队长、副处级副队长和同级统计局副局级以上干部中选拔；副队长原则上由市级三支调查队队长、副处级副队长转任。一些表现优秀且符合任职条件的县级调查队队长，也可列入后备人选。

县级调查队队长原则上从县级农调队和城调队队长、副科级副队长和同级统计局副局级以上干部中选拔；副队长原则上由县级农调队和城调队队长、副科级副队长转任。

组建期间，原则上不晋升副队长及以下的领导干部。副省级城市和市级调查队领导班子成员达不到设立党组人数的，由省级调查总队按照干部管理权限，可从同级三支调查队副队长、正处（科）级干部和同级统计局正处（科）级党员干部中选拔；也可从上级调查队、统计局和其他党政部门选拔。

(一)选拔队长、副队长的原则

1. 任人唯贤、德才兼备；

2. 群众公认、注重实绩；

3. 公开、平等、竞争、择优；

4. 民主集中制。

(二)队长、副队长任职的基本条件

1. 认真实践“三个代表”重要思想，积极贯彻执行党的路线方针政策，坚持实事求是，开拓创新，清正廉洁。

2. 有高度的政治责任感，忠诚统计事业，恪守统计职业道德，依法办事，坚持原则，有实践经验，具备履行职责所需要的理论水平、组织协调能力和专业知识，在工作中成绩突出。

3. 有全局观念，组织纪律性强，作风民主，团结同志，善于集中正确意见、调动大家的积极性。

(三)队长、副队长的任职资格

1. 副省级城市调查队队长应是 1951 年 10 月 1 日以后出生。副省级城市调查队副队长和市级调查队队长、副队长，男应是 1953 年 10 月 1 日以后出生；女应是 1956 年 10 月 1 日以后出生。

2. 熟悉统计工作，业务能力强。

3. 由副职提任正职的，应当在副职岗位工作 2 年以上；由下级正职提任上级副职的，应当在下级正职岗位工作 3 年以上。

4. 一般应当具有大学专科以上文化程度。其中副省级城市调查队队长，一般应当具有大学本科以上文化程度。

5. 身体健康，能够坚持正常工作。

县级调查队队长、副队长的任职资格，可参照当地同级领导干部的任职资格。

特别优秀的可适当放宽任职年龄。

(四)选拔工作程序

组建期间，副省级城市调查队队长由国家统计局会同省级调查总队和统计局组织选拔。

副省级城市调查队副队长和市级、县级调查队队长、副队长，由省级调查总队会同统计局按照下列程序选拔：

1. 召开动员会。

2. 公布推荐职位、任职条件和资格、推荐人选范围。

3. 组织民主推荐。

4. 总队党组征求地方统计局意见后，确定考察对象人选。考察对象一般应多于拟任人选。本单位工作人员多数不推荐的，不能列入考察对象。

5. 组织考察。省级调查总队派出考察组，邀请调查队所在地党委组织部和省级统计局，对考察对象进行考察。考察前应发布考察预告。

6. 考察组将考察情况与所在地党委组织部沟通，并听取所在地统计局主要领导对考察对象的意见。

7. 省级调查总队听取省级统计局主要领导对考察对象的意见。

8. 确定调查队领导班子成员拟任人选，发函征求当地党委意见，确定队长、副队长人选，进行任前公示，公示结果不影响任职的，办理任职手续。

提拔担任省级以下各级调查队队长、副队长，实行试用期制度。

(五)原三支调查队队长、副队长的转任

副省级城市调查队、市级调查队和县级调查队队长确定以后，省级以下三支调查队队长、副省级城市三支调查队副局级(副省级城市副局级)副队长、市级三支调查队副处级副队长、县级三支调查队副科级副队长，经考核符合条件的，由省级调查总队党组办理转任同级别副队长或其他职务的手续。

(六)行政领导干部任免

副省级城市调查队队长由国家统计局按规定和程序任免。副省级城市调查队副队长，由省级调查总队按规定和程序任免，并报国家统计局备案。

市级调查队队长、副队长，由省级调查总队按规定和程序任免。其中，调查队队长任免后报国家统计局备案。

县级调查队正、副队长，由省级调查总队按规定和程序任免。

副省级城市调查队和市级调查队内设机构的领导干部和其他干部，由本级调查队任免和管理，其中人事和纪检监察主要负责人的任免，须事先报省级调查总队批准。

县级调查队内设机构的领导干部和其他干部的任免及管理，由省级调查总队按干部管理权限确定。

五、副省级城市和市级调查队党组书记和纪检组长、党组成员的任免

副省级城市和市级调查队队长、副队长选拔任免后，且调查队领导班子成员达到设立党组人数的，由国家统计局函请副省级城市党委审批设立副省级城市调查队党组，由省级调查总队函请市(地、州、盟)党委审批设立市级调查队党组。

副省级城市调查队党组书记，由国家统计局党组征求副省级城市党委和省级统计局、调查总队党组意见后任免。副省级城市调查队纪检组长、党组成员，由省级调查总队党组征求副省级城市党委和省级统计局党组意见后任免，任免后报国家统计局党组备案。

市级调查队党组书记和纪检组长、党组成员，由省级调查总队党组征求市(地、州、盟)党委和省级统计局党组意见后任免。其中，市级调查队党组书记任免后，报国家统计局党组备案。

六、人员选配和安置

省级以下各级调查队人员选配和安置工作，依据国家统计局

和省级调查总队确定下发的调查队内设机构设置、职能配置和人员编制规定(以下简称“三定规定”),在省级调查总队领导下,由副省级城市调查队党组、市级调查队党组和县级调查队领导班子分别组织实施。在人员选配过程中,根据工作需要,也可在调查队和同级统计局机关之间进行干部交流。

(一)人员选配和安置原则

省级以下各级调查队人员选配和安置是根据本级调查队“三定规定”的内设机构、职能和人员编制,确定职位,从原三支调查队中选配人员,并对相关人员进行安置。在人员选配和安置过程中,应遵循下列原则:

1. 加强充实专业和综合管理力量;
2. 优化人员年龄、知识和专业结构;
3. 注重人才使用,发挥个人特长;
4. 坚持公开、公平、公正、竞争、择优;
5. 坚持群众参与和综合考评、工作需要和组织决定相结合。

(二)人员选配

人员选配应在设置职位、明确被选配人员条件的基础上,严格按照选配的程序和规定进行。

1. 人员选配程序。人员选配程序按照自上而下的顺序进行,一般为:设置职位,确定被选配人员条件,确定被选配人员范围,原三支调查队队长、副队长的转任,选配中层领导干部,选配非领导干部和一般干部。

2. 人员选配办法。副省级城市和市级调查队副队长,如未晋升为调查队行政领导干部且不符合职务转任条件的,原则上由所在调查队党组根据工作需要直接任命为与原级别相同的队长助理等职务。

省级以下各级调查队中层领导干部的选配可采取民主推荐或竞争上岗等方式进行。符合职务转任条件的不再担任中层领导干部,未被推荐为或未竞争上调查队中层领导干部的原三支调查队中层领导干部，可转任为同级非领导职务。非领导职务干部和一般干部的选配可采取双向选择等方式进行。

（三）人员安置

人员安置主要采取职务转任和提前退休的办法，其安置政策，由省级调查总队参照下列原则制定，报国家统计局批准后实施。

1. 职务转任。副省级城市和市（地、州、盟）原三支调查队的队长、副队长，男1948年9月30日以前出生的，女1953年9月30日以前出生的，不再担任领导职务，转任同级非领导职务。

副省级城市和市（地、州、盟）原三支调查队内设机构的领导干部，男1951年9月30日以前出生的，女1956年9月30日以前出生的，不再担任领导职务，转任同级非领导职务。

转任非领导职务的人员，应服从组织安排，坚持正常工作。

2. 提高职级，提前退休。所在调查队改革时，男年满58周岁，女年满53周岁，本人提出申请，经批准可提前退休，享受提高职级待遇。其原则为：

（1）任科员满12年，提前退休后可享受副科级待遇；

（2）任副科级满10年，提前退休后可享受正科级待遇；

（3）任正科级满10年，提前退休后可享受副处级待遇；

（4）任副处级满8年，提前退休后可享受正处级待遇；

（5）任副省级城市调查队队长满10年，提前退休后可享受副厅级待遇；

（6）任副省级城市调查队正处级领导职务满15年，提前退休后可享受副厅级待遇。

副省级城市调查队提前退休享受副厅级待遇的，由国家统计局征求地方党委意见后决定。副省级城市调查队和市级调查队，提前退休享受处级待遇或其他职级待遇的，由省级调查总队征求省级统计局意见后批准，报国家统计局备案。

3. 提高工资，提前退休。根据《公务员法》，工龄满30年的，或男满55周岁、女满50周岁且工龄满20年的，本人提出申请，经省级调查总队批准，可提前退休，享受提高工资待遇。

提前退休人员，从办理退休手续之月起，按照下列原则，一次性调整职务工资和级别工资：

本人办理退休手续之月距法定退休年龄的年限，不满2年的增加1档职务工资；满2年不满4年的，增加2档职务工资；满4年不满6年的，增加3档职务工资；满6年以上的，增加4档职务工资。

本人最近一次晋升级别工资之月距法定退休年龄的年限，满4年的，增加1级级别工资；满8年以上的，增加2级级别工资。

提前退休增加的工资，本人工资已达到现任职务最高档次和级别时，增加的工资额按倒档(级)差计算。

提前退休人员的工龄，计算到本人办理退休手续当年年底。

上述一次性调整的职务和级别工资，均作为计发退休费的基数，以后增加退休费时不予冲销。

提前退休享受提高职级的人员，不再享受增资优惠政策。

4.按规定退休。所在调查队改革时，男满60周岁，女满55周岁，按照“到龄即退”的原则，办理退休手续，不享受上述提前退休优惠政策。

5.退休费和住房公积金。提前退休人员退休费比例按国家现行规定执行，即基础工资和工龄工资按本人原标准的全额计发，职务工资和级别工资按本人原标准的一定比例计发。其中，工龄满35年的，职务工资和级别工资两项之和按88%计发；工龄满30年不满35年的，职务工资和级别工资两项之和按82%计发；工龄满20年不满30年的，职务工资和级别工资两项之和按75%计发。

提前退休人员办理退休手续当月到法定退休年龄时，职级工资与退休费之间的差额，由所在调查队一次性支付给个人。

提前退休人员，其住房公积金单位缴纳部分由所在调查队按照国家相关规定计发到法定退休年龄，在办理退休手续后，可依据提前退休有关证明一次性支取其个人账户内的住房公积金。

经国家统计局批准，对职务转任、提前退休、退休年龄和退休费比例有特殊规定的，按有关规定执行。

七、新建调查队人员选配

新建立的市级调查队领导干部和业务骨干主要从统计系统内从事统计工作三年以上有公务员身份的人员中选配，同时可通过公务员公开招考的形式，录用部分应届大学毕业生和社会在职人员，新录用的公务员须参加由中央公务员主管部门组织的统一考试。也可以从统计系统外选调少量有公务员身份且具有本科学历或中级职称以上的现职干部，选调人员应事先报国家统计局批准后方可调入。

八、固定资产及财务管理

省级以下各级调查队组建期间，固定资产及财务工作要严格按照《国家统计局财政部关于印发〈调查队财务管理办法〉的通知》（国统字〔2005〕177 号）和《国家统计局关于调查队改革过程中有关财务工作的通知》（国统字〔2005〕180 号）执行。

九、组织实施

省级以下各级调查队的组建工作，必须按照国家统计局的统一部署，分阶段开展下列工作，组织实施中出现的重大问题，省级调查总队要及时向国家统计局报告。

（一）省级以下各级调查队组建工作分三个阶段进行

第一阶段：组建副省级城市调查队和市级调查队（含直辖市的县级调查队）。制定副省级城市调查队“三定规定”和市级调查队组建方案，对副省级城市和市级三支调查队进行整合。

第二阶段:组建县级调查队。副省级城市和市级调查队组建完成后,制定县级调查队组建方案,对县级三支调查队进行整合。

第三阶段:完成第一和第二阶段工作后,在未设置国家统计局原三支调查队的市(地、州、盟)建立调查队。新建调查队工作按照分步实施、成熟一个建立一个的原则进行。

(二)成立筹备组

副省级城市调查队筹备组组长为统计局局长、成员为一名统计局副局长和三支调查队队长(或主持工作的副队长),筹备组组成人员由省级调查总队报国家统计局批准。市级调查队筹备组组长、成员由省级调查总队商省级统计局确定,由省级调查总队批准。

筹备组的主要职责是:做好调查队组建期间干部队伍的稳定工作,向省级调查总队及时报告组建过程中出现的重大问题,做好与地方政府和有关部门的协调沟通工作。

(三)制定"组建方案"

市级调查队和县级调查队组建方案,由省级调查总队商省级统计局拟定,报国家统计局审批后组织实施。

(四)制定"三定规定"

副省级城市调查队"三定规定",由国家统计局制定下达;市级和县级调查队"三定规定",由省级调查总队依据国家统计局审批的市级和县级调查队组建方案制定并下达,报国家统计局备案。

本办法适用于省级以下各级调查队组建期间。

本办法由国家统计局负责解释。

国家统计局对九部委调整住房供应结构稳定住房价格意见的社会反响开展快速调查的通知

（2006 年 6 月 7 日）

国家统计局各调查总队：

针对当前我国少数城市房价上涨过快、住房结构不合理矛盾突出、房地产市场秩序比较混乱等问题，不久前，国务院办公厅转发了九部委《关于调整住房供应结构稳定住房价格的意见》，提出了加强和改善房地产市场调控的具体措施和指标，引起社会各界的高度关注和强烈反响。

根据国务院办公厅的要求，国家统计局决定在全国 35 个大中城市的普通居民和房地产开发（供应）商中就社会反响开展一次快速调查。

希望各调查总队精心组织，迅速布置到位，快速、准确地搞好此次调查，并按方案要求，按时将录入好的数据上报至国家统计局城市司服务业价格调查处。

附件：对九部委调整住房供应结构稳定住房价格意见的社会反响快速调查方案

附件：

对九部委调整住房供应结构稳定住房价格意见的社会反响快速调查方案

一、调查目的

快速调查了解社会各界对九部委《关于调整住房供应结构稳定住房价格的意见》的反响。

二、调查对象

本次调查的对象为城市居民和房地产开发商。

三、调查内容

调查的主要内容是：群众和企业对《意见》的认知度；对《意见》中的调控措施的评价；对于稳定房价、促进房地产业健康发展的信心等。

四、调查时间

本次调查从2006年6月8日开始，6月11日结束，为期4天。

五、抽样方法

本次调查采用二相抽样方法。即从各城市现有住户调查样本中，按随机原则在高收入户、中等收入户、低收入户中以20%、60%和20%的比例分配各城市样本量。房地产开发企业原则上选择本地有代表性的企业为调查对象。各城市样本分配量见下表：

快速调查省(区、市)分配样本量

省(区、市)	城　市	居民调查样本量	房地产商样本量
北　京	北京市	150	28
天　津	天津市	120	20
河　北	石家庄市	120	18
山　西	太原市	50	5
内蒙古	呼和浩特市	50	5

续表

省(区、市)	城　市	居民调查	房地产商
		样本量	样本量
辽　宁	沈阳市	100	12
	大连市	100	12
吉　林	长春市	100	12
黑龙江	哈尔滨市	120	18
上　海	上海市	150	28
江　苏	南京市	80	10
浙　江	杭州市	80	10
	宁波市	80	10
安　徽	合肥市	50	5
福　建	福州市	100	12
	厦门市	50	5
江　西	南昌市	70	6
山　东	济南市	80	10
	青岛市	80	10
河　南	郑州市	80	10
湖　北	武汉市	100	12
湖　南	长沙市	80	10
广　东	广州市	100	12
	深圳市	80	10
广　西	南宁市	80	10
海　南	海口市	50	5
重　庆	重庆市	150	28
四　川	成都市	150	25
贵　州	贵阳市	50	5
云　南	昆明市	50	5
陕　西	西安市	100	12
甘　肃	兰州市	50	5
青　海	西宁市	50	5
宁　夏	银川市	50	5
新　疆	乌鲁木齐市	50	5
合　计	35	3000	400

六、调查方式

此次调查由调查员入居民户对户主进行城市居民问卷调查；到房地产开发企业对企业负责人进行企业问卷调查。请调查员随身携带九部委《关于调整住房供应结构稳定住房价格的意见》(可从新浪网下载)，以便调查时使用。

七、数据上报和数据处理

国家统计局城市司负责数据录入程序的下发。各地可在城市司服务业价格调查处 FTP“上报”的《快速调查》文件夹中下载。各地务必于 6 月 12 日前将录入好的问卷通过 FTP 上报到服务业价格调查处《快速调查》文件夹中，由国家统计局城市司服务业价格调查处进行数据加工和处理。

八、调查组织

本次调查，由国家统计局城市司牵头，各调查总队组织实施。具体工作由城市司服务业价格调查处负责。

国家统计局　国家发展改革委　国家能源领导小组办公室关于2005年各地区单位GDP能耗等指标的通报

（2006年6月29日）

各省、自治区、直辖市统计局、发展改革委、经济（贸易）委员会：

根据国务院有关文件精神，现将2005年各省、自治区、直辖市单位GDP能耗、单位GDP电耗、单位工业增加值能耗情况通报如下。

地　区	单位GDP能耗（吨标准煤/万元）	单位GDP电耗（千瓦时/万元）	单位工业增加值能耗（吨标准煤/万元）
全　国	1.22	1358.5	2.59
北　京	0.80	828.5	1.50
天　津	1.11	1040.8	1.45
河　北	1.96	1487.6	4.41
山　西	2.95	2264.2	6.57
内　蒙	2.48	1714.1	5.67
辽　宁	1.83	1386.6	3.11
吉　林	1.65	1044.7	3.25
黑龙江	1.46	1008.5	2.34
上　海	0.88	1007.2	1.18
江　苏	0.92	1198.2	1.67

续表

地　区	单位 GDP 能耗（吨标准煤/万元）	单位 GDP 电耗（千瓦时/万元）	单位工业增加值能耗（吨标准煤/万元）
浙　江	0.90	1222.2	1.49
安　徽	1.21	1082.9	3.13
福　建	0.94	1151.8	1.45
江　西	1.06	966.3	3.11
山　东	1.28	1032.4	2.15
河　南	1.38	1277.7	4.02
湖　北	1.51	1210.0	3.50
湖　南	1.40	1035.8	2.88
广　东	0.79	1195.3	1.08
广　西	1.22	1251.7	3.19
海　南	0.92	912.3	3.65
重　庆	1.42	1132.3	2.75
四　川	1.53	1276.3	3.52
贵　州	3.25	2460.6	5.38
云　南	1.73	1604.6	3.55
西　藏			
陕　西	1.48	1405.0	2.62
甘　肃	2.26	2531.0	4.99
青　海	3.07	3801.8	3.44
宁　夏	4.14	4997.7	9.03
新　疆	2.11	1190.9	3.00

附件:通报数据的说明

附件：

通报数据的说明

1. 计算公式

$$单位\ GDP\ 能耗 = \frac{能源消费总量}{GDP}$$

$$单位\ GDP\ 电耗 = \frac{全社会用电量}{GDP}$$

$$单位工业增加值能耗 = \frac{工业能源消费量}{工业增加值}$$

2. GDP 和工业增加值按 2005 年价格计算。

3.《2005 年国民经济和社会发展统计公报》中已发布的 2005 年全国单位 GDP 能耗 1.43 吨标准煤/万元，是按 2000 年可比价格计算的。

4. 单位工业增加值能耗的统计范围是全部国有和年主营业务收入 500 万元及以上的非国有工业法人企业。

5. 此次发布的数据将作为计算“十一五”时期各地区单位 GDP 能耗等指标降低率的基数。

6. 一些地区单位 GDP 能耗较高主要是由于工业结构中高耗能产业比重比较大、耗能装备技术水平较低等造成的。

7. 西藏自治区的数据暂缺。

8. 公报不含香港特别行政区、澳门特别行政区和台湾省。

中组部　谢鸿光、许宪春同志任职

（2006 年 7 月 5 日）

中共国家统计局党组：

7 月 4 日请示收悉。同意谢鸿光、许宪春同志任国家统计局党组成员。

国家统计局关于政策法规司执法检查处加挂统计违法举报受理中心牌子的通知

（2006 年 7 月 7 日）

各司级行政单位、在京直属事业单位：

根据工作需要，经 2006 年 6 月 23 日局党组会研究决定，政策法规司执法检查处加挂统计违法举报受理中心牌子。

全国统计法制宣传教育第五个五年规划

国家统计局

（2006 年 7 月 10 日）

为贯彻落实依法治国的基本方略，进一步推进统计普法和依法治理工作，根据中共中央、国务院转发的《中央宣传部、司法部关于在公民中开展法制宣传教育的第五个五年规划》（中发〔2006〕7号）和《全国人大常委会关于加强法制宣传教育的决议》（以下简称《决议》），结合统计工作的实际，制定本规划。

一、指导思想与工作原则

第五个五年统计法制宣传教育（以下简称统计“五五”普法）的指导思想是，以邓小平理论和“三个代表”重要思想为指导，深入贯彻党的十六大和十六届三中、四中、五中全会精神，全面落实科学发展观，围绕经济社会发展的目标任务，按照依法治国基本方略的要求，全面推进依法统计，为统计工作内创和谐、外树信誉、优质服务营造良好的法治环境。

统计“五五”普法应坚持以下原则：

——坚持围绕中心，服务大局。紧紧围绕统计工作大局，安排和落实统计法制宣传教育各项任务，服务统计改革和建设，服务构建社会主义和谐社会。

——坚持以人为本，服务干部群众。坚持从干部群众和统计调查对象的需要出发开展统计法制宣传教育，提高法制宣传教育的针对性，密切关注统计工作中存在的问题和矛盾，着力做好释疑解惑工作，依法做好问题和矛盾的解决工作。

——坚持开拓创新，与时俱进。要适应社会发展和科技进步的形势，适应新时期统计工作的发展变化，创新载体，创新手段，创新形式，努力拓展统计法制宣传教育的深度和广度，积极探索统计法制教育的新途径，使统计法制宣传教育更好地体现时代特点，满足全社会对统计法律的需求。

——坚持从实际出发，分类指导。各级统计局、调查队和部门统计机构要根据不同对象、不同阶段、不同情况，确定不同的统计法制宣传教育内容，研究切实可行的方法，提高工作的实效性。

二、目标与任务

统计“五五”普法的主要目标是：通过深入扎实的统计法制宣传教育和法治实践，进一步提高各级领导干部的统计法制观念和广大统计人员的统计法律素质，提高全社会的统计法律意识，增强统计部门依法治理的自觉性，提高依法决策、依法管理和服务社会的水平。

统计“五五”普法的主要任务是：

（一）进一步学习宣传宪法，努力提高法律意识。深入学习宣传党和国家关于民主法制建设的理论、方针和政策，深入开展以“学法律、讲权利、讲义务、讲责任”为主要内容的法制宣传教育，注重培养广大统计人员权力和职责统一、权利与义务统一的现代法治观念，培养自觉遵法守法的行为习惯，增强依法行使权利、履行义务的自觉性。

（二）紧密结合统计工作的重大部署，深入学习宣传统计法。要组织开展统计法制宣传教育主题活动，大力推进统计法制宣传教育进机关、进乡村、进社区、进学校、进企业、进单位，掀起学习统计法的热潮，使全社会了解统计法、遵守统计法，为推进依法统计营造良好的社会氛围。

(三)坚持普法与法治实践相结合,全面推进依法行政、依法统计。推进依法行政、依法统计是统计法制宣传教育的根本目的。要以统计法制宣传教育为基础,以依法行政、依法统计为目标,坚持学法用法相结合,法制教育与法治实践相结合,开展多层次多领域依法治理工作,努力提高各级统计局、调查队依法行政水平。

三、对象与要求

统计“五五”普法的对象包括所有与统计活动有关的人员。重点对象是:各地方、各部门的主要负责同志和分管统计工作的领导干部,各级统计局、调查队的领导干部和工作人员,承担经常性统计任务的调查对象及其统计人员。

(一)积极组织各地方、各部门的主要负责同志和分管统计工作的领导干部认真学习统计法和现代统计知识,使他们明确自身在统计活动中的责任,充分认识统计工作在树立科学发展观和正确政绩观中的重要作用,牢固树立依法管统计、依法用统计的观念,积极支持统计机构、统计人员依法独立行使统计调查、统计报告和统计监督的职权,为保障统计工作的正常开展、提高统计数据质量提供有力支持,为贯彻执行统计法、查处各种统计违法行为提供坚强后盾。

(二)各级统计局、调查队的领导干部和工作人员要重点学习和掌握统计法和依法行政理论,牢固树立依法统计、科学统计、阳光统计的理念,牢固树立有权必有责、用权受监督、违法必追究的观念,牢固树立以维护统计信誉为荣、以损害统计信誉为耻的观念,坚决抵制和排除对统计数据的干扰,做遵守统计法、执行统计法的表率。要学会运用统计法管理各项统计工作,做到依法开展统计工作,依法组织和管理统计调查,依法搜集、整理、加工、提供和公布统计资料,依法实行统计监督,切实保障公民、法人和其它组织在统计活动中的合法权益，着力提高依法行政和依法统计的能力。

广大统计法制工作人员要带头学法用法，真正树立起依法行政、执法为民、公平正义、服务大局的观念，真正树立起公正执法、规范执法、文明执法的观念，进一步提高知法、守法、用法、护法的能力和水平，确保统计法的正确实施。

（三）承担经常性统计任务的调查对象及其统计人员要进一步提高统计法律意识，自觉遵守统计法，依法准确、及时提供统计资料，依法维护自身的合法权益。各级统计局和调查队要使统计法制宣传教育更好地融入到各项统计调查工作中，使统计调查过程成为普法的过程，引导广大统计调查对象依法行使权利和履行义务，更好地支持和配合统计工作。

四、步骤与方法

统计“五五”普法规划从2006年开始实施，到2010年结束。共分三个阶段：

（一）宣传发动阶段：2006年。重点做好以下工作：

1.成立统计“五五”普法领导机构。国家统计局已经成立了全国统计普法依法治理工作领导小组，邱晓华局长任组长，林贤郁、张为民、徐一帆、章国荣同志任副组长，三总师、办公室、政法司、设管司、综合司、人事司、财基司、机关党委、纪检监察局和教育中心的主要负责同志任成员。领导小组办公室设在政策法规司，负责全国普法和依法治理的日常指导工作。各地统计局、调查队也要按照中发〔2006〕7号文件和《决议》精神，在今年9月底前成立普法领导机构，并设立办事机构，全面加强对统计“五五”普法工作的领导。

2.制定统计“五五”普法规划。各级统计局和调查队要根据中发〔2006〕7号文件、《决议》精神和本规划的要求，紧密结合统计工作实际，制定适合自身特点的统计“五五”普法规划，并做好宣传发动等工作，营造浓厚的社会氛围，为统计“五五”普法开好头、起好步。各省（区、市）统计局和国家统计局各调查总队制定的统计“五五”普法规划，应于2006年9月底前报国家统计局备案。

3. 编写辅导材料。国家统计局负责组织编写全国统一的统计“五五”普法辅导材料。各省（区、市）统计局可根据本地区的实际，结合地方统计法规的有关内容、编写统计“五五”普法的补充材料。普法材料要从干部群众的需要出发，紧密结合当前统计工作的实际，简明扼要，通俗易懂。

（二）组织实施阶段：2007年至2010年。主要任务是：

1. 各级统计局和调查队每年都要制定普法工作计划和工作方案，明确年度工作重点，把规划确定的目标任务分解为具体的项目，强化保障措施，明确责任要求，做到部署及时、措施有效、指导有力、督促到位。要积极组织多种形式的统计法制培训和宣传教育活动，如开展法律函授和咨询，组织法律知识竞赛，举办法制宣传图片展览、文艺演出等，扩大统计法的社会影响。充分发挥大众传媒的作用，利用电台、电视台、报刊、杂志的法制专栏、专题节目和法制系列讲座等形式，开展形式多样、丰富多彩和生动活泼的统计法制宣传教育。充分利用互联网平台开展统计法制宣传教育，中国统计信息网及各地的统计网站要进一步办好法制宣传教育栏目，丰富宣传内容，提高宣传效果。加强宣传园地建设，在公共场所建立固定或流动的统计法制宣传设施。

2. 建立健全统计“五五”普法的各项工作制度。要认真总结统计普法工作经验，把经过实践检验的成功做法上升为工作制度，固定下来，坚持下去，做到用制度推动统计普法工作；加大对统计法制宣传教育工作的监管力度，进一步完善统计普法合格证制度；加大对统计普法工作的投入，建立统计普法人财物保障制度；加大统计违法案件的曝光力度，建立统计违法案件的定期曝光制度；加强对统计“五五”普法进展情况的检查，建立考核和奖惩制度。

3. 培训统计法制宣传教育骨干。统计法制宣传教育骨干，是顺利开展统计“五五”普法的人才基础，也是全面推动统计“五五”普法工作的重要保障。各级统计局和调查队都要切实做好统计法制宣传教育骨干的配备、培养工作，确保本单位至少有一名统计法制宣传教育骨干。2007 年年底前，国家统计局要完成各省（区、市）统计局、新疆生产建设兵团统计局和国家统计局各调查总队统计法制宣传教育骨干的培训工作；各省（区、市）统计局要完成本行政区域内统计法制宣传教育骨干的培训工作；国家统计局各调查总队要完成本调查队系统统计法制宣传教育骨干的培训工作。

4. 积极开展面向地方、部门的主要负责同志和分管统计工作领导干部的统计法制宣传。要采取法制讲座、培训、函授等办法，进一步提高领导干部学习统计法的自觉性和主动性，使其成为遵守统计法、执行统计法的模范。认真学习、借鉴一些地方的先进经验，积极推动将统计法纳入各级党校、行政学院对领导干部的普法培训内容。

5. 进一步加大对各级统计局、调查队领导干部的普法力度。各级统计局和调查队要继续坚持和完善党组理论学习中心组集体学法制度和法制讲座制度，保证每年进行一至两次法制讲座。建立各级统计局和调查队领导干部法律知识考核制度，把学习和掌握法律知识及依法办事能力作为领导干部年度考核和任用考察时的重要内容。国家统计局将继续坚持把统计法列入国家统计局机关党校、全国省级统计局长和调查总队总队长研究班、部分市县统计局长进修班、新任干部任职培训班、新录用人员岗前培训班的学习内容。各省（区、市）统计局和国家统计局各调查总队要把统计法列入地（市）、县统计局局长和调查队长培训班、新任干部任职培训班、新录用人员岗前培训班的学习内容。

6. 各级统计局、调查队和部门统计机构要采取举办法制讲座、培训班、函授、知识竞赛等形式，加强对本地方、本系统、本部门、本单位统计人员的法制教育。坚持统计普法教育同统计岗位知识培训相结合，把法律知识列为统计人员岗位知识培训的一项重要内容。坚持自学和集中学习相结合，建立学法用法制度，继续推进年度法制学习培训工作，在组织集中学习的同时，确保每人每年自学时间不少于50小时。加强对统计法制工作人员的培训，坚持实行统计执法人员“先培训、后上岗”，建立健全定期培训、轮训制度，使他们及时学习和掌握相关法律知识，提高依法行政、依法办案的能力和水平。

7. 深入开展以承担经常性统计任务的调查对象及其统计人员为重点对象的宣传教育，把统计法制宣传教育融入统计工作和统计服务的全过程。坚持贴近实际、贴近生活、贴近群众的原则，紧密结合人口普查、农业普查、经济普查等重大统计活动，采取看得见、听得懂、记得住的表现形式，开展统计法宣传资料、法制信息和法律服务进乡村、进社区、进学校、进企业、进单位活动，切实提高全社会的统计法律意识和法制观念。针对基层群众性自治组织和广大公民等统计调查对象，开展送法“下乡”、“入户”活动。

8. 坚持统计立法、执法与普法相结合，将统计法制宣传教育寓于各项统计法制工作之中。要在《统计法》、《全国农业普查条例》等统计法律、法规、规章的制定或修改时，以多种形式广泛征求和听取社会各界的意见，在统计立法过程中普及统计法律知识，扩大影响，营造声势。坚持惩罚与教育相结合，在统计执法检查的同时向当事人宣讲统计法律知识，促使其主动纠正统计违法行为，自觉遵守统计法。进一步加大对典型统计违法案件的曝光力度，以案说法，扩大教育面，提高统计法的震慑力。

9. 确定每年12月上旬为全国统计法制宣传旬，集中开展以宪法为核心、以统计法为主要内容的法制宣传教育活动。各地方、各部门、各单位还可以利用宣传月、宣传周、纪念日等，广泛开展群众喜闻乐见的统计法制宣传教育活动，营造学法用法的氛围。

10. 结合“视统计信誉为生命”主题实践活动开展法制宣传教育。各级统计局、调查队和部门统计机构及其工作人员要从全面落实科学发展观、坚决维护和切实提高统计信誉的高度，结合统计职业道德教育，认真学习和坚决执行统计法有关统计数据质量的规定，牢固树立信誉就是生命、信誉就是旗帜、信誉就是责任、信誉就是力量的理念，在法制教育和法治实践中为提高统计信誉作贡献。

11. 积极推进依法治理、依法行政。各级统计局和调查队要进一步认真学习《行政许可法》、《行政诉讼法》、《行政复议法》、《行政处罚法》、《公务员法》等法律法规，深入贯彻《全面推进依法行政实施纲要》，推进依法行政、依法统计的进程。要加快统计立法步伐，提高立法质量，健全依法行政制度，严格行政程序。认真贯彻实施《国务院办公厅关于推行行政执法责任制的若干意见》，完善和推广执法责任制、执法公示制和执法过错责任追究制，积极建立执法质量考核评议制度和案卷评查制度，进一步加大依法治理力度。紧密结合业务工作特点，建立健全行政许可、行政审批、规章制定、行政复议、行政应诉、政务公开等制度，保障各项工作有序推进。

(三)检查验收阶段:2010 年。

国家统计局在 2009 年底前制定《全国统计"五五"普法考核验收办法》。考核验收工作采取报送或听取总结报告、实地检查、审阅档案、抽查和交叉检查等办法进行。

县级以上地方各级人民政府统计机构应在 2010 年上半年完成对下级人民政府统计机构和同级部门统计机构的普法验收工作;国家统计局各调查总队应在 2010 年上半年完成对省以下调查队的普法验收工作;国家统计局将在 2010 年下半年对全国统计"五五"普法工作进行考核验收，并在考核验收基础上，组织评选、表彰全国统计系统"五五"法制宣传教育先进单位和先进工作者。

五、组织与领导

(一)提高认识。

实施"五五"普法规划，是党中央、国务院加强社会主义法制建设的一项重大决策，是贯彻落实党的十六大和十六届五中全会精神的一项重要使命，是全面推进依法行政、建设法治政府的内在要求，也是全面落实科学发展观、推进社会主义和谐社会建设的重要保障。各地方、各部门、各单位要从全面贯彻落实科学发展观、建设社会主义法治国家的高度，充分认识加强统计法制宣传教育工作的必要性和重要性，切实增强做好统计法制宣传教育工作的自觉性和使命感，把统计法制宣传教育工作作为统计工作的一项重要内容，列入议事日程，精心组织实施，切实抓紧抓好。

（二）加强领导。

做好统计法制宣传教育工作，领导重视是关键，组织落实是保证。各级统计局和调查队主要领导要高度重视统计法制宣传教育工作，切实加强对统计“五五”普法工作的领导，并建立和完善领导小组定期会议、年度工作汇报、工作督查等制度，保障规划确定的各项任务的落实。在统计普法宣传上既要兼顾全面，又要突出重点，采取切实措施，落实各项制度，防止形式主义，保证统计法制宣传教育工作取得实效。要自觉接受同级党委、人大、政府对统计法制宣传教育工作的领导和监督，加强与同级党委宣传部门和司法行政部门的联系，争取支持。加强对下级统计部门法制宣传教育工作的指导和检查监督，确保统计“五五”普法不走过场。

（三）明确分工。

各级统计局和调查队要从普法对象的需要出发，根据各自的职能分工，积极开展有针对性的统计法制宣传教育，加强工作上的沟通和协调，明确分工，各司其职，形成合力，避免重复，避免加重广大调查对象的负担。

各部门统计机构要按照国家统计局和同级地方各级人民政府统计机构的要求，积极开展面向本系统、本单位统计人员的统计法制宣传教育。要加强与同级人民政府统计机构的联系，及时沟通情况，协同行动。

（四）保障条件。

各级统计局和调查队要根据中发〔2006〕7号文件、《决议》精神和中央领导的要求，指定专门的机构或者人员从事统计法制宣传教育工作，切实把统计普法所需的经费列入各年度的经费预算，专款专用，并尽力解决基层统计法制宣传教育在人员、教材、经费、设施等方面的困难，努力创造良好的统计法制宣传教育条件，保证统计法制宣传教育工作的正常开展。

国务院关于谢鸿光、许宪春任职的通知

（2006年7月13日）

国家统计局：

国务院2006年7月13日决定，任命谢鸿光、许宪春为国家统计局副局长。

国家统计局关于开展
中国加拿大资源环境统计合作项目的通知

（2006 年 7 月 13 日）

重庆市统计局：

为了贯彻落实科学发展观，保护自然资源和生态环境，提高中国自然资源与环境统计水平，我国商务部和加拿大国际发展署决定，在中加两国政府间合作框架下，设立统计信息管理项目一资源环境统计合作项目。该项目由我局和加拿大统计局负责协调实施，时间从 2005 年 11 月开始，到 2012 年 10 月结束。项目主要内容是：建立中国绿色国民经济核算体系框架；对我国自然资源与环境统计数据进行全面评估，提出改进建议；有针对性地开展试点调查；编制矿产资源存量账户、能源账户和污染物排放账户；建立数据库等。

中加资源环境统计项目是目前我国在统计领域开展的最重要国际合作项目。根据项目活动安排，经认真研究，确定重庆市作为试点地区之一，开展资源环境统计调查和编表工作。因此，请你局按照项目部署，认真实施，并与重庆市国土房管局和环保局共同工作，使项目达到预期效果。

另外，根据我国商务部和加拿大国际发展署的规定，加方所筹集的项目经费将用于加方专家开展工作和中方人员赴加培训学习活动，中方国内工作所需经费由国家统计局和你局共同筹集，主要用于开展环境数据调查、搜集、加工、编表等试点工作，望你局安排一定的专项资金用于此项工作。

附件：1. 资源环境统计项目《项目实施协议》（略）

2. 资源环境统计项目《活动时间表》（略）

中华人民共和国国家统计局令

第9号

（2006年7月17日）

《统计执法检查规定》已经2006年7月12日国家统计局第8次局务会议修改通过，现予公布，自公布之日起实施。

局长　邱晓华

统计执法检查规定

（2001年6月20日国家统计局制定，2006年7月12日国家统计局修订）

第一章　总　则

第一条　为了科学有效地组织统计执法检查工作，保障统计法和统计制度的贯彻实施，维护和提高统计数据质量，根据《中华人民共和国统计法》及其实施细则，制定本规定。

第二条　县级以上各级人民政府统计机构、国家统计局派出的各级调查队是统计执法检查机关，负责监督检查统计法和统计制度的实施，依法查处违反统计法和统计制度的行为。

县级以上地方各级人民政府统计机构、国家统计局派出的各级调查队应当分工协作、加强沟通，避免重复检查。

第三条 县级以上人民政府各有关部门在同级人民政府统计机构的组织指导下，负责监督检查本部门管辖系统内统计法和统计制度的贯彻实施，协助同级人民政府统计机构查处本部门管辖系统内的统计违法行为。

第四条 各级统计执法检查机关应当建立行政执法责任制，切实保障统计执法检查所需的人员、经费和其他工作条件。

第五条 统计执法检查应当贯彻有法必依、执法必严、违法必究的方针，坚持预防、查处和整改相结合，坚持处罚与教育相结合，合法、公正、公开、高效地进行。

第六条 各级统计执法检查机关鼓励对统计法贯彻实施情况的社会监督。国家统计局设立举报中心，受理社会各界对统计违法行为的举报。

第二章 统计执法检查机构和统计执法检查员

第七条 国家统计局法制工作机构负责统一组织、管理全国的统计执法检查工作。

省及地市级统计执法检查机关应当设置专门的统计执法检查机构，配备专职统计执法检查员。

县级统计执法检查机关可以根据工作需要，设置专门的统计执法检查机构。未设机构的，应当配备必要的统计执法检查员。

县级以上人民政府各有关部门可以根据工作需要，配备统计执法检查员。

第八条 统计执法检查机构的主要职责是：

（一）宣传、贯彻统计法；

（二）组织、指导、监督、管理统计执法检查工作；

（三）受理统计违法举报，查办、转办、督办统计违法案件；

（四）办理统计行政复议和行政应诉事项；

(五)法律、法规和规章赋予的其他职责。

第九条 统计执法检查员应当具备下列条件:

(一)坚持原则、作风正派、忠于职守、遵纪守法;

(二)具有大专以上学历;

(三)具备相关法律知识,熟悉统计业务;

(四)参加统计执法检查员资格培训,经考试合格,取得统计执法检查证。

第十条 统计执法检查员的资格培训及考核由国家统计局统一规划、组织和管理,省级统计执法检查机关负责实施。

第十一条 各级统计执法检查机关应当加强对所属统计执法检查员的职业道德教育和业务技能培训,健全管理、考核和奖惩制度。

第三章 统计执法检查的一般规定

第十二条 各级统计执法检查机关和有关部门应当建立统计执法检查制度,综合运用全面检查、专项检查、重点检查等方式,进行经常性的统计执法检查工作。

第十三条 统计执法检查事项包括:

(一)是否存在侵犯统计机构和统计人员独立行使统计调查、统计报告、统计监督职权的行为;

(二)是否存在违反法定程序和统计制度修改统计数据的行为;

(三)是否存在虚报、瞒报、伪造、篡改、拒报和迟报统计资料的行为;

(四)是否依法设立统计机构或配备统计人员;

(五)是否设置原始记录、统计台账;

(六)统计人员是否具备统计从业资格;

(七)统计调查项目是否依据法定程序报批,是否在统计调查表的右上角标明法定标识；

（八）是否严格按照经批准的统计调查方案进行调查，有无随意改变调查内容、调查对象和调查时间等问题；

（九）统计资料的管理和公布是否符合有关规定，有无泄露国家秘密、统计调查对象的商业秘密和私人、家庭的单项调查资料的行为；

（十）是否依法进行涉外调查；

（十一）法律、法规和规章规定的其他事项。

第十四条 统计执法检查机关在组织实施统计执法检查前应当先拟定检查计划。检查计划包括检查的依据、时间、对象、内容和组织形式等。

对未发现统计违法嫌疑的单位，同一统计执法检查机关每年对其实施统计执法检查不得超过一次。

第十五条 实施统计执法检查，应当提前通知被检查对象，告知统计执法检查机关的名称，检查的依据、范围、内容、方式和时间，对被检查对象的具体要求等。

对有统计违法嫌疑的单位实施检查，检查通知可于统计执法检查机关认为适当的时间下达。

第十六条 检查人员进行统计执法检查时，应当先向被检查对象出示统计执法检查证或法律、法规、规章规定的其他执法证件。未出示合法执法证件的，有关单位和个人有权拒绝接受检查。

统计执法检查证是实施统计执法检查的有效证件，由国家统计局统一印制，国家统计局和省级统计执法检查机关负责核发。

第十七条 统计执法检查机关和检查人员具有下列职权：

（一）依法发出统计检查查询书，向被检查对象查询有关事项；

（二）要求被检查对象提供与检查事项有关的原始记录和凭证、统计台账、统计调查表、会计资料以及其他相关证明、资料，进入被检查对象运用电子计算机管理的数据录入、处理系统检查有关资料；

（三）进入被检查对象的业务场所及货物存放地进行实地检

查、核对；

（四）经统计执法检查机关负责人批准，登记保存被检查对象的原始记录和凭证、统计台账、统计调查表、会计资料及其他相关证明和资料；

（五）就与统计执法检查有关的事项，询问统计人员、单位负责人和有关人员；

（六）对与统计违法案件有关的情况和资料，进行记录和复制；

（七）要求被检查对象将有关资料送至指定地点接受检查。

第十八条 统计执法检查机关和检查人员对在检查过程中知悉的被检查对象的商业秘密和私人、家庭的单项调查资料，负有保密义务。

第十九条 被检查对象和有关人员不得拒绝提供情况或提供虚假情况，不得使用暴力或者威胁的方法阻挠、抗拒检查，对统计检查查询书应当按期据实答复。

第二十条 检查人员应当及时向统计执法检查机关提交检查报告，对检查中发现的问题提出处理意见或建议。

统计执法检查机关对发现的统计违法行为应当分别以下情况予以处理：

（一）统计违法行为轻微的，责令被检查对象改正，或者提出统计执法检查意见；

（二）统计违法行为需要立案查处的，依照法定程序办理。

第四章 统计违法案件的查处

第二十一条 统计违法案件由各级统计执法检查机关负责查处。

各级统计执法检查机关可以委托依法成立的统计执法队（室、所）等组织查处统计违法案件。

第二十二条 各级统计执法检查机关及其直属事业单位工作

人员的统计违法行为，由该机关或监察机关依干部管理权限负责处理。

第二十三条 县级以上人民政府各有关部门对在统计执法检查中发现的统计违法行为，认为应当给予行政处罚的，应当及时移交给同级人民政府统计机构处理。

第二十四条 查处统计违法案件应当做到事实清楚，证据确凿，定性准确，处理恰当，适用法律正确，符合法定程序。

第二十五条 查处统计违法案件的一般程序为：立案、调查、处理、结案。

对在统计执法检查中发现并已调查清楚的统计违法行为，需要立案查处的，应当补充立案。

第二十六条 符合《中华人民共和国行政处罚法》第三十三条规定，统计违法事实确凿并有法定依据，应对公民处以五十元以下、对法人或者其他组织处以一千元以下罚款或者警告的行政处罚的，可以适用简易处罚程序，当场作出统计行政处罚决定。

第二十七条 对下列统计违法行为，统计执法检查机关应当依法进行查处：

（一）地方、部门、单位的领导人自行修改统计资料、编造虚假数据或者强令、授意统计机构、统计人员篡改统计资料、编造虚假数据的；

（二）地方、部门、单位的领导人对统计人员进行打击报复的；

（三）统计机构、统计人员参与篡改统计资料、编造虚假数据的；

（四）虚报、瞒报、伪造、篡改统计资料的；

（五）拒报、屡次迟报统计资料的；

（六）提供不真实、不完整的普查资料的；

（七）在接受统计执法检查时，拒绝提供情况、提供虚假情况或者转移、隐匿、毁弃原始记录、统计台账、统计报表以及与统计有关的其他资料的；

（八）使用暴力或者威胁的方法，阻挠、抗拒统计执法检查的；

（九）国家机关擅自制发统计调查表的；

（十）违反统计法和统计制度规定，泄露国家秘密、统计调查对象商业秘密或者私人、家庭单项调查资料的；

（十一）利用统计调查窃取国家秘密、损害社会公共利益或者进行欺诈活动的；

（十二）违反《统计从业资格认定办法》，聘请、任用未取得统计从业资格证书的人员从事统计工作的；

（十三）违法进行涉外调查的；

（十四）法律、法规和规章规定的其他违法行为。

第二十八条 县级以上地方各级人民政府统计机构管辖发生在本行政区域内的统计违法案件。其中，在国家统计局派出的各级调查队组织实施的统计调查中发生的统计违法案件，由国家统计局派出的调查队管辖。

国家统计局管辖在全国范围内有重大影响的或认为应当由其查处的统计违法案件。

第二十九条 决定立案查处的案件，应当及时组织调查。一般案件调查人员不得少于二人，重大案件应当组成调查组。

调查人员应当合法、客观、全面地收集证据，不得主观臆断、偏听偏信，不得篡改、伪造证据。

第三十条 调查结束后，调查人员应当将调查情况及处理意见报领导审批。重大案件的处理由统计执法检查机关的负责人集体讨论决定。

第三十一条 统计违法案件审理终结，应当分别以下情况作出处理：

（一）违反统计法律、法规、规章证据不足，或者违法事实情节轻微，依法不应追究法律责任的，即行销案；

（二）违反统计法律、法规、规章事实清楚、证据确凿，尚未构成犯罪的，由统计执法检查机关依法作出处理；

（三）违反统计法，涉嫌犯罪的，移送司法机关依法追究刑事责任。

第三十二条 统计执法检查机关在依法作出统计行政处罚决定前，应当告知当事人作出处罚的事实、理由、依据及拟作出的行政处罚决定，并告知当事人依法享有的权利。

第三十三条 统计执法检查机关在作出对法人或者其他组织二万元以上的罚款，对公民二千元以上的罚款的行政处罚决定前，应当告知当事人有要求举行听证的权利。当事人要求听证的，统计执法检查机关应当依法组织听证。

当事人对县级以上地方各级人民政府统计机构查处的统计违法案件要求听证，省、自治区、直辖市人大常委会或人民政府对较大数额罚款的额度有具体规定的，从其规定。

第三十四条 立案查处的统计违法案件，应当在立案后三个月内处理完毕；因特殊情况需要延长办理期限的，应当按规定报经批准，但延长期不得超过三个月。

统计违法案件处理决定执行后，予以结案。

第五章　备案与报告

第三十五条 下列统计违法案件应当在立案后十日内报上一级统计执法检查机关：

（一）统计违法责任人涉及科级以上党政领导干部的；

（二）对拒绝、抵制篡改统计资料、编造虚假数据行为的统计人员进行打击报复的；

（三）使用暴力或威胁的方法阻挠、抗拒统计执法检查的；

（四）群众集体署名举报或新闻媒介公开报道，在社会上造成较大影响的；

（五）检查机关认为应当报告的其他案件。

第三十六条 下列统计违法案件应当在结案后十日内向上一

级统计执法检查机关备案：

（一）给予科级以上党政领导干部行政处分的；

（二）举行听证的；

（三）经复议变更或撤销具体统计行政行为的；

（四）统计行政诉讼案件；

（五）经新闻媒介曝光的；

（六）罚款数额三万元以上的；

（七）立案后已上报上一级统计执法检查机关的各类案件

前款所列（一）（三）（四）项案件，应当在结案后三十日内由省级统计执法检查机关报国家统计局备案。

第三十七条 国家统计局建立统计违法案件查处情况定期统计制度。

统计执法检查机关应当定期向上一级统计执法检查机关报告统计执法检查和统计违法案件查处情况。

第六章 法律责任

第三十八条 任何单位和个人有下列行为之一的，由统计执法检查机关责令改正，予以通报批评，并可以对负有直接责任的主管人员和其他直接责任人员依法给予行政处分或提请有关机关给予行政处分；违反《中华人民共和国治安管理处罚法》的，由公安机关依法给予行政处罚；涉嫌犯罪的，移送司法机关依法追究刑事责任：

（一）在接受统计执法检查时，拒绝提供情况、提供虚假情况或者转移、隐匿、毁弃原始记录、统计台账、统计报表以及与统计有关的其他资料的；

（二）使用暴力或者威胁的方法阻挠、抗拒统计执法检查的；

（三）不按期据实答复统计检查查询书的。

企业事业组织有前款违法行为之一的，根据《中华人民共和国统计法实施细则》的规定，由统计执法检查机关予以警告，并可以处五万元以下的罚款。个体工商户有前款违法行为之一的，由统计执法检查机关予以警告，并可以处一万元以下的罚款。

第三十九条 地方、部门、单位的领导人及其他责任人员有下列行为之一的，由统计执法检查机关予以通报批评，并可以提请主管单位或监察机关依法给予行政处分；涉嫌犯罪的，移送司法机关依法追究刑事责任：

（一）不接受或不按规定组织实施统计执法检查，造成本地区、本部门、本单位重要统计数据失实的；

（二）对抵制、揭发统计违法行为的单位和个人进行打击报复的；

（三）包庇、纵容统计违法行为的。

第四十条 统计执法检查机关有下列行为之一的，对负有直接责任的主管人员和直接责任人员，由主管单位或监察机关给予批评教育；情节严重的，依法给予行政处分；涉嫌犯罪的，移送司法机关依法追究刑事责任：

（一）瞒案不报，压案不查，包庇、纵容统计违法行为的；

（二）不按法定权限、程序和要求执行公务，造成不利后果的；

（三）违反保密规定，泄露举报人或案情的；

（四）滥用职权，徇私舞弊的；

（五）其他违法违纪行为。

统计执法检查人员泄露在检查过程中知悉的被检查对象商业秘密和私人、家庭的单项调查资料，造成损害的，依法给予行政处分，并依法承担民事责任。

第七章 附 则

第四十一条 本规定由国家统计局负责解释。

第四十二条 本规定自公布之日起实施。《统计法规检查暂行规定》和《统计违法案件查处工作暂行规定》同时废止。

国家统计局办公室关于印发常用统计执法文书样式的通知

（2006 年 7 月 20 日）

各省、自治区、直辖市统计局，新疆生产建设兵团统计局，国家统计局各调查总队：

为规范统计执法行为，提高统计执法文书制作水平，现将《常用统计执法文书样式》印发给你们，请国家统计局派出各调查队遵照执行，地方各级统计局参照执行。

国家统计局派出调查队常用统计执法文书目录

案卷（封页）

● 卷内文书目录

统计执法检查通知书

● 责令改正通知书

现场检查笔录

● 调查笔录

立案审批表

● 统计报表催报单

统计检查查询书

● 案件处理意见审批表

行政处罚告知书（一）

行政处罚告知书（二）

行政处罚决定书

● 送达回证

听证通知书

● 听证记录

行政复议受理通知书(一)

行政复议受理通知书(二)

● 行政复议不予受理通知书

● 行政复议决定书

强制执行申请书(一)

强制执行申请书(二)

● 结案审批表

● 销案审批表

● 案件处理备案汇总表

执法文书样式(略)

国家统计局　国土资源部关于开展中国加拿大资源环境统计合作项目的通知

（2006 年 7 月 24 日）

新疆维吾尔自治区统计局、国土资源厅：

为了贯彻落实科学发展观，保护自然资源和生态环境，提高中国自然资源与环境统计水平，我国商务部和加拿大国际发展署决定，在中加两国政府间合作框架下，设立统计信息管理项目一资源环境统计合作项目。该项目由我局和加拿大统计局负责协调实施，时间从 2005 年 11 月开始，到 2012 年 10 月结束。项目主要内容是：建立中国绿色国民经济核算体系框架；对我国自然资源与环境统计工作进行全面评估，提出改进建议；有针对性地开展试点调查；编制矿产资源存量账户、能源账户和污染物排放账户；建立数据库等。

中加资源环境统计项目是目前我国在统计领域开展的最重要国际合作项目。根据项目活动安排，经认真研究，确定新疆维吾尔自治区作为试点地区之一，开展资源环境统计调查和编表工作。新疆维吾尔自治区统计局为负责单位，新疆维吾尔自治区国土资源厅为参与单位。请你局、厅按照项目部署，认真实施，使项目达到预期效果。

另外，根据中加资源环境统计合作项目协议，加方所筹集的项目经费将用于加方专家开展工作和中方人员赴加培训学习活动，中方国内工作所需经费由国家统计局、国土资源部与你局、厅分别筹集，主要用于开展资源环境数据调查、搜集、加工、编表等试点工作，请你局、厅安排一定的专项资金用于此项工作。

附件：1. 资源环境统计项目《项目实施协议》（略）
　　2. 资源环境统计项目《活动时间表》（略）

调查总队人员因公临时出访审批工作的规定

国家统计局

（2006年7月31日）

为了规范调查总队人员因公临时出访的审批工作，保证调查总队顺利参与国际合作活动，现根据《国家统计局对调查总队的管理规定（试行）》和外交部领事司《关于同意委托有关地方外办为地方调查总队系统因公临时出国人员办理护照、代办签证事》（领三函〔2006〕771号），特制定本规定。

一、因公临时出访是指调查总队人员参加由国家统计局或其他机构组织的团组赴国（境）外执行短期的（一般指一个月以内）考察、访问、合作研究、参加国际会议等任务的公务活动。

二、调查总队副厅级以上（含副厅级）人员参加由国家统计局各单位组团出访的，由组团单位起草请示报告，送国家统计局国际合作司审核后报局领导审批。

三、调查总队副厅级以上（含副厅级）人员参加由外单位组团出访的，由出访人员所在总队起草参团请示报告，送国家统计局国际合作司审核后报局领导审批。

四、调查总队处级和处级以下人员参加由国家统计局各单位组团出访的，由组团单位起草请示报告，送国家统计局国际合作司审批。

五、调查总队处级和处级以下人员参加由外单位组团出访的，由出访人员所在总队起草参团请示报告，送国家统计局国际合作司审批。

六、调查总队副厅级以上（含副厅级）人员出访的审查工作，由国家统计局人事司办理。

七、调查总队处级和处级以下人员出访的审查工作，由出访人员所在的调查总队的人事教育处办理。

八、调查总队因公临时出访人员护照和签证，按外交部领事司领三函〔2006〕771 号文的规定，向所在省、自治区、直辖市政府外事办公室申请办理。

九、出访团组在回国之日起一个月以内将出访报告报国家统计局国际合作司。

十、国家统计局国际合作司应根据本规定，制定调查总队人员因公临时出访审批工作的具体程序。

十一、本规定自 2006 年 8 月 1 日起执行。

国家统计局关于建立千家企业能源统计调查制度的通知

（2006 年 8 月 9 日）

各省、自治区、直辖市统计局，新疆生产建设兵团统计局：

根据国务院对当前节能统计工作的要求，以及国家发展和改革委员会、国家能源领导小组办公室、国家统计局、国家质量监督检验检疫总局、国务院国有资产监督管理委员会联合印发的《关于印发千家企业节能行动实施方案的通知》（发改环资〔2006〕571 号），国家统计局决定从 2006 年 9 月份起，在《能源统计报表制度》中增加千家企业能源统计。现将有关事项通知如下：

一、从 2006 年 9 月起，列入千家企业名单的工业企业按月报送“工业企业能源购进、消费与库存”（P105 表）和“工业企业能源购进、消费与库存附表”（P105－1 表），报送方式为网上直报，报送时间为月后 10 日前（2006 年 1—9 月数据 10 月 10 日前报送）。

二、增加“重点耗能工业企业单位产品能源消耗情况”（P206 表）季报，报送范围为列入千家企业名单的工业企业，报送方式为网上直报，报送时间为季后 15 日前（2006 年 1－3 季度数据 10 月 15 日前报送）。

附件：重点耗能工业企业单位产品能源消耗情况表式及填报目录（略）

国家统计局关于加强投资统计工作确保统计数据质量的通知

（2006 年 8 月 11 日）

各省、自治区、直辖市统计局：

上半年，我国固定资产投资持续快速增长，部分地区投资增长过快，部分过剩行业投资规模继续扩张，成为影响经济稳定发展的重要因素。为此，国家相继出台了一系列宏观调控措施，对新开工项目、土地使用、行业准入等方面进行整顿和清理。为配合做好宏观调控工作，确保投资统计数据质量，切实防止出现投资统计失真现象，现就有关事项通知如下：

一、要严格遵守统计制度规定，按照实事求是的原则开展统计工作。各地必须认真执行统计制度的有关规定，不得擅自扩大或缩小统计范围。现行统计制度规定，投资统计是按照项目的实际进展情况进行统计的，不管项目是否经过审批，是否符合有关规定，只要投资项目已开工建设，就必须纳入投资统计的范围。各地不得以未经过有关部门审批为由，放弃对已开工投资项目的统计工作。

二、加强项目统计工作。各地要结合基层基础建设活动，切实抓好投资项目的统计工作，尤其是对 500 万元以上项目、新开工项目均必须逐个搞清楚。对今年以来新开工的亿元以上项目（钢铁、电解铝、电石、铁合金、焦炭、汽车、水泥、电力、纺织等重点行业 3000 万元以上项目）必须逐个上门现场核实，确保各项统计指标准确无误。

三、开展投资统计数据质量检查。各级统计部门要对今年以来投资统计的数据质量进行一次检查，检查内容包括投资总量和增长水平的可靠程度、亿元以上项目的清理情况、统计制度方法的执行情况等。

四、加强统计执法，严肃查处统计违法行为。要结合统计数据质量检查，积极开展统计执法工作。对在投资统计工作中发生虚报、瞒报等违法行为的单位与当事人，要按照《统计法》的有关规定进行严肃查处。

五、密切关注投资和建设领域中出现的新情况、新问题。要加强调查研究工作，对宏观调控的进展情况和出现的各种苗头性问题要及时进行调研，及时掌握，并将有关情况尽快上报国家统计局。

各地接此通知后要尽快开展工作，各省、自治区、直辖市统计局要在 9 月 10 日以前将上半年投资统计数据质量检查报告和亿元以上投资项目核实情况书面上报国家统计局投资司。

“十一五”国家统计信息化建设规划纲要

国家统计局

（2006 年 8 月 15 日）

为进一步落实党中央、国务院领导同志关于统计改革发展和统计信息化建设的指示要求，根据《2006－2020 年国家信息化发展战略》精神及相关文件要求，特制定本规划纲要。

本规划纲要所称统计信息化是指，充分利用信息技术，开发建设统计信息资源，促进统计信息的共享，改造传统的统计工作方式，提高统计工作现代化水平，促进统计改革和发展，提高统计信息化在国家信息化建设中的地位和作用。

一、现状

经过全国统计系统 20 年，特别是“十五”期间 5 年的统计信息化建设，连接国家—省（区、市）—重点城市及部分县区的统计信息主干网已初步建成并投入使用，基层统计调查部门的设备配备、网络连通情况有了明显改观，网络化工作方式已逐步成为统计部门数据交换、信息共享的主要途径；统计信息网站已逐步成为统计部门信息交流和为各级党委、政府、社会公众信息服务的重要窗口，通过网络发布的统计信息在数量上、质量上和及时性方面有了明显提高；统计信息系统的核心设备能力明显增强；在重大国情国力调查及常规统计报表的数据采集、处理和应用系统开发等方面的能力继续提高，软件规范化工作初见成效；办公自动化系统的全面推行，在提高统计政务工作的效率和管理水平方面发挥着越来越大的作用。总之，统计业务对信息技术的依存度继续提高，统计信息化基础建设已初具规模，在应用推广方面迈出了坚实的步伐。

但是，统计信息化建设还存在着一些问题，主要表现在：对统计信息化建设目标、建设任务认识不足，统计职能设置、法律法规、制度方法、业务规范和工作流程还存在不尽合理的地方，制约了信息技术的应用；统计信息化资金投入不足，导致统计信息化建设起步早、发展慢，基层统计部门的信息化装备水平较低；统计信息化管理相对薄弱，统计应用系统仍然存在着低水平重复开发，统计软件和应用秩序较乱，统计数据资源的采集、管理、服务共享机制仍不健全；长效机制没有建立，运行维护经费与实际工作需要存在较大差距；网络和信息的安全保障仍不足，没有建立存储备份机制；信息技术人才短缺，统计队伍的信息技术技能还不能适应统计工作的发展要求等。

二、指导思想和建设原则

统计信息化已经进入了全面发展的新阶段。要从统计发展战略高度认识统计信息化是关系到统计改革发展全局的战略举措，处理好业务发展与信息化建设的关系，长远规划、持续推进。要更新发展理念，破解发展难题，创新发展模式，真正把统计信息化建设当作统计改革发展的重要而迫切的战略任务。

统计信息化建设的指导思想是：大力推动现代信息技术应用，改造传统的统计工作方式，以信息化推动统计体制、制度方法的改革创新，促进统计工作的现代化，促进统计信息资源的开发利用，更好地支持党和政府的决策管理、为社会公众提供优质的统计信息服务，努力做到数据准确及时，信息集中共享，系统规范开放，应用方便快捷。

统计信息化的建设原则是：

(一)统一规划、协调一致。统计工作的复杂性决定了统计信息化建设是一项高度复杂的系统工程,各级政府统计部门和国家统计局派出的调查队必须在国家统计局的统一领导下,按照统一规划、统一标准、统一建设、统一管理的原则,进行统计信息系统的开发建设和应用管理,特别是网络平台、应用平台和数据资源的开发建设,保证国家统计信息系统的一致性和协调性。

(二)分工负责、协同实施。国家管理体制和统计管理体制决定了统计信息化建设不可能通过高度集中的投资建设一蹴而就,要根据统一规划,明确并处理好中央与地方的分工、综合统计部门与部门行业统计部门的分工、综合技术部门与统计业务部门的分工,根据具体情况明确重点、分工负责、协同实施、整体推进。同时,与中央和地方电子政务建设重点项目协调一致,避免重复建设。统计信息化建设还要与统计工作管理体制的改革协同配套,相互促进和发展。

(三)数据共享、优质服务。统计信息化建设必须以提高统计整体功能为目标,创新统计业务和政务管理方式,通过强化统计信息资源管理建设、统计信息服务体系建设,提高统计数据质量,使统计信息开发建设成为国家信息资源开发建设的重点领域,提高共享程度,提供优质服务,回报社会。

(四)规范流程、整合资源。制定相关业务、应用、网络、安全方面的标准规范,并推动相关资源的整合,加强应用开发和基础建设,提高业务工作流程和应用规范的标准化水平,着眼未来,深化应用。

(五)务求实效、安全可靠。网络平台、应用系统和数据资源的建设及重点项目的建设,要始终把成本、效益作为重要的尺度,稳步推进,务求实效;要建立健全安全保密制度、信息安全管理措施和必要的设施,确保国家统计信息资源和运行环境的安全。

三、统计信息化建设目标

"十一五"期间,统计信息化建设的目标:以规范的统计报表一体化体系、统计信息标准、统计业务流程为基础,以管理机制和工作规章为保证,通过信息化建设,有规划、有重点、分阶段进行统计数据资源建设和系统资源整合,建立健全一个面向统计调查对象、统计工作者、政府相关部门和社会公众的国家统计信息系统,推动并促进统计事业的改革发展。为此,提出以下分项建设目标:

(一)建立与信息化建设发展相互适应的统计工作方式。根据党的十六届三中全会有关"完善统计体制"的要求,初步理顺政府综合统计与部门行业统计在统计调查项目协调、数据交换、信息发布等方面的工作关系,完善法律法规、工作制度,避免重复调查、减轻基层负担,协调主要统计数据口径范围,保证相关统计数据的一致性。同时,在更大范围内保证政府统计数据资源的建设,保证政府统计信息的公共服务。

加强基层基础统计工作,逐步解决困扰基层基础统计工作的相关问题。大力推动统计电子报表的应用,实现统计报表的设计、下发、报送、催报、审核、处理、综合管理和发布等统计工作过程的网络化,推动统计改革创新。

(二)实现统计设计管理的标准化、工程化。从标准规范角度规范统计表式设计,参照国际通行规范并兼顾国情,研究设计针对不同调查对象类别的统计报表一体化体系;从信息工程角度研究设计统计数据规划,建立统计制度设计、统计数据管理和相关技术业务标准的元数据库及维护机制,从源头上消除业务壁垒和信息孤岛,保证统计数据中心、统计数据库应用系统的建设维护,保证微观、中观与宏观数据的一致性。

统计设计管理的标准化、工程化既要包括政府综合,还要包括基层统计和部门行业统计。通过完善相关工作机制和工作规范,健全基本单位名录的管理、应用及维护机制。

加快统计信息化标准规范的研究和发布，包括：统计指标与分类编码规则和编码体系设计、统计数据交换接口规范、统计调查数据处理及编辑规范、网上直报软件规范及其他功能性统计应用软件功能规范，以及统计应用软件开发规范，网络接入与运维管理标准、统计信息系统和安全规范等。

（三）完成统计信息化工程建设。到2010年前后，重点建立起一个统计数据库体系、整合好统计应用软件和网络两个平台，规划建设好一个统计信息门户系统和一个统计信息系统的安全保障系统（简称“1211”工程）。要把信息资源开发建设当作提高统计业务与信息技术融合度的突破点，进一步提高统计数据的准确性、及时性、完整性，保证统计工作有序、高效、统一，完善统计的整体功能，使各级统计部门真正成为政府的信息职能部门和决策支持部门。

四、统计信息化建设工程重点任务

统计信息化建设工程的重点任务包括：

（一）统计数据库体系。建立面向宏观决策和公共服务，以统计数据中心为基础，由相关综合数据库、主题数据库构成的统计数据库体系，为国家基础数据库之一的宏观经济数据库提供有力支撑，通过中央与地方的政务网络资源，提供权威、丰富的统计信息及多样、方便的检索查询服务功能。为此，应着力建设统计数据中心。

统计数据中心是对统计数据实行科学、规范的管理，上联统计报表数据处理环节，下接统计数据库体系，对现有统计工作流程起着补充、完善、规范和优化的作用。它以统计数据规划为依据、元数据为标准，对完成当期数据处理过程的数据进行抽取、转换、净化、加载（英文简称ETCL）和后期的整理维护，以及完备的统计信息内容审计，用户权限、共享范围管理，最终提供系统、丰富、权威、可靠的数据应用目录，以及基础数据集和主题数据集。

（二）统计业务应用平台。 通过大力推动统计应用软件的规范化工作，实现数据与软件的分离、应用与软件的分离，努力做到统计应用软件的功能化、模块化、组件化、系列化，提高稳定性、易用性，降低综合使用成本，初步建立起标准规范统一、功能模块清晰、方便基层使用、支持核心业务的统计业务应用平台。

1.数据采集和处理系统。统计数据采集、处理系统是统计业务的核心应用系统之一。通过统计设计的标准化、工程化，通过统计应用软件的规范化，对多种来源、多种数据采集方式提供规范统一、标准开放的应用软件，支持基层数据的录入、网上报送、编辑审核、汇总制表、分类整理和统一管理，满足多层管理需要，逐步实现与国际通行规范接轨。这是统计业务应用平台建设的重点。

2.统计分析和辅助决策支持系统。依托统计数据中心和统计数据库体系，建立包括多元统计分析、时间序列、数据挖掘等方法、图形分析工具和多种应用模型在内的辅助决策支持系统，按不同需求对统计数据进行多目标、多角度、深层次的加工、分析和展示，对国民经济运行和社会发展态势进行分析预测。

3.其他应用服务系统。开发、完善其他与统计工作相关的应用系统，如地理信息系统、卫星遥感、网络及移动通讯等技术在统计工作中的应用系统；解决统计业务应用平台与部门统计信息系统的衔接问题。

通过完善配套工作制度，建立健全包括设备配置、软件更新、应用支持、安全管理等环节的统计信息技术服务体系。

（三）网络平台。 坚持建设、整合与管理并重的原则，建立起结构合理、覆盖面广、安全可靠，支持多种网络应用的国家统计信息网络体系和网管系统。

分级进行国家统计信息主干网的延伸和网管中心建设，形成双星一环的网络结构，同步进行国家统计局直属调查队信息系统的基础设施和应用系统建设，最终实现国家、省、地市、县区各级政府统计部门和国家统计局派出的调查队网络的互联互通。逐步建立远程网络视频会议、网上直报、网上教育等应用子系统。

根据国家政务网络的整合管理政策，与中央和地方的政务网络互联互通、共享安全；建立健全网络基础设施的运维管理机制，外网、专网隔离运行，保证网络系统稳定、高效、安全运行。

（四）统计信息门户网站。按照信息门户的基本规范，结合统计工作实践，整合信息访问机制，建立内容板块丰富、功能模块完整、管理功能完善、人机界面友好，支持统计业务、政务管理、公共服务，具有标准架构和定制规范的国家统计统一门户网站框架。实施时，可分为专网门户网站和外网门户网站。

（五）统计信息化的安全保障系统。严格遵循国家有关安全保密法律法规、信息安全保障制度，明确并完善统计数据、统计信息的安全域划分和安全管理保障，完善统计信息的监察、安全审计等保密系统建设，健全入侵监测、等级保护机制；建立存储管理及备份系统和专用机房设施。从制度建设、管理措施、技术手段等方面逐步健全统计信息化安全保障系统。

五、保障措施

（一）加强领导，提高认识。统计信息化建设是国民经济和社会发展信息化的重要组成部分，是我国政府信息资源开发建设的重点领域，是统计现代化建设的核心，事关统计改革与发展的全局，是当前和今后统计部门的一项长期战略性任务。因此，统计信息化建设要按照百年大计工程进行统筹规划和统一管理，加强整体性考虑。

各级政府统计部门要主动争取当地政府对统计信息化建设工作的重视和支持，将其纳入本地区信息化重点规划项目之中，加强领导、加大投入。凡由中央统一规划和投资进行的分布式应用系统建设，各级地方均应进行同步配套。

（二）科学管理，健全机制。树立科学发展观，创新机制、创新方法、创新制度。各级统计部门都要成立由"一把手"挂帅的统计信息化建设领导小组，加强对统计信息化的发展方向、建设规划、重大项目的决策管理，加强对基层单位和部门统计信息化建设相关业务的指导和协调，建立长效机制。在各级统计信息化建设领导小组领导下，完善统计信息化管理体制建设，明确管理职责，树立管理权威。凡涉及统计信息化建设应用的重大政策和事情，要由统计信息化建设领导小组审定方可实施。

建立健全与数据中心、网上直报功能对应的业务岗位或职能机构。建立由监察和纪检部门牵头的统计信息化建设监督机制，监督检查相关规划方案、标准规范、政府采购和项目合同的执行，受理相关质疑、举报。

加强技术标准管理、技术项目管理、技术合同管理、技术咨询顾问等技术管理制度和执行监管机制建设，对统计信息化开发建设项目生命周期的各个阶段实行全过程的有效监管。加强统计信息化开发建设项目相关的预算管理、招投标、代建制、政府采购、外包、托管等知识学习和工作管理，充分保护公共资产和用户利益，提高项目管理的科学性、规范性和执行力，降低工作成本。建立国家、省级统计部门、国家统计局派出的调查队重大开发建设项目的协调会商机制，统一规划协调，分类指导实施，集中力量办大事，避免重复浪费。

（三）完善法规，加强考核。根据国家信息化相关法律法规，参照国际通行规则，制定、修订和实施统计信息化有关的规章制度，推进统计信息化进程，保障统计信息系统和信息资源的开发、运行和管理。

制定相关制度，对统计信息化发展建设情况定期进行检查和考核评估，建立一种反馈激励的持续机制，避免统计信息化建设的大起大落，解决统计信息化要素建设中可能出现的"短板"问题（见附录）。

(四)落实责任,保障投入。多渠道集资仍然是统计信息化建设资金筹措的主要策略。本着中央和地方事权、财权分级管理的原则安排资金的使用。统计信息化建设资金的投入,要达到与应用系统规模相当的政府部门的平均水平。国家和省级统计部门对贫困地区的统计信息化建设项目,视财力给予必要的补助。规范统计工作经费预算科目,努力将统计信息化系统的运行和维护费用纳入各级统计事业费预算。

(五)加强技术研究和技能培训。积极研究并促进现代信息技术在统计工作中的应用,采取多种形式推动信息技术应用成果的交流。制定统计信息技术培训规划、考核标准和在职培训制度,组织编写培训教材,利用多种形式、多种途径积极推进信息技术教育工作,加大力度,并逐步制度化、规范化和法制化,为统计工作的改革发展和信息化建设提供人才保障。信息技术培训考核成绩将逐步纳入晋升行政和技术职务的重要条件。

附录:国家统计信息化建设考核指标(略)

统计部门政府采购领域治理商业贿赂专项工作实施方案

国家统计局

（2006 年 8 月 22 日）

根据《财政部治理商业贿赂领导小组关于印发中央单位政府采购领域治理商业贿赂专项工作实施方案的通知》（财治贿〔2006〕1 号）要求，现就统计部门政府采购领域治理商业贿赂专项工作，制定如下实施方案。

一、目标和任务

统计部门治理政府采购领域商业贿赂专项工作的目标是：通过广泛开展治理商业贿赂工作，使统计部门各预算单位（以下简称“各单位”）进一步掌握政府采购制度的要求和规定，廉洁从政意识得到增强，错误观念和不正当交易行为得到纠正，监管薄弱环节得到加强，管理制度更加完善，使政府采购工作能更好地为统计事业服务。

治理政府采购领域商业贿赂的主要任务是：按照国家统计局的统一部署和要求，在学习动员的基础上，针对政府采购领域中商业贿赂行为的主要表现形式、特点和易发环节，认真组织开展自查自纠和查办重大案件工作。要在查找本单位政府采购活动中不正当交易行为和关键岗位、重点人员存在问题的同时，打击和惩处政府采购活动中违纪违法行为；要认真查找管理制度的薄弱环节和漏洞，制定相应的管理办法，构建防止商业贿赂的长效管理机制。

二、治理范围和重点

按照财政部要求，统计部门中央预算单位应当按照本方案要求，组织开展政府采购领域商业贿赂治理工作。具体包括各级统计局，国家统计局各级调查队，国家统计局在京行政事业单位。

本方案所称政府采购领域商业贿赂，是指采购当事人在政府采购活动中，为获得竞争优势、达成交易，或者改变采购结果、破坏市场公平竞争，以及违反国家规定和工作职责，换取个人或他人利益，将暗中直接或间接收受（给予）财物或其他利益归个人所有的行为。其中，财物是指现金和实物，包括回扣、各种费用、有价证券、佣金，以及以报销各种费用等方式形成的个人财物。其他利益是指提供国内外各种名义旅游、考察和娱乐等财物以外的利益。

各单位应将政府采购活动的各个环节纳入治理范围，对规避政府采购行为和商业贿赂行为开展全面自查自纠。其中，要重点抓好采购项目委托和承揽、采购需求确定和采购文件编制、采购信息发布、评审专家抽取、采购方式选择、评审和中标确认、合同签订、资金结算和履约验收等环节的自查自纠工作。

三、工作方法和步骤

政府采购领域自查自纠工作从2006年8月份开始，至2007年1月底前结束。在开展自查自纠工作中，必须做好以下工作：

（一）学习动员和调查摸底（一个月时间：8月）。

各单位要认真组织学习胡锦涛、温家宝、吴官正等中央领导同志关于开展治理商业贿赂专项工作的重要讲话、中共中央办公厅、国务院办公厅《关于开展治理商业贿赂专项工作的意见》（中办发〔2006〕9号）和相关配套文件，深刻领会中央纪委第六次全会、国务院第四次廉政工作会议和全国治理商业贿里领导小组负责人会议精神，通过学习动员，使本单位的所有工作人员都能认识政府采购领域治理商业贿赂工作的重要性和紧迫性，纠正思想认识上的偏差，增强开展自查自纠工作的主动性。

要结合学习动员，通过座谈等形式进行摸底调查，掌握本单位政府采购活动中存在的漏洞和问题，以及容易发生商业贿赂行为的工作环节和岗位，摸清治理范围内的政府采购业务和工作人员等基本情况，明确治理方向，确定自查自纠重点。

(二)进行对照检查(三个月时间:9月一11月)。

自查自纠的时间范围。根据中央文件要求，各单位要对2001年以来，特别是《政府采购法》颁布实施以来发生在政府采购领域的商业贿赂行为开展自查自纠。各单位自查自纠的具体内容：

1.政府采购项目是否编制了政府采购预算，是否存在规避政府采购的行为；

2.纳入集中采购目录的项目是否都执行了集中采购；

3.确定采购需求是否客观、公正，有无指定供应商或品牌、提出排他性要求的行为；

4.采购信息发布、采购方式选择、采购程序执行等环节是否执行了制度规定，有无违规抽取评审专家行为；

5.在确定中标供应商时是否按评审委员会或评审小组推荐顺序确定中标或成交供应商，有无干预评审工作或影响中标结果的行为；

6.签订的政府采购合同是否符合采购文件的规定，是否存在违反合同约定提高或降低验收标准的行为；

7.在采购活动中是否存在违反规定，私下向供应商透露不该透露采购信息的行为。

通过审查预算执行情况、采购文件、采购合同、财务会计记录、会议记录、确定中标文件等文件档案，对照检查是否存在上述违规违法问题，并针对存在的问题认真查找根源。在查找根源过程中，要将是否存在商业贿赂作为重点。对查找出的商业贿赂行为要按照行贿受贿的项目、金额、涉及单位和人员等情况详细记录。

（三）处理与整改（一个月时间：12月）。

各单位要对查找出的商业贿赂问题归纳整理，凡属于本单位职权范围内的问题，应当按照中央纪委《依法查处商业贿赂案件的实施意见》规定，依法依纪、实事求是地作出处理，并将处理意见报国家统计局治理商业贿赂领导小组办公室。对超出本单位处理职权范围的问题，应当移送国家统计局治理商业贿赂领导小组办公室进行处理。

针对自查中发现的问题、监管中存在的薄弱环节和漏洞，要研究制定切实可行的整改措施，明确整改责任，确保各项整改措施落到实处。整改措施不力、效果不好的，国家统计局将督促其重新进行整改。整改情况还应当以适当的形式公布，接受社会监督。

（四）评估验收和总结（一个月时间：明年1月）。

各单位要在保证工作质量的前提下，做好自查自纠每个阶段的工作。在每一个工作环节结束后，都应从是否达到了工作要求和预期目标等方面进行评估，评估合格的，才可以转入下一工作环节。因此，各单位要认真组织好检查和验收工作，切实把各项任务落到实处。

四、组织领导

国家统计局负责统计部门治理政府采购领域商业贿赂工作。各单位要将治理政府采购领域商业贿赂工作与本单位其他领域治理工作统一起来，结合政府采购管理工作现状，制定具体治理方案和措施，提出工作要求，做好自查自纠的组织落实工作。

五、监督检查与举报制度

为确保治理工作质量，国家统计局将对治理工作全过程开展监督检查。一方面，要通过发督办函、电话催办、听取汇报、召开座谈会等方式，对治理工作进行经常性的督促检查，及时发现和解决问题；一方面，要组织督查组到部分单位进行督查，对问题较多、社会反映大，以及自查自纠不认真、消极敷衍的单位要进行重点督办。

为畅通发现政府采购领域商业贿赂问题的渠道，国家统计局已设立了举报电话和举报信箱，建立了举报渠道。

各单位凡接到涉及单位和个人的举报电话和举报信，都要记录，并将整理造册后的举报内容报国家统计局治理商业贿赂领导小组办公室。未报或隐瞒的，一经发现，将严格按中央纪委有关治理商业贿赂专项工作的规定予以严肃处理。

六、长效机制

为贯彻落实财政部关于建立健全治理商业贿赂长效机制与深化政府采购制度改革相结合的精神，国家统计局将积极推行公开招标采购方式，提高政府采购活动的透明度；参与电子化政府采购制度的建立，减少采购工作的人为干预等。

七、工作要求

（一）加强领导，组织动员和学习。各单位要把治理商业贿赂组织开展自查自纠工作摆在重要位置，严格实行工作责任制，切实加强组织领导。要及时传达学习本通知精神和方案内容，切实搞好思想动员工作，把学习有关治理商业贿赂的文件精神和领导讲话贯穿于整个政府采购领域治理工作始终。

（二）高度重视，抓好自查自纠工作。各单位结合本单位实际，有针对性地制定治理工作方案，其中，应当将对照检查阶段的工作内容和要求具体化，制定更为详细的工作步骤和时间表。工作方案以及本单位负责治理政府采购领域商业贿赂的机构、人员和联系电话要在 8 月底前报国家统计局治理商业贿赂领导小组办公室。

(三)全面彻底,抓实抓细,不留死角。在自查自纠过程中,既要查找本单位工作人员在政府采购过程中违反商业道德、市场规则、政府采购制度的商业贿赂行为和表现形式,又要掌握自查自纠工作所涉及的单位、工作岗位、管理环节、从业人员、资金等情况。

(四)定期报告,建立工作信息通报与统计制度。各单位要在每个工作阶段结束后 10 日内将工作情况书面报告国家统计局治理商业贿赂领导小组办公室,其中包括:对照检查工作开展两个月后对工作进行小结的报告、2007 年 1 月底整个自查自纠工作结束后的工作总结和有关工作统计资料。对查出的重大案件、举报线索和工作简报等情况要随时经常向国家统计局治理商业贿赂领导小组办公室报告。国家统计局还将根据工作进度和报告情况开展相关督导工作,对于结合实际不够,问题找得不准,剖析不深不透的自查自纠报告,国家统计局将退回,并责令其重新整改。

各单位在自查自纠工作中要做好相关工作和情况的统计工作,尤其要摸清和掌握本单位政府采购规模、政府采购执行情况、代理政府采购业务情况以及从业人员基本情况等。

(五)加强协作,综合治理。治理政府采购领域商业贿赂专项工作涉及面广,政策性强,工作难度大,各单位要在国家统计局的统一领导下,积极与本单位的纪检监察部门配合,共同开展工作。

(六)治防并重,务求实效。对治理商业贿赂专项工作中发现的问题和薄弱环节,要通过强化制度建设及时堵塞漏洞,形成用制度规范行为、按制度办事、靠制度管人的良好局面,要在做好治理商业贿赂工作的同时,进一步完善内部管理,有效防止权力失控和行为失范,为充分发挥政府采购功效,健康发展统计事业做出更大的贡献。

中华人民共和国国务院令
第473号

（2006年8月23日）

现公布《全国农业普查条例》，自公布之日起施行。

总理　温家宝

全国农业普查条例

第一章　总　则

第一条　为了科学、有效地组织实施全国农业普查，保障农业普查数据的准确性和及时性，根据《中华人民共和国统计法》，制定本条例。

第二条　农业普查的目的，是全面掌握我国农业、农村和农民的基本情况，为研究制定经济社会发展战略、规划、政策和科学决策提供依据，并为农业生产经营者和社会公众提供统计信息服务。

第三条　农业普查工作按照全国统一领导、部门分工协作、地方分级负责的原则组织实施。

第四条　国家机关、社会团体以及与农业普查有关的单位和个人，应当依照《中华人民共和国统计法》和本条例的规定，积极参与并密切配合农业普查工作。

第五条　各级农业普查领导小组办公室（以下简称普查办公

室)和普查办公室工作人员、普查指导员、普查员(以下统称普查人员)依法独立行使调查、报告、监督的职权,任何单位和个人不得干涉。

各地方、各部门、各单位的领导人对普查办公室和普查人员依法提供的农业普查资料不得自行修改,不得强令、授意普查办公室、普查人员和普查对象篡改农业普查资料或者编造虚假数据,不得对拒绝、抵制篡改农业普查资料或者拒绝、抵制编造虚假数据的人员打击报复。

第六条 各级宣传部门应当充分利用报刊、广播、电视、互联网和户外广告等媒体,采取多种形式,认真做好农业普查的宣传动员工作。

第七条 农业普查所需经费,由中央和地方各级人民政府共同负担,并列入相应年度的财政预算,按时拨付,确保足额到位。

农业普查经费应当统一管理、专款专用、从严控制支出。

第八条 农业普查每10年进行一次,尾数逢6的年份为普查年度,标准时点为普查年度的12月31日24时。特殊地区的普查登记时间经国务院农业普查领导小组办公室批准,可以适当调整。

第二章 农业普查的对象、范围和内容

第九条 农业普查对象是在中华人民共和国境内的下列个人和单位:

(一)农村住户,包括农村农业生产经营户和其他住户;

(二)城镇农业生产经营户;

(三)农业生产经营单位;

(四)村民委员会;

(五)乡镇人民政府。

第十条 农业普查对象应当如实回答普查人员的询问,按时填报农业普查表,不得虚报、瞒报、拒报和迟报。

农业普查对象应当配合县级以上人民政府统计机构和国家统计局派出的调查队依法进行的监督检查，如实反映情况，提供有关资料，不得拒绝、推诿和阻挠检查，不得转移、隐匿、篡改、毁弃原始记录、统计台账、普查表、会计资料及其他相关资料。

第十一条 农业普查行业范围包括：农作物种植业、林业、畜牧业、渔业和农林牧渔服务业。

第十二条 农业普查内容包括：农业生产条件、农业生产经营活动、农业土地利用、农村劳动力及就业、农村基础设施、农村社会服务、农民生活，以及乡镇、村民委员会和社区环境等情况。

前款规定的农业普查内容，国务院农业普查领导小组办公室可以根据具体情况进行调整。

第十三条 农业普查采用全面调查的方法。国务院农业普查领导小组办公室可以决定对特定内容采用抽样调查的方法。

第十四条 农业普查采用国家统计分类标准。

第十五条 农业普查方案由国务院农业普查领导小组办公室统一制订。

省级普查办公室可以根据需要增设农业普查附表，报经国务院农业普查领导小组办公室批准后实施。

第三章 农业普查的组织实施

第十六条 国务院设立农业普查领导小组及其办公室。国务院农业普查领导小组负责组织和领导全国农业普查工作。国务院农业普查领导小组办公室设在国家统计局，具体负责农业普查日常工作的组织和协调。

第十七条 地方各级人民政府设立农业普查领导小组及其办公室，按照国务院农业普查领导小组及其办公室的统一规定和要求，负责本行政区域内农业普查的组织实施工作。国家统计局派出的调查队作为农业普查领导小组及其办公室的成员单位，参与农业普查的组织实施工作。

村民委员会应当在乡镇人民政府的指导下做好本区域内的农业普查工作。

第十八条 国务院和地方各级人民政府的有关部门应当积极参与并密切配合普查办公室开展农业普查工作。

军队、武警部队所属农业生产单位的农业普查工作，由军队、武警部队分别负责组织实施。

新疆生产建设兵团的农业普查工作，由新疆生产建设兵团农业普查领导小组及其办公室负责组织实施。

第十九条 农村的普查现场登记按普查区进行。普查区以村民委员会管理地域为基础划分，每个普查区可以划分为若干个普查小区。

城镇的普查现场登记，按照普查方案的规定进行。

第二十条 每个普查小区配备一名普查员，负责普查的访问登记工作。每个普查区至少配备一名普查指导员，负责安排、指导和督促检查普查员的工作，也可以直接进行访问登记。

普查指导员和普查员主要由有较高文化水平的乡村干部、村民小组长和其他当地居民担任。

普查指导员和普查员应当身体健康、责任心强。

第二十一条 普查办公室根据工作需要，可以聘用或者从其他有关单位借调人员从事农业普查工作。有关单位应当积极推荐符合条件的人员从事农业普查工作。

聘用人员应当由聘用单位支付劳动报酬。借调人员的工资由原单位支付，其福利待遇保持不变。

农业普查经费中应当对村普查指导员、普查员安排适当的工作补贴。

第二十二条 地方普查办公室应当对普查指导员和普查员进行业务培训，并对考核合格的人员颁发全国统一的普查指导员证或者普查员证。

第二十三条 普查人员有权就与农业普查有关的问题询问有关单位和个人,要求有关单位和个人如实提供有关情况和资料、修改不真实的资料。

第二十四条 普查人员应当坚持实事求是,恪守职业道德,拒绝、抵制农业普查工作中的违法行为。

普查人员应当严格执行普查方案,不得伪造、篡改普查资料,不得强令、授意普查对象提供虚假的普查资料。

普查指导员和普查员执行农业普查任务时,应当出示普查指导员证或者普查员证。

第二十五条 普查员应当依法直接访问普查对象,当场进行询问、填报。普查表填写完成后,应当由普查对象签字或者盖章确认。普查对象应当对其签字或者盖章的普查资料的真实性负责。

普查人员应当对其负责登记、审核、录入的普查资料与普查对象签字或者盖章的普查资料的一致性负责。

普查办公室应当对其加工、整理的普查资料的准确性负责。

第四章 数据处理和质量控制

第二十六条 农业普查数据处理方案和实施办法,由国务院农业普查领导小组办公室制订。

地方普查办公室应当按照数据处理方案和实施办法的规定进行数据处理,并按时上报普查数据。

第二十七条 农业普查的数据处理工作由设区的市级以上普查办公室组织实施。

第二十八条 普查办公室应当做好数据备份和加载入库工作,建立健全农业普查数据库系统,并加强日常管理和维护更新。

第二十九条 国家建立农业普查数据质量控制制度。

普查办公室应当对普查实施中的每个环节实行质量控制和检查验收。

第三十条 普查人员实行质量控制工作责任制。

普查人员应当按照普查方案的规定对普查数据进行审核、复查和验收。

第三十一条 国务院农业普查领导小组办公室统一组织农业普查数据的事后质量抽查工作。抽查结果作为评估全国或者各省、自治区、直辖市农业普查数据质量的重要依据。

第五章 数据公布、资料管理和开发应用

第三十二条 国家建立农业普查资料公布制度。

农业普查汇总资料,除依法予以保密的外,应当及时向社会公布。

全国农业普查数据和各省、自治区、直辖市的主要农业普查数据,由国务院农业普查领导小组办公室审定并会同国务院有关部门公布。

地方普查办公室发布普查公报,应当报经上一级普查办公室核准。

第三十三条 普查办公室和普查人员对在农业普查工作中搜集的单个普查对象的资料,应予保密,不得用于普查以外的目的。

第三十四条 普查办公室应当做好农业普查资料的保存、管理和为社会公众提供服务等工作,并对农业普查资料进行开发和应用。

第三十五条 县级以上各级人民政府统计机构和有关部门可以根据农业普查结果,对有关常规统计的历史数据进行修正,具体办法由国家统计局规定。

第六章 表彰和处罚

第三十六条 对认真执行本条例,忠于职守,坚持原则,做出

显著成绩的单位和个人,应当给予奖励。

第三十七条 地方、部门、单位的领导人自行修改农业普查资料,强令、授意普查办公室、普查人员和普查对象篡改农业普查资料或者编造虚假数据,对拒绝、抵制篡改农业普查资料或者拒绝、抵制编造虚假数据的人员打击报复的,依法给予行政处分或者纪律处分,并由县级以上人民政府统计机构或者国家统计局派出的调查队给予通报批评;构成犯罪的,依法追究刑事责任。

第三十八条 普查人员不执行普查方案,伪造、篡改普查资料,强令、授意普查对象提供虚假普查资料的,由县级以上人民政府统计机构或者国家统计局派出的调查队责令改正,依法给予行政处分或者纪律处分,并可以给予通报批评。

第三十九条 农业普查对象有下列违法行为之一的,由县级以上人民政府统计机构或者国家统计局派出的调查队责令改正,给予通报批评;情节严重的,对负有直接责任的主管人员和其他直接责任人员依法给予行政处分或者纪律处分:

(一)拒绝或者妨碍普查办公室、普查人员依法进行调查的;

(二)提供虚假或者不完整的农业普查资料的;

(三)未按时提供与农业普查有关的资料,经催报后仍未提供的;

(四)拒绝、推诿和阻挠依法进行的农业普查执法检查的;

(五)在接受农业普查执法检查时,转移、隐匿、篡改、毁弃原始记录、统计台账、普查表、会计资料及其他相关资料的。

农业生产经营单位有前款所列违法行为之一的,由县级以上人民政府统计机构或者国家统计局派出的调查队予以警告,并可以处5万元以下罚款;农业生产经营户有前款所列违法行为之一的,由县级以上人民政府统计机构或者国家统计局派出的调查队予以警告,并可以处1万元以下罚款。

农业普查对象有本条第一款第(一)、(四)项所列违法行为之一的,由公安机关依法给予治安管理处罚。

第四十条 普查人员失职、渎职等造成严重后果的，应当依法给予行政处分或者纪律处分，并可以由县级以上人民政府统计机构或者国家统计局派出的调查队给予通报批评。

第四十一条 普查办公室应当设立举报电话和信箱，接受社会各界对农业普查违法行为的检举和监督，并对举报有功人员给予奖励。

第七章 附 则

第四十二条 本条例自公布之日起施行。

人事部关于批准国家统计局服务业调查中心直属各级调查队参照公务员法管理的函

（2006年8月29日）

国家统计局：

根据《参照〈中华人民共和国公务员法〉管理的单位审批办法》（中发〔2006〕9号）和《关于事业单位参照公务员法管理工作有关问题的意见》（组通字〔2006〕27号），经研究，批准你局服务业调查中心、直属各级调查队参照《中华人民共和国公务员法》管理（以下简称参照管理）。

列入参照管理范围的单位应当参照《〈中华人民共和国公务员法〉实施方案》对人员进行登记、确定职务与级别、套改工资，并参照公务员法及其配套政策法规的规定，对本单位列入参照管理范围内的机构中除工勤人员以外的工作人员进行管理。参照管理的单位不实行事业单位的专业技术职务、工资、奖金等人事管理制度。

请你们按照有关规定，结合实际，抓紧制定参照管理实施方案，明确参照管理的机构和人员范围、人员登记和非领导职务设置办法等，并经人事部同意后组织实施。

国务院第二次全国农业普查领导小组办公室
国土资源部　国家统计局
关于共同开展第二次全国农业
普查农业用地调查工作的通知

（2006 年 9 月 6 日）

各省、自治区、直辖市及新疆生产建设兵团农业普查办公室、国土资源厅（国土环境资源厅、国土资源局、国土资源和房屋管理局、房屋土地资源管理局）、统计局，国家统计局各调查总队：

搞准、搞实以耕地面积为主的农业用地数据，是第二次全国农业普查的一项重要内容。全面掌握我国农业用地资源状况，有利于为国家制定宏观政策提供依据，推进耕地等农业用地面积数据的全社会使用，满足建立农作物对地抽样调查体系和搞准农产量数据的需要。

第二次全国农业普查农业用地面积调查工作，在国务院第二次全国农业普查领导小组领导下，按照"统一标准、分工合作、共同核实、共同发布、信息共享"的基本原则，由国土资源部和国家统计局共同开展。

现将《第二次全国农业普查农业用地调查工作方案》下发，请你们统筹安排，贯彻落实。

第二次全国农业普查农业用地调查工作方案

为搞准、搞实以耕地面积为主的农业用地面积数据，顺利完成第二次全国农业普查任务，特制定本方案。

一、工作原则

根据《农业普查条例》和国土资源部、国家统计局部际联系会议精神要求，第二次全国农业普查农业用地调查在国务院第二次全国农业普查领导小组领导下，按照“统一标准、分工合作、共同核实、共同发布、信息共享”的原则，由国土资源部和国家统计局共同组织开展。

二、工作任务与职责分工

（一）第二次全国农业普查农业用地面积的县以上数据，利用国土资源行政主管部门2006年土地变更调查结果，由国土资源行政主管部门负责数据整理相关工作。全国、省、市（州、地）、县（区）农业用地面积数据及有关耕地质量方面的资料，由国土资源部统一向国务院农普办提供。

（二）第二次全国农业普查农业用地面积的乡（镇）、村两级数据，依据县国土资源行政主管部门提供的2006年土地变更调查资料，由县农普办组织填写《第二次全国农业普查农业用地普查表》（国统字(2006)159号）（见附件1），并按照统一的程序录入，逐级上报国务院农普办。

（三）第二次全国农业普查农业用地面积数据的事后质量核实工作，由国务院农普办组织国土资源部、国家统计局共同开展。

三、组织协调

全国成立第二次全国农业普查农业用地调查联合工作组，由国务院农普办、国土资源部、国家统计局有关人员组成，具体负责日常协调工作和业务指导工作。

各地成立相应的联合工作组，由农普办、国土资源行政主管部门、统计局、国家统计局调查总队有关人员组成，负责组织协调第二次全国农业普查农业用地调查工作。

四、数据质量核实

农业普查农业用地数据质量核实是第二次全国农业普查事后质量检查的重要组成部分。核实的组织、范围、内容、方法、时间安排等见《第二次全国农业普查农业用地数据事后质量核实细则》（附件2）。

五、数据发布

国务院农普办、国土资源部和国家统计局对全国、省、地（市）、县农业用地调查数据审核后，逐级反馈各地。按照国务院农普办统一时间安排，由国务院农普办、国土资源部和国家统计局共同发布2006年农业用地数据及核实结果。各级数据发布采取下管一级的原则，由国家发布省级数据，国家发布之后，省以下顺次发布。

六、时间安排

（一）2006年9月—2007年1月，完成2006年土地变更调查准备、调查及数据汇总工作。

（二）2007年1—3月，完成乡（镇）、村级《第二次全国农业普查农业用地普查表》的填报、整理、录入工作。

（三）2007年3月，国土资源部提供县级以上数据。

（四）2007年4—5月底，完成数据质量核实准备、实地核实、结果分析工作。

（五）2007年第四季度数据发布。

附件：1. 第二次全国农业普查农业用地普查表（略）

2. 第二次全国农业普查农业用地数据事后质量核实细则（略）

国家统计局关于表彰全国统计基层基础建设先进单位和先进个人的决定

（2006年9月11日）

各省、自治区、直辖市统计局，新疆生产建设兵团统计局，国家统计局各调查总队：

近年来，全国的基层统计部门及广大基层统计工作者，以邓小平理论和“三个代表”重要思想为指导，坚持科学发展观，在各级党委、政府的领导下，实事求是、加强统计基层组织建设、队伍建设和业务建设，不断提高统计工作质量，为各级党政领导及社会各界提供了大量的基础统计信息，为统计事业的发展奠定了基础，做出了积极的贡献，涌现出许多先进集体和先进个人，体现了基层统计工作者爱岗敬业、无私奉献的精神风貌。

为表彰他们的先进事迹，弘扬广大基层统计工作者热爱统计、无私奉献的精神，激发基层统计人员的工作热情，增强使命感和荣誉感，营造人人关心和支持基层基础工作的良好氛围，掀起学先进、赶先进的新高潮，国家统计局决定，授予北京市东城区统计局等191个单位“全国统计基层基础建设先进单位”荣誉称号；授予李晶等316名同志“全国统计基层基础建设先进个人”荣誉称号。

国家统计局号召全国统计系统广大干部职工，要以受表彰的先进单位和先进个人为榜样，在以胡锦涛同志为总书记的党中央领导下，高举邓小平理论和“三个代表”重要思想的伟大旗帜，全面贯彻落实科学发展观，树立统计报国理念，以“内创和谐，外树信誉，优质服务”为目标，扎实工作，开拓进取，不断夯实统计基础，努力开创统计工作新局面，为实现全面建设小康社会的宏伟目标做出新的贡献！

附件：1. 全国统计基层基础建设先进单位名单（略）
　　　2. 全国统计基层基础建设先进个人名单（略）

国务院关于谢伏瞻、邱晓华职务任免的通知

（2006年10月12日）

国家统计局、国务院发展研究中心：

国务院2006年10月12日决定，任命谢伏瞻为国家统计局局长，免去其国务院发展研究中心副主任职务；免去邱晓华的国家统计局局长职务。

人事部关于批复国家统计局直属各级调查队参照公务员法管理实施方案的函

（2006 年 10 月 12 日）

国家统计局：

你局《关于报请批准国家统计局直属调查队系统参照〈中华人民共和国公务员法〉管理实施方案的函》（国统函〔2006〕171 号）、《关于拟在国家统计局直属各级调查队设置非领导职务的函》（国统函〔2006〕172 号）收悉。经研究，同意你局直属各级调查队参照公务员法管理实施方案和非领导职务设置方案。请你局按照公务员法、中发〔2006〕9 号文件等有关规定，抓紧做好直属各级调查队参照公务员法管理的实施工作。

国家统计局关于开展非制造业采购经理调查的通知

（2006 年 10 月 19 日）

国家统计局各调查总队：

为了及时了解非制造业企业采购业务活动情况，加强对国民经济的监测与预警能力，为国家宏观调控和企业生产经营提供参考依据和咨询建议，国家统计局决定开展非制造业采购经理调查。该项调查制度已在国家统计局印发的《关于布置 2006 年统计年报和 2007 年定期统计报表制度的通知》（国统字〔2006〕185 号）中布置。

非制造业采购经理调查是一项全新的调查工作，时效性强。国家统计局各调查总队要高度重视，认真组织落实，保证调查工作顺利实施。

附件：1. 给非制造业采购（或供应）经理的一封信（略）

2. 非制造业采购经理调查问卷及填表说明（略）

国家统计局关于开展
工业企业创新调查试点工作的通知

（2006 年 10 月 23 日）

北京、山东、陕西、广西等省（区、市）统计局：

为检验工业企业创新调查方案的可行性，并为在全国开展这一调查提供经验，经研究，决定在北京、山东、陕西、广西四省（区、市）开展工业企业创新调查试点。现将《工业企业创新调查试点方案》印发给你们，请认真贯彻执行。

工业企业创新调查试点方案

一、试点目的

模拟企业创新调查的全过程，检验企业创新调查方案的科学性和可行性，取得组织实施企业创新调查的经验，为完善创新调查方案、实施全国企业创新调查奠定基础。

二、试点调查对象与方式

试点调查对象为规模以上工业企业。调查采用全数调查与抽样调查相结合的方式进行，即对大中型工业企业实施全面调查，对规模以上小型工业进行抽样调查，抽样企业名录由社科司统一发放至各试点地区统计局。

三、试点调查的主要内容

（一）企业基本情况，包括重要的属性指标和企业基本经营活动情况。为避免重复调查，规模以上工业企业的部分属性指标（包括法人单位代码、法人单位名称、行政区划代码、行业类别、登记注册类型、控股情况、开业时间、主营业务收入等)由同级基本单位统计部门依据法人单位基本情况(101－1表)提供;调查企业的部分生产及财务指标(包括工业总产值、主营业务收入、主营业务成本、中间投入、本年应交增值税、资产总计)由同级工业统计年报取得。社科司提供的抽样名单中的属性指标作为核实单位的参考依据。

(二)企业技术创新特别是自主创新情况,包括企业开展产品创新、工艺创新的情况,创新的技术来源、创新形式、创新费用以及创新产出效果等。

(三)企业技术创新环境,包括企业创新的思想来源、阻碍因素、国家技术创新政策的执行情况以及企业对技术创新的政策需求等。

四、试点实施步骤与要求

(一)试点的组织实施。试点工作由国家统计局社科司负责组织实施。各有关地区的试点工作应由主管科技统计工作的局领导牵头,做好组织协调工作;各试点地区要抽调一定数量的人员负责试点工作的实施。各试点地区要根据调查方案制定实施细则,以增强调查的可操作性。

(二)企业信息的核实。各试点地区应按社科司提供的调查企业名单逐一核实企业名录情况,确保调查单位无遗漏和属性指标无差错。

(三)调查的培训、布置和意见反馈。各有关省(市、区)要对所辖试点地区的统计人员和调查企业进行逐级培训,重点是填表要求、主要指标解释和人工审核方法。做好对被调查企业的宣传工作,对每个被调查单位,要明确一至两名联系人负责接收、上报调查表。调查表中的企业家问卷由主管技术创新工作的企业负责人填写;企业创新情况问卷由主管技术创新工作的企业负责人协调科技管理部门、综合部门和财会部门共同填报。基层政府统计部门试点工作人员要注意采集填表人对调查表设计的意见和建议，进行归集整理并上报。

（四）数据处理工作。数据处理工作分为录入、审核和汇总等环节。录入前要做好调查表的人工审核工作，并注意做好对填报差错的归集整理。各试点地区统一采用国家统计局社科司编制的数据处理软件，对调查表进行录入、机器审核和汇总工作。对程序使用过程中发现的问题应做好记录并及时反馈社科司。

（五）试点工作的总结。各试点地区要对试点过程各工作环节及试点结果进行全面总结，评估方案设计及组织实施方式的科学性、可行性，分析数据处理软件中存在的问题，并有针对性地提出修改建议。

五、试点应重点研究或解决的问题

（一）关于《企业创新调查问卷表》中指标设置的科学性和可行性问题。要重点研究在现有财务制度和企业统计基础上如何提高企业填报创新费用的准确性问题，并形成《企业创新经费支出的一般计算步骤和过程》。

（二）关于抽样方案的科学性问题。重点研究分行业、分登记注册类型规模以上小型工业企业开展创新活动的比例和创新费用的准确性问题。

（三）关于数据处理软件的可行性问题。重点研究按样本推算总体时汇总程序的准确性问题。

（四）关于完善工作组织方式的问题。重点研究如何提高效率，保障调查质量的问题。

（五）关于正式调查培训准备工作的问题。一是要按行业（大类）收集典型性案例，为编写《企业技术创新典型案例集》做好准备。二是要收集企业填报过程中的问题，为编写《企业创新调查中若干问题的处理意见》提供素材。

六、试点时间安排

试点工作自 2006 年 10 月下旬开始，至 2007 年 1 月底结束。

其中，数据处理试点时间从 2006 年 11 月中旬开始到 2007 年 1 月中旬结束。

各试点地区统计局社会科技处应于 2007 年 1 月底前通过 Openmail 邮件系统向社会科技司科技处分别报送试点工作总结和有关重点问题的详细材料。

七、试点方案的印发

试点调查使用的基层表式、汇总表式、填表说明、指标解释（含审核关系）、抽样方案、数据处理工作细则等，由国家统计局社会科技司印发。试点企业用表、指标解释由试点省（直辖市、自治区）统计局印发。

附件：1. 工业企业创新调查问卷（略）

2. 规模以上小型工业企业创新调查抽样方案

附件 2：

规模以上小型工业企业创新调查试点抽样方案

一、调查目标

通过抽样调查获得样本资料，以样本资料估计全国以及各省（市、自治区）技术创新费用等总量指标，并基本满足国家和省一级对创新调查的行业资料需求。

二、调查总体

以全国规模以上小型工业企业为总体。为减少抽样单位数，提高抽样调查效率，依次按分省分行业分规模初步划分为 4836（=31 * 39 * 4）个子总体，其中分规模为按创新费用分为四层，即 0.1 万元以下、0.1—50 万元，50—500 万元，500 万以上。

三、基本抽样方法（略）

四、其他事项说明

对试点地区为地级市的省，将总体改为地级市规模以上小型工业企业，样本分配到县，抽样方法与估计方法基本同上，以之用于检验本方案的可行性。

国家统计局直属调查队系统参照《中华人民共和国公务员法》管理实施方案

国家统计局

（2006年10月27日）

经人事部批准，国家统计局直属各级调查队实施参照公务员法管理。为了做好参照管理工作，根据《〈中华人民共和国公务员法〉实施方案》精神，结合国家统计局直属调查队系统实际情况，制定本实施方案。

一、指导思想和目标

参照公务员法管理是公务员法实施工作的重要组成部分。《〈中华人民共和国公务员法〉实施方案》规定，经批准实行参照管理的单位，要认真执行公务员法及其配套政策法规。国家统计局直属调查队系统要认真学习实施公务员法。公务员法实施工作要以马克思列宁主义、毛泽东思想、邓小平理论和"三个代表"重要思想为指导；坚持科学发展观，求真务实、统筹规划、稳步推进。通过公务员法的实施，严格落实公务员法以及各项配套法规要求，逐步建立起一套有调查队系统工作特色的人事管理制度，提高各级调查队干部队伍整体素质，努力建设一支政治坚定、业务精湛、作风优良、人民满意的统计调查队伍，为统计工作提供更好的人才支持和组织保障。

二、实施范围和人员

根据人事部《关于批准国家统计局服务业调查中心、直属各级调查队参照公务员管理的函》(国人部函〔2006〕148 号),国家统计局直属各级调查队参照《中华人民共和国公务员法》管理。国家统计局直属各级调查队工作人员(工勤人员除外)列入公务员法管理实施范围。

三、实施方法和步骤

根据国家统计局直属各级调查队的实际情况,在公务员法实施过程中重点做好以下各项工作:

(一)学习公务员法

召开国家统计局调查队系统人事工作会议,认真学习公务员法、配套法规等有关文件,全面布置调查队系统贯彻实施公务员法工作。部署各地组织调查队系统参照管理的工作人员学好公务员法和配套的有关文件,为贯彻实施好公务员法做好准备。这项工作 9 月份完成。

(二)做好公务员登记

根据国家统计局直属调查队改革的进展,调查队系统公务员登记工作随改革工作分批进行,即改革完成的调查队先进行公务员登记,没有完成的待改革完成时再进行登记。具体实施次序是自上而下,先易后难。

各省级调查总队在充分摸清现有机构、编制、人员情况的基础上,结合改革进展情况制定切实可行的实施方案并召开会议部署。各调查总队人事教育处依据国家统计局人事司《关于填报调查队工作人员登记表的通知》,在规定实施范围内,严格按照《公务员登记实施办法》规定的对象、条件、程序和管理权限,自上而下、积极稳妥地进行。凡符合参照公务员法管理的调查队工作人员,均由调查总队人事教育处填写《参照公务员法管理机关(单位)工作人员登记表》,经调查总队审核确认无误后报国家统计局人事司审批,再由国家统计局人事司报中央公务员主管部门备案,并作为确定参照公务员身份的依据装入本人档案。市县级调查队的登记工作由各调查总队具体组织实施。首批登记工作9—10月份完成。

今后,新进入参照公务员管理队伍的人员都要按照规定进行登记。对不符合公务员登记条件的工作人员,要讲清楚理由,妥善予以安置。在公务员登记的基础上,由国家统计局人事司牵头建立国家统计局直属调查队系统参照公务员管理信息系统。

(三)设置非领导职务

根据《关于国家统计局各级调查队机构设置和人员编制的批复》(中央编办复字〔2005〕149号),国家统计局在全国设立31个省级调查总队,新疆生产建设兵团调查总队,15个副省级城市调查队,332个市级调查队(含新疆生产建设兵团14个师级调查队),887个县级调查队。核定事业编制数19600名。其中,省级调查总队3585名,副省级城市调查队870名,市级调查队7858名,县级调查队7287名。国家统计局根据各级调查队"三定规定"和《综合管理类公务员非领导职务设置管理办法》的有关规定制定国家统计局直属调查队系统非领导职务设置方案,并填写《国家统计局直属调查队系统非领导职务设置报批表》,报人事部审批。此项工作9月份完成。

(四)确定职务与级别

确定职务与级别是实施公务员法的重要环节。对调查队系统参照公务员法管理的工作人员,由调查总队人事教育处依据《公务员职务与级别管理规定》和有关文件规定,区别不同情况逐一确定每位工作人员的职务和级别。首批登记人员的职务和级别确定工作9—10月份完成。

(五)进行工资套改

改革公务员工资制度是实施公务员法的又一项重要内容。公务员职务与级别确定完成后，各调查总队人事教育处按照公务员工资制度改革实施办法进行工资套改（时间应尽量与所在地工资套改同步）。首批登记人员的工资套改工作10—11月份完成。

（六）进行工作总结

国家统计局各调查总队将公务员法的落实和实施情况以及好的做法形成书面材料上报国家统计局人事司。公务员登记（本批）结束后，国家统计局人事司对调查队系统落实公务员法工作进行总结。此项工作11月份完成。

四、相应法规制度建设

科学的法规建设是贯彻落实公务员法的重要保证。国家统计局人事司、办公室，各调查总队要对现有的规章制度进行全面清理，违背公务员法的要废止，不配套的要修改完善，尚未制定的有关规章制度要按照与公务员法相适应、配套的原则，尽快制定出台。通过公务员法的实施，建立一套有统计工作特点特别是调查队工作特点，较为完备的国家统计局调查队系统人事管理制度体系。

五、组织领导

国家统计局各级调查队参照公务员法管理实施工作在国家统计局党组的统一领导下进行。

（一）国家统计局成立调查队系统参照公务员法管理实施工作领导小组，负责指导协调调查队系统参照公务员法管理实施工作，处理工作中遇到的重要问题，重大问题向局党组报告。

组　长：谢伏瞻

副组长：林贤郁　章国荣

成　员：闫岭　毛有丰　贺常明　余华荣　刘彦武

领导小组下设办公室，负责具体工作。办公室设在人事司，闫岭任办公室主任，刘彦武任办公室副主任。

（二）各调查总队成立工作小组，负责本单位参照公务员法管理实施工作。工作小组组长由各调查总队党组书记担任，成员由人事教育处等综合处室负责人组成。各调查总队负责市县级调查队人员的登记管理工作。

贯彻实施公务员法，是一项艰巨复杂的系统工程。在公务员法实施过程中，国家统计局各调查总队要认真负责，统一规划，明确分工，精心组织。注意把握进度，加强指导，对出现的问题及时上报并抓紧研究解决。既要坚持原则、依法办事，又要切实维护队伍稳定，确保平稳过渡，确保公务员法及其各项配套法规在国家统计局调查队系统顺利贯彻落实。

国家发展改革委办公厅　国家统计局办公室关于开展经济社会发展综合评价体系试算工作的通知

（2006 年 11 月 13 日）

北京市、辽宁省、山东省、江西省、广东省、四川省、甘肃省发展改革委、统计局：

党的十六届四中全会通过的《关于加强党的执政能力建设的决定》中提出，为切实做到用科学发展观统领经济社会发展全局，需要“建立符合科学发展观要求的经济社会发展综合评价体系”。根据这一精神，国家发展改革委和国家统计局按照中央的统一部署，会同中国社会科学院、国务院发展研究中心等单位研究起草了《关于建立能够体现科学发展观要求的经济社会综合评价体系的初步设想》（附后），并广泛征求了各部门、各地区的意见，进行了反复的修改完善。

为通过实践发现不足，进一步补充完善这一体系，国家发展改革委和国家统计局决定按照充分代表全国不同地区的原则，选择北京、辽宁、山东、江西、广东、四川、甘肃七省市，应用该评价体系进行一次试算。第一轮试算由各省市自行进行，主要目的是发现体系设计中存在的问题。

数据的收集和指数计算由各地区统计局具体负责，各地区发展改革委牵头撰写分析报告。请根据该评价体系提出的指标、口径和计算方法，对本省 2000 年至 2005 年的相关数据进行计算，并对结果进行分析，提出修改建议。试算完成后，将包括原始数据、计算结果以及对指标设计、统计口径、权重设置、计算方法等方面修改意见在内的试算报告(含电子版)于11月30日前报送给国家发展改革委和国家统计局。

附件:1. 关于建立能够体现科学发展观要求的经济社会综合评价体系的初步设想(略)
2. 关于经济社会综合评价体系指标口径和计算方法的说明(略)
3. 经济社会综合评价体系原始数据及计算结果登记表(略)

国家统计局关于调查队管理体制改革有关问题的通知

（2006年11月23日）

各省、自治区、直辖市统计局，国家统计局各调查总队：

在各地党委、政府的大力支持及有关部门的积极配合下，经过各地调查队、统计局的共同努力，调查队管理体制改革工作取得了重要的阶段性成果。为进一步做好改革工作，现将有关问题通知如下：

一、坚定不移地推进改革。改革国家统计局调查队管理体制，是国务院贯彻落实党的十六届三中全会精神所作出的一项重要决策，是提高统计数据准确性、权威性的一项重大举措。2005年3月以来，国务院批准了《国务院办公厅关于印发国家统计局直属调查队管理体制改革方案的通知》（国办发〔2005〕14号），中央组织部印发了《关于国家统计局各级调查队党组织设置和干部管理有关问题的通知》（组通字〔2005〕26号），国家统计局、中央编办、国家发展改革委、财政部、人事部联合印发了《国家统计局直属调查队管理体制改革实施方案》（国统字〔2005〕158号）。中央编办和国家统计局还印发了有关配套文件。各地要认真贯彻这些文件的基本精神和原则，结合本地实际，坚定不移地推进改革。在改革中，要进一步争取地方党委、政府的支持和有关部门的配合。

二、认真做好干部选拔任用工作。国家统计局各级调查队干部的选拔任用工作，要认真贯彻《党政领导干部选拔任用工作条例》，按照中央组织部组通字〔2005〕26号文件和国家统计局的有关文件执行。在干部选拔任用工作中，不得搞违规操作，严禁跑官要官，一经发现，要严肃查处。副省级城市和地市级调查队党组的设立，要按照有关文件执行。个别地方党组成员的构成可因地制宜。

三、进一步理顺关系。国家统计局调查队要确保完成国家统计局布置的以省、自治区、直辖市为总体的抽样调查和数据质量抽查任务，同时要积极开展地方党政机关委托的各项统计调查，并根据《中华人民共和国统计法实施细则》认真行使统计执法权。各调查总队应向同级统计局及时提供有关统计调查资料，必要时可直接报送地方党委、政府。各地不得搞重复建队和重复调查。国家调查队中的地方编制、地方人员和地方经费的管理按照有关文件执行。人员和经费要与编制联动。

四、加快改革工作进度。国家统计局省以下调查队组建工作，原则上应在 2007 年 4 月底前完成，确有困难的可推迟到 2007 年 6 月底前完成。调查总队要抓紧与同级统计局沟通协调，统计局要积极配合，尽快向国家统计局上报市县两级调查队组建方案。

五、加强领导，确保改革顺利进行。国家统计局各调查总队和省、自治区、直辖市统计局要加强对改革工作的领导，积极协同配合，认真组织实施改革工作，有秩序、分步骤地稳步推进改革。在改革过程中，各级调查队、统计局及其工作人员特别是领导干部要顾全大局，加强组织纪律性，自觉服从改革，坚决支持改革，积极参与改革，确保改革顺利进行。要认真履行职责，做到队伍稳定、工作有序，确保改革和业务工作两不误。

张为民(国务院第二次全国农业普查领导小组办公室主任、国家统计局副局长)在第二次全国农业普查工作会议上的讲话

(2006 年 12 月 5 日)

同志们:

第二次全国农业普查已经进入最后的冲刺阶段,各项准备工作基本就绪。为了确保普查工作的顺利进行,我们召开普查前的最后一次工作会议,主要议题是总结交流前一阶段准备工作情况,安排和部署下一阶段的工作任务。参加今天会议的有各地农业普查办公室的主要负责同志,我首先代表国务院农普办对大家在前期准备阶段的辛勤工作表示感谢,也通过你们向战斗在普查工作一线的全体普查人员表示诚挚的谢意。下面,我结合这次会议的主题,谈三点意见供大家讨论。

一、农业普查工作的准备情况

(一)普查机构和人员配备基本到位。目前,全国 31 个省以及新疆生产建设兵团的各级普查机构都已经建立,并延伸到乡镇一级,有的地方村一级也成立了农业普查工作组,保证了普查工作政令畅通和工作任务的落实。

各级普查工作人员也基本落实到位。根据国务院农普办的要求,各级的普查业务骨干都已经落实,并建立了业务骨干名录库,普查机构中的宣传、后勤保障、数据处理等岗位工作人员也都到

位。从全国来看，目前已经到位的普查工作人员达到20多万，能基本满足普查工作正常开展的需要。机构和人员的落实为农业普查的顺利实施提供了可靠的组织保证。

（二）普查经费落实又有新进展。普查经费的落实一直是农业普查准备工作的重点，也是难点，普查经费落实的好坏，将直接关系到今后普查数据的质量。国务院农普办也一直把落实好农业普查经费作为普查准备工作的重中之中来抓。回副总理在第二次领导小组（扩大）会议上，明确提出要确保普查经费到位，并明确市（地）级普查经费要在9月底前到位，县（市）级经费要在10月底前到位；国务院农普办与财政部、国家统计局联合下发了《关于做好第二次全国农业普查经费保障工作的通知》；国务院农普办组织的两次督查重点也是各地普查经费的落实。自第二次领导小组（扩大）会议召开以来，普查经费的落实又取得一些新的进展，2006年省、市两级的普查经费基本落实，但县级普查经费落实不平衡，北京、天津、上海、浙江等县级经费落实的较好，平均每个县能达到30万元以上；江苏、山东、河南、湖北等县级平均也达到或超过了20万元；近半数省份县级平均落实10多万元；西北五省区县级平均落实5万多元，还有极少部分县的经费至今未落实。目前，省地县三级大约落实10.5亿。中央对贫困地区和财政困难地区的补助资金已经拨付到各省。

（三）业务工作基本准备就绪。在普查的每个环节、每项工作中，都采取了严格的质量控制措施，规范实施，严谨操作。工作目标明确，重点突出，围绕数据质量中心，构筑业务防线，夯实工作基础。首先，精心组织了各级试点工作，通过试点积累经验、发现问题、培训骨干、锻炼队伍，为全国农业普查的正式开展奠定了良好基础。全国共组织了两轮13个省（区、市）参加的国家级试点，各省、市都在本行政区域内进行了综合试点，不少县也组织了试点。其次，精心挑选普查指导员和普查员。普查指导员和普查员战斗在普查工作的第一线，他们素质的好坏和责任心的强弱，将直接关系到普查数据的质量，为此，各地都在选好"两员"上下了不少工夫，大部分地区充分发挥行政职能，以乡村两级干部为基础选聘"两员"，按照国务院农普办的要求，选聘责任心强、文化程度比较高、身体健康、熟悉本村情况人员担任普查员和指导员。第三，抓好各级普查工作人员的培训。全国性的业务培训工作已组织了四期，共400多人参加，包括方案的综合培训，住户长表培训、农业用地培训和事后质量抽查培训。省、市、县的业务培训都已经完成，各地基本上采用省直接培训到县、市(县)培训普查指导员、乡培训普查员的办法，分级进行培训，确保培训质量和对方案理解的一致性。目前，各地"两员"的培训正在进行。为搞好培训，各地都精心编写了培训教材，选调了经验丰富的人员担任授课教师，准备了全面、细致、通俗易懂的培训课件。国务院农普办还录制了培训片，制作光盘，下发了普查手册，为全国的农业普查培训工作提供统一的参考资料。

(四)数据处理工作正在加紧推进。数据处理是第二次农业普查一个非常关键的环节，能否把几百万人的劳动成果转变为对国家、对社会、对广大人民有用的成果，关键在于数据处理工作是否能够高质量地按时完成。为此，国务院农普办近期花大力气抓数据处理，加速推进数据处理的各项准备工作。一是下发了数据处理方案；二是制定了农业普查数据处理实施细则征求意见稿；三在内网上发布了农业普查数据处理软件试用版，供各地下载测试；四是数据处理软件培训目前已分两期在海南完成；五是光电录入系统的合同已经正式签定，光电录入软件开发工作全面铺开。11月底发运32台光电扫描设备到各省，辅助各省进行光电表印刷质量检测；六是光电录入系统的配套设备，也已经进入招标采购程序。

(五)普查物资正在按计划逐步准备到位。国务院农普办下发了《关于做好第二次全国农业普查物资准备工作的通知》以后，各地对普查物资进行了认真的筹备，人员落实、经费安排、组织招标等每项工作都能落实到位。目前，一是光电录入设备的招标采购工作已经完成，正在组织货源，下发各地；二是普查表的印刷工作正在按计划进行，部分地区已经开始印刷；三是现场调查的有关物资，也基本准备就绪。调查所需证件、普查手册，以及笔、垫板、包等调查必备文具也基本准备完成，部分地区还配备了计算器。

（六）宣传工作渐入高潮。农业普查的宣传是农业普查准备工作中的重要一环，宣传工作的到位与否直接关系到被调查对象的配合程度和社会各界的支持力度，最终将影响到普查数据的质量。为此，国务院农普办制定了详细的宣传工作规划，突出普查宣传的层次感和节奏感。近期重点完成了以下一些活动：制作了农业普查宣传片；下发了农业普查宣传画印刷版；印发了《全国农业普查条例》宣传手册；举办"农业普查宣传月启动日"活动；与中宣部、广电总局、农业部、教育部等有关部门联合发文，共同开展"小手拉大手，农普进我家"等宣传活动；组织开展农业普查知识竞赛活动；组织开展了"我说农业普查"有奖征文活动。各省的宣传工作也在紧张有序的进行。

（七）对各地的督查成效显著。为了贯彻落实国务院第二次全国农业普查领导小组第二次（扩大）会议要求，国务院农普办在10月至11月间派出20个督查组，分别由各有关部门领导带队，分赴各地对农业普查准备工作进行第二次督促检查。督查组采取听汇报、座谈、实地调研等形式对省、市、县级的农业普查准备情况进行检查、督促和指导。参加督查的部门有发展改革委、农业部、教育部、科技部、公安部、民政部、司法部、劳动部、国土资源部、水利部、卫生部、工商总局、林业局、扶贫办和统计局等15个部门。目前已结束对全国28个省（区、市）和新疆生产建设兵团的督查工作。从督查成效看，一是强化了普查的政府行为；二是进一步促进了各地准备工作的落实；三是以督查为契机，再次宣传了农业普查工作；四是进一步掌握了当前工作中存在的主要问题。

（八）是经国务院农业普查办公室批准提前开展入户登记地区的普查准备工作已基本到位。由于受自然气候条件的制约，我国部分地区在1月大雪封山无法入户，需要提前入户登记，如西藏、青海、四川、内蒙古等省（区）的部分地区，经国务院农普办批准，提前进行入户登记工作。目前，整个登记工作进展比较顺利。

二、当前存在的主要问题

（一）贫困县经费缺口较大，普查指导员和普查员的工作补贴没有落实到位。据了解，全国约有三分之一的县"两员"补贴没有落实到位；

（二）一些地区对乡村两级干部的动员力度还不够，部分乡村干部对普查的认识还没到位；一些地区"两员"培训的时间不足，培训质量难以保证；

（三）广大农民朋友、乡村干部和农业生产企业对如实申报数据还存有疑虑，配合程度不够，需要进一步加大宣传力度。

（四）部分地区对住户长表调查的重要性认识不够，对长表数据的调查方法和数据的使用理解不到位，还需要加强方案的学习。

三、下一步的工作要求

距离现场调查还有不到一个月时间，中旬要召开电视电话会议，回良玉副总理将发表重要讲话，进行再动员。所以，我们要争分夺秒，作好以下几项工作：

（一）要进一步贯彻落实《全国农业普查条例》和《第二次全国农业普查方案》，从制度上保障农业普查工作的顺利开展。要加强各级普查人员对两个指导性文件的学习与落实，重点是普查指导员和普查员。一要让普查指导员和普查员掌握普查的内容、调查技巧等基本知识；二要让普查员真正了解普查的目的和意义，认识到作为一名普查员的光荣使命和神圣职责；三要让普查员树立依法普查意识，把普查工作建立在制度保障的基础上。同时，各地要利用经济工作会议这个机会，建议各级政府高度重视和加强登记阶段的组织领导，乡村两级要把普查作为1月份的中心工作来抓。

（二）要想方设法督促各地落实"两员"工作补贴，对落实不力的地区进行通报。目前，各地对落实"两员"补贴已经想了不少办法，做了很多工作，但从落实情况看，不是很理想，不少地区没有落实到位，这是这次普查面临的最大障碍，也可以这样讲，如果"两员"补贴不能很好的落实，普查数据的质量是很难保证的。一些地方按省、市、县三级分摊解决"两员"补贴，这个办法不错，值得各地借鉴，尤其对那些财政困难的县，是一个很好的解决途径。有的省将国家下拨的经费拨下去，有效地缓解了基层的经费压力。国家对贫困县和财政困难县的补贴，各地必须拨到县里，不能截留。对那些工作不力、普查经费落实不到位的地区要进行通报，对那些工作力度大、成绩突出的地方要进行表扬，同时，也要对各地的一些好经验和好做法及时进行交流。经费问题，说到底还是一个认识问题，只要认识到位，觉得普查工作很重要，任何一个地区解决好普查经费是没有问题的，所以我们还要多做工作，多争取领导的重视和支持。

（三）继续加大宣传力度，并将工作重点向广大农村和农户延伸。要通过农民朋友喜闻乐见的宣传形式，如电视、农村广播、地方戏、宣传栏、横幅、标语等，通过最后一个月的密集宣传，让乡村干部、农民朋友真正理解农业普查的目的、意义、内容，让农民朋友真正感受到普查的最终受益者是自己。同时，还要加强对《条例》的宣传，让社会各界和广大农民都树立依法普查的意识，积极参与和配合农业普查，确保普查的数据质量，坚决抵制和严肃处理虚报、瞒报、拒报行为。

（四）继续做好对各地普查准备工作的检查、指导，及时解决工作中出现的问题。各地的普查准备工作已经进入最后的倒计时阶段，要全面查找薄弱环节，研究解决对策。为了能及时发现问题，解决问题，各级农业普查办公室要加大对各地的检查、指导力度。

国务院农普办将建立24小时值班制度，随时解决各地在准备工作中出现的问题。各地也要建立相应的制度，确保组织指挥系统的高效运转。

（五）组织好现场调查工作，确保普查数据质量。1月1日全国各地将进入入户登记阶段。现场调查工作是农业普查数据采集的源头，必须严密组织，确保数据质量。一要严格执行普查摸底质量控制办法，确保普查对象不重不漏；二要严格按照工作规范和工作流程操作，强化现场调查阶段的质量控制；三是搞好事后质量抽查；四是重点抓好主要数据质量；五要加大现场指导力度，现场调查期间，所有的业务人员，包括统计局、调查队的一些业务人员，都要到现场调查的第一线督促指导，确保调查期间的问题能及时发现、及时解决；六要做好长表的数据采集和汇总工作。长表作为普查内容的一部分，各地一定要根据国务院农普办下发的《第二次全国农业普查住户长表调查方案》的要求，抓好组织落实，尤其要加强局队沟通，做好衔接，保证国家点和地方点数据上报的完整性。

（六）做好组织协调工作，形成合力。一要继续搞好部门之间的配合，积极争取部门的支持，充分发挥部门的作用；二要加强局队之间的配合，不仅在普查的准备阶段，而且要在现场调查阶段和数据的开发利用阶段，要互相支持、互相配合，通力协作，共同搞好普查工作；三要加强上下之间的沟通，确保指挥系统运转通畅，及时发现问题、解决问题。

在这里我简单通报一下明年的工作安排。明年工作的重点除前面已经讲到现场调查外，还要做好以下几项工作：事后质量抽查、农业用地核查、数据处理、数据评估分析、主要数据发布、课题设计及招标、总结表彰，这些工作都将按计划逐步展开。

最后，我要强调一点，全国的电视电话会议马上就要召开，望各地认真准备、积极配合，做好会议精神的贯彻落实。

同志们，从现在开始，离入户登记时间只有20多天的时间，我们一定要充分、合理地利用好剩下的这段时间，把准备工作中还有不足的地方尽快弥补、迎头赶上，把整个准备工作再进行一次认真的梳理，确保各项工作万无一失，为国家和人民交上一份满意的答卷。

谢谢大家！

国家统计局关于开展
中国加拿大经济统计合作项目试点的通知

（2006 年 12 月 15 日）

北京市统计局，国家统计局北京、辽宁、山东调查总队：

为了改进我国的经济统计工作，为国民经济核算提供可靠数据，商务部和加拿大国际发展署决定，在中加两国政府间合作框架下，设立统计信息管理项目（SIMP II），从 2005 年 11 月开始，到 2012 年 10 月结束，由我局和加拿大统计局负责协调实施。经济统计项目是该项目的一个子项目，其主要内容是开发一个符合我国国情并适合于整个经济的"企业调查一体化总体框架"。根据项目实施方案，将在部分服务业行业进行试点。经研究，确定北京市、山东省和辽宁省沈阳市作为试点地区。请你们按照项目部署，认真实施，确保项目达到预期效果。

另外，根据商务部和加拿大国际发展署的规定，加方所筹集的项目经费将用于加方专家开展工作和中方人员赴加培训学习活动，中方国内工作所需经费由国家统计局和试点局、队共同筹集，主要用于开展试点调查工作，望你局、队安排一定的专项资金用于此项工作。

附件：1. 经济统计项目《项目实施协议》（略）

2. 经济统计项目《活动时间表》（略）

国家统计局关于开展
中国加拿大社会统计合作项目的通知

（2006年12月18日）

国家统计局北京、浙江、河南、四川调查总队：

为构建规范、高效的中国城乡住户调查体系，更好地满足党和政府及社会各界的需求，我国商务部和加拿大国际发展署于2005年11月13日正式启动了中加统计信息管理项目（SIMPⅡ），该项目由我局和加拿大统计局负责实施，到2012年10月结束。社会统计项目是该项目的一个子项目。其主要内容是：开展城乡一体化住户试点调查，研究建立以城乡一体化住户调查为基础的多主题的城乡住户调查指标体系及数据的收集、处理、分析、评估和发布方法，最终形成全国城乡一体化住户调查实施战略。

中加统计信息管理项目是目前我国在统计领域开展的重要国际合作项目之一。根据项目活动计划，经认真磋商和研究，确定北京市、浙江省、河南省、四川省为项目试点省。

另外，根据项目规定，加方提供的项目经费用于加方专家开展工作和中方人员赴加培训学习活动，中方国内工作所需经费和试点经费由国家统计局负担。请各有关调查总队按照项目部署，认真组织实施，做好各项工作。

附件：1. 社会统计项目《项目实施协议》（略）

2. 社会统计项目《活动时间表》（略）

国家统计局办公室关于进一步做好粮食及食品价格调查工作的通知

（2006年12月19日）

各省、自治区、直辖市统计局，新疆生产建设兵团统计局，国家统计局各调查总队：

党中央、国务院对近期部分地区粮食及食品价格上涨情况高度重视，国务院办公厅下发了《关于做好粮油供应工作稳定粮食市场的通知》（国办发电〔2006〕15号）。为贯彻落实国务院办公厅的通知精神，进一步做好粮食及食品价格调查工作，现就有关事项通知如下：

一、高度重视和密切关注粮食及食品价格走势。各地要认真学习国务院办公厅的通知精神，采取切实措施，加强粮油市场监测和分析预测，密切关注粮油市场供求和价格变化，及时掌握粮油肉蛋奶等重要食品的购销、库存和价格动态，科学分析和判断价格变化趋势。发现趋势性和苗头性的问题，要及时调查上报。

二、严把价格数据质量关。要以提高粮食及食品价格数据质量为核心，严格执行国家统一的价格调查制度，确保现场采价规范和数据审核汇总规程，加强对粮食生产价格、集贸市场价格和居民消费价格调查数据的审核，提高基础数据代表性和准确性，确保价格数据质量。

三、加强专题调研。粮食及食品价格涉及面广，影响因素复杂，要调整充实力量，加强分析研究。专题调研要突出重点，紧紧围绕粮食及食品价格上涨的原因、影响、趋势和对策进行深入研究。要特别注意分析:(1)粮食及食品价格上涨对重点地区和低收入困难群体的影响;(2)粮价上涨对农业生产和农民增收的影响;(3)粮价上涨对食品价格和消费价格上涨的影响。

四、重大信息及时上报。有关粮食市场运行情况和价格动态的重大突发情况,包括社会各方面对粮食及食品价格变动的反映,要通过重大信息报送渠道及时上报国家统计局。

五、加强统筹协调。"两节"将至,年报、常规调查和农业普查等任务十分繁重,各地要统筹兼顾,合理部署,切实抓好粮食及食品价格调查和各项统计工作,为各级党政领导提供及时、准确的信息服务。

国家统计局关于下发《中国贫困农村社区发展项目贫困监测与评估基期调查方案》的通知

（2006年12月26日）

国家统计局广西、四川、云南调查总队：

为了做好中国贫困农村社区发展项目（即第四期世行贷款扶贫项目）基期调查工作，现将《中国贫困农村社区发展项目贫困监测与评估基期调查方案》下发给你们，请认真贯彻执行。

中国贫困农村社区发展项目贫困监测与评估基期调查方案

中国贫困农村社区发展项目贫困监测与评估工作综述

一、项目背景

自1978年以来，中国的经济发展和反贫困斗争取得了举世瞩目的成就。然而我们也应该看到，由于区域发展的不平衡性，中国的贫困问题仍然很严重，并且集中于资源贫乏的边远地区。广西、四川、云南的部分地区既是我国少数民族聚居的地区，也是我国贫困人口特别集中的地区。因此，与西南、秦巴和西部扶贫世行贷款项目相类似，作为全国扶贫攻坚计划的一部分，在世界银行和英国国际发展署（DFID）的混合贷款的支持下，中国政府在该地区实施大规模的贫困农村社区发展项目（简称四期项目）。

从1994年开始，国务院扶贫办与国家统计局合作，着手改进贫困监测工作，在西南扶贫世行贷款项目中，首次把贫困监测作为项目的有机组成部分加以考虑，建立了相对独立的贫困监测系统，以统一口径、统一方法来科学、全面地反映扶贫项目区农户的贫困缓解情况与扶贫项目成效。在随后的秦巴和甘肃、内蒙项目中，又建立了类似的贫困监测和项目影响评估体系。独立的、定量监测结果为客观评价项目区的贫困状况和项目影响提供科学的依据。在这些项目区和全国扶贫工作重点县开展贫困监测和评估的经历为中国贫困社区发展项目的监测工作打下了基础。

二、项目性质和目标

中国贫困农村社区发展项目贷款项目贫困监测与评估系统将成为中国政府反贫困战略、特别是项目活动的重要组成部分。该项目拟由国务院扶贫办外资项目管理中心代表广西、四川、云南三省区，委托国家统计局调查系统进行。国家统计局农村司、国务院扶贫办外资项目管理中心、项目省区项目办、世行和DFID项目官员以及相关专家将在充分交流和协调的基础上进行合作。项目执行方负责提供项目资金；国务院扶贫办外资项目管理中心监测该子项目的执行情况与执行结果，协调国家统计局与三省区的关系；国家统计局农村司负责贫困监测项目的执行和管理，世界银行和DFID将充分参与并协调子项目的各项主要活动。

建立该系统的目的是，全面、准确客观地反映项目区贫困规模及性质，反映通过总体经济发展或专项扶贫项目所产生的扶贫成效。为决策机构评估、调整和改进项目执行提供客观、可信的数据及建议。

三、项目运作和管理

为了科学、客观、高效率地做好项目区的贫困监测工作，项目省区作为项目的借款人，委托国务院扶贫办外资项目管理中心与国家统计局农村司签订合同，三省区通过国务院扶贫办外资项目管理中心及时得到农村司的监测结果和意见，农村司通过该中心得到支付。

国务院扶贫办是中国政府主管扶贫工作的专门机构，而扶贫也是世界银行和DFID的首要目标。作为该项目的合作方和支持方，他们将积极参与项目区贫困监测与评估系统的协调活动。

积极支持政府的扶贫工作，是国家统计局的重要任务之一。国家统计局将配备专门力量，在项目区建立贫困监测与评估系统。目前，此项工作已经引起国家统计局最高领导层的高度重视。国家统计局将成立项目执行小组，统一组织和管理该项目的日常工作。其主要职责是：经费管理，设备配置，调查设计（方案、抽样、问卷及手册），国家和省级培训，现场监督，数据汇总及数据建库，与国内外相关机构和专家的协调与交流等。项目省区统计局也将成立相应的工作小组，配合项目的执行。其主要职责是，负责县级调查员的培训，具体组织现场调查，现场数据质量控制，数据录入与审查等；县统计局主要是协助聘请现场调查员、调查员的培训和现场调查工作。

国家统计局还拟组建一个由项目相关各方代表参加的协调小组，定期联系或召开小型碰头会，以便及时交流意见、提出需求、反馈结果，特别是要协调好与其他监测工作的关系。

四、项目内容

本项目贫困监测与评估系统将以国际通行的住户抽样调查为基础。样本抽选遵循随机的原则，数据收集采取入户实地访问及农户记账相结合的方式，数据的收集和处理将加以严格的质量控制。该系统将广泛吸收世界各国在贫困监测与评估方面的先进经验。根据前几期项目贫困监测和项目影响评估的经验，年底一次性调查将扩大样本，以便对项目活动特别是教育、卫生和基础设施项目活动作更为准确的反映。

贫困监测的内容包括住户调查、社区调查和个人调查。它将有助于了解中国贫困各方面的内容，并专门反映该地区的扶贫成效。该项调查内容涉及收入、消费、教育、营养和卫生、赋权等内容。在使用客观和定量方法衡量贫困及项目影响的同时，本调查将新增一个农户满意度和项目参与情况调查模块，并增加国家和省级调查员对项目村的参与式案例调查，以便充分反映村民对项目的评价意见。

完整的监测与评估系统将持续6年，即从2006年到2011年。调查有关事项具体如下：

具体来说，2006年将进行调查方案的设计和修订，2006年底进行基期调查，2007—2011年进行追踪调查。调查需要在全部18个项目县开展，以确保有足够的样本为分省项目村估计达到精度要求的贫困数据。

具体任务如下：

1.项目准备活动，包括：清理项目区贫困县数据；建立项目领导小组和工作小组。

2.设计、修订项目区贫困监测方案以便更好地了解项目区的贫困状况和评估扶贫项目活动影响；准备调查员手册。

3.样本抽选，建立调查网点。

4.协调项目区调查队工作，布置调查任务，负责各级人员的数据搜集、录入、处理及分析培训。

5.建立项目区贫困监测数据库，设计数据录入、审核及处理程序。

6.与扶贫系统合作，组织各省（区）队进行现场调查。

7.监督各省队的数据录入、清理和处理工作。

8.分析数据，向项目执行方提供贫困监测报告。

9.向项目执行方提供项目区贫困问题意见和反贫策略建议。

10.协调与相关方和其他监测工作的关系。

五、项目进程（略）

中国贫困农村社区发展项目
贫困监测抽样调查总体方案

一、调查目的

通过对广西、四川、云南三省区四期扶贫项目区农村社区、农户经济状况的调查，全面、准确、客观地反映项目区贫困规模及性质，反映通过总体经济发展或专项扶贫项目所产生的扶贫成效，为国家评价在世行和 DFID 援助下的中国西南地区农村贫困缓解状况、制定有关农村贫困政策提供准确、可靠的依据。

二、调查范围和调查规模

调查范围为西南地区实施四期扶贫项目的 18 个项目县，其中每省区各 6 个。每个项目县调查 10 个村，每个村 10 户，共 100 户进行记账调查，其中 6 个村为项目村，为便于对照，另 4 个村为非项目村。年底访问调查的部分内容将扩展到调查户所在自然村的所有户，每县共约 300－400 户。调查对象为所有抽中的行政村、农户及其家庭成员。

调查样本和样本编码保持 6 年不变。

三、调查时间

基期调查安排在 2007 年 1 月－3 月间进行。为减轻基层工作量，基期调查与第二次全国农业普查现场调查结合进行。详见基期调查工作方案。

2007 年至 2011 年的追踪调查安排在每年 1－2 月进行，调查将持续 6 年。

四、样本抽选方法

采用分层、两阶段抽样方法。先将所有村分为 2 层，即项目村和非项目村。

项目村抽样方法：将所有项目村的农业普查小区编码按地址码排列，按对称等距、随机起点原则直接抽取普查小区，抽中普查小区所在的行政村为调查村，村编码为1—6。在抽中普查小区（自然村），再按农业普查户编码在常住户中等距抽取10户进行记账调查，其他户将参加扶贫项目活动一次性访问调查。

非项目村选取办法。为节约经费，非项目村尽量在现有贫困监测或农村住户抽样调查网点选取，即在现有网点中选择4个最差的非项目村，作为项目村的参照。在较差的调查村均为项目村的情况下，另外选择发展状况较差的非项目村作为调查村。每个非项目村也抽取10户进行记账，10户所在的自然村也参加扶贫项目活动一次性访问调查。

抽样误差的评估将在事后进行。

五、调查的组织和实施

1. 本调查在国家统计局贫困监测领导小组的直接领导下，由国家统计局农村司具体组织实施。

2. 各省、区调查总队在国家统计局农村司的直接领导下，组织各项目县开展调查。

3. 各抽中县的调查工作由县调查队或县统计局具体实施。

六、调查人员的组成和培训

调查人员以各项目县现有调查队或统计局人员为主，人员不足可增设临时调查员。省、县两级调查员由国家统计局农村司统一组织培训；乡、村辅助调查员培训由各省、区负责。

七、调查表和调查内容

1. 社区调查表。主要包括贫困村基础设施、文教卫生、人口、资源与主要经济指标，社会保障情况，为年底一次性访问调查。基期调查和终期调查将包括调查表中的所有内容，其他四年将适当简化。

2. 住户调查表。一次性住户调查表主要设计用于2006年底的基期调查，其内容包括住户的资产、生活设施、收入与支出、生产与消费、储蓄与借贷，社会保障，扶贫项目参与，住户对扶贫项目和效果的评价等情况。2007年—2010年追踪调查主要采用现行的全国农村住户记账调查方式。

3.个人调查表。内容包括家庭人口基本状况、就业、儿童教育、健康、妇女生育、劳动力外出，为年底一次性调查。记账调查户将包括调查表中的全部内容，其他户将适当简化。

4.项目活动调查表。主要内容为调查村及农户参加各类扶贫项目的情况，包括项目类型、时间、规模及贷款或补贴金额、来源等。2007—2010 年进行调查。

5.农户满意度调查表。主要内容为农户对社会参与和生活、生产条件的评价和满意程度。

基期调查将根据工作需要，将第 3、4、5 个调查表分别结合到行政村补充调查表和住户补充调查表中。

八、数据收集时间和方法

2006 年底的基期调查，采用一次性访问调查方法收集数据。2007 年起采用一次性调查与记账调查相结合的方法收集数据。由住户记录日常收支账，由辅助调查员督促和帮助农户记账，由县级调查人员对账页数据进行编码和录入，年底由县级调查人员进行访问调查，调查社区指标、个人指标和住户存量指标。

九、数据处理及上报方式

各调查县如期将调查表收齐审核无误后，按国家统计局农村司统一编制的程序进行数据录入和数据处理，并于次年 2 月 15 日前将有关调查表和软盘数据报省（区）调查总队；省（区）调查总队在各县已上报的报表数据基础上，认真复查审核无误后进行汇总处理，于 2 月底前将基层数据和汇总结果上报国家统计局农村司。

十、调查数据的质量控制

为了保证有关调查数据质量，将建立一系列质量保证制度。

1.从 2007 年调查年度（2006 年 12 月—2007 年 11 月）开始，在各选中调查户开始建立现金收支和实物登记账。要求调查户详细记录每天现金收入与支出情况；对实物收支，要根据不同产品产量的特点，采用不同的记账方法，把各种实物收支记准确。具体请参照现行农村住户调查记账方法执行。

2.在各调查村聘请一名具有初中以上文化程度、责任心强、熟悉当地情况、有一定威望的同志为辅助调查员，负责对调查户进行定期访问和指导，督促调查户记账，并认真检查登记资料的准确性。

3.省（区）、县两级调查人员经常到各调查点检查住户记账情况。省农调队至少每年到基层检查指导一次；县农调队或县统计局每个季度至少到调查点检查一次。

4.各县收齐调查表，首先要组织人力，对调查表进行自审和互审，并选5%的调查户实地复查，然后进行录入。数据录入后，要抽选十分之一的村表、户表、人表对调查表和录入的数据进行一一核对，发现问题根据实际情况及时核对更正。若全部调查录入错误超过下列标准，则需对全部数据进行复查。

（1）村表数据错误超过一个；

（2）户表数据错误超过10个，即平均每个抽中复查户发现一个或一个以上错误；

（3）人表数据错误超过人均一个。

在完成录入错误检查后，使用微机进行审核，对审核出现的范围、逻辑错误要根据实际情况一一加以更正。

各省收到数据后要进行复审，每年随机抽取5－10个村进行实地复查及调查表和录入数据的对比检查，调查表和录入数据与实际情况的差错率超过差错标准的，要组织进行全面的复查。复审、复核无误后，上报农村司。

十一、调查数据的管理

每年调查数据处理完成后，由国家统计局农村司和国家扶贫办外资项目管理中心共同发布年度报告。各省、区、县的有关数据资料，未经国家统计局农村司同意，一律不得向外提供。

中国贫困农村社区发展项目贫困监测基期调查工作安排

中国贫困农村社区发展项目(简称第四期世行贷款扶贫项目)基期调查的主要目的一是要建立抽样网点,二要收集、处理、分析基期数据,为项目区贫困监测评估提供一个真实、可信的比较基础。基期调查的现场调查将在 2006 年 12 月－2007 年 3 月之间进行。

一、工作方式

为减轻基层工作量,更加全面地收集项目区信息,基期调查采取与农业普查相结合的方法,以第二次全国农业普查清查摸底住户摸底结果汇总信息为基础进行抽样,以行政村普查表、住户普查表(户 1 表和户 2 表)为基础,结合行政村补充调查表、住户补充调查表,收集抽中村、抽中户和户中全部家庭成员信息。

二、调查对象和调查问卷

基期调查对象包括项目区抽中行政村、抽中农户以及户中的全部家庭成员。

基期调查问卷包括行政村普查表,行政村补充调查表,住户普查表和住户补充调查表。

1. 行政村:指由村民委员会(或其他同级自治机构)管辖的行政地域。每县 10 个抽中行政村,其中 6 个项目村,4 个非项目村。对抽中行政村上报行政村普查表(由农业普查现场调查结果备份),行政村补充调查表。

2. 住户:一般指拥有共同住房、生活和经济连为一体的成员组织的单位。每县 10 个抽中普查小区所有农户上报住户普查表(封面、户 1 表、户 2 表。由农业普查现场调查结果备份),调查农户项目活动情况调查表。其中 100 个抽中户还要调查住户补充调查表。

3. 家庭全部人口：既包括常住人口，也包括主要由本户提供生活资助的赡养人口、住校学生和在外打工超过半年以上的本户家庭成员。按农业普查住户普查表填报对象确定。100个抽中户中的家庭全部人口的个人情况填入住户补充调查表中家庭成员情况部分。。

三、基期调查工作计划(略)

中国贫困农村社区发展项目贫困监测基期调查问卷及指标解释(略)

国家统计局关于调整部分服务业抽样调查报告期的通知

（2006 年 12 月 27 日）

各省、自治区、直辖市统计局，新疆生产建设兵团统计局，国家统计局各调查总队：

《国家统计局关于布置 2006 年统计年报和 2007 年定期统计报表制度的通知》（国统字〔2006〕185 号）规定，《部分服务业抽样调查统计报表制度》法人企业调查表的报告期为 2006 年 1 至 11 月、2007 年 1 至 2 月、1 至 5 月和 1 至 8 月。现决定减少报送频率，免报 2007 年 1 至 2 月和 1 至 8 月份的数据，请按新要求组织调查和报送数据。

国家统计局关于印发限额以下批发和零售业、住宿和餐饮业年度抽样调查试点方案的通知

（2006 年 12 月 28 日）

各省、自治区、直辖市统计局，新疆生产建设兵团统计局，国家统计局各调查总队：

现将《限额以下批发和零售业、住宿和餐饮业年度抽样调查试点方案》印发给你们，请遵照执行。此次试点工作各地区任选一至两个地（市）进行。该项工作由国家统计局贸易外经司负责组织，国家统计局各调查总队具体实施。

由于此次试点工作时间紧、难度大，各地统计局和调查队要切实加强领导、协调与相互配合。各地统计局要支持、配合此项工作的开展，及时向调查队提供包括有辅助信息的抽样框等基本信息；各调查队要认真组织实施，确保试点工作的顺利完成。

限额以下批发和零售业、住宿和餐饮业年度抽样调查试点方案（略）

中央编办关于明确国家统计局普查中心主要职责的批复

（2006 年 12 月 28 日）

统计局：

你局《关于明确国家统计局普查中心主要职责的请示》（国统函〔2006〕211 号）收悉。经研究，同意你局普查中心承担以下主要职责：

根据《中华人民共和国统计法》的有关规定，受国家统计局委托，负责研究起草全国经济普查方案，具体组织实施全国经济普查工作，管理全国经济普查数据库；组织实施全国基本单位经常性统计调查；组织协调全国经济社会统计地理信息系统建设，协调规范全国普查区的划分；参与全国人口普查、全国农业普查的有关协调工作。

此复

国家统计局　国家发展改革委国家能源领导小组办公室关于重申能耗指标公报制度相关规定的紧急通知

（2007 年 1 月 12 日）

各省、自治区、直辖市统计局、发展改革委（经委、经贸委）：

国家发展改革委、国家能源办、国家统计局《关于建立 GDP 能耗指标公报制度的通知》（发改环资〔2005〕2584 号）规定，每年 6 月底向社会公布上一年度各地区万元 GDP 能耗等指标；公布的万元 GDP 能耗指标以国家统计局核定的数据为准。

根据目前各地区能源统计工作的实际状况，为了保证公报数据的准确性、可比性、公正性和严肃性，各地区在国家有关部门核定并正式发布能耗指标公报以前，不得公布本地区 2006 年单位 GDP 能耗及其降低率等数据。

以科学发展观为统领
努力提高统计的科学性准确性权威性

——谢伏瞻（国家统计局局长）在全国统计工作会议上的讲话

（2007年1月18日）

同志们：

这次全国统计工作会议的主要任务是，贯彻落实党的十六大和十六届三中、四中、五中、六中全会以及中央经济工作会议精神，总结2006年统计工作，部署2007年工作任务。

一、2006年统计工作回顾

过去的一年，是全面实施“十一五”规划的开局之年，国民经济继续保持良好的发展势头，呈现增长速度较快、经济效益较好、价格水平较低的总体格局。经济结构调整步伐加快，自主创新积极推进，体制改革继续深化，对外开放水平提高，社会事业全面发展，人民生活不断改善。统计事业同各项事业一样，也取得新的发展。各级统计机构和广大统计人员全面贯彻科学发展观，认真落实国务院领导同志重要指示精神，紧紧围绕国务院和各级地方政府的中心工作，团结一致，辛勤工作，无私奉献，较好地完成了各项任务。

（一）统计调查取得新成绩

第二次全国农业普查进展顺利。各地区、各部门认真落实

2006 年中央 1 号文件精神、《全国农业普查条例》以及国务院的相关要求，较好地完成了第二次全国农业普查的各项准备工作。制定《第二次全国农业普查方案》，组织开展普查方案试点。组建各级普查机构和工作队伍，全国抽调普查办公室工作人员 20 多万人，选调培训普查指导员和普查员约 700 万人。基本落实普查经费和各类物资，完成数据处理的准备工作。建立普查目标责任制，国家统计局代表国务院第二次全国农业普查领导小组与各省(区、市)政府分管农业普查的领导同志签订了目标责任书。各级政府由有关部门领导带队督促检查，促进准备工作的落实。开展形式多样、声势浩大的宣传活动。目前，农业普查现场登记工作正在紧张有序地进行。

各地区还完成第一次全国经济普查资料的编辑出版工作，发布 1%人口抽样调查主要数据公报，并对普查和调查资料进行开发。参与完成第二次全国残疾人抽样调查的组织和数据处理工作。参与国务院组织的对部分地区房地产及新开工项目清理工作的检查。完成妇女和儿童发展纲要的中期监测评估工作。加强对工业、投资、贸易、价格、住户、社会、科技等方面统计数据质量的核查和评估，较好地完成各项常规性统计调查任务。

(二)调查队管理体制改革取得重要进展

为加快落实国务院有关调查队管理体制改革的决定，国家统计局先后召开全国调查队管理体制改革工作会议和改革座谈会，总结交流改革经验，明确改革政策。制定印发《省级以下各级调查队组建办法》等政策文件和 31 个调查总队“三定规定”，审核并批复 24 个省(区)市级调查队和 9 个省(区、市)县级调查队的组建方案。严格按照《党政领导干部选拔任用工作条例》和有关规定，考察选拔各调查总队、副省级城市调查队和部分市级调查队的领导班子成员。全国 30 个省(区、市)已完成调查总队的组建，工作步入正轨。省以下调查队组建工作正在进行。调查队改革期间，各级统计局、调查队相互支持配合，齐心协力谋划改革；调查队广大干部自觉服从改革大局，认真履行职责；新组建的各调查总队积极有效地开展工作，保障了改革和业务工作两不误。

（三）统计制度方法改革进一步深化

建立能源消耗统计和公报制度，与国家发改委、国家能源办联合发布《2005年各省、自治区、直辖市单位GDP能耗等指标公报》和《2006年上半年全国单位GDP能耗公报》。实施部门环境综合统计制度，与环保总局等部门联合发布《2006年上半年全国主要污染物排放总量公报》。试行服务业部分行业以省为总体的抽样调查制度。初步建立全国劳动力调查制度，进行工资统计改革试点。完善国民经济核算制度，确定非普查年份的年度和季度GDP核算方法，改进地区GDP联审制度。完成文化产业增加值测算工作。以经济普查数据为基准，对全国1952年以来GDP历史数据进行全面系统的修订。发布实施《关于统计上划分城乡的暂行规定》和《国家统计局统计上划分城乡工作管理办法》。建立并实施对地方统计调查项目的审批制度。

（四）部门统计工作水平不断提高

党中央、全国人大、国务院高度重视部门统计工作。中央领导同志多次对加强部门统计工作提出明确要求。2000年以来，全国人大常委会通过的14部法律对部门统计工作作出规范。国务院公布《海关统计条例》，并在有关加强能源、土地管理、环境保护、就业、地质等方面的决定中对做好统计工作提出明确要求。

国家统计局加大对部门统计工作的协调和指导力度。在各部门的积极配合下，认真开展部门统计调查项目清理工作。严格按照《统计法》和《部门统计调查项目管理暂行办法》的规定，加强部门统计调查项目的审批和备案管理。帮助和支持有关部门建立健全统计调查制度，与新闻出版总署联合制定统计规章，与国家旅游局联合研制旅游卫星账户。积极向部门反馈综合统计资料，开展对部门统计人员的培训。近两年，国家统计局还对国土资源部、商务部、教育部、卫生部等4个部门进行了统计工作巡查。

各部门高度重视统计工作。很多部门制定了统计工作规章，加强了对内设机构统计工作的管理和协调，加强了统计队伍建设和基础建设，积极应用抽样调查技术、计算机技术、网络技术和数据库技术。各部门积极向国务院和国家统计局提供大量统计资料，部门统计机构为本部门的决策提供许多信息和咨询建议，在完善经济调节、加强市场监管、改进社会管理和改善公共服务中发挥了积极作用。

(五)统计法制建设和巡查工作取得新成绩

统计法制建设得到加强。国务院已将修改《统计法》列入落实"十一五"规划的法律修订任务。国家统计局已就《统计法》修改问题广泛征求国务院各部门、各地统计机构、社会各界和一些国际组织的意见，近期将形成送审稿报国务院。为适应调查队管理体制改革的新形势和修改后的《统计法实施细则》的新要求，修订《统计执法检查规定》，规范统计法律文书。成立全国统计违法举报受理中心，及时核实和查处重大统计违法行为。国家统计局向32家迟报统计资料的企业集团发送统计报表催报单，取得很好的效果。各地也加大了查办、曝光统计违法案件的力度。按照中共中央、国务院印发的全国法制宣传教育第五个五年规划的要求，结合统计工作实际，制定统计"五五"普法规划。

对地方的统计工作巡查取得阶段性成果。对16个省(区、市)的统计工作进行巡查，完成全国第一轮巡查工作。各省(区、市)人民政府对巡查工作给予了大力支持，各地统计机构积极配合巡查工作。通过巡查，比较全面地了解了统计法和国家统计调查制度的实施情况，加强了对中央统计事业费使用情况的监督检查，加强了国家统计局与地方政府的沟通，帮助一些地方解决了统计工作中存在的突出困难，促进了地方统计工作的改进和完善。

(六)统计信息化和基层基础建设取得进展

统计信息化建设逐步推进。制定《"十一五"国家统计信息化建设规划纲要》，明确"十一五"期间统计信息化建设的原则、目标和任务。完成经济统计共享数据库的框架设计。初步规范国家统计调查常规统计业务中的应用软件,设计统一软件平台技术架构。联网直报规模进一步扩大,直报企业已达4万家。加强统计信息网络系统安全考核。加强历史数据的管理维护工作,完成纸介质历史数据的扫描、整理和数据格式转换工作。

基层基础建设有所加强。2006年是统计基层基础建设工作年,各地加大了基层基础建设力度。国家统计局及其调查总队和各省(区、市)统计局组成调研小组,深入全国104个县进行统计基层基础工作调研,实施全国县级统计机构现状调查,基本掌握统计基层基础工作的现状和问题,着手研究解决问题的思路。国家统计局和部分省(区、市)统计局挤出经费补贴给贫困县统计局。加强城乡住户和农产量抽样调查网点的管理。召开全国统计基层基础建设经验交流会,表彰先进单位和先进个人,促进了基层基础建设。

(七)统计服务水平进一步提高

积极提供信息和决策咨询服务。为党中央、国务院和地方各级党委、政府提供大量重要信息和统计数据,相当一部分信息受到党中央、国务院领导和地方党政领导的重视。2006年中办、国办采用国家统计局上报信息657条,其中57条得到党中央、国务院领导批示。较好地完成全国和地方"两会"咨询服务工作。进一步加强对国民经济运行情况的监测、预警和分析,针对各级党政领导和社会各界关心的热点、难点问题进行专题研究,撰写了一批具有时效性、针对性的分析报告。

积极为社会公众提供统计信息咨询服务。各级统计机构认真执行统计信息公布制度,通过系列化的统计资料书刊、统计信息网和其他新闻媒体及时向社会公布了大量统计信息。去年6月开馆的中国统计资料馆为社会公众提供一个更加开放、便捷的服务窗口。

在做好上述工作的同时,还加强了国际统计交流与合作。认真组织统计人员赴国外学习考察、参加国际会议,接待外国和一些国际组织的来访团组。与加拿大、德国等国和世界银行、亚洲开发银行开展双边和多边的统计合作项目。举办关于中国经济增长、绿色国民经济核算、中美贸易统计等方面的国际会议。积极稳妥地在我国部分城市开展国际比较项目试行工作。认真开展国际统计数据收集和交换工作。通过这些活动,学习了国外统计的先进经验,宣传了我国的统计工作。

各级统计机构全面学习、认真贯彻落实科学发展观,加强了机关党建和思想政治工作。统计队伍建设、科研教育、财务管理、纪检监察、宣传出版、涉外调查管理以及其他各项工作也都取得了可喜成绩。

上述成绩的取得,是党中央、国务院高度重视、正确领导的结果,是各级地方党委、政府和党中央、国务院各部门大力支持的结果,是社会各界和广大人民群众支持配合的结果,更是广大统计人员团结一致、求真务实、不懈奋斗、开拓进取的结果。借此机会,我代表国家统计局向多年来理解、关心、支持统计事业发展的各级党政领导、各部门和社会各界表示衷心的感谢!向长期以来辛勤工作、无私奉献的广大统计工作者致以诚挚的问候!

二、充分认识改革和加强统计工作的紧迫性艰巨性

在看到成绩的同时,必须清醒地认识到,当前统计工作还不能很好地适应新形势的需要,统计改革和发展的任务比以往任何时候都更加紧迫而艰巨。

首先,改革和加强统计工作,是全面落实科学发展观、构建社会主义和谐社会的迫切要求。党的十六大以来,以胡锦涛同志为总书记的党中央,高举邓小平理论和“三个代表”重要思想伟大旗帜,确立了以人为本、全面协调可持续发展的科学发展观这一重大战略思想,党的十六届六中全会又作出了构建社会主义和谐社会的重大决定。全面落实科学发展观、构建社会主义和谐社会对统

计工作提出了新的更高要求。比如，要科学准确反映和监测节能降耗、结构调整、自主创新、增长方式转变的进展情况，全面反映社会结构变动、人口流动和就业状况，客观反映新农村建设和发展现代农业的进展情况等。总之，在工业化、城市化、市场化、国际化进程加快的形势下，要进一步提高统计工作的主动性和适应性，调整统计内容，完善经济统计，健全社会统计，加强资源环境统计，创新统计方法，实现统计调查制度与国际通行规则接轨，建立符合科学发展观要求的统计指标体系，客观、准确、全面地反映经济社会发展的状况。

其次，改革和加强统计工作，是党中央、全国人大、国务院的殷切期望。统计工作作为经济社会发展的一项重要基础性工作，党中央、全国人大、国务院高度重视。党的十六届三中全会通过的《中共中央关于完善社会主义市场经济体制若干问题的决定》明确提出："完善统计体制，健全经济运行监测体系，加强各宏观经济调控部门的功能互补和信息共享，提高宏观调控水平。"2004－2005年全国人大常委会组织开展统计法执法检查，要求加快统计改革和建设，加快统计法修改进度。2006 年以来，国务院领导同志又多次对统计工作作出重要指示。8 月 22 日，温家宝总理批示，要继续深化统计体制改革，完善统计制度和方法，保证统计数据的真实性、可靠性和权威性。9 月 22 日，家宝总理指示，国家统计局一定要维护统计的权威。统计权威不仅是统计部门的事，更关系到国家的形象、党和政府的形象、中国在世人和世界面前的形象。在 12 月初召开的中央经济工作会议上，家宝总理提出，必须完善统计制度和核算体系，切实改变单纯以 GDP 增长速度衡量经济发展成效和政绩的做法；抓紧建立符合科学发展观要求的经济社会发展综合评价体系和考核指标体系；抓紧建立科学、统一、权威的节能降耗指标考核体系。12 月 25 日，家宝总理批示，抓紧建立科学、统一、全面、协调的服务业统计调查制度和信息管理制度。6 月 2 日，曾培炎副总理亲临国家统计局考察指导工作并作重要讲话，要求加强和改进统计工作，为贯彻落实科学发展观提供统计保障。12月22日，培炎副总理批示，服务业统计工作十分薄弱，不但难以满足国民经济核算和政府决策的需要，也使我国很多统计数据由于缺乏可靠基础而不能自圆其说。只靠多年一次的经济普查解决不了根本问题，建立一套更为科学、规范、真实的统计指标体系和统计方法已成为当务之急。1月16日上午，培炎副总理在中南海听取了国家统计局的工作汇报，并就加强能源统计工作，加快GDP下算一级的步伐，进一步提高统计工作水平等问题，作出了重要指示。吴仪、回良玉副总理也分别就服务业统计、农业普查作出重要指示。党中央、全国人大的要求和国务院领导同志的重要指示，深刻阐明了统计在贯彻落实科学发展观中的重要作用，赋予统计工作新的更加重要的责任和使命，为今后的统计改革和建设明确了方向。

第三，改革和加强统计工作，面临着前所未有的严峻挑战。随着社会主义市场经济体制的逐步完善，经济主体日趋多元化；投资方式、就业方式、收入分配方式、消费方式日益多样化；经济结构和经济联系更加复杂；地区间、城乡间的差异明显。统计调查对象数量空前增加，变动愈加频繁，更加注重保护个人隐私和商业秘密。这些情况增加了统计工作的难度和复杂性。面对严峻的挑战，统计工作还不能很好地应对，还存在着统计调查制度不够健全、管理体制不够完善、法制建设比较薄弱、信息化水平不高、投入严重不足等问题。这些问题如果不切实加以解决，就会影响统计的科学性、准确性和权威性，削弱宏观调控的基础，影响科学发展观的贯彻落实。

为了适应新形势的需要，贯彻党中央、国务院关于统计工作的指示精神，我们必须以高度的责任感、使命感、紧迫感，努力克服前进中的各种困难，大力推进统计改革和建设。

三、2007年统计工作的主要任务

今年统计工作的总体要求是：以邓小平理论和“三个代表”重

要思想为指导，全面贯彻党的十六大和十六届三中、四中、五中、六中全会以及中央经济工作会议精神，以科学发展观为统领，紧紧围绕国务院的工作重点，进一步落实中央领导同志关于统计工作的一系列重要指示，以提高统计的科学性、准确性和权威性为中心，深化统计改革，加强各项建设，强化统计管理，不断提高统计工作水平，为加强和改善宏观调控服务，为全面落实科学发展观、加快构建社会主义和谐社会服务。

(一)着力解决关键统计问题

完善GDP核算方法。GDP作为综合经济指标受到各级政府和全社会的高度关注，搞准GDP及其增长速度，对于加强和改善宏观调控具有十分重要的意义。要认真做好地区GDP汇总数与国家GDP核算数的衔接。进一步规范地区GDP核算，完善农业和建筑业地区增加值的统一核算，开展工业和批发零售住宿餐饮业增加值统一核算的研究，为尽快实施由国家统计局统一核算各省(区、市)GDP创造条件。要努力实现生产法GDP核算数与支出法GDP核算数的衔接，研究建立季度生产法和季度支出法GDP核算制度。研究建立企业成本结构调查制度，将工业增加值由企业填报改为统计机构依据企业成本资料直接核算。

加强能源统计和能耗公报工作。“十一五”规划纲要将万元GDP能耗定为约束性指标，家宝总理在中央经济工作会议上对此又提出了明确要求。抓紧建立科学统一的单位GDP能耗统计指标体系，研究建立科学、简便、可行的能源统计调查体系，是今年统计工作的重中之重。国家统计局要完善能源的生产、进出口、流通、消费、库存统计制度，建立健全相关部门、总公司和行业协会及时向政府统计机构提供基础能源统计数据制度。认真实施好对重点耗能企业能耗情况的跟踪监测制度，做好对地区能源消耗数据质量的评估。严格执行能耗指标公报制度。各省(区、市)单位GDP能耗数据以国家统计局核定的数据为准，各地在国家公布之前不得以任何方式自行公布。各地要紧密结合本地实际，切实加强能源生产、消费和流入流出统计，加强能源统计的薄弱环节，提高能源统计的准确性、时效性、可比性，满足能耗公报的需求，推动节能降耗的监测、考核工作。

加强与国家宏观调控密切相关的专业统计。一是完善房地产业统计。逐步扩大房地产开发企业的联网直报，规范房地产统计信息发布制度。二是改革固定资产投资统计。切实抓好投资项目统计工作，特别是要完善新开工项目统计制度。三是完善劳动力调查制度。重点完善失业率调查和劳动工资统计，研究建立农民工统计监测体系和农村劳动力非农产业就业统计制度。四是进一步完善居民消费、工业品、房地产等价格指数的编制工作。重点是调整 CPI 代表规格品和消费支出的分项权数，建立居民基本生活费用价格统计制度。五是做好城镇住户大样本调查工作。

(二)切实加强统计薄弱环节

加强服务业统计。要认真贯彻落实国务院关于加强服务业统计工作的要求和国务院领导同志的指示精神，力求今年年底初见成效。制定服务业统计总体框架，建立全国科学、统一、规范的服务业统计调查制度和信息搜集渠道。充分发挥服务业统计部际联席会议制度的作用，有效协调各部门服务业统计工作。规范和加强部门服务业统计，完善部门服务业调查制度。研究建立批发零售住宿餐饮业重点企业联网直报制度。组织实施好以省为总体的12 个行业抽样调查、限额以下批发零售贸易餐饮和星级以外住宿企业抽样调查，研究开展房地产物业管理和中介服务业抽样调查。各地也要努力加强本地服务业统计，充分发挥部门在服务业统计中的积极作用。

加强社会、科技和环境统计。要根据加快构建社会主义和谐社会的要求，努力加强收入分配、社会保障、环境保护、教育、卫生、文化以及人口变动、人口迁徙等方面的统计调查和核算，全面反映社会发展中的新情况、新问题。研究建立科技创新统计指标体系，开展全国企业创新调查，反映建设创新型国家的进程。参与做好全国污染源普查的准备工作。

强化对基本单位名录库的维护更新和使用。通过第一次全国经济普查,基本单位名录库已初步建成。国家统计局将会同编制、民政、税务、工商、质检等部门,协调部门行政登记资料的标准,改进报送制度。地方各级统计部门要进一步疏通资料报送渠道,加大对名录资料的维护更新力度。充分发挥基本单位名录库的作用,逐步实现统一以基本单位名录库为抽样框开展面向单位的抽样调查。

(三)努力夯实统计基础

继续搞好调查队管理体制改革。改革调查队管理体制是国务院贯彻落实党的十六届三中全会精神作出的一项重要决策,是提高统计数据质量的一项重大举措。各地区要认真贯彻国务院办公厅、中组部、中编办等五部门有关调查队管理体制改革文件的基本精神和原则,按照 2006 年 11 月 23 日《国家统计局关于调查队管理体制改革有关问题的通知》(国统字〔2006〕231 号)要求,加快改革进程。省以下调查队改建合并工作,原则上要在今年 4 月底前完成,确有困难的可推迟到今年 6 月底前完成。94 个新建市级调查队也要同时抓紧组建。各调查总队和省(区、市)统计局要切实加强对改革工作的领导。各级调查队、统计局及其工作人员特别是领导干部要顾全大局,从统计事业发展的高度出发,自觉服从改革,积极支持改革,确保改革顺利进行。要积极争取地方党委、政府的支持和有关部门的配合,为改革创造良好的环境。组建后的各级调查队务必狠抓队伍建设、业务建设和制度建设,充实加强专业部门,精简合并管理部门,合理配置统计力量,提高直接调查、直接上报统计资料的能力。各地统计局和调查队都是统计系统的组成部分,要充分发挥统计联系协调委员会的作用,切实加强局队合作,充分发挥各自优势,有效整合统计资源,同心同德,相互支持,形成合力。

加快推进统计信息化建设。抓紧实施统计信息扩建工程。加快统计数据库建设。尽快启动国家宏观经济数据库建设项目;整合统计数据资源,完成国家公共发布数据库建设并投入使用;进一步推进元数据库建设和试点工作。做好统计应用软件规范化工作,完成全系统统一使用的数据处理软件平台的研制试点工作。改造联网直报系统,提高安全性、稳定性,做好下一步直报扩容准备工作。丰富政府统计门户网站信息,积极创造条件严格执行GDDS的标准,规范统计信息发布的时限和管理流程,初步形成以统计数据库为依托,便于社会各界及时、便捷、完整获取最新统计产品的网络服务平台。积极开展遥感技术、地理信息系统和全球卫星定位系统等新技术在统计工作中的应用研究。

认真清理统计报表。国家统计局将组织各专业对所有现行报表和指标,按照调查目的、对象、范围、频率、经费来源和具体指标含义、用途、使用情况、填报难易程度等方面进行全面的功效分析,清理、精简和整合现行各专业报表和指标。适当增加反映科学发展观落实情况的统计内容,做好经常性统计调查与普查的衔接。以此为基础制定 2007 年统计年报和 2008 年定期统计报表制度。各地区、各部门也要按此方式做好本地区、本部门统计报表和指标的清理工作。同时,要加快统计分类标准化进程,完成产品统计分类标准的制定,推进城乡划分工作。

加强基层基础建设。研究制定县级统计机构统计基础工作规范及其考核评价办法。进一步加大对县级统计局、调查队经费的倾斜力度。加强县级统计机构的信息化建设,逐步将国家统计信息网络延伸到县级统计局和调查队。开发并免费提供所有用于国家统计调查任务的软件。组织实施好对县级统计局和调查队主要负责人的培训。

(四)认真做好几项统计工作

认真实施重大国情国力普查。目前,第二次全国农业普查正处于最为关键的现场登记阶段。能否获取高质量的现场登记数据决定着普查的成败。各级普查机构和广大普查人员一定要以高度的责任感全力做好农业普查现场登记的各项工作，确保数据的真实可靠。要严格执行《统计法》、《全国农业普查条例》和普查方案，绝不允许为了完成考核指标、与历史数据衔接等目的编造、篡改普查数据。认真实施质量控制和检查验收，对填报登记的每一环节都要层层审核把关，层层检查验收，一旦发现问题，坚决予以纠正。各地区和有关部门要认真做好数据质量抽查工作，国务院农业普查领导小组办公室还将统一组织普查数据的事后质量抽查工作。严格按照规定的程序、标准和期限，认真做好普查数据的审核、录入、汇总和上报工作。及时发布普查公报，编印普查资料，做好普查数据的开发应用，充分发挥普查资源的效用。

按照《全国经济普查条例》的规定，积极筹备第二次全国经济普查。要在总结第一次经济普查以及农业普查、人口普查经验教训的基础上，研究改进第二次经济普查的组织方式，精简普查内容，提高普查效能。今年年底前要拿出第二次全国经济普查的基本方案。

加强部门统计工作。部门统计工作是政府统计工作的重要组成部分。加强和改进宏观调控，提高部门决策和管理水平，必须进一步加强部门统计工作。各部门要适应全面落实科学发展观、加快构建社会主义和谐社会的要求，高度重视统计工作。要完善统计规章，改革统计调查制度，健全统计机构，充实统计人员，改善统计工作条件，提高统计服务水平。

加大对部门统计工作指导和支持力度。要帮助部门建立完善统计调查制度，疏通资料搜集渠道。增强为部门服务的意识，更快更多地向部门提供综合统计信息。加强对部门统计人员的业务培训，建立对部门统计工作的评比表彰制度。建立与有关部门联合执法的制度，严肃查处部门统计活动中的违法行为。

加大对部门统计工作的管理和协调力度。根据统计法的规定，进一步强化对部门统计调查项目的审批和备案管理，建立对部门统计标准的审定制度，健全部门向政府统计机构报送统计资料和国民经济核算所需财务资料的制度，完善对部门统计信息公布的管理。继续做好对部门统计工作的巡查。

加强统计法制建设。配合国务院法制办做好《统计法》的修改工作，配合中纪委制定有关统计违法违纪行为党纪处分办法，与监察部联合制定惩处统计违法违纪行为的政纪处分规定。研究推行统计行政执法责任制。加大对统计上弄虚作假行为的查处力度，重点是查处农业普查和能源、工业、投资统计中的违法行为。认真做好统计普法工作，重点加强对各级党政领导和统计人员的普法教育。总结第一轮统计巡查工作经验，修订巡查工作办法，启动新一轮巡查工作。

提高统计服务水平。认真做好向党中央、国务院和地方各级党委、政府的统计信息提供和“两会”咨询服务工作。进一步加强对国民经济运行的监测和预警，提高分析水平和质量，及时准确反映国民经济运行的苗头性和趋势性问题。做好统计信息发布工作，加大对统计生产过程及其成果的诠释和宣传力度。

制定统计发展战略规划。为统筹谋划今后一个时期的统计改革和发展，国家统计局将组织各级统计机构和有关专家学者，借鉴国际统计工作经验和先进理念，对我国统计改革发展的目标、重点、步骤和措施进行比较深入的研究，制定中长期统计改革和发展战略规划。

四、加强统计队伍建设，确保各项任务顺利完成

2007年统计工作任务繁重而艰巨。要完成这些任务，关键是要加强统计队伍建设，为各项改革和建设的顺利进行提供坚强有力的思想保障和组织保障。

(一)增强大局意识

当前，提高统计的科学性、准确性和权威性是统计工作最重要的大局。各级统计机构和广大统计人员必须以对党、对国家、对人

民、对统计事业高度负责的精神，坚决服从和切实维护好这个大局。增强大局意识，必须以科学发展观为统领，努力更新不适应社会主义市场经济体制的统计观念，改革统计制度和统计方法，积极推进统计改革和建设。必须坚持统计工作的独立性，严格依法独立开展统计调查、独立上报统计数据，确保统计数据准确性。必须切实维护统计工作的统一性，强化统计工作的集中统一领导，严格执行国家统一的统计标准、指标体系、调查方法和统计工作规程，坚决执行国家各项统计改革部署，不折不扣地完成国家统计调查任务，确保统计工作政令畅通。必须努力营造团结和谐的工作氛围，增进上下级之间、局队之间、政府综合统计与部门统计之间的沟通理解，为统计改革和建设创造良好环境。

(二)加强学习

要进一步加强学习，提高贯彻落实科学发展观的自觉性和能力，使学习成为统计改革智慧的源泉。加强政治理论学习。认真学习马克思列宁主义、毛泽东思想、邓小平理论和“三个代表”重要思想，特别是要正确理解科学发展观的深刻内涵，准确把握中央关于经济社会发展的指导方针和一系列战略决策，从而使我们站得更高，看得更远，更好地去解决统计工作中的实际问题，应对各种挑战。努力钻研统计业务知识。统计工作涉及面很广，专业性很强。统计人员要在学好统计理论和方法的基础上，积极研究经济社会的发展和统计需求的变化，积极探索统计工作的新思路、新方法，提高搞准统计数据的能力。加强现场调查技能学习，熟练掌握各项统计调查制度和现场调查技术，提高取得调查对象支持配合所应具备的人际沟通能力。学习计算机、网络、数据库知识，提高在现代信息技术条件下做好统计工作的能力。学习法律知识，提高依法统计能力。

(三)加强作风建设

认真贯彻落实胡锦涛总书记在中央经济工作会议上的讲话精神，切实改进工作作风。大力发扬求真务实精神。统计人员要深入实际搜集第一手资料，坚决杜绝主观随意性，排除各种干扰。各级统计局、调查队要力戒形式主义，不搞花架子，不做表面文章。要精简会议和文件。大力提倡勤俭节约的风气。要始终牢记“两个务必”，厉行节约，精打细算，管理使用好统计经费，切实提高经费使用效益，将有限的经费真正用到重点工作的保障上。深入开展统计系统的廉政建设和反腐败斗争。统计部门虽然不是权力部门，但也有内部人、财、物的管理权，在廉政建设和反腐败问题上不是世外桃源。要认真学习、贯彻落实中央纪委七次全会和国务院廉政工作会议精神，坚持教育、制度、监督并重，努力预防和坚决惩治各种腐败行为。广泛深入地开展统计职业道德教育，牢固树立职业使命感和荣誉感，使忠诚统计、坚持原则、诚实守信、保守秘密成为每一个统计人的自觉行动。

（四）加强领导班子建设

各级统计局和调查队领导班子的建设，是统计队伍建设的关键。要加强领导班子的团结，讲政治、讲大局、讲原则，保持奋发有为的精神状态。坚持科学决策、民主决策和依法决策，不断提高决策水平和把握全局的能力。提高统计业务素质，领导班子成员要成为统计的行家里手。增强创新意识，不断提高解决统计工作中突出矛盾的能力。加强对领导班子成员特别是一把手的监督管理，监督的重点是执行统计法、国家统计调查制度和人事、财经纪律的情况。加强考核管理，推行行政问责制，建立领导干部能上能下的机制，保持统计队伍的活力。

同志们！今年统计工作任务已经明确。让我们紧密团结在以胡锦涛同志为总书记的党中央周围，高举邓小平理论和“三个代表”重要思想伟大旗帜，全面贯彻落实科学发展观，振奋精神，埋头苦干，开拓进取，努力完成各项任务，以优异的成绩迎接党的十七大的胜利召开！

国家统计局　国家发展改革委　建设部关于加强房地产统计和规范信息发布工作的通知

（2007 年 1 月 18 日）

各省、自治区、直辖市统计局，发展改革委（物价局），建设厅（委）：

根据《国务院办公厅转发建设部等部门关于调整住房供应结构稳定住房价格意见的通知》（国办发〔2006〕37 号）精神，为增强房地产市场信息的透明度，加强和规范房地产统计和信息发布工作，建立统一协调的信息发布机制，特将有关问题通知如下：

一、加强和重视房地产统计和信息发布工作，增强房地产市场信息的透明度。各级统计局、发展改革委（价格）和建设（房地产）等相关部门要加强对房地产统计和信息发布工作的领导，采取积极有效的措施，加强房地产统计工作，建立健全房地产市场信息系统和信息发布机制及制度，增加信息发布的频率和数量，及时提供房地产开发、市场供求和房价情况及分类信息，以适应社会各界对房地产信息的需求。

二、统一管理，分工负责，规范房地产信息发布工作。根据《统计法》及其实施细则的有关规定，全国及各地区房地产开发投资、资金，土地开发与购置情况，施工、新开工、竣工面积，销售面积、空置面积等全国和地方房地产整体发展、变动状况的统计信息由国家统计局和各地区统计局发布；全国 70 个城市房地产价格指数由国家发展改革委、国家统计局联合发布；建设部及各地建设（房地产）主管部门依托城市房地产市场信息系统即时发布商品房批准上市面积（套）、累计可售面积（套）、登记销售数据及分类、分区域情况，二手房成交数据及分类、分区域情况，房屋租赁等市场信息。

上述信息内容要按期向社会公布，以正确引导舆论和消费预期。根据《中华人民共和国统计法》第十二条的规定，任何单位和个人不得发布与上述信息重复、矛盾的房地产市场信息，损害社会公众利益。

三、建立健全房地产市场信息协调、发布工作机制。成立由国家统计局牵头，国家发展改革委、建设部等相关部门参加的全国房地产市场信息（包括外资进入等）协调、发布工作机制，采取各种形式定期或不定期地向社会发布有关全国和地方的房地产市场信息。地方统计局、发展改革委（价格）、建设（房地产）等相关主管部门以及国家统计局调查队可按此精神建立信息发布的协调、发布机制，规范本地区的信息发布行为，避免信息相互矛盾。

四、完善统计方法，提高房地产统计信息的科学性。要进一步加强对房地产统计指标体系的改革研究。在减少过时指标的基础上，增加地段、户型等各种统计分类信息；要着力研究完善分类商品房平均价格、分类商品房销售价格指数（将中低价位、中小套型普通商品住房与其他住房分开统计）以及商品房空置率、中低价位、中小户型普通商品住房价格指标等计算方法；要健全外资进入房地产市场的信息监测，增加境外机构和个人购房的统计信息。有条件的地方可以先行实施，但要考虑部门之间指标的可比口径和可操作性。

五、提升统计手段，利用先进的计算机和网络技术，不断提高房地产统计信息自动化水平。在各级政府和发展改革委（价格）、建设（房地产）主管部门等相关部门的支持下，统计部门要做好房地产联网直报企业从3000家扩大到5000家的有关工作，丰富直报信息的内容，提高报送速度和数据质量，加大对房地产热点、难点问题的监测、分析和信息发布。

六、加强房地产统计信息的解释和宣传工作。各级统计局、调查队和相关部门在发布房地产信息的同时，要说明统计信息的调查范围和调查方法以及统计信息所代表的经济意义，便于社会公众正确理解和使用房地产统计信息。有关单位、机构和个人公开使用有关部委相关数据的，应当注明数据来源和指标解释。

七、加强统计执法，提高房地产统计数据质量和规范统计信息的发布。各级统计局、调查队要按照《统计法》的规定，会同同级发展改革委（价格）和建设（房地产）等相关主管部门加强房地产统计执法工作，对不按照统计制度规定如实按时提供统计数据的单位，将由县级以上政府统计机构或国家统计局派出的调查队根据《统计法》第二十七条的规定予以处理；对擅自发布与各级统计局、调查队和相关部门重复、矛盾的房地产市场信息，扰乱市场秩序、损害公众利益的单位和个人，由县级以上政府统计机构根据《统计法》第二十九条的规定予以处理。国家统计局、国家发展改革委、建设部等相关部门定期对各地房地产统计和信息发布情况进行监督检查。

国家统计局办公室关于局队共同发布国民经济和社会发展统计公报的通知

（2007年2月2日）

各省、自治区、直辖市统计局，国家统计局各调查总队：

当前，各地都在起草和准备发布国民经济和社会发展统计公报。为维护统计数据的权威性和统一性，各地可用“XX（省、自治区、直辖市）统计局　国家统计局XX调查总队”的名义共同发布统计公报。

国家统计局 国家发展改革委 财政部关于认真做好2007年全国投入产出调查工作的通知

（2007年2月12日）

各省、自治区、直辖市统计局、发展改革委、财政厅（局）及有关部委：

投入产出表是宏观经济管理和决策的有力工具之一，是研究国民经济发展、进行经济数量分析的重要手段，是制定国民经济中长期发展规划的重要基础。

实践证明，在过去的二十年中，投入产出表在我国宏观经济分析和管理中发挥了重要的作用。随着社会主义市场经济的不断发展，政府的职能转变将进一步加快，宏观调控的任务也将越来越重，在新形势下，投入产出表的作用显得尤为突出。大量的政策模拟和定量分析都离不开投入产出表，投入产出表作为管理经济的重要工具和手段，已经在我国的经济生活中发挥着重要的、不可替代的作用。

按照《国务院办公厅关于进行全国投入产出调查的通知》（国办发〔1987〕18号）的要求，2007年将开展全国投入产出调查和编制投入产出表。为认真做好2007年全国投入产出调查和编表工作，现将有关事宜通知如下：

一、投入产出调查是编制投入产出表的重要基础。由于投入产出调查时间紧，任务重，技术和质量要求高，资料涉及生产、技术、财会、供销、统计等各个方面，因此，各有关主管部门要切实加强领导，积极配合，相互支持，做好组织、协调、指导、督促、检查等相关工作。

二、各被调查单位要严格执行国务院办公厅通知要求，确定一名主要领导负责调查工作的组织领导，及时协调解决调查中出现的各种问题。要组织各相关职能部门和专业人员参加统一培训，认真学习调查方案和填报方法。要根据调查任务，认真制定工作计划，明确职责，在统一安排下，搞好分工协作，相互配合，严格按照业务主管部门制定的投入产出制度所规定的时间，保质保量地完成2007年全国投入产出调查任务。

三、基层投入产出调查数据填报的准确性直接关系到投入产出表的质量。请各有关主管部门和被调查单位认真把好数据质量关，严格按照投入产出基层调查制度规定的部门分类、指标口径、计算方法，实事求是地认真填报，层层把关，确保投入产出基层调查数据的准确性。

人事部关于批准国家统计局普查中心参照公务员法管理的函

（2007 年 2 月 15 日）

国家统计局：

根据《参照〈中华人民共和国公务员法〉管理的单位审批办法》（中发〔2006〕9 号）和《关于事业单位参照公务员法管理工作有关问题的意见》（组通字〔2006〕27 号），经研究，批准你局普查中心参照《中华人民共和国公务员法》管理（以下简称参照管理）。

列入参照管理范围的单位应当参照《〈中华人民共和国公务员法〉实施方案》对人员进行登记、确定职务与级别、套改工资，并参照公务员法及其配套政策法规的规定，对本单位列入参照管理范围内的机构中除工勤人员以外的工作人员进行管理。参照管理的单位不实行事业单位的专业技术职务、工资、奖金等人事管理制度。

请你们按照有关规定，结合实际，抓紧制定参照管理实施方案和执行公务员工资制度的实施办法，经人事部审核同意后组织实施。

国家统计局关于开展批发和零售业、住宿和餐饮业重点企业联网直报工作的通知

（2007年2月16日）

各省、自治区、直辖市统计局，新疆生产建设兵团统计局：

根据全国统计工作会议的要求，国家统计局将于2007年开始建立批发和零售业、住宿和餐饮业（以下简称批零住餐业）重点企业联网直报制度。目前首批进行联网直报企业的范围和企业名单（全国约5000家）已经确定，有关批零住餐业重点企业联网直报系统各项工作已经准备就绪，联网直报运行系统也已于2007年2月初开通，国家统计局将从2007年3月15日起开始接收入选企业的直报报表。现将有关事项通知如下：

一、首批联网直报企业范围

批零住餐业联网直报企业范围为批发和零售业、住宿和餐饮业重点企业，具体为：

1. 年销售额在8亿元以上的批发业企业；

2. 年销售额在2亿元以上的零售业企业；

3. 年营业收入在2000万元以上的住宿业企业；

4. 年营业收入在3000万元以上的餐饮业企业。

二、联网直报报表内容

表　号	表　　名	报告期别	报送单位	报送日期※
E101－1 表	法人单位基本情况	年报	重点批发和零售业、住宿和餐饮业企业	1 月底前
E103－1 表	限额以上批发和零售业企业财务状况	年报	重点批发和零售业企业	3 月底前
E103－2 表	星级住宿业和限额以上餐饮业企业财务状况	年报	重点住宿和餐饮业企业	同上
E202－1 表	限额以上批发和零售业商品销售、库存情况	月报	重点批发和零售业企业	月后 6 日前
E202－2 表	星级住宿业和限额以上餐饮业经营情况	月报	重点住宿和餐饮业企业	同上
E203 表	重点批发和零售企业主要经济指标	月报	重点批发和零售业企业	月后 15 日前

※:此栏所规定的报送日期为联网直报系统正式运行后的法定报送时间。试运行期间的报送时间见本文第四款中的要求。

具体表式见附件。

三、联网报送方式

（一）联网报送系统已为每家企业确定了上网方式，含有初次上网时的用户端统计配置及用户名和用户初始口令，企业用户名由国家统计局统一规定，企业不能更改。

（二）批零住餐业重点企业联网直报系统的域名为 commerce. stats. gov. cn，入选企业可直接利用 IE 浏览器输入上述域名进入重点企业联网直报系统。

四、时间安排

（一）联网直报系统已于 2007 年 2 月初正式开通启用，各地区统计局和入选企业可上网浏览查询主页信息。

（二）联网直报系统将于 2007 年 3 月 15 日开始接收企业直报报表。

（三）2007 年 4 月开始报送 2006 年年度数据（E101－1、E103－1、E103－2 表），2007 年 5 月开始报送 2007 年 4 月份月度数据（E202－1、E202－2、E203 表）。

（四）2007 年 9 月底前为试运行阶段，各报表报送时间可以适当推后，具体如下：

1. 法人单位基本情况（E101 表）报送时间可以推迟到 3 月底前报送，系统接收报表时间为 3 月 15 日至 3 月 31 日；

2. 限额以上批发和零售业企业财务状况（E103－1 表）、星级住宿业和限额以上餐饮业企业财务状况（E103－2 表）报送时间可以推迟到 4 月 15 日前，系统接收报表时间为 3 月 15 日至 4 月 15 日；

3. 限额以上批发和零售业商品销售、库存情况（E202－1 表）、星级住宿业和限额以上餐饮业经营情况（E202－2 表）、重点批发和零售企业主要经济指标（E203 表）可以推迟到月后 20 日前，系统接收报表时间为月后 1 日至 20 日。

（五）2007 年 10 月后为正式运行阶段，即从 2007 年 9 月起，各报表按照规定时间上报。

五、组织实施

（一）国家统计局贸易外经司负责批零住餐业重点企业联网直报的组织实施，国家统计局计算中心负责联网直报硬件环境和软件系统的开发与维护。

（二）各地区统计局负责组织协调本地区入选企业的上网工作，并督促和检查企业配备好必要的上网设备并按时上网报送统计数据。

（三）各入选企业按照国家统计局的文件要求，配备必要的上网设备，并安排有关专业人员负责联网报送工作。

（四）为了保证企业联网直报工作的顺利实施，要切实做好基层特别是企业的技术培训，培训工作由各地区统计局统一组织进行。

附件：联网直报系统具体报送表式（略）

国家统计局办公室关于2007年地区季度GDP核算有关要求的通知

（2007年3月2日）

各省、自治区、直辖市统计局，新疆生产建设兵团统计局：

为了进一步规范地区季度GDP核算，保持地区GDP核算方法的连续性和核算数据的可比性，根据《季度国内生产总值核算方案（试行）》（国统字〔2006〕63号），我们对以往印发的地区季度GDP核算的有关规定进行了整理和规范，现印发给你们。2007年地区各季度的GDP核算按照以下要求执行。

一、核算基数

2007年地区GDP核算基数。第一季度，各行业都使用2006年第一季度的原季度数据。第二、三、四季度，各行业都使用根据2006年地区GDP年报数据重新修订后的季度数据。

2007年二、三、四季度地区GDP各行业核算基数，以2006年GDP年报数据为基准，按2006年地区季度GDP分季度分行业的比例分劈计算。请各地区于6月15日前，将根据2006年年报数据调整后的本地区2006年各季度分行业增加值数据按照国家规定的统一表式报送核算司地区GDP核算处。统一表式另行下发。

二、增加值比重

2007年第一季度地区GDP核算中使用的年度增加值比重，以

2005 年地区 GDP 年度数据计算的结果为准。2007 年第二、三、四季度地区 GDP 核算使用的年度增加值比重，以 2006 年地区 GDP 年报数据计算的比重为准。

三、调整系数

2007 年第一季度，继续使用 2006 年第三季度核算司核定的各地区分行业增加值的调整系数。2007 年第二、三、四季度，使用根据各地区 2006 年 GDP 年报数据重新计算的分行业增加值调整系数。各地区分行业增加值调整系数由核算司负责计算并反馈。

各地区在计算各行业增加值时，使用的调整系数不得高于反馈的数据，核算司在对地区 GDP 数据联审时将严格控制。

四、基础数据收集和使用

(一)部门基础数据

分地区铁路、公路、水运、航空客货运周转量发展速度，邮政和电信业务总量发展速度，营利性服务业营业税现价发展速度，金融机构人民币存贷款余额现价发展速度等指标的季度数据，由核算司统一收集并反馈。各地区在核算第三产业分行业增加值时所使用的相关数据不得高于反馈的数据。当地区相关部门的上述数据与国务院有关部委向我局提供的数据不一致时，联审时，以国务院有关部委向我局提供的数据为准。

(二)专业统计数据

批发零售业和住宿餐饮业社会消费品零售总额现价发展速度、星级住宿业营业额现价发展速度、商品房销售面积发展速度、房地产业和非营利性服务业从业人员劳动报酬现价发展速度、各类价格指数等季度数据，由各地区核算处向本地区相关的专业处收集。核算司在对地区 GDP 数据联审时将认真核对。当地区上报数据与我局相关专业司向核算司提供的数据不一致时，联审时，以相关专业司数据为准。

(三)关于2007年第四季度GDP核算基础数据的使用

鉴于有些部门和专业第四季度统计数据时间滞后，各地区在核算第四季度有关行业增加值时，按以下规定执行：

1. 交通运输业：分行业交通运输总周转量发展速度根据2007年1—11月份的铁路、公路、水运、航空客货运周转量发展速度数据计算。

2. 营利性服务业：不含电信业的营利性服务业营业税现价发展速度根据2007年1—11月份的营业税数据计算。

3. 房地产业和非营利性服务业：从业人员劳动报酬现价发展速度根据2007年1—9月份从业人员劳动报酬数据计算。

五、核算方法的修订

(一)关于“商品房销售面积”指标的口径范围

《季度国内生产总值核算方案(试行)》中规定，房地产开发经营业季度增加值根据商品房现房销售面积发展速度推算。鉴于房地产业统计已经将商品房销售面积的口径调整为包括期房和现房，各地区在进行2007年房地产业增加值核算时，房地产开发经营业季度增加值发展速度使用商品房(含期房、现房)销售面积计算。

(二)关于金融业增加值的计算方法

1. 调整“当期人民币存贷款余额现价发展速度”的计算方法。为了简便核算方法，提高数据之间的可比性，在核算2007年各季度金融业增加值时，当期人民币存贷款余额现价发展速度按以下方法计算：

当期人民币存贷款余额现价发展速度＝{当期人民币存款余额现价发展速度×[当期人民币存款余额÷(当期人民币存款余额

＋当期人民币贷款余额)]}＋{当期人民币贷款余额现价发展速度×[当期人民币贷款余额÷(当期人民币存款余额＋当期人民币贷款余额)]}

其中,当期人民币存款余额及其现价发展速度、当期人民币贷款余额及其现价发展速度直接来源于中国人民银行。

2.加权价格指数的计算。根据《季度国内生产总值核算方案(试行)》,金融业不变价增加值利用现价增加值和加权价格指数缩减计算。其中加权价格指数利用居民消费价格指数、固定资产投资价格指数和最终消费支出、固定资本形成总额做权重加权计算。现进一步明确,计算加权价格指数使用的最终消费支出和固定资本形成总额,2007年第一季度,以2005年地区GDP支出法年报中的现价数据为准,第二、三、四季度,以2006年地区GDP支出法年报中的现价数据为准。

(三)关于非营利性服务业增加值核算基础资料

1.将"当期行政管理费支出现价发展速度"调整为"当期一般公共服务支出现价发展速度"。

2007年政府收支分类科目进行了调整,财政支出采用了功能分类,其中取消"行政管理费"科目,增设了"一般公共服务"科目。根据非营利性服务业的核算范围,在公共管理和社会组织现价增加值核算时,将原来按照"当期行政管理费支出现价发展速度"计算调整为按照"当期一般公共服务支出现价发展速度"计算。各地区"当期一般公共服务支出现价发展速度"数据直接来源于本地区财政部门。季报附表中行政管理费指标做相应变更。

2.计算非营利性服务业现价增加值涉及的"加权平均现价发展速度"的调整系数仍按照国家反馈的原口径的调整系数计算。

(四)关于附表中"财政收入"指标的口径范围

为保证财政收入指标的地区可比性,从2007年第一季度开始,对附表中的财政收入指标的口径范围进行调整。调整后,财政收入的口径包括,地区财政本级收入、增值税的75%、全部所得税

（包括企业所得税和个人所得税）的50%和消费税。其中，地区财政本级收入、增值税、所得税和消费税数据均来源于本地区财政部门。

六、农业、工业、建筑业季度增加值核算

（一）分地区农林牧渔业现价和可比价增加值：由国家统计局农村司负责审核并向各地区统计局农村处或调查总队反馈。核算处根据《季度国内生产总值核算方案（试行）》的规定，利用国家反馈的农林牧渔业现价增加值和可比价增加值核算本地区农林牧渔业不变价增加值及其增长速度。

（二）分地区规模以上工业和规模以下工业不变价增加值增长速度：由国家统计局工交司负责审核认定，并统一反馈到各地区。核算处根据工交处或调查总队提供的经国家审核后的工业统计数据，按照《季度国内生产总值核算方案（试行）》规定的方法，利用规模以上工业和规模以下工业不变价增加值增长速度核算本地区全部工业现价增加值、不变价增加值及其增长速度。

（三）分地区建筑业现价增加值：由国家统计局投资司统一核算并向各地区统计局投资处反馈。核算处根据《季度国内生产总值核算方案（试行）》的规定，利用经国家审核后的建筑业现价增加值和建筑安装工程价格指数核算本地区建筑业不变价增加值及其增长速度。

七、地区自行开展的服务业调查数据的使用

目前，部分地区自行建立并实施了本地区服务业统计调查制度。为了规范地区GDP核算方法，保证各地区GDP数据的可比性，对部分地区自行开展的服务业调查数据的使用规定如下：自行开展的服务业调查数据不得用于本地区季度GDP核算，可以作为

年度 GDP 核算的依据，但须将本地区服务业调查制度、增加值核算方法和调查汇总数据与 GDP 年报一并报送核算司地区 GDP 核算处。

八、地区季度 GDP 数据报送时间

各地区第一、第二季度地区 GDP 数据的报送时间为季后 14 日 17：00 点前。国家统计局审核后向各地区反馈 GDP 数据的时间为季后 19 日 17：00 点前。

各地区第三季度、第四季度地区季度 GDP 数据的报送时间分别为 10 月 18 日 17：00 点前和 1 月 16 日 17：00 点前。国家统计局审核后向各地区反馈 GDP 数据的时间分别为 10 月 22 日 17：00 点前和 1 月 20 日 17：00 点前。

九、填报要求

为了保证地区 GDP 数据联审和反馈工作的顺利进行，各地区在报送季度数据时，要按照以下要求认真填报。

（一）季报附表中相关指标的发展速度、以上年为 100 的价格指数数据，应写为 115.2，不应写为 1.152，也不应写为 15.2。季报附表中相关指标的比重以 100 为单位，如数据应写为 78.0，不应写为 0.78。

（二）按规定的口径填报季报附表中的相关数据。

国家统计局　商务部关于政府统计系统参加外商投资企业联合年检的通知

（2007 年 3 月 14 日）

各省、自治区、直辖市统计局、商务主管部门，新疆生产建设兵团统计局、商务主管部门，计划单列市统计局、商务主管部门：

根据国务院对商务部《关于外商投资企业联合年检有关问题的请示》（商资发〔2006〕654 号）的批复，自 2007 年起国家统计局正式增列为联合年检成员单位。其他成员单位包括商务部、财政部、国家税务总局、国家工商行政管理总局和国家外汇管理局，商务部是牵头单位。

对外商投资企业进行联合年检是加强对外商投资企业监管、转变政府管理模式、改善投资环境的重要举措。各地统计局应高度重视，积极参加，与其他部门合作认真完成该项工作。现将各地统计局参加联合年检的工作要求通知如下：

一、网上初审。各地统计局通过商务部“全国外商投资企业网上联合年检”系统（网址：www. lhnj. gov. cn）进行初审，分别给出“通过”、“不通过”、“退回修改”等审核意见。

二、现场审验。网上初审通过的企业自行打印一份联合年检报告书原件并加盖公章和法定代表人签字后，送各参检部门办理年检手续。统计局要对该联合年检报告书加盖“××统计局外商投资企业联合年检审核专用章”（需新刻），并留存一套联合年检报告书备查。各地统计局原则上都要参加联合年检的集中办公，如确有困难要与联合年检的牵头单位协商解决。

国家统计局关于印发
全国工业企业创新调查方案的通知

（2007年3月26日）

各省、自治区、直辖市统计局：

为了解我国工业企业创新活动的开展情况，反映我国创新型国家建设进程，经研究，决定今年3月至6月在全国开展工业企业创新调查。现将《全国工业企业创新调查方案》印发给你们，请认真贯彻执行。方案执行中的有关问题请与我局社会和科技统计司联系。

全国工业企业创新调查方案

一、调查目的

了解我国工业企业创新活动、特别是自主创新活动的开展情况，了解企业家对创新的认识以及企业创新的政策环境情况等，为评价我国自主创新能力和监测创新型国家建设进程、为政府制定和完善创新政策提供依据。

二、调查的组织实施

工业企业创新调查采用统一领导、分级负责的方式组织实施。国家统计局社会和科技统计司负责统一组织调查工作，具体工作包括设计并论证调查方案、编写数据处理程序、抽选调查样本、培训省级人员、收集和整理调查资料、对调查结果进行分析等。各省（区、市）统计局负责辖区内的调查工作，具体工作包括对调查表的培训布置、指导填报、收集审核、录入整理和资料上报等。

三、调查对象和范围

调查对象为规模以上具有法人资格的工业企业，其中对大中型工业企业实施全数调查，规模以上小型工业企业进行抽样调查(抽样方案见附件2)。抽样工作在国家一级进行，被抽中企业的名单由社科司统一发至各省(区、市)统计局。

四、调查频率和报告期

本次调查为一次性专项调查。创新调查的标准时点为2006年12月31日，定量指标的时期为2006年度，定性指标的时期为2004—2006年。

五、调查表式和主要内容

工业企业创新调查包括以下两张表式：

1. 工业企业创新情况。主要内容包括企业基本情况、产品创新和工艺创新情况、创新费用情况、创新产出情况以及知识产权保护情况等。

为获取抽样调查的样本框并避免重复统计，规模以上工业企业的部分属性指标(包括法人单位代码、法人单位名称、详细地址、邮编、联系电话、法定代表人、行政区划代码、行业类别、登记注册类型、控股情况、开业时间、隶属关系等)、部分生产及财务指标(包括2006年的工业总产值、主营业务收入、从业人员年平均人数、资产总计、利润总额等)由2006年工业统计年报取得。

2. 企业家调查问卷。主要内容包括企业家基本信息及企业家对创新的认知情况、创新的思想来源、创新阻碍因素、国家有关创新政策的落实情况以及企业对创新的政策需求等。

六、调查时间

2007年3月—6月。

七、资料上报方式及时间

调查的企业资料以电子文件的形式，于2007年6月20日前上报国家统计局社科司科技处。电子邮箱地址：skkjc@stats.gov.cn

附件：1. 工业企业创新调查表式及填表说明（略）

2. 规模以上小型工业企业创新调查抽样方案

附件 2：

规模以上小型工业企业创新调查抽样方案

一、抽样调查目标

通过抽样调查获得样本数据，以样本数据估计全国规模以上小型工业企业分地区（省、区、市）和分行业（行业大类）的创新费用等总量指标。

二、抽样调查总体

以全国规模以上小型工业企业为总体，各省和各行业规模以上小型工业企业为子总体。为提高抽样效率，各子总体下再划分为有创新相关活动的企业子总体和无创新相关活动的企业子总体。

三、抽样方法

先在子总体中确定样本单位数，之后采用目录抽样方法，从全国规模以上小型工业企业名录库中抽取样本企业。

1. 抽样框

目录企业抽样框包括 2006 年底全部规模以上小型工业企业。抽样框内容包括企业的基本属性指标和基本价值量指标。具体包括：法人单位代码、法人单位名称、地址、行业类别、企业登记类型等基本属性指标，以及创新费用、工业总产值、营业（或主营业务）收入等基本价值量指标，其中创新费用以 2004 年经济普查获取的企业相关费用指标值近似代替。

2. 样本量的确定

由国家统计局社科司确定各省（区、市）的最小样本容量和样本单位名单，分配给各省（区、市）。全国样本容量为各省（区、市）

样本容量之和。

将各省(区、市)和各行业中的规模以上小型工业企业均按有无创新相关活动分为两层:一层为有创新相关活动的企业,另一层为无创新相关活动的企业。

对于有创新相关活动的企业层,按随机抽样公式(置信度95%,最大相对误差10%)确定样本容量;在分地区和分行业抽取的样本容量中确定较大的一个作为全国的样本容量,再利用各地区各行业样本所占比重确定分地区分行业的样本容量。

由于规模以上小型工业企业的创新活动在不同年度间的变化较大,因此需要对无创新相关活动的企业层进行抽样调查。

对于无创新活动的企业层,按营业(或主营业务)收入采用平方根累计法进行分层(层数为6层),每层再以随机抽样公式确定样本容量,各层样本容量之和即为无创新活动企业层的样本容量。在分地区和分行业抽取的样本容量中确定较大的一个作为全国的样本容量,再采用固定抽样比确定分地区分行业的样本容量。

3. 样本抽取

采用“永久随机数法”抽取样本。首先,对抽样框中的每个单位赋予一个随机数(永久随机数);其次,对有创新相关活动和无创新相关活动两类子总体,分别按全国各行业单位数中分地区所占比重确定各地按行业分的样本容量;最后,按“永久随机数”从小到大排队,确定随机数较小的一组企业作为样本单位。

4. 加权

目录企业样本的基础权数是该样本被选概率的倒数。在基础权数之上,根据企业有无回答再进行权数调整,得到每个样本企业的最终权数。

5. 总量和方差估计

主要指标的总量估计由各相应子总体的估计量加总取得。对调查精度的评估采用通用的方差估计方法进行。

国家统计局　国家发展改革委 国务院西部地区开发领导小组办公室 国家林业局　农业部　财政部　监察部 关于开展退耕还林(草)监测调查工作的通知

（2007 年 4 月 6 日）

各有关省、自治区、直辖市统计局、发展改革委、西部办、林业厅（局）、农业厅（局）、畜牧厅（局）、财政厅（局）、监察厅（局），国家统计局各有关调查总队：

为实时跟踪退耕还林（草）工程运行状况和发展趋势，了解退耕还林（草）工程成果巩固和生态效益情况，掌握退耕农户生产生活状况，不断完善退耕还林（草）政策措施，促进退耕还林（草）工程的健康发展，国家统计局、国家发展改革委、国务院西部开发办、国家林业局、农业部、财政部、监察部决定，从 2007 年开始，联合开展退耕还林（草）监测调查工作。现将有关事项通知如下：

一、工作的领导和组织

本项监测调查由国家统计局会同国家林业局、农业部联合组织实施。监测调查具体工作由国家统计局各调查总队负责。

国家设立退耕还林（草）监测专项调查资金，用于开展退耕还林（草）监测调查工作。国家统计局、国家发展改革委、国务院西部开发办、国家林业局、农业部、财政部、监察部共同制定退耕还林

(草)监测调查制度。

二、开展监测调查的范围

开展监测调查的范围是北京、河北、山西、内蒙古、辽宁、吉林、黑龙江、安徽、江西、河南、湖北、湖南、广西、海南、重庆、四川、贵州、云南、西藏、陕西、甘肃、青海、宁夏、新疆等24个省、自治区、直辖市的372个退耕还林(草)抽中县(市)。

三、监测调查工作的主要内容

本项监测调查设置县级监测调查表和农户监测调查表共3张,并在所有的退耕还林(草)调查农户中建立实物和现金收支台账。

县级监测调查表主要内容包括县(市)退耕还林工程情况、后续产业发展情况、生态环境变化等情况。

农户监测调查表包括三方面内容:一是农户基本情况及退耕还林(草)完成情况;二是退耕户家庭收支情况;三是建立退耕还林(草)农户实物现金收支台账,由农户随时记录家庭生产生活等收支情况。

四、工作安排

(一)工作布置和方案培训。国家统计局会同有关部门召开专题会议布置监测调查任务,并就抽样方法、调查内容及指标解释等对省(区、市)进行业务培训;省以下监测工作由国家统计局各调查总队负责工作布置和方案培训。

(二)样本抽选。所有监测调查样本县均由国家统计局根据方案要求抽选。国家统计局各调查总队根据各抽中县上报的退耕村资料抽选样本村，县级统计局或调查队根据各调查总队抽中的调查村抽选监测调查样本户。国家统计局各调查总队必须将样本抽选结果报国家统计局核准备案。

（三）建立农户收支台账。每个退耕调查户都要建立实物和现金收支台账，并根据台账填报收支调查表。调查中要认真查阅核对农户退耕台账，面积不清的要实地丈量，林木保存率等指标必须要逐地测查，务求数据准确。

（四）数据管理与发布。此项调查原始数据由各调查总队审核后报国家统计局，实行超级汇总。省级数据必须在国家核定后方可对外发布和提供。

（五）时间安排。国家统计局于 2007 年 4 月中旬布置监测调查工作，上半年完成数据处理程序的编制和培训工作。

五、工作要求

（一）各部门要通力协作，各司其责，确保监测调查工作的顺利进行。各级林业部门要及时提供监测调查工作所需的退耕县、退耕村、退耕户的相关资料，农业部门、国土资源部门、水利部门等要积极协助配合，支持统计部门开展工作，确保监测调查工作顺利进行。统计部门要严格按照方案和程序抽选样本，扎实开展监测调查工作；同时要主动与发展改革委、西部办、林业部门和农业部门联系和沟通，争取各部门的支持与合作，及时解决在监测调查工作中遇到的各种问题，确保监测调查工作顺利完成。

（二）坚持依法调查。调查县(市)、乡(镇)政府和相关部门、调查村村委会等要严格遵守统计法规，积极配合统计调查部门做好监测调查工作，任何部门不得以任何理由、任何形式干扰监测调查工作的正常进行，不得编造或授意修改调查资料，对弄虚作假的，要严格依纪依法追究有关人员的责任。

（三）严格检查，确保数据质量。省级各有关部门要对监测调查开展情况和数据质量严格检查，及时解决发现的问题，确保调查工作质量。国家有关部门将对各省（区、市）退耕还林（草）监测调查工作进行不定期抽查。

附件：退耕还林（草）监测调查方案（略）

中华人民共和国国家统计局令

第10号

（2007年4月30日）

《统计从业资格认定办法》已经2007年4月28日国家统计局第6次局务会议修改通过，现予公布，自2007年6月1日起实施。

局长　谢伏瞻

统计从业资格认定办法

（2005年5月16日国家统计局制定，2007年4月28日国家统计局修订）

第一章　总　　则

第一条　为规范统计从业资格认定工作，提高统计人员的素质，保障统计资料的准确性和及时性，根据《中华人民共和国统计法》、《中华人民共和国行政许可法》和《国务院对确需保留的行政审批项目设定行政许可的决定》，制定本办法。

第二条　在国家机关、社会团体、企业事业单位和其他组织等统计调查对象中承担经常性政府统计调查任务的人员，必须取得统计从业资格，持有统计从业资格证书。

已取得统计员以上统计专业技术职务资格的人员，可免于统计从业资格考试和申请，凭统计专业技术职务资格证书直接从事统计工作。

第三条 国家统计局领导和管理全国的统计从业资格认定工作。

第四条 省级人民政府统计机构是本行政区域内统计从业资格认定工作的实施机关。

第五条 县级人民政府统计机构是本行政区域内统计从业资格认定工作的承办机关。

必要时，省级人民政府统计机构可以决定由设区的市人民政府统计机构承办统计从业资格认定的有关工作。

新疆生产建设兵团统计局负责所属单位的统计从业资格认定工作。

第二章 申请与受理

第六条 具备下列条件的人员，可申请取得统计从业资格：

（一）熟悉统计法律、法规和规章；

（二）坚持原则，具备良好的道德品质；

（三）具备从事统计工作所需的专业知识和技能。

第七条 国家实行统计从业资格考试制度。

统计从业资格考试的时间为每年九月份的第三个星期日。

统计从业资格考试的科目为：统计基础知识与统计实务；统计法基础知识。

第八条 已具备教育行政部门认可的会计与统计核算、统计实务专业大专，统计学类、经济学类、工商管理类专业本科以上学历（或学位）的人员，可免于参加统计基础知识与统计实务科目的考试。

统计学类、经济学类、工商管理类专业以国务院教育主管部门公布的《高等学校本科专业目录(统计用)》为准。

第九条 国家统计局负责编制统计从业资格考试大纲、考试命题、制定考试管理办法和考务规则等工作。

省级人民政府统计机构负责统计从业资格考试考点的设定、试卷的印制、组织阅卷和成绩登记造册等工作。

统计从业资格认定工作承办机关负责统计从业资格考试的报名、考务组织和成绩通知等工作。

第十条 统计从业资格考试应当公开举行。县级以上人民政府统计机构应当事先公布考试的报名条件、报考办法、考试科目以及考试大纲。

第十一条 申请取得统计从业资格的人员,在向统计从业资格认定工作承办机关提出申请时,应当提交下列材料:

(一)《统计从业资格认定申请表》一式两份;

(二)本人有效身份证件及其两份复印件;

(三)统计从业资格考试合格成绩单原件及其两份复印件;

(四)本人近期正面免冠彩色照片一张。

符合本办法第八条规定的人员,在提出统计从业资格认定申请时,除提交前款所规定的材料外,还需同时提交本人学历证书原件及其两份复印件。

第十二条 具备条件的地方,可通过网络受理统计从业资格认定申请,所需材料由省级人民政府统计机构规定。

第十三条 统计从业资格认定工作的承办机关应当将有关统计从业资格认定的依据、条件、程序、期限以及需要提交的全部材料的目录和申请书示范文本等在办公场所公示。

第十四条 申请人申请统计从业资格,应当如实向受理申请的统计从业资格认定工作承办机关提交有关材料。受理机关不得要求申请人提交与其申请的统计从业资格认定事项无关的材料。

第十五条 统计从业资格认定工作的承办机关对申请人提出

的申请，应当根据下列情况分别作出处理：

（一）申请人依法不需要取得统计从业资格的，应当即时告知申请人不受理；

（二）申请材料存在可以当场更正的错误的，应当允许申请人当场更正；

（三）申请材料不齐全或者不符合法定形式的，应当当场或者在五日内一次告知申请人需要补正的全部内容，逾期不告知的，自收到申请材料之日起即为受理；

（四）申请材料齐全、符合法定形式，或者申请人按照承办机关的要求提交全部补正申请材料的，应当受理统计从业资格认定申请。

统计从业资格认定工作的承办机关受理或者不予受理统计从业资格认定申请，应当向申请人出具加盖本行政机关专用印章并注明日期的书面凭证。

第三章　审查与决定

第十六条　统计从业资格认定工作的承办机关应当对已受理的申请材料进行审查，并将初步审查意见和全部申请材料自受理之日起二十日内报送省级人民政府统计机构。

省级人民政府统计机构应当自收到初步审查意见和全部申请材料之日起二十日内作出是否授予统计从业资格的决定。二十日内不能作出决定的，经本行政机关负责人批准，可以延长十日，并将延长期限的理由告知申请人。

第十七条　申请人的申请符合法定条件的，省级人民政府统计机构应当依法做出授予统计从业资格的书面决定，并颁发统计从业资格证书。统计从业资格证书应当加盖省级人民政府统计机构印章。

申请人的申请不符合法定条件，省级人民政府统计机构依法作出不授予统计从业资格的书面决定的，应当说明理由，并告知申请人享有依法申请行政复议或者提起行政诉讼的权利。

第四章　证书的使用与管理

第十八条　统计从业资格证书在全国范围内有效。

统计从业资格证书应当依法使用，不得涂改、转让、出租和出借。

第十九条　统计从业资格证书由国家统计局统一设计样式，统一制定编号规则。

省级人民政府统计机构负责统计从业资格证书的印制、编号、颁发和管理工作。

统计从业资格认定工作的承办机关负责本行政区域内统计从业资格证书的送达工作。

第二十条　统计从业资格证书遗失或损坏的，取得统计从业资格的人员可持有效证明，向原承办机关提出补发统计从业资格证书的申请。原承办机关进行审查后，报原发证机关依法予以补发。

第二十一条　对取得统计从业资格的人员，实行统计继续教育。

第二十二条　有下列情形之一的，国家统计局和省级人民政府统计机构可以依法撤销已经授予的统计从业资格：

（一）滥用职权、玩忽职守作出授予统计从业资格决定的；

（二）超越法定职权作出授予统计从业资格决定的；

（三）违反法定程序作出授予统计从业资格决定的；

（四）对不具备申请资格或者不符合法定条件的申请人授予统计从业资格的；

（五）以欺骗、贿赂等不正当手段取得统计从业资格的；

（六）依法可以撤销统计从业资格的其他情形。

因前款所列情形被依法撤销统计从业资格的人员，其已取得的统计从业资格证书应当依法予以收回。

第二十三条 申请人因第二十二条第一款第（五）项原因被撤销统计从业资格的，自撤销之日起两年内，省级人民政府统计机构不得授予统计从业资格。

第二十四条 上级人民政府统计机构应当加强对下级人民政府统计机构实施统计从业资格认定工作的监督检查，及时纠正和处理统计从业资格认定工作中的各种违法行为。

第五章 法律责任

第二十五条 任何单位违反本办法第二条的规定，聘请、任用未取得统计从业资格证书的人员从事统计工作的，由县级以上人民政府统计机构责令限期改正，予以警告或者通报批评。拒不改正的，处一千元以下的罚款。

第二十六条 县级以上地方各级人民政府统计机构违反本办法的规定，有下列情形之一的，由其上级人民政府统计机构责令改正；情节较重的，对直接负责的主管人员和其他直接责任人员依法给予行政处分：

（一）对符合法定条件的统计从业资格申请不予受理的；

（二）对不符合法定条件的申请人授予统计从业资格或者超越法定职权作出授予统计从业资格决定的；

（三）对符合法定条件的申请人不授予统计从业资格或者不在法定期限内作出授予统计从业资格决定的；

（四）法律、法规、规章规定的其他违法行为。

第二十七条 申请人隐瞒有关情况或者提供虚假材料申请统计从业资格的，县级以上地方各级人民政府统计机构不予受理或者不授予统计从业资格，并给予批评教育。

第二十八条 已取得统计从业资格的人员有下列行为之一

的，由县级以上人民政府统计机构责令改正，予以警告或者通报批评：

（一）涂改、转让、出租、出借统计从业资格证书的；

（二）向负责监督检查的县级以上人民政府统计机构隐瞒有关情况、提供虚假材料或者拒绝提供情况的；

（三）以欺骗、贿赂等不正当手段取得统计从业资格证书的；

（四）法律、法规、规章规定的其他违法行为。

第六章　附　　则

第二十九条　在本办法实施前已依法取得《统计证》、《统计上岗证》或《统计上岗资格证书》的人员，应当自本办法实施之日起一年内，到所在地统计从业资格认定工作承办机关换领统计从业资格证书。

第三十条　本办法规定的实施行政许可的期限以工作日计算，不含法定节假日。

第三十一条　本办法自2005年7月1日起施行。国家统计局1998年发布的《统计人员持证上岗暂行规定》同时废止。

国家统计局　国家环境保护总局
关于省级统计局在第一次全国污染源
普查中工作职责的通知

（2007 年 5 月 11 日）

各省、自治区、直辖市统计局、环境保护局（厅）：

根据《国务院关于开展第一次全国污染源普查的通知》（国发〔2006〕36 号），第一次全国污染源普查由各级环境保护部门具体组织实施，各有关部门积极参与。经研究，现将省级统计局在普查中的职责通知如下：

一、根据省级政府的要求，指定一名局领导参加本省（区、市）第一次全国污染源普查领导小组；指定一名处级干部参与本省（区、市）第一次全国污染源普查办公室的工作。

二、配合环境保护部门，参与制定本省（区、市）贯彻执行《第一次全国污染源普查方案》的实施方案和有关具体政策。

三、配合环境保护部门，做好普查所需资料的提供和有关资料的衔接工作。

四、参与普查相关数据的核定和普查结果的分析和资料开发工作（具体要求另行规定）。

各省级统计局和环境保护局（厅）应根据本通知精神和本地实际情况加强联系和沟通，相互配合和支持，保证第一次全国污染源普查的顺利进行。

国家统计局关于印发服务业财务状况报表(试行)的通知

(2007年5月23日)

教育部、科技部、民政部、铁道部、信息产业部、文化部、卫生部、国资委、环保总局、广电总局、新闻出版总署、中国地震局、中国气象局、国家海洋局、国家测绘局、国家邮政局、中石油集团、中石化集团:

根据《国务院关于加快发展服务业的若干意见》(国发〔2007〕7号)提出的"尽快建立科学、统一、全面、协调的服务业统计调查制度和信息管理制度,完善服务业统计调查方法和指标体系"的精神,为满足服务业增加值核算的需要,国家统计局制定了《服务业财务状况报表(试行)》。现印发给你们,请认真组织填报。

一、各有关部门要加强对《服务业财务状况报表(试行)》填报工作的组织领导,明确填报单位和联系人,确保服务业财务情况报表制度顺利实施。

二、请按照《服务业财务状况报表(试行)》规定的表式、指标口径和相关标准,填报2006年的财务指标数据,有分地区数据的部门,请同时填报分地区的数据,表内各项指标单位均保留整数,并按规定的日期报国家统计局社会科技统计司或服务业调查中心。

三、《服务业财务状况报表(试行)》所列指标按当年统计口径填报,价值量指标均按当年价格计算填报。除特殊情况外所有指标均应填报全年数或年末数。个别指标当年无数据时暂用最近年份的资料代替,并加以注明。

四、填报指标与财政部相关会计报表指标含义不同的，请在报送 2006 年数据的同时做出说明。

五、填报工作中出现的问题，请及时与国家统计局社会科技统计司或服务业调查中心联系。

服务业财务状况报表（试行）（略）

国家统计局调查队系统干部管理暂行规定

国家统计局

（2007 年 6 月 1 日）

为了加强国家统计局调查队系统干部的管理，根据国务院办公厅印发的《国家统计局直属调查队管理体制改革方案》（国办发〔2005〕14 号）、中央组织部《关于国家统计局各级调查队党组织设置和干部管理有关问题的通知》（组通字〔2005〕26 号）和国家的有关规定，结合国家统计局调查队系统干部人事管理的实际，制定本规定。

第一条 国家统计局各级调查队是国家统计局的派出机构，国家统计局对各级调查队实行垂直管理。按照干部管理权限，实行干部管理分级负责。国家统计局统一管理各级调查队内设机构、人员编制、领导职数，管理和领导各级调查队的干部人事工作；负责正、副厅局级干部的考核、任免、奖惩、工资、档案、调动、交流、任职培训等具体工作。国家统计局授权调查总队管理省级以下各级调查队的干部人事工作。

第二条 国家统计局各级调查队领导干部职数要严格控制在国家规定的职数范围内。

国家统计局各级调查队的非领导职数，按照国家有关规定执行。

第三条 国家统计局各级调查队干部的级别与所在调查队机构级别相对应。

第四条 国家统计局各级调查队领导干部的管理

国家统计局调查总队领导干部的管理，以国家统计局党组管理为主，省（自治区、直辖市）党委协助。

副省级城市调查队队长、党组书记的管理，以国家统计局党组管理为主，同级地方党委和省级调查总队党组协助；调查队其他领导干部的管理，以调查总队党组为主，同级地方党委协助。

市级和县级调查队领导干部的管理，以调查总队党组管理为主，同级地方党委协助。

第五条 国家统计局各级调查队行政领导干部的任免

调查总队总队长、副总队长、总统计师（副厅局级），由国家统计局按规定和程序任免，国家统计局党组在作出决定前，须征求省（自治区、直辖市）党委的意见。

副省级城市调查队队长，由国家统计局按规定和程序任免，国家统计局党组在作出决定前，须征求副省级城市党委和调查总队党组的意见；调查队副队长，由调查总队按规定和程序任免，调查总队党组在作出决定前，须征求副省级城市党委的意见，任免后报国家统计局党组备案。

市级调查队队长、副队长，由调查总队按规定和程序任免，调查总队党组在作出决定前，须征求同级地方党委的意见。其中，调查队队长任免后报国家统计局党组备案。

县级调查队队长、副队长，由调查总队按规定和程序任免，调查总队党组在作出决定前，须征求同级地方党委的意见。

调查总队内设机构的领导干部和其他干部，由调查总队任免和管理，其中人事和纪检监察主要负责人的任免，须事先报国家统计局批准。

副省级城市调查队和市级调查队内设机构的领导干部和其他干部，由本级调查队任免和管理，其中人事和纪检监察主要负责人的任免，须事先报调查总队批准。

县级调查队内设机构的领导干部和其他干部的任免及管理，由调查总队按干部管理权限确定。

第六条 党组织设置和党组书记、纪检组长、党组成员的任免

调查总队、副省级城市调查队和市级调查队设立党组。调查队党组的设立，由同级地方党委审批。党组书记一般由调查队担任主要行政领导职务的党员干部担任。县级调查队建立党的基层组织。

调查总队党组书记、副书记和纪检组长、党组成员，由国家统计局党组征求省(自治区、直辖市)党委意见后任免。

副省级城市调查队党组书记，由国家统计局党组征求副省级城市党委和调查总队党组意见后任免。副省级城市调查队纪检组长、党组成员，由调查总队党组征求副省级城市党委的意见后任免，任免后报国家统计局党组备案。

市级调查队党组书记和纪检组长、党组成员，由调查总队党组征求同级地方党委意见后任免。其中，市级调查队党组书记任免后报国家统计局党组备案。

国家统计局各级调查队党组织及其党建工作，由所在地方党委领导。各级调查队党组织履行党章规定的职责，并接受上一级业务主管部门党组的指导。

第七条 根据《统计法》及其《统计法实施细则》的规定，国家统计局各级调查队和统计人员必须建立统计工作责任制；按照《中华人民共和国公务员法》和干部管理有关规定，建立考核制度和奖惩制度，不断提高统计工作质量和工作效率。

(一)干部考核

国家统计局各级调查队，按干部管理权限，会同有关部门，对所属调查队的领导班子，有计划、有步骤地开展考核了解工作，对班子不健全或存在问题的，应主动与有关部门协商提出补充调整意见，并及时报主管机关审批。

对各级干部都要进行考核。考核的内容包括德、能、勤、绩、廉五个方面，重点考核履行岗位责任制的工作实绩。考核干部要坚持客观公正的原则，考核的基本方法实行领导与群众相结合，平时

考核与定期考核相结合,定性考核与定量考核相结合。

干部考核分为平时考核和定期考核。平时考核根据工作需要随时进行,主要采取被考核人如实填写工作记录,考勤,结合晋升、培训、挂职锻炼进行专项考核等形式;定期考核(即年度考核)在每年年末进行。定期考核以平时考核为基础。干部考核结果要写出评语,并分为优秀、称职、基本称职、不称职四个等次。对领导干部定期进行民主评议。对确定为不称职的领导干部要及时调整。定期考核结果作为干部奖励、培训、辞退和调整职务的依据,并将年度考核材料存入本人档案。

(二)对干部的奖惩要做到功过分明,赏罚得当。奖励要坚持精神鼓励和物质鼓励相结合的原则。实施奖惩的具体办法,按《统计法》及其《统计法实施细则》和国家有关规定执行。

干部考核和奖惩可参照执行当地目标考核及奖惩标准。

第八条 选拔任用领导干部,按照《党政领导干部选拔任用工作条例》和《国家统计局各级调查队领导干部选拔任用工作暂行规定》执行。坚持德才兼备、任人唯贤的原则,注重工作实绩和组织领导才能,并符合革命化、年轻化、知识化、专业化要求,建设一支政治理论水平高、统计业务精、结构合理、团结、坚强的高素质的领导干部队伍,保证统计调查事业的顺利发展。

第九条 本规定由国家统计局人事司负责解释。

第十条 本规定自印发之日起施行。

国家统计局各级调查队领导干部选拔任用工作暂行规定

国家统计局

（2007 年 6 月 1 日）

第一章　总　　则

第一条　为了切实加强国家统计局调查队系统组织建设和干部队伍建设，促进人事工作制度化、规范化，根据《党政领导干部选拔任用工作条例》和中央组织部《关于国家统计局各级调查队党组织设置和干部管理有关问题的通知》（组通字〔2005〕26 号），结合国家统计局调查队系统干部人事管理的实际，制定本规定。

第二条　本规定适用于国家统计局各级调查队领导干部（指正、副总队长、正、副队长、总统计师、党组书记、副书记和纪检组长、党组成员，下同）的选拔任用工作。

第三条　选拔任用国家统计局各级调查队领导干部，必须坚持以下原则：

（一）党管干部原则；

（二）任人唯贤、德才兼备原则；

（三）群众公认、注重实绩原则；

（四）公开、平等、竞争、择优原则；

（五）民主集中制原则；

（六）依法办事原则；

（七）有利于优化领导班子结构原则；

（八）注重选拔任用优秀年轻干部原则。

第二章　选拔任用条件和资格

第四条　国家统计局各级调查队领导干部应当具备下列基本条件：

（一）具有履行职责所需要的马克思列宁主义、毛泽东思想、邓小平理论的水平，认真实践“三个代表’重要思想和科学发展观，努力用马克思主义的立场、观点、方法分析和解决实际问题，坚持讲学习、讲政治、讲正气，经得起各种风浪的考验。

（二）具有共产主义远大理想和中国特色社会主义坚定信念，坚决贯彻执行党的基本路线和各项方针、政策，立志改革开放，献身统计事业，在统计工作中艰苦奋斗，做出实绩。

（三）坚持解放思想，实事求是，与时俱进，开拓创新，认真调查研究，能够把党的方针、政策同本地区、本单位的实际相结合，卓有成效地开展工作，讲实话，办实事，求实效，反对形式主义。

（四）有强烈的革命事业心和政治责任感，有实践经验，有胜任领导工作的组织能力、文化水平和专业知识。

（五）正确行使人民赋予的权力，依法办事，清正廉洁，勤政为民，以身作则，艰苦朴素，坚持党的群众路线，密切联系群众，自觉接受党和群众的批评和监督，做到自重、自省、自警、自励，反对官僚主义，反对任何滥用职权、谋求私利的不正之风。

（六）坚持和维护党的民主集中制，有民主作风，有全局观念，善于集中正确意见，善于团结同志，包括团结与自己有不同意见的同志一道工作。

第五条　选拔担任国家统计局各级调查队领导职务的，应当具备下列资格条件：

（一）一般具有五年以上工龄和三年以上统计工作经历。

（二）在近两年年度考核中确定为“优秀”或近三年年度考核中

确定为“称职”以上等次。

（三）一般应当具有大学专科以上文化程度，其中副厅局级以上领导干部一般应当具有大学本科以上文化程度。

（四）提任厅局级领导职务的，一般年龄在53周岁以下。

提任副省级城市调查队副职领导干部和市、县级调查队领导职务的年龄可参照当地组织、人事部门任职年龄的规定执行。

（五）提任领导职务，由副职提任正职的，应当在副职岗位上工作二年以上，由下级正职提任上级副职的，应当在下级正职岗位工作三年以上。

（六）提任市级以上调查队领导职务，一般应当具有在下一级两个以上职位任职的经历和一年以上基层工作经历。

提任总队长领导职务的，应当具有二年以上基层工作经历。

提任纪检组长职务的，应当具有五年以上中共党员党龄。

（七）提任调查总队领导职务和副省级城市调查队队长职务的，应当经过党校、行政院校或者组织（人事）部门认可的其他培训机构五年内累计三个月以上的培训，确因特殊情况在提任前未达到培训要求的，应当在提任后一年内完成培训。

（八）身体健康，能够坚持正常工作。

（九）符合任职回避规定。

（十）符合具体职位需要的其他条件。

对德才表现优秀、政绩特别突出的年轻干部或者工作特殊需要的，可以适当放宽本条规定的任职资格条件破格提拔。

第六条 国家统计局各级调查队领导干部应当逐级提拔。越级提拔的，应当报经上级人事部门同意。

国家统计局各级调查队领导干部一般应从调查队系统内选拔任用，也可以从调查队系统以外选拔任用。

国家统计局各级调查队领导班子成员一般应当从后备干部中选拔。

第三章　选拔任用程序

第七条　选拔任用调查总队领导干部，由国家统计局人事司组织推荐、考察，省（区、市）党委组织部门协助，确定拟任人选，报国家统计局党组研究决定，并征求省（区、市）党委意见后任免。

根据工作需要，国家统计局可直接选派调查总队领导干部。

第八条　选拔任用副省级城市调查队队长、党组书记，由国家统计局人事司组织推荐、考察，副省级城市党委组织部门和调查总队党组协助，确定拟任人选，报国家统计局党组研究决定，并征求副省级城市党委和调查总队党组的意见后任免。

选拔任用副省级城市调查队副队长、总统计师、纪检组长、党组成员，由调查总队人事部门组织推荐、考察，副省级城市党委组织部门协助，确定拟任人选，报调查总队党组研究决定，并征求副省级城市党委意见后任免，任免后报国家统计局党组备案。

根据工作需要，国家统计局可直接选派副省级城市调查队队长；调查总队可直接选派副省级城市调查队副队长、纪检组长。

第九条　选拔任用市级、县级调查队领导干部，由调查总队人事部门组织推荐、考察，同级地方党委组织部门协助，确定拟任人选，报调查总队党组研究决定，并征求同级地方党委意见后任免。其中，市级调查队队长、党组书记任免后报国家统计局党组备案。

根据工作需要，调查总队可直接选派市级、县级调查队领导干部。

第十条　选拔任用国家统计局各级调查队领导干部应坚持下列程序：

（一）民主推荐；

（二）组织考察；

（三）党组讨论决定；

（四）任前公示，征求地方党委组织部门意见，办理任职手续。

第十一条 选拔任用国家统计局各级调查队领导干部，必须经过民主推荐提出考察对象。民主推荐包括会议投票推荐和个别谈话推荐。民主推荐的结果一年内有效。

会议投票推荐范围：调查队在职正式工作人员。

按照干部管理权限，民主推荐由国家统计局或调查总队人事部门负责组织，并经过下列程序：

（一）召开民主推荐会，公布推荐职务、任职条件和资格、推荐范围，提出有关要求；

（二）填写推荐票，进行个别谈话；

（三）对推荐票进行统计，综合分析；

（四）根据民主推荐投票结果，对推荐人选进行资格审查，研究提出考察对象人选建议报党组。考察对象人数一般应多于拟任职务人数；

（五）党组根据民主推荐情况，研究确定考察对象。

民主推荐结果作为确定考察对象的重要依据之一，同时防止简单地以票取人。

第十二条 国家统计局和调查总队人事部门，按照干部管理权限对考察对象进行严格考察。考察的基本程序是：

（一）邀请地方组织部门共同参加考察。

（二）通过适当方式在一定范围内发布考察预告。

（三）考察形式采取个别谈话、民主测评、实地考察、专项调查、查阅档案资料、同考察对象面谈等方法，广泛深入地了解情况。个别谈话范围一般为：调查队领导成员、内设机构领导干部、考察对象所在部门或分管部门的部分干部，考察组确定的其他人员。

（四）考察内容包括：

1. 考察对象德、能、勤、绩、廉等方面的情况，要注重考察工作实绩；

2. 主要缺点和不足；

3. 民主推荐、民主测评情况；

4.接受培训情况；

5.要注意了解考察对象的政治思想、作风和廉洁自律情况，对群众反映廉政等方面的问题要注意核实；

6.要注意参考本人年度考核、目标管理考核、廉政考核等情况。

（五）考察组综合分析考察情况，同考察对象所在单位的党组主要领导成员交换意见。

（六）对考察对象人选必须形成书面考察材料，建立考察文书档案。已经提拔任用的，考察材料要归入本人档案。考察材料是党组、人事部门研究干部时的重要依据。考察材料必须写实，要全面、准确、清楚地反映考察对象的情况，内容包括：

1.德、能、勤、绩、廉方面的主要表现和主要特长；

2.主要缺点和不足；

3.民主推荐、民主测评、考察谈话情况。

（七）考察组根据考察情况，提出拟任人选初步意见，经人事部门集体研究后，呈报党组研究决定。

呈报材料包括：选拔领导干部拟任意见、干部任免审批表、干部考察材料和民主推荐、组织考察情况。

第十三条 考察组由两名以上成员组成。考察人员应当具有较高素质和相应资格。考察组负责人应当由思想政治素质好、有较丰富工作经验并熟悉干部工作的人员担任。

实行干部考察工作责任制。考察组必须坚持原则，公道正派，深入细致，如实反映考察情况和意见，并对考察材料负责。

考察中了解到的考察对象的表现情况，一般由考察组向党组主要领导成员和本人反馈。

第十四条 选拔任用国家统计局各级调查队领导干部，各地根据实际情况，也可以采取竞争上岗的选拔形式。竞争上岗一般应按照以下程序进行：

（一）公布职位、报考资格条件、基本程序和实施方案；

（二）报名与资格审查；

（三）统一考试；

（四）民主测评；

（五）组织考察；

（六）党组讨论决定；

（七）任前公示，征求地方党委组织部门意见，办理任职手续。

第十五条 拟提拔任用国家统计局各级调查队领导干部，考察中应征求该干部所在单位纪检监察部门的意见。在提请党组讨论决定前，人事部门应向同级纪检监察部门征求对该干部廉洁自律方面的意见，纪检监察部门应当及时反馈。征求及反馈意见应当以书面形式进行。

第四章 讨论决定

第十六条 选拔任用国家统计局各级调查队领导干部，应当按照干部管理权限由党组集体讨论作出任免决定，或者决定提出推荐、提名的意见。属于上级党组管理的，本级党组可以提出选拔任用建议。

第十七条 党组讨论决定干部任免事项，必须有三分之二以上的成员到会。与会成员对任免事项应当发表同意、不同意或者缓议等明确意见。对意见分歧较大或者有重大问题不清楚的，应当暂缓作出决定。对影响作出决定的问题，会后应当及时查清，避免久拖不决。

党组有关干部任免的决定，需要复议的，应当经党组超过半数成员同意后方可进行。

第十八条 党组讨论决定调查队领导干部任免事项的程序是：党组分管干部工作的领导成员或人事部门的负责人，介绍拟选拔任用人选的提名、推荐、考察和任免理由等情况；参加会议人员进行讨论；进行表决，以党组应到会成员超过半数同意形成决定。

第十九条 党组确定拟任人选后，以公函形式征求地方党委组织部门意见。地方党委组织部门一个月内未予答复的，视为同意。双方意见不一致时，正职的任免报上级党组人事部门协调，副职的任免由主管方决定。

第五章 任 职

第二十条 实行领导干部任职前公示制度。提拔任用国家统计局各级调查队领导干部，在党组讨论决定后、下发任职通知前，应当在一定范围内进行公示。公示期一般为七至十五天。

公示的实施办法是：

（一）发布任职公示通知或公告；

（二）按照干部管理权限，国家统计局人事司、纪检监察局和调查总队人事教育处、纪检监察室是受理群众反映问题的主管部门，公示通知或公告应注明这些部门的联系方式；

（三）人事部门会同纪检监察部门，对群众来信、来访、来电反映公示对象的有关情况，进行归纳、整理，对有关重要情况或涉及违纪违法问题，要在充分调查核实的基础上，提请党组研究；

（四）公示结果不影响任职的，人事部门办理任职手续，下发任职通知并按照规定抄送有关部门备案。

第二十一条 实行任前谈话制。下达任职通知前进行任职谈话。任命调查总队总队长、副省级城市调查队队长的，由国家统计局主要领导（或分管领导）进行谈话；任命市级、县级调查队队长的，由调查总队主要领导（或分管领导）进行谈话；任命各级调查队副职的，由上级人事部门主要负责人进行谈话。

任前谈话后，宣布任职通知。

第二十二条 实行任职试用期制。

（一）提拔担任国家统计局各级调查队领导职务的，实行任职试用期制。

（二）由非领导职务转任同级领导职务的，实行任职试用期制。

（三）任职试用期为一年，以试用任职通知中确定的时间计算。

（四）领导干部在试用期间，履行所任职务的职责，享受相应的待遇。

（五）任职试用期满后，人事部门根据实际情况，采取适当方式组织考核。考核应了解领导干部本人在试用期间的思想政治表现、组织领导能力、工作作风、工作实绩和廉洁自律等情况，重点考核对所任职务的适应能力和履行职责的情况。人事部门考核后提出意见，报党组决定。党组决定正式任命的，其任职时间从确定试用期之日起计算。

（六）经考核不能胜任的，免去试任职务，一般按试任前职级安排工作。

第六章　任期、交流、回避

第二十三条　市级以上调查队队长实行领导干部职务任期制度。每个任期为 5 年。在同一职位上连续任职达到两个任期的，不再担任同一职务。

第二十四条　实行干部交流制度。省级、副省级和有条件的市级、县级调查队正职领导，在同一职位任职满 10 年的，应当交流。

第二十五条　有下列情况之一的，可不进行交流：

（一）退休前三年不宜进行交流的；

（二）年度考核被确定为不称职的；

（三）因涉嫌违纪、违法正在接受审查，尚未作出结论的；

（四）因其他原因不适合交流的。

第二十六条　实行任职回避制度。国家统计局各级调查队领导干部任职回避的亲属关系为：夫妻关系、直系血亲、三代以内旁系血亲以及近姻亲关系。有上述亲属关系的，不得在同一调查队工作,应实行任职回避。

第二十七条 实行领导干部选拔任用工作回避制度。讨论干部任免及考察干部时,凡涉及与会人员及考察组成员本人及其亲属的,本人必须回避。

第七章 免职、辞职、降职

第二十八条 免职。有下列情形之一者,应予以免职:

(一)到达退休年龄界限或任职年龄界限的;

(二)在年度考核、干部考察中,民主测评不称职票超过三分之一,经组织考核认定为不称职的;

(三)离职学习、探亲、出国及其他原因,不在岗时间超过一年的;

(四)因健康原因不能坚持正常工作一年以上的;

(五)因工作需要和其他原因,应当免去现职的。

第二十九条 按照《党政领导干部选拔任用工作条例》实行领导干部辞职制度和领导干部降职制度。

第八章 纪律和监督

第三十条 选拔任用国家统计局各级调查队领导……必须严格执行本规定,并遵守下列纪律:

(一)不准超职数配备领导干部……提高干部的职级待遇;

(二)不准以……式,代替党组会集体讨论决定干……免;……免,个人不能改变党组会集体作出

（五）不准拒不执行组织调动、交流领导干部的决定；

（六）不准要求提拔本人的配偶、子女及其他亲属，或者指令提拔秘书等身边工作人员；

（七）不准在机构变动和主要领导成员工作调动时，突击提拔调整干部，或者干部在调离后，干预原任职单位的干部选拔任用；

（八）不准在民主推荐或民主测评过程中弄虚作假和搞拉选票等非组织活动；

（九）不准在干部考察工作中隐瞒、歪曲事实真相，或者泄露酝酿、讨论干部任免的情况；

（十）不准在干部选拔任用工作中任人唯亲，封官许愿，营私舞弊，搞团团伙伙，或者打击报复。

第三十一条 党组及其人事部门对领导干部选拔任用工作和贯彻执行《党政领导干部选拔任用工作条例》和本规定的情况进行监督检查，要认真受理有关干部选拔任用工作的举报、申诉，制止、纠正违反有关规定的行为，并对有关责任人提出处理意见或处理建议。

纪检监察部门按照有关规定，对干部选拔任用工作进行监督检查。

第三十二条 建立人事部门与纪检监察部门、机关党委等有关单位的联席会议制度，就加强对干部选拔任用工作的监督，沟通

交流情况，提出意见和建议。联席会议由人事部门召集。

人失察 条 实行领导干部选拔任用工作责任追究制度。用

以及其他 重后果的，应当根据具体情况，追究主要责任人

第三十四

地区、本单位用人 任。

反组织人事纪律的行 部选拔任用工作监督责任制。凡本

和分管领导成员的责任。 部群众反映强烈以及对违

第三十五条 按照《党政 党组主要领导成员

督检查办

法(试行)》规定,党组每年对领导干部选拔任用工作进行一次自查,形成专题报告,于次年第一季度报上一级党组及其人事部门。重要情况随时报告。对下级党组的领导干部选拔任用工作,应当定期进行集中检查,必要时进行抽查。

第三十六条 党组及其人事部门在干部选拔任用工作中,必须严格执行《条例》和本规定,自觉接受组织监督和群众监督。下级调查队和党员、干部、群众对干部选拔任用工作中的违纪违规行为,有权向上级党组及其人事部门、纪检监察部门举报、申诉,受理部门应当按照有关规定核实处理。

第九章 附 则

第三十七条 国家统计局各级调查队内设机构领导干部的选拔任用,可参照本规定执行。

第三十八条 本规定由国家统计局人事司负责解释。

第三十九条 本规定自印发之日起施行。

国家统计局调查队系统机构设置和编制管理暂行规定

国家统计局

（2007年6月1日）

第一章　总　　则

第一条　为规范国家统计局调查队系统机构设置和人员编制管理工作，提高工作效率，更好地为统计体制改革和统计事业发展服务，根据《中华人民共和国统计法》、中央机构编制委员会办公室批准的《关于国家统计局各级调查队机构设置和人员编制的批复》和《事业单位登记管理暂行条例》等规定，结合国家统计局调查队系统干部人事管理的实际，制定本暂行规定。

第二条　国家统计局各级调查队是国家统计局的派出机构，是参照公务员法管理的事业单位，国家统计局对各级调查队实行垂直管理，并授权调查总队管理省以下各级调查队。

第三条　国家统计局各级调查队机构设置和人员编制管理工作，要适应国家统计事业发展的需要，在中央编办下达的机构编制内，及时对内设机构设置和人员编制进行调整。

第四条　机构编制和管理工作要遵循精简、统一、效能的原则，要明确职责、理顺关系、优化流程、提高绩效。

第五条　国家统计局各级调查队机构设置和人员编制管理的范围包括：调整职能配置、明确职责关系、增设（撤销）机构、确定机构规格、核定人员编制及领导职数等。

第六条 国家统计局各级调查队机构设置和人员编制管理工作，必须按照国家规定的机构序列、职务序列和编制使用范围，设立机构、确定机构级别、核定人员编制和领导职数，并严格遵守工作程序和报批权限。

第七条 国家统计局人事司是国家统计局调查队系统机构设置和人员编制的主管部门，国家统计局各调查总队人事教育处负责所属各级调查队内设机构设置和人员编制管理的具体工作。

第八条 本暂行规定适用于国家统计局各级调查队。

第二章 机构设置管理

第九条 国家统计局调查队系统的机构设置管理，是国家机构编制管理的有机组成部分，业务上受国家机构编制主管部门的指导。

第十条 国家统计局各级调查队的机构设置由中央编办下达，国家统计局统一管理。

第十一条 国家统计局调查总队为正厅(局)级机构(西藏调查总队机构规格与西藏自治区统计局相同)，新疆生产建设兵团调查总队机构规格与新疆生产建设兵团统计局相同，国家统计局副省级城市调查队为副厅(局)级机构，市级调查队为正处级机构，县级调查队为正科级机构(直辖市和副省级城市所辖区县设立的国家统计局调查队与该区县统计局级别相同)。

第十二条 国家统计局各级调查队内设机构级别与各级统计局及其内设机构级别相同。各级调查队及内设机构的名称要统一规范。

第十三条 国家统计局各级调查队机构一般实行两级制。调查总队、副省级城市调查队内设处(室)，市级调查队内设科(室)。以精简机构，充分发挥组织效能为原则，调查总队内设机构一般设置 13 至 15 个处，副省级城市调查队一般设置 7 至 9 个处，市级调查队一般设置 4 至 6 个科，省会城市可增加 1 至 2 个科室。

第十四条 国家统计局调查总队、副省级城市调查队的设立、调整、合并、撤销由国家统计局报国务院或中央编制委员会办公室审批。国家统计局市、县级调查队的设立、调整、合并、撤销由国家统计局调查总队报国家统计局审批。未经机构主管部门审批的机构一律无效。

第十五条 国家统计局调查总队、副省级城市调查队内设机构的设立、调整、合并、撤销由国家统计局批准。国家统计局市、县级调查队内设机构的设立、调整、合并、撤销由国家统计局省级调查总队审批。各级调查队不准私自设立、变更和撤销内设机构。如因工作需要，调查总队和副省级城市调查队内设机构超过规定的，须报国家统计局批准。

第十六条 国家统计局各级调查队的设立、调整、合并、撤销工作，按《事业单位登记管理暂行条例实施细则》中有关程序和规定办理。其中调查总队由国家统计局统一在国家事业单位登记局办理，其他调查队由调查总队组织在当地事业单位登记管理部门办理。

第十七条 国家统计局各级调查队的内设机构设置，按国家统计局下达的各调查队职能配置内设机构和人员编制规定执行，要根据工作需要，及时进行精简和调整。

第三章 编制人员职数管理

第十八条 国家统计局各级调查队的人员编制管理，是国家机构编制管理的有机组成部分，业务上受国家机构编制主管部门的指导，并接受地方机构编制管理部门的监督。

第十九条 国家统计局各级调查队的人员编制，由中央编办下达，国家统计局统一管理，其编制性质为国家事业编制。

第二十条 国家统计局各级调查队的人员编制，依据职能配置，在中央编办批复的编制范围内，按照精简的原则，不得突破。各调查队人员编制在机构设立时确定。

第二十一条 国家统计局各级调查队编制总数的增减和厅(局)级领导干部职数的确定，由国家统计局报国务院或中央编办审批。

第二十二条 国家统计局省、市、县三级调查队之间职能、任务和编制的调整，需由调查总队报国家统计局审批。

第二十三条 国家统计局调查总队、副省级城市调查队的人员编制、领导职数按国家统计局下达的各调查队职能配置内设机构和人员编制规定执行。正厅(局)级调查总队领导职数一般为1正3副，根据工作需要可配备1名纪检组长，在领导职数内可配备1名总统计师。西藏调查总队和副省级城市调查队领导职数一般为1正3副(其中副厅局级领导职数1名)，配备1名副队长级纪检组长。市级调查队领导职数一般为1正2副，配备1名副队长级纪检组长。县级调查队领导职数一般为1正1副。

第二十四条 国家统计局各级调查队内设机构领导职数按"三定规定"执行。"三定规定"中没有规定的，处(科)级领导职务的设置原则为:编制3人以下的处(科)设1职;4至7人的处(科)设1正1副;8人以上的处(科)设1正2副。

第二十五条 国家统计局市、县级调查队的人员配置和领导职数，根据其职能和工作量，由各调查总队在其总编制数内确定和审批，报国家统计局备案。

第二十六条 国家统计局各级调查队非领导职务的设置按有关规定执行。

第二十七条 国家统计局各级调查队必须在主管部门核定的领导干部职数内配备领导干部。凡未经批准，自行设立的领导职务和超限额规定配备的领导干部职务一律无效。

第二十八条 加强编制管理，保持编制的严肃性。在编制内，确定各级职务限额。国家统计局各级调查队招收大专以上毕业生、接收军队转业干部、调配录用人员等均不得超出核定的编制人数。

第二十九条 国家统计局各级调查队人员的录用、接收、调配要按规定经人事主管部门审批，具体按有关规定执行。

第四章 监督管理

第三十条 国家统计局人事司对国家统计局各级调查队职能配置、机构设置、人员编制、领导和非领导职数等进行直接管理和监督检查。

第三十一条 除国家统计局人事司外，其他任何部门不得以任何形式干预国家统计局各级调查队机构设置和人员编制管理工作。其他部门下发文件或召开会议擅自涉及机构编制事项的，一律无效。

第三十二条 未经批准，国家统计局各级调查队不得自行对其主要职责、内设机构、人员编制和领导职数等进行调整。

第三十三条 国家统计局各级调查队违反本规定，有下列行为的，由国家统计局予以通报批评并责令其限期纠正。情节严重的，追究其主要领导和有关负责人责任。

（一）擅自设立内设机构；

（二）擅自提高机构规格；

（三）擅自扩大职能范围；

（四）擅自更改机构名称；

（五）擅自超过核定编制配备人员；

（六）擅自超职数限额配备领导干部。

第五章 附 则

第三十四条 本规定由国家统计局人事司负责解释。

第三十五条 本规定自印发之日起施行。

国家统计局调查队系统人员调配管理暂行规定

国家统计局

（2007 年 6 月 1 日）

第一章　总　　则

第一条　为实现对国家统计局调查队系统人员的科学管理，规范人员调配工作，优化干部队伍结构，根据《中华人民共和国公务员法》及其它有关规定，结合国家统计局调查队系统干部人事管理的实际，制定本规定。

第二条　本规定适用于国家统计局各级调查队人员的调入、调出，军队转业干部的接收安置等项工作。

第三条　调配工作必须按照人员调配权限实施。

第四条　调配工作由国家统计局各级调查队人事部门负责管理。

第二章　人员调配原则

第五条　人员调配工作以保障调查队工作为重点，以中编办和国家统计局核定的人员编制为依据，以所需职位的任职资格为条件，按照德才兼备的标准，合理调配，做到知人善任，适才适用。

第六条　国家统计局各级调查队人员调配实行人员编制总额下的计划管理，须根据工作需要，严格按照核准的人员编制和批准的增人计划进行。

第七条 国家统计局各级调查队要执行《中华人民共和国公务员法》中关于录用、交流与回避、辞职辞退的有关规定。

第三章 人员调配程序

第八条 调配审批权限为：

（一）国家统计局各级调查队人员调入，一律由拟调入人员单位按管理权限及有关规定审查，由各调查总队上报国家统计局人事司审批。

（二）国家统计局各级调查队人员调出，一律由拟调出人员单位按管理权限及有关规定审查，由各调查总队审批，报国家统计局人事司备案。

第九条 各单位补充工作人员要在核定的编制定员内进行，凡编制已满的单位，不得超编调入人员。因工作需要从外系统调入人员，应有大专以上学历，符合国家公务员的任职条件，并按照所需职位与专业相匹配的原则调入，原则上一般干部年龄在35周岁以下，处级以上干部年龄在45周岁以下。

第十条 调入工作程序为：

（一）面试和资格审查。各单位人事部门对拟调入人员进行资格审查和面试。

（二）申报。资格审查和面试合格，并经所在单位同意后，按管理权限及有关规定审批。人事部门初审合格后，向申报单位发出同意体检、政审通知。

（三）体检、政审。

1.体检。组织拟调入人员到指定医院进行体检。

2.政审。体检合格后进行政审，政审需有2名以上中共党员参加，到拟调入人员原单位查阅人事档案，听取原单位领导和群众意见，并写出书面外调材料。

(四)审批。经体检、政审合格后,由人事部门填写《国家统计局调查队系统人员调动审批表》(见附件 1),连同拟调入人员的体检表及有关证明材料(学历证书等)一并按管理权限报批。经审批后,方可发出干部调函(见附件 2)。《国家统计局调查队系统人员调动审批表》一式两份,一份归入调入人员本人档案,一份留存人事部门。

(五)报到。调入人员在规定的报到时间内,持原单位行政(职工)介绍信、工资转移证明、组织关系介绍信、独生子女证、养老保险、住房公积金转移单等材料到人事部门报到,并按要求填写个人履历表、《人员基本信息表》和人员卡片,经人事部门核对无误后,办理有关证件。人事部门对调入人员按有关政策规定重新核定工资。

第十一条 人员调出,应由本人提出书面申请,经所在单位研究,并报总队批准同意后按调出程序办理。人员调出工作程序为:

(一)工作交接。办理调出手续前,调出人员在本部门内进行工作交接。

(二)人事及档案关系交接。全部工作交接清楚,工作证件及办公物品交清后,人事部门方可办理调出和转出档案手续。

(三)人员在申请调出的审批期间,仍需履行本人岗位职责,不得擅离职守;对不履行职责,影响工作造成损失的,按有关规定处理。

第十二条 申请调出人员参加过由单位资助学历教育和培训的,可根据情况收取适当的教育培训费,具体数额由人事部门与有关部门核定。因特殊情况,服务期未满而调出的,应向所在单位赔偿各项教育培训费。

第十三条 对直接涉及财务管理的人员,调出前应按有关规定接受离任或财务审计。

第十四条 军转干部接收安置工作根据军转安置部门下达的接收计划指标实施。本着就近、对口、均衡等原则统筹考虑,按照审批权限进行审批。

第四章 人员调配监督管理

第十五条 人员调配必须按照调配权限进行，任何单位和个人不得擅自调配人员。对违反调配纪律的，要立即中止。已经调入的，要及时进行清退。

第十六条 调配工作中凡有《中华人民共和国公务员法》所规定应该回避的，要实行公务回避。

第十七条 调配工作必须严格按照政策和规定办理，要坚持原则，实事求是，秉公办事。凡调配过程中突击办理提升职务或提高工资级别档次等事项，一律不予承认。

第十八条 根据《中华人民共和国公务员法》的有关规定，对不按编制限额、所需职位要求、规定的资格条件和规定的程序办理人员调动的单位，由国家统计局按有关规定处理。对违反上述规定负有主要责任或者直接责任的人员，根据情节轻重，分别给予批评教育、调离现工作岗位或者给予相应的行政处分。

第五章 附　　则

第十九条 本规定由国家统计局人事司负责解释。

第二十条 本规定自印发之日起施行。

附件：1. 国家统计局调查队系统人员调动审批表（略）

2. 干部调函（略）

国家统计局调查队系统人员录用管理暂行规定

国家统计局

（2007 年 6 月 1 日）

第一章　总　　则

第一条　为规范国家统计局各级调查队人员录用工作，保证新录用人员的基本素质，根据《中华人民共和国公务员法》及其它有关规定，结合国家统计局调查队系统干部人事管理的实际，制定本规定。

第二条　本规定适用于国家统计局各级调查队录用担任主任科员以下非领导职务的人员。

第三条　国家统计局各级调查队录用工作人员须参加由人事部统一组织的录用考试。国家统计局人事司负责各级调查队人员录用工作的组织指导，调查总队的人事部门为考试录用工作的主管部门，负责应考人员的资格审查、笔试和面试、体检、考察、提出录用对象、办理录用手续等工作。在组织考试前应主动商所在地人民政府人事部门，以取得有关部门对调查队系统考试录用工作的支持。

第二章　人员录用原则

第四条　国家统计局各级调查队补充、录用人员，必须在国家统计局各级调查队“三定规定”的基础上进行。

第五条 国家统计局各级调查队录用担任主任科员以下非领导职务的人员要采取公开考试、严格考察、平等竞争、择优录取的办法，一律通过考试录用。

第三章 人员录用计划

第六条 国家统计局各级调查队补充、录用人员必须在人员编制限额内，根据职位空缺情况，按照管理权限逐级申报，由调查总队进行汇总后制定年度录用计划，经国家统计局人事司审核后上报人事部。

第七条 录用计划的内容包括：

（一）用人单位的名称及其编制数、空编数和拟录用人数；

（二）拟录用职位名称、专业、人数及所需要的资格条件；

（三）用人单位意见；

（四）审核、审批机关意见。

第四章 人员录用程序

第八条 录用的基本程序：

（一）发布招考公告；

（二）组织报名和资格审查；

（三）考试；

（四）体检；

（五）考察；

（六）录用和试用。

第九条 人事部公务员管理司、国家统计局人事司共同负责部署国家统计局各级调查队人员的考试录用工作。包括制定考试录用实施方案和发布公告、拟定考试试题、组织考试等。

第十条 国家统计局调查总队人事部门负责对报考者进行如下资格审查：

(一)是否符合《中华人民共和国公务员法》第十一条、二十三条、二十四条规定的条件和要求；

(二)文化程度和专业是否具备所报职位规定的要求；

(三)年龄是否符合规定；

(四)是否具有正常履行职责的身体条件；

(五)是否符合拟任职位所要求的其他资格条件。

第十一条 国家统计局各级调查队人员录用考试采取笔试、面试相结合的方式进行。

笔试为公共科目考试。公共科目考试由人事部统一命题。专业科目的考试和面试工作，由国家统计局调查总队组织实施。招录机关应当在报考本单位的公共科目笔试合格人员中，按照公共科目总成绩从高到低的顺序，按照计划录用人数3—5倍的比例确定参加面试和专业考试的人选。

第十二条 面试一般采用结构化面试、无领导小组讨论等方式，由人事部门和用人单位组成5至9人的考官组，其中持证考官数要符合人事部要求的比例；各考官对每项测试要素独立评分。专业科目的考试，由国家统计局指导，调查总队根据实际情况组织实施。

第十三条 笔试和面试后，按照择优录取的原则。以应试者总成绩高低为序，综合考虑和确定预录用人员，原则上按拟录取人数2∶1的比例，确定参加体检人员名单。

第十四条 体检应按照人事部《公务员录用体检通用标准》(试行)在指定医院进行。招录机关工作人员须陪同报考人员到体检现场，体检费用原则上由报考人负担。报考人员对体检结果有疑问的，可以申请复查。复查应到指定的综合性医院，复查不得超过两次。

第十五条 考察。考察工作在各调查总队人事部门统一组织下进行。要到报考人员所在学校(单位)调阅人事档案,了解其政治思想表现、道德品质、工作能力、工作实绩、缺点和不足、需要回避的关系等。考察工作小组成员应选派中共党员,作风正派,办事公道,责任心强,与考核对象不存在回避关系的同志担任。考察工作结束后,由考察工作小组写出署名的书面考察材料。

第十六条 国家统计局调查总队根据职位要求和报考人员考试情况、考察情况和体检结果,综合确定拟录用对象并汇编《调查总队拟录用人员名单》(见附件 1),上报人事司汇总后报人事部进行公示。填报《参照公务员管理直属机构工作人员录用表》(见附件 2)、《中央招考人员录用备案信息上报表》(见附件 3)以及招考工作情况报告,经国家统计局人事司审核同意后,上报人事部备案。

第十七条 由国家统计局各级调查队按照管理权限办理录用手续。

第十八条 考试录用人员,均实行试用制度,试用期为一年。试用期满后,经考核合格的方可任职,不合格的,取消录用资格;需要进一步考察的,经主管部门批准可延长试用期,但不得超过半年;延长试用期后经考核仍不合格的,经原批准机关批准,视情况予以取消录用资格,并向国家人事部报告。

第五章 人员录用监督管理

第十九条 考试录用工作要严格按照录用国家公务员的程序和要求进行。

第二十条 从事考录工作的人员,凡与报考人员有《中华人民共和国公务员法》第七十条所列的亲属关系,应当执行公务回避。严禁利用职权弄虚作假,一经发现要追究责任,严肃处理。

第二十一条 国家统计局各级调查队必须严格执行考试录用政策,遇有特殊情况要及时向上级主管部门汇报。

第二十二条 国家统计局各级调查队纪检监察部门应加强对

考试录用工作的监督和检查。

第六章　附　　则

第二十三条　本规定由国家统计局人事司负责解释。

第二十四条　本规定自印发之日起施行。

附件：1. 调查总队拟录用人员名单(略)

2. 参照公务员法管理直属机构工作人员录用表(略)

3. 中央招考人员录用备案信息上报表(略)

国家统计局调查队系统干部非领导职务设置管理暂行规定

国家统计局

（2007 年 6 月 1 日）

第一条 为规范国家统计局调查队系统干部非领导职务（以下简称非领导职务）的设置与管理，根据《中华人民共和国公务员法》及其他有关规定，制定本规定。

第二条 非领导职务应根据工作需要设置，职务层次不得高于所在调查队或其内设机构的机构规格，职数不得突破规定的比例限额。

第三条 担任非领导职务的干部接受所在同级机构担任领导职务干部的领导，经领导授权或者委托可负责某一方面的工作。

第四条 非领导职务由高到低分为巡视员、副巡视员、调研员、副调研员、主任科员、副主任科员、科员、办事员。各级调查队的非领导职务不再使用其他职务名称。

第五条 各级调查队按机构规格，设置巡视员以下非领导职务；调查总队和副省级调查队的巡视员和副巡视员职务由国家统计局在国家人事部批准的职数内，根据工作需要统一设置；调研员以下非领导职务由各级调查队在职数内，按规定根据工作需要设置。

第六条 调查总队和副省级调查队调研员和副调研员职数，不得超过处级领导干部职数的 50%；市级调查队调研员和副调研员职数，不得超过处级领导职数的三分之一，其中，调研员不得超过调研员和副调研员职数的30%。

第七条 市、县级调查队主任科员和副主任科员职数，不得超过科级领导职数的50%。

第八条 担任非领导职务的干部，必须坚持德才兼备的标准，其思想政治素质、工作能力、文化程度应当达到相应的任职要求，身体健康，并具备规定的任职条件。非领导职务干部的任用，按照管理权限和规定程序执行。

第九条 晋升非领导职务必须具备下列任职年限条件：

（一）巡视员应当任厅局级副职领导职务或者任副巡视员五年以上；

（二）副巡视员应当任县处级正职领导职务或者任调研员五年以上；

（三）调研员应当任县处级副职领导职务或者任副调研员四年以上；

（四）副调研员应当任科级正职领导职务或者任主任科员四年以上；

（五）主任科员应当任科级副职领导职务或者任副主任科员三年以上；

（六）副主任科员应当任科员三年以上；

（七）科员应当任办事员三年以上。

第十条 新录用的干部担任非领导职务的，按照有关规定执行。

第十一条 非领导职务的干部因定期考核不称职或者受处分等原因，需要降低职务的，降为下级非领导职务。

第十二条 各级调查队任命非领导职务的数量，在限额职数内按照从严控制的原则，任命后要向国家统计局备案；非领导职数的使用要留有余地，满职数或特殊情况超职数配备要经过国家统计局审批。

第十三条 对违反本规定擅自扩大设置范围、突破职数比例限额、放宽任职条件的，不予批准或者备案；已经做出的决定一律无效，由主管部门按照权限予以纠正，并按照规定对主要负责人以及其他直接负责人作出处理或者处分。

第十四条 本规定由国家统计局人事司负责解释。

第十五条 本规定自下发之日起实施。

国家统计局关于学习贯彻《中华人民共和国政府信息公开条例》的通知

（2007年6月4日）

各省、自治区、直辖市统计局，新疆生产建设兵团统计局，国家统计局各调查总队，各司级行政单位、在京直属事业单位：

2007年4月5日，温家宝总理签署国务院第492号令，公布了《中华人民共和国政府信息公开条例》（以下简称《条例》）。5月21日，国家统计局召开常务会议，对《条例》的贯彻实施工作进行了研究部署。为使《条例》在全国统计系统得到全面贯彻实施，现就有关问题通知如下：

一、充分认识《条例》颁布实施的重要意义

推行政府信息公开，是提高科学执政、民主执政、依法执政能力和水平，构建社会主义和谐社会的必然要求；是推进社会主义民主、建设法治政府的重要举措；是建立行为规范、运转协调、公正透明、廉洁高效的行政管理体制的重要内容；是保障公民知情权、监督权、参与权的有效手段。《条例》的颁布实施，对于统一规范政府信息公开工作，强化行政机关公开政府信息的责任，明确政府信息的公开范围，畅通政府信息的公开渠道，完善政府信息公开工作的监督和保障机制，促进法治政府、服务政府、责任政府和效能政府建设，具有十分重要的作用。

二、认真学习，全面把握《条例》的精神实质和主要内容

组织好《条例》的学习，是全面理解和正确执行《条例》的基础。各级统计局、调查队和局内各单位都要以《条例》的公布实施为契机，通过举办培训班、组织专题讲座、召开会议、自学等多种方式，组织广大统计工作者认真学习《条例》的各项规定，深刻领会《条例》的精神实质，进一步增强本部门、本单位和广大统计工作者的政府信息公开意识，提高做好政府信息公开工作的能力，为全面正确地贯彻实施《条例》做好准备。各级统计部门的领导干部要带头参加《条例》的学习、培训，制定有力的措施并认真部署。

在做好统计部门自身学习的同时，要做好《条例》的宣传普及工作，使社会各界特别是各类统计信息用户，了解《条例》的各项规定，学会依法获取政府统计信息，维护自己的合法权益。

三、认真做好《条例》的贯彻实施工作

《条例》将于 2008 年 5 月 1 日起施行。各级统计局、调查队要抓紧工作，早做准备，进一步加强自身建设，采取有效措施，切实加强领导，搞好制度建设和各项组织建设，明确分工和职责，确保《条例》得到全面贯彻落实。

（一）抓紧建立健全政府统计信息公开制度，并指定政府统计信息公开工作机构，理顺内部工作机制，制定工作规范和程序，明确职责权限。

（二）加快政府统计信息的清理，做好政府统计信息公开指南和公开目录的编制和修订工作，并及时更新。

（三）进一步健全政府统计信息公开的发布机制，及时通过新闻发布会、网络、报刊、广播、电视等方式公布政府统计信息，并通过设置公共查阅室、资料索取点、信息公告栏、电子信息屏等专门

的政府统计信息查阅场所，为公民、法人或其他组织查阅、获取政府统计信息提供方便。要严格执行《条例》有关收费问题的规定，严禁乱收费。

（四）建立政府统计信息的公开审查机制。既要维护公民、法人或其他组织及时、准确地获取政府统计信息的权利，又要对属于国家秘密，私人、家庭的单项调查资料和调查对象商业秘密的统计资料，严格予以保密。

（五）要严格执行《统计法》及其实施细则、《条例》的有关规定，建立健全政府统计信息发布协调机制，保证统计局、调查队与其他部门发布的政府统计信息的协调性。

（六）积极研究建立政府统计信息公开工作的监督和保障制度，如政府统计信息公开工作的考核制度、社会评议制度和责任追究制度等。

国家统计局　国家发展改革委
中华全国总工会关于开展2007年
全国城镇住户基本情况抽样调查的通知

（2007年6月5日）

各省、自治区、直辖市及新疆生产建设兵团和计划单列市统计局、发展改革委、总工会，国家统计局各调查总队：

党中央、国务院高度重视城镇居民收入及其分配问题，各级地方党委和政府也把增进人民福祉、解决民生问题作为本地谋发展、促和谐的重要工作内容来抓，这对住户调查工作提出了更高的要求。由于受调查样本量偏小等诸多因素的影响，经常性住户调查工作难以完全适应这一新形势，需要定期做一次大规模的抽样调查。上一次调查是在2004年，调查规模为15万户。近几年来，城镇居民收支结构呈多元化趋势，为在更大范围内全面了解和掌握全国城镇居民生活状况及变化情况，更好地满足党中央、国务院以及各级地方党政领导与有关部门制定政策计划和进行科学管理的需要，国家统计局、国家发展改革委、全国总工会决定于今年7月份在全国进行20万户城镇住户基本情况抽样调查。为切实做好这项工作，现将有关事宜通知如下：

一、调查工作的目的和意义

通过调查，一是全面系统地收集我国城镇居民家庭的收入、消费等基本情况，为各级党委和政府研究和解决好民生等问题提供翔实的决策参考信息。二是为2008—2010年城镇居民住户调查提供基础样本框，保障未来三年经常性住户调查数据的科学性和代表性。三是掌握我国城镇居民生活用能状况以及社会热点问题，为制定节约用能等政策措施提供基础性数据。四是利用此次调查数据，评估现行住户调查工作中经常性住户调查样本和调查数据的科学性和代表性。

二、调查工作的组织实施

这次调查工作由国家统计局负责，并组织各级统计局和调查队实施，其他相关部门予以配合。由于本次调查涉及范围广、技术性强、调查费用高、难度较大，地方各级统计部门要积极争取当地政府的领导与支持，有关部门要认真负责，通力合作，加强协调，切实做好城镇居民的宣传动员工作和组织工作，确保按时按质完成调查任务。

三、调查规模与经费安排

据测算，基本情况调查样本量应是经常性调查户数的6—10倍。根据财政管理体制，为满足国家调查需要而增加的支出，中央财政给予安排配套经费，各地要精打细算，合理使用；为满足当地政府需要各地自行增加的调查任务，所需经费由当地政府负责解决。

四、调查工作的安排与要求

这次调查工作将在全国抽中的226个重点调查市、县进行。各地要严格执行国家统计局统一制定的《2007年全国城镇住户基本情况抽样调查工作方案》(见附件)。地方增扩的调查市、县，参照上述方案执行。

为确保调查数据质量，各地要对本地区的调查数据质量负责，切实保证调查结果真实、准确，严禁弄虚作假和篡改调查结果。修改调查数据的，一经发现，将按照《中华人民共和国统计法》等有关规定追究相关人员的责任。

附件：2007年全国城镇住户基本情况抽样调查方案（略）

国家发展改革委　国家环保总局　国家统计局关于印发循环经济评价指标体系的通知

（2007 年 6 月 27 日）

各省、自治区、直辖市、计划单列市及新疆生产建设兵团发展改革委、经贸委（经委）、环保局、统计局：

为贯彻落实《国务院关于加快发展循环经济的若干意见》（国发〔2005〕22 号），科学评价我国循环经济的发展状况，为制定和实施循环经济发展规划提供数据支持，促进循环经济发展，建设资源节约型、环境友好型社会，国家发展改革委会同国家环保总局、国家统计局等有关部门编制了《循环经济评价指标体系》和关于《循环经济评价指标体系》的说明，现印发你们，并就有关事项通知如下：

一、循环经济评价指标体系，是按照循环经济的基本特征，充分利用现有的数据信息基础，主要从宏观层面和工业园区分别编制的；关于《循环经济评价指标体系》的说明，是对循环经济指标体系的详细解释和阐述。在统计循环经济指标时，应同时借鉴和参考指标体系和说明的有关内容。

二、宏观层面循环经济评价指标体系，用于对全社会和各地发展循环经济状况进行总体的定量判断，为制定和实施循环经济发展规划提供依据。工业园区评价指标主要用于定量评价和描述园区内循环经济发展状况，为工业园区发展循环经济提供指导。

三、为了适应我国循环经济发展的需要，国家发展改革委将会同国家环保总局、国家统计局依据现有循环经济评价指标体系使用情况，适时进行补充和完善，逐步制定重点行业循环经济评价指标体系。

附件：1. 循环经济评价指标体系

2. 关于循环经济评价指标体系的说明（略）

附件 1：

循环经济评价指标体系（宏观）

	指　　标
一、资源产出指标	主要矿产资源产出率 能源产出率
二、资源消耗指标	单位国内生产总值能耗 单位工业增加值能耗 重点行业主要产品单位综合能耗 单位国内生产总值取水量 单位工业增加值用水量 重点行业单位产品水耗 农业灌溉水有效利用系数
三、资源综合利用指标	工业固体废物综合利用率 工业用水重复利用率 城市污水再生利用率 城市生活垃圾无害化处理率 废钢铁回收利用率 废有色金属回收利用率 废纸回收利用率 废塑料回收利用率 废橡胶回收利用率
四、废物排放指标	工业固体废物处置量 工业废水排放量 二氧化硫排放量 COD 排放量

循环经济评价指标体系（工业园区）

	指　　标
一、资源产出指标	主要矿产资源产出率
	能源产出率
	土地产出率
	水资源产出率
二、资源消耗指标	单位生产总值能耗
	单位生产总值取水量
	重点产品单位能耗
	重点产品单位水耗
三、资源综合利用指标	工业固体废物综合利用率
	工业用水重复利用率
四、废物排放指标	工业固体废物处置量
	工业废水排放量
	二氧化硫排放量
	COD 排放量

国家统计局关于进一步规范部门统计调查项目送审材料的通知

（2007年7月25日）

各有关部门：

《部门统计调查项目管理暂行办法》颁布实施以来，对部门统计调查工作的开展起到了积极作用。但是，部门统计调查项目送审材料仍然存在不规范的问题。为了进一步加强对部门统计调查项目的管理，提高工作效率，现将统计调查项目送审材料的规范化要求重申如下：

一、申请函的规范要求

（一）需要审批的统计调查项目，以部门名义发函；需要备案的统计调查项目，以部门办公厅（办公室）的名义发函。

（二）一个申请函可包括多个统计调查项目，同时需要将每个项目列明，但同一申请函不能同时包括审批和备案两种类型的统计调查项目。

（三）申请函的标题要开宗明义，明确表示所报送的统计调查项目是需要审批还是备案。

（四）申请函需要载明统计调查项目承办人的姓名、处室和电话联系方式，以便于及时沟通信息，提高工作效率。

二、统计调查项目的规范要求

（一）报送的调查方案和表式内容应当完整。具体包括总说明、报表目录、调查表式、统计标准和分类目录、指标解释、逻辑关系及抽样方案（针对抽样调查）等内容。

（二）报送材料不应包括部门统计管理办法、规章、评比办法等内容，国家统计局只对统计调查方案和表式进行审批或备案。

（三）在报送需要继续执行的统计调查项目时，如果调查方案或表式有变化，需要另附变化情况的简要说明。

三、其他要求

（一）统计调查项目通过审批或备案后，需要使用国家统计局提供的"上报程序"填报调查方案的基本情况，并将程序生成的数据文件以及调查方案电子版报送国家统计局。

（二）上报程序及填报说明可登录国家统计局网站 http://www.stats.gov.cn/tjgl/bmdcxmsp，在部门调查项目上报程序栏目中下载。

（三）部门正式发文执行经批准的统计调查项目时，需要及时向国家统计局报送正式文件及调查方案。

（四）部门向国家统计局报出方案时，应与我局设计管理司部门处及时联系，以便我们及时查收，提高工作效率。

国家统计局关于各省自治区直辖市按季度试算能源消费总量单位GDP能耗及其降低率的通知

（2007年7月31日）

各省、自治区、直辖市统计局：

《单位GDP能耗统计指标体系、监测体系和考核体系实施方案》（以下简称《实施方案》）已经国务院批准。根据《实施方案》要求，国家统计局决定从2007年上半年报告期开始，按季度试算国家和各省、自治区、直辖市能源消费总量、单位GDP能耗及其降低率。现将有关事项通知如下。

一、核算方法和数据上报要求

季度能源消费总量、单位GDP能耗等指标核算方法和数据上报要求见附件。各季度的核算数据均为1至本季度累计数，上报时间为季后40日前。2007年上半年、1至3季度和2008年1季度三个报告期，各地区在核算和上报本期能源消费总量数据的同时，还要分别核算和附报同期数据。2008年2季度以后，只报本期数，不附报同期数据。

二、数据的评估、审定和使用

各地区在上报季度能源消费总量、单位GDP能耗等数据的同时，要按照附件中数据评估的相关内容，对差异较大的数据作详细说明。

国家统计局将对各地区上报的季度能源消费总量及其增长速度、单位 GDP 能耗及其降低率数据进行评估、审核，并在上报截止日后 10 天内将评估、审定结果通知各地区。

上述数据，在国家统计局没有评估、审定以前，不得对外提供。鉴于能耗统计指标体系、监测体系和考核体系尚在建立之中，季度单位 GDP 能耗及其降低率数据还处于试算阶段，数据评估、审定之后，1 季度、2 季度和 3 季度数据只作内部研究、分析问题使用，不得在新闻媒体上公开发布；4 季度数据，各地区召开“两会”如果要使用，必须注明为初步测算数据，最终数据以“国家能耗公报”发布的数据为准。

附件：1. 季度地区能源消费总量核算方案（试行）
　　　2. 数据上报格式及要求（略）

附件 1：

季度地区能源消费总量核算方案（试行）

为了适应节能降耗工作的需要，规范地区季度能源消费总量核算方法，客观、准确反映各地区季度单位 GDP 能耗及其降低情况，制定本《季度地区能源消费总量核算方案（试行）》。

季度地区能源消费总量的核算基础是上年以及往年的能源平衡表和本期规模以上工业企业能源调查数据、社会用电量和其他相关专业的数据。季度能源消费总量的核算概念、口径范围与年度一致。标准量折算系数采用等价系数。核算的重点是地区能源消费总量的增长速度。

基本核算方法

一、第一产业、建筑业、第三产业能源消费量的核算

(一)方法一

1. 核算基础资料:电力部门统计的社会用电量。

2. 核算方法:按上年用电量占能源消费量的比重进行推算。

表 1

	用电量	折标准量系数	用电量折标准量	上年用电量占消费量比重	能源消费量
甲	(1)	(2)	(3)	(4)	(5)
第一产业 建筑业 第三产业(不包括交通运输业)		(3)=(1)×(2)		(5)=(3)÷(4)	

3. 说明

电力折标准量系数采用上年能源平衡表核算的等价系数。

用电量对于交通运输业能源消费,不具有代表性。交通运输业能源消费按上年交通运输业单位增加值(可比价)能耗进行推算,方法是:

交通运输业能源消费=上年交通运输业单位增加值(可比价)能耗×当期交通运输业增加值(可比价);

(二)方法二

1. 核算基础资料:上年的能源消费;上年可比价增加值和当期可比价增加值。

2. 核算方法:按照单位增加值能耗进行推算。

表 2

	上年能源消耗	上年增加值(2005年价格)	单位增加值能耗	本期增加值(2005年价格)	能源消费量
甲	(1)	(2)	(3)	(4)	(5)
第一产业 建筑业 第三产业 　交通运输业		(3)= (1)÷(2)		(5)= (3)×(4)	

3.说明

这种方法没有考虑能源利用效率变化的影响。

上述两种方法的核算结果，可以互相验证。通常情况下，“方法一”会比较准确。但是在两年季节气候变化异常的情况下，可根据“方法二”的核算结果对“方法一”的核算结果进行修正。

二、工业能源消费量的核算

(一)核算基础资料：工业企业能源购进、消费与库存(P201表)；工业企业能源购进、消费与库存附表(P201—1表)。

(二)数据整理

按如下公式将企业电力当量折标准量系数调整为等价折标准量系数。

能源消费合计=综合能源消费量(P201表代码37)+非工业生产消费合计(P201表第30行第7栏)

能源消费合计(调整数)=能源消费合计(报表汇总数)+[(电力消费合计×电力等价系数-电力消费合计×1.229)—电力产出量×(电力等价系数-1.229)]+[(热力消费合计×热力等价系数-热力消费合计×0.0341)—热力产出量×(热力等价系数-0.0341)]

等价折标准量系数的采用：

按照本期工业企业能源购进、消费与库存附表(P201—1表)的汇总表计算等价折标准量系数。计算公式如下：

电力等价系数＝火力发电投入的能源合计（P201—1 表第 30 行第 3 栏）÷电力产出量（P201—1 表第 24 行第 11 栏）

热力等价系数＝供热投入的能源合计（P201—1 表第 30 行第 4 栏）÷热力产出量（P201—1 表第 23 行第 11 栏）

（三）工业能源消费量的核算

表 3

行　业	上年工业能源消费量	上年规模以上工业能源消费量	规模以上工业占全部工业能耗比重	本期规模以上工业能源消费量	本期工业能源消费量
甲	（1）	（2）	（3）	（4）	（5）
合计（分行业大类）			（3）＝（2）÷（1）		（5）＝（4）÷（3）

三、居民生活用能的核算

（一）城市居民生活用能

1. 核算基础资料：电力部门统计的社会用电量。

2. 核算方法：按照上年用电量占能源消费量的比重进行推算，不考虑季节因素，保持两年可比。

城市居民生活用能＝城市居民生活用电量÷上年用电量占城市居民生活能源消费量的比重

（二）农村居民生活用能

用电量采用电力部门提供的数据。其他能源以上年农村居民生活用能（不包括用电）季度平均值为基数，用前 5 年农村居民户数年均增长指数进行推算。

举例：计算 2007 年上半年农村居民生活用能。

2007 年上半年农村居民生活用能＝2007 年上半年用电量×等价折标准煤系数＋2007 年上半年农村居民生活其他用能

2007 年上半年农村居民生活其他用能＝2006 年上半年农村居民生活其他用能×前 5 年农村居民户数年均增长指数

2006 年上半年农村居民生活其他用能＝上年农村居民生活其他用能(上年平衡表数据)÷4×2

$$\text{前 5 年农村居民户数年均增长指数} = \sqrt[5]{\text{2006 年户数}/\text{2001 年户数}}$$

四、单位 GDP 能耗的计算

$$\text{单位 GDP 能耗} = \frac{\text{能源消费总量}}{\text{GDP}}$$

单位 GDP 能耗上升或降低(%)＝

$$\left(\frac{\text{2006 年能源消费总量/2006 年 GDP}}{\text{2005 年能源消费总量/2005 年 GDP}} - 1\right) \times 100\%$$

计算单位 GDP 能耗上升或降低率时，两年单位 GDP 能耗数据均保留 4 位小数。

GDP 按照 2005 年价格计算。

数据评估

按照上述方法进行核算，数据评估的重点是工业企业能源消费量。

一、计算电力消费(标准量、等价值)占工业各行业能源消费量的比重。

表 4

行业	上年平衡表			本期		
	能源消费量	电力消费(折标量)	比重(%)	能源消费量	电力消费(折标量)	比重(%)
工业合计(分行业大类)						

二、计算规模以上工业能源消费占地区能源消费总量的比重（按等价值计算），变化大的要作详细说明。

三、按照行业产值增长速度进行评估。

表 5

行　　业	能源消费量增长速度（%）	工业总产值增长速度（%）
工业合计（分行业大类）		注：如果某行业大类两个速度差异比较大，要细分到行业中类。

提示：在能源利用效率不变的情况下，这两个速度应该是大体一致的。但是要注意，在一个行业范围内，一年之内能源利用效率的影响是十分有限的。

国家统计局关于开展规模以下工业企业样本轮换工作的通知

（2007 年 8 月 3 日）

各省、自治区、直辖市统计局，国家统计局各调查总队：

为进一步提高全国规模以下工业企业样本的代表性，国家统计局决定进行一次规模以下工业企业样本轮换。此项工作时间紧、任务重，涉及全国 100 多万家规模以下工业企业名录库信息的整理等工作。请各地高度重视，密切合作，认真按照《2007 年规模以下工业企业样本轮换实施方案》组织实施，高质量地完成这项工作。

附件：2007 年规模以下工业企业样本轮换实施方案

附件：

2007 年规模以下工业企业样本轮换实施方案

一、样本轮换的目的

由于 2007 年把年主营业务收入 500 万元以下的国有工业企业新纳入到规模以下工业的统计范围，且有相当一部分目录企业样本发生了关闭、停业、被兼并、转产、升到规模以上等情况，为提高规模以下工业企业样本的代表性，需进行一次规模以下工业企业样本轮换。

二、组织形式

国家统计局工交司负责统一组织样本轮换工作。名录库的核查、抽样框的确定等工作由国家统计局组织各调查总队、各地统计局共同完成。具体由各调查总队工业调查处及基层调查队为主，各地统计局工交处、普查中心等相关部门密切配合，共同做好这项工作。样本的抽取由国家统计局工交司负责。

三、样本轮换方法(略)

四、工作流程(略)

五、工作要求(略)

六、报送时间及方式(略)

国家统计局关于进一步加强价格统计调查工作的通知

（2007 年 8 月 6 日）

各省、自治区、直辖市统计局，新疆生产建设兵团统计局，国家统计局各调查总队：

今年以来，粮、油、肉、蛋、奶等食品价格出现不同程度的上涨，相继波及到部分餐饮业和食品制成品价格。上半年全国居民消费价格总水平比去年同期上涨 3.2%，已突破年初确定的 3%以内的预期调控目标，引起社会的广泛关注。价格总水平的过快上涨，已经成为当前经济运行中的一个突出问题，关系到经济全局。党中央、国务院高度重视，中央领导就保障市场供应、稳定市场价格和妥善安排好低收入群体的生活作出了一系列重要批示。7 月 30 日，国务院下发了《关于促进生猪生产发展，稳定市场供应的意见》（国发〔2007〕22 号）文件。7 月 31 日，国务院召开了全国“菜篮子”工作电视电话会议，回良玉副总理作了重要讲话，对相关工作进行了具体部署。为贯彻落实国务院领导批示、国务院文件和电视电话会议精神，现就进一步加强价格统计调查工作的有关要求通知如下：

一、充分认识价格统计调查工作的重要性

价格是社会总供给和总需求的综合反映，是经济运行的晴雨表，关系到群众生活和社会稳定。价格指数作为国家宏观调控的

主要指标之一,倍受各界关注。做好价格统计调查工作,对于及时准确地反映市场供求、判断经济运行趋势、进行科学决策和宏观调控具有十分重要的意义。各地统计局、调查队一定要认真学习和领会有关文件精神,统一思想,充分认识做好当前价格统计调查工作的极端重要性。要讲政治、讲大局、讲团结和讲和谐,同心同德、齐心协力完成好价格统计调查任务。

二、改进生猪等畜禽产品生产消费统计工作

在这次食品价格上涨中,生猪等畜禽产品价格上涨幅度最大。各地统计局、调查队要特别关注畜禽等"菜篮子"产品价格跟踪监测工作,并做好"菜篮子"产品的生产、流通、消费等环节的统计工作。国发〔2007〕22 号文件明确要求改进生猪等畜禽产品生产消费统计工作。国家统计局正抓紧研究制定生猪等畜禽产品的抽样调查制度,各省要做好相应的准备,为即将开展的畜禽产品抽样调查制度的顺利实施创造条件。

三、严格执行国家统计方法制度,保障统计调查数据质量

承担价格统计调查工作任务的各级统计部门,必须严格执行国家统计方法制度,不得擅自改变价格采集方式、采价时间、统计调查对象和范围,切实保障价格统计资料来源、计算方法和口径的统一性和一致性。居民消费价格调查必须执行好定人、定点、定时直接调查制度。基层调查人员要认真负责,深入现场收集第一手价格信息,确保源头数据真实可靠。

四、加强对市县价格统计调查工作的管理与指导,确保价格数据的完整性、科学性和代表性

市、县价格统计调查工作,是整个价格统计调查工作的基础,

工作质量的好坏直接影响到省级与国家数据的质量。因此，对于目前已纳入国家和省级数据汇总的调查市县，其业务工作必须按照国家统一的方法制度执行。各地统计局和调查总队要切实加强对调查市县的管理、业务指导和数据质量检查。各调查市县不得以任何理由或方式迟报、拒报。对于因迟报、拒报而影响国家汇总和统计事业发展的，要追究责任并给予相应处分。

五、坚持实事求是，依法统计，维护统计工作的正常秩序

各级统计局、调查队必须坚持实事求是，坚决反对在统计上弄虚作假。要依法统计，独立行使各项统计职权，不造假，不报假，对统计数字真实性负责，勇于和善于抵御各种对统计数据干扰的行为。要切实加强统计执法检查，严肃查处统计违法行为。

六、加强对价格的动态监测与预警工作

各级价格统计调查部门要深入实际、深入基层，深入市场，密切关注“米袋子”、“菜篮子”等与人民群众生活息息相关的商品价格动态，对有倾向性、苗头性的问题以及突发事件，要及时对其发生的背景、影响范围以及走势进行综合分析，及时报告国家统计局。

国家统计局关于开展
社会主义新农村建设投资统计试点的通知

（2007年8月10日）

江苏省统计局、河南省统计局：

建设社会主义新农村是“十一五”期间我国经济建设的一个重点。为了全面、及时反映我国社会主义新农村建设的进展情况，为国家宏观管理提供科学依据，根据国务院领导的批示精神，国家统计局对农村固定资产投资统计问题进行了认真的研究，提出了《关于在统计上反映社会主义新农村建设投资的初步改革意见》。为了保证这项改革工作在全国范围的顺利开展，国家统计局决定在江苏省、河南省进行该项制度改革的试点工作。现将《关于在统计上反映社会主义新农村建设投资的改革试点方案》印发给你们，请遵照执行。

此项试点工作时间紧、难度大，希望切实加强领导与协调，认真组织实施，确保试点任务的顺利完成。

附件：1. 关于在统计上反映社会主义新农村建设投资的改革试点方案（略）

2. 关于在统计上反映社会主义新农村建设投资的初步改革意见（略）

国家统计局关于重新修订并印发《全国统计系统荣誉称号管理办法》的通知

（2007 年 8 月 13 日）

各省、自治区、直辖市统计局，新疆生产建设兵团统计局，国家统计局各调查总队：

根据人事部《关于加强对国务院工作部门授予荣誉称号工作管理的通知》要求，结合统计事业发展和调查队系统管理体制改革的实际情况，对 1996 年制定的《全国统计系统荣誉称号暂行办法》作了修订。现将修订后的《全国统计系统荣誉称号管理办法》印发给你们，请遵照执行。1996 年印发的《暂行办法》同时废止。

全国统计系统荣誉称号管理办法

第一章　总　　则

第一条　为了表彰在统计改革和统计现代化建设中做出突出成绩和重大贡献的个人和集体，调动全国统计系统工作人员的积极性和创造性，根据《中华人民共和国公务员法》和《中华人民共和国统计法实施细则》的有关规定，制定本办法。

第二条　荣誉称号分为个人和集体两种。个人荣誉称号为：全国统计系统先进工作者、全国统计系统先进个人。全国统计系统先进工作者为部级荣誉称号。集体荣誉称号为：全国统计系统先进集体。

第三条 国家统计局成立荣誉称号管理工作领导小组，负责评选、审批、授予、表彰工作，研究解决荣誉称号管理中的重大问题。领导小组下设办公室，办公室设在国家统计局人事司，负责荣誉称号的资格评审及日常管理工作。

第二章 条件和标准

第四条 全国统计系统先进个人，必须坚持四项基本原则，热爱社会主义祖国，贯彻执行党的路线、方针、政策，遵纪守法，并具备下列条件之一：

（一）热爱统计事业，勤奋好学，刻苦钻研业务，认真负责地完成本职工作，并做出优异成绩；

（二）对统计工作提出重要改革建议或创新意见，推动统计工作发展并取得良好效益；

（三）严格执行《统计法》，坚持实事求是，在反对弄虚作假等不正之风中表现突出；

（四）在其他方面成绩重大、贡献突出。

第五条 全国统计系统先进工作者，必须符合本办法第四条所规定的条件，工作成绩特别显著，在全国统计系统内堪称楷模。

第六条 全国统计系统先进集体，必须具备下列条件：

（一）坚持四项基本原则，坚持改革开放，认真贯彻执行党的路线、方针、政策和国家的法律、法令，注重两个文明建设，取得显著成绩；

（二）工作成绩突出，并受到党政部门及社会各界的一致好评；

（三）积极宣传、模范执行《统计法》，坚持实事求是，敢于和善于同违反《统计法》的行为做斗争；

（四）领导班子团结一致，作风扎实，联系群众，廉洁奉公。

第三章　荣誉称号的授予

第七条　全国统计系统先进工作者、全国统计系统先进个人称号，授予符合条件的统计系统优秀工作人员。

全国统计系统先进集体一般授予全国统计系统处级以下（含处级）的单位、机构或部门。

第八条　全国统计系统授予荣誉称号一般每四年进行一次，具体时间由国家统计局荣誉称号管理工作领导小组决定。

第九条　授予全国统计系统先进个人称号，由国家统计局统一部署，各省、自治区、直辖市统计局和各调查总队在广泛征求群众意见的基础上，经评选、审核后按分配的名额报请国家统计局批准。

授予全国统计系统先进工作者、全国统计系统先进集体称号，由国家统计局和人事部联合部署。授予全国统计系统先进工作者称号，由各省、自治区、直辖市统计局和各调查总队在报请授予全国统计系统先进个人称号的人员中择优推荐人选，由国家统计局和人事部联合进行评选、审批、授予。

在特殊情况下，国家统计局可直接授予荣誉称号。

第十条　对于已获得国家级、省级荣誉称号者，一般不再依据同一先进事迹授予统计系统荣誉称号。

第十一条　对生前有突出事迹或重大贡献者，牺牲或去世后可追授荣誉称号。

第四章　表彰和待遇

第十二条　对荣誉称号的获得者，由国家统计局发布嘉奖令，并可以采取下列形式进行表彰：

（一）召开表彰大会，为荣誉称号获得者颁奖；

(二)建立荣誉称号簿,记载荣誉称号获得者的先进事迹;

(三)举办荣誉称号获得者先进事迹展览会;

(四)组织荣誉称号获得者先进事迹报告会;

(五)邀请部分荣誉称号获得者参加全国统计系统重大活动。

第十三条 对获得荣誉称号的个人,颁发奖章、证书,给予一定的物质奖励,并记入本人档案。全国统计系统先进工作者享受国家规定的省、部级劳动模范(先进工作者)待遇。

对获得荣誉称号的集体颁发奖状,并发给一定数量的奖品或奖金。

第十四条 表彰奖励经费,由国家统计局专项列支。

第五章 荣誉称号的撤销

第十五条 荣誉称号获得者有下列情形之一的,撤销其荣誉称号:

(一)伪造事迹,骗取荣誉的;

(二)受到行政开除、留用察看处分的;

(三)受劳动教养的;

(四)受刑事处罚的;

(五)其他严重有损于荣誉称号的。

第十六条 撤销荣誉称号,由原申报单位报请国家统计局批准。在特殊情况下,国家统计局可以直接予以撤销。

第十七条 对被撤销荣誉称号者,收回其奖章、证书、奖状,并记入本人档案。

第六章 附 则

第十八条 本办法由国家统计局人事司负责解释。

第十九条 本办法自发布之日起施行。

国家统计局关于印发《2007年全国投入产出调查方案》的通知

（2007年8月23日）

各省、自治区、直辖市统计局，新疆生产建设兵团统计局，国务院有关部门：

根据《国务院办公厅关于进行全国投入产出调查的通知》（国办发〔1987〕18号），现将《2007年全国投入产出调查方案》印发给你们，并就有关问题通知如下：

一、投入产出调查是一项综合性调查工作，调查范围涉及国民经济各个领域。为此，各省（自治区、直辖市）统计局和有关部门要加强领导，统筹安排，指定一名局领导负责此项工作，并抽调人员，充实力量，确保按时完成投入产出调查任务。

二、2007年全国投入产出调查采用重点调查与统计年报相结合、国家统计局和有关部门相结合的方式进行。2008年8月底以前，各省、自治区、直辖市统计局、国家统计局有关调查总队和国家有关部门要按照国家统计局的统一要求，完成调查、汇总和上报工作。

三、认真学习和贯彻调查方案，确保数据质量。投入产出调查资料是编制全国和地区投入产出表的重要基础。因此，各地区要认真组织学习、熟练掌握调查方案，加强检查，层层把关，及时解决调查中发现的问题，以确保调查数据的质量。

2007年全国投入产出调查方案（略）

国家统计局关于开展生猪生产快速调查的通知

（2007 年 8 月 24 日）

河北、辽宁、江苏、安徽、江西、山东、河南、湖北、湖南、广东、广西、重庆、四川、云南、陕西调查总队：

为从根本上解决生猪生产、流通、消费和市场调控方面存在的矛盾和问题，国务院下发了《关于促进生猪生产发展，稳定市场供应的意见》（国发〔2007〕22 号）文件，出台了多项政策措施。为落实国务院的要求，及时、准确反映当前生猪及畜禽生产和价格形势，准确判断中秋、国庆、元旦和春节期间猪肉及其他畜禽产品的供应形势与价格走势，国家统计局决定在 9 月和 12 月各开展一次生猪及畜禽生产快速调查。同时，各地要按照《国家统计局关于进一步加强价格统计调查工作的通知》（国统字〔2007〕112 号）的要求，继续做好猪肉等主要副食品的价格统计调查工作。

各有关调查总队要高度重视、认真组织，选派熟悉情况的业务骨干，深入到养殖企业和农户调查生猪生产等情况，特别是各项政策措施的落实情况及实施效果。各地对生猪生产形势要做到直接调查、独立判断，实事求是反映生猪及畜禽生产变化情况及存在的问题。同时，希望各地在调查中收集有关情况，为改进畜牧业调查提出建议。

附件：1. 生猪生产快速调查方案

2. 生猪生产快速调查表（略）

附件 1：

生猪生产快速调查方案

一、调查的主要内容

（一）今年以来生猪存栏变化情况，特别是能繁殖母猪存栏变化情况。

（二）今年生猪累计出栏情况，出售价格变动情况，各个季度间的变化以及与去年同期的比较。

（三）养猪效益变化情况。

（四）预测本地区三季度和全年生猪生产与价格形势，并对国庆、元旦和春节期间的猪肉供应做出判断。

（五）扶持生猪发展政策落实情况。

1. 生猪蓝耳病及其他疫病的防疫情况。

2. 母猪养殖补贴发放及保险政策落实情况。

3. 资金扶持及其他政策落实情况。

4. 本地区是否新增加了扶持政策。

（六）生猪生产其他有关问题。

1. 养猪户占农户比重的变化情况。

2. 规模养殖户的变化情况。

3. 农户养猪的心态变化情况。

（七）牛、羊、家禽生产及价格情况。

二、调查样本

（一）山东、河南、湖南、四川、河北各调查 10 个县(市)，江苏、安徽、湖北、广东、广西调查 8 个县(市)，云南、辽宁、江西、重庆、陕西调查 6 个县(市)。

（二）生猪每个县调查 10 个村，每个村调查 10 户养殖户，其中当期存栏 50 头以上的规模户两户。牛、羊、家禽每个村各调查 5 户养殖户。

（三）各地要根据生猪生产状况，按养殖规模抽选适当的县（市）、村进行调查，力求样本有较强的代表性。

三、调查费用

国家统计局将在年底对参与调查的地方给予一定的补助。

四、调查时间及上报方式

本项调查在 2007 年 9 月初和 12 月初各开展一次，请将调查原始资料、调查汇总表和调查报告分别于 9 月 15 日和 12 月 15 日前报国家统计局农村司，调查表以 Excel 表式上报。

五、调查表式

中华人民共和国国家统计局令

第11号

（2007年8月27日）

《统计调查证管理办法》已经2007年7月23日国家统计局第7次局务会议通过，现予公布，自2007年12月1日起实施。

局长　谢伏瞻

统计调查证管理办法

第一条　为保障政府统计调查工作顺利进行，规范统计调查证的颁发和管理工作，根据《中华人民共和国统计法》，制定本办法。

第二条　统计调查证是统计调查人员依法执行政府统计调查任务时证明其身份的有效证件。

持证人员依法进行政府统计调查活动时，应当主动向统计调查对象出示证件。

第三条　统计调查证由国家统计局统一格式，省级人民政府统计机构、国家统计局派出的调查总队印制，县级以上地方各级人民政府统计机构、国家统计局派出的调查队颁发。

省级人民政府统计机构、国家统计局派出调查总队依照本办法建立统计调查证核发和管理制度。

第四条　统计调查证可以颁发给下列人员：

(一)县级以上地方各级人民政府统计机构聘用的调查人员；

(二)国家统计局派出的调查队聘用的调查人员；

(三)县级以上地方各级人民政府统计机构、国家统计局派出的调查队的工作人员中，直接执行政府统计调查任务的调查人员。

县级以上地方各级人民政府统计机构、国家统计局及其派出的调查队的工作人员也可以持工作证执行政府统计调查任务。

各项全国性普查的普查员和普查指导员，持普查员证或者普查指导员证依法执行普查任务。

第五条 取得统计调查证的人员应当具备相关的统计知识和调查技能。

第六条 取得统计调查证，应当由本人填写登记表，经聘用单位或者本人所在单位审查，报省级人民政府统计机构或者国家统计局派出的调查总队核准，由聘用单位或者本人所在单位颁发。

第七条 统计调查证应当标明下列内容：

(一)持证人姓名、性别、年龄；

(二)持证人照片；

(三)持证人所在单位或者聘用单位名称；

(四)发证机关、证件编号；

(五)发证日期、有效期限。

第八条 持证人员的职责是：

(一)宣传、执行统计法律、法规、规章和统计调查制度；

(二)依法开展统计调查，准确、及时完成统计调查任务；

(三)要求有关统计调查对象依法准确、及时提供统计资料；

(四)审核统计资料的准确性，依法要求改正不真实的统计资料。

持证人员对在政府统计调查中知悉的统计调查资料负有保密义务。

第九条 发证机关应当加强对持证人员的管理。

持证人员不再从事政府统计调查活动或者统计调查证有效期

届满的，由发证机关收回统计调查证。

第十条 持证人员应当妥善保管统计调查证，不得涂改、转借、故意毁损或者用作与政府统计调查无关的活动。

第十一条 持证人员有下列情况之一的，由县级以上地方各级人民政府统计机构或者国家统计局派出的调查队予以批评教育，并可以收缴统计调查证。情节较重，属于国家工作人员的，依法给予处分；不属于国家工作人员的，解除聘用合同，并依照有关法律规定处理：

（一）将统计调查证转借他人使用的；

（二）利用统计调查证从事与政府统计调查无关的活动的；

（三）泄露调查对象统计调查资料的。

第十二条 任何单位违反本办法规定，伪造、变造或者冒用统计调查证的，由县级以上地方各级人民政府统计机构或者国家统计局派出的调查队责令改正，予以警告。对非经营活动中发生前款违法行为的，还可处以 1000 元以下的罚款。对经营活动中发生前款违法行为，有违法所得的，还可处以违法所得一至三倍但不超过 30000 元的罚款；没有违法所得的，还可处以 10000 元以下的罚款。

对有前款违法行为的有关责任人员，由县级以上地方各级人民政府统计机构或者国家统计局派出的调查队予以警告，还可处以 1000 元以下的罚款，或者提请公安机关依照《中华人民共和国治安管理处罚法》处理。

第十三条 对县级以上地方各级人民政府统计机构、国家统计局派出的调查队聘用的执行一次性统计调查任务的调查人员，可以颁发临时统计调查证。

临时统计调查证的颁发、管理由省级人民政府统计机构、国家统计局派出的调查总队规定。

第十四条 本办法自 2007 年 12 月 1 日起实施。国家统计局 1999 年 4 月 14 日公布的《国家统计调查证管理办法》同时废止。

国家统计局关于下发《城镇私营单位工资统计制度方案（试行）》的通知

（2007年10月18日）

各省、自治区、直辖市统计局：

当前，收入分配领域存在的分配关系不顺、收入差距持续扩大等突出问题，将影响经济健康发展和社会和谐稳定，受到党中央、国务院领导和各部门的极大关注。我国现行劳动工资统计滞后于形势发展，特别是覆盖范围不全，不能全面反映职工工资的水平和变化情况，因此对劳动工资统计制度的改革工作应抓紧进行。根据近两年来我局和各地试点工作情况，在全国范围内建立城镇私营单位工资统计制度的时机已经成熟。现将《城镇私营单位工资统计制度方案（试行）》下发各地执行，并对有关问题通知如下：

一、建立城镇私营单位工资统计制度是一项党政领导关心、政策性强、涉及群众利益和企业利益的工作。各地统计局领导要高度重视，加强领导，统筹安排好此项调查工作。要加强与有关部门的协调，争取政府和有关部门的大力支持。

二、由于我国私营企业发展快，部分企业统计制度和会计制度不健全，因此在私营企业中收集工资统计数据难度较大。各地要加强对建立本制度重要性的宣传和对统计法的宣传工作，加强对私营企业统计填报人员的培训工作，加强对数据的审核评估工作，确保调查数据质量。

三、除国家下拨一定经费外，各省、自治区、直辖市要保证必要的配套调查经费，节约开支，合理使用。调查经费要向基层倾斜，确保调查工作顺利进行。

四、城镇私营单位工资统计数据对社保费用征收和退休金、最低工资标准、贫困救济标准、赔偿费用的计算等有直接关系，比较敏感。因此，城镇私营单位工资统计制度建立的最初几年为试行阶段，主要是积累基础数据、对数据进行评估分析。试行阶段的数据暂不公布，可供领导和有关部门研究完善有关分配政策时内部参考，待时机成熟后全国统一公布。

城镇私营单位工资统计制度方案（试行）（略）

国家统计局　商务部关于建立成品油批发和零售统计报表制度的通知

（2007 年 10 月 29 日）

各省、自治区、直辖市统计局、商务主管部门，新疆生产建设兵团统计局、商务局：

根据国务院关于尽快建立能耗统计指标体系、监测体系和考核体系的要求，为加强成品油市场监测与管理，经研究，国家统计局和商务部决定联合做好《成品油批发和零售统计报表制度》（见附件）贯彻实施工作。

《成品油批发和零售统计报表制度》于 2008 年 1 月 1 日起执行。政府统计系统负责具体组织实施工作；各省级成品油市场商务主管部门负责提供成品油批发企业（单位）和零售企业（单位）名单，并协助政府统计系统进行有关的统计调查工作，按照统计规定使用相关资料。

《成品油批发和零售统计报表制度》是新建立的统计调查制度，工作量与工作难度较大，数据质量要求高。因此，各地政府统计机构和商务主管部门要高度重视，认真贯彻执行，加大工作支持与协调力度，做好组织实施工作。在执行过程中有什么问题请与国家统计局贸易外经司和商务部商业改革发展司联系。

附件：成品油批发和零售统计报表制度（略）

中华人民共和国国家统计局令

第 12 号

（2007 年 10 月 30 日）

《国家统计局关于废止部分规章和规范性文件的决定》于 2007 年 10 月 26 日经国家统计局第 17 次局常务会议审议通过，现予公布，自公布之日起施行。

局长　谢伏瞻

国家统计局关于废止部分规章和规范性文件的决定

经 2007 年 10 月 26 日国家统计局第 17 次局常务会议审议，我局决定废止下列 5 件规章和规范性文件：

1.《关于颁发统计专业证书若干问题的规定》(1987 年 10 月 13 日，国家统计局统培字〔1987〕437 号)；

2.《统计检查特派员委派办法》(1988 年 11 月 24 日，国家统计局统政字〔1988〕491 号)；

3.《国家统计系统定期审计制度》(1990 年 5 月 28 日，国家统计局统人字〔1990〕148 号)；

4.《全国统计科学研究成果评选奖励条例》(1990 年 9 月 20

日，国家统计局统研字〔1990〕295号）；

5.《全国统计系统荣誉称号暂行办法》（1996年1月2日，国家统计局国统字〔1996〕001号）。

国务院关于同意建立服务业统计部际联席会议制度的批复

（2007年11月1日）

统计局：

你局《关于拟请批复服务业统计部际联席会议制度的请示》（国统字〔2007〕138号）收悉。现批复如下：

同意建立由统计局牵头的服务业统计部际联席会议制度。联席会议不刻制印章，不正式行文，请按照国务院有关文件精神认真组织开展工作。

附件：服务业统计部际联席会议制度

附件：

服务业统计部际联席会议制度

为贯彻落实《国务院关于加快发展服务业的若干意见》（国发〔2007〕7号）精神，抓紧建立科学、统一、全面、协调的服务业统计调查制度和信息管理制度，切实加强对服务业统计工作的组织领导，增进部门间的协调配合，经国务院同意，建立服务业统计部际联席会议（以下简称联席会议）制度。

一、主要职能

在国务院领导下，研究拟订建立全社会服务业统计的方案措施，向国务院提出建议；协调解决推进部门服务业统计中的重大问题；讨论确定阶段工作重点并协调落实；指导、督促、检查服务业统计各项工作。

二、成员单位

联席会议由统计局、发展改革委、教育部、科技部、公安部、民政部、财政部、劳动保障部、国土资源部、建设部、铁道部、交通部、信息产业部、商务部、文化部、卫生部、人民银行、海关总署、税务总局、工商总局、质检总局、环保总局、民航总局、广电总局、新闻出版总署、体育总局、旅游局、证监会、保监会、邮政局等30个部门和单位组成。联席会议可根据服务业统计工作的需要，通知相关部门参加。联席会议由统计局局长担任召集人，发展改革委分管负责同志为第二召集人。联席会议成员因工作变动需要调整的，由所在单位提出，联席会议确定。

联席会议办公室设在统计局，负责日常工作。联席会议设联络员，由联席会议成员单位有关司局负责同志担任。

三、工作规则

（一）联席会议每年召开一次例会。根据工作需要可以临时召开全体会议或部分成员单位会议。会议由统计局召集。

（二）联席会议主要工作内容。研究部门服务业业务统计资料、财务统计资料和行政记录向统计局提供的交换制度；研究建立服务业统计数据共享制度；对于服务业统计存在的薄弱环节进行分析，研究建立和完善服务业统计指标和调查方法，保证服务业统计的科学性和完整性；研究部门服务业统计向行业服务业统计转变的办法。

（三）联席会议以会议纪要形式明确会议议定事项，经与会单位同意后印发有关方面，并抄报国务院。

四、工作要求

各成员单位要按照职责分工，认真研究建立完善服务业统计工作的有关问题，积极参加联席会议，认真落实联席会议议定的事项。要互通信息、相互配合、相互支持、形成合力，充分发挥联席会议的作用。联席会议办公室将及时向各成员单位通报工作进展情况。

服务业统计部际联席会议成员名单

召　集　人：谢伏瞻　统计局局长

第二召集人：欧新黔　发展改革委副主任

成　　　员：杨周复　教育部部长助理

李学勇　科技部副部长

孙永波　公安部部长助理

姜　力　民政部副部长

廖晓军　财政部副部长

孙宝树　劳动保障部副部长

鹿心社　国土资源部副部长

齐　骥　建设部副部长

王志国　铁道部副部长

翁孟勇　交通部副部长

娄勤俭　信息产业部副部长

易小准　商务部副部长

周和平　文化部副部长

陈啸宏　卫生部副部长

杜金富　人民银行行长助理

龚　正　海关总署副署长

钱冠林　税务总局副局长

王东峰　工商总局副局长

蒲长城　质检总局副局长

李干杰　环保总局副局长

高宏峰　民航总局副局长

张海涛　广电总局副局长

孙寿山　新闻出版总署副署长

王　钧　体育总局副局长
林贤郁　统计局副局长
徐一帆　统计局副局长
王志发　旅游局副局长
屠光绍　证监会副主席
李克穆　保监会副主席
王渝次　邮政局副局长

国家统计局关于印发《对外经济贸易和旅游综合统计报表制度》的通知

（2007年11月9日）

国务院有关部门：

为了规范对外经济贸易、旅游等部门统计资料的报送制度，依据《中华人民共和国统计法》及其《实施细则》的规定，我局经研究决定，在国家统计报表制度中增加设立《对外经济贸易和旅游综合统计报表制度》。现将《对外经济贸易和旅游综合统计报表制度》（2007年统计年报和2008年定期报表）印发给你们，请认真贯彻执行。

对外经济贸易和旅游综合统计报表制度（略）

国务院关于开展第二次全国经济普查的通知

（2007 年 11 月 15 日）

各省、自治区、直辖市人民政府，国务院各部委、各直属机构：

根据《全国经济普查条例》的规定，国务院决定于 2008 年开展第二次全国经济普查。现将有关事项通知如下：

一、普查的指导思想和主要目的

指导思想。以邓小平理论和“三个代表”重要思想为指导，深入贯彻落实科学发展观，科学设计、精心组织、依法实施、确保质量，全面、准确地提供基本国情国力数据，为党中央、国务院以及地方各级人民政府宏观管理和科学决策服务。

主要目的。全面调查了解我国第二产业和第三产业的发展规模及布局；了解我国产业组织、产业结构、产业技术的现状以及各生产要素的构成；摸清我国各类企业和单位能源消耗的基本情况；建立健全覆盖国民经济各行业的基本单位名录库、基础信息数据库和统计电子地理信息系统。通过普查，进一步夯实统计基础，完善国民经济核算制度，为加强和改善宏观调控，科学制定中长期发展规划，提供科学准确的统计信息支持。

二、普查的对象和范围

第二次全国经济普查的对象是在我国境内从事第二产业和第

三产业的全部法人单位、产业活动单位和个体经营户。具体范围包括:采矿业,制造业,电力、燃气及水的生产和供应业,建筑业,交通运输、仓储和邮政业,信息传输、计算机服务和软件业,批发和零售业,住宿和餐饮业,金融业,房地产业,租赁和商务服务业,科学研究、技术服务和地质勘查业,水利、环境和公共设施管理业,居民服务和其他服务业,教育,卫生、社会保障和社会福利业,文化、体育和娱乐业,以及公共管理与社会组织等。

三、普查的内容和时间

普查的主要内容包括单位基本属性、从业人员、财务状况、生产经营情况、生产能力、能源消耗、科技活动情况等。

普查的标准时点是 2008 年 12 月 31 日,时期资料为 2008 年度。

四、普查的组织和实施

第二次全国经济普查涉及范围广、参与部门多、技术要求高、工作难度大。各地区、各部门要按照“全国统一领导、部门分工协作、地方分级负责、各方共同参与”的原则,认真做好此项重大国情国力普查的宣传动员和组织实施工作。

为了加强对此项工作的组织和领导,国务院将成立第二次全国经济普查领导小组,负责普查的组织和实施。普查领导小组由国务院领导同志任组长,成员单位包括国务院办公厅、统计局、发展改革委、中央宣传部、中央编办、监察部、民政部、财政部、税务总局、工商总局和质检总局等部门(组成人员名单另发)。普查领导小组办公室设在统计局,具体负责普查的日常组织和协调。其中,涉及普查经费方面的事项,由财政部负责协调;涉及物资保障方面的事项,由发展改革委负责协调;涉及企业和个体工商户名录方面的事项，由工商总局和税务总局负责协调；涉及机关和事业单位名录方面的事项，由中央编办负责协调；涉及社团和非企业单位名录方面的事项，由民政部负责协调；涉及组织机构代码方面的事项，由质检总局负责协调；涉及各级政府及其普查工作人员在普查工作中违法违纪行为的事项，由监察部负责协调处理。国务院其他各有关部门，也要充分发挥各自的职能，各负其责、通力协作、密切配合。

地方各级人民政府要设立相应的普查领导小组及其办公室，认真做好本地区普查工作。对于普查工作中遇到的困难和问题，要及时采取措施，切实予以解决。要充分发挥街道办事处和居民委员会、乡镇政府和村民委员会的作用，广泛动员和组织社会力量积极参与并认真配合做好普查工作。

五、普查的经费保障

第二次全国经济普查所需经费，由中央和地方各级人民政府共同负担，并列入相应年度的财政预算，按时拨付、确保到位。

六、普查的工作要求

坚持依法普查。所有普查对象必须严格按照《中华人民共和国统计法》和《全国经济普查条例》的规定，按时、如实地填报普查表。任何单位和个人不得虚报、瞒报、拒报、迟报，不得伪造、篡改普查数据。地方各级人民政府统计执法机构和监察机关要加大对普查工作中违法违纪行为的查处力度，坚决杜绝人为干扰普查工作的现象，确保普查工作顺利进行和普查数据质量。经济普查取得的单位和个人资料，严格限定用于普查目的，不作为任何单位对普查对象实施处罚的依据。各级普查机构及其工作人员，对在普查中所知悉的国家秘密和普查对象的商业秘密，履行保密义务。

加强宣传工作。各级普查机构应主动向新闻单位提供情况。报刊、广播、电视和互联网等媒体要广泛深入宣传经济普查的重要意义和要求，宣传普查工作中涌现出的典型事迹以及违法违纪案件查处情况，引导广大普查对象依法配合普查，教育广大普查人员依法开展工作，为普查工作顺利实施创造良好舆论环境。

国务院批转节能减排统计监测及考核实施方案和办法的通知

（2007 年 11 月 17 日）

各省、自治区、直辖市人民政府，国务院各部委、各直属机构：

国务院同意发展改革委、统计局和环保总局分别会同有关部门制订的《单位 GDP 能耗统计指标体系实施方案》、《单位 GDP 能耗监测体系实施方案》、《单位 GDP 能耗考核体系实施方案》（以下称“三个方案”）和《主要污染物总量减排统计办法》、《主要污染物总量减排监测办法》、《主要污染物总量减排考核办法》（以下称“三个办法”），现转发给你们，请结合本地区、本部门实际，认真贯彻执行。

一、充分认识建立节能减排统计、监测和考核体系的重要性和紧迫性。到 2010 年，单位 GDP 能耗降低 20％左右、主要污染物排放总量减少 10％，是国家“十一五”规划纲要提出的重要约束性指标。建立科学、完整、统一的节能减排统计、监测和考核体系（以下称“三个体系”），并将能耗降低和污染减排完成情况纳入各地经济社会发展综合评价体系，作为政府领导干部综合考核评价和企业负责人业绩考核的重要内容，实行严格的问责制，是强化政府和企业责任，确保实现“十一五”节能减排目标的重要基础和制度保障。各地区、各部门要从深入贯彻落实科学发展观，加快转变经济发展方式，促进国民经济又好又快发展的高度，充分认识建立“三个体系”的重要性和紧迫性，按照“三个方案”和“三个办法”的要求，全面扎实推进“三个体系”的建设。

二、切实做好节能减排统计、监测和考核各项工作。要逐步建立和完善国家节能减排统计制度，按规定做好各项能源和污染物指标统计、监测，按时报送数据。要对节能减排各项数据进行质量控制，加强统计执法检查和巡查，确保各项数据的真实、准确。严肃查处节能减排考核工作中的弄虚作假行为，严禁随意修改统计数据，杜绝谎报、瞒报，确保考核工作的客观性、公正性和严肃性。要严格节能减排考核工作纪律，对列入考核范围的节能减排指标，未经统计局和环保总局审定，不得自行公布和使用。要对各地和重点企业能耗及主要污染物减排目标完成情况、“三个体系”建设情况以及节能减排措施落实情况进行考核，严格执行问责制。

三、加强领导，密切协作，形成全社会共同参与节能减排的工作合力。各地区、各有关部门要把“三个体系”建设摆上重要议事日程，明确任务、落实责任，周密部署、科学组织，尽快建立并发挥“三个体系”的作用。地方各级人民政府要对本地区“三个体系”建设负总责，加强基础能力建设，保证资金、人员到位和各项措施落实，加强本地区节能减排目标责任的评价考核和监督核查工作。国务院各有关部门要根据职能分工，认真履行职责，密切协作配合，抓紧制定配套政策。发展改革委、统计局和环保总局要加强指导和监督，跟踪掌握动态，协调解决工作中出现的问题。要充分调动有关协会和企业的积极性，明确责任义务，加强监督检查。要广泛宣传动员，充分发挥舆论监督作用，努力营造全社会关注、支持、参与、监督节能减排工作的良好氛围。

单位 GDP 能耗统计指标体系实施方案

统计局　发展改革委　能源办

一、总体思路和工作要求

（一）总体思路。根据各级能源消费总量的核算方法，从能源供应统计和消费统计两个方面建立健全能源统计调查制度。以普查为基础，根据国民经济各行业的能耗特点，建立健全以全面调查、抽样调查、重点调查等各种调查方法相结合的能源统计调查体系。

（二）工作要求。要逐步建立和完善国家能源统计制度，各地区要建立适合本地能源统计核算和节能降耗工作需要的地方能源统计制度，各级政府部门、协会、能源产品生产经营企业也要尽快建立有关能源统计制度，做好各项能源指标统计。各有关部门要加强能源统计业务建设，充分利用现代化信息技术，加快建立安全、灵活、高效的能源数据采集、传输、加工、存储和使用等一体化的能源统计信息系统。各社会用能单位要从仪器仪表配置、商品检验、原始记录和统计台账等基础工作入手，全面加强能源利用的计量、记录和统计，依法履行统计义务，如实提供统计资料。

二、建立健全能源生产统计

（一）进一步完善现有规模以上工业企业能源产品产量统计制度，增加能源核算所需要能源产品的中小类统计目录。

（二）建立规模以下工业企业煤炭、电力等产品产量统计制度。

调查内容：煤炭生产量、销售量、库存量、发电量。

调查范围：规模以下（年销售收入 500 万元以下）的煤炭生产企业和电力企业。煤炭产品产量调查的范围按照安全监管总局核定的颁发煤炭生产许可证的规模以下煤炭生产企业名单确定。

调查频率：季报，2007 年下半年正式实施。

调查方式：统计局组织全面调查。

三、建立健全能源流通统计

以能源省际间流入与流出统计为重点，建立健全能源流通统计。

（一）煤炭。将现有煤炭省际间流入与流出统计范围由重点煤矿扩大到全部煤炭生产和流通企业。

调查内容：分地区煤炭销售量。

调查范围：全部煤炭生产、流通企业。

调查频率：季报，2007 年年报正式实施。

调查方式：中国煤炭运销协会组织全面调查。

（二）原油。原油省际间流入与流出量可根据现有海关统计和工业企业能源统计报表中有关指标计算取得。具体方法是：

原油产地：本地区原油净流出量（正数）或净流入量（负数）＝原油产量＋进口量－出口量－工业企业原油购进量

非原油产地：本地区原油净流出量（正数）或净流入量（负数）＝进口量－工业企业原油购进量

原油产量从工业企业月度生产统计报表取得，工业企业原油购进量从工业企业季度能源消费统计报表取得，进口量、出口量数据从海关进出口统计取得。

（三）成品油。成品油省际间流入与流出量通过建立“批发与零售企业能源商品购进、销售与库存”统计制度取得。

1. 在经商务部批准的经营成品油批发业务的企业范围内，建立成品油购进、销售、库存统计制度。

调查内容：成品油购进量、购自省外，销售量、售于省外、售于批发零售企业，库存量。

调查范围：经商务部批准的经营成品油批发业务的全部企业。

调查频率：季报，2007 年年报正式实施。

调查方式：统计局组织全面调查。

2. 在经国家有关部门批准的成品油零售企业范围内，建立成品油销售、库存统计调查制度。

调查内容：成品油销售量、库存量。

调查范围：经国家有关部门批准的成品油零售企业。

调查频率：季报，2007 年年报正式实施。

调查方式：统计局组织全面调查。

（四）天然气。省际间天然气流入与流出量分别由三大石油公司天然气管理机构提供。

（五）电力。电力的省际间输配数量，由中国电力企业联合会提供。

(六)其他能源品种。洗煤、焦炭、其他焦化产品、液化石油气、炼厂干气、其他石油制品、液化天然气等产品地区间流入与流出调查,采用与原油相同的方法进行核算,即利用海关进出口资料和工业企业能源消费统计报表中的有关指标计算取得。具体核算方法:

其他能源品种本地净流出量(正数)或净流入量(负数)=本地生产量+进口量-出口量-工业企业购进量

四、建立健全能源消费统计

通过建立健全能源消费统计,反映能源消费结构,为市(地)、县(市)进行能源核算提供基本数据支持,对能源供应统计无法取得的资料以能源消费统计予以补充。近期重点加强各级能源消费数据核算基础,建立分地区能源消费核算制度和评估制度。

(一)完善现有规模以上工业企业能源购进、消费、库存、加工转换统计调查制度,增加可再生能源、低热值燃料、工业废料等调查目录,增加余热余能回收利用统计指标。

(二)建立规模以下工业企业和个体工业能源消费统计制度。规模以下工业企业、个体工业能源消费约占全部工业能源消费的10%左右,这部分企业生产工艺、设备比较落后,能耗高,调查其能源消费对于指导淘汰落后产能工作、反映节能减排成果具有重要意义。

调查内容:煤炭、焦炭、天然气、汽油、柴油、燃料油、电力等消费量。

调查范围:规模以下工业企业和个体工业。

调查频率:季报,2007年年报正式实施。

调查方式:统计局组织抽样调查。

(三)建立农林牧渔业生产单位能源消费调查制度。

调查内容:煤炭、汽油、柴油、燃料油、电力等消费量。

调查范围:从事农林牧渔生产经营活动的法人单位。

调查频率:年报,2007 年年报正式实施。

调查方式:统计局组织重点调查。

(四)健全建筑业能源消费统计。建筑业能源消费总量占全部能源消费的比重为 1.5%左右,拟采取普查年份全面调查、非普查年份根据有关资料进行推算的方法,取得建筑业能源消费数据。

(五)建立健全第三产业能源消费统计调查制度。第三产业涉及范围广泛,单位数量众多,需要针对不同行业、不同经营类型企业的能源消费特点,采取不同的调查方法,进行统计调查。耗能较大的餐饮业分规模建立全面调查或重点调查统计制度;交通运输行业按照不同运输方式建立相应的调查制度。第三产业的其他行业能源消费,电力约占 90%左右,由中国电力企业联合会通过健全社会用电量统计,提供能耗核算所需的资料。

1.餐饮业。餐饮业单位数量多、分布面广、能源消费品种较多、调查难度大,将其分为限额以上和限额以下两部分进行调查。对限额以上餐饮企业(从业人员 40 人以上,年营业额 200 万元以上)实行全面调查,全面建立煤炭、煤气、天然气、液化石油气、电力等能源消费量统计调查制度。对限额以下餐饮企业实行重点调查,取得样本企业单位营业额和能源消费量数据,按照限额以下餐饮业营业额资料推算其全部能源消费量。

调查内容:煤炭、煤气、天然气、液化石油气、电力消费量。

调查范围:限额以上企业,限额以下企业。

调查频率:季报,2007 年年报正式实施。

调查方式:统计局在限额以上和以下企业分别组织全面调查和重点调查。

2.交通运输业。按照不同运输方式建立能源消费统计调查制度。

(1)铁路、航空、管道运输业。

调查内容:煤炭、煤气、汽油、煤油、柴油、燃料油、天然气、液化石油气、电力消费量等。

调查范围:铁路、航空、管道运输企业。

调查频率:季报,2007 年年报正式实施。

调查方式:铁道部、地方铁路协会、民航总局、三大石油公司管道运输部门组织全面调查。

(2)公路、水上运输和港口。

公路、水上运输和港口是指从事公路(包括城市公交)、水上营业性运输和港口装卸业务的企业(包括个体专业运输户),不包括社会车辆和私人家庭车辆的交通运输活动。运输企业管理分散、流动性强,需要对不同性质的运输企业采取不同的调查方式。在从事营业性公路、水上运输的重点企业和港口范围内,建立统一、规范的能源消费统计调查制度,并在工作规范化以后逐步将调查范围扩大到全部专业运输企业。对从事公路、水上运输的个体专业运输户实施典型调查,按照单车(单船)年均收入耗油量或单位客货周转量耗油量、交通运输管理部门登记的车(船)数量,推算其能源消费总量。

调查内容:汽油、柴油、燃料油消费量等。

调查频率:年报,2007 年年报正式实施。

调查方式:统计局组织对重点专业运输企业和港口全面调查,对从事公路、水上运输的个体专业运输户典型调查。

(六)建立健全居民生活用能统计制度。

1.城镇居民生活用能。

调查内容:煤炭、汽油、柴油、城市煤气、天然气、液化石油气、电力消费量。

调查范围:与现有城镇住户调查范围相同。

调查频率:季报,2007 年年报正式实施。

调查方式:统计局组织抽样调查。

2.农村居民生活用能。

调查内容:煤炭、汽油、柴油、天然气、液化石油气、电力消费量等。

调查范围:与现有农村住户调查范围相同。

调查频率:季报,2007 年年报正式实施。

调查方式:统计局组织抽样调查。

(七)建立健全主要建筑物能耗统计制度。针对饭店、宾馆、商厦、写字楼、机关、学校、医院等单位的大型建筑物,由建设部会同统计局研究建立相应的统计制度。

(八)建立健全能源利用效率统计制度。能源利用效率统计主要是指单位产品能耗、单位业务量能耗统计。目前在年耗能 1 万吨标准煤以上的工业企业范围内建立了 25 种重点耗能产品,108 项单位产品能耗统计调查制度。在此基础上,逐步扩大统计范围,由年耗能 1 万吨标准煤以上工业企业逐步扩大到规模以上工业企业,逐步增加耗能产品的统计品种。

(九)完善新能源、可再生能源统计制度。新能源、可再生能源主要是指核能、生物质能、水能、风能、太阳能、地热等。目前,除核电、水电有规范的统计制度外,其他能源的利用因数量较少,缺乏统一的统计计量标准,统计制度尚不健全。要在抓紧制定统计标准的同时,积极探索和研究建立相关统计指标和统计调查制度,尽快将新能源、可再生能源的利用完整地纳入正常能源统计调查体系。

有关能源统计制度、调查表、核算方案等,由统计局另行印发。

单位 GDP 能耗监测体系实施方案

统计局　发展改革委　能源办

一、总体思路和工作要求

(一)总体思路。在建立健全能耗统计指标体系的基础上,通过对各项能耗指标的数据质量实施全面监测,评估各地、各重点企业能耗数据质量,客观、公正、科学地评价节能降耗工作进展,全面、真实地反映全国、各地区以及重点耗能企业的节能降耗进展情况和取得的成效。

（二）工作要求。在加强能耗各项指标统计的同时，对能耗指标的数据质量进行监测，确保各项能耗指标的真实、准确。要深入研究能耗指标与有关经济指标的关系，科学设置监测指标体系。要抓紧制订科学、统一的能耗指标与GDP核算方案，从核算基础、核算方法、工作机制等方面对单位GDP能耗及其他监测指标的核算进行严格规范，不断完善主要监测指标核算的体制和机制。各地要结合实际，制定严格的数据质量评估办法，切实保障数据质量。节能降耗指标及其数据质量分别由上一级统计部门认定并实施监测。千家重点耗能企业主要由统计局和节能减排办负责监测，地方各级人民政府也要对本地区重点耗能企业进行监测。各级统计部门从2008年起，建立统一、科学的季度、年度能源消费总量和单位GDP能耗核算制度，制定能反映各地工作特点的能耗数据质量评估办法。

二、对节能降耗进展情况进行监测

（一）对全国以及各地区节能降耗进展情况的监测。

监测指标：单位GDP能耗，单位工业增加值能耗，单位GDP电耗及其降低率；单位产品能耗，重点耗能产品产量及其增长速度；重点耗能行业产值及其增长速度等。

（二）对主要耗能行业节能降耗进展情况的监测。

主要耗能行业包括：煤炭、钢铁、有色、建材、石油、化工、火力发电、造纸、纺织等。

监测指标：单位增加值能耗，单位产品能耗。

（三）对重点耗能企业的监测。

重点耗能企业为年耗能1万吨标准煤以上的企业。

监测指标：单位产品能耗，能源加工转换效率，节能降耗投资等。

（四）对资源循环利用状况和“十一五”期间十大重点节能工程的建设情况的监测。

监测指标:资源循环利用指标;十大重点节能工程的节能量。

三、对地区单位 GDP 能耗及其降低率数据质量的监测

(一)对 GDP 的监测。

第一组:地区 GDP 总量的逆向指标,用于检验 GDP 总量是否正常。

1. 地区财政收入占 GDP 的比重。

2. 地区各项税收占第二和第三产业增加值之和的比重。

3. 地区城乡居民储蓄存款增加额占 GDP 的比重。

第二组:与地区 GDP 增长速度相关的指标,用于检验现价 GDP 增长速度是否正常。

1. 地区各项税收增长速度。

2. 地区各项贷款增长速度。

3. 地区城镇居民家庭人均可支配收入增长速度。

4. 地区农村居民家庭人均纯收入增长速度。

第三组:与地区第三产业增加值相关的指标,用于检验第三产业增加值是否正常。

1. 地区第三产业税收占全部税收的比重。

2. 地区第三产业税收收入增长速度。

(二)对能源消费总量的监测。

1. 电力消费占终端能源消费的比重,用以监测终端能源消费量是否正常。

2. 规模以上工业能源消费占地区能源消费总量的比重,用以监测地区能源消费总量是否正常。

3. 火力发电、供热、煤炭洗选、煤制品加工、炼油、炼焦、制气等加工转换效率,用以监测涉及计算各种能源消费量的相关系数是否正常。

4. 三次产业、行业能源消费增长速度、工业增加值增长速度,用以监测各次产业、行业能源消费量增长速度与增加值增长速度是否相衔接。

5. 主要产品产量、单位产品能耗，用以监测重点耗能产品能源消费情况。

有关数据评估办法、核算制度等，由统计局另行印发。

单位 GDP 能耗考核体系实施方案

发展改革委

一、总体思路

按照目标明确，责任落实，措施到位，奖惩分明，一级抓一级，一级考核一级的要求，建立健全节能目标责任评价、考核和奖惩制度，强化政府和企业责任，发挥节能政策指挥棒作用，确保实现“十一五”节能目标。

二、考核对象、内容和方法

（一）考核对象。各省（区、市）人民政府（以下称省级人民政府）和千家重点耗能企业。

（二）考核内容。主要包括节能目标完成情况和落实节能措施情况。

（三）考核方法。采用量化办法，相应设置节能目标完成指标和节能措施落实指标，满分为 100 分。节能目标完成指标为定量考核指标，以各地区依据《国务院关于“十一五”期间各地区单位生产总值能源消耗降低指标计划的批复》（国函〔2006〕94 号，以下简称《批复》）制定的年度节能目标、各重点耗能企业签订节能目标责任书确定的年度节能目标为基准，分别依据国家统计局核定的地区能耗指标和省级节能主管部门认可的企业节能指标，计算目标完成率进行评分，满分为 40 分，超额完成指标的适当加分。节能措施落实指标为定性考核指标，是对各地区、各重点耗能企业落实节能措施情况进行评分，满分为 60 分。

（四）考核结果。分为超额完成（95 分以上）、完成（80—94 分）、基本完成（60—80 分）、未完成（60 分以下）四个等级。未完成节能目标的，均为未完成等级。具体考核计分方法见附件。

三、考核程序

（一）各省级人民政府要按照《批复》要求，确定年度节能目标，于当年3月底前报国务院节能减排工作领导小组办公室（以下简称节能减排办）备案。

（二）每年3月底前，各省级人民政府将上年度本地区节能工作进展情况和节能目标完成情况自查报告报国务院，同时抄送发展改革委、节能减排办。发展改革委会同监察部、人事部、国资委、质检总局、统计局、能源办等部门组成评价考核工作组，通过现场核查和重点抽查等方式，对各地区节能工作及节能目标完成情况进行评价考核和监督核查，形成综合评价考核报告，于每年5月底前报国务院。对各地区节能目标责任的评价考核结果经国务院审定后，由发展改革委向社会公告。

（三）对千家重点耗能企业的节能目标责任评价考核按属地原则由省级节能主管部门负责组织实施。企业应于每年1月底前，向所在地省级节能主管部门提交上年度节能目标完成情况和节能工作进展情况自查报告，同时抄报国家发展改革委。省级节能主管部门组织以社会各界专家为主的评估组，对企业节能目标完成情况进行评估核查，并于每年3月底前将综合评价报告报送省级人民政府和国家发展改革委。千家重点耗能企业节能情况评价考核结果由国家发展改革委审核汇总后，向社会公告。

四、奖惩措施

（一）对各地区节能目标责任评价考核结果经国务院审定后，交由干部主管部门依照《体现科学发展观要求的地方党政领导班子和领导干部综合考核评价试行办法》等规定，作为对省级人民政府领导班子和领导干部综合考核评价的重要依据，实行问责制和“一票否决”制。

（二）对考核等级为完成和超额完成的省级人民政府，结合全国节能表彰活动进行表彰奖励。对考核等级为未完成的省级人民政府，领导干部不得参加年度评奖、授予荣誉称号等，国家暂停对该地区新建高耗能项目的核准和审批。

（三）考核等级为未完成的省级人民政府，应在评价考核结果公告后一个月内，向国务院做出书面报告，提出限期整改工作措施，并抄送发展改革委。整改不到位的，由监察部门依据有关规定追究该地区有关责任人员的责任。

（四）对评价考核结果为超额完成和完成等级的企业，由国家发展改革委和省级人民政府予以通报表扬，并结合全国节能表彰活动进行表彰奖励。对评价考核结果为未完成等级的企业，予以通报批评，一律不得参加年度评奖、授予荣誉称号，不给予国家免检等扶优措施，对其新建高耗能投资项目和新增工业用地暂停核准和审批。考核结果为未完成等级的企业，应在评价考核结果公告后一个月内提出整改措施报所在地省级人民政府，限期整改。对千家企业中的国有独资、国有控股企业的考核评价结果，由各级国有资产监管机构作为对企业负责人业绩考核的重要依据，实行"一票否决"。

（五）对在节能考核工作中瞒报、谎报情况的地区，予以通报批评；对直接责任人员依法追究责任。

附件：1. 省级人民政府节能目标责任评价考核计分表（略）
2. 千家重点耗能企业节能目标责任评价考核计分表（略）

主要污染物总量减排统计办法

环保总局

第一条 为确保"十一五"主要污染物排放量数据准确、及时、可靠，按照《中华人民共和国环境保护法》、《中华人民共和国统计法》及其实施细则、《国务院关于印发节能减排综合性工作方案的通知》（国发〔2007〕15 号）、《国务院关于落实科学发展观加强环境保护的决定》(国发〔2005〕39 号)、《环境统计管理办法》等,制定本办法。

第二条 本办法所称主要污染物排放量,是指《国民经济和社会发展第十一个五年规划纲要》确定实施排放总量控制的两项污染物,即化学需氧量(COD)和二氧化硫(SO2)。环境统计污染物排放量包括工业源和生活源污染物排放量,COD 和 SO2 排放量的考核是基于工业源和生活源污染物排放量的总和。

第三条 主要污染物排放量统计制度包括年报和季报。年报主要统计年度污染物排放及治理情况,报告期为 1—12 月。季报主要统计季度主要污染物排放及治理情况,为总量减排统计和国家宏观经济运行分析提供环境数据支持,报告期为 1 个季度,每个季度结束后 15 日内将上季度数据上报国务院环境保护主管部门。为提高年报时效性,各省级政府环境保护主管部门于次年 1 月 31 日前上报年报快报数据。

第四条 统计调查按照属地原则进行,即由县级政府环境保护主管部门负责完成,省、市(地)级环境保护监测部门的监测数据应及时反馈给县级政府环境保护主管部门。工业源污染物排放量根据重点调查单位发表调查和非重点调查单位比率估算;生活源污染物排放量根据城镇常住人口数(或非农业人口数,以 2005 年口径为准)、燃料煤消耗量等社会统计数据测算。工业源和生活源污染物排放量数据审核、汇总后上报上级政府环境保护主管部门,并逐级审核、上报至国务院环境保护主管部门。

第五条 本办法所称的年报重点调查单位,是指主要污染物排放量占各地区(以县级为基本单位)排污总量(指该地区排污申报登记中全部工业企业的排污量,或者将上年环境统计数据库进行动态调整)85%以上的工业企业单位。重点调查单位的筛选工作应在排污申报登记数据变化的基础上逐年进行。筛选出的重点调查单位应与上年的重点调查单位对照比较,分析增、减单位情况并进行适当调整,以保证重点调查数据能够反映排污情况的总体趋势。

季报制度中的国控重点污染源按照国务院环境保护主管部门公布名单执行，每年动态调整。

第六条 重点调查单位污染物排放量可采用监测数据法、物料衡算法、排放系数法进行统计。

监测数据法：重点调查单位（“十五”期间约 8 万家）原则上都应采用监测数据法计算排污量。重点调查单位统计范围每年动态调整一次，纳入新增企业（不论试生产还是已通过验收，凡造成事实排污超过 1 个月以上的企业均应纳入统计范围）。对当年关停企业按其当年实际排污天数计算排污量。

物料衡算法：物料衡算法主要适用于火电厂二氧化硫排放量的测算，测算公式如下：燃料燃烧二氧化硫排放量＝燃料煤消费量×含硫率×0.8×2×（1—脱硫率）

排放系数法：排放系数法主要适用于化学原料及化学品制造、造纸、金属冶炼、纺织等行业排污量的估算。

以上三种方法中优先使用监测数据法计算排放量。若无监测数据（或监测频次不足），可根据上述适用范围，火电厂选用物料衡算法，钢铁、化工、造纸、建材、有色金属、纺织等行业企业选用排放系数法。监测数据法计算所得的排放量数据必须与物料衡算法或排放系数法计算所得的排放量数据相互对照验证，对两种方法得出的排放量差距较大的，须分析原因。对无法解释的，按“取大数”的原则得到污染物的排放量数据。

第七条 非重点调查单位污染物排放量，以非重点调查单位的排污总量作为估算的对比基数，采取“比率估算”的方法，即按重点调查单位总排污量变化的趋势（指与上年相比，排污量增加或减少的比率），等比或将比率略做调整，估算出非重点调查单位的污染物排放量。

第八条 生活源 COD 排放量计算公式为：

生活源COD排放量=城镇常住人口数×城镇生活COD产生系数×365-城镇污水处理厂去除的生活COD

其中,城镇生活COD产生系数优先采用各地区的COD产生系数或实测数据并予以说明;没有符合本地实际排放情况的系数,则统一采用国家推荐的COD产生系数,全国平均取值为75克/人·日,北方城市平均值为65克/人·日,北方特大城市为70克/人·日,北方其他城市为60克/人·日,南方城市平均值为90克/人·日。

生活源SO2排放量计算公式为:

生活源SO2排放量=生活及其他煤炭消费量×含硫率×0.8×2

第九条 环境统计数据质量控制主要由《环境统计管理办法》、《环境统计技术规定》、《全国环境统计数据审核办法》等系列文件组成。各地在数据上报前,由当地环境、统计、发展改革等部门组成联合会审小组,根据本地区经济发展趋势和环境污染状况,联合对数据质量进行审核。

重点源的环境统计数据由企业负责填报,各级政府环境保护主管部门负责审核,如发现问题要求企业改正,并重新填报。各级政府环境保护主管部门对本级环境统计数据负责,上级政府环境保护主管部门对下级政府环境保护主管部门上报的统计数据进行审核。下级政府环境保护主管部门应按照上级政府环境保护主管部门审核结果认真复核重点调查单位报表填报数据,并重新评估非重点调查单位污染物排放量。

第十条 按照排放强度法对统计数据进行核算(详见附件)。

第十一条 在排放强度法中使用GDP核算各地COD排放量时,用监测与监察系数对计算结果进行校正;在排放强度法中使用耗煤量核算各地SO2排放量时,用监察系数对SO_2排放量计算结果进行校正。校正方法和校正系数由国务院环境保护主管部门根据年度监测与监察情况另行确定(详见附件)。

第十二条 各省级政府环境保护主管部门按照本办法要求对年报快报数据进行核算，核算结果与核算的主要参数一并上报国务院环境保护主管部门。国务院环境保护主管部门进行初步复核后，将核算结果通报各地。各地应根据实际情况并按照国务院环境保护主管部门最终核定数据，对年报数据进行校核。

第十三条 本办法自发布之日起施行。

附件：统计数据的核算与校正（略）

主要污染物总量减排监测办法

环保总局

第一条 为了准确核定污染源化学需氧量和二氧化硫的排放量，按照《中华人民共和国环境保护法》、《排污费征收使用管理条例》（国令第369号）、《国务院关于"十一五"期间全国主要污染物排放总量控制计划的批复》（国函〔2006〕70号）、《国务院关于落实科学发展观加强环境保护的决定》（国发〔2005〕39号）和《国务院关于印发节能减排综合性工作方案的通知》（国发〔2007〕15号）的有关规定，制定本办法。

第二条 主要污染物减排监测是对污染源排放的主要污染物总量进行核定，并为国家确定的主要污染物减排工作提供数据的监测活动。监测工作采用污染源自动监测和污染源监督性监测（包括手工监测和实验室比对监测），主要是掌握污染源排放污染物的种类、浓度和数量。污染源化学需氧量和二氧化硫排放量的监测技术采用自动监测技术与污染源监督性监测技术相结合的方式。

第三条 污染源监督性监测工作原则上由县级政府环境保护主管部门负责。县级政府环境保护主管部门监测能力不足时，由市（地）级以上政府环境保护主管部门负责监测或由省级政府环境保护主管部门确定。

国控重点污染源是国家监控的占全国主要污染物工业排放负荷 65%以上的工业污染源和城市污水处理厂，国控重点污染源名单由国务院环境保护主管部门公布，每年动态调整。

国控重点污染源监督性监测工作由市（地）级政府环境保护主管部门负责，其中装机容量 30 万千瓦以上火电厂的污染源监督性监测工作由省级政府环境保护主管部门负责。国控重点污染源监督性监测数据共享使用，不重复监测。

第四条 以污染源监测数据为基础统一采集、核定、统计污染源排污量数据，根据污染物排放浓度和流量计算污染物排放量。

排污单位应当保证污染防治设施正常运行，对污染物排放状况和防治污染设施运行情况进行定期监测，建立污染源监测档案。排污单位应每月初向当地环境保护主管部门申报上月排放的化学需氧量和二氧化硫数量，并提供有关资料。

对于安装自动监测设备的污染源以自动监测数据为依据申报化学需氧量和二氧化硫的排放量。

对于未安装自动监测设备的污染源，由排污单位提供具备资质的监测单位出具的化学需氧量和二氧化硫监测数据，以此申报化学需氧量和二氧化硫排放量。

对于无法安装自动监测设备和不具备条件监测的污染源，化学需氧量和二氧化硫的排放量按环境统计方法计算，并向当地环境保护主管部门申报。

第五条 当地环境保护主管部门对排污单位每月申报的化学需氧量和二氧化硫排放量进行核定，并将核定结果告知排污单位。

对安装自动监测设备的排污单位，监测设备必须与环境保护主管部门直接联网，实时传输数据，环境保护主管部门据此数据进行核定。

对未安装自动监测设备或自动监测设备没有与环境保护主管部门联网的污染源，环境保护主管部门定期对其进行手工监测，其中国控污染源的监测频次不少于每季度一次，依此数据进行核定。

第六条 国控重点污染源必须在2008年底前完成污染源自动监测设备的安装和验收，污染源自动监测设备的建设由排污单位和地方财政负责，验收由地方政府环境保护主管部门负责，数据监测由企业负责，日常运行由有资质的运营单位负责。国控重点污染源自动监测设备的监测数据必须与省级政府环境保护主管部门联网，并直接传输上报国务院环境保护主管部门。

第七条 省级政府环境保护主管部门负责本辖区内的污染源监督性监测数据的质量管理工作。承担化学需氧量和二氧化硫排放量核定的环境保护主管部门具体负责污染源监督性监测数据的质量和排放量的准确性与可靠性。

环境保护主管部门负责对污染源自动监测系统的监测设备进行实验室比对监测和自动监测数据有效性审核。实验室比对监测与自动监测设备同步现场采样，监测频次为每季度一次。

实验室比对监测结果表明同步的自动监测的数据质量达不到规定时，则从本次实验室比对监测时间上推至上次实验室比对监测之间的时段按自动监测系统数据缺失处理。数据缺失时段的排放量按照相关技术规范的规定核算。

地方实验室比对监测结果与上级政府环境保护、主管部门的检查、抽查监测结果不一致时，由上级政府环境保护主管部门确认自动监测数据的有效性。

国务院环境保护主管部门定期组织对污染源监督性监测的统一质量控制考核，并组织跨省区的不定期抽查工作。

第八条 各级政府环境保护主管部门要建立完整的污染源基础信息档案，建立污染源监督性监测数据库。污染源监督性监测数据按季度逐级报送上级环境监测机构，用于监测质量管理工作。

第九条 地方各级人民政府要保证承担本辖区污染源监测工作的各级环境监测站的相关工作条件，在人员配置和培训、设备购买和更新、工作和实验用房供给、工作经费保障等方面制定切实可行的计划并予以落实，特别是要保证直接为减排统计、监测和考核服务的污染源监督性监测费用，补助国控重点污染源自动监控系统的建设和运行费用，将其纳入各级政府财政预算。承担监测任务的环境监测部门监测方法必须采用国家标准方法或环保行业标准方法，并按照国家和地方技术规范要求实行质量保证和质量控制。

第十条 本办法自发布之日起施行。

主要污染物总量减排考核办法

环保总局

第一条 为贯彻落实科学发展观，加强污染防治的监督管理，控制主要污染物排放，确保实现“十一五”主要污染物总量减排目标，根据《中华人民共和国环境保护法》、《国务院关于“十一五”期间全国主要污染物排放总量控制计划的批复》(国函〔2006〕70号)(以下简称《计划》)、《国务院关于落实科学发展观加强环境保护的决定》(国发〔2005〕39号)和《国务院关于印发节能减排综合性工作方案的通知》(国发〔2007〕15号)的有关规定，制定本办法。

第二条 本办法适用于对各省、自治区、直辖市人民政府“十一五”期间主要污染物总量减排完成情况的考核。

本办法所称主要污染物，是指《国民经济和社会发展第十一个五年规划纲要》确定的实施总量控制的两项污染物，即化学需氧量和二氧化硫。

第三条 “十一五”主要污染物总量减排的责任主体是地方各级人民政府。各省、自治区、直辖市人民政府要把主要污染物排放总量控制指标层层分解落实到本地区各级人民政府，并将其纳入本地区经济社会发展“十一五”规划，加强组织领导，落实项目和资金，严格监督管理，确保实现主要污染物减排目标。

第四条 各省、自治区、直辖市人民政府要按照《计划》的要求，确定主要污染物年度削减目标，制定年度削减计划。年度削减计划应于当年3月底前报国务院环境保护主管部门备案。

第五条 各省、自治区、直辖市人民政府负责建立本地区的主要污染物总量减排指标体系、监测体系和考核体系，及时调度和动态管理主要污染物排放量数据、主要减排措施进展情况以及环境质量变化情况，建立主要污染物排放总量台账。

第六条 主要污染物总量减排考核内容主要包括三个方面：

（一）主要污染物总量减排目标完成情况和环境质量变化情况。减排目标完成情况依据“十一五”主要污染物总量减排统计办法和监测办法的相关规定予以核定；环境质量变化情况依据国务院环境保护主管部门受国务院委托与各省、自治区、直辖市人民政府签订的“十一五”主要污染物总量削减目标责任书的要求核定；

（二）主要污染物总量减排指标体系、监测体系和考核体系的建设和运行情况。依据各地有关减排指标体系、监测体系和考核体系建设、运行情况的正式文件和有关抽查复核情况进行评定；

（三）各项主要污染物总量减排措施的落实情况。依据污染治理设施试运行或竣工验收文件、关闭落后产能时间和当地政府减排管理措施、计划执行情况等有关材料和统计数据进行评定。

第七条 对各省、自治区、直辖市人民政府落实年度主要污染物减排情况，由国务院环境保护主管部门所属环境保护督查中心进行核查督查，每半年一次。

各省、自治区、直辖市人民政府于每年3月底前将上一年度本行政区主要污染物总量减排情况的自查报告报国务院，并抄送国务院环境保护主管部门和国务院节能减排领导小组办公室。

第八条 国务院环境保护主管部门会同发展改革部门、统计部门和监察部门，对各省、自治区、直辖市人民政府上一年度主要污染物总量减排情况进行考核。国务院环境保护主管部门于每年5月底前将全国考核结果向国务院报告，经国务院审定后，向社会公告。

主要污染物总量减排考核采用现场核查和重点抽查相结合的

方式进行。主要污染物总量减排指标、监测和考核体系建设运行情况较差，或减排工程措施未落实的，或未实现年度主要污染物总量减排计划目标的省、自治区、直辖市认定为未通过年度考核。

未通过年度考核的省、自治区、直辖市人民政府应在1个月内向国务院做出书面报告，提出限期整改工作措施，并抄送国务院环境保护主管部门。

第九条 考核结果在报经国务院审定后，交由干部主管部门，依照《体现科学发展观要求的地方党政领导班子和领导干部综合考核评价试行办法》的规定，作为对各省、自治区、直辖市人民政府领导班子和领导干部综合考核评价的重要依据，实行问责制和“一票否决”制。

对考核结果为通过的，国务院环境保护主管部门会同发展改革部门、财政部门优先加大对该地区污染治理和环保能力建设的支持力度，并结合全国减排表彰活动进行表彰奖励；对考核结果为未通过的，国务院环境保护主管部门暂停该地区所有新增主要污染物排放建设项目的环评审批，撤消国家授予该地区的环境保护或环境治理方面的荣誉称号，领导干部不得参加年度评奖、授予荣誉称号等。

对未通过且整改不到位或因工作不力造成重大社会影响的，监察部门按照《环境保护违法违纪行为处分暂行规定》追究该地区有关责任人员的责任。

第十条 对在主要污染物总量减排考核工作中瞒报、谎报情况的地区，予以通报批评；对直接责任人员依法追究责任。

第十一条 各省、自治区、直辖市人民政府需报经国务院环境保护主管部门会同发展改革部门、统计部门审核确认后，方可向社会公布本地区年度主要污染物排放总量数据。

第十二条 国家主要电力企业二氧化硫总量减排的考核参照本办法执行。

第十三条 本办法自发布之日起施行。

国家统计局　国家发展改革委关于建立煤炭地区间调入与调出统计的通知

（2007年11月29日）

各省、自治区、直辖市统计局、发展改革委、经贸委（经委、工交办）、煤炭局，中国煤炭运销协会，中煤集团、神华集团：

根据报经国务院批准的《建立单位GDP能耗统计指标体系、监测体系和考核体系实施方案》要求，国家统计局、国家发展改革委决定在全国实施煤炭地区间（省际）调出与调入统计。现将有关事项通知如下。

一、实施目的

建立煤炭地区间调出与调入统计的目的，是从煤炭生产、流通环节，按照能源供应核算方法，满足地区能源消费总量核算的需要，同时为制定能源发展战略、调控煤炭供需平衡提供重要基础信息。

二、工作组织

由国家统计局、国家发展改革委组织部署，中国煤炭运销协会承担具体实施工作，包括报表布置、收集、审核和汇总等。

各省（区、市）煤炭行业管理部门（名称见附件1）具体负责辖区内煤炭地区间调出与调入统计的组织实施、报表布置、收集、审核和汇总上报工作，按要求向中国煤炭运销协会报送报表。

三、数据报送

原国有重点煤矿和年产量 500 万吨及以上的其它煤炭生产、经销企业同时分别向地方煤炭行业管理部门和中国煤炭运销协会报送报表；其他煤炭生产、经销企业向地方煤炭行业管理部门报送报表。

省级报表综合单位的汇总范围是全部煤炭生产、经销企业，各省（区、市）煤炭行业管理部门按此汇总范围向中国煤炭运销协会报送综合报表。

煤炭地区间调出调入报表为月报，调查表式见附件 2。

四、措施保障

一是要做好组织协调工作。各省（区、市）发展改革委、经贸委（经委、工交办、煤炭局）、统计局，要高度重视和大力支持有关煤炭统计工作，按照文件各项要求协调好各方面工作关系，落实工作任务，明确工作责任，保障工作渠道顺畅。

二是加强统计能力建设。各级负责煤炭行业管理，承担煤炭地区间调出与调入统计的责任单位要建立必要的工作规范、制度和工作考评机制；配备相对固定的统计人员，并加强业务培训，逐步提高各级统计人员的业务素质和工作技能；加强数据审核，保证统计数据质量。

三是强化统计基础工作。各煤炭生产、流通企业要加强企业基础管理工作，建立必要的生产、销售统计台账，按要求填报和报送相关统计报表，保证报送数据的准确、及时。

附件：1. 各省（区、市）煤炭行业管理部门（略）

2. 表式（略）

国家统计局　交通部
关于建立公路、水路运输和港口能源消费统计报表制度的通知

（2007年12月12日）

各省、自治区、直辖市统计局、交通厅（局、委），新疆生产建设兵团统计局、交通局：

为了贯彻落实国务院关于《国务院批转节能减排统计监测及考核实施方案和办法的通知》（国发〔2007〕36号）文件精神，进一步搞好交通运输业能源消费统计工作，国家统计局和交通部决定联合建立《公路、水路运输和港口能源消费统计报表制度》。

《公路、水路运输和港口能源消费统计报表制度》由各省、自治区、直辖市统计局负责具体组织实施，各交通厅（局、委）负责向同级统计局提供统计调查所需的营业性运输车辆和水路运输企业名录等有关数据。

开展公路、水路运输和港口能源消费统计调查工作难度大，数据质量要求高，各地统计局和交通运输主管部门要高度重视，加大组织与协调的力度，共同搞好交通行业能源消费统计调查工作。

公路运输能源消费统计报表制度

一、调查目的

通过开展全国公路运输能源消费统计调查，了解和掌握公路运输能源消费情况，为建立能源消费统计指标体系、监测体系和考

核体系提供依据。

二、调查范围和调查对象

调查范围为各省(区、市)营业性公路运输载客汽车和载货汽车。不包括下列三类车辆:

(一)在城市内公路上进行旅客运输的公共汽(电)车、出租汽车、接送本单位职工上下班的班车、小客车,单位自己使用的载货汽车或其他运输工具。

(二)在港口、车站、市内为装卸而进行搬运的各种运输工具。

(三)从事营业性运输的拖拉机和农用运输车。

调查对象为单台载客和载货汽车。

三、调查内容及调查报告期

调查的内容主要包括单台车辆的基本情况和燃油消费情况,如:车主(司机)姓名、联系电话、车牌号码、标记客位(或标记吨位)、百公里耗油、行驶里程、加油费用等指标。

调查表分为基层表和汇总表两种,具体表式见附1、附2、附3和附4。

调查的数据报告期为2007年1月1日至2007年12月31日。

四、调查方式

调查方式为典型调查,以各省(区、市)为总体,要求推算总体数据。具体方法见附5。

五、调查组织与实施

国家统计局和交通部共同制定《公路运输能源消费统计报表制度》及编写数据处理程序,各省(区、市)统计局负责具体组织实施,各交通厅(局、委)负责向同级统计局提供统计调查所需的营业性运输车辆数据。建议载客汽车可以选择各地市(区、县)的长途汽车站或其他载客汽车聚集地进行调查;载货汽车选择大的物流公司或者其他载货汽车聚集地进行调查。

六、数据处理和上报

各地统计局在调查完成后,组织人员按国家统一下发的久其录入程序进行录入,审核无误后上报国家统计局服务业调查中心。

上报截止日期:2008 年 3 月 31 日

水路运输能源消费统计报表制度

一、调查目的

通过开展水路运输能源消费统计调查,了解和掌握水路运输能源消费情况,为建立能源消费统计指标体系、监测体系和考核体系提供依据。

二、调查范围和调查对象

调查范围为各省(区、市)从事水路客、货运输活动的部分重点企业法人单位。调查对象是单个法人企业。

三、调查内容及调查报告期

调查内容主要包括企业从事生产和生活的用油、用电、用煤等能源消费情况。调查表分为基层表和汇总表两种,具体表式见附 1 和附 2。

调查的数据报告期为 2007 年 1 月 1 日至 2007 年 12 月 31 日。

四、调查方式

调查方式为重点调查,各省(区、市)所调查企业的营业收入合计应占各省(区、市)全部水路客、货运输法人企业的 90%以上。调查方法为发表调查,即由统计部门将企业报表下发到有关企业,企业按要求填报后上报统计部门。

五、调查组织与实施

国家统计局和交通部共同制定《水路运输能源消费统计报表制度》及编写数据处理程序,各省(区、市)统计局负责具体组织实施,各交通厅(局、委)负责向同级统计局提供统计调查所需的水路运输企业名录等有关数据。

六、数据处理和上报

各地统计局在调查完成后,组织人员按国家统一下发的久其录入程序进行录入，审核无误后上报国家统计局服务业调查中心。

上报截止日期:2008 年 3 月 31 日

港口能源消费统计报表制度

一、调查目的

通过开展港口能源消费统计调查，了解和掌握港口能源消费情况，为建立能源消费统计指标体系、监测体系和考核体系提供依据。

二、调查范围和调查对象

调查范围为各省(区、市)全部规模以上港口，调查对象为《各省(区、市)规模以上港口数量、代码及名称》中列出的港口(见附 1)。

三、调查内容及调查报告期

调查内容主要包括各省(区、市)规模以上港口从事生产和生活的用油、用电、用煤等能源消费情况。调查表分为基层表和汇总表两种，具体表式见附 2 和附 3。

调查的数据报告期为 2007 年 1 月 1 日至 2007 年 12 月 31 日。

四、调查方式

调查方式为全面报表。

五、调查组织与实施

国家统计局和交通部共同制定《港口能源消费统计报表制度》及编写数据处理程序，各省(区、市)统计局负责具体组织实施。为得到全部规模以上港口的能源消费数据，建议各省(区、市)可将调查表发给各省(区、市)交通部门所管的港航局，由港航局协助上报有关规模以上港口所辖企业的全部能源消费情况。

六、数据处理和上报

各地统计局在调查完成后，组织人员按国家统一下发的久其录入程序进行录入，审核无误后上报国家统计局服务业调查中心。

上报截止日期:2008 年 3 月 31 日

国家发展改革委　国家统计局关于修订和印发社会发展水平综合评价方案的通知

（2007 年 12 月 14 日）

各省（自治区、直辖市）、计划单列市、副省级省会城市及新疆生产建设兵团发展改革委（厅、局）、统计局、黑龙江农垦总局：

为了加快建立符合科学发展观要求的经济社会综合评价体系，促进经济社会协调发展与和谐社会建设，国家发展改革委和国家统计局联合修订了 2002 年印发的《社会发展水平综合评价方案》。现将修订后的《社会发展水平综合评价方案》印发你们，并就有关问题通知如下：

一、本次修订将原方案评价全国及各地区社会发展水平的两套指标体系合并为一套，共设立 30 个指标，以增强科学性、指导性和可比性。

二、从 2007 年开始，国家发展改革委和国家统计局将按此方案，发布社会发展水平综合评价报告。

三、各地方发展改革部门和统计局可参照本方案，修订完善本地区社会发展水平评价方案，并发布本地社会发展水平综合评价报告。要发挥社会发展水平综合评价工作的作用，促进社会发展工作。

四、本方案的资料收集和技术工作由国家统计局负责。国家发展改革委和国家统计局将通过调研、培训等各种方式，帮助和支持各地区开展有关工作。各地应当将开展社会发展水平评价工作的进展情况和评价结果及时上报国家发展改革委和国家统计局。

五、本方案印发后,原国家计委和国家统计局于 2002 年制定的《社会发展水平综合评价方案》即停止执行。

附:社会发展水平综合评价方案(略)

国家统计局关于修订运输邮电业统计报表制度的通知

（2007 年 12 月 25 日）

各省、自治区、直辖市统计局，新疆生产建设兵团统计局，建设部、铁道部、交通部、民航总局，中国石油天然气集团公司、中国石油化工集团公司：

为了贯彻落实国务院关于《国务院批转节能减排统计监测及考核实施方案和办法的通知》(国发〔2007〕36 号)文件精神，搞好交通运输业能源消费统计工作，国家统计局决定在运输邮电业统计报表制度(2007 年统计年报和 2008 年定期报表)中增加反映交通运输业能源消费情况的调查内容，具体表式见附件。

新增报表中，公路、水路和港口能源消费调查表由各地统计局负责报送，铁路运输业能源消费表由铁道部负责报送，航空运输业能源消费表由民航总局负责报送，管道运输业能源消费表由中国石油天然气集团公司、中国石油化工集团公司负责报送，城市公共交通运输业能源消费表由建设部负责报送。

附件：交通运输业能源消费情况调查表(略)

国家统计局政府信息公开目录编制规范

国家统计局办公室

（2008 年 1 月 9 日）

一、编制目的

为规范国家统计局政府信息公开目录编制工作，根据《中华人民共和国政府信息公开条例》（以下简称《条例》）和《国务院办公厅关于做好施行〈中华人民共和国政府信息公开条例〉准备工作的通知》（国办发〔2007〕54 号，以下简称《通知》），制定本规范。

二、适用范围

本规范适用于国家统计局政府信息主动公开目录的编制工作。

三、目录范围

（一）主动公开范围

1. 涉及公民、法人或者其他组织切身利益的；
2. 需要社会公众广泛知晓或者参与的；
3. 反映国家统计局机构设置、职能、办事程序等情况的；
4. 其他依照法律、法规和国家有关规定应当主动公开的。

（二）重点公开内容

1. 规章和规范性文件；
2. 国家统计调查制度和统计标准；

3.国民经济和社会发展统计信息；

4.统计行政事业性收费的项目、依据、标准；

5.统计行政许可的事项、依据、条件、数量、程序、期限以及申请行政许可需要提交的全部材料目录及办理情况。

四、信息时段

按照由近及远的原则，重点是本届政府以来的政府信息。

五、目录载体

目录载体分为电子目录和纸质目录两种。

六、编制原则

（一）系统化原则

根据国家统计局职能，公开目录涵盖国家统计局各行政单位和在京直属事业单位所制定或保存的可公开的政府信息，并按其业务内容进行分类。

（二）标准化原则

目录按统一标准建立索引编码，以编码方式表示目录类别的具体内容，便于管理和公众查找。

（三）网络化原则

国家统计局政府信息公开实行网络化管理。主动公开内容可以实现网上即时查询。

七、目录类别

（一）机构职能

包括机构设置、机构职能、领导介绍、机构信息等。

(二)规章文件

包括部门规章及规范性文件。

(三)审批与收费

包括行政许可、行政审批、行政收费等。

(四)处罚与复议

包括行政处罚、行政复议等。

(五)调查制度

包括普查制度、经常性调查制度、专项调查制度等。

(六)统计标准

包括国民经济行业分类、统计产品分类、行政区划代码、城乡划分标准等。

(七)数据发布

包括新闻发布日程表、数据发布新闻稿;年度、进度数据、普查和专项调查数据;统计公报等。

(八)人事工作

包括公务员招录、统计专业技术资格考试、直属事业单位招聘信息等。

(九)其他事项

八、目录要素

(一)电子目录

1. 机构名称
2. 目录分类
3. 信息名称
4. 发文字号
5. 内容概述
6. 生成日期
7. 公开日期

8. 生成单位

9. 关键词

10. 流水号

11. 索引号

(二)目录摘要(纸质)

1. 目次

2. 目录要素

1)信息名称

2)内容概述

3)生成日期

4)索引号

九、目录要素释义

(一)机构名称

指国家统计局。

(二)目录分类

公开目录分为目录分类Ⅰ、目录分类Ⅱ、目录分类Ⅲ、目录分类Ⅳ四级。目录分类Ⅰ是指本《规范》的“目录类别”。目录分类Ⅱ是在目录分类Ⅰ下设置的下一级分类,以此类推。

(三)信息名称

信息名称是指该信息的标题,是表达信息中心内容、形式特征的名称。信息包括文本、图表等形式。如信息是文件形式,则信息名称就是该文件的标题,如《中华人民共和国政府信息公开条例》。如信息是数据形式,则信息名称为与该数据对应的指标名称。如该信息没有正式标题,则要建立一个简短准确的标题作为信息名称。

(四)发文字号

发文字号是国家统计局文件制发过程中赋予文件的顺序号,

由机关代字、年份、序号组成。

(五)内容概述

内容概述是对信息内容的解释和说明,包括主要内容和必要说明等。

内容概述尽可能简短,一般在100字以内。例如:《中华人民共和国政府信息公开条例》的内容概述为:《条例》自2008年5月1日起施行,指出了政府信息公开的目的、组织工作,负责行政机关的职责,应遵守的原则等,详细说明了政府信息公开的范围,公开的方式和程序,监督和保障等。

(六)生成日期

生成日期是指信息正式形成的时间。对于国家统计局文件,生成日期即为领导的签发日期;国家统计局与外部委的联合发文,以最后签发机关领导人的签发日期为生成日期;对于除统计指标以外的其他非文件类信息,生成日期指该信息可被公众完全获得的起始时间;视听类资料应当以视听资料编辑完毕之日为生成日期。

(七)公开日期

公开日期是指信息面向社会公开的日期。

(八)生成单位

生成单位是指制作或者保存政府信息的各单位。信息为一个单位发布时,该单位为生成单位;信息为几个单位联合发布时,文件类以谁编文号,则该单位为生成单位;非文件类以谁为主编制,则为主编制的单位为生成单位。

(九)关键词

可取自信息的标题名称或正文用以表达信息主题并具有检索意义的非规范化的词或词组。每条公开信息可标注2—10个关键词。

(十)流水号

流水号是指从公开信息的目录分类Ⅳ开始编制的顺序号。

(十一)索引号

索引号是指为实现国家统计局信息公开的统一管理,方便社会公众查询政府信息,对国家统计局公开的政府信息所赋予的一组代码。

十、编码规则

(一)机构名称:为3位字符,统一编码。

(二)目录分类:为8位字符。目录分类Ⅰ、目录分类Ⅱ、目录分类Ⅲ、目录分类Ⅳ各为2位字符。各级目录分类分别从"01"开始起编,至"99"截止。

(三)生成日期:为6位字符。前四位为年份,后两位为月份。例:200701,表示2007年1月。统计指标类信息统一为"000000"。

(四)公开日期:为6位字符。前四位为年份,后两位为月份。例:200710,表示2007年10月。

(五)生成单位:为3位字符。以"A"字开头的代码单位为国家统计局行政单位,以"B"字开头的代码单位为国家统计局在京直属事业单位。具体代码见附件1。

(六)流水号:为4位字符。从目录分类Ⅳ编起,由"0001"开始从小到大由计算机根据信息公开的时间自动生成。

(七)索引号:为24位字符。构成如下:

1. 机构名称代码(3位)

2. 生成单位代码(3位)

3. 目录分类代码(8位)

(1)目录分类Ⅰ(2位)

(2)目录分类Ⅱ(2位)

(3)目录分类Ⅲ(2位)

(4)目录分类Ⅳ(2位)

4. 生成日期代码(6位)

5. 流水号(4 位)

附件:1. 国家统计局政府信息公开机构代码表

2. 国家统计局政府信息公开目录类别Ⅰ代码

3. 国家统计局政府信息公开目录式样(略)

附件 1:

国家统计局政府信息公开机构代码表

行政单位		在京直属事业单位	
A01	办公室	B01	服务业调查中心
A02	国际合作司	B02	普查中心
A03	政策法规司	B03	国际统计信息中心
A04	统计设计管理司	B04	计算中心
A05	国民经济综合统计司	B05	统计教育中心(国家统计局培训学院)
A06	国民经济核算司		
A07	工业交通统计司	B06	统计科学研究所
A08	固定资产投资统计司	B07	统计资料管理中心
A09	贸易外经统计司	B08	机关服务中心
A10	人口和就业统计司	B09	中国统计信息服务中心(国家统计局社情民意调查中心)、中国经济景气监测中心
A11	社会和科技统计司		
A12	农村社会经济调查司		
A13	城市社会经济调查司	B10	中国统计出版社
A14	人事司	B11	中国信息报社
A15	财务基建司		
A16	机关党委		
A17	党组纪检组、监察局、机关纪委		
A18	离退休干部局		

附件 2：

国家统计局政府信息公开目录类别Ⅰ代码

代码	目录类别
01	机构职能
02	规章文件
03	审批与收费
04	处罚与复议
05	调查制度
06	统计标准
07	数据发布
08	人事工作
09	其他事项

国家统计局办公室关于以农业普查数据为基础做好相关农村统计调查年报工作的通知

（2008年1月11日）

各省、自治区、直辖市统计局，新疆生产建设兵团统计局，国家统计局各调查总队：

为认真贯彻《国家统计局关于布置2007年统计年报和2008年定期统计报表制度的通知》（国统字〔2007〕118号）精神，现就以农业普查数据为基础，认真把握农村和农业生产形势，努力做好2007年农村统计调查年报工作通知如下：

一、总体要求

（一）高度重视，认真组织年报工作。年报组织工作直接关系到工作进度和数据质量，为此要求各省统计局、国家统计局各调查总队高度重视，加强领导，相互配合，确保各项报表按照制度规定和统一要求按时完成任务。

（二）以普查数据为基础做好年报工作。全国农业普查取得了大量翔实的数据，2007年农村统计要在此基础上做好年报工作。同时，要求一些主要指标以国务院农普办审定反馈的数据为准对2006年年报数据进行修正，并作为2007年年报的基数，不得擅自修改和调整。

（三）加强评估，准确把握重要数据变化的趋势，加强重要数据的审核，认真做好年报主要数据的评估工作。重要数据下管一级，未经上级审核评估认定的数据,不得对外公开使用。

二、具体工作要求

(一)农作物播种面积及产量年报

主要农作物播种面积以国家反馈农业普查数据为基础,产量数据利用2006年年报单产进行测算,2007年报数据以常规调查的种植结构进行测算(反馈数据和测算办法另发)。

(二)畜牧业年报

请各地以国务院农普办反馈的主要畜禽存栏数据及其推算数据为基数,做好2007年的畜牧业年报工作。各地要准确把握2007年生猪生产趋势,客观评估生猪生产数据,并在上报年报的同时上报评估报告。

(三)农林牧渔业产值、增加值、中间消耗年报

请各地按照上述总体要求据实修正2006年农业产值和增加值数据,在此基础上做好2007年年报工作。2007年产值计算使用的产品产量数据,要与国家核定的产品产量一致。

(四)县市社会经济基本情况、建制镇基本情况

请各地基于农普资料做好资料收集和填报工作,保证数据质量。建制镇编码要与农业普查编码一致。

(五)为了做好农业普查后农村抽样调查样本轮换和样本评估工作,各地要认真做好现有农村住户调查网点名录库、农产量调查网点名录库、乡村经济抽样调查网点名录库和农产品价格调查网点名录库等的整理和填报工作。

三、报表上报要求

(一)农村基本情况年报和种植业年报及定期报表

请各地严格按照《农林牧渔业统计报表制度》和《农产量抽样

调查制度》规定的时间和要求报送年报及其它报表。

1. 要求使用统一下发的EXCEL表式上报。上报国家统计局农村司农业生产处的统一表式(表式另发):年报包括A301表、A302表、A303表、A308表、A404表和S302表,定期报表包括A401表、A402表、A202表、S401表、S403表、S412表。A307表由南方5省市按报表制度自制EXCEL表式上报,其它没有下发统一表式的报表由各省按报表制度自制EXCEL表式上报。

注意事项:不要随意改动表内格式和数据顺序;数据统一要求右对齐;无数据指标要填"零";按表后列出的平衡公式审核数据,保证表内指标平衡。

提示:A302表中蔬菜与A404表中蔬菜合计结果要一致。

2. 要求统一采用电子邮件方式上报。各地应通过Openmail上报国家统计局农村司农业生产处(ndnyc_gj@stats. gov. cn)。

3. 为了保证数据的准确性与稳定性,各地要认真做好报表审核工作,既要认真审核表内平衡关系,更要认真审核两年之间的增减情况,发现畸增畸减要认真复核,并将情况写出说明上报。发现问题应及时更正,年报数据更正时间为规定上报日期后10日内,超过更正期,如发现较大问题,应征得国家统计局农村司同意后方可更改。

(二)畜牧业、渔业统计调查年报

1. 上报内容及时间:

(1)上报内容:畜牧业表:A305表,渔业表:A306表。

(2)上报时间:A305表、A306表:2008年2月15日前。

2. 上报格式:

采取统一的上报格式(EXCEL文件格式,表式另发)。

3. 上报要求:

统一上报格式中的指标无数据的可填0或不填。不得擅自改动报表格式和删减指标,以免影响全国汇总。

4. 上报方式:

农村司农经处 Openmail 信箱：ndsqc_gj@stats. gov. cn。请以“＊＊省（区、市）畜牧业（或渔业）年报”为文件名，附件中带上报表式，如：北京畜牧业年报，附件表式：11 北京 A305。

（三）农林牧渔业产值、增加值、中间消耗年报

1. 上报时间：2 月底前。

2. 上报格式：采用 EXCEL 文件格式，2 月上旬将下发两个 EXCEL 表式，请注意农村司内网，各省上报时请在 EXCEL 文件名前加上省名。

3. 上报方式：农村司农经处 Openmail 信箱，地址为：ndsqc_gj@stats. gov. cn，务必在邮件“主题”中标明省份及所上报的表号，如：北京 M301。

（四）农户固定资产投资年报

1. 上报时间：1 月 31 日前。

2. 上报格式：采用 EXCEL 文件格式，上报表式与上年年报表式一致，各省上报时请在工作簿文件名前加上省名。

3. 上报要求：上报年报数据时，同时上报各省对全年农户固定资产投资情况的分析或报表评估说明。

4. 上报方式：农村司农经处，地址为：ndsqc_gj@stats. gov. cn，务必在邮件“主题”中标明省份及所上报的表号，如：北京 u303。

（五）县市社会经济基本情况

1. 上报时间：

县表 2008 年 5 月 15 日前；县级市补充资料 2008 年 5 月 30 日前。

2. 上报格式：

县表文件名：G301－2. ??，县级市补充资料文件名：G301－3. ??，（?? 为各省的编码）；数据文件格式：逗号分割纯文本格式，格式如下：县码，县名，指标 1，指标 2，…，指标 195。免报指标补“0”，不得为空。

3. 上报方式：

Openmail 邮箱:ncxyjj_gj@stats. gov. cn。

4. 上报范围:

全部县级单位(包括县、县级市、旗、县级农区)资料。

5. 注意事项:

(1)各指标要按照报表后的指标来源填报,个别在县级没有对应报表的指标要按照指标解释填报。所有数据要和本省内对应专业、对应部门的数据保持一致。县级单位编码要和上年保持一致。

(2)要对数据进行严格审核,尤其对两年数据变化比较大的指标要认真核实,并在上报数据的同时上报审核情况说明。

(六)建制镇基本情况

各地要严格按照《乡村社会经济调查方案》中《建制镇基本情况调查方案》的要求,及时上报镇卡。

1. 上报时间:

2008 年 4 月 15 日。

2. 上报格式:

各地 2007 年建制镇卡片上报文件请用 EXCEL 文件上报。

文件格式为:代码,建制镇全称(包括县名),81 个数据。

文件名:?? 2007XK. XLS(其中?? 是省码,如北京为"11")。

3. 上报方式:

Openmail 邮箱:ncxyjj_gj@stats. gov. cn。

4. 上报内容:

全部建制镇资料。

5. 注意事项:

请各地做好逻辑性和技术性审核,对原始数据质量进行严格把关,并做好两年数据的对比工作,消除干扰性差错,把握趋势,反映真实情况。

(七)调查网点名录库

1. 上报内容要求:

各网点名录库均要求按农普编码对样本进行编码。住户样本按农业普查住户普查表的编码进行编列；非住户单位样本按农业普查单位普查表的编码进行编列；对地调查样本编码只编列到村级或普查小区级，按农业普查行政村表或普查小区封面的编码进行编列。

2.上报方式：

以EXCEL或文本格式在年报工作结束后通过Openmail上报。

邮箱地址：ndxxc_gj@stats.gov.cn。

国家统计局关于各级调查队档案管理问题的通知

（2008年1月14日）

国家统计局各调查总队：

国家统计局《关于做好调查总队文件材料收集归档工作的通知》（国统字〔2006〕14号）发出后，各地高度重视档案工作，积极落实有关要求。经过一年多的运行，各地反映这种档案工作管理模式不利于调查队档案的完整性和连续性，也不便将来档案的提供利用。根据调查队反馈的意见，国家统计局经过慎重研究，并征得国家档案局同意，决定调整调查队档案工作管理模式，现就有关事项通知如下：

一、各级调查队档案工作接受同级档案行政管理部门和上级主管部门的监督、指导和检查，实行以地方管理为主的档案工作管理模式。

二、各级调查队档案工作执行同级档案行政管理部门标准、规定。在职能活动中所形成的档案，作为独立全宗，按照国家有关规定，定期向同级国家综合档案馆移交。

三、各级调查队要严格档案管理，确保档案的完整与安全，不断提高档案管理水平。

各级调查队要主动与同级档案行政管理部门接洽，争取同级档案行政管理部门的支持与指导，并按照本通知精神，对本辖区市县调查队档案工作进行监督、指导和检查。

深入贯彻落实党的十七大精神
努力开创统计工作新局面

——谢伏瞻(国家统计局局长)
在全国统计工作会议上的讲话

(2008年1月16日)

同志们:

这次全国统计工作会议的主要任务是,深入贯彻落实党的十七大和中央经济工作会议精神,总结2007年统计工作,研究当前统计工作形势,部署2008年工作。

一、2007年的统计工作

2007年,各级统计机构和广大统计人员高举中国特色社会主义伟大旗帜,以邓小平理论和"三个代表"重要思想为指导,深入贯彻落实科学发展观,紧紧围绕党中央、国务院的工作重点,按照全国统计工作会议的总体部署,解放思想,求真务实,团结一致,辛勤工作,较好地完成了各项任务。

(一)认真学习贯彻党的十七大精神

党的十七大是在我国改革发展关键阶段召开的一次十分重要的大会。胡锦涛总书记在大会上所做的报告,描绘了继续全面建设小康社会、加快推进社会主义现代化的宏伟蓝图,是我们党团结带领全国各族人民坚定不移走中国特色社会主义道路、发展中国特色社会主义的政治宣言和行动纲领。在党的十七大召开期间和胜利闭幕之后,各级统计机构结合当前统计工作的实际,深入学习文件,深刻领会精神,广泛开展调查研究,认真查找统计工作中存在的主要矛盾,积极开拓统计改革和发展思路,研究对策。10月23日,国家统计局党组召开全局党员干部大会,学习传达党的十七大精神。11月1—2日,国家统计局召开以“学习贯彻党的十七大精神、推动统计改革和发展”为主题的研讨班。11—12月,国家统计局领导带队深入各地开展调查,研究贯彻落实党的十七大精神、推进统计改革的措施。各地区、各部门统计机构也开展了形式多样的学习贯彻活动。通过学习,广大统计人员的大局意识、责任意识和改革意识进一步提高,凝聚力、战斗力、创造力进一步增强。

(二)统计调查取得新成绩

能耗统计和监测工作取得明显成效。国务院批转国家统计局、国家发展改革委、国家能源办联合制定的《单位GDP能耗统计指标体系实施方案》和《单位GDP能耗监测体系实施方案》。这两个方案的基本内容已纳入常规统计调查制度,扩大了能源统计范围,充实了能源统计内容,初步完善了能源产品统计分类,初步建立起覆盖能源生产、流通和消费领域的统一的能源统计指标体系和调查体系,初步建立起全面反映全国和各地区节能进展情况、重点耗能企业节能降耗情况的监测体系和能耗数据质量评估体系。开始按季度试算国家和各省(区、市)单位GDP能耗等指标,发布2006年各省(区、市)单位GDP能耗等指标的公报。各地积极建立健全能源统计机构,充实能源统计人员,21个省(区、市)统计局增设能源处。

第二次全国农业普查圆满完成。在国务院和地方各级政府的直接领导以及广大普查对象的支持配合下,圆满完成普查现场登记、事后质量抽查、数据处理、数据质量评估等工作,获得了大量翔实的“三农”信息。一是在农业生产方式、农村基础设施及环境、村级经济和农村组织、农民家庭住房等方面获得了大量过去没有统计过的信息，填补了“三农”统计上的空白。二是丰富和充实了有关农业生产条件、社区基本服务、农村劳动力就业与流动、农户生活状况等常规统计年报的内容。三是核定了部分统计年报的内容。这些普查资料，将为制定“三农”政策提供重要的依据。

第二次全国经济普查筹备工作进展顺利。2007 年 11 月 15 日，国务院正式印发关于开展第二次全国经济普查的通知，明确了普查的目的、主要内容、组织领导和条件保障。在认真总结第一次经济普查以及农业普查、人口普查经验教训的基础上，广泛听取各级统计机构和有关部门的意见，深入研究改进第二次经济普查的内容和组织实施方式，初步拟订普查方案。

采取有效措施提高统计数据质量。各级统计机构较好地完成了各项常规统计调查任务。各专业统计数据质量检查评估工作进一步加强，地区 GDP 和专业增加值联审工作进一步规范。完成对季度 GDP 历史数据的修订，规范了非普查年度 GDP 核算办法。扎实推进 2007 年全国投入产出调查的各项工作。圆满完成 60 万户城镇住户基本情况大样本调查工作和对城镇住户调查样本的轮换。大部分地区制定了统计数据质量管理办法，四川还将 2007 年定为统计数据质量年。

(三)统计改革取得新进展

国家调查队管理体制改革稳步推进。已有 26 个省(区、市)基本完成调查队管理体制改革。12 个副省级城市和绝大部分市县国家调查队领导班子已完成组建，并在组织实施统计调查工作中发挥了重要作用。调查队管理体制改革得到地方党委政府的大力支持，许多省(区、市)政府专门发文支持改革，为改革创造良好的环境。各地统计局、调查队统一谋划，相互协商，和衷共济，确保改革的顺利进行。在改革过程中，各级调查队普遍加强制度建设和业务管理，保证了各项调查工作的完成。

统计制度方法改革不断深化。服务业统计制度建设取得实质性进展。国务院批准建立服务业统计部际联席会议制度，国家统计局组织召开了由30个部门参加的第一次部际联席会议。初步拟定服务业统计总体框架，制定17个部门服务业财务统计制度，全面开展限额以下社会消费品零售额抽样调查。开展工业企业成本费用调查。建立亿元以上新开工项目报告制度。建立全国城镇私营企业劳动工资抽样调查制度，公布2006年我国文化与相关产业发展状况报告。完成第一次全国企业创新调查。建立中国水资源核算体系框架。完成城镇居民基本生活费用价格指数编制方案的制定以及居民消费价格指数调查样本、代表规格品和权重的调整工作。国家统计报表和指标清理工作顺利开展。各地区也大力推进统计制度方法创新。

(四)各项统计建设扎实推进

统计信息化建设取得重要进展。初步建成面向公众的国家统计数据库。该数据库收录了1978年以来全国和2000年以来各省(区、市)经济社会基本统计数据以及部分国际统计数据。大中型工业企业、房地产、批发零售住宿餐饮业联网直报工作稳步推进。内部信息网站建设更加规范，办公自动化工作取得新进展，软件规范化工作初显成效，统计信息安全系统建设进一步加强。各地区也高度重视统计信息化建设，一些地区按照“全省(区、市)一库在线”模式建立基本单位名录库。

统计法制建设和巡查工作取得新成绩。《统计法》修改工作取得新进展。《〈统计法〉修改送审稿》已上报国务院，国务院法制办在征求地方和部门意见的基础上，初步完成对送审稿的修改。制定并公布《统计调查证管理办法》，修改并重新公布《统计从业资格认定办法》。根据国务院的部署，认真清理统计行政法规和规章，废止5件规章。围绕农业普查等中心工作，加大对统计违法案件的查办力度。2007年各级统计机构立案查处统计违法案件1.91万件。“五五”普法规划顺利实施，统计法宣传旬活动丰富多彩。在总结第一轮统计巡查经验的基础上，完善巡查办法，按照强化领导机制、突出巡查重点、创新巡查方法、增强巡查效果的新思路，开展对8个省(区、市)和两个部门的统计巡查,加大了工作监督力度,加强了与地方政府和部门的沟通,推动了统计改革和建设。

统计基层基础建设稳步推进。国家和省级统计局、调查总队在资源分配上加大向基层倾斜力度,县级统计机构的工作条件总体上有所改善。各地区进一步加强统计基层基础建设。北京完成所有区(县)统计局对街道(乡镇)统计所实行垂直管理的体制改革。吉林省以下统计局垂直管理体制改革初见成效。北京、天津、山西、内蒙古、浙江、安徽、福建、河南、湖南、云南、陕西等省(区、市)政府印发加强统计工作的文件。山东已实现乡乡建立统计站。一些地方召开基层基础建设现场经验交流会,制定考核评比办法。各地统计数据采集、审核、加工、管理和公布等工作的规范化、制度化普遍得到加强。

统计队伍建设得到加强。加强领导班子建设。各级统计机构严格执行《党政领导干部选拔任用工作条例》,选拔任用一大批德才兼备、群众公认的干部充实到各级领导岗位。国家统计局举办省(区、市)统计局长研究班、调查总队副总队长任职培训班和县级统计机构负责人培训班,各地也普遍加强对统计局、调查队领导班子成员的培训。充实统计队伍,提高业务素质。学习贯彻《公务员法》,做好公务员登记工作,录用了一批学历高、素质好的公务员。加大干部挂职锻炼、岗位交流力度。开展能源统计、投资统计、计算机应用技术和调查分析能力培训,培训人员达3000人次。选送部分优秀业务骨干到国内高等院校或赴国外深造。13万人次参加了统计从业资格考试。加强党风廉政教育和领导干部廉洁自律教育,认真受理群众来信来访举报,加大对有关案件的调查处理力度和对人财物的效能监督检查。

(五)部门统计工作进一步加强

国务院各部门按照职能定位,大力加强部门间合作,积极改革统计制度方法,切实强化统计基层基础建设,努力提高统计数据质量,不断拓展统计服务领域,部门统计工作水平有较大提高。全国污染源普查和第三次文物普查工作进展顺利。交通部开展了全国农村公路普查。环保、电力、石化、冶金等部门和行业协会在节能减排统计工作中发挥了积极作用。各级编制、民政、税务、工商、质检部门积极为更新维护基本单位名录库提供了大量资料。民政部、建设部等部门积极配合国家统计局修订统计上划分城乡的标准。商务部和国家统计局联合制定服务贸易统计标准,国家海洋局制定海洋及相关产业分类。人民银行、海关总署等部门进一步完善统计调查制度。信息产业部建立并实施软件产业统计制度,质检总局建立企业质量档案统计制度,中国物流与采购联合会建立社会物流统计核算与报表制度。国家旅游局和国家统计局联合编制 2004 年国家级旅游卫星账户。国家邮政局和国家统计局联合开展全国快递服务企业统计调查和邮政普遍服务需求调查。建设部大力开展统计数据会审工作。教育部、民政部、卫生部和新闻出版总署积极推进统计信息化。部门统计工作普遍得到重视和加强。

(六)统计服务水平进一步提高

为党政机关服务成效显著。各级统计机构密切关注国民经济运行态势,紧紧抓住经济社会中热点、难点问题,及时上报大量统计信息,提出观点鲜明、参考价值较高的统计分析报告。2007 年 1 至 11 月,中办、国办共采用国家统计局上报信息 504 条。一些重要信息和分析报告得到党中央、国务院领导同志的肯定。其中,上半年经济形势分析提出的关于"防止经济增长由偏快转为过热,防止价格由结构性上涨转为全面上涨"的宏观调控建议,为党中央决策提供了参考;关于我国高耗能行业生产和投资情况、粮食安全形势、生猪生产和供应、消费价格指数和主要农产品价格走势等方面的统计信息和分析资料,在国务院的有关决策中发挥了积极作用。及时启动消费价格监测旬报快速应急机制,继续开展全面建设小康社会进程监测工作。圆满完成中纪委委托的党风廉政建设民意调查、国有企业党风廉政建设和反腐倡廉民意调查,中宣部委托的中国社会各阶层思想动态调查。配合中组部完成31个省(区、市)和15个副省级城市经济社会发展实绩的统计评价工作。积极为中央文明办评选表彰全国道德模范活动提供统计技术支持。国家统计局和各地统计部门认真做好“两会”咨询服务。各省(区、市)统计局和调查总队上报的许多统计信息和分析报告受到党委政府领导的重视。各地还开展了许多社情民意调查,为党政机关及时了解经济社会发展动态提供了大量信息。

为社会公众服务明显改善。党的十七大召开前夕,国家统计局开展了十六大以来经济社会发展回顾系列宣传活动,编辑出版《大发展大跨越——从十六大到十七大》一书,有关内容被主流媒体广泛转载。通过央视各类节目、举办新闻发布会等,积极宣传解读经济形势和节能减排工作。按照《政府信息公开条例》的要求,认真组织编制统计部门政府信息公开指南和公开目录。严格执行统计信息公布制度,充分利用网络、电视、广播、报刊、统计出版物、统计咨询服务电话等多种渠道及时向社会发布和提供统计资料。中国统计资料馆积极接待现场咨询、资料查阅和参观访问。各地统计机构也做了大量社会服务、统计数据解读和统计知识宣传工作,收到较好效果。

在做好以上工作的同时,国际统计交流与合作进一步加强。成功举办第四届国际农业统计大会,曾培炎副总理出席开幕式并致辞。多次举办有关统计工作的国际研讨会和培训会,积极实施中加、中德以及与世界银行、亚洲开发银行等双边多边合作项目,认真开展国际统计数据收集和交换工作。较好完成在11个城市进行的第七轮国际比较项目。统计科研、涉外调查管理等工作也取得可喜成绩。

上述成绩的取得,是在党中央、国务院正确领导下,在地方各级党委政府和国务院各部门关心支持下,统计系统广大干部职工团结奋斗、共同努力的结果。在此,我代表国家统计局向地方各级党委政府和有关部门、向广大统计人员表示崇高的敬意和衷心的感谢！

回顾一年来的统计工作，有以下几点认识：

必须着力提高统计数据质量，增强提供优质统计服务的能力。统计的生命在于真实。只有在统计工作中把提高统计数据质量摆在首要位置，完善调查制度，规范调查流程，夯实统计基础，加大核查力度，并积极为党政机关和社会公众服务，才能为深入贯彻落实科学发展观、加强和改善宏观调控提供统计保障，才能使统计产品惠及全社会。

必须着力推进统计改革，增强解决关键问题、强化薄弱环节的能力。改革是推动统计事业发展的不竭动力。只有针对统计体制、能源和服务业统计等关键问题和薄弱环节积极开展统计创新，才能突破统计工作的瓶颈制约，加快适应新世纪新阶段对统计工作的新要求。

必须着力加强统计建设，增强统计调查的支撑能力。信息化是实现统计现代化的必由之路，法治是统计事业长期稳定发展的根本保障，基层统计是统计工作的根基，人才是统计改革和发展之本。只有充分运用现代信息技术，不断完善法律法规，切实加强基层基础，努力打造高素质的统计队伍，才能提高统计的设计能力、调查能力、数据管理能力和数据开发能力。

必须着力谋划中长期统计改革发展思路，增强统计事业可持续发展能力。正确清晰的统计改革发展思路是科学高效组织统计工作的前提。只有紧扣经济社会发展对统计的需求，立足当前，放眼未来，明确今后一段时期统计改革和发展的目标和原则，才能实现统计资源的优化配置，有重点有秩序地推进统计改革和建设，提高统计工作的科学性、前瞻性，实现统计事业持续健康发展。

二、以科学发展观指导统计改革和发展

进入新世纪以来，党和政府、社会各界、国际社会对统计内容

和质量提出了更高的要求，统计作为认识国情、把握国势、制定国策、推动经济社会发展重要基础的作用更加凸显。统计工作责任越来越重大，任务越来越繁重，矛盾越来越突出，统计事业进入加快改革和蓬勃发展的重要战略机遇期。

加快统计改革和发展是党中央国务院对统计工作的殷切期望。党的十六届三中全会通过的《中共中央关于完善社会主义市场经济体制若干问题的决定》指出："完善统计体制，健全经济运行监测体系"。十六大以来，胡锦涛总书记、温家宝总理、曾培炎副总理等中央领导同志多次对统计工作做出重要指示：一是深化统计体制改革，提高中央统计的独立性和权威性，增强统计系统的协调能力，建设一个科学、权威、高效的现代统计体系。二是深化统计制度方法改革，建立符合科学发展观要求的经济社会发展综合评价体系和干部政绩考核评价体系，建立和完善能体现自主创新能力的统计指标体系，完善和落实节能减排统计体系和监测体系，进一步改进国民经济核算体系，健全统计监测预警系统，完善居民个人收入统计监测体系，加强服务业、投资和价格统计。三是完善数据采集渠道，加强统计执法监督，推进统计队伍建设和信息化建设，确保统计数据质量，为落实科学发展观提供统计保障。

加快统计改革和发展是统计工作适应新世纪新阶段经济社会发展新要求的客观需要。党的十七大对新世纪新阶段我国发展呈现出的新特征做出科学判断，对深入贯彻落实科学发展观、全面建设小康社会做出新部署，对统计工作提出了新的更高要求：一是提高统计数据质量。随着工业化、信息化、城镇化、市场化、国际化进程加快，宏观调控的复杂性、艰巨性明显增加，对统计数据质量要求越来越高。二是拓展统计调查内容。按照中国特色社会主义事业总体布局的要求，全面推进经济建设、政治建设、文化建设和社会建设，要求完善经济统计，加强结构质量效益和创新统计，强化资源环境可持续发展统计，完善教育、劳动就业、医疗卫生、收入分配、居民住宅、社会保障、社会治安等关系人民群众切身利益的统计。三是扩大统计服务对象。建设服务型政府，要求统计工作在为党和国家决策服务的同时，为公民参政议政和改善民生服务，为企业生产经营服务，为科学研究服务，为国际社会客观全面认识中国服务。四是转变统计调查方式。随着经济的快速发展、社会的急剧转型、人们观念的深刻变化，调查对象呈现出规模巨大、结构复杂、变动频繁、对统计调查的支持配合度下降等特点，组织实施统计调查异常复杂和困难，要求实现统计调查方式科学化、法制化。

加快统计改革和发展是统计部门更好履行职责的内在要求。各级统计机构主要履行实施各类统计调查、收集整理基本统计资料和进行国民经济核算的职能。最近，国务院赋予统计部门实施对单位 GDP 能耗的监测职责，中央组织部印发的《体现科学发展观要求的地方党政领导班子和领导干部综合考核评价试行办法》，要求统计部门综合提供对地方党政领导班子及其成员实绩分析所需的统计数据和评价意见。这些重要职责事关国计民生，事关贯彻落实科学发展观和正确政绩观。但是，当前统计工作还面临着一些突出矛盾和问题。统计管理体制不够顺畅，统计调查抗干扰能力较弱，统一领导和协调管理全国统计工作的能力有待加强，统计信息化建设滞后，基层统计保障能力与工作任务严重不匹配等等。这些问题如不切实加以解决，就难以保证统计的科学性、准确性和权威性，难以满足党中央、国务院对统计工作的殷切期望，难以适应新世纪新阶段对统计工作提出的新要求，也无法有效履行统计部门的职责。

统计改革和发展已经进入重要战略机遇期，各级统计机构和广大统计人员必须以高度的责任感、使命感和强烈的忧患意识，抓住机遇，大力推进统计改革和发展。推进统计改革和发展，必须坚持以科学发展观为指导。科学发展观是马克思主义关于发展的世界观和方法论的集中体现，是我国经济社会发展的重要指导方针。坚持以科学发展观指导统计改革和发展，必须深入研究实现科学发展和全面建设小康社会对统计的新要求，必须全面准确反映和监测科学发展观的落实情况和全面建设小康社会的进程，必须坚决破除统计工作中不适应不符合科学发展观的思想观念，统筹安排各项统计改革和建设，推动统计工作的科学发展。

当前和今后一段时期，统计改革和发展的指导思想和目标是：高举中国特色社会主义伟大旗帜，以邓小平理论和“三个代表”重要思想为指导，深入贯彻落实科学发展观，以提高统计的科学性、准确性和权威性为中心，更新统计工作理念，完善统计体制机制，创新统计制度方法，加强统计能力建设，努力建立与社会主义现代化进程相适应，组织完善、制度科学、保障有力、服务优质的现代统计体系，充分发挥统计在促进经济社会发展中的重要作用。

在推进统计改革和发展中，应当坚持以下原则：

坚持以国情为基础。统计工作是在我国政治经济体制和社会文化环境下运行的，是服务于经济社会发展的。多年的实践表明，统计改革和发展必须根植于我国正处于并将长期处于社会主义初级阶段的基本国情，必须适应新世纪新阶段我国经济社会发展的新特点，必须顺应我国行政管理体制改革的方向，必须满足中央和地方各级政府对统计信息的需求。

坚持以需求为导向。统计工作的根本任务是有效满足党政机关和社会公众的统计需求。必须在充分研究统计需求对象、内容、结构、频率的基础上，按照需求的优先顺序、统计工作的内在规律和工作条件，统筹规划各项统计改革与建设，统筹安排统计调查项目，统筹配置各类统计资源。

坚持以创新为动力。解决统计工作深层次矛盾、开创统计工作新局面的关键在改革，改革的源泉是创新。要进一步解放思想，转变传统的统计思维定势，改革和创新统计观念、统计组织、统计制度、统计方法和统计手段，增强统计能力。

坚持以法律为根据。依法统计是统计部门全面落实依法治国基本方略、科学有效组织统计工作的客观要求。要健全统计法律制度，规范统计行为，维护统计秩序，保障统计权益，努力推进依法行政、依法统计。

坚持以科技为支撑。科技发展的先进成果为统计工作提供了先进的技术手段和广阔的发展空间。要以现代统计科学和现代信息技术变革统计工作方式，规范统计业务流程，开发统计信息资源，全面推进统计信息化建设，提高统计工作质量和水平。

坚持以国际经验为借鉴。国际统计先进的理念和经验是各国官方统计的共同财富。按国际共识开展统计工作，有助于提高各国统计数据的科学性和可比性。要积极借鉴国际统计先进理念和优秀实践成果，加大在统计分类、国民核算、统计指标、数据发布等方面与国际通行统计规则相衔接的力度。

按照上述统计改革和发展的指导思想、目标和原则，国家统计局已经初步提出《全国统计改革和发展战略规划（2008－2015年）》，近期将印发征求意见，请各地区、各部门结合实际，认真提出修改意见。

三、切实做好2008年统计工作

2008年是全面贯彻落实党的十七大战略部署的第一年，也是加快统计改革和发展的关键一年。各级统计机构和广大统计人员要按照党的十七大和中央经济工作会议的要求，坚决落实国务院的各项部署，以提高统计的科学性、准确性和权威性为中心，认真做好以下工作。

（一）扎实做好第二次全国经济普查的各项工作

第二次经济普查是我国一项重大国情国力调查。做好经济普查的各项工作，是今年统计工作的重中之重。各级统计机构要以高度的责任感、严谨的科学态度和一丝不苟的求实精神，认真贯彻落实《国务院关于开展第二次全国经济普查的通知》，精心做好各项工作。积极协助地方和有关部门建立健全各级普查机构，落实普查经费，选好普查人员，做好普查培训。加强调查研究，搞好普查试点，制定出科学、可行的普查方案，做好普查数据处理软件的编制工作。认真组织实施单位清查，确保普查单位不重不漏。积极配合宣传部门开展普查宣传活动，使普查深入人心。2008 年年报是普查的重要组成部分，要严格执行年报制度，加强对年报数据的质量审核与控制。各级普查机构和统计机构要严格执行《统计法》、《全国经济普查条例》和普查方案，坚持依法普查，坚决杜绝弄虚作假行为。

与此同时，认真做好农业普查主要数据公报的发布和资料编印工作，努力提高农业普查资料开发应用水平。组织实施好 2007 年投入产出调查。积极配合有关部门做好全国污染源普查和文物普查工作。

(二)积极推进统计管理体制改革和制度方法改革

完善国家调查队管理体制改革。各级统计局和国家调查队是国家统计系统的重要组成部分。各级统计局和国家调查队要坚持国家有关调查队改革文件的基本精神，结合本地实际，从维护统计工作统一性出发，相互尊重，相互沟通，相互支持，相互服务，努力推进和完善国家调查队管理体制改革。一是在认真总结前一段工作的基础上，抓紧完成市县调查队组建工作。二是加强各级调查队业务建设。充实专业部门，合理配置统计力量，全面提升统计调查能力。三是确保国家统计调查数据及时上报。调查总队承担的国家统计调查项目需要由市县统计局组织实施调查的，由省级统计局和调查总队共同布置，数据直接上报调查总队。已纳入国家城市住户调查数据汇总的地方城市住户调查，继续按照国家统计局的要求向调查总队报送资料。四是加强局队信息共享。国家调查队的统计数据应及时提供给同级统计局，地方统计局也应及时向同级国家调查队提供建立和完善抽样框等所需的相关资料。

深化统计制度方法改革。加快制定统计上使用的主要产品分类目录，研究制定服务业企业划型标准和住户调查支出分类标准。

完善农业生产和农村统计调查制度，增加反映新农村建设和发展现代农业的内容。认真组织实施好工业成本费用调查，全面实现大中型工业企业以联网直报取代纸质报表。按照《国务院办公厅关于加强和规范新开工项目管理的通知》的要求，认真做好新开工项目统计和检查。充实社会统计指标，积极组织实施好时间利用调查和城镇私营单位工资调查。建立和完善技术创新统计制度，完善环境综合统计，开展环保支出测算研究。规范统一价格统计指标和价格指数的计算方法。加快对城乡住户调查一体化的研究。在清理国家统计制度的基础上，研究清理地方统计报表和指标，探索企业数据采集"一套表"的实施办法。

(三)认真实施重要常规统计调查

全面落实能源统计制度。认真落实单位 GDP 能耗统计指标体系实施方案和单位 GDP 能耗监测体系实施方案。组织实施好能源产品生产调查、能源商品销售调查和能源消费调查，完善能源产品统计分类，规范能源产品折标标准，健全能源利用效率和综合利用统计指标。认真做好对全国及各地区节能进展情况、地区单位 GDP 能耗数据质量和重点耗能企业节能降耗情况的监测，确保监测工作的客观性、公正性、严肃性。建立部门间分工协作的能源统计工作机制，积极配合有关部门做好各地区节能降耗目标年度考核工作。按时发布全国和各地区 GDP 能耗公报。各地统计部门要积极争取地方政府的支持，进一步落实能源统计经费和人员。

进一步加强国民经济核算。积极推进专业统计与 GDP 核算制度方法的协调，加快解决国民经济核算数据与专业统计数据不衔接的突出问题，着力提高 GDP 核算数据与专业统计数据的匹配性。研究制定分季 GDP 核算制度。进一步规范地区 GDP 联审办法，重点加强对地区 GDP 变动趋势合理性的审核力度。

切实加强服务业统计。抓紧改进和完善国家常规服务业统计制度。改进并认真组织实施批发和零售业、住宿和餐饮业、房地产业统计，规范和完善 12 个服务业行业抽样调查制度，提高调查质量。认真做好部门服务业统计工作。进一步落实各有关部门服务业统计的责任，严格执行部门服务业财务报表制度，规范服务业调查方法，加快建立面向全行业的服务业统计制度。认真执行服务业统计部际联席会议制度，加强对服务业统计工作的组织协调，完善服务业统计信息共享制度和服务业基本单位名录库维护更新制度。

积极创建和完善与民生密切相关的专业统计。认真贯彻落实胡锦涛总书记和温家宝总理在中央经济工作会议上关于做好民生统计工作的指示，完善居民个人收入统计监测体系，健全价格监测、预警和应急机制，密切关注国内外重要商品价格变化及其影响。完善人口变动抽样调查，查准人口出生、死亡和迁移流动数据。完善劳动力调查制度。完善居民消费价格指数的编制工作，研究建立城镇居民基本生活费用价格指数制度，研究改进城市房屋价格指数的计算方法。认真做好畜禽统计监测工作。

（四）加快推进统计信息化建设

认真组织实施好国家统计信息系统网络扩建工程和涉密网建设工程，完成国家到省级统计机构骨干网的扩充改造。在总结经验的基础上逐步扩大联网直报范围。大力推进统计数据采集统一软件平台建设。完善国家统计数据库，力争 5 月 1 日《政府信息公开条例》实施前公开投入使用。加快构建涉及统计工作流程的统计数据库系统。切实做好大型普查数据处理的技术支持工作。探索利用手持电子设备、住户记账器或电子账本采集调查数据。

（五）加强统计法制建设和巡查工作

积极配合国务院法制办和全国人大有关机构做好《统计法》的修改工作，加快与监察部共同制定统计违法违纪行为政纪处分规定，继续配合中纪委制定统计违法违纪行为党纪处分规定。以纪念《统计法》颁布 25 周年为契机，开展形式多样的统计法制宣传活动，努力把“五五”统计普法引向深入。加强与纪检、监察等部门的配合，加大统计执法检查力度。进一步完善统计巡查办法，推动统计巡查工作更加有效地开展。

(六)加强部门统计工作

努力提高部门统计工作水平。部门统计是政府统计的重要组成部分,在国家宏观调控和管理中发挥着重要作用。但目前部门统计机构不健全、力量薄弱等问题,制约了部门统计职能的有效发挥。各部门要适应深入贯彻落实科学发展观、全面建设小康社会的新要求,结合本部门履行职责的需要和国家统计工作的总体要求,加快健全统计机构,充实统计人员,完善统计制度,加强部门统计机构或统计负责人对本部门统计工作的综合协调和管理能力,切实完成好各项统计调查任务,努力提高统计服务水平。

进一步加大对部门统计工作的服务和管理力度。积极帮助部门完善统计调查制度和方法,加强对部门统计人员的业务培训。健全部门间资料交换制度,及时向部门提供有关统计资料。修订部门统计调查项目管理办法,强化对部门统计调查项目的审批和备案管理。研究建立对部门统计标准的审定制度,加强对部门执行国家统计标准的监督检查。做好对部门统计工作的巡查和评比表彰工作。

(七)努力提高统计服务水平

继续做好为党政机关提供统计资料的工作,加强对经济社会运行情况的监测和分析,努力把握和反映苗头性、趋势性问题。重点加强对宏观经济形势、经济发展方式、节能减排、固定资产投资、消费、价格、“三农”等问题的分析研究,积极为党政机关提供咨询建议。加强对国际统计信息的搜集、整理和开发,密切关注世界经济形势的变化及其对我国的影响。按照《政府信息公开条例》的要求,编制好统计部门政府信息公开目录和公开指南,建立统计部门依申请向公民、法人和其他组织提供统计资料制度,积极做好统计信息的主动公开。加强统计新闻宣传,进一步办好中国统计资料馆和统计信息门户网站,提高各类统计出版物的质量。组织编写《改革开放 30 年》,从统计视角全面总结和反映改革开放的伟大成就。

在做好以上各项工作的同时，进一步加强基层统计工作，研究建立全国统一的基层统计工作规范。进一步加强统计国际合作与交流、统计科研、涉外调查管理和民间统计调查管理等方面的工作。

四、加强学习，改进作风确保完成各项任务

2008 年统计改革和发展的任务繁重而艰巨，统计部门责任重大。必须大力加强统计队伍建设，为顺利完成各项统计工作提供坚强有力的组织保障。

深入学习贯彻党的十七大精神。广大统计人员要进一步深入学习党的十七大精神，全面领会和把握党的十七大提出的重大理论观点、重大战略思想、重大工作部署，进一步增强高举中国特色社会主义伟大旗帜、坚持中国特色社会主义道路、坚持中国特色社会主义理论体系和贯彻落实科学发展观的自觉性和坚定性。要紧密结合统计工作实际，坚持学以致用，用以促学，进一步增强使命感、责任感和忧患意识，大力弘扬蓬勃朝气、昂扬锐气、浩然正气，坚定不移地推进统计改革和建设，积极推进体制创新和制度创新，加强统计能力建设，为全面建设小康社会做出新的更大贡献。

努力提高领导工作水平。统计系统领导干部的决策能力、组织协调能力和执行能力，直接决定着统计工作的质量和水平。各级领导干部要进一步增强大局意识，坚决维护统计的科学性、准确性和权威性。要进一步增进局队之间、政府综合统计与部门统计之间的沟通理解和相互支持，努力营造团结和谐的工作氛围；统筹利用各种统计资源，充分发挥各方面积极性，实现优势互补。增强统计工作的统一性、一致性、协调性。坚决执行国家各项统计改革部署和工作安排，不折不扣地完成国家统计调查任务，确保统计工作执行有力、政令畅通。

进一步提高职业素养。要崇尚科学。统计是一门科学，必须进一步弘扬科学精神，牢固树立科学理念，坚持用科学态度、科学方法、科学手段进行统计设计和数据采集、加工、发布，切实提高统计工作的科学性。要严谨求实。确保统计数据的真实可信是统计人员的天职。必须坚持实事求是，以对党、国家和人民负责的态度，讲实话，报实数，如实提供各类统计资料，坚决抵制和大胆揭发在统计上的弄虚作假行为。牢固树立一丝不苟、精益求精的工作态度，严格执行国家统一的统计标准、制度、方法和工作规范，力求做实做细做精本职工作。要尊重统计调查对象。调查对象的支持配合是取得准确数据的前提。科学设计统计调查项目、指标和方法，努力减轻调查对象负担。严格保护调查对象资料，确保单个调查对象的数据不被用于统计以外的目的。要提高统计业务素质。紧密结合统计制度方法改革，加强专业培训，努力提高专业知识和职业技能。加强对基层统计人员现场调查技能的培训。

切实改进工作作风。针对当前统计改革中的突出矛盾和问题，深入基层、深入实际，加强调查研究，努力提高决策的科学性。精简会议和文件，把统计干部从文山会海中解放出来。牢固树立为基层服务的思想，建立健全向基层倾斜的经费分配机制。坚持勤俭办统计，坚决制止奢侈浪费，提高统计经费的使用效益。进一步加强党风廉政建设。会后我们将召开统计系统党风廉政建设工作会议进行专门部署。会同人事部做好统计系统先进工作者和先进集体的评选表彰工作。

同志们！统计事业已经进入加快改革和蓬勃发展的重要战略机遇期。让我们紧密团结在以胡锦涛同志为总书记的党中央周围，高举中国特色社会主义伟大旗帜，深入贯彻落实科学发展观，坚定信念，奋力拼搏，努力完成各项任务，为开创统计工作新局面而奋斗！

国家统计局关于启动价格调查应急机制的紧急通知

（2008 年 1 月 31 日）

国家统计局各调查总队：

去年以来，粮油肉蛋奶等食品价格大幅上涨，引起了社会广泛关注。当前春节在即，部分地区遭受低温雨雪灾害，鲜活食品运输和销售形势严峻，加大了居民消费价格上涨的压力。党中央国务院高度重视保障市场供应、加强市场监管、稳定市场物价和安排好群众的生活工作，相继出台了一系列重大决策和措施。为了贯彻落实党中央国务院的工作部署，及时、准确地掌握主要食品市场价格变动情况，国家统计局决定从 2008 年 2 月 1 日起启动“价格调查应急机制”，现就有关要求通知如下：

一、启动“价格调查应急机制”。针对居民生活主要消费的部分鲜活食品，实施每 5 日调查上报一次价格的制度，即“5 日报制度”，具体调查方案见附件。同时从该通知下发之日起终止原旬报调查制度。

二、提高认识，加强领导。国家统计局各级调查队要认真学习党中央国务院关于保障市场供应、加强市场监管的有关文件精神，把思想统一到党中央国务院的部署上来，充分认识启动“价格调查应急机制”的极端重要性，要讲政治、讲大局，加强领导、加强指导，认真落实好“5 日报制度”。

三、严格执行调查方案，确保数据质量。国家统计局各级调查队要严格执行“5 日报制度”调查方案，严格遵守定人、定点、定时原则，不得擅自改变价格采集方式、采价时间、采价对象和范围，确保源头数据及时准确，维护“5日报制度”的统一性和科学性。各级调查队要统筹安排、周密组织，为现场调查人员创造必要的工作条件，克服困难，准时上报，保证这项工作的顺利实施。

附件：部分食品价格调查“5日报制度”执行方案

附件：

部分食品价格调查“5日报制度”执行方案

一、调查目的

为了及时掌握部分食品价格变化趋势和程度，为国家宏观调控制定相关政策提供参考依据，国家统计局决定，从2月1日起对部分食品实施每5日价格监测。

二、调查及上报时间

调查频率与居民消费价格调查中鲜活商品一致，每5日调查一次。上报时间为每月1日、6日、11日、16日、21日、26日11：00之前（节假日照常上报）。

三、采价原则及采价点的选择

采价坚持定人、定点、定时原则。价格调查在CPI调查网点开展。

四、监测范围

省会城市、计划单列市及部分地级市，名单见附表1。

五、监测品种规格

选择与居民生活密切相关的部分食品，具体品种见附表2。

六、上报方式

网络传输至城市司ftp，如遇网络故障请发送至电子信箱qxq@stats.gov.cn。

附表：1.部分食品价格调查5日报调查城市名单（略）

2.部分食品价格监测调查表（略）

国家统计局关于组建国务院第二次全国经济普查领导小组办公室的通知

（2008年2月2日）

各省、自治区、直辖市统计局，新疆生产建设兵团统计局，国家统计局各调查总队，各有关部门：

按照《国务院关于开展第二次全国经济普查的通知》（国发〔2007〕35号）精神，国家统计局与有关部门共同组建了国务院第二次全国经济普查领导小组办公室。现将办公室组成人员名单、内设工作小组组成人员名单、部门联络员名单印发给你们。请各地抓紧做好普查办事机构的组建工作。

国务院第二次全国经济普查领导小组办公室组成人员名单

主　任：徐一帆（国家统计局副局长）

副主任：李　强（常务，国家统计局总统计师）

高　杲（国家发展改革委综合司副司长）

王开忠（中央宣传部宣教局副巡视员）

赵文波（监察部第一纪检监察室副主任）

李林池（财政部行政政法司司长）

杨宽宽（国家统计局普查中心主任）

成　员：王　峰（中央编办综合司司长）

陈　森（民政部财务和机关事务司巡视员）

汪义达(财政部综合司副司长)
郭润英(铁道部统计中心主任)
唐思宁(中国人民银行调查统计司司长)
张树学(国家税务总局征管司副司长)
陈　良(国家工商总局企业注册局副巡视员)
刘霜秋(国家质检总局标准委工业标准二部主任)
鲁素英(银监会统计部副主任)
欧阳泽华(证监会市场监管部副主任)
裴　光(保监会统计信息部副主任)
陈常松(国家测绘局财务司副司长)
赫英全(解放军总后勤部司令部人事劳动局副局长)
苑春晓(武警部队后勤部军需物资部副部长)
姚景源(国家统计局总经济师)
郑京平(国家统计局总工程师)
毛有丰(国家统计局办公室主任)
程子林(国家统计局政法司司长)
鲜祖德(国家统计局设管司司长)
李晓超(国家统计局综合司司长)
彭志龙(国家统计局核算司司长)
刘富江(国家统计局工交司司长)
汲凤翔(国家统计局投资司司长)
宋跃征(国家统计局贸经司司长)
冯乃林(国家统计局人口和就业司司长)
马京奎(国家统计局社科司司长)
贺常明(国家统计局财基司司长)
余华荣(国家统计局纪检监察局局长)
孟庆欣(国家统计局服务业调查中心主任)
李天渊(国家统计局普查中心副主任)
杜希双(国家统计局普查中心副主任)

许剑毅(国家统计局计算中心主任)
张仲梁(国家统计局教育中心主任)
李　纲(国家统计局科研所所长)
翟　艳(国家统计局资料管理中心主任)
严建辉(中国统计出版社社长)
曾玉平(中国信息报社社长)

国家统计局办公室关于进一步做好50个大中城市主要食品价格统计监测工作的通知

（2008年2月14日）

国家统计局各调查总队：

为及时、准确地反映部分食品价格变动情况，2月1日起国家统计局启动了“价格调查应急机制”，实施部分食品价格调查5日报制度。该制度的启动恰逢我国传统节日春节，各调查总队领导高度重视、周密安排，各调查总队负责消费价格调查的处长认真组织，开展主要食品价格监测的50个城市调查人员发扬奉献精神，放弃了节假日休息，到市场采集主要食品价格并加工整理，按时报送到国家统计局，取得了部分食品价格调查5日报制度的首战胜利。这其中涌现了许多感人的事迹，云南调查总队马路明和天津调查总队于海芳赶制了录入汇总程序，辽宁调查总队李成刚腊月三十加班工作到晚六点多才回家，内蒙古调查总队浩毕斯正月初四亲自与呼和浩特市调查员一同赴市场调查采价，河北调查总队贾贤正月初五全天工作在一线等等。希望各地消费价格工作者继续发扬奉献精神，再接再厉，将部分食品价格调查5日报制度做好。现将这项工作中应进一步注意的问题通知如下：

一、严格按国家统计局提出的规格品到市场进行采价，特别是牛奶、白条鸡、鸡胸肉、鸭等规格品。

二、使用国家统计局城市司下发程序录入价格并处理上报，不能使用word或excel等其他文件格式上报。

三、各省（区）调查总队不能只将上报国家的任务布置给市调查队，还必须承担起组织协调职责，并做好网络协调、数据审核与数据报送等各项任务。

四、部分食品价格调查5日报制度是国家统计局启动的应急机制，节假日不休息，各调查总队领导要充分认识这项工作的重要性和艰巨性，合理调配人员，安排专人负责此项工作，并请将负责人员的工作电话、手机号码于2月18日前报国家统计局城市司，确保联系畅通。

国家统计局关于确保上市公司统计年报及时全面准确上报的通知

（2008 年 2 月 21 日）

各省、自治区、直辖市统计局，新疆生产建设兵团统计局，国家统计局各调查总队：

最近有不少地方来函来电反映，一些上市公司以中国证监会下发的《关于做好上市公司 2007 年年度报告及相关工作的通知》（证监公司字〔2007〕235 号，以下简称证监会《通知》）为由，拒绝向统计部门报送有关统计年报。经我局与中国证监会沟通确认，证监会《通知》中关于上市公司向有关部门提供年度统计报表的规定，目的在于要求上市公司更好地履行信息披露义务，公平、公正地向有关部门和社会公众披露有关信息，而不是让上市公司拒不履行法定统计报送义务；中国证监会和证券交易所对上市公司披露信息只有最后期限和最低内容的要求，并没有限制上市公司提前披露或增加披露内容；上市公司必须切实履行向政府部门报送资料的法定义务，同时向社会公众履行信息披露义务，向社会公众披露信息的时间和内容应当服从于向政府部门履行报告义务的时间和内容，而不是相反。上市公司不得以证监会《通知》为由拒绝向政府部门履行报送统计资料的法定义务。

统计年报是根据国家决策和管理的需要，依据统计法制定的国家统计制度。《统计法》第三条规定：“国家机关、社会团体、企业事业组织和个体工商户等统计调查对象，必须依照本法和国家规定，如实提供统计资料，不得虚报、瞒报、拒报、迟报”。为确保统计年报顺利上报，现就有关事项通知如下：

一、各级统计部门要及时向有关上市公司宣传《统计法》和本通知精神，使其切实履行法定义务，及时、全面、准确地报送年度统计报表，保证国家统计年报任务的顺利完成。

二、各级统计部门及其工作人员要严格遵守《证券法》和《统计法》的有关规定，对在统计调查中知悉的有关上市公司的信息采取严格的保密措施，不得用于统计以外的目的，也不得对外提供。

三、各级统计部门要加强对上市公司统计年报工作的执法检查，对迟报、拒报统计年报等统计资料和违法泄露、滥用上市公司统计资料的行为，依法予以严肃处理。

国家统计局办公室关于切实做好城镇私营单位工资统计调查工作的通知

（2008年2月26日）

各省、自治区、直辖市统计局：

今年是实施城镇私营单位工资统计调查的第一年，为了使这项统计调查工作顺利进行，确保调查数据质量，现就有关事项通知如下：

一、加强领导，把调查的各项工作落实到位

国家统计局决定开展城镇私营单位工资统计调查，是加强民生统计的重要内容，是弥补现行劳动工资统计范围不全的重要措施，是实施劳动工资统计制度改革的第一步，受到了政府和社会各界的高度关注。由于私营单位缺乏参与并配合调查的经验，各地也缺少组织实施这类调查的实践，面临的困难很大。因此，各地近期要对城镇私营单位工资统计调查的各项工作落实情况进行一次全面检查，发现问题，及时解决。要按照《国家统计局关于下发〈城镇私营单位工资统计制度方案〉（试行）的通知》（国统字〔2007〕151号）文件要求，切实做好城镇私营单位工资统计调查的组织实施工作。

二、加强对基层单位的业务指导

对城镇私营单位进行工资统计调查是一项全新工作。私营单

位的样本框变化大、更新慢；私营单位内部统计制度不健全，人员素质有待提高。因此，各地要加强对城镇私营单位工资统计调查的业务指导。在调查阶段，各地要组织力量，深入基层，及时了解和掌握工作进度，做好问题解答；对已上报的统计报表要认真审核，严格把好质量关。确保按时、高质量上报数据。

三、做好推算总体和数据评估的准备工作

为了提高城镇私营单位工资统计调查的数据质量，各地要按照国家的要求，准备和搜集好有关数据、材料，对数据进行科学评估，准确推算总体。

四、做好数据保密工作

城镇私营单位工资统计调查数据，涉及到有关政策协调，也是社会比较敏感的问题，如何公布和使用，我局将在对数据进行认真评估和论证后，另做具体安排。各地要做好调查数据的保密工作，不得抢先公布，更不得参与社会炒作。

国家统计局关于开展中加社会统计项目试点调查的通知

（2008 年 2 月 27 日）

国家统计局北京、浙江、河南、四川调查总队：

根据国家统计局和加拿大统计局社会统计项目总体安排，自 2008 年 4 月 1 日起，正式启动城乡住户调查试点工作。现将《中加社会统计项目试点调查方案》印发给你们，请按照方案要求认真组织实施。

中加社会统计项目是国家统计局和加拿大统计局统计信息管理项目的重要组成部分，做好此项目工作，对加强中加统计合作，维护国家统计局信誉具有重要意义。更重要的是，做好中加社会统计项目对推动城乡住户调查改革和实现城乡住户调查一体化具有重大现实意义。各相关调查总队一定要按照国家统计局的统一安排和布置开展试点调查工作。此项调查时间紧、任务重，为确保试点调查圆满成功，要求如下：

一、加强领导。各试点省和试点县（市、区）要成立相应的项目领导小组和项目工作小组，统一领导和组织本地区试点调查工作。

二、保障工作条件。国家统计局将提供调查经费支持调查工作，有条件的地区可积极申请地方资助，改善试点调查工作条件。

三、严格执行调查方案。各试点地区要严格按照调查方案，认真抽选样本和组织问卷调查工作，不得随意变更调查内容和调查方法。

四、加强沟通反馈。试点地区要注意收集和整理调查进展资料，特别是要注意收集有关调查中存在的问题和意见，并将其尽快反馈给国家统计局。

国家统计局关于开展城镇居民基本生活费用价格指数编制工作的通知

（2008 年 2 月 28 日）

国家统计局各调查总队：

根据 2006 年国务院第 65 次常务会议要求，2007 年，国家统计局在 13 个省市开展了城镇居民基本生活费用价格指数编制试点工作。经过有关调查总队和试点市县调查队的努力探索，圆满完成了试点任务。通过试点试编，既验证了国家统计局制定的《城镇低收入居民基本生活费用价格指数编制方案》的科学性和可操作性，也取得了客观反映价格变动对居民生活，尤其是对低收入居民生活影响的统计数据，同时也为全国及各地编制该指数培训了人员、积累了经验。

国家统计局在总结试点经验的基础上，制定了《城镇居民基本生活费用价格指数编制方案》，决定从 2008 年 1 月份起，在全国 90 个市县正式开展城镇居民基本生活费用价格指数编制工作。

编制城镇居民基本生活费用价格指数，是统计部门贯彻落实党的十七大关注民生，为全面建设小康社会、和谐社会提供统计保障的重要举措。城镇居民基本生活费用价格指数，能够客观反映价格上涨对城镇低收入群体生活的影响程度，该指数的编制对国家推进价格改革、保障低收入群体利益、保持社会稳定、促进社会和谐，都具有十分重要的意义。因此，要求各级调查队必须高度重视，精心组织，切实做到工作任务、人员力量和经费保障的三落实，严格按照方案要求组织实施，认真做好权数资料测算及调查样本选择工作，高质量完成城镇居民基本生活费用价格指数的编制工作。

附件：1. 编制城镇居民基本生活费用价格指数地区名单（略）
2. 城镇居民基本生活费用价格指数编制方案

附件2：

城镇居民基本生活费用价格指数编制方案

一、编制目的

居民基本生活费用价格是指城镇居民支付用来维持基本生活所必需的商品和服务项目的价格。居民基本生活费用价格指数是反映城镇居民家庭维持基本生活水准所需消费项目的价格变动趋势和变动程度的相对数。它从家庭支出角度出发，反映了生活必需消费项目价格变动对特定消费阶层居民生活的影响程度，为制定最低工资标准及最低社会保障线提供重要依据。

二、编制范围

按照兼顾城市规模和地区经济发展水平的原则，有代表性地选择市（县）进行编制。

（一）直辖市、省会城市、自治区首府城市和大连、青岛、宁波、厦门、深圳市。

（二）其他选中的市（县）。

三、编制对象及编制内容

（一）编制对象

城乡居民购买并用于日常基本生活消费的商品和服务项目的价格。

（二）编制内容

编制内容主要是依据居民消费价格调查项目中所包含的基本

生活所需的商品和服务项目，不包括高档耐用消费品和享受类所用商品和服务项目。包括食品、烟酒、衣着、家庭个人用品及服务、医疗保健、交通和通信、娱乐教育文化用品、居住等八个类别。根据全国城镇6万余户居民家庭消费支出调查资料中20%的低收入户居民的消费资料，确定了84个基本分类。

四、报告期和规格品的调查时间

报告期为月度。计算城镇居民基本生活费用价格指数的规格品资料来源于居民消费价格调查资料，即：一般性规格品（服务）每月调查2—3次；对于与居民生活密切相关、价格变动比较频繁的商品（服务），每5天调查一次价格；价格变动不频繁的规格品（服务）每月调查1次。

五、权数

计算居民基本生活费用价格指数所用的权数，根据城镇居民家庭消费支出调查资料中20%的低收入户居民的实际消费结构，并辅以典型调查数据以及专家评估的方式确定。

六、价格指数的计算方法(略)

七、上报时间及方式

（一）各省、自治区、直辖市所辖调查点的月报数据，以及通过省、自治区上报的市、县数据（不再包括省会城市、自治区首府城市和计划单列市的数据），须在报告月后6日前上报城市司（节假日顺延）。

（二）上报方式为编制市（县）直接网上填报或各省、自治区、直辖市网上填报。

（三）在特殊情况下，月报的上报时间另行通知。

附表：城镇居民基本生活费用价格编制项目目录（略）

国家统计局办公室关于进一步加强统计数据发布管理工作的通知

（2008年3月3日）

各省、自治区、直辖市统计局，新疆生产建设兵团统计局，国家统计局各调查总队，各司级行政单位、在京直属事业单位：

近期，个别地区和单位在工作中出现了统计数据保密不严、数据发布出现差错等问题，严重影响了统计数据发布的严肃性，影响了国家统计局的形象。为此，特通知如下：

一、各地区、各单位要提高保密意识，严格按照国家统计局、国家保密局《关于印发〈统计工作国家秘密范围的规定〉的通知》（国统字〔2005〕56号）要求，做好统计数据的保密工作。处于保密期限内的统计数据，不得以任何形式对外公开。

二、各司级行政单位、在京直属事业单位要认真执行《国家统计局新闻发布管理规定》（国统办字〔2006〕29号），加强对所发布信息的审核把关，保证所公布数据的准确性。任何单位及个人不得以“国家统计局”或“国家统计局某某”的名义自行接受记者采访，不得擅自根据个人理解回答媒体的问题。

三、各地区、各单位要进一步加强沟通协调，确保以各种形式发布统计数据的一致性。

国家统计局关于中石油中石化各级分公司和加油站单位性质确认问题的批复

（2008 年 3 月 10 日）

广西壮族自治区统计局：

你局《关于中石油、中石化各级分公司和加油站单位性质确认问题的请示》(桂统字〔2008〕12 号)收悉。经研究，现批复如下：

一、关于中石油、中石化下属各级市、县分公司的单位性质属法人还是产业活动单位的问题

根据国家统计分类标准中统计调查单位的划分规定，即《第一次全国经济普查法人单位、产业活动单位和个体经营户划分规定》的第一条、第二条、第三条、第九条、第十条、第十一条中明确规定，中石油、中石化下属各级市、县分公司的单位性质应归属产业活动单位，按产业活动单位进行统计。

二、关于中石油、中石化下属加油站是否为产业活动单位的问题

中石油、中石化下属的加油站，按照上述规定也具有产业活动单位的性质，应按产业活动单位进行统计。

三、关于产业活动单位和视同法人的单位在统计管理及统计执法中应按什么原则执行的问题

按照国家统计局批准的《成品油批发和零售统计报表制度》，产业活动单位和视同法人的单位是该项调查的统计调查对象，属于直接承担统计调查义务的主体和统计管理相对人，有义务依法如实及时提供统计资料，接受统计管理和统计执法检查。产业活动单位和视同法人的单位有统计违法行为的，应依法追究法律责任。

国务院办公厅关于加快发展服务业若干政策措施的实施意见

（2008 年 3 月 13 日）

各省、自治区、直辖市人民政府，国务院各部委、各直属机构：

为贯彻党中央、国务院关于加快服务业发展的要求和部署，落实《国务院关于加快发展服务业的若干意见》（国发〔2007〕7 号）提出的政策措施，促进“十一五”时期服务业发展主要目标的实现和任务的完成，经国务院同意，现提出以下意见：

一、加强规划和产业政策引导

（一）抓紧制订或修订服务业发展规划。各地区要根据国家服务业发展主要目标，积极并实事求是地制订本地区服务业发展规划，提出发展目标、发展重点和保障措施。经济较发达的地区可以适当提高发展目标，有条件的大中城市要加快形成以服务经济为主的产业结构。各有关部门要抓紧制订或修订相关行业规划和专项规划，完善服务业发展规划体系。各地区、各有关部门都要把服务业发展任务分解落实到年度工作计划中。发展改革委要会同有关部门抓紧研究制订服务业发展考核体系，在条件具备时，定期公布全国和分地区服务业发展水平、结构等主要指标。

（二）尽快研究完善产业政策。发展改革委要会同有关部门依据国家产业结构调整的有关规定，抓紧细化、完善服务业发展指导目录，明确行业发展重点及支持方向；要根据服务业跨度大、领域广的实际，分门别类地调整和完善相关产业政策，认真清理限制产业分工、业务外包等影响服务业发展的不合理规定，逐步形成有利于服务业发展的产业政策体系。各地区要立足现有基础和比较优势，制订并细化本地区服务业发展指导目录，突出本地特色，并制定相应政策措施。

二、深化服务领域改革

（三）进一步放宽服务领域市场准入。工商行政管理部门对一般性服务业企业降低注册资本最低限额，除法律、行政法规和依法设立的行政许可另有规定的外，一律降低到3万元人民币，并研究在营业场所、投资人资格、业务范围等方面适当放宽条件。对法律、行政法规和国务院决定未做规定的服务企业登记前置许可项目，各级工商行政管理机关一律停止执行。加大铁路、电信等垄断行业改革力度，进一步推进投资主体多元化，引入竞争机制。继续稳妥推进市政公用事业市场化改革，城市供水供热供气、公共交通、污水处理、垃圾处理等可以通过特许经营等方式委托企业经营。认真做好在全国范围内调整和放宽农村地区银行业金融机构市场准入政策的落实工作。教育、文化、广播电视、社会保障、医疗卫生、体育、建设等部门对本领域能够实行市场化经营的服务，抓紧研究提出放宽市场准入、鼓励社会力量增加供给的具体措施。

（四）加快推进国有服务企业改革。国资委要会同有关部门积极推动国有服务企业股份制改革和战略性重组，将服务业国有资本集中在重要公共产品和服务领域，鼓励中央服务企业和地方国有服务企业通过股权并购、股权置换、相互参股等方式进行重组，鼓励非公有制企业参与国有服务企业的改革、改组、改造。继续深化银行业改革，重点推进中国农业银行股份制改革和国家开发银行改革，强化中国农业银行、中国农业发展银行和中国邮政储蓄银行为“三农”服务的功能。

（五）推进生产经营性事业单位转企改制和政府机关、事业单位后勤服务社会化改革。 主要从事生产经营活动的事业单位要转制为企业，条件成熟的尽快建立现代企业制度。中央编办会同财政部、人事部等部门抓紧制定和完善促进生产经营性事业单位转企改制的配套政策措施。各有关部门和单位要继续深化后勤体制改革，加快推进后勤管理职能和服务职能分开，实现后勤管理科学化、保障法制化、服务社会化。创新后勤服务社会化形式，引进竞争机制，逐步形成统一、开放、有序的后勤服务市场体系。对后勤服务机构改革后新进入的工作人员，应实行聘用制等新的用人机制。

三、提高服务领域对外开放水平

（六）稳步推进服务领域对外开放。 发展改革委要会同有关部门认真落实新修订的《外商投资产业指导目录》，在优化结构、提高质量基础上扩大服务业利用外资规模。商务部要会同有关部门抓紧制订服务贸易中长期发展规划，推动有条件的地区和城市加快形成若干服务业外包中心；在中央外贸发展基金中安排专项资金，重点支持服务外包基地城市公共平台建设及企业发展。各类金融机构对符合条件的服务贸易给予货物贸易同等便利，改进服务贸易企业外汇管理，保证合理用汇。交通部要会同有关部门抓紧研究解决中资船舶悬挂方便旗经营问题，发展壮大国际航运船队。加快建设上海、天津、大连等国际航运中心，鼓励在其保税港区进行服务业对外开放创新试点。

（七）积极支持服务企业“走出去”。 各有关部门要研究采取具体措施，为服务企业“走出去”和服务出口创造良好环境。对软件和服务外包等出口开辟进出境通关“绿色通道”，对中医药、中餐、汉语教育、文化、体育、对外承包工程等领域企业和专业人才“走出去”提供帮助，简化出入境手续，并纳入国家有关专项资金扶持范围。在严格控制风险的基础上，积极支持国内有条件的金融企业开展跨国经营，为我企业参与国际市场竞争提供金融服务。同时，要鼓励贸易、咨询、法律服务、知识产权服务、人力资源等企业积极为服务业“走出去”提供服务。

四、大力培育服务领域领军企业和知名品牌

（八）积极创新服务业组织结构。各地区、各有关部门要鼓励服务业规模化、网络化、品牌化经营，促进形成一批拥有自主知识产权和知名品牌、具有较强竞争力的服务业龙头企业。发展改革委等部门要支持设立专业化产业投资基金，主要从事服务业领域企业兼并重组，优化服务业企业结构。商务部等有关部门要加强商业网点规划调控，鼓励发展连锁经营、特许经营、电子商务、物流配送、专卖店、专业店等现代流通组织形式。除有特殊规定外，服务企业设立连锁经营门店可持总部出具的连锁经营相关文件和登记材料，直接到门店所在地工商行政管理机关申请办理登记和核准经营范围手续。鼓励软件和信息服务等现代服务业专业协会发展。

（九）加快实施品牌战略。大力支持企业开展自主品牌建设，鼓励企业注册和使用自主商标。鼓励流通企业与生产企业合作，实现服务品牌带动产品品牌推广、产品品牌带动服务品牌提升的良性互动发展。培育发展知名品牌，符合国家有关规定的，商务部等部门应将其纳入中央外贸发展基金等国家有关专项资金扶持范围。扶持中华老字号企业发展，在城市改造中，涉及中华老字号店铺原址动迁的，应在原地妥善安置或在适宜其发展的商圈内安置，并严格按国家有关规定给予补偿。

（十）鼓励服务领域技术创新。科技部要会同有关部门认真落实国家中长期科学和技术发展规划纲要，抓好现代服务业共性技术研究开发与应用示范重大项目。充分发挥国家相关产业化基地

的作用，建立一批研发设计、信息咨询、产品测试等公共服务平台，建设一批技术研发中心和中介服务机构。财政部、发展改革委要研究提出具体意见，对服务领域重大技术引进项目及相关的技术改造提供贷款贴息支持，对引进项目的消化吸收再创新活动提供研发资助，在政府采购中优先支持采用国内自主开发的软件等信息服务，进一步扩大创业风险投资试点范围。探索开展知识产权质押融资，引导和鼓励社会资本投入知识产权交易活动，符合规定的可以享受创业投资机构的有关优惠政策。

五、加大服务领域资金投入力度

（十一）加大公共服务投入力度。进一步明确政府公共服务责任，健全公共财政体制，把更多财政资金投向公共服务领域，提高公共服务的覆盖面和社会满意水平。中央财政要继续增加社会保障、医疗卫生、教育、节能减排、住房保障等方面的支出，重点提高对农村、欠发达地区和城市中低收入居民的公共服务水平，支持医药卫生体制等重大改革。国家财政新增教育、卫生、文化等事业经费和固定资产投资主要用于农村，中央财政转移支付资金重点用于中西部地区，尽快使中西部地区基础设施和教育、卫生、文化等公共服务设施得到改善。调动地方发展服务业的积极性，中央和省级财政要通过转移支付等对服务经济发展较快但财政困难的地方给予支持。

（十二）加大财政对服务业发展的支持力度。中央财政和中央预算内投资继续安排服务业发展专项资金和服务业发展引导资金，并根据财政状况及服务业发展需要逐步增加，重点支持服务业关键领域、薄弱环节和提高自主创新能力，建立和完善农村服务体系。整合服务领域的财政扶持资金，综合运用贷款贴息、经费补助和奖励等多种方式支持服务业发展。中央预算内投资要加大对规划内重点服务业项目的投入，同等情况下优先支持服务业项目。

地方政府也要根据需要安排服务业发展专项资金和引导资金，有条件的地方要扩大资金规模，支持服务业发展。

（十三）加大金融对服务业发展的支持力度。人民银行、金融监管机构等要引导和鼓励各类金融机构开发适应服务企业需要的金融产品，积极支持符合条件的服务业企业通过银行贷款、发行股票债券等多渠道筹措资金。逐步将收费权质押贷款范围扩大到供水、供热、环保等城市基础设施项目。修订和完善有关股票、债券发行的基本规则以及信息披露制度要充分考虑服务企业的特点。符合条件的服务企业集团设立财务公司等非银行金融机构可以优先得到批准。有关部门要进一步推动中小企业信用担保体系建设，积极搭建中小企业融资平台，国家中小企业发展专项资金和地方扶持中小企业发展资金要给予重点资助或贷款贴息补助。

六、优化服务业发展的政策环境

（十四）进一步扩大税收优惠政策。认真落实新的企业所得税法及其实施条例有关规定。支持服务企业产品研发，企业实际发生的研究开发费用可按有关政策规定享受所得税抵扣优惠。加快推进在苏州工业园区开展鼓励技术先进型服务企业发展所得税、营业税政策试点，积极扩大软件开发、信息技术、知识产权服务、工程咨询、技术推广、服务外包、现代物流等鼓励类生产性服务业发展的税收优惠政策试点。对企业从事农林牧渔服务业项目的所得免征、减征企业所得税；对科研单位和大专院校开展农业生产技术服务取得的收入，以及提供农业产前、产中、产后相关服务的企业，实行税收优惠政策；对农产品连锁经营试点实行企业所得税、增值税优惠政策。加大对自主创新、节能减排、资源节约利用等方面服务业的税收优惠力度。在服务业领域开展实行综合与分类相结合的个人所得税制度试点。对吸收就业多、资源消耗和污染排放低等服务类企业，按照其吸收就业人员数量给予补贴或所得税优惠。

研究制订社区服务、家政服务、实物租赁、维修服务、便利连锁经营、废旧物资回收利用、中华老字号经营等服务业和出口文化教育产品等领域的税收优惠政策。财政部、税务总局要会同有关部门抓紧研究制订具体办法并组织实施。

(十五)实行有利于服务业发展的土地管理政策。各地区制订城市总体规划要充分考虑服务业发展的需要,中心城市要逐步迁出或关闭市区污染大、占地多等不适应城市功能定位的工业企业,退出的土地优先用于发展服务业。城市建设新居住区内,规划确定的商业、服务设施用地,不得改作他用。国土资源管理部门要加强和改进土地规划计划调控,年度土地供应要适当增加服务业发展用地。加强对服务业用地出让合同或划拨决定书的履约管理,保证政府供应的土地能够及时转化为服务业项目供地。积极支持以划拨方式取得土地的单位利用工业厂房、仓储用房、传统商业街等存量房产、土地资源兴办信息服务、研发设计、创意产业等现代服务业,土地用途和使用权人可暂不变更。

(十六)完善服务业价格、收费等政策。价格管理部门要进一步减少服务价格政府定价和指导价,完善价格形成机制,建立公开、透明的定价制度。除国家另有规定外,各地区要结合销售电价调整,于 2008 年底前基本实现商业用电价格与一般工业用电价格并轨,对列入国家鼓励类的服务业用水价格基本实现与工业用水价格同价。清理各类收费,取消和制止不合理收费项目。加强行政事业性收费、政府性基金的管理,各地区、各有关部门对有关收费项目及标准要按照规定公示并接受社会监督。除法律、行政法规或者国务院另有明确规定外,履行或代行政府职能,安装和维护与政府部门联网办理业务的计算机软件,不得收取任何费用。规范行业协会、商会收费行为。各地区要对从事农村客运服务以及岛屿、库区、湖区等乡镇渡口和客运经营等方便农民出行的运输行业,比照城市公交客运政策,给予政策支持。

(十七)加强服务业从业人员社会保障工作。劳动保障等部门要加快将服务业个体工商户、灵活就业人员、农民工纳入社会保险覆盖范围。尽快修订《失业保险条例》，完善失业保险制度，扩大参保范围。针对服务行业就业形式多样、流动性较强、农民工居多等特点，加快推进服务业企业参加医疗、工伤保险工作，切实维护服务业企业从业人员的社会保障权益。鼓励和引导企业为职工建立企业年金和补充医疗保险计划。规范企业年金管理方式，2008 年底前，将原行业或企业自行管理的企业年金业务，逐步移交给有资质的运营机构受托管理。

七、加强服务业基础工作

(十八)大力培养服务业人才。 教育、科技、人事和劳动保障等部门要积极引导高等院校完善并加强与现代服务业发展相适应的学科专业建设，支持高等院校、职业院校、科研院所与有条件的服务业企业建立实习实训基地，鼓励建立服务人才培养基地，对国内外相关外包服务培训机构以独资或与高校、企业合作的形式成立培训机构给予审批便利。人事和劳动保障等部门要按照服务业发展需要，不断调整完善和规范职业资格和职称制度，尽快设置相应的服务业职业资格和职称。人事和劳动保障部门要鼓励各类就业服务机构发展，加快建设覆盖城乡的公共就业服务体系。

(十九)健全服务业标准体系和社会信用体系。 质检总局要会同有关部门抓紧制订和修订物流、电信、邮政、快递、运输、旅游、体育、商贸、餐饮、社区服务等服务标准，继续推进国家级服务业标准化试点，鼓励和支持行业协会、服务企业积极参与标准化工作。人民银行、工商总局等有关部门要加快社会信用体系建设，推动政府部门依法共享公开的政府信息，并在就业、社会保障、市场监管、政府采购等公共服务中使用信用信息。

(二十)加强服务业统计工作。 完善服务业统计联席会议制度，加强和协调各部门及行业协会的服务业统计工作。统计局要会同有关部门加快建立科学、统一、全面、协调的服务业统计调查制度和信息管理制度，完善服务业统计调查方法和指标体系，建立政府统计和行业统计互为补充的服务业统计调查体系，健全服务业信息发布制度。结合开展第二次全国经济普查，重点摸清我国服务业发展状况，为国家制定规划和政策提供依据。中央财政安排专项经费支持服务业统计，地方财政也要增加投入。

(二十一)加强服务业法制建设。法制办要会同有关部门积极推动制定和修订促进服务业发展法律、行政法规的相关工作，为服务业发展提供法制保障。

八、狠抓工作落实和督促检查

(二十二)抓紧制定具体配套政策措施。国务院各有关部门要按照国发〔2007〕7 号文件和本意见要求，对已经明确的政策抓好落实，对需要制定具体配套政策措施的要抓紧研究制定，成熟一项，出台一项。要加强协调配合，及时研究解决服务业发展中出现的突出问题和矛盾，不断调整完善相关政策，推进服务业改革和发展。各地区也要抓紧制定出台相关配套政策措施。

(二十三)加强工作落实和督促检查。各地区、各部门要把发展服务业作为贯彻落实科学发展观、促进经济又好又快发展的重要工作任务，切实把中央确定的各项方针政策落到实处。全国服务业发展领导小组办公室要充分发挥总体协调作用，做好服务业发展目标落实与考核、政策措施制定等督促检查工作，及时向国务院报告工作进展情况。

国家统计局关于开展主要畜禽监测调查的通知

（2008 年 3 月 16 日）

各省、自治区、直辖市统计局，国家统计局各调查总队：

为贯彻国务院《关于促进生猪生产发展，稳定市场供应的意见》（国发〔2007〕22 号）文件精神，国家统计局决定从 2008 年起开展主要畜禽监测调查工作，现将有关要求通知如下：

一、明确任务，提高认识

针对 2007 年生猪生产下降和价格上涨的情况，国务院要求“国家统计局要组织各地调查总队开展以生猪为主的主要畜禽生产抽样调查，直接上报汇总，分季定产，减少统计误差；在城市、农村住户调查中要增加相应的畜禽品种，提供更全面的住户消费量和消费价格信息。”

随着经济的发展和人民生活水平的提高，畜禽产品在居民食物消费中所占的比重越来越大，畜禽产品的供应和价格的变动与居民日常生活的关系也越来越密切。要实现畜禽产品生产与供应的稳定增长，就必须要有正确的产业政策作指导，而准确的统计信息则是正确的产业政策制定的基础。因此，开展主要畜禽监测调查，将为掌握主要畜禽生产情况、加强和改善宏观调控、制定畜牧业发展政策提供科学依据。

二、统一思想，严格执行国家调查方案

为满足主要畜禽监测调查工作的需要，国家统计局在试点的基础上制定了《主要畜禽监测调查方案》(试行)，对调查范围与对象、内容和方法、样本抽选、调查工作的组织与实施等方面做了详细规定。主要畜禽监测调查以满足国家宏观调控需要为目的，各地务必统一思想，从服务国家的大局出发，按照方案的要求，认真组织好本地区的监测调查工作。

(一)要切实维护国家抽中样本的规范性。各地为满足地方政府需求，增加调查样本必须征得国家统计局同意，同时必须严格区分国家调查样本和地方调查样本，确保国家调查样本的独立性和数据推算的准确性。

(二)要严格执行调查方案，确保监测调查数据真实可靠。各级调查队要建立责任追究制度，对违反统计法、不严格执行调查制度的要追究责任。

三、密切合作，精心组织，严格数据管理

主要畜禽监测调查是国家调查任务，包括了以省为总体的猪牛羊禽抽样调查和以县为总体的生猪调出大县生猪生产调查两个方面的内容。监测调查实行国家统计局统一领导、国家统计局各调查总队负责组织实施、各级统计局密切配合的工作机制，共同完成监测调查任务。各省(区、市)统计局要与各调查总队联合发文，共同布置工作；在非国家调查网点(队)的地区，各级统计局要给予支持和配合，务必使监测调查工作顺利开展。

为维护统计工作的权威性和统一性，避免数出多部门，各地要严格规范数据使用与管理，做到：

(一)国家对主要畜禽监测调查实行直接调查、直接上报、超级

汇总、下管一级的数据管理制度，各地要严格执行有关规定。

（二）主要畜禽监测调查要以第二次全国农业普查各省区市畜禽存栏普查结果为样本框，以获得的规模饲养农户和农业生产经营单位为基本名录，抽样调查与全数调查相结合，并要统一用农业普查结果为基础推算总体，对省一级具有代表性。因此，各省（区、市）主要畜禽数据以监测调查结果为准。国家统计局各调查总队要在上报国家的同时，将主要调查推算结果提供同级统计局，作为各地进行农业经济核算的依据。主要调查推算结果未经国家统计局审核，各级不得对外公开使用。

（三）主要畜禽监测调查制度执行以后，畜牧业生产情况（S410表）和村畜牧业调查表（S201表）继续执行到2008年半年报结束。畜牧业生产情况（A403表）和非农户畜牧业生产情况（A201表）在省以下继续执行，国家不再要求上报。国家统计局将在主要畜禽监测调查制度的基础上，全面整合畜牧业统计调查制度。

为保证主要畜禽监测调查工作的实施，国家统计局将统一拨付一定的专项调查经费。各地要在保证基层工作经费的基础上，用好管好调查经费，保证基层监测调查工作的顺利开展。

附件：主要畜禽监测调查方案（试行）（略）

国务院办公厅关于成立第二次全国经济普查领导小组的通知

（2008年4月17日）

各省、自治区、直辖市人民政府，国务院各部委、各直属机构：

为加强对第二次全国经济普查的领导，根据《全国经济普查条例》（国务院令第415号）和《国务院关于开展第二次全国经济普查的通知》（国发〔2007〕35号），国务院决定成立第二次全国经济普查领导小组（以下简称领导小组）。现将有关事项通知如下：

一、主要职责

负责第二次全国经济普查的组织和实施，协调解决普查中的重大问题。

二、组成人员

组　长：李克强　　国务院副总理

副组长：尤　权　　国务院副秘书长

　　　　谢伏瞻　　统计局局长

　　　　朱之鑫　　发展改革委副主任

　　　　李东生　　中央宣传部副部长

成　员：王澜明　　中央编办副主任

　　　　郝明金　　监察部副部长

姜　力　　民政部副部长
廖晓军　　财政部副部长
宋　兰　　税务总局副局长
王东峰　　工商总局副局长
刘平均　　质检总局党组成员、国家标准委主任
徐一帆　　统计局副局长兼领导小组办公室主任

三、工作机构及其职责

领导小组办公室设在统计局，承担领导小组的日常工作，研究提出需领导小组决策的建议方案，督促落实领导小组议定事项，加强与有关部门和地区的沟通协调，承办领导小组交办的其他事项。

领导小组成员因工作变动需要调整的，由所在单位向领导小组办公室提出，报领导小组组长审批。领导小组属于阶段性工作机制，不属于新设立议事协调机构，任务完成后即撤销。

国家统计局政府信息公开指南

国家统计局

（2008 年 4 月 29 日）

为了方便公民、法人和其他组织获取国家统计局政府公开信息，根据《中华人民共和国政府信息公开条例》，编制本指南。

一、公开范围

国家统计局主要公开 2003 年以来的政府信息，2003 年以前的政府信息经整理后，将逐步予以公开。

二、信息分类

（一）机构职能

包括领导介绍、机构设置、机构职能等。

（二）规章文件

包括部门规章及规范性文件。

（三）审批与收费

包括行政许可、行政审批、行政收费等。

（四）处罚与复议

包括行政处罚、行政复议等。

（五）统计标准

包括统计上使用的国民经济行业分类、产品分类、行政区划代码、城乡划分标准等。

(六)数据发布

包括年度和进度数据、统计公报等。

(七)人事工作

包括公务员招录、统计专业技术资格考试等。

(八)其他事项

三、编排方式

政府信息公开目录包括信息名称、发文字号、内容概述、生成日期、索引号。

索引号构成如下：

(一)第1—3位字符为国家统计局机构代码。

(二)第4—6位字符为国家统计局各司级单位代码。以"A"字开头的代码单位为国家统计局行政单位，以"B"字开头的代码单位为国家统计局在京直属事业单位。

(三)第7—14位字符为公开目录分类代码，目录分为4级，各为2位字符，共为8位字符。各级目录分类分别从"01"开始起编，至"99"截止。

(四)第15—20位字符为生成日期代码，前4位为年份，后2位为月份。例:200701，表示2007年1月。统计数据类信息统一为"000000"。

(五)第21—24位字符为流水号代码，由"0001"开始从小到大由计算机根据信息公开的时间自动生成。

四、获取方式

(一)主动公开政府信息

1.公开方式：

国家统计局主动公开的政府信息主要通过中国统计信息网(网址为 www. stats. gov. cn)、新闻发布会、统计公报以及报刊、广播、电视等方式予以主动公开。公民、法人和其他组织还可以到中国统计资料馆查阅国家统计局公开的政府信息。

2. 查询方式:

在中国统计信息网提供以下方式:

(1)目录导航式查询:点击目录中相应的信息目录类别,可查询相关目录内容;

(2)全文检索:输入任意词汇,所有在信息全文中含有该词汇的条目都将自动显示,点击条目名称即可查看详细内容;

(3)数据查询:通过国家统计调查获取的国民经济和社会发展综合统计数据。

(二)依申请公开政府信息

1. 信息公开受理工作机构:

(1)国家统计局统计资料管理中心

(2)受理地址:北京市西城区三里河月坛南街 57 号

(3)现场受理时间:

周二、周四上午 9:00—11:30,下午 1:30—4:00。

节假日除外。

(4)联系电话:010—68520066/68576320

(5)邮政编码:100826

(6)电子邮箱:info@stats. gov. cn

2. 申请方式:

申请人申请获取国家统计局政府信息的,应当填写《国家统计局政府信息公开申请表》。申请表可通过中国统计信息网(网址为 www. stats. gov. cn。)下载,也可到国家统计局统计资料管理中心领取。

(1)网上申请

申请人可通过电子邮件方式发送至国家统计局政府信息公开

专用电子邮箱。

(2)信函申请

申请人通过信函方式提出申请,应在信封左下角注明“政府信息公开申请”字样,邮寄至国家统计局统计资料管理中心,申请时间以到达的时间为准。

(3)当场申请

申请人可以到国家统计局统计资料管理中心填写《国家统计局政府信息公开申请表》,并当场提交。

3.申请要求:

为提高申请受理效率,申请人应对所需政府信息的内容描述尽量详尽、明确,如提供政府信息名称(标题)、生成时间、文号或者其他有助于确定信息内容的相关线索。

申请人为法人和其他组织的,代理人还应提供本人的身份证,书面授权委托书等证明材料。

申请人应当将所取得的政府信息用于合法用途。

4.申请答复:

根据《中华人民共和国政府信息公开条例》规定,国家统计局在收到申请之日起 15 个工作日内予以答复;如需延期答复的,答复期限最长不超过 15 个工作日。答复方式:凡是网上申请的,均以电子邮件方式答复;凡是书面申请的,以信函方式答复。

5.收费:

按照国家有关规定,国家统计局依申请提供政府信息,只收取检索、复制、邮寄等成本费用。

国家统计局关于
调整部分报表报送时间的通知

（2008 年 4 月 30 日）

各省、自治区、直辖市统计局，新疆生产建设兵团统计局，国家统计局各调查总队，国务院有关部门：

根据《国务院关于修改〈全国年节及纪念日放假办法〉的决定》（国务院令第 513 号）文件规定，结合向党中央、国务院上报统计数据及对经济形势进行进度分析的时间要求，经研究决定，对部分报表上报时间进行调整。具体调整情况见下表。

调整后的报送时间自今年 5 月 1 日（报送 4 月份报表）起执行。未调整报送时间的报表按现行统计报表制度规定时间上报。

统计报表报送时间调整表

表　号	表　　名	报告期别	调整后报送时间
A403 表	畜牧业生产情况	季报	1 月、4 月 8 日前 7 月 5 日前 10 月 11 日前
A201 表	非农户畜牧业生产情况	季报	1 月、4 月 8 日前 7 月 5 日前 10 月 11 日前
B401 表	工业增加值	月报	1 月 10 日 12 时前 4 月、5 月 8 日 12 时前 10 月 11 日 12 时前 其他月份月后 6 日 12 时前
B201 表	工业产销总值及主要产品产量	月报	1 月 10 日 12 时前 4 月、5 月 8 日 12 时前 10 月 11 日 12 时前 其他月份月后 6 日 12 时前

续表 1

表　号	表　　名	报告期别	调整后报送时间
B203 表	主要工业产品销售、库存、订货	季报	季后 12 日前
C401 表	建筑业企业生产情况	季报	1 月 10 日 12 时前 10 月 11 日 12 时前 其他季度季后 7 日 12 时前
C403 表	建筑业企业房屋建筑完成情况	季报	1 月 10 日 12 时前 10 月 11 日 12 时前 其他季度季后 7 日 12 时前
C202 表	建筑业企业生产情况	季报	1 月 10 日 12 时前 10 月 11 日 12 时前 其他季度季后 7 日 12 时前
C204 表	建筑业企业房屋建筑完成情况	季报	1 月 10 日 12 时前 10 月 11 日 12 时前 其他季度季后 7 日 12 时前
D401 表	铁路、公路、水运、港口和民航生产完成情况	月报	1 月、4 月、5 月、10 月 8 日前 其他月份月后 5 日前
D403 表	国家铁路货运日均装车数	月报	1 月、4 月、5 月、10 月 9 日前 其他月份月后 6 日
D405 表	邮电业务量完成情况	月报	1 月、4 月、5 月、10 月 8 日前 其他月月后 5 日
D407 表	客货运输完成情况	月报	1 月、4 月、5 月、10 月 8 日前 其他月份月后 5 日
D410 表	全社会分地区公路旅客运输量	月报	1 月、4 月、5 月、10 月 8 日前 其他月份月后 5 日
D411 表	全社会分地区公路货物运输量	月报	1 月、4 月、5 月、10 月 8 日前 其他月份月后 5 日
D412 表	全社会分地区水路旅客运输量	月报	1 月、4 月、5 月、10 月 8 日前 其他月份月后 5 日
D413 表	全社会分地区水路货物运输量	月报	1 月、4 月、5 月、10 月 8 日前 其他月份月后 5 日
E401 表	批发和零售业商品销售情况	月报	1 月 9 日 12 时前 4 月、5 月 8 日 12 时前 10 月 11 日 12 时前 其他月份月后 6 日 12 时前

续表 2

表　号	表　　名	报告期别	调整后报送时间
E402 表	星级住宿业和限额以上餐饮业经营情况	月报	1 月 9 日 12 时前 4 月、5 月 8 日 12 时前 10 月 11 日 12 时前 其他月份月后 6 日 12 时前
E403 表	限额以上批发和零售业商品销售分类情况	月报	1 月 9 日 12 时前 4 月、5 月 8 日 12 时前 10 月 11 日 12 时前 其他月份月后 6 日 12 时前
E404 表	社会消费品零售总额	月报	1 月 9 日 12 时前 4 月、5 月 8 日 12 时前 10 月 11 日 12 时前 其他月份月后 6 日 12 时前
E202—1 表	限额以上批发和零售业商品销售、库存情况	月报	1 月 10 日 12 时前,重点企业 8 日前 4 月、5 月 9 日 12 时前,重点企业 7 日前 10 月 12 日 12 时前,重点企业 10 日前 其他月份月后 7 日 12 时前,重点企业月后 5 日前
E202—2 表	星级住宿业和限额以上餐饮业经营情况	月报	1 月 10 日 12 时前,重点企业 8 日前 4 月、5 月 9 日 12 时前,重点企业 7 日前 10 月 12 日 12 时前,重点企业 10 日前 其他月份月后 7 日 12 时前,重点企业月后 5 日前
E202—3 表	限额以下批发和零售业、星级以外住宿业、限额以下餐饮业样本单位调查表	月报	1 月 9 日 12 时前 4 月、5 月 8 日 12 时前 10 月 11 日 12 时前 其他月份月后 6 日 12 时前
F301 表	企业和个体总量指标	年报	1 月 8 日前
F201 表	服务业企业调查表	年报	1 月 8 日前
F202 表	服务业个体调查表	年报	1 月 8 日前

续表 3

表　号	表　　名	报告期别	调整后报送时间
H401 表	城镇固定资产投资完成情况	月报	1 月 10 日 12 时前 4 月、5 月 8 日 12 时前 10 月 11 日 12 时前 其他月份月后 6 日 12 时前
H402 表	农村非农户固定资产投资完成情况	月报	1 月 10 日 12 时前 4 月、5 月 8 日 12 时前 10 月 11 日 12 时前 其他月份月后 6 日 12 时前
H408 表	国防、人防固定资产投资完成情况	月报	1 月 10 日 12 时前 4 月、5 月 8 日 12 时前 10 月 11 日 12 时前 其他月份月后 6 日 12 时前
H201 表	固定资产投资完成情况	月报	1 月 14 日 12 时前 4 月、5 月 9 日 12 时前 10 月 12 日 12 时前 其他月份月后 7 日 12 时前
H202 表	亿元以上新开工项目报告	月报	1 月 10 日 12 时前 4 月、5 月 8 日 12 时前 10 月 11 日 12 时前 其他月份月后 7 日 12 时前
I401 表	单位从业人员和劳动报酬情况	季报	4 月 8 日前 7 月 7 日前 10 月 11 日前
I402 表	单位从业人员变动情况	季报	4 月 8 日前 7 月 7 日前 10 月 11 日前
M401 表	农林牧渔业总产值	季报	1 月、4 月 8 日前 10 月 11 日前 7 月 5 日前
S410 表	畜牧业生产情况	季报	1 月、4 月 8 日前 10 月 11 日前 7 月 5 日前

续表 4

表　号	表　　名	报告期别	调整后报送时间
S201 表	村畜牧业调查表	季报	4 月 8 日前 10 月 11 日前 二、四季度为季后 5 日
U401 表	农户固定资产投资情况	季报	4 月 8 日前 10 月 11 日前 二、四季度为季后 7 日
V301 表	省、自治区居民消费价格指数	年报	1 月 8 日前
V302 表	省、自治区商品零售价格指数	年报	1 月 8 日前
V303 表	省、自治区农业生产资料价格指数	年报	1 月 8 日前
V401 表	居民消费价格指数	月报	1 月、4 月、5 月 8 日前 10 月 9 日前 其他月份月后 6 日
V401 表	居民消费价格指数(36 个大中城市报)	月报	1 月 6 日前 5 月 6 日前 10 月 8 日前 其他月份月后 3 日
V402 表	商品零售价格指数	月报	1 月、4 月、5 月 8 日前 10 月 9 日前 其他月份月后 6 日
V403 表	农业生产资料价格指数	月报	1 月、4 月、5 月 8 日前 10 月 9 日前 其他月份月后 6 日
V404 表	代表规格品价格及相对数表	月报	1 月、4 月、5 月 8 日前 10 月 9 日前 其他月份月后 3 日
V420 表	土地交易价格指数(价格)汇总表	季报	1 月 6 日前 10 月 9 日前 其他季度季后月 3 日前
V421 表	房屋销售价格指数(价格)汇总表	月报	1 月 6 日前 5 月 6 日前 10 月 9 日前 其他月份为月后 3 日前

续表 5

表号	表名	报告期别	调整后报送时间
V422 表	房屋租赁和物业管理价格指数(价格)汇总表	季报	1 月 6 日前 10 月 9 日前 其他季度季后月 3 日前
W201 表	城镇居民家庭成员基本情况调查表	季报	4 月 8 日前 10 月 10 日前 其他季度季后月 5 日前
W202 表	城镇居民家庭基本情况调查表	季报	4 月 8 日前 10 月 10 日前 其他季度季后月 5 日前
W203 表	城镇居民家庭现金收支调查表	季报	4 月 8 日前 10 月 10 日前 其他季度季后月 5 日前
W204 表	城镇居民家庭消费支出调查甲表	季报	4 月 8 日前 10 月 10 日前 其他季度季后月 5 日前
W205 表	城镇居民家庭消费支出调查乙表	季报	4 月 8 日前 10 月 10 日前 其他季度季后月 5 日前
X401 表	房地产开发企业(单位)投资、资金和土地情况	月报	1 月 10 日 12 时前 4 月、5 月 8 日 12 时前 10 月 11 日 12 时前 其他月份月后 6 日 12 时前
X402 表	房地产开发企业(单位)施工、销售和空置情况	月报	1 月 10 日 12 时前 4 月、5 月 8 日 12 时前 10 月 11 日 12 时前 其他月份月后 6 日 12 时前
X202 表	房地产开发企业(单位)投资、资金和土地情况	月报	1 月 10 日 12 时前 4 月、5 月 8 日 12 时前 10 月 11 日 12 时前 其他月份月后 6 日 12 时前

续表 6

表号	表名	报告期别	调整后报送时间
X203 表	房地产开发企业(单位)施工、销售和空置情况	月报	1 月 10 日 12 时前 4 月、5 月 8 日 12 时前 10 月 11 日 12 时前 其他月份月后 6 日 12 时前
X204 表	5000 家联网直报房地产企业商品房销售及空置情况	月报	1 月 12 日 12 时前 10 月 12 日 12 时前 其他月份月后 8 日 12 时前

不折不扣地完成第二次全国经济普查各项任务

——谢伏瞻（国务院第二次全国经济普查领导小组副组长　国家统计局局长）在第二次全国经济普查电视电话会议上的讲话

（2008 年 5 月 12 日）

党中央、国务院高度重视经济普查工作。根据《全国经济普查条例》规定，国务院决定于 2008 年开展第二次全国经济普查，并成立了以国务院副总理李克强为组长的领导小组。今天，克强同志出席此次会议并作重要讲话。我们要认真学习、全面贯彻落实克强副总理的讲话精神，扎扎实实地做好普查工作。根据会议安排，我简要汇报本次普查的前期工作和整体安排及当前几项重点工作。

一、第二次全国经济普查前期工作

（一）组建普查机构。经国务院批准，第二次全国经济普查领导小组办公室今年 2 月先行成立，着手开展普查前期各项准备工作。4 月 17 日，国务院决定成立第二次全国经济普查领导小组，国家第二次经济普查机构已组建完成。

（二）制定普查方案。按照贯彻落实科学发展观、转变经济发展方式、制定中长期发展规划的要求，在认真总结第一次全国经济普查经验教训，充分借鉴国际通行做法的基础上，广泛听取有关部门的意见，研究起草了《第二次全国经济普查方案》。与第一次全国经济普查相比，方案的主要变化有：第一，把能源和水资源消耗调查范围，由规模以上工业扩大到全部第二、三产业单位，并增加了高耗能行业通用设备情况普查；第二，对单位清查工作，加大工商、税务、质检、民政、机构编制等部门的责任和协调配合力度，制定全国统一的清查方案，采取“地毯式”清查，确保普查对象的不重不漏；第三，对个体工商户制定了统一的普查方案，确保户数和就业人数的数据质量；第四，更加重视普查员选调和培训，确保普查人员的素质。

目前，正在全国5个省的部分地区进行试点，对普查方案的科学性和可行性进行检验。我们将根据试点情况修订和完善《普查方案》，报经领导小组审议后实施。

（三）落实普查经费。根据2003年国家统计局和财政部联合制定的《统计部门周期性普查和大型调查经费开支规定》，财政部已经下达了2008年普查经费。普查办公室进一步明确了普查经费的支出范围和管理规范。普查的设备保障方案已报国家发展改革委。

（四）开展普查宣传。在国务院通知下发后，我们对第二次全国经济普查的目的、意义、普查的内容等，利用主要媒体向社会进行了宣传，研究起草了《普查宣传方案》，还将与中宣部联合下发“关于做好第二次全国经济普查宣传工作的通知”。

二、第二次全国经济普查的总体安排

经济普查涉及范围广、参与部门多、技术要求高、工作难度大。为确保普查工作有条不紊地进行，普查工作拟分为以下三个阶段进行：

一是准备阶段（2008年12月31日前）。主要工作是：成立各级政府普查机构、落实经费和物资保障；完善普查方案，制定实施细则，开展普查试点；研制数据处理软件、抽调普查人员并进行培训；组织开展社会宣传动员；完成对普查对象的清查摸底工作。全面部署实施普查方案。

二是普查登记及数据处理阶段(2009 年 1 月—9 月)。主要工作是：对所有普查对象进行入户普查登记，做好数据处理工作。区县一级普查机构在 6 月底前完成普查表的收集、整理、审核、订正和上报工作。同时，各级普查机构进行普查数据的逐级审核汇总、数据质量抽查及评估等工作。

三是数据发布、资料开发和总结表彰阶段(2009 年 10 月—2010 年)。这一阶段的主要工作是：发布普查数据，为各级各有关部门提供普查资料，编辑出版普查资料，做好普查资料的统计分析工作，建立健全覆盖国民经济各行业的基本单位名录库、基础信息数据库和统计电子地理信息系统，开展总结表彰工作。

三、当前的几项重点工作

按照上述总体安排，当前要做好以下几方面的工作：

一是抓紧组建地方各级普查机构，落实经费物资保障。地方各级政府要按照国务院通知要求，抓紧组建普查机构，落实普查经费和物资设备。省级普查机构最迟要于 5 月底前组建完成，省以下机构的组建最迟不晚于 6 月底。

二是加强与有关部门协调配合，尽快投入普查工作。地方各级普查机构，要按照国务院通知要求，进一步明确部门职责，切实做到各负其责、通力协作、密切配合。铁道、银行、证券、保险和军队、武警等部门，要按照要求组织实施好本系统的普查工作，协助地方普查机构做好相关工作。

三是层层落实目标责任制，保证普查各项目标责任到人。国务院第二次全国经济普查领导小组将与各省(自治区、直辖市)经济普查领导小组负责人签订“第二次全国经济普查目标责任书”。地方各级普查领导小组也要强化目标责任制，保证各项工作责任落实到机构，落实到人。

四是加强普查对象的基础工作。国务院经济普查领导小组办公室、国家发展改革委、财政部和国家统计局，已联合下达了《关于做好经济普查基础资料整理和规范工作的通知》，各级经济普查办公室要会同各有关部门，督促基层单位规范统计基础管理工作，确保普查源头数据质量。

五是做好普查的社会宣传动员。经济普查的对象近4000万个（各类单位800多万个，个体经营户3000多万个），宣传工作十分重要。经济普查办公室拟与中央宣传部联合下发“关于做好第二次全国经济普查宣传工作的通知”，各地要按通知要求，认真做好宣传工作。

最后，希望各级统计机构和广大统计人员在普查工作中全面贯彻落实科学发展观，以对党、国家和人民高度负责的精神，一丝不苟、精益求精的科学态度，坚持实事求是，坚持依法普查，不折不扣地完成第二次全国经济普查的各项任务，向党中央、国务院交一份满意的答卷。

国家统计局关于印发服务业财务状况报表制度(2007年)的通知

(2008年5月13日)

教育部、科技部、工业和信息化部、民政部、环境保护部、铁道部、文化部、卫生部、国资委、广电总局、新闻出版总署、地震局、气象局、保监会、海洋局、测绘局、邮政局、中石油集团、中石化集团:

根据《国务院关于加快发展服务业的若干意见》(国发〔2007〕7号)提出的"尽快建立科学、统一、全面、协调的服务业统计调查制度和信息管理制度,完善服务业统计调查方法和指标体系"的精神,为满足服务业增加值核算的需要,客观反映服务业对国民经济发展的贡献,2007年5月国家统计局会同17个部委研究建立了《服务业财务状况报表(试行)》。国家统计局根据各部门填报的数据对相关行业增加值进行了试算,并征求了各部门对该报表制度的意见,在此基础上,我们对《服务业财务状况报表(试行)》做了修订,增加了保险业财务状况表。

现将《服务业财务状况报表制度(2007年)》印发给你们,请认真组织填报。

一、各有关部门要加强对《服务业财务状况报表制度(2007年)》填报工作的组织领导,明确填报单位和联系人,确保服务业财务状况报表制度顺利实施。

二、请按照《服务业财务状况报表制度(2007年)》规定的表式、指标口径和相关标准,填报2007年的财务指标数据,表内各项指标单位均保留整数,并按规定的日期报国家统计局。

三、《服务业财务状况报表制度(2007 年)》所列指标按当年价格计算填报。除特殊情况外所有指标均应填报全年数或年末数。个别指标当年无数据时可暂用最近年份的资料代替,并加以注明。

四、填报指标与财政部相关会计报表指标含义不同的,请在报送 2007 年数据的同时,做出说明。

五、填报工作中出现的问题,请及时与国家统计局有关单位联系。

服务业财务状况报表制度(略)

国家统计局关于开展农户存粮情况调查的通知

（2008 年 5 月 19 日）

国家统计局有关调查总队：

农户存粮不仅关系农户自身生产生活需要，更关系到国家粮食供给安全。近年来，国际、国内粮食价格大幅度上涨，保障国内粮食供应，稳定粮食市场，确保国家粮食安全，是当前宏观调控一项重要工作。为准确掌握农户存粮及变动情况，摸清国家粮食库存底数，为国家制定粮食及相关政策提供可靠依据，遵照国务院领导批示精神，国家统计局决定在全国除西藏外的其他 30 个省（区、市）开展一次农户存粮情况专项调查。

此次调查的组织实施工作由有关省（区、市）国家统计局调查总队负责。部分调查工作要在部分非国家调查县开展，有关省（区、市）统计局要大力支持此次调查工作，配合调查总队圆满完成调查任务。四川省因受地震灾害的影响，可根据抗震救灾进展和统计工作实际情况酌情及时开展调查。现将调查方案和调查表印发给你们，请认真组织实施。

附件：1. 农户存粮情况调查方案

2. 农户存粮情况调查表（略）

3. 农户存粮情况调查样本名录（略）

附件 1:

农户存粮情况调查方案

一、调查目的

开展农户存粮调查的目的是为了准确掌握农户结存粮食总量及主要粮食品种的结存情况，为国家制定粮食及相关政策提供可靠依据。

二、调查范围、对象与规模

调查范围为除西藏外的所有省(区、市)。调查对象为农村住户。样本总规模约为 4 万个农村住户。

三、调查内容

全国及各省(区、市)2008 年农户粮食种植意向，2008 年 4 月末农户粮食分品种结存数量和计划用途，以及近期农户粮食销售、购买和消费情况。(调查表式见附件 2)。

四、调查方式

此次调查采取抽样调查的方式，通过访问员入户访问的方式采集数据。

五、调查时间与期限

调查期限为 2007 年末至 2008 年 4 月末，调查时间为 2008 年 5 月 20 日至 31 日。

六、抽样方法(略)

七、组织与实施

此次调查由国家统计局农村司负责，相关省(区、市)调查总队负责本地区的调查组织实施工作。由于此次调查抽中了部分非国家调查县，相关省(区、市)统计局要对此次调查工作予以大力支持，配合调查总队圆满完成调查任务。

八、数据处理

数据处理使用农村司下发的数据处理软件。各省(市)调查总队负责组织本省(市)的数据处理工作,按照规定要求将审核后的调查数据上报国家统计局农村司住户处。

九、时间安排

2008 年 5 月 20 日前布置调查任务,5 月 31 日前完成入户调查,6 月 10 日前各省(区、市)上报调查数据。

国家统计局办公室关于规范地震灾后安置及重建等相关活动统计方法的通知

（2008年5月29日）

各省、自治区、直辖市统计局：

汶川特大地震的灾后安置和重建工作已全面展开，为及时反映灾后安置、重建投资活动的情况，现就灾后安置、重建有关活动的统计方法作如下规定，请遵照执行。

一、活动板房建设纳入固定资产投资统计。活动板房投资以其建设所在地的县为单位进行统计，建设单位名称统一为“××县”，项目名称统一为“地震灾后活动板房建设”。购买的板房按实际价格计入建筑工程投资；捐赠的板房按搭建时的市场价格计入建筑工程投资；为搭建活动板房而购买的设备计入设备购置投资；搭建活动板房发生的人工等其他费用计入安装工程投资（义务进行安装不计算投资）。活动板房可填报施工和竣工房屋面积，但在计算地区房屋面积数据时应予扣除。

二、基础设施、办公楼、住房等损毁严重、需推倒重建的均纳入固定资产投资统计，按现行制度规定作为“恢复”项目统计。

三、地震后可以继续建设的投资项目，按项目进度继续报送；地震后无法继续建设的投资项目，2008年1—4月的投资额保留到年底，2009年月报停止报送。

四、帐篷及搭建不纳入固定资产投资统计。

五、对地震损坏建筑物的维修和加固不纳入固定资产投资统计。

国家统计局关于开展汶川大地震后社会思想动态调查工作的通知

（2008 年 6 月 18 日）

国家统计局四川、甘肃、陕西、重庆、北京、黑龙江、江苏、福建、河南、广东调查总队：

根据中央领导同志的指示精神，中央宣传部和国家统计局决定于 2008 年 6 至 7 月间，在四川、甘肃等 10 省（市）内开展汶川大地震后社会思想动态调查工作。由于调查时间紧、任务重，国家统计局要求各有关调查总队要高度重视，精心安排，确保调查质量。此项调查工作在中央宣传部的指导下，由国家统计局城市司负责组织，有关省市调查总队具体实施。现将《汶川大地震后社会思想动态调查方案》印发给你们，请按照方案要求开展调查工作。

汶川大地震后社会思想动态调查方案

汶川大地震后社会思想动态调查方案

一、调查目的

调查了解汶川地震对人民群众行为、心理、思想的影响，调查了解人民群众对抗震救灾中各方面工作的评价，调查了解地震后的社情民意，掌握当前一个时期社会思想动态的特点和发展趋势，为进一步增强宣传思想工作的针对性、实效性及灾后其他有关工作提供决策参考依据。

二、调查范围

按六大区选择有代表性的省(市)开展调查。本次调查确定在四川、甘肃、陕西、重庆、北京、黑龙江、江苏、福建、河南、广东10个省(市)进行。

三、调查规模

每个省(市)各调查1000户(城市700户,农村300户),10个省(市)共调查10000个城乡住户(城市7000户,农村3000户)。

四、调查对象

在抽中的城乡住户中,随机调查1位18—65周岁的居民。

五、调查内容

人民群众在抗震救灾过程中的行为取向、心理反应、思想变化,人民群众对地震及抗震救灾相关问题的关注程度、意见、态度,对党和政府抗震救灾工作的满意程度、期望,人民群众对党和政府的信任程度,人民群众对中国特色社会主义发展道路的信心,人民群众对宣传舆论工作的评价等。

六、调查方式

采取调查员直接入户的调查方式,即调查问卷由调查员在现场根据被访者的意见填报。

七、抽样方法(略)

八、组织实施

本次调查由中国思想政治工作研究会和国家统计局(城市司具体负责)共同组织实施。

(一)调查方案和问卷由中国思想政治工作研究会和国家统计局共同研究提出,报中宣部批准。

(二)调查方案和问卷的印刷由国家统计局负责。

(三)现场入户调查、编制数据处理程序、调查数据录入等由国家统计局负责。

(四)调查数据处理由国家统计局负责。

(五)分析研究报告由中国思想政治工作研究会负责,国家统计局协助。

九、质量控制

（一）要严格按照抽样方案抽选调查样本，保证调查样本的随机性、准确性。

（二）现场调查中，在对每一调查者访问记录后，调查员都要对填写的内容进行全面检查，如有疑问应重新询问落实，若有错误应立即改正。

（三）调查员对每天的调查结果应进行检查，如发现疑问应尽快重访，不得主观臆造、弄虚作假。

（四）督导员对调查员经过复查送交的调查表，要认真核实无误后，方可签字验收。

（五）在数据录入过程中，录入人员若发现调查表有错误，要及时记录并报告负责人，必要时应通知调查责任人回访。

十、数据处理及上报

调查采用省级录入、国家级汇总的方式。

各调查市县按时将调查问卷收齐并审核无误后上报各调查总队。各调查总队组织人员按照国家统计局城市司统一编制的录入程序进行录入，并在规定时间内将数据上报国家统计局城市司。

十一、工作进度安排（略）

汶川大地震后社会思想动态调查问卷（略）

全面建设小康社会统计监测方案

国家统计局

（2008年6月18日）

一、监测目的

全面建设小康社会，是党的十六大确立的我国在本世纪头20年的奋斗目标，十七大又在此基础上对我国发展提出了新的更高要求。为了全面反映我国及各地全面建设小康社会的进展情况，为研究制定相关方针政策提供依据，按照统一的监测指标体系和方法制定本监测方案。

二、监测内容

全面建设小康社会进展情况，其内容主要包括经济发展、社会和谐、生活质量、民主法制、文化教育、资源环境等6个方面，23项指标（详见附1：全面建设小康社会统计监测指标体系）。

三、评价方法（略）

四、附　　则

本方案由国家统计局统计科学研究所负责解释。

附1—附4（略）

国家统计局　国家体育总局关于印发《体育及相关产业分类(试行)》的通知

(2008 年 6 月 18 日)

各省、自治区、直辖市统计局、体育局,新疆生产建设兵团统计局、体育局,国家统计局各调查总队:

为贯彻落实《国务院关于加快发展服务业的若干意见》的要求,改进和完善体育及相关产业统计工作,规范体育及相关产业的统计口径和范围,国家统计局和国家体育总局在深入研究的基础上,制定了《体育及相关产业分类(试行)》。现印发给你们,请遵照试行。

体育及相关产业分类(试行)(略)

国家统计局关于开展组织工作满意度民意调查工作的通知

（2008 年 7 月 1 日）

国家统计局各调查总队：

为了解干部群众对组织工作和组工干部形象的真实意见、看法，客观评价组织工作和组工干部形象，为改进组织工作和加强组织部门自身建设提供决策参考依据，受中央组织部委托，国家统计局决定在全国开展组织工作满意度民意调查。现将《组织工作满意度民意调查方案》印发给你们，请按照方案要求认真组织实施。

附件：组织工作满意度民意调查方案（略）

国家统计局关于进一步规范工业定期报表统计范围的通知

（2008 年 7 月 2 日）

各省、自治区、直辖市统计局：

为了严格控制统计范围变动对工业定期报表统计数据的影响，进一步规范工业统计范围，保持规模以上工业企业统计名录在报告期内的相对稳定，国家统计局特制订如下规定，请各地认真执行。

一、严格工业定期报表统计范围

工业定期报表统计范围原则上应以上年度清查企业调查单位形成的名录库，作为报告期定期报表统计范围。

对于报告年内由规模以下成长为规模以上的企业，规模以上企业降为规模以下的企业，以及以前年度漏统的规模以上企业，均不纳入当年定期报表统计范围，即不调整当年规模以上工业企业的统计名录库。这部分企业一律在下一年度更换名录库时，一次纳入下年度定期报表统计范围。

对新建投产企业，以及改制、重新注册、合并和拆分等原因，造成名录或基本情况变动的企业，需办理有关手续后纳入定期报表统计范围。

二、关于新建投产企业纳入定期报表统计范围的要求

对新建投产的企业，各省（自治区、直辖市）统计局要对其进行预审和实地抽查，在连续正常生产三个月以后，并按以下规定申报，经国家统计局审核同意后，方可纳入月度统计范围。

（一）申报需提交的书面材料：

1. 企业基本信息：包括企业名称、法人代码、行业代码、企业开工月份、主要产品及其设计能力、统计负责人和统计员的姓名及联系电话（包括区号）。

2. 发展改革委（或经委）对建设项目的批复（或备案）文件中带批复（或备案）“文号”页面的复印件，或其他能够证明为新建投产企业的行政文件的复印件。

（二）申报时间及报送要求：

各地每年最多可以申报 4 次，可在 2 月、5 月、8 月、11 月的 15 日前，将需要纳入定期报表统计范围的新建投产企业的书面申报材料寄至国家统计局审核；并同时提交“申报企业名单”EXCEL 格式的电子文档。审核结果将于 25 日前反馈。各地收到反馈结果后，请在月底前提交新建投产企业的“基本情况库”的电子文档，其上报要求为：文本格式，文件名为“XMLK_ * * 0000. 月份”（ * * 为行政区划代码的前两位）。

从 2008 年 7 月份的工业生产月报开始，规模以上工业企业的名录库将相对固定，除更换名录库的月份外，其他月份免报企业名录库。工业生产月报 JQD 格式的文件不再上报，只上报“文本格式”的数据库“B201_ * * 0000. 月份”（ * * 为行政区划代码的前两位）；效益季报和产销存季报只上报数据库，名录库直接从生产月报取得，不再上报。

三、关于改制、重新注册、合并、拆分、破产企业纳入定期报表统计的要求

如果企业因改制、重新注册、合并和拆分等原因，造成企业名录或基本情况变动，请在工业月报上报日 7 日前，将以下材料报国家统计局审核。经审核同意后，方可纳入或剔除定期报表统计范围。

（一）需要剔除的原企业的企业名录和法人代码，需要新增的新注册企业的企业名录和基本情况库的电子文件；

（二）新企业与原企业的对应关系、变动原因以及变动后对工业总产值影响的电子文档说明材料；

（三）能证明企业变动的有关文件的复印件。

本年破产的企业，名录及当年已发生的累计数据按月（季）上报至年底。

国务院关于统计上划分城乡规定的批复

（2008 年 7 月 12 日）

统计局、民政部、住房城乡建设部、公安部、财政部、国土资源部、农业部：

你们《关于报请国务院批转统计上划分城乡规定的请示》（国统字〔2008〕19 号）收悉。现批复如下：

一、原则同意《统计上划分城乡的规定》，请认真组织实施。

二、科学制订城乡划分统计标准是准确评价我国城镇化水平、合理规划城乡布局、统筹城乡发展的一项基础性工作，是国家制定和修订有关城乡发展法律法规、规划和政策的重要参考依据。统计局要会同有关部门认真组织指导实施工作，做好城乡地域库的建设和管理，促进信息共享。各地区、各有关部门要高度重视，依法配合统计部门抓好组织实施，确保统计上划分城乡的各项工作顺利进行。

附件：统计上划分城乡的规定

附件：

统计上划分城乡的规定

一、为了科学、真实地反映我国现阶段城乡人口、社会和经济发展情况，准确评价我国的城镇化水平，制定本规定。

二、本规定作为统计上划分城乡的依据，不改变现有的行政区划、隶属关系、管理权限和机构编制，以及土地规划、城乡规划等有关规定。

三、本规定以我国的行政区划为基础，以民政部门确认的居民委员会和村民委员会辖区为划分对象，以实际建设为划分依据，将我国的地域划分为城镇和乡村。

实际建设是指已建成或在建的公共设施、居住设施和其他设施。

四、城镇包括城区和镇区。城区是指在市辖区和不设区的市，区、市政府驻地的实际建设连接到的居民委员会和其他区域。镇区是指在城区以外的县人民政府驻地和其他镇，政府驻地的实际建设连接到的居民委员会和其他区域。

与政府驻地的实际建设不连接，且常住人口在 3000 人以上的独立的工矿区、开发区、科研单位、大专院校等特殊区域及农场、林场的场部驻地视为镇区。

五、乡村是指本规定划定的城镇以外的区域。

六、本规定由国家统计部门负责解释。

七、本规定自 2008 年 8 月 1 日起施行。

民政部　财政部　国家统计局
关于印发《汶川地震抗震救灾
捐赠款物统计办法》的通知

（2008年7月14日）

各省、自治区、直辖市民政厅（局）、财政厅（局）、统计局，计划单列市民政局、财政局、统计局，新疆生产建设兵团民政局、财务局、统计局：

经国务院抗震救灾总指挥部同意，现将《汶川地震抗震救灾捐赠款物统计办法》印发你们，请遵照执行。

特此通知。

汶川地震抗震救灾捐赠款物统计办法

第一条　根据《国务院办公厅关于加强汶川地震抗震救灾捐赠款物管理使用的通知》（国办发〔2008〕39号）、《国务院办公厅关于汶川地震抗震救灾捐赠资金使用指导意见》（国办发〔2008〕51号）和中央纪委等五部委《关于加强对抗震救灾资金物资监管的通知》（中纪发〔2008〕12号）通知要求，为规范汶川地震抗震救灾捐赠信息统计工作，制定本办法。

第二条　本办法适用于所有已经接收救灾捐赠款物的单位，包括中央和国务院各部门、各单位、各人民团体及各类全国性社会组织和地方各级党委、政府组成部门、人民团体和民政部门批准的各类社会组织。

第三条 民政部门为汶川地震抗震救灾捐赠款物综合统计汇总单位。民政部负责统计汇总中央级单位(中央和国务院各部门、各单位、各人民团体及各类全国性社会组织)和省级民政部门汇总上报的救灾捐赠款物信息。地方各级民政部门负责统计本区域内同级社会接收捐赠机构(党委、政府组成部门、人民团体和民政部门批准的各类社会组织)的捐赠信息和直接下级民政部门汇总的捐赠信息。

第四条 按照谁接收、谁统计的原则,实行在地统计管理。中央和国务院各部门、各单位、各人民团体及各类全国性社会组织,只统计本级实际接收到的捐赠款物及其分配、使用情况;地方各级党委、政府组成部门、人民团体和民政部门批准的各类社会组织,也只统计本级实际接收到的捐赠款物及其分配、使用情况。

第五条 统计内容。本办法统计调查内容为汶川地震抗震救灾社会捐赠款物信息。有关部门和单位使用财政性资金支援灾区的,作为财政投入,不作为救灾捐赠进行统计;进入财政专户的救灾捐赠资金,财政部门回拨给民政部门时,不再统计为财政投入。

第六条 统计对象。包括已经接收抗震救灾捐赠款物的各级党委、政府组成部门、人民团体及各类社会组织。

第七条 报送渠道。中央和国务院各部门、各单位、各人民团体及各类全国性社会组织接收捐赠情况直接报送民政部;地方党政机关、人民团体以及各类社会组织,将接受捐赠信息报送同级民政部门。

地方民政部门按照本办法,逐级汇总统计本行政区域内各接收单位的捐赠信息并上报,由省级民政部门汇总统计后报民政部。中央垂直管理单位也按照在地统计原则,向所在地本级民政部门报送资料。

为避免重复,已经将接收的捐赠款物全部转交给其他捐赠接收机构并不再接收救灾捐赠的,不用报送捐赠统计信息。

第八条 报送时间。凡是已经接收救灾捐赠的党政机关、人民团体及各类社会组织，均需详细填写有关信息，及时报送同级民政部门。中央级单位和省级民政部门在每日10时前，将截至前一天12时的接收捐赠信息报民政部。

第九条 填报要求。捐赠款物按来源分直接接收的捐赠和间接接收的捐赠统计。直接接收的捐赠是指接收捐赠机构直接接收的社会各界单位和个人捐赠的款物，间接接收的捐赠款物是指其他接收捐赠机构转来的捐赠款物。直接接收的捐赠款物和间接接收的捐赠款物要分别填报，以避免重复统计和错报、漏报。

直接支出捐赠中的现金支出应按照国办院办公厅《关于汶川地震抗震救灾捐赠资金使用指导意见》(国办发〔2008〕51号)要求，分项目填报。

第十条 统计时点和频率。汶川地震抗震救灾捐赠信息统计起始日期为2008年5月12日，统计周期为日报，统计时点为截止到每日中午12点整。捐赠款物数量为累计数。民政部可以根据救灾捐赠工作进展情况，适时调整统计周期和报送时间。

第十一条 抗震救灾捐赠综合统计信息由民政部门管理并对外公布。依照谁接收、谁公开的原则，各捐赠款物接收机构要通过网络等载体，及时公布本机构接收捐赠款物的有关情况，包括捐赠资金来源、规模、捐赠者意愿以及捐赠款物拨付等信息，确保每一个捐赠人都可以查询到自己的捐赠信息。

第十二条 各有关机构要指定人员负责填写《汶川抗震救灾捐赠款物统计表》(见附件1)并及时报送，确保将本机构接收的捐赠款物，按照要求报送同级的民政部门。民政部在此基础上，建立汶川地震抗震救灾捐赠款物使用管理信息系统，并推广使用。

附件：1. 汶川抗震救灾捐赠款物统计表(略)

2. 汶川地震抗震救灾捐赠款物统计有关指标解释(略)

国家统计局办公室关于进一步规范原煤产量统计的通知

（2008年7月25日）

各省、自治区、直辖市统计局：

原煤是我国最重要的能源产品，占全部能源消费的70%左右。原煤产量统计数据，对准确核算全国能源消费总量，分析研究能源供需形势，制定调整能源经济政策起着至关重要的作用。

多年来，受煤炭管理体制和生产企业利益驱动等影响，原煤产量漏统、错统情况比较严重；加之近年来国家不断加大对小煤窑的治理和整顿力度，原煤生产企业关停、改制、重组现象十分普遍，给原煤产量统计带来较大困难，产量和增速常常出现不合理的波动，在一定程度上影响全国能源消费总量核算数据的准确性，影响对煤炭供需形势的准确判断。为此，现就进一步规范原煤产量统计，提出如下规定和要求，请各地严格执行。

一、各地要严格执行《国家统计局关于进一步规范工业定期报表统计范围的通知》和《关于2008年工业生产月报工作重点的函》的有关规定，对新建、改制、重新注册、合并和拆分的原煤生产企业，要加大企业名录的核实力度，确保纳入定期统计范围的原煤生产企业名录准确无误。

二、对改制、重组的原煤生产企业，在上报原煤产量“本期数”的同时，一定要将该企业对应的上年“同期数”完整、准确上报，以保证原煤增长速度的准确性、合理性。

三、本年破产或停产的原煤生产企业，当年已发生的原煤累计产量数据及其“同期数”按月上报至年底。

四、部分将规模以下原煤产量纳入月度统计范围的地区，在以虚拟企业名称合计上报规模以下原煤产量时，一定要将对应的上年“同期数”核准并一同上报。

五、各级统计部门要严格遵守《统计法》的有关规定，不得将分企业数据用于统计以外的目的，尤其是不得作为当地收取税费、基金等的依据，尽最大可能消除企业实事求是上报统计数据的顾虑。

六、各地要利用煤炭省际间流入与流出、消费等有关数据，对原煤产量及其增长速度进行认真评估，确保煤炭供应量、消费量及其增长速度等有关数据相互衔接、协调一致。

七、要加强对原煤生产企业所报原煤产量的审核，对产量较大、增速异常的企业，要认真核实原煤产量数据的准确性，并提交说明材料。

国家统计局关于规范部门统计调查项目文本格式的通知

（2008 年 8 月 4 日）

各有关部门：

为逐步改进完善政府统计工作，根据总体安排，国家统计局决定在今年开展对部门统计调查项目文本格式的规范化工作，请各部门积极配合完成有关工作。现将有关事项通知如下：

一、工作内容

各部门要根据国家统计局提供的标准文本格式（见附件 1），对本部门当前执行的统计调查项目文本进行规范化改造。改造后的统计调查项目文本经国家统计局审验后，自 2008 年年报和 2009 年定报起使用，替代以前文本。

二、报送材料

各部门要将规范化后的统计调查项目文本（纸介质）以综合统计职责所在司（局）函送我局统计设计管理司。我局审核后，将回复审核意见。同时，需将调查项目文本的电子文档发送至国家统计局统计设计管理司（电子信箱：wsj4@stats.gov.cn）。

三、时间要求

各部门应抓紧开展有关工作，对规范过程中遇到的问题要积极研究解决。规范化材料最晚于2008年10月15日前报出。

四、评比表彰

此项工作结束后，国家统计局将于2008年底进行评比表彰。评比表彰的主要依据是部门完成此项工作的质量、时效性以及工作量等。提前完成任务将给予加分鼓励。

五、其　　他

在规范化活动期间，部门新建的调查项目和到期重新送审的调查项目，一律按新的文本格式要求制定，否则不予受理。

对于规范化有关问题的咨询，请与国家统计局统计设计管理司联系。

附件：1. 部门统计调查项目标准文本格式（略）

　　　2. 部门统计调查项目规范样式（略）

国务院第二次全国经济普查领导小组办公室 中央编办 民政部 税务总局 工商总局 质检总局 国家统计局关于共同做好单位行政登记资料提供和查找认定工作的通知

（2008年8月13日）

各省、自治区、直辖市及新疆生产建设兵团经济普查办公室、机构编制委员会办公室、民政厅（局）、国税局、地税局、工商局、质量技术监督局、统计局：

为认真做好第二次全国经济普查的单位清查工作，准确界定普查对象总体，现就共同做好各类单位行政登记资料的提供、查找认定工作等事项通知如下：

一、各级编制、民政、税务、工商、质检等部门要按照《国务院关于开展第二次全国经济普查的通知》（国发〔2007〕35号）规定的职责，于2008年8月底前以磁介质文本文件（或Excel文件）方式向同级经济普查机构提供截止到2008年6月底前本部门审批或登记的各类单位行政登记资料；并于2009年1月9日前，提供2008年7月至12月的单位增减变动资料。

二、各部门提供资料的通用指标包括：单位名称、组织机构代码、部门登记证号、单位详细地址、行政区划代码、联系电话以及行业代码（或主要业务活动）等。

除上述通用指标外，编制部门要按正常单位、一个机构多块牌子、挂靠机构和教学点分别提供单位名录；民政部门要按当年年检库和未年检库分单位类型提供单位名录；税务部门要按正常户和非正常户分别提供单位名录和个体户清单，并增加单位上年营业收入、上年税金、登记地址以及注册地址等指标，有条件的地区按照税务分局、税务所提供管户资料；工商部门要分别提供企业名录和个体户清单，并增加新、原登记注册号及注册资本（金）等指标；质检部门要按有效库和质疑库分别提供单位名录（具体表式附后）。

三、对于单位行政登记记录中含有涉密内容的资料，各部门要按相关密级的文件交换方式提供。

四、各级编制、民政、税务、工商、质检等部门应抽调熟悉业务的专业技术人员，按照同级经济普查办公室的要求，共同做好各类单位的清查、核实和认定工作。

对于经济普查地毯式清查结果与部门行政登记记录比对不上的单位，各部门应按其审批登记的职责分工认真组织查找核实工作，核查结果应于接到同级经济普查机构提供差异名单后 1 个月之内反馈。对于地毯式清查与部门核查均无法查到的单位，相关部门应在以后年度年检时重点进行核查。

对经济普查单位清查结果，各部门要共同进行评估、分析和最终认定。

五、鉴于此次经济普查涉及范围广、参与部门多、技术要求高、工作难度大，因此各有关部门都要各司其职、各负其责、通力协作、密切配合。对于普查工作中遇到的各种困难和问题，要及时交流情况、认真查找原因，有针对性地采取解决措施。

附：各部门提供的行政登记记录表式（略）

国家统计局关于能源加工转换损失统计方法等问题的批复

（2008 年 9 月 18 日）

山西省统计局：

你局《关于扣减属于能源输出形成的加工转换损失和损失量及原材料能耗问题的请示》（晋统字〔2008〕75 号）收悉。经研究，现将有关问题批复如下。

地区输出二次能源的加工转换损失和损失量，按照地区能源消费和能源消费总量的统计原则，应该统计在本地区。原因是：

一、扣减能源输出形成的加工转换损失，涉及二次能源折标准量的问题，即需要将所有二次能源折标准量系数的测算方法，改变为类似于目前电力“等价系数”的测算方法，但这不符合国际、国内关于能源消费和能源消费总量的计算方法与原则。

二、地区能源消费总量是指报告期本地区范围内消耗的各种能源，核算范围包括终端能源消费、加工转换损失以及产品（商品）运输、输配和管理过程中的损失等。

三、二次能源与其他工业产品一样，在统计产量、增加值的同时，要统计生产这种产品的物质消耗，物质消耗包括燃料、动力、原材料等。生产二次能源所投入的能源，相当于生产二次能源所使用的原材料（考虑能源及能源消费的特殊性，在统计消耗时仅统计加工转换〈生产〉过程的损耗部分〈不是全部〉）。所以，输出二次能源与输出其他工业产品（比如钢铁、水泥、合成氨、乙烯、汽车等等）的统计一样，不能将本地的物耗（能耗）一同“输出”。

四、单位 GDP 能耗的大小，涉及能源利用技术水平、管理水平、产业结构和能源消费结构等多个方面。能源利用包括能源的直接消耗和加工转换两个部分。如果扣减属于能源输出形成的加工转换损失和损失量，则会将影响单位 GDP 能耗的加工转换效率因素和运输、输配、管理等因素剔除在外，这显然有违设置单位 GDP 能耗指标的意义。另外，能耗考核指标是单位 GDP 能耗降低率，不是单位 GDP 能耗，如果能源消费总量和 GDP 核算几年间保持相同口径，能源输出形成的加工转换损失和损失量的影响，不但是十分有限的，而且如前述，对其进行考核也是合理的。

能耗考核是一项各级领导和社会舆论十分关注的新工作，有些方法还有待不断研究和完善，但在此之前，各地还需要依据全国统一的方法进行统计和考核。

国务院关于马建堂、谢伏瞻职务任免的通知

（2008 年 9 月 21 日）

国家统计局：

国务院 2008 年 9 月 21 日决定，任命马建堂为国家统计局局长；免去谢伏瞻的国家统计局局长职务。

国家统计局关于积极配合地方机构改革切实完善地方政府统计机构的意见

（2008 年 10 月 29 日）

各省、自治区、直辖市统计局，计划单列市及副省级省会城市统计局：

8 月 20 日，中共中央、国务院印发《关于地方政府机构改革的意见》。8 月 25 日，中央机构编制委员会召开地方政府机构改革工作电视电话会议，国务委员兼国务院秘书长、中央编委委员马凯对地方机构改革进行了全面部署。各级地方统计机构要坚决按照中央的统一部署和要求，在地方党委、政府的统一领导下，积极做好地方政府机构改革的有关工作。

地方政府统计机构既是国家统计系统的重要组成部分，也是地方政府依法独立单设的组成部门；既承担着大量的国家统计调查任务，也履行着为地方政府管理经济社会事务提供统计保障的重要职责，在全面建设小康社会、推进社会主义现代化中发挥着十分重要的作用。随着科学发展观的深入贯彻落实、构建社会主义和谐社会进程的不断加快，国家统计调查任务越来越重，地方统计机构组织实施的国家统计调查项目越来越多；随着地方政府职能向促进经济发展、注重社会管理和公共服务的转变，地方统计机构负责完成的地方统计调查任务越来越多，地方统计机构的作用越来越重要，在政府部门序列中具有不可替代的地位。为了积极配合地方政府机构改革，确保地方统计机构能够全面准确及时地搜集、整理、提供国家宏观调控和决策所需统计信息，确保地方统计机构能够全面准确及时地搜集、整理、提供地方政府推动经济社会发展和提供地方统计公共服务所需统计信息，充分发挥统计在服务科学发展中的作用，现就在地方政府机构改革过程中完善地方统计机构提出如下意见：

一、积极汇报，及时沟通，争取理解和支持。地方各级统计机构要提早开展工作，积极主动地向当地党委、政府及其机构编制管理部门进行汇报，上级人民政府统计机构要加强与下一级地方党委、政府及其机构编制管理部门的沟通。要重点汇报、沟通说明贯彻落实科学发展观、全面建设小康社会对统计工作提出的新要求，党中央、国务院在有关文件中赋予统计部门的新职能、新任务，胡锦涛总书记、温家宝总理和李克强副总理有关加强统计工作的重要指示，上级和本级地方党委、政府赋予地方统计机构的新职能、新任务。要汇报、沟通说明统计机构的主要职责、任务以及机构、人员编制与此的匹配状况，特别是要充分说明满足新要求、履行新职能、完成新任务需要增加的职责、机构和人员编制，积极争取地方党委、政府及其机构编制管理部门的理解和支持。

二、严格依照法律和文件完善地方统计机构。这次机构改革的有关文件和马凯同志在电视电话会议上的讲话都要求，要严格按照法律法规和有关规定实施地方政府机构改革，通过改革更加有效地贯彻实施中央方针政策和国家法律法规，提高推动地区经济社会发展和提供公共服务的能力。地方各级统计机构要积极向地方党委、政府及其机构编制管理部门说明地方统计机构在统计系统履行党中央、国务院赋予职责中的不可或缺的关键作用，说明地方统计机构在推动地方经济社会发展，特别是在市（地）、县（市）提供必要的统计公共服务中的重要作用，确保地方统计机构能够切实有效地履行这些职责。要严格按照《统计法》的规定，在县级以上地方各级人民政府设立独立的统计机构。涉及与国家调查队职责分工和调整的事项，要严格按照国家有关文件、规定办理，难以确定的要及时向国家统计局汇报。

三、进一步完善地方统计机构。近年来，党中央、国务院赋予了统计部门大量新职责，主要包括健全能源统计和监测、健全服务业统计、完善社会统计、组织实施经济普查、开展对经济社会发展情况的监测等。为履行好这些职责，中央机构编制管理部门批准在国家统计局新增能源统计司、社会和科技统计司以及参照公务员管理的服务业调查中心，并在国民经济核算司加挂服务业统计司的牌子，将普查中心改为参照公务员管理的事业单位。许多地方政府也批准在地方统计机构增加相应的机构和人员编制。在这次地方机构改革中，已增加上述机构和编制的地方统计机构要积极做工作，确保改革后的力量不低于现有力量。尚未增加上述机构和编制的地方统计机构，更要积极主动做工作，力争通过这次机构改革增加相应的机构和人员编制，确保能源统计、服务业统计、社会科技统计、社会经济监测和重大国情国力调查任务的圆满完成。要积极配合机构编制管理部门，努力完善乡镇统计机构、加强乡镇统计力量。

四、积极理顺与部门统计的关系。这次地方政府机构改革的主要任务之一就是理顺职责关系。地方各级统计机构要加强调查研究，理清与部门统计的分工，强化对部门统计的指导和管理。要积极主动争取机构编制管理部门的支持，强化对部门统计调查项目审批和备案的职责，增加部门统计的力量，充分发挥部门统计的作用。

五、确保改革和统计业务两促进、两不误。地方各级统计机构和广大统计人员要主动参与改革、积极支持改革、密切配合改革。要通过改革，提高全面准确及时完成国家和地方统计调查任务的能力，提高统计服务于科学发展的水平。要加强对改革和统计业务的领导，做到队伍不乱、机构不散、工作不断，确保国家调查和地方调查业务的正常开展。

附件：有关法规、文件和党中央国务院领导指示中赋予统计部门的新职责（略）

中央编办关于国家统计局计算中心更名为国家统计局数据管理中心并明确职责的批复

（2008 年 11 月 5 日）

统计局：

你局《关于国家统计局计算中心更名为国家统计局数据管理中心的请示》（国统函〔2008〕61 号）收悉。经研究，同意国家统计局计算中心更名为国家统计局数据管理中心。该中心的主要职责为：制定统计信息化基本技术标准和运行规则；负责管理国家统计调查的数据资源；负责组织实施国家统计调查数据处理；负责国家统计数据及信息系统运行安全；负责国家统计局垂直管理的调查队系统信息化建设；负责全国统计信息网络系统运行的技术支持。

此复

国家统计局　国家发展改革委 住房城乡建设部关于建立固定资产投资项目管理信息抄送制度的通知

（2008年11月19日）

各省、自治区、直辖市及新疆生产建设兵团统计局、发展改革委、建设厅（建委）：

根据《中华人民共和国统计法》及其实施细则的规定，为进一步加强投资项目统计工作，国家统计局、国家发展改革委、住房和城乡建设部决定联合建立固定资产投资项目管理信息抄送制度。现将《固定资产投资项目管理信息抄送制度》印发给你们，请结合本地区情况，认真组织贯彻落实。

固定资产投资项目管理信息抄送制度

一、根据《中华人民共和国统计法》及其实施细则的规定，为进一步加强投资项目统计工作，制定本制度。

二、本制度由国家统计局、国家发展改革委、住房和城乡建设部共同建立，由县及县以上统计和发展改革部门、建设行政主管部门共同组织实施。

三、本制度的资料来源是各级发展改革部门办理的固定资产投资项目审批、核准、备案文件；建设行政主管部门办理的有关工程施工许可管理的行政登记资料。各级发展改革和建设行政主管部门按照属地原则，抄送同级统计部门。

四、发展改革部门办理的固定资产投资项目审批、核准、备案文件可包括项目名称、行业、建设地址、主要建设内容、计划总投资、项目法人等信息，参考表式见附表1。建设行政主管部门抄送的施工许可管理信息包括工程名称、施工许可证编号、发证机关、发证日期、建设单位名称、工程所在地、建设规模、合同价格、设计单位名称、施工单位名称、监理单位名称、合同开工日期、合同竣工日期和是否为住宅项目等内容，参考表式见附表2。具体抄送方式由各省级发展改革部门、建设行政主管部门和省级统计局共同确定。

五、资料抄送从2009年1月开始。发展改革部门办理的审批、核准、备案文件要以“随办随抄”方式及时送同级统计部门；建设行政主管部门在每月5日之前，向同级统计部门抄送上月工程施工许可管理的登记资料。

六、各级统计、发展改革和建设行政主管部门要紧密配合，加强协作，积极创造条件，保证这项工作的正常进行。要充分利用各部门的现有资源，发挥网络技术的作用，逐步提高信息抄送工作的自动化水平。

七、各级统计部门要坚持依法统计，以统计制度为依据做好固定资产投资项目特别是新开工项目统计工作，要充分利用各级发展改革部门和建设行政主管部门的管理信息和行政记录，规范投资统计基础，通过培训不断增强基层统计人员业务素质，保证统计数据质量，根据统计制度规定，及时将汇总的项目信息上报上级统计部门。同时，各级统计部门要将所有附表1和附表2的项目信息在每月10日前抄送同级发展改革部门和建设行政主管部门。

八、按照国家保密法的规定，本制度中抄送的投资项目不包括国防和军工类项目。

九、国家统计局、国家发展改革委、住房和城乡建设部将对本制度执行情况进行监督检查。

十、本制度由国家统计局、国家发展改革委、住房和城乡建设部负责解释。

附：1. 固定资产投资项目审批、核准、备案情况参考表（略）

2. 建设行政主管部门工程施工许可证发放情况参考表（略）

国家统计局关于印发重要工业品出厂价格监测旬报调查方案的通知

（2008 年 12 月 2 日）

国家统计局各调查总队：

为了应对国际、国内经济形势的急剧变化，更好地为宏观决策提供服务，国家统计局研究决定：建立重要工业品出厂价格监测旬报应急机制。现将《重要工业品出厂价格监测旬报调查方案》印发给你们，请认真贯彻执行。

此调查方案于 2008 年 12 月上旬启动，结束时间另行通知。

重要工业品出厂价格监测旬报调查方案（略）

国家统计局关于启动重点农产品价格调查应急措施的紧急通知

（2008 年 12 月 9 日）

国家统计局各调查总队：

近期我国重点农产品价格大幅回落，农产品“卖难”在部分地区重新抬头。为了贯彻落实国务院的工作部署，及时、准确地掌握重点农产品价格变动情况，国家统计局决定，从 2008 年 12 月 15 日起，启动重点农产品价格调查应急措施，现就有关要求通知如下：

一、启动重点农产品价格调查应急措施。针对影响农业农村发展全局和人民生活直接相关的重点农产品，临时采取应急措施，实施每半月调查上报一次价格的制度，具体调查方案见附件。

二、提高认识，加强领导。国家统计局各级调查队要认真学习党的十七届三中全会和党中央国务院关于促增长扩内需保民生的有关文件精神，把思想统一到科学发展观和党中央国务院的重大部署上来，充分认识启动重点农产品价格调查应急措施的重要性，加强领导、加强指导，立即行动，认真落实。

三、严格执行调查方案，确保数据质量。国家统计局各级调查队要严格执行“半月报制度”调查方案，严格遵守定人、定点、定时原则，不得擅自改变价格采集方式、采价时间、采价对象和范围，确保源头数据及时准确，按时上报，维护“半月报制度”的统一性和科学性。

四、各级调查队要统筹安排、周密组织，为现场调查人员创造必要的工作条件，保证这项工作的顺利实施。

附件:重点农产品价格监测调查方案

附件:

重点农产品价格监测调查方案

一、调查目的

为了及时掌握重点农产品价格变化趋势和程度,为国家宏观调控制定相关政策提供参考依据,国家统计局决定,从 12 月 15 日起对粮食、棉花、油料和畜产品等重点农产品实施半月报价格监测。

二、调查及上报时间

调查频率为半月报,每半月调查上报一次。调查时间为每月 5 日和 20 日(遇节假日,顺延至最近的工作日)。上报时间为每月 10 日和 25 日 12:00 之前。

三、采价方式及采价点的选择

采价可采取两种方式:一是由县调查队直接派人调查;二是由抽中市场指定专人调查。但必须坚持定人、定点、定时原则。调查对象为现有农产品集贸市场价格调查网点,如现有网点不能满足重点农产品价格调查需要,可重点补充调查粮油收储、加工企业和屠宰场等农产品流通企业的收购价格(重点农产品价格调查抽中县区市名单见附表 1)。

四、监测范围

重点农产品价格监测调查抽中县(区、市)。

五、监测品种规格

选择事关农业农村发展全局和与人民生活直接相关的重点农产品,主要包括原粮、棉花、油料、猪牛羊和水果共 15 种重点农产品,具体品种见附表 2。

六、上报方式

数据上报方式与现有农产品集贸市场价格调查（M405 表）一致。网络传输至农村司，Openmail：Nddmsd_gj@Stats. gov. cn。如遇网络故障请及时与农村司联系。

附表：1. 重点农产品价格调查抽中县区市名单（略）

2. 重点农产品价格监测调查表（略）

国家统计局关于做好农民工监测调查工作的通知

（2008 年 12 月 17 日）

国家统计局各调查总队：

为了贯彻落实国务院有关会议和文件精神，全面、及时、准确地反映农民工数量、流向、结构、就业、收支、生活、社会保障及创业等情况，国家统计局决定建立农民工监测调查制度。现将《中国农民工监测调查方案》印发给你们，请按此执行。

农民工统计监测调查工作是当前及今后一个时期国家统计局重点调查工作之一。在当前形势下，做好农民工统计监测工作，对贯彻落实科学发展观、更好地服务于科学发展和促进统计自身的科学发展具有重要意义。此次调查覆盖面广、调查内容多、调查任务重，希望各地高度重视、精心组织、确保调查取得圆满成功。

此项调查由国家统计局各调查总队组织实施，各地统计局要密切配合、加强沟通，确保调查圆满完成。

附件：中国农民工监测调查方案（略）

国家统计局关于在统计上贯彻城乡划分规定的若干事项的通知

（2008 年 12 月 25 日）

各省、自治区、直辖市统计局，新疆生产建设兵团统计局，国家统计局各调查总队，各有关司级行政单位、在京直属事业单位：

2008 年 7 月，国务院批复了国家统计局与民政部、住房城乡建设部、公安部、财政部、国土资源部、农业部共同制定的《关于统计上划分城乡的规定》（国函〔2008〕60 号）（以下简称《规定》），并已下发各地。为了认真贯彻落实国务院的批复，现将实施统计上划分城乡工作的有关事项通知如下：

一、统一城乡划分工作的目的

科学划分城乡是准确评价我国城镇化水平、合理规划城乡布局、统筹城乡发展的一项基础性工作，也是规范我国统计工作的基础。统一城乡划分工作的目的在于减少各部门、各专业间的矛盾，提高政府部门的工作效率和统计工作水平，同时保证各部门、各专业有关城乡分类统计数据的一致性，为真实反映我国城镇化的发展进程提供科学的依据。

二、城乡划分工作的组织实施

统计上划分城乡是一项复杂的工作，需要以居委会和村委会为基本单位,按照《规定》的要求进行认定和划分。为保证有关工作的顺利开展,全国城乡划分工作由国家统计局统一组织实施,建立和管理全国的《行政区划与城乡地域库》(简称《城乡地域库》),并负责向民政部、住房城乡建设部、公安部、财政部、国土资源部、农业部等有关部门,以及各地区、各专业提供统计上所需的分城乡的地域资料和代码。

各地统计局负责组织实施本地区的城乡划分工作,并建立和管理本地区的《城乡地域库》,负责本地区《城乡地域库》的更新和动态管理。

三、对城乡划分工作的有关要求

根据国务院的批复精神,国家统计局将开展全国城乡地域清查和认定工作(有关工作另行布置),并在此基础上建立统一的《城乡地域库》。具体要求如下:

(一)统计用行政区划代码是《城乡地域库》的基础,各地区、各专业要严格执行统计用行政区划代码,并且要定期向国家统计局统计设计管理司报送行政区划和城乡地域的变更情况。

(二)在城乡划分标准实施过程中,各级统计部门要与同级民政、住房城乡建设、公安、财政、国土资源、农业等部门加强协调和联络,推动部门间的合作。

(三)各地区、各专业的统计调查和各项普查,原则上不再单独划分城乡,所需城乡分类的地域资料和代码,通过《城乡地域库》取得。

(四)为保证各地城乡划分工作的顺利进行,国家下拨的城乡划分经费要专款专用,各地区要在经费、人员、设备等方面予以支持。

(五)各地区、各专业对外提供统计资料(统计公报、统计年鉴、统计摘要、简明统计资料等),必须执行本《规定》。未执行本《规定》的,不能冠以与本《规定》相同或类似的名称。

人力资源社会保障部　国家统计局关于表彰全国统计系统先进集体和先进工作者的决定

（2008 年 12 月 25 日）

各省、自治区、直辖市人事厅（局）、劳动保障厅（局）、统计局，新疆生产建设兵团人事局、劳动保障局、统计局，各计划单列市及副省级市人事局、劳动保障局、统计局，国家统计局各调查总队，国家统计局各副省级市调查队：

近年来，全国各级政府统计部门、国家统计局各调查队和统计系统广大干部职工在党中央、国务院的正确领导下，以邓小平理论和“三个代表”重要思想为指导，深入贯彻落实科学发展观，解放思想，实事求是，奋发进取，开拓创新，为各级党政机关及社会各界提供了大量的统计信息和咨询服务，为促进经济社会又好又快发展作出了积极贡献，涌现出一大批先进集体和先进个人。

为表彰先进，弘扬正气，激励全国统计战线广大干部职工努力工作，积极进取，不断开创统计工作新局面，人力资源社会保障部、国家统计局决定，授予北京市统计局设计管理处等 100 个单位“全国统计系统先进集体”荣誉称号；追授袁新华同志“全国统计系统先进工作者”荣誉称号；授予汪锡锟等 49 名同志“全国统计系统先进工作者”荣誉称号，享受省部级劳动模范和先进工作者待遇。希望受表彰的先进集体和个人珍惜荣誉，谦虚谨慎，发扬成绩，再立新功。

全国统计系统广大干部职工要以受表彰的先进集体和个人为

榜样，更加紧密行团结在以胡锦涛同志为总书记的党中央周围，全面贯彻党的十七大精神，高举中国特色社会主义伟大旗帜，以邓小平理论和“三个代表”重要思想为指导，深入贯彻落实科学发展观，改革统计体制，改进统计方法，改善统计手段，提高统计的科学性和准确性，为社会经济发展服务，为实现全面建设小康社会的宏伟目标作出新的更大贡献。

附件：1. 全国统计系统先进集体名单（略）

2. 全国统计系统先进工作者名单（略）

国家统计局关于表彰全国统计系统先进个人的决定

（2008 年 12 月 25 日）

各省、自治区、直辖市统计局，新疆生产建设兵团统计局，国家统计局各调查总队，副省级城市统计局，国家统计局副省级城市调查队：

自 2004 年开展全国统计系统表彰先进活动以来，全国统计系统广大干部职工在党中央、国务院的领导下，以邓小平理论和"三个代表"重要思想为指导，认真贯彻落实党的十六大和十七大精神，深入学习实践科学发展观，解放思想，开拓创新，积极推进统计管理体制改革，充分发挥统计的整体功能，为各级党委政府的宏观管理和科学决策提供了大量的统计信息，为社会各界提供了广泛的咨询服务，为全面建设小康社会，促进经济社会又好又快发展做出了积极贡献。

为了表彰先进，激发广大统计工作者投身统计事业，无私奉献的热情，调动广大干部职工的积极性和创造性，国家统计局决定，授予蔡明贵等 240 名同志"全国统计系统先进个人"荣誉称号。希望受到表彰的先进个人继续努力，戒骄戒躁，百尺竿头，更进一步，在统计工作中再创新的佳绩。

这次表彰的先进个人是全国统计战线的优秀代表，有冲在抗震救灾前线，事迹可歌可泣的时代英雄；有热爱统计工作，几十年默默奉献的普通干部；也有坚持真理，严格执法，清正廉洁，勇于开拓创新的基层负责同志。

全国统计系统的广大干部职工，要以这次表彰活动为契机，在全系统掀起一个学先进、赶先进、讲奉献的热潮。在以胡锦涛同志为总书记的党中央领导下，锐意进取，勇于创新，在平凡的岗位做出不平凡的业绩，为统计改革和发展，为构建和谐社会做出新的更大贡献。

附件：全国统计系统先进个人名单（略）